SCHÄFFER
POESCHEL

Universitätsseminar der Wirtschaft

USW-Schriften für Führungskräfte

Klaus-Peter Franz /
Peter Kajüter (Hrsg.)

Kostenmanagement

Wertsteigerung durch systematische
Kostensteuerung

2., überarbeitete und erweiterte Auflage

2002
Schäffer-Poeschel Verlag Stuttgart

Die Deutsche Bibliothek – CIP-Einheitsaufnahme

Kostenmanagement :
Wertsteigerung durch systematische Kostensteuerung
Klaus-Peter Franz/Peter Kajüter (Hrsg.)
- Stuttgart : Schäffer- Poeschel, 2002
   (USW-Schriften für Führungskräfte ; Bd. 33)
   ISBN 3-7910-1991-0

Gedruckt auf säure- und chlorfreiem, alterungsbeständigem Papier.

ISBN 3-7910-1991-0

© 2002 Schäffer-Poeschel Verlag für Wirtschaft · Steuern · Recht GmbH & Co. KG
www.schaeffer-poeschel.de
info@schaeffer-poeschel.de
Einbandgestaltung: Willy Löffelhardt
Druck und Bindung: Franz Spiegel Buch GmbH, Ulm
Printed in Germany
April / 2002

Schäffer-Poeschel Verlag Stuttgart
Ein Tochterunternehmen der Verlagsgruppe Handelsblatt

Vorwort

Die Steigerung des Unternehmenswertes, in der Regel ausgedrückt in der Forderung nach einer die Kapitalkosten übersteigenden Rendite, hat als oberste finanzwirtschaftliche Zielsetzung international weite Verbreitung erlangt. Um dieses Ziel in einem wettbewerbsintensiven Umfeld zu erreichen, kommt einem – sinnvoll betriebenen – Kostenmanagement eine zentrale Bedeutung zu. Dabei stellt die systematische, proaktive Steuerung der Kosten eine permanente Aufgabe von Führungskräften und Mitarbeitern aller Bereiche eines Unternehmens dar. Sie erfordert, sich auch mit neuen Wegen im Kostenmanagement vertraut zu machen und von den Erfahrungen anderer Unternehmen zu lernen.

Das vorliegende Buch will hierzu einen Beitrag leisten, indem es einen umfassenden Überblick über mögliche Ansatzpunkte und bewährte Methoden des Kostenmanagements gibt. Aufgrund der positiven Resonanz, die die erste Auflage erfahren hat, wurde der Aufbau des Buches bei der Neuauflage beibehalten. Die einzelnen Beiträge wurden hingegen inhaltlich vollständig überarbeitet. Einige von ihnen entfielen, um Platz für neue zu schaffen. Insgesamt wurde das Themenspektrum deutlich erweitert und umfasst nun auch Themen wie die Analyse von Kostenproblemen oder die Erschließung von Kostensenkungspotenzialen durch Asset Management und den Einsatz des Internet. Weiterhin wurde der unternehmensübergreifenden Kostenoptimierung in Wertschöpfungsketten durch zwei neue Beiträge ein stärkeres Gewicht gegeben. Neu ist darüber hinaus auch die Darstellung möglicher Wege zum Erhalt von Arbeitsplätzen im Rahmen des Kostenmanagements. Wie bei der ersten Auflage lag bei der Auswahl der Beiträge das Bestreben zugrunde, erfolgreiche Beispiele aus unterschiedlichen Branchen zu gewinnen. Die vielfältigen Beispiele aus dem Industrie- und Dienstleistungssektor der ersten Auflage wurden nunmehr um solche aus der New Economy sowie der Bau- und Textilindustrie ergänzt. Zusätzliche Praxiseinblicke vermitteln die Befunde unserer neuen empirischen Untersuchung zum Kostenmanagement in deutschen Unternehmen. Last but not least wurde der Bezug zur wertorientierten Unternehmensführung hergestellt und auch durch die Änderung des Untertitels in „Wertsteigerung durch systematische Kostensteuerung" zum Ausdruck gebracht.

Die fünf Teile des Buches legen wie bisher unterschiedliche Schwerpunkte und beleuchten das Thema aus verschiedenen Perspektiven. *Teil I* stellt die *Grundlagen des Kostenmanagements* dar. Der erste Beitrag skizziert das Konzept des proaktiven Kostenmanagements und spannt einen Rahmen zur Einordnung der weiteren Artikel des Buches. Die anderen Beiträge in Teil I beschäftigen sich mit den Möglichkeiten einer fundierten Kostenanalyse als Ausgangspunkt für die Ergreifung kostenbeeinflussender Maßnahmen.

Im *Teil II* werden *Ansatzpunkte und Instrumente des Kostenmanagements* aufgezeigt: Maßnahmen können an Produkten, Prozessen und Ressourcen ansetzen, weshalb ein produkt-, prozess- und ressourcenorientiertes Kostenmanagement unterschieden wird. Schwerpunkt des *produktorientierten Kostenmanagements* bildet die Phase der Produktentstehung, da hier die Weichen für den späteren Kostenanfall gestellt werden. In diesem Zusammenhang wird vor allem das Target Costing ausführlich dargestellt. Das *prozessorientierte Kostenmanagement* zielt auf die Optimierung der unternehmensinternen und unternehmensübergreifenden Prozesse ab. Die Beiträge dieses Abschnitts widmen sich daher eingehend dem Ablauf und den Methoden der Prozessoptimierung, wie z.B. der Prozesskostenrechnung und dem Performance Measurement. Das *ressourcenorientierte Kostenmanagement* kann an der Preis- und der Mengenkomponente von Ressourcen ansetzen. Exemplarisch werden hier die Themen Standortverlagerungen, Asset Management, Zulieferermanagement und Internet-Einkaufsplattformen behandelt.

Wird Kostenmanagement betrieben, so sind fast immer die Menschen im Unternehmen davon betroffen. Oftmals müssen erworbene Privilegien abgebaut, unprofitable Geschäftsbereiche aufgegeben und Personal abgebaut werden. Die *Bewältigung der dabei entstehenden sozialen Folgen* ist Gegenstand von *Teil III*.

Teil IV umfasst Beiträge zum *Kostenmanagement in ausgewählten Branchen*. Beispiele aus dem Bankensektor, der chemischen Industrie, der Elektronikindustrie sowie der Bauwirtschaft stellen jeweils typische, in diesen Branchen angewandte Methoden und Ansätze des Kostenmanagements dar.

Der *Teil V* behandelt schließlich *Stand und Perspektiven des Kostenmanagements im internationalen Vergleich*. Die Entwicklungstendenzen des Kostenmanagements in Japan, den USA, Großbritannien und Deutschland werden einander gegenübergestellt. Hierdurch werden Gemeinsamkeiten und Unterschiede in der Philosophie und Vorgehensweise des Kostenmanagements in den verschiedenen Kulturkreisen der Triade deutlich.

Allen fünf Teilen ist jeweils eine kurze Einleitung vorangestellt, die dem Leser einen schnellen Überblick über die einzelnen Beiträge ermöglicht und ihm den „roten Faden" durch den Band aufzeigt. Jeder Beitrag ist in sich abgeschlossen und kann ohne die anderen gelesen werden. Gleichzeitig sind sie jedoch durch zahlreiche Verweise miteinander verzahnt.

Zielgruppe des vorliegenden Buches sind in erster Linie Führungskräfte des mittleren und oberen Managements. Controller werden dabei ebenso angesprochen wie Manager aus den Funktionsbereichen. Das Feedback von Kollegen sowie unsere eigenen Erfahrungen zeigen, dass sich das Buch auch gut zur Begleitung von Vorlesungen und Seminaren an Universitäten und Fachhochschulen eignet. Daher wendet es sich ausdrücklich auch an Studierende der Wirtschaftswissenschaften und Dozenten aus den Fachgebieten Rechnungswesen, Controlling und Allgemeine Betriebswirtschaft.

Danken möchten wir an dieser Stelle vor allem den zahlreichen Autoren aus Wissenschaft und Praxis, die einen Beitrag zu diesem Buch geleistet haben. Gerade für Unternehmensvertreter stellt dies i.d.R. eine zusätzliche Belastung zu dem normalen Tagesgeschäft dar. Unser Dank gilt aber auch Herrn cand. rer. pol. CARSTEN FROWEIN für seine tatkräftige Unterstützung bei der Erstellung der Druckvorlage sowie Frau MARITA ROLLNIK-MOLLENHAUER und Frau CLAUDIA KNAPP-DOMONKOS vom Schäffer-Poeschel Verlag für die zügige Drucklegung des Buches.

Düsseldorf, im Februar 2002   KLAUS-PETER FRANZ
                                               PETER KAJÜTER

Inhaltsverzeichnis

Teil I
Grundlagen des Kostenmanagements

Teil II
Ansatzpunkte und Instrumente des Kostenmanagements

1. Produktorientiertes Kostenmanagement

2. Prozessorientiertes Kostenmanagement

3. Ressourcenorientiertes Kostenmanagement

Teil III
Bewältigung der sozialen Folgen des Kostenmanagements

Teil IV
Kostenmanagement in ausgewählten Branchen

Teil V
Stand und Perspektiven des Kostenmanagements
im internationalen Vergleich

Teil I
Grundlagen des Kostenmanagements

Einführung

Empirische Untersuchungen zeigen, dass die vielfach beklagten Kostennachteile deutscher Unternehmen meistens „hausgemacht" sind. Hohe Löhne und Lohnnebenkosten belasten zwar die Unternehmensergebnisse, sind aber nur ein Grund für die im internationalen Vergleich häufig schlechtere Kostenposition deutscher Unternehmen. Die wesentlichen Ursachen liegen dagegen in anderen Bereichen – in unwirtschaftlichen Prozessabläufen und einer komplexen Produktgestaltung. Durch pauschale, reaktive Kostensenkungsprogramme kann diesen Ursachen nicht wirksam begegnet werden. Erforderlich ist vielmehr ein *proaktives Kostenmanagement*, das aufbauend auf einer sorgfältigen Kostenanalyse eine permanente Kostenoptimierung sicherstellt.

Ziel des einführenden Beitrages von FRANZ/KAJÜTER ist es, einen Überblick über die vielfältigen Aspekte des Kostenmanagements zu geben. Dazu werden zunächst begriffliche Grundlagen gelegt und die historische Entwicklung des Kostenmanagements beschrieben. Zudem wird gezeigt, wie eine sinnvoll betriebene, systematische Kostensteuerung zur Wertsteigerung beitragen kann. Im Mittelpunkt des Beitrages steht die Konzeption des proaktiven Kostenmanagements, das in seinen Merkmalen und Gestaltungsparametern skizziert wird. Damit wird zugleich ein Rahmen gespannt, der die Einordnung der weiteren Beiträge des vorliegenden Buches ermöglicht.

Um den Bezug zur *wertorientierten Unternehmensführung* zu vertiefen, stellen COENENBERG ET AL. verschiedene Konzepte des Wertmanagements dar und zeigen die Verknüpfung von Wert- und Kostentreibern auf.

Das traditionelle und immer noch grundlegende Instrument des Kostenmanagements ist die *Kostenrechnung*. Mit ihr werden die Kosten erfasst und auf Kostenstellen und Kostenträger verrechnet. FISCHER weist aber auch auf die Grenzen der klassischen Kostenrechnung hin und stellt neuere Ansätze dar, die Informationen für die Kostenanalyse von Funktionsbereichen, Querschnittsfunktionen sowie Transaktionen mit dem Absatz- und Beschaffungsmarkt liefern.

Daran anschließend widmen sich HOMBURG/RICHTER der *Analyse von Kostenproblemen*. Hierbei geht es vor allem darum, die eigentlichen Ursachen der Kostenprobleme zu identifizieren. Dazu können in einem ersten Schritt die Kostenstrukturen näher betrachtet werden. Auf diese Weise lassen sich häufig bereits wichtige Erkenntnisse über Kostenschwerpunkte und Veränderungen im Zeitablauf gewinnen. Notwendig ist aber darüber hinaus auch eine Analyse der Kostentreiber, also der Einflussgrößen, die den Kostenanfall verursachen. Für solche Kostenanalysen können unterschiedliche Perspektiven gewählt werden: Sie können unternehmens-, wettbewerbs-, lieferanten- und kundenbezogen sein. HOMBURG/RICHTER illustrieren jede dieser Perspektiven anhand von plastischen Beispielen.

Die folgenden beiden Beiträge vertiefen diese Thematik. SHANK befasst sich eingehend mit dem Problem der Kostentreiber. Durch zahlreiche Beispiele wird deutlich, dass der Kostentreiber „Ausbringungsmenge" (Volume) zwar unser Denken über das Kostenverhalten maßgeblich beeinflusst hat, aber oftmals nur eine unzureichende Erklärung für die Kostensituation von Unternehmen darstellt. Es ist deshalb von einer multiplen Kausalität der Kostenabhängigkeiten auszugehen. Beispielhaft wird die Bedeutung von Qualität und Komplexität als Kostentreiber hervorgehoben. Bei beiden Faktoren handelt es sich um Größen, die den Kostenanfall langfristig beeinflussen. Sie gehören daher zu den strategischen Kostentreibern, die SHANK in strukturelle und operationale differenziert.

Der letzte Beitrag beschäftigt sich mit dem *Kosten-Benchmarking*. KREUZ zeigt zunächst die grundlegende Idee des Benchmarking auf: Durch systematische Vergleiche mit anderen Unternehmen ist ein eventueller Kostennachteil aufzudecken, um so Maßnahmen des Kostenmanagements anzuregen. Zudem geht er auf die Erfolgsfaktoren des Benchmarking ein und gibt anhand eines Beispiels aus der Elektronikindustrie einen detaillierten Einblick in die Vorgehensweise bei einem wettbewerbsbezogenen Kosten-Benchmarking.

Proaktives Kostenmanagement

KLAUS-PETER FRANZ UND PETER KAJÜTER

1. Einleitung

Die nachhaltige Steigerung des Unternehmenswertes hat als oberste finanzwirtschaftliche Zielsetzung international weite Verbreitung gefunden. Dies gilt insbesondere für börsennotierte Unternehmen, in denen die Performance von Geschäftsbereichen zunehmend anhand des erwirtschafteten Wertbeitrages bzw. einer den Kapitalkostensatz übersteigenden Rendite beurteilt wird. Eine Messung dieser Performance, die auch für nicht-börsennotierte Unternehmen eine ökonomisch sinnvolle Erfolgsbeurteilung ermöglicht, macht oftmals deutlich, dass erhebliche Ergebnisverbesserungen notwendig sind, um die Lücke zwischen angestrebten und erzielten Wertbeiträgen zu schließen. Einem systematischen Kostenmanagement kommt dabei eine zentrale Bedeutung zu.

Dies liegt vor allem in dem veränderten Wettbewerbsumfeld der Unternehmen begründet. Durch zunehmend gesättigte Absatzmärkte und den Eintritt neuer Wettbewerber aus osteuropäischen und asiatischen Niedriglohnländern sind Ergebniszuwächse über höhere Umsätze für viele Unternehmen immer schwieriger erreichbar. Zudem führen vielfach vorhandene Überkapazitäten, schnellerer technologischer Fortschritt und kürzere Vermarktungszyklen der Produkte häufig zu aggressivem Preiskampf und Margenverfall, dem nur durch eine konsequente Identifikation und Ausschöpfung von Kostensenkungspotenzialen begegnet werden kann (vgl. KAJÜTER 2000a, S. 1).

Im Vordergrund stehen dabei meist die im internationalen Vergleich hohen Lohn- und Lohnnebenkosten deutscher Unternehmen. Sie machen den Abbau von Personal oder Standortverlagerungen ins Ausland auf den ersten Blick zu einer attraktiven Lösung für Kostenprobleme. Empirische Untersuchungen zeigen jedoch, dass die Faktorpreise (Löhne, Energiepreise etc.) nur zu einem relativ geringen Teil für die *Kostennachteile* deutscher und europäischer Unternehmen gegenüber führenden Wettbewerbern auf dem Weltmarkt verantwortlich sind (vgl. KLUGE 1997, S. 299). Der Hauptteil der Kostenunterschiede ist dagegen auf zwei andere Ursachen zurückzuführen: Zum einen auf eine komplexe und häufig nicht kundengerechte *Produktgestaltung* und zum anderen auf eine schlechtere *Arbeitsorganisation*. Die Beispiele in Abbildung 1 verdeutlichen dies.

Kostennachteile deutscher Unternehmen und damit unausgeschöpfte Potenziale zur Wertsteigerung sind also im Wesentlichen „hausgemacht". Es liegt somit in der Hand der Führungskräfte und Mitarbeiter, eventuellen Kostennachteilen durch ein systematisches Kostenmanagement entgegenzuwirken (vgl. FRANZ/KAJÜTER 1997a, S. 6).

Ein solches Kostenmanagement ist nicht als vorübergehende Aufgabe in Zeiten rückläufiger Ergebnisse zu verstehen, sondern stellt eine permanente Herausforderung dar. Dies lässt sich anhand des empirisch bestätigten Phänomens der *Preis-Kosten-Schere* anschaulich aufzeigen (vgl. HAMM 2000). So ist in der Praxis zu beobachten, dass Faktorpreise als Determinante der Stückkosten im Zeitablauf tendenziell steigen. Beispielsweise wird durch die Tarifabschlüsse regelmäßig eine Lohnerhöhung zum Ausgleich für die Inflation vereinbart. Umgekehrt weisen die Absatzpreise von Produkten eine im Zeitablauf sinkende Tendenz auf, da Wettbewerber ähnliche oder gar bessere Produkte einführen und sich das Nachfrageverhalten wandelt. Diese gegenläufige Preisentwicklung auf den Beschaffungs- und Absatzmärkten führt zu sinkenden Ergebnissen, denen Unternehmen durch ein kontinuierliches, proaktives Kostenmanagement begegnen müssen.

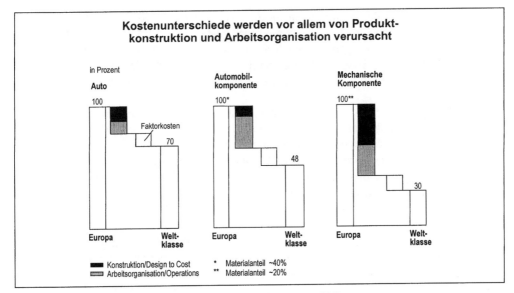

Abb. 1: Ursachen von Kostennachteilen (Quelle: KLUGE 1997, S. 299)

Abbildung 2 zeigt diesen Sachverhalt exemplarisch für chemische Grundstoffe. Danach ist für den Zeitraum von 1986 bis 1998 in der deutschen chemischen Industrie ein durchschnittlicher Rückgang der Absatzpreise um 1,1% p.a. und ein durchschnittlicher Anstieg der Faktorpreise um 1,5% p.a. festzustellen. Daraus resultiert eine Preis-Kosten-Schere von 2,6% p.a. (vgl. HAMM 2000, S. 213ff.). Hersteller chemischer Grundstoffe mussten folglich in dem betrachteten Zeitraum durchschnittlich interne Verbesserungen von 2,6% p.a. erzielen, um zumindest ein konstantes Unternehmensergebnis auszuweisen.[1]

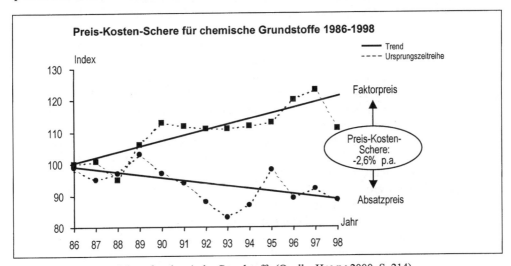

Abb. 2: Preis-Kosten-Schere für chemische Grundstoffe (Quelle: HAMM 2000, S. 214)

Bei der Realisierung der notwendigen Produktivitäts- bzw. Wirtschaftlichkeitsverbesserungen werden Unternehmen nicht nur mit einer gestiegenen Dynamik im Wettbewerbsumfeld, sondern auch mit Veränderungen im Kostengefüge konfrontiert. Diese sind eine Folge veränderter Wertschöpfungsstrukturen (z.B. des zunehmenden Einsatzes automatisierter Produktionstechnologien) und spiegeln sich in folgenden Entwicklungstendenzen wider:

- *Verschlechterung der Kostentransparenz*: Festzustellen ist ein tendenziell gestiegener Anteil der Gemeinkosten (vgl. SCHEHL 1994; TROSSMANN/TROST 1996). Da es traditionell an der erforderlichen Kenntnis der sie verursachenden Kostentreiber mangelt, wird oftmals eine gezielte Kostenbeeinflussung erschwert.

- *Verminderung der Kostenelastizität*: Vielfach zu beobachtende wachsende Fixkostenanteile reduzieren die in einem dynamischen Umfeld wichtige Anpassungsfähigkeit an Nachfrageschwankungen (vgl. FUNKE 1995; BACKHAUS/FUNKE 1997; FRANZ/KAJÜTER 1997b).

- *Verschärfung der Kostenintensität*: Die aus der Vielfalt von Produkten und Teilen resultierende Komplexität verursacht progressive Kostenverläufe, die die Unternehmensergebnisse belasten (vgl. SCHUH 1989; PRILLMANN 1996). In diesem Zusammenhang wird vereinfachend auch von einem umgekehrten Erfahrungskurvengesetz gesprochen: Mit jeder Verdopplung der Variantenzahl steigen die Stückkosten um 20-30% (vgl. WILDEMANN 1990, S. 37).

- *Verlagerung der Kostenentstehung*: Bedingt durch kürzere Vermarktungszyklen und strengere Umweltschutzvorschriften ist die Bedeutung der Vor- und Nachlaufkosten (z.B. Entwicklungs- und Entsorgungskosten) im Vergleich zu den Herstellkosten in vielen Branchen stark gestiegen (vgl. SCHEHL 1994).

Diese allgemeinen Trends, die in einzelnen Unternehmen unterschiedlich stark ausgeprägt sind, sowie die Anforderungen des globalen Kapitalmarktes und die Dynamik im Wettbewerbsumfeld erfordern eine neue Qualität der Kostenbeeinflussung, die im Folgenden als *proaktives Kostenmanagement* bezeichnet und in Abschnitt 4.2. konkretisiert wird.

Ziel dieses einführenden Beitrages ist es, einen Überblick über das Themengebiet zu vermitteln. Dazu werden nachfolgend zunächst einige begriffliche Grundlagen gelegt und die historische Entwicklung des Kostenmanagements in der Praxis aufgezeigt (Abschnitt 2.). Anschließend wird Kostenmanagement in den Kontext der wertorientierten Unternehmensführung eingeordnet (Abschnitt 3.) und in seinen Erscheinungsformen, dem reaktiven und proaktiven Kostenmanagement, skizziert (Abschnitt 4.). Dabei wird insbesondere ein konzeptioneller Rahmen für das proaktive Kostenmanagement aufgezeigt. Dieser wird danach weiter detailliert, indem die Aufgaben, die Ansatzpunkte für Maßnahmen, die Instrumente sowie die organisatorische Verankerung des Kostenmanagements beschrieben werden (Abschnitte 5. bis 7.). Abgerundet wird diese Darstellung durch Ausführungen zur Verbindung von Kosten- und Innovationsmanagement (Abschnitt 8.). Der Beitrag schließt mit einer kurzen Zusammenfassung.

2. Kostenmanagement als systematische Kostenbeeinflussung

2.1. Kostenrechnung, Kostencontrolling, Kostenmanagement

Kostenmanagement bedeutet die bewusste Beeinflussung der Kosten mit dem Ziel, die Wirtschaftlichkeit des Unternehmens zu erhöhen (vgl. KAJÜTER 2000a, S. 11). In diesem Sinne ist Kostenmanagement nichts grundsätzlich Neues, sondern eine konsequente Verfolgung des ökonomischen Prinzips, die – sinnvoll betrieben – gleichzeitig zur Steigerung des Unternehmenswertes beiträgt.

Dabei dient die *Kostenrechnung* dazu, die in einer Periode anfallenden Kosten zu erfassen und auf Kostenstellen und Kostenträger zu verrechnen. Sie stellt Informationen über die Kostensituation des Unternehmens bereit und bildet damit ein Fundament für das Kostenmanagement (vgl. FRANZ 1992a, S. 127, sowie den Beitrag von FISCHER). Neben den Informationen der Kostenrechnung wird beim Kostenmanagement auch auf andere Daten zurückgegriffen. Dies sind häufig intern ermittelte Kennzahlen, wie z.B. die Durchlaufzeit eines Auftrages oder die Fehlerquote in der Produktion, bzw. externe, durch ein Benchmarking erhobene Daten über die Kostenposition der Konkurrenz.

Die Sammlung und Aufbereitung der zur Kostenbeeinflussung notwendigen Informationen ist eine Aufgabe des Controlling im Sinne eines *Kostencontrolling*. Es nimmt damit seine Servicefunktion gegenüber dem Management wahr und kann Impulsgeber für kostenbeeinflussende Maßnahmen sein (vgl. FRANZ 1997a; FRANZ/KAJÜTER 2000b).

Im Rahmen des *Kostenmanagements* werden die aufbereiteten Daten der Kostenrechnung (und die anderer Quellen) zur Anregung und Fundierung von Entscheidungen über kostenbeeinflussende Maßnahmen verwendet. Ausgehend von dem Oberziel der Unternehmenswertsteigerung oder Gewinnerzielung bedeutet dies zweierlei: Zum einen ist jede Verschwendung im Unternehmen zu vermeiden. Darunter sind (nicht-wertschöpfende) Aktivitäten zu verstehen, die dem internen oder externen Kunden weder direkt noch indirekt einen Nutzen stiften und deshalb von diesem nicht durch eine entsprechende Preisbereitschaft vergütet würden. Zum anderen sollten alle wertschöpfenden Aktivitäten so durchgeführt werden, dass bei gleicher Leistung jeweils die kostengünstigste Alternative gewählt wird. In diesem Fall wird von Kostenoptimierung gesprochen (vgl. FRANZ/KAJÜTER 2000a, S. 103f.). Abbildung 3 stellt den Zusammenhang zwischen Kostenrechnung, Kostcontrolling und Kostenmanagement im Überblick dar.

Kostenrechnung	Kostencontrolling	Kostenmanagement
= Instrument zur Informationsgenerierung	= Servicefunktion zur Informationsaufbereitung und -übermittlung	= Informationsverwendung zur Kostenbeeinflussung

Abb. 3: Kostenrechnung, -controlling und -management (Quelle: KAJÜTER 2000a, S. 14)

Die vorstehenden Begriffsabgrenzungen zeigen, dass Kostenmanagement immer im Zusammenhang mit der betrieblichen Leistung zu sehen ist. Zur Steigerung der Wirtschaftlichkeit ist zum einen die Leistung kundengerecht zu gestalten. Damit sind vor allem
Fragen der marktorientierten Produktentwicklung angesprochen. Sie bilden den Ausgangspunkt eines strategisch orientierten Kostenmanagements, bei dem es allgemein darum geht, die betriebliche *Effektivität* zu verbessern („die richtigen Dinge tun"). Zum anderen ist zur Steigerung der Wirtschaftlichkeit die Wertschöpfung (Faktorkombination)
innerhalb der gegebenen Strukturen zu optimieren. Dies ist Gegenstand eines operativ
orientierten Kostenmanagements, das dazu dient, die *Effizienz* zu steigern („die Dinge
richtig tun"). Effektivität und Effizienz stellen output- bzw. inputbezogene Indikatoren
für die Produktivität und Wirtschaftlichkeit dar (vgl. DELLMANN/PEDELL 1994, S. 25ff.).

2.2. Historische Entwicklung des Kostenmanagements

Obwohl sich die Betriebswirtschaftslehre seit ihren Anfängen darum bemüht, Kostenzu-
sammenhänge in Unternehmen zu erforschen, hat sich das Kostenmanagement erst seit
Beginn der 1990er Jahre als eigenständiges Forschungsfeld etabliert. Lange Zeit standen
die Entwicklung und Ausdifferenzierung der Kostentheorie und Kostenrechnung im Vordergrund. Letztere bildete mit dem System der flexiblen Plankostenrechnung das zentrale
Instrument zur Kostenbeeinflussung. Es wurde ergänzt durch in der Praxis entwickelte
Methoden, wie z.B. die Wertanalyse oder Gemeinkostensenkungsprogramme.

Auf der Grundlage dieses Instrumentariums war das Kostenmanagement in der Praxis
traditionell auf Bereiche (Kostenstellen) und bereits entwickelte Produkte ausgerichtet
(vgl. KAJÜTER 1998, S. 448). Nachfolgend werden diese Ansätze kurz skizziert, da sie
z.T. auch heute noch einen wesentlichen Bestandteil des Kostenmanagements darstellen.
Gleichzeitig sollen aber auch ihre Grenzen aufgezeigt und die Notwendigkeit für neuere
Ansätze verdeutlicht werden.

Bereichsorientiertes Kostenmanagement

- *Soll-Ist-Kostenvergleiche* in Fertigungskostenstellen von Industriebetrieben dienen
  der Wirtschaftlichkeitskontrolle. Bei zu hohem Faktorverbrauch (Verbrauchsabweichung) sollen sie Maßnahmen zur Effizienzsteigerung anregen. Die Wirksamkeit derartiger Maßnahmen bleibt jedoch begrenzt, da die Möglichkeiten zur Kostenbeeinflussung bei gegebener Produkt- und Prozessgestaltung gering sind. In einem festen
  Rahmen soll kostengünstig gehandelt, nicht aber der Rahmen kostengünstig gestaltet
  werden. Zudem ist die Technik des Soll-Ist-Vergleichs nicht uneingeschränkt auf die
  indirekten Bereiche übertragbar, weil für diese Aussagen zum Sollverbrauch nur
  schwer möglich sind.
- *Gemeinkostensenkungsprogramme* in Form des *Zero-Base Budgeting* (ZBB) und der
  Gemeinkostenwertanalyse (GWA) haben ausgehend von den USA in den 1970er und
  1980er Jahren auch in Deutschland Verbreitung gefunden.[2] Beiden Methoden ist gemeinsam, dass sie aufgrund ihres Aufwandes nur unregelmäßig durchgeführt werden
  und dabei eine ganzheitliche, prozessorientierte Analyse über die Kostenstellen- und
  Abteilungsgrenzen hinweg nicht stattfindet. Der Fokus liegt auf kurzfristigen Einsparungen, die meist mit dem Abbau von Personal verbunden sind. Angst und Unsicher-

heit, den eigenen Arbeitsplatz zu verlieren, führen i.d.R. zu Akzeptanzproblemen bei den betroffenen Mitarbeitern. Aufgrund dieser Nachteile sind diese Methoden stark in die Kritik geraten (vgl. FRANZ 1995) und werden heute von den Beratungsgesellschaften, die sie seinerzeit entwickelt hatten, kaum mehr propagiert.

- *Innerbetriebliche Leistungsverrechnungen* bauen unmittelbar auf der Kostenarten- und Kostenstellenrechnung auf und ordnen die Kosten für Leistungsinanspruchnahmmen aus Servicebereichen des Unternehmens (z.B. EDV, Weiterbildung) den empfangenden Kostenstellen (z.B. Fertigung, Vertrieb) zu. Innerbetriebliche Umlagen sollen zu mehr Kostentransparenz beitragen, zur sparsamen Verwendung der Ressourcen anhalten und Ineffizienzen aufzeigen (vgl. KRUMNOW 1995, S. 363f.). Kosteneinsparungen werden allerdings erst realisiert, wenn die leistenden Kostenstellen bei rückläufiger Nachfrage Kapazitäten abbauen (vgl. FRANZ/KAJÜTER 1997a, S. 18).

Produktorientiertes Kostenmanagement

- *Wertanalyse* (Value Analysis) ist eine in den 1950er Jahren bei General Electric entwickelte Methode zur Steigerung des Kosten-Nutzen-Verhältnisses von Wertanalyseobjekten (vgl. MILES 1967; JEHLE 1991). Sie wird seit den 1960er Jahren auch in Deutschland angewandt und ist in der DIN 69910 genormt. Die in einem Arbeitsplan definierten Analyseschritte sollen nicht nur zur Kostensenkung, sondern auch zur Leistungssteigerung bei konstanten oder geringfügig höheren Kosten beitragen. Die Wirksamkeit dieser Methode konnte in einer Untersuchung von 800 Wertanalyseprojekten nachgewiesen werden: Die variablen Herstellkosten der analysierten Produkte konnten um durchschnittlich 23% reduziert werden (vgl. EHRLENSPIEL 1995, S. 587). Die Wertanalyse kann sowohl bei existierenden Produkten eingesetzt werden (sog. Wertanalyse i.e.S.) oder – wie in jüngster Zeit – bereits bei der Produktentwicklung zum Einsatz kommen (sog. Wertgestaltung bzw. Value Engineering).

Den vorstehend skizzierten traditionellen Ansätzen des Kostenmanagements ist gemeinsam, dass sie *operativ* ausgerichtet sind. Sie sind auf einzelne Teilbereiche des Unternehmens bzw. auf vorhandene Produkte fokussiert. Dadurch sind die Freiräume zur Kostenbeeinflussung vergleichsweise gering. Markt- und wettbewerbsbezogene Informationen zur Anregung einer Kostenoptimierung werden ebenso wenig berücksichtigt wie die Potenziale einer ganzheitlichen Kostenoptimierung über die Wertschöpfungskette und den Produktlebenszyklus.

Die eingangs erwähnten Veränderungen in den Kostenstrukturen sowie die zunehmende Wettbewerbsdynamik haben die Anforderungen an ein wirksames Kostenmanagement jedoch deutlich erhöht (vgl. KAJÜTER 2000a, S. 2). Dies betrifft zum einen die notwendige Perspektive – von der kurzfristigen, operativen Kostenoptimierung hin zur langfristigen, strategischen Vorsteuerung des Kostenanfalls – und zum anderen das Ausmaß, in dem in immer kürzeren Zeitabständen Kosteneinsparungen zu realisieren sind, um weiter wettbewerbsfähig zu bleiben. Aus dieser Erkenntnis heraus sind in der Theorie und in der Praxis seit Beginn der 1990er Jahre neuere Ansätze zur nachhaltigen Kostenbeeinflussung entwickelt worden, die insofern *strategisch* ausgerichtet sind, als sie nicht die Produkt- und Prozessgestaltung als gegeben hinnehmen, sondern diese kostenoptimal zu gestalten versuchen. Damit wird zugleich an den eingangs aufgezeigten wesentlichen Ursachen für Kostennachteilen angesetzt.

3. Wertsteigerung durch Kostenmanagement

Kostenmanagement ist nicht Selbstzweck, sondern dient dazu, die oberen Unternehmensziele zu erreichen. Diese bestehen allgemein in der langfristigen Existenzsicherung des Unternehmens und, wie eingangs erwähnt, der nachhaltigen Steigerung des Unternehmenswertes. Inwieweit letzteres gelingt, wird meist periodisch ermittelt, indem die erwirtschaftete Kapitalrendite den Kapitalkosten gegenübergestellt wird. Daneben werden aus den Kapitalkosten auch Zielrenditen zur Unternehmenssteuerung abgeleitet.

Renditen stellen ein kurzfristiges (i.d.R. jährliches) *Erfolgsziel* von Unternehmen dar. Sie werden neben dem Kapitaleinsatz durch den erwirtschafteten Gewinn bestimmt. Gewinne generieren *Liquidität*, die zur Finanzierung von Investitionen in neue Produkte, Märkte und Ressourcen notwendig ist. Vorhandene oder neue Produkte, Märkte und Ressourcen können als *Erfolgspotenziale* bezeichnet werden, die langfristig zur Erwirtschaftung angemessener Gewinne erforderlich sind. Dabei ist es entscheidend, dass ein Unternehmen bei den Erfolgspotenzialen über Wettbewerbsvorteile verfügt, die z.B. in einer einzigartigen (Differenzierung) oder kostengünstigeren Leistung (Kostenführerschaft) im Vergleich zur Konkurrenz begründet sein können. Wettbewerbsvorteile sichern die Stellung eines Unternehmens im Markt und ermöglichen so die Erzielung erträglicher Gewinne (Erfolge). Abbildung 4 stellt diesen Zusammenhang grafisch dar.

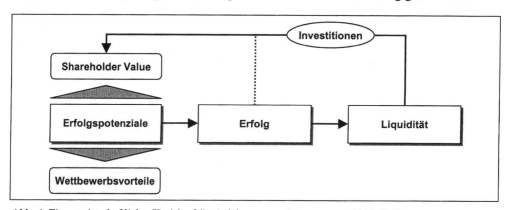

Abb. 4: Finanzwirtschaftlicher Kreislauf (in Anlehnung an: COENENBERG 2000, S. 7)

Erfolgspotenziale führen in der Zukunft zu Zahlungsüberschüssen (sog. Free Cashflows), deren Barwert den Wert des Unternehmens darstellt (sog. Discounted Cashflow). Der Unternehmenswert oder *Shareholder Value* lässt sich daher als monetäres Abbild aller Erfolgspotenziale charakterisieren.

Kostensenkende Maßnahmen führen kurzfristig dazu, dass sich ceteris paribus der Gewinn bzw. die Kapitalrendite erhöht (Erfolgsziel) und so die Kapitalkosten erwirtschaftet oder übertroffen werden. Handelt es sich um auszahlungswirksame Kosten, wird gleichzeitig ein positiver Effekt im Hinblick auf die Liquidität erreicht. Die langfristige Wirkung auf den Unternehmenswert ist jedoch differenziert zu sehen: Kann z.B. durch eine Optimierung der Produkt- oder Prozessgestaltung sowie durch günstigere Faktorpreise bei den Ressourcen eine Kostenreduktion erzielt werden, die in künftigen Perioden zu höheren Zahlungsüberschüssen führt, wird durch derartige Maßnahmen des Kostenmanagements der Unternehmenswert erhöht. Werden hingegen Kosten gesenkt, die der Erhaltung bestehender oder dem Aufbau neuer Erfolgspotenziale dienen und daher investiven Charakter haben, ist die Wirkung auf den Unternehmenswert i.d.R. negativ.[3] Beispiele hierfür sind Einsparungen bei den sog. „strategischen Kosten", wie z.B. den Forschungs- und Entwicklungs-, Marketing- und Weiterbildungskosten. Einsparungen bei diesen Kostenarten führen zwar kurzfristig zu höheren Erfolgen und höherer Liquidität, gefährden aber langfristig die Wettbewerbsfähigkeit von Unternehmen.[4]

Um die Unternehmensführung an den Anforderungen des Kapitalmarkes auszurichten, stehen verschiedene Konzepte zur Verfügung, deren gemeinsames Ziel darin besteht, die wertorientierte Performance eines Unternehmens oder Geschäftsbereichs zu messen. Weite Verbreitung haben vor allem das EVA- und das CFROI-Konzept gefunden (vgl. hierzu ausführlich den Beitrag von COENENBERG ET AL.). Wie aus dem klassischen ROI-Schema bekannt, lässt sich auch hier das Oberziel in Subziele herunterbrechen. Auf diese Weise entstehen Werttreiberbäume, die Ansatzpunkte zur Wertsteigerung aufzeigen. Dennoch bleiben diese recht global: Sie geben zwar zu erkennen, dass z.B. eine höhere Prozessausbeute oder ein geringeres Umlaufvermögen die Rendite verbessern kann, geben aber keine konkreten Hinweise dazu, wie dies möglich ist bzw. wodurch eine geringe Prozessausbeute oder ein hohes Umlaufvermögen verursacht sind.

Genau hier setzt das Kostenmanagement an. Durch eine fundierte Ursachenanalyse wird die Basis geschaffen, um darauf aufbauend z.B. Maßnahmen zur Prozessoptimierung oder Reduktion der Teilevielfalt zu ergreifen. Damit wird der komplementäre Charakter von Kosten- und Wertmanagement deutlich. Die wertorientierten Controllingkonzepte wie EVA und CFROI dienen in erster Linie zur Steuerung von Geschäftsbereichen. Damit diese ihre Zielrenditen erwirtschaften können, sind innerhalb der Geschäftsbereiche Instrumente des Kostenmanagements erforderlich, die dazu beitragen, Produkte und Prozesse kostengünstig zu gestalten.

4. Formen des Kostenmanagements

4.1. Reaktives Kostenmanagement

Kostenmanagement wird in der Praxis auf sehr unterschiedliche Art und Weise betrieben. Häufig stellt es eine Reaktion auf Ergebniseinbrüche dar. Diese können konjunkturell bedingt sein, aber auch durch ein verändertes Verhalten der Kunden oder Wettbewerber verursacht werden (vgl. KAJÜTER 2000a, S. 3f.). Der akute Handlungszwang, Maßnahmen zur Verbesserung des Periodenerfolgs zu ergreifen, verleitet dann meist zu einem undifferenzierten Vorgehen, das in pauschalen Budgetkürzungen („Rasenmäher-Methode"), der Streichung bzw. Verschiebung von Projekten oder einem generellen Einstellungsstopp zum Ausdruck kommt.

Charakteristisch für diese Maßnahmen ist, dass sie nur punktuell und vorübergehend durchgeführt werden. Sie werden aufgrund der kurzfristig notwendigen Einsparungen top-down verordnet und stoßen daher i.d.R. auf wenig Akzeptanz bei den Mitarbeitern. Pauschale Budgetkürzungen sind ein Zeichen der Willkür und fordern einerseits dazu auf, Budgets großzügig zu planen, um einem „Cost Cutting" dieser Art in Zukunft vorzubeugen, andererseits werden dadurch besonders diejenigen bestraft, die ihre Budgets ohne „Sicherheitspuffer" geplant haben.

Ein derartiges Kostenmanagement zeichnet sich ferner durch eine mangelnde Nachhaltigkeit aus, da die eigentlichen Ursachen der Kostenprobleme nicht beseitigt werden (vgl. HOMBURG/DAUM 1997a, S. 14ff.). Diese Ursachen sind häufig strategischer Natur – z.B. eine zu hohe Variantenvielfalt oder eine zu hohe Fertigungstiefe – und liegen vielfach in anderen Bereichen begründet als dort, wo sie sich manifestieren. Für eine fundierte Analyse der Kostenprobleme bleibt aber bei einem reaktiven Kostenmanagement aufgrund der kurzfristig zu realisierenden Kosteneinsparungen i.d.R. keine Zeit.

Im Fokus des reaktiven Kostenmanagements stehen insbesondere die strategischen Kosten. So zeigen die Befunde einer 1994 in Großbritannien und Deutschland durchgeführten Untersuchung, dass 61% der befragten Chemieunternehmen ihre F&E-Budgets während der Rezession Anfang der 1990er Jahre reduzierten (vgl. BROCKHOFF/PEARSON 1998, S. 369). Ebenso kam eine im Herbst 1992 in der Schweiz durchgeführte empirische Studie über Marketing-Maßnahmen in der Rezession zu dem Ergebnis, dass 51% der befragten Unternehmen durch Personalabbau und Budgetkürzungen kurzfristig Kosteneinsparungen anstrebten (vgl. TOMCZAK/BELZ 1993, S. 16).[5]

Vor dem Hintergrund der in Abschnitt 3. aufgezeigten negativen Auswirkungen derartiger Maßnahmen auf die langfristige Steigerung des Unternehmenswertes ist ein reaktives Kostenmanagement in der skizzierten Form sehr kritisch zu beurteilen. Die erheblichen Nachteile – Verunsicherung und Demotivation der Mitarbeiter, mangelnde Nachhaltigkeit und Gefährdung zukünftiger Erfolge – lassen diese Art der Kostenbeeinflussung nur als Notbremse in Krisensituationen geeignet erscheinen. Gleichwohl dominiert reaktives Verhalten in vielen Unternehmen und prägt das in der Praxis vorherrschende negative Image des Kostenmanagements.

4.2. Proaktives Kostenmanagement

Um einen Beitrag zur Steigerung des Unternehmenswertes zu leisten und die Wettbewerbsfähigkeit langfristig zu sichern, ist demgegenüber ein *proaktives Kostenmanagement* erforderlich. Dieses ist durch folgende Merkmale, die den Anforderungen an ein nachhaltig wirkendes Kostenmanagement entsprechen, gekennzeichnet (vgl. KAJÜTER 2000a, S. 14ff.):

- *Marktorientierung*: Kostenmanagement berücksichtigt die Kundenanforderungen und das Wettbewerbsverhalten.
- *Ganzheitlichkeit*: Kostenmanagement erstreckt sich über die gesamte Wertschöpfungskette und alle Phasen des Produktlebenszyklus.
- *Antizipation*: Kostenmanagement setzt frühzeitig ein und nimmt gezielt Einfluss auf die zukünftige Kostensituation.

- *Kontinuität*: Kostenmanagement ist eine permanente Aufgabe. Es zielt auf eine kontinuierliche Verbesserung der Kostenposition.
- *Partizipation*: Kostenmanagement ist nicht Aufgabe weniger Spezialisten, sondern wird von Mitarbeitern aller Hierarchieebenen praktiziert.
- *Interdisziplinarität*: Kostenmanagement ist funktionsübergreifend ausgerichtet.

Diese sechs Merkmale bestimmen die inhaltliche Ausgestaltung des proaktiven Kostenmanagements. Dabei können mit den Aufgaben, Objekten (Ansatzpunkten), Instrumenten und der Organisation vier grundlegende Gestaltungsbereiche differenziert werden (vgl. KAJÜTER 2000a, S. 57ff.), die zusammen einen konzeptionellen Rahmen für das proaktive Kostenmanagement bilden (vgl. Abb. 5):

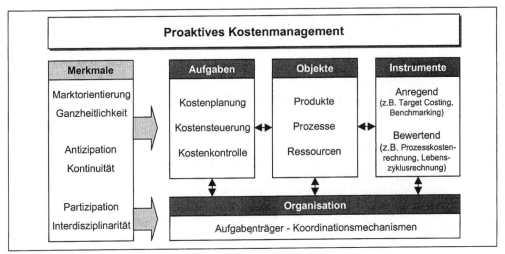

Abb. 5: Konzeption des proaktiven Kostenmanagements (in Anlehnung an: KAJÜTER 2000a, S. 60)

- *Aufgaben*: Kostenmanagement in Sinne von Kostenbeeinflussung ist eine Tätigkeit. Sie umfasst die Kostenplanung, -steuerung und -kontrolle, wobei die Kostensteuerung mit der Maßnahmenplanung und -implementierung den Kern bilden (Kostenmanagement i.e.S.). Sie steht daher im Weiteren im Mittelpunkt.
- *Objekte oder Ansatzpunkte*: Maßnahmen des Kostenmanagements beziehen sich auf Produkte, Prozesse und Ressourcen. Dementsprechend kann zwischen einem produkt-, prozess- und ressourcenorientierten Kostenmanagement unterschieden werden.
- *Instrumente*: Kostenmanagement wird durch ein breites Spektrum an Methoden unterstützt. Die Methoden dienen dazu, (Kosten-)Informationen zu generieren (z.B. Prozesskostenrechnung) oder Vorgehensweisen zu strukturieren (z.B. durch den Arbeitsplan bei der Wertanalyse). Sie regen Entscheidungen an und bewerten Sachverhalte.
- *Organisation*: Kostenmanagement ist strukturell im Unternehmen zu verankern, damit es mit der notwendigen Konsequenz betrieben wird. Dabei ist zum einen zu klären, welche Personen oder organisatorischen Einheiten die Aufgaben des Kostenmanagements wahrnehmen (Aufgabenträger) und zum anderen, wie diese Aufgaben bei arbeitsteiliger Ausführung abgestimmt werden (Koordinationsmechanismen).

Der skizzierte konzeptionelle Rahmen stellt die vielfältigen Gestaltungsparameter des Kostenmanagements in einen Gesamtzusammenhang und bietet dadurch eine wertvolle Orientierungshilfe. Zudem ermöglicht er eine selektive Analyse einzelner Aspekte des Kostenmanagements und trägt dadurch zur Komplexitätsreduktion bei.[6]

Bevor auf die einzelnen Bereiche näher eingegangen wird, ist die zentrale Bedeutung hervorzuheben, die einer systematischen *Anregung* zu einem proaktiven Kostenmanagement zukommt. Diese Anregung kann sowohl vom Kunden als auch vom Wettbewerb ausgehen. Dabei bieten sich das Target Costing und das Kosten-Benchmarking als Instrumente an, die ausgehend vom Markt und Wettbewerb Kostenlücken ableiten und damit den Handlungsbedarf für das eigene Unternehmen aufzeigen (vgl. hierzu die Beiträge von SEIDENSCHWARZ ET AL. und KREUZ). Dies geschieht in einer Weise, die logisch und einsichtig ist und daher auch argumentativ gegenüber Mitarbeitern leichter zu kommunizieren ist als willkürliche Budgetkürzungen.[7]

5. Aufgaben des Kostenmanagements

Kostenmanagement umfasst i.e.S. die Maßnahmenplanung und -implementierung. Erstere beinhaltet eine fundierte Kostenanalyse, eine Kostenfrühaufklärung sowie die darauf aufbauende Formulierung von kostenbeeinflussenden Maßnahmen. Gegenstand der Kostenanalyse, die im Folgenden zuerst dargestellt wird, sind sowohl die Kostensituation als auch die sie determinierenden Kostentreiber (vgl. KAJÜTER 2000a, S. 117ff.).

5.1. Kostenanalyse

5.1.1. Analyse der Kostensituation

Die Analyse der Kostensituation zielt allgemein darauf ab, Kostenschwerpunkte zu erkennen, Kostennachteile gegenüber Wettbewerbern zu identifizieren und negative Entwicklungen im Zeitablauf aufzuzeigen bzw. zu prognostizieren. Die Kostensituation kann dabei durch drei wesentliche Merkmale charakterisiert werden: Das *Kostenniveau* kennzeichnet die absolute Höhe der Kosten, die *Kostenstruktur* deren Zusammensetzung aus verschiedenen Kostenkategorien (z.B. variable und fixe Kosten) und der *Kostenverlauf* das Kostenverhalten in Abhängigkeit von einem Kostentreiber (z.B. der Beschäftigung) (vgl. REISS/CORSTEN 1990, S. 390ff.). Diese drei Dimensionen sind nicht unabhängig voneinander, denn die Kostenstruktur beeinflusst auch den Kostenverlauf, beide zusammen wirken auf das Kostenniveau.

Ausgehend von diesen drei Merkmalen eröffnen sich durch unterschiedliche Analyseobjekte und -perspektiven vielfältige Möglichkeiten, die Kostensituation näher zu durchleuchten. *Analyseobjekte* können einzelne Teile des Unternehmens sein (z.B. Funktionsbereiche, Kostenstellen) oder die Stufen der Wertschöpfung (z.B. Ressourcen, Prozesse, Produkte). Als *Analyseperspektiven* bieten sich das eigene Unternehmen, Lieferanten und Kunden sowie Wettbewerber und sog. Best-Practice-Unternehmen an.

Bei unternehmensinternen Kostenanalysen kann vor allem auf die Daten der Kostenrechnung zurückgegriffen werden (vgl. hierzu den Beitrag von FISCHER). Je nach Fragestellung muss das Datenmaterial ggf. noch aufbereitet und angepasst werden.

Lieferanten- und kundenbezogene Analysen erweitern den Fokus über die Grenzen des eigenen Unternehmens hinaus. Ihnen kommt eine hohe Bedeutung zu, da aus den Verknüpfungen zwischen Unternehmen einer Wertschöpfungskette häufig bedeutsame Kostensenkungspotenziale resultieren. Kostenanalysen entlang der Wertschöpfungskette setzen jedoch eine kooperative Beziehung zwischen den Unternehmen voraus, um die Erhebung und den Austausch von Kosteninformationen zu ermöglichen (vgl. hierzu auch die Beiträge von SLAGMULDER und SEURING).

Durch wettbewerbsbezogene Kostenanalysen kann die relative Kostenposition des eigenen Unternehmens im Vergleich zu Konkurrenten ermittelt werden. Methodische Unterstützung bietet dazu das Benchmarking (vgl. KLEINFELD 1996; KAJÜTER 2000b). Besonders verbreitet ist in Industrieunternehmen das produktbezogene Benchmarking in Form des Reverse Engineering. Hierbei werden Wettbewerbsprodukte in ihre Einzelteile zerlegt, Unterschiede im Funktionsumfang ermittelt und das gesamte Produkt kostenmäßig so bewertet, als ob es im eigenen Unternehmen hergestellt worden wäre. Obwohl auf diese Weise die Kosten des Wettbewerbsproduktes nur näherungsweise bestimmt werden können (Kostendifferenzen aufgrund unterschiedlicher Prozesseffizienz oder Faktorpreise sind extern i.d.R. schwierig ermittelbar), lassen sich aus derartigen Analysen meist wichtige Anregungen zur Verbesserung der Produktgestaltung gewinnen (vgl. zum Benchmarking auch den Beitrag von KREUZ).[8]

Neben Wettbewerbern besteht schließlich auch die Möglichkeit, Best-Practice-Unternehmen für einen Kostenvergleich zu betrachten. Darunter werden i.d.R. Unternehmen außerhalb der eigenen Branche verstanden, die bestimmte Prozesse exzellent beherrschen. Interessant sind solche Unternehmen vor allem für Kostenanalysen in indirekten Bereichen (z.B. Beschaffung), da hier trotz Verschiedenartigkeit der Branche durchaus Vergleichsmöglichkeiten bestehen (vgl. auch den Beitrag von HOMBURG/RICHTER).

5.1.2. Analyse der Kostentreiber

Um zielgerichtete Maßnahmen zur Kostenbeeinflussung ergreifen zu können, ist es nicht ausreichend, lediglich die Kostensituation zu analysieren, denn hierbei werden nur die *Symptome*, d.h. die Kosten in ihrem Niveau, ihrer Struktur und ihrem Verlauf betrachtet. Eine nachhaltige Kostenbeeinflussung setzt vielmehr voraus, dass auf die *Ursachen* der Kostenentstehung, also die kostentreibenden Faktoren (Kosteneinflussgrößen, Kostentreiber), gezielt Einfluss genommen wird. Dazu müssen die relevanten Kostentreiber erstens identifiziert und zweitens in ihrer Wirkungsweise analysiert werden (vgl. KAJÜTER 2000a, S. 122ff.).

In der Praxis bereitet dies oftmals Schwierigkeiten, da die relevanten Kostentreiber in vielen Bereichen nur unzureichend bekannt sind. Porter bemerkt dazu treffend: „Führungskräften ist die Bedeutung der Kosten durchaus bekannt, und viele Unternehmenspläne setzen die ‚Kostenführerschaft' oder ‚Kostenreduzierung' zum Ziel. Aber das Kostenverhalten wird selten wirklich richtig verstanden." (PORTER 1986a, S. 93).

Dieses Problem ist von der Wissenschaft bereits früh erkannt worden, so dass sich in der Literatur eine Vielzahl an Beiträgen dem Thema der Kosteneinflussgrößen widmet. Diese lassen sich drei Gruppen zuordnen (vgl. BROKEMPER 1998, S. 61ff.):

- *Operative Kostentreiber* sind auf den Produktionsbereich von Industrieunternehmen ausgerichtet und erklären kurzfristige Kostenabhängigkeiten bei gegebenen Strukturen. Einen der wichtigsten Kostentreiber stellt dabei der Beschäftigungsgrad dar (vgl. SCHMALENBACH 1963, S. 41). Von den verschiedenen Systemen der operativen Kosteneinflussgrößen hat das von Gutenberg entwickelte besondere Bedeutung erlangt. Danach werden neben der Beschäftigung die Faktorpreise, die Faktorqualitäten, die Betriebsgröße und das Fertigungsprogramm als weitere wesentliche Kostentreiber unterschieden (vgl. GUTENBERG 1983, S. 338ff.).

- *Taktische Kostentreiber* fokussieren auf die Dienstleistungsbereiche. Da in diesen fixe Gemeinkosten dominieren, erklären diese Kostentreiber (z.B. die Anzahl der Beschaffungsvorgänge) eher mittelfristige Kostenabhängigkeiten. Sie werden im Rahmen der Prozesskostenrechnung analysiert (vgl. FRANZ 1990 und den Beitrag von KAJÜTER). Da bislang kein geschlossenes System an Kosteneinflussgrößen für die indirekten Bereiche existiert, sind die Kostentreiber jeweils individuell zu ermitteln.

- *Strategische Kostentreiber* betrachten die gesamte Wertschöpfungskette und beschreiben langfristige Kostenabhängigkeiten. Die zwei grundlegenden Ansätze hierzu stammen aus dem angloamerikanischen Raum. PORTER (1986a, S. 94) nennt eine Liste von zehn strategischen Kostentreibern, zu denen u.a. größenbedingte Kostendegressionen, Lerneffekte und Verknüpfungen zu Lieferanten und Kunden gehören. SHANK/GOVINDARAJAN (1993, S. 19ff.) unterscheiden dagegen zwischen strukturellen und operationalen Kostentreibern. Erstere beziehen sich auf den strukturellen Rahmen der Wertschöpfung (z.B. Fertigungstiefe, Komplexität), letztere auf den Wertschöpfungsprozess (z.B. Commitment der Mitarbeiter zu kontinuierlichen Verbesserungen) (vgl. hierzu den Beitrag von SHANK). Bei beiden Ansätzen werden allerdings funktionale Zusammenhänge und Interdependenzen zwischen den Kostentreibern nicht erklärt.

Dennoch kommt der Kenntnis dieser strategischen Kosteneinflussgrößen eine eminente Bedeutung zu, da die Kostensituation durch sie grundlegend und periodenübergreifend beeinflusst wird. Strategische Kostentreiber stellen langfristige Vorsteuergrößen dar, die auch auf die taktischen und operativen Kostentreiber einwirken (vgl. BROKEMPER 1998, S. 77). Eine geringere Produktkomplexität führt z.B. zu weniger Beschaffungsvorgängen und damit zu einem geringeren Personalbedarf und niedrigeren Kosten. Umgekehrt resultieren Kostenprobleme von Unternehmen oftmals aus Fehlern beim Management dieser strategischen Kosteneinflussgrößen (vgl. HOMBURG/DEMMLER 1995, S. 21).

Sind die relevanten Kostentreiber identifiziert, müssen sie im nächsten Schritt im Hinblick auf ihren Einfluss auf die Kostensituation bewertet werden (vgl. STEIN 1988, S. 412). Dies ist für operative und taktische Kostentreiber vergleichsweise gut möglich, da die Kostenfunktionen in diesen Bereichen weitgehend bekannt sind. Eine analoge Quantifizierung der strategischen Kostentreiber erweist sich indes als schwierig, da empirisch überprüfte, langfristige Kostenfunktionen bislang nur ansatzweise (z.B. in Form der Erfahrungskurve) existieren. Aus diesem Grunde müssen die Auswirkungen von strategischen Kostentreibern durch spezielle Analysen abgeschätzt werden (vgl. hierzu für den Kostentreiber Komplexität den Beitrag von ROSENBERG).

5.2. Kostenfrühaufklärung

Neben der Kostenanalyse können Handlungsnotwendigkeiten und Kostensenkungspotenziale auch durch eine Kostenfrühaufklärung identifiziert werden. Diese umfasst die systematische Erhebung, Auswertung und Weiterleitung von Informationen über bereits vorhandene Chancen und Bedrohungen hinsichtlich der Kostensituation (vgl. KAJÜTER 2000a, S. 124ff.). Ziel der Kostenfrühaufklärung ist es, zum einen gegensteuernde Maßnahmen bereits *vor* Entstehen der negativen Kostenentwicklung anzuregen und dadurch regelmäßig auftretende Zeitverzögerungen bis zur Wirksamkeit der Maßnahmen so weit wie möglich zu vermeiden. Zum anderen dient sie dazu, mögliche Kostensenkungspotenziale, die z.B. durch neue Technologien erschlossen werden können, aufzuzeigen.

Instrumentell stützt sich die Kostenfrühaufklärung vor allem auf *Indikatoren*, wie z.B. Auftragseingang, Rohstoffpreise oder Wechselkurse. Ersterer hat besondere Bedeutung, da er bereits frühzeitig einen Nachfragerückgang signalisiert und dadurch ggf. notwendige Maßnahmen zum Abbau von Kapazitäten im Rahmen des Fixkostenmanagements anregen kann (vgl. OECKING 1994, S. 133ff.).

Neben Indikatoren können auch *Kennzahlen, Hochrechnungen* und sog. *schwache Signale* (z.B. Tendenzen in der Rechtsprechung) zur Kostenfrühaufklärung genutzt werden. Entscheidend ist jeweils, dass die aus den identifizierten Chancen und Risiken möglicherweise resultierenden Konsequenzen für die zukünftige Kostensituation zumindest näherungsweise bestimmt werden. Die Informationen sind schließlich in das Berichtswesen zu integrieren, um eine Übermittlung an die Entscheidungsträger sicherzustellen.

5.3. Maßnahmenformulierung

Kostenanalyse und Kostenfrühaufklärung schaffen die informatorische Grundlage für die Kostenbeeinflussung. Darauf aufbauend sind Maßnahmen zu formulieren, um eventuelle Kostennachteile im Vergleich zum Wettbewerb zu beheben oder die geplanten Kostenziele zu erreichen.

Die Maßnahmenformulierung führt im Ergebnis zur Auswahl bzw. Verabschiedung eines mehr oder weniger umfangreichen Maßnahmenpaketes (vgl. KAJÜTER 2000a, S. 127ff.). Das Kontinuum reicht dabei von einer *Einzelmaßnahme* bis hin zu einem umfassenden *Maßnahmenbündel (Maßnahmenprogramm)*. Vor allem strategische Maßnahmen, wie z.B. eine Standortverlagerung, setzen sich i.d.R. aus verschiedenen einzelnen Aktionen zusammen bzw. müssen für die Detailplanung und Umsetzung in solche konkretisiert werden.

Um überhaupt Maßnahmen auswählen zu können, sind diese zunächst zu erarbeiten. Dies kann *fallweise* geschehen, indem in unregelmäßigen Zeitabständen Projekte zur Kostensenkung durchgeführt werden. Für ein proaktives Kostenmanagement ist dies jedoch nicht ausreichend. Es bedarf vielmehr der Ergänzung um eine *permanente* Suche nach Verbesserungsmöglichkeiten, wie sie z.B. die japanische Kaizen-Philosophie anstrebt (vgl. IMAI 1992). Dabei kommt den Ideen der Mitarbeiter besondere Bedeutung zu. Diese können nicht nur durch regelmäßige Kaizen-Workshops, sondern auch durch ein effektives betriebliches Vorschlagswesen erhoben werden (vgl. HARDT 1997).

Letztendlich sind die erarbeiteten oder vorgeschlagenen Maßnahmen bzw. Maßnahmenprogramme zu bewerten. Je nach Bedeutung der zu treffenden Entscheidung kann die Bewertung unterschiedlich intensiv sein und von einer intuitiven Abschätzung bis hin zu einer detaillierten Berechnung (z.B. auf der Basis einer Investitionsrechnung) reichen. Dabei können die der Bewertung zugrunde gelegten quantitativen und/oder qualitativen Kriterien variieren. Beispiele für solche Kriterien sind die Wirtschaftlichkeit, Fristigkeit oder Durchsetzbarkeit der Maßnahmen (vgl. GRUNDY 1996, S. 64). Auch eventuelle Auswirkungen auf die betriebliche Leistung (z.B. Qualitätseinbußen) sind zu berücksichtigen. Mit der Auswahl einer Maßnahme wird schließlich die Entscheidung für deren Implementierung getroffen.

5.4. Maßnahmenimplementierung

Die Maßnahmenimplementierung umfasst Aufgaben, die notwendig sind, um die faktische, operative Umsetzung der geplanten Maßnahmen zu sichern. Diese Aufgaben sind von zentraler Bedeutung, da eine vollständige Implementierung in der Praxis oftmals durch verschiedene Störfaktoren (z.B. wechselnde Prioritäten oder Interessen) verzögert oder gar verhindert wird (vgl. KAJÜTER 2000a, S. 133ff.).

Es sind daher zum einen instrumentelle und organisatorische Rahmenbedingungen zu schaffen, die eine reibungslose Maßnahmenumsetzung gewährleisten. Dazu gehört vor allem eine *systematische Maßnahmenverfolgung*, die bei umfangreicheren Maßnahmenprogrammen besonders bedeutsam ist. Die im Bereich der Produktentwicklung bei Volkswagen eingesetzten Produkt Business Pläne sind dafür ein gutes Beispiel. In ihnen werden die Verantwortlichkeiten und Termine für die Maßnahmenumsetzung festgeschrieben und können so laufend nachverfolgt werden (vgl. hierzu den Beitrag von CLAASSEN/ELLSSEL). Für kurzfristig realisierbare Maßnahmen (z.B. aus Verbesserungsvorschlägen von Mitarbeitern) ist zudem eine *zeitnahe Umsetzung* sicherzustellen.

Neben diesen eher sachlichen Voraussetzungen ist zum anderen bei den betroffenen Mitarbeitern die *Akzeptanz* für die geplanten Maßnahmen zu *fördern*. Kostenmanagement führt regelmäßig zu mehr oder weniger tiefgreifenden Veränderungen im Unternehmen: Unprofitable Geschäftsbereiche werden aufgegeben, Hierarchien und Arbeitsplätze abgebaut, Prozessabläufe neu gestaltet oder alte Gewohnheiten und erworbene Privilegien in Frage gestellt. Mit derartigen Veränderungen geht für die betroffenen Mitarbeiter oftmals ein hohes Maß an Ungewissheit einher, das dem menschlichen Bedürfnis nach Sicherheit und Kontrolle der eigenen Situation widerstrebt (vgl. BUNGARD 1996, S. 260ff.). Daraus entstehen oftmals Widerstände, die die Umsetzung der Maßnahmen behindern und unerwünschte Begleiterscheinungen (z.B. Einschränkung der Leistungsbereitschaft) bewirken. Abbildung 6 stellt Ursachen von Widerständen und deren mögliche dysfunktionale Wirkungen dar.

Ursachen von Widerständen	Mögliche Wirkungen
- Mangelnde Kenntnis über die verfolgten Ziele - Schlechte Erfahrungen aus früheren Maßnahmen - Beeinträchtigung von eigenen Privilegien und Prestige - Überzeugung, es selbst besser zu wissen - Angst, aus der Veränderung als Verlierer hervorzugehen - Angst, der neuen Aufgabe nicht gewachsen zu sein - Generelle Skepsis gegenüber Neuem (Sicherheitsbedürfnis) - Selbstentfaltung wird höher gewichtet als ökonomischer Erfolg - Ideologische Interessengegensätze	- „Dienst nach Vorschrift" - (innere) Kündigung - Absentismus - Weigerung, an der Umsetzung mitzuwirken - negative Beeinflussung anderer Mitarbeiter - negative Äußerungen gegenüber Kunden - Qualitätseinbußen bei Produkten aufgrund geringerer Sorgfalt

Abb. 6: Ursachen und Wirkungen von Widerständen beim Kostenmanagement
(in Anlehnung an: HUBER 1987, S. 215)

Um den Ursachen der Widerstände entgegenzuwirken, bieten sich sog. *Akzeptanzfaktoren* an: rechtzeitige *Information* der Betroffenen, falls notwenig *Qualifikation* für die neuen Anforderungen, *Motivation* durch Anreize, Einsatz von Führungskräften als *Promotoren*, die die Implementierung aktiv und intensiv fördern (vgl. hierzu auch die Beiträge von KAJÜTER und REISS). Diese Faktoren stellen gewiss kein Patentrezept dar, gleichwohl haben sie sich bei vielen Organisationsveränderungen als hilfreich erwiesen.[9]

6. Ansatzpunkte und Instrumente des Kostenmanagements

Ansatzpunkte für Maßnahmen des proaktiven Kostenmanagements sind Produkte, Prozesse und Ressourcen. Ausgangspunkt der Überlegungen bilden die Kunden, für die das Unternehmen *Produkte* (oder Dienstleistungen) herstellt. Dazu sind zahlreiche *Prozesse* erforderlich, die *Ressourcen* in Anspruch nehmen. Dies sind sowohl Mitarbeiter (Personalressourcen) als auch Gebäude, Maschinen, Rohstoffe etc. (Sachressourcen). Ressourcen sind entweder intern im Unternehmen vorhanden oder werden von Lieferanten extern bezogen (vgl. Abb. 7).

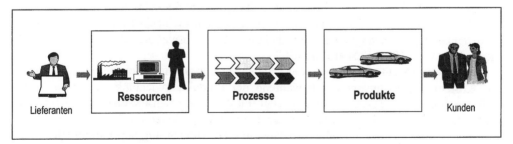

Abb. 7: Ansatzpunkte des Kostenmanagements

Dieser Zusammenhang von Produkten, Prozessen und Ressourcen stellt ein *generisches Geschäftsmodell* dar, das unabhängig von Branchenspezifika eine weite, unternehmensinterne und unternehmensübergreifende Perspektive für kostenbeeinflussende Maßnahmen aufzeigt. Die drei Ansatzpunkte können dabei im konkreten Einzelfall unterschiedlich bedeutsam sein.

Da Kosten den Ressourcenverbrauch in einer Periode abbilden, ist Kostenmanagement ohne Rückwirkung auf die Ressourcen nicht denkbar. Sie sind bei allen Maßnahmen entweder direkt oder indirekt betroffen. Eine ausschließliche Fokussierung des Kostenmanagements auf ressourcenbezogene Maßnahmen, wie sie z.B. der Abbau von Personal bei ansonsten unveränderter Produkt- und Prozessgestaltung darstellt, vernachlässigt indes wesentliche Kostensenkungspotenziale und kann u.U. zu Qualitätsverlusten bei der Leistungserstellung führen (z.B. verspätete Auftragsbearbeitung). Die eingangs erwähnten produkt- und prozessbezogenen Ursachen für Kostennachteile zeigen, dass eine indirekte Kostenbeeinflussung über die Verbesserung der Produkt- und Prozessgestaltung unverzichtbar ist und daher alle drei Ansatzpunkte bei der Kostenoptimierung zu berücksichtigen sind.

Im Folgenden werden diese drei Ansatzpunkte näher dargestellt, wobei auch auf die das Kostenmanagement unterstützenden Instrumente eingegangen wird.

6.1. Produktorientiertes Kostenmanagement

Während der Entwicklung werden etwa 70-80% der Herstellkosten eines Produktes festgelegt (vgl. OPITZ 1970, S. 525). Die Bemühungen um eine kostengünstige Produktgestaltung müssen daher schwerpunktmäßig auf die *Phase der Produktentstehung* fokussiert werden. Dabei besteht das Dilemma, dass das Kostenbeeinflussungspotenzial in dieser Phase zwar am größten ist, die Möglichkeiten zur Kostenerfassung und Kostenbeurteilung am Anfang der Produktentstehung jedoch beschränkt sind (vgl. hierzu den Beitrag von EHRLENSPIEL ET AL.). Die Kostenrechnung liefert in diesem Zusammenhang keine adäquaten Informationen, da sie für die Kalkulation auf Stücklisten und Arbeitspläne zurückgreift, die am Anfang der Produktentwicklung noch gar nicht zur Verfügung stehen. Notwendig sind daher Kosteninformationssysteme, die eine *entwicklungsbegleitende Kalkulation* auf der Basis von Ähnlichkeitsbeziehungen, Kurzkalkulationen (z.B. Schätzung der Herstellkosten in Abhängigkeit vom Gewicht), Gut-Schlecht-Beispielen oder Relativkostenkatalogen ermöglichen und dadurch das Informationsdefizit abbauen (vgl. HORVÁTH ET AL. 1996; SCHMIDT 1996).[10]

Um die Produktentwicklung auf die Kundenbedürfnisse auszurichten und gleichzeitig das Kostenbeeinflussungspotenzial während der Produktentwicklung zu nutzen, bietet sich der Einsatz des *Target Costing* an (vgl. FRANZ 1993; SEIDENSCHWARZ 1997).[11] Es stellt das zentrale, die gesamte Produktentwicklung leitende Kostenmanagement-Instrument dar. Die Grundidee besteht dabei in einer Umkehrung der traditionellen Kosten-Plus-Kalkulation in eine vom Markt ausgehende Festlegung von Kostenzielen. Ausgangspunkt bildet eine fundierte Prognose der über den gesamten Produktlebenszyklus realisierbaren Absatzmenge sowie der am Markt erzielbaren Preise. Hierbei kommt den Daten der Marktforschung eine zentrale Bedeutung zu.

Auf der Grundlage der Preis- bzw. Umsatzprognose können marktorientierte Kostenziele auf zwei Wegen abgeleitet werden. Bei einem *statischen Target Costing* wird von einem durchschnittlichen Marktpreis eine verbindlich vorgegebene Zielrendite (Umsatzrendite) subtrahiert, so dass sich die stückbezogenen Zielkosten ergeben (retrograde oder Preis-Minus-Kalkulation). Nach Abzug anteiliger Entwicklungs-, Verwaltungs- und Vertriebs-kosten wird der auf die Herstellkosten entfallende Anteil im Rahmen der sog. Zielkosten-spaltung auf die einzelnen Produktkomponenten heruntergebrochen. Durch Vergleich der Ziel-Herstellkosten mit den prognostizierten Herstellkosten ergibt sich der notwendige Kostenreduktionsbedarf (Zielkostenlücke) (vgl. hierzu ausführlich die Beiträge von SEIDENSCHWARZ ET AL., CLAASSEN/ELLßEL sowie SLAGMULDER).

Bei einem *dynamischen Target Costing* wird das neu zu entwickelnde Produkt als ein Investitionsprojekt behandelt. Dabei werden die Zielkosten aus einem dynamischen In-vestitionskalkül abgeleitet, wodurch auch Zinseszinseffekte berücksichtigt werden (vgl. FRANZ 1997b; MUSSNIG 2001a). Wie beim statischen Ansatz sind auch hier die Ziel-kosten auf einzelne Produktkomponenten aufzuspalten, um eine Zielgröße für die Arbeit der Entwicklungsteams zu erhalten.

Eine dynamische Perspektive liegt auch dem *Product Life Cycle Costing* zugrunde. Dieses Instrument bildet die Grundlage eines dynamischen Target Costing, da es darauf abzielt, den Kostenanfall über den gesamten integrierten Produktlebenszyklus (bestehend aus Entwicklungs-, Markt- und Nachsorgezyklus) zu optimieren (vgl. RIEZLER 1996; KEMMINER 1999).[12] Dabei sind vor allem die Interdependenzen zwischen den Phasen für das Kostenmanagement zu nutzen. So kann es u.U. für einen Hersteller vorteilhaft sein, höhere Entwicklungskosten zu akzeptieren, wenn dadurch die Herstellkosten überpro-portional gesenkt werden können (vgl. zum Produktlebenszykluskostenmanagement den Beitrag von RIEZLER).

Um die im Rahmen eines Target Costing aufgedeckte Kostenlücke zu schließen, sind Maßnahmen des produkt-, prozess- und ressourcenorientierten Kostenmanagements zu ergreifen. *Produktbezogen* sind vor allem folgende *Maßnahmenkategorien* von hoher Bedeutung (vgl. KAJÜTER 2000a, S. 164ff.):

- *Marktgerechte Produktgestaltung*: Oftmals existieren Produktfunktionen, die dem Kunden keinen oder nur geringen Nutzen stiften und daher ohne Erlöseinbußen elimi-niert werden können. Die Existenz solcher Produktfunktionen resultiert meist aus einer dominierenden Technik- und mangelnden Kundenorientierung (Overengineering). Ihre Identifikation erfordert eine sorgfältige Analyse der Kundenanforderungen. Dabei kann z.B. auf die Methode des Conjoint-Measurement zurückgegriffen werden (vgl. hierzu den Beitrag von KUCHER/SIMON).

- *Fertigungs- bzw. montagegerechte Produktgestaltung*: Einzelteile, Baugruppen und der Gesamtaufbau des Produktes sind so zu konstruieren, dass die Montage mit einem möglichst geringen Aufwand an Zeit, Flächenbedarf und Montagemitteln möglich ist. In der Automobilindustrie hat sich hierbei die Vormontage bestimmter Module be-währt, um den Zugriff an enge, verwinkelte Stellen zu erleichtern und dadurch Monta-gezeiten und -kosten zu reduzieren. Ebenso ist ein übertriebener Perfektionismus zu vermeiden: Überdimensionierte Verbindungstechniken (z.B. Doppel- anstatt Einzel-verschraubung) führen häufig zu unnötig hohen Kosten.

- *Komplexitätsgerechte Produktgestaltung*: Die Komplexität von Produkten und Produktprogrammen stellt, wie oben erwähnt, einen strategischen Kostentreiber dar. Sie ist eine Folge von Vielfalt, die in zwei Formen auftreten kann:
  - *Teilevielfalt* entsteht durch die Vielzahl unterschiedlicher Einzelteile und Baugruppen, die in ein Produkt eingehen. Sie resultiert häufig aus Mängeln in der internen Organisation (z.B. schlechte Kommunikation zwischen Unternehmensbereichen, fehlende Standardisierung von Bauteilen etc.).
  - *Variantenvielfalt* entsteht durch das Angebot einer Vielzahl verschiedener Produktvarianten (bedingt durch unterschiedliche Ausstattung, Farbe, Design etc.). Sie ist darauf zurückzuführen, dass entweder versäumt wird, das Produktsortiment regelmäßig um wenig nachgefragte Varianten zu bereinigen, oder dass bewusst viele Varianten angeboten werden, um in zunehmend gesättigten Absatzmärkten vermehrt auf kundenspezifische Anforderungen einzugehen.

Während Teilevielfalt i.d.R. keinen zusätzlichen Kundennutzen stiftet, besteht durch die Produktdifferenzierung die Möglichkeit, in neue Marktnischen vorzudringen und zusätzliche Erlöse zu erzielen. In beiden Fällen werden jedoch die kostentreibenden Auswirkungen der dadurch induzierten Komplexität häufig unterschätzt.[13] Die Teile- und Variantenvielfalt führt zu einem Anstieg der Aktivitäten in den verschiedenen Funktionsbereichen (z.B. müssen mehr Teile entwickelt und als Ersatzteile bevorratet werden, es fallen mehr Bestell- und Liefervorgänge an etc.), was letztendlich höhere Gemeinkosten verursacht. Um diesem Problem zu begegnen, kann die *Teilevielfalt* durch eine Reihe von technischen und organisatorischen Maßnahmen wie beispielsweise eine vermehrte Verwendung von Gleichteilen, eine stärkere Standardisierung (Normteile) oder eine verbesserte Kommunikation zwischen Konstrukteuren ähnlicher Produkte reduziert werden. Als Maßnahmen gegen die *Variantenvielfalt* bieten sich u.a. die Bildung von Zwangskombinationen oder das Angebot einer hohen Grundausstattung an (vgl. hierzu auch den Beitrag von ROSENBERG).

6.2. Prozessorientiertes Kostenmanagement

Mängel in der Prozessgestaltung stellen, wie eingangs aufgezeigt, eine wesentliche Ursache für Kostennachteile von Unternehmen dar. Unter einem *Prozess* wird dabei allgemein eine Folge von Aktivitäten verstanden, die sachlogisch miteinander verbunden sind und zu einem bestimmten Arbeitsergebnis führen. Beispiele hierfür sind die Abwicklung eines Kundenauftrages, die Beschaffung von Material oder die Bearbeitung eines Versicherungsschadens. Gemeinsam ist diesen Prozessen, dass sie i.d.R. über die traditionellen Kostenstellen- und Abteilungsgrenzen hinausgehen.

Prozessabläufe entwickeln sich im Laufe der Zeit und werden bei veränderten Rahmenbedingungen unwirtschaftlich. Insbesondere neue Technologien, wie z.B. das Internet, eröffnen immer wieder neue Möglichkeiten, Prozesse effizienter zu gestalten. Sie sind daher regelmäßig zu optimieren, um durch eine bessere Prozessgestaltung die Inanspruchnahme von Ressourcen zu verringern. In fixkostenintensiven Bereichen geht damit zwar nicht unmittelbar eine Kostensenkung einher, gleichwohl werden Freiräume geschaffen, um die Ressourcen sinnvoller einzusetzen oder mittelfristig abzubauen.

In Abhängigkeit von dem Ausmaß und der Tragweite der angestrebten Prozessverbesserung lassen sich zwei grundsätzliche Formen der *Prozessoptimierung* unterscheiden (vgl. KAJÜTER 2000a, S. 186ff.). Dies ist zum einen die *kontinuierliche Prozessverbesserung*, mit der eine permanente, inkrementale Optimierung bestehender Prozesse angestrebt wird. Dabei kommt der intensiven Einbeziehung der Mitarbeiter eine zentrale Bedeutung zu. Grundlage für diesen Ansatz bildet die ursprünglich aus dem japanischen Kulturkreis stammende Kaizen-Philosophie, die inzwischen auch in vielen westlichen Unternehmen unter den Begriffen „Kontinuierlicher Verbesserungsprozess" (KVP) oder „Continuous Improvement Process" (CIP) praktiziert wird. Sofern eine geringfügige Verbesserung bestehender Prozessabläufe nicht ausreicht, um eine angestrebte Zielvorgabe (z.B. eine Kostensenkung) innerhalb des zur Verfügung stehenden Zeitraums zu erreichen, ist eine grundlegende Neugestaltung erforderlich. Eine solche, in unregelmäßigen Zeitabständen in Form eines Projektes durchgeführte *Prozessreorganisation* wird auch als „Business Process Reengineering" bezeichnet.

Der *Ablauf einer Prozessoptimierung* gliedert sich idealtypisch in vier Schritte, die je nach gewählter Form der Prozessoptimierung unterschiedlich detailliert durchzuführen sind (vgl. hierzu ausführlich den Beitrag von KAJÜTER):

- *Formulierung von Zielen*: Allgemeine Zielgrößen der Prozessoptimierung sind die Prozesskosten, die Prozesszeit und die Prozessqualität. Aus dem angestrebten Zielausmaß ergibt sich der notwendige Umfang der Verbesserungsmaßnahmen. Anhand des Zielerreichungsgrades können die Ergebnisse der Prozessoptimierung bewertet werden.

- *Analyse von Prozessen*: Die Prozessanalyse dient der systematischen Aufdeckung von Schwachstellen und Verbesserungspotenzialen. Dazu ist der Istzustand des Prozessablaufs aufzunehmen und zu bewerten. Die erforderliche Transparenz kann durch die Darstellung des Prozessablaufs auf Papier an Wänden oder mittels spezieller Softwareprogramme erreicht werden. Dabei werden oftmals Organisationsbrüche (übertriebene Arbeitsteilung und daraus resultierender hoher Abstimmungsbedarf) und Medienbrüche (Schnittstellenprobleme aufgrund wechselnder manueller und EDV-gestützter Bearbeitung) sichtbar. Als Maßgrößen der Prozessleistung sind schließlich die Prozesskosten, die Prozess(durchlauf)zeit und/oder die Prozessqualität zu ermitteln. Durch einen Vergleich mit den angestrebten Zielen bzw. mit Benchmarks ist eine Bewertung des Istzustandes möglich.

- *Erarbeitung von Optimierungsmaßnahmen*: Aus der Istanalyse heraus ergeben sich meist schon zahlreiche konkrete Maßnahmen zur Verbesserung des Prozessablaufs. Diese lassen sich in drei Maßnahmenkategorien gliedern: die Bereinigung von nichtwertschöpfenden Aktivitäten, die Verlagerung von Aktivitäten und Prozessen innerhalb der unternehmensübergreifenden Wertschöpfungskette sowie die Änderung der Ablaufstruktur. Aus diesen Maßnahmen resultiert ein Sollablauf für den betrachteten Prozess.

- *Implementierung des neuen Prozessablaufs*: Der Sollablauf ist schließlich im Unternehmen umzusetzen („Roll-out"). Wie in Abschnitt 5.4. ausgeführt, ist die Akzeptanz der erarbeiteten Maßnahmen für deren reibungslose Implementierung erfolgskritisch. Ihr ist daher besondere Aufmerksamkeit zu widmen.

Der Ablauf der Prozessoptimierung wird durch eine Reihe von *Instrumenten* unterstützt. Dazu gehören die *Prozesskostenrechnung*, mit deren Hilfe die Kosten von Kostenstellen auf Aktivitäten und Prozesse verrechnet werden (vgl. hierzu den Beitrag von KAJÜTER sowie die Beiträge von RENDENBACH und ARNAOUT/STROBL), das *Prozessbenchmarking*, durch das Kosten-, Zeit- oder Qualitätsdaten von Prozessen in anderen Unternehmen zum Zwecke des Vergleichs erhoben werden (vgl. LAMLA 1995), sowie eine Vielzahl anderer Methoden, die im Rahmen eines prozessorientierten *Performance Measurement* eingesetzt werden (vgl. hierzu den Beitrag von GLEICH).

Die Optimierung von Prozessen sollte nicht an den Unternehmensgrenzen enden, sondern auch die unternehmensübergreifenden Prozesse einbeziehen (vgl. KAJÜTER 2000a, S. 184ff., 2002, S. 45; SEURING 2001a, S. 55ff.). Hierunter sind miteinander verknüpfte unternehmensinterne Prozesse von zwei oder mehr Unternehmen zu verstehen. Gegenstand einer unternehmensübergreifenden Prozessoptimierung ist vor allem die Abstimmung von Schnittstellen zwischen den Unternehmen einer Wertschöpfungskette. Dadurch können Doppelarbeiten vermieden und Einsparpotenziale realisiert werden, die sich einem einzelnen Unternehmen allein nicht eröffnen. Abbildung 8 zeigt das Beispiel einer Wertschöpfungskette für PC-Monitore von Hewlett-Packard (vgl. HAMMER 2002).

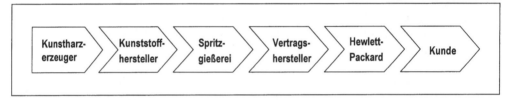

Abb. 8: Wertschöpfungskette von PC-Monitoren bei Hewlett-Packard

Die bessere Abstimmung innerhalb der Wertschöpfungskette, die sich im dargestellten Beispiel von einem Kunstharzanbieter bis zur Auslieferung an den Endkunden erstreckt, wird durch die kommerzielle Nutzung des Internet unterstützt, da dieses einen schnellen Datenaustausch ermöglicht. Durch die Optimierung der Lieferkette konnten Hewlett-Packard und die anderen Unternehmen die Kosten erheblich senken, u.a. dadurch, dass auch der Zeitbedarf für die Ausführung eines Auftrags um 25% reduziert wurde (vgl. HAMMER 2002, S. 47; vgl. hierzu auch die Beiträge von SLAGMULDER und SEURING).

6.3. Ressourcenorientiertes Kostenmanagement

Die Nutzung bzw. der Verbrauch von Ressourcen im Rahmen der Leistungserstellung verursacht Kosten, deren Höhe auf zweierlei Weise beeinflusst werden kann: Zum einen über die *Menge* der eingesetzten Ressourcen (z.B. Anzahl der Mitarbeiter), zum anderen über die *Preise* (z.B. Höhe der Gehälter). Bei einigen Ressourcen sind die Preise jedoch aufgrund gesetzlicher oder vertraglicher Bestimmungen vom Unternehmen nicht oder nur in engen Grenzen beeinflussbar, so dass sich der Gestaltungsspielraum des Kostenmanagements auf die Mengenkomponente beschränkt. Besonders deutlich wird dies bei der Beeinflussung der Personalkosten, wo meist der Personalabbau dominiert.

Die Nutzung von Faktorpreisunterschieden ist, wie eingangs erwähnt, häufig ein Argument für *Standortverlagerungen*. So haben beispielsweise viele Banken in den letzten Jahren traditionelle Standorte für Abwicklungs- und Vertriebsfunktionen in den Innenstadtlagen aufgegeben und neue Standorte in preisgünstigeren Regionen errichtet. Sie profitieren dadurch insbesondere von niedrigeren Mietpreisen und z.T. auch geringeren Gehältern. Derartige Faktorpreisunterschiede sind international meist noch bedeutsamer, weshalb vielfach auch Standortverlagerungen ins Ausland erwogen werden. Dabei besteht jedoch die Gefahr, dass Kostenvorteile bei den Löhnen durch Nachteile in anderen Bereichen überkompensiert werden (z.B. durch höhere Transportkosten und geringere Personalproduktivität) (vgl. KLUGE ET AL. 1994). Eine Standortverlagerung stellt daher kein Allheilmittel zur Kostensenkung dar, sondern sollte sorgfältig unter Berücksichtigung quantitativer und qualitativer Kriterien geprüft werden (vgl. hierzu den Beitrag von KLUGE).

Mögliche Schwerpunkte für das ressourcenorientierte Kostenmanagement lassen sich aus einer Analyse der Kostenstruktur ableiten (vgl. KAJÜTER 2000a, S. 198ff.). Eine derartige Betrachtung zeigt, dass die Material- und die Personalkosten in fast allen Unternehmen die wertmäßig bedeutsamsten Kostenarten darstellen. Während erstere in Industrieunternehmen dominieren, sind letztere vor allem für den Dienstleistungssektor charakteristisch. Das *Material* (Rohstoffe, Kaufteile etc.) und das *Personal* sind folglich wichtige Ansatzpunkte für eine preis- und mengenbezogene Kostenbeeinflussung. Darüber hinaus kommt bei anlagenintensiver Fertigung den *Betriebsmitteln* eine hohe Bedeutung zu. An diesen drei Ressourcen ansetzende kostenbeeinflussende Maßnahmen werden nachfolgend kurz skizziert.

Materialmanagement

Den Rahmen für die Beeinflussung der Materialkosten bilden die *Beziehungen zu den Lieferanten* (vgl. hierzu den Beitrag von TRAUDT). Das Spektrum möglicher Abnehmer-Lieferanten-Beziehungen reicht von einfachen Transaktionen bis hin zu einer engen, partnerschaftlichen und langfristig orientierten Zusammenarbeit. Bei ersteren stehen i.d.R. austauschbare Güter (Commodities) im Vordergrund. Durch Internet-Einkaufsplattformen können in diesem Bereich Preisvorteile erzielt werden, die aus einer höheren Markttransparenz und einer Bündelung von Einkaufsvolumina resultieren (vgl. hierzu den Beitrag von DUDENHÖFFER). Dagegen bietet eine langfristig orientierte, kooperative Abnehmer-Lieferanten-Beziehung (Wertschöpfungspartnerschaft) vor allem Vorteile bei differenzierten, komplexen Gütern.

Da eine derartige Zusammenarbeit nur mit wenigen Lieferanten wirtschaftlich sinnvoll ist, erfordert sie eine Reduktion der Direktlieferanten. Im Extremfall führt dies dazu, dass bestimmte Komponenten nur von einem Lieferanten bezogen werden (*Single Sourcing*). Die dadurch verursachte starke Abhängigkeit von diesem Lieferanten wird dabei bewusst akzeptiert, um von Vorteilen in anderen Bereichen zu profitieren (z.B. einfachere Beschaffungsvorgänge, Nutzung des Lieferanten-Know-how). Zudem treten an die Stelle jährlich neuer Angebotsausschreibungen Rahmenverträge, in denen oftmals stetige Preisreduzierungen während des Produktlebenszyklus vereinbart werden (vgl. KAUFMANN 1993, S. 221ff.).

Eine weitere Maßnahme zur Senkung der Materialkosten ist *Global Sourcing*. Hierbei werden weltweit die günstigsten Beschaffungsquellen ermittelt, um Einkaufspreisvorteile auszunutzen. Aufgrund der höheren Logistikkosten eignet sich das Global Sourcing vor allem bei Kaufteilen mit geringem Gewicht und hoher wirtschaftlicher Bedeutung.

Schließlich kann auch eine *Materialstandardisierung* zu Kostensenkungen beitragen. Im Zusammenhang mit der komplexitätsgerechten Produktgestaltung ist bereits auf die *Verwendung von Gleichteilen* hingewiesen worden, die über höhere Mengenvolumina auch zu günstigeren Einkaufspreisen führen kann. *Modular Sourcing* reduziert demgegenüber vor allem den Koordinationsaufwand in der Beschaffung und Montage (vgl. WOLTERS 1995, S. 98).

Personalmanagement

Im Gegensatz zu den Materialkosten, die weitgehend variabel sind, stellen die Personalkosten i.d.R. überwiegend Fixkosten dar. Aus Sicht des Kostenmanagements ist dabei nachteilig, dass sich diese aufgrund gesetzlicher oder vertraglicher Bestimmungen nur mit zeitlicher Verzögerung an Beschäftigungsschwankungen anpassen lassen. Bei rückläufiger Nachfrage entstehen dann ungenutzte Mitarbeiterkapazitäten. Zwar erhöht sich nicht das absolute Kostenniveau, wohl aber steigen die Stückkosten, da die konstanten Fixkosten von einer geringeren Ausbringungsmenge getragen werden müssen.

Vor diesem Hintergrund kommt der Flexibilisierung des Personaleinsatzes eine hohe Bedeutung zu (vgl. KAJÜTER 2000a, S. 214ff.). *Flexible Arbeitszeitmodelle* leisten hierzu einen wichtigen Beitrag, indem sie die Dauer und/oder Lage der Arbeitszeit an Nachfrageschwankungen anpassen. Bei BMW werden beispielsweise über 200 verschiedene Arbeitszeitmodelle eingesetzt, die von der flexiblen Tages-, Wochen-, Monats- und Jahresarbeitszeit bis hin zur Lebensarbeitszeit reichen. Dadurch können zum einen Schwankungen im Personalbedarf besser ausgeglichen werden, zum anderen führt die Verlängerung der Betriebszeit zu Produktivitäts- und Kostenvorteilen.

Auch der *flexible örtliche Einsatz der Mitarbeiter* kann dazu beitragen, die vorhandenen Ressourcen besser zu nutzen. Volkswagen hat dafür eine interne Zeitarbeitsfirma eingerichtet, um Personalüberhänge und Personalbedarf zwischen verschiedenen Bereichen und Standorten auszugleichen. Einen ähnlichen Weg gehen die Deutsche Bank und die Commerzbank, die Beschäftigungsgesellschaften gegründet haben, um Mitarbeitern, deren Arbeitsplätze wegfallen, andere Beschäftigungschancen innerhalb oder außerhalb des Unternehmens zu eröffnen. Voraussetzung hierfür ist, dass die Mitarbeiter örtlich mobil sind und die Bereitschaft haben, sich für neue Aufgaben zu qualifizieren.

Neben einer Flexibilisierung des Personaleinsatzes können auch *befristete Arbeitsverhältnisse* und *flexiblere Vergütungssysteme* eine bessere Anpassung der Personalkosten an eine schwankende Nachfrage ermöglichen. Die flexiblere Vergütung schließt auch (vorübergehende) Gehaltsminderungen ein, wie sie beispielsweise im Jahr 2001 von Lufthansa und Hewlett-Packard vereinbart wurden (vgl. CLAUSEN ET AL. 2001).

Ist die *Freisetzung von Mitarbeitern* unumgänglich, so sollte diese möglichst sozialverträglich erfolgen. Dazu eignet sich das *Outplacement*, womit dem zu entlassenen Mitarbeiter durch einen darauf spezialisierten Berater bei der Suche nach einem neuen Arbeitsplatz außerhalb des eigenen Unternehmens geholfen wird (vgl. hierzu auch die Beiträge von FRANZ und VON RUNDSTEDT).

Anlagenmanagement

Mit dem Kauf von Betriebsmitteln (Gebäuden, technischen Anlagen, Maschinen etc.) werden Kapazitäten bereitgestellt, die in der Folge Abschreibungen, Zins-, Instandhaltungs- und Betriebskosten verursachen. Die während der Nutzung und Entsorgung anfallenden Kosten übersteigen dabei die Investitionssumme häufig um ein Mehrfaches. Erforderlich ist deshalb ein lebenszyklusbezogenes Kostenmanagement von Sachanlagen, das den Kostenanfall in der Bereitstellungs-, Nutzungs- und Ausmusterungsphase ganzheitlich optimiert. Gegenstand der Kostenbeeinflussung sind folglich die lebenszyklusbezogenen Anlagenkosten.

In der Bereitstellungsphase ist z.B. zu prüfen, ob die durch den *Erwerb gebrauchter Anlagen* i.d.R. erzielbaren Vorteile im Anschaffungspreis so hoch sind, dass sie durch eventuell höhere Folgekosten nicht überkompensiert werden. Während der Nutzungsphase gilt es vor allem, die *Anlagenproduktivität* zu erhöhen, indem Störfaktoren, die die Verfügbarkeit der Anlagen beeinträchtigen, beseitigt werden. Dazu hat sich das Konzept des Total Productive Maintenance bewährt (vgl. NAKAJIMA 1995). Die höhere Anlagenproduktivität reduziert bei steigender Nachfrage den Bedarf an zusätzlichen Investitionen und trägt zur Kostensenkung bei.

Das lebenszyklusbezogene Kostenmanagement von Sachanlagen ist Teil des umfassenderen *Asset Management*, mit dem auch Kostensenkungspotenziale bei Vorräten und Forderungen erschlossen werden können (vgl. hierzu den Beitrag von KAJÜTER/NOACK).

Ressourcenorientiertes Kostenmanagement zielt jedoch nicht nur auf die Reduzierung des Kostenniveaus, also auf die Höhe der Material-, Personal- und Anlagenkosten ab, sondern auch auf die *Optimierung der Kostenstruktur*, also vor allem auf das Verhältnis von fixen zu variablen Kosten. Fixkostencharakter haben vor allem große Teile der Personal- und der Anlagenkosten; er entsteht zum einen durch Verträge, die das Unternehmen an die Ressourcen oder bestimmte Leistungen bindet (z.B. Arbeitsverträge, Mietverträge), und zum anderen durch Eigentumspotenziale, die durch Investitionen geschaffen werden (z.B. Kauf von Anlagen) und Folgekosten verursachen. Da Verträge i.d.R. nicht jederzeit kündbar und Eigentumspotenziale nicht jederzeit veräußerbar sind, sind die durch sie entstehenden Kosten nur mit zeitlicher Verzögerung abbaubar. Daraus resultiert bei rückläufiger Beschäftigung das Problem der *Kostenremanenz*.

Hohe Fixkosten können jedoch auch vorteilhaft sein, denn sie bieten die Chance, bei hoher Kapazitätsauslastung Stückkostendegressionseffekte zu erzielen. Insofern besteht ein Dilemma: „Niedrigere Stückkosten sind häufig nur mit höheren Fixkosten erreichbar. Höhere Fixkosten bedeuten verminderte Kostenanpassungsfähigkeit im Falle eines Beschäftigungsrückganges." (GÄLWEILER 1977, S. 70).

Die Brisanz der Fixkostenproblematik hat in den letzten Jahrzehnten allgemein an Bedeutung gewonnen, da einerseits in vielen Unternehmen tendenziell steigende Fixkosten zu beobachten waren und andererseits die Erlösunsicherheit durch stärkeren Wettbewerb zugenommen hat. Erforderlich ist daher ein systematisches *Fixkostenmanagement*, das z.B. durch Vertragsdatenbanken unterstützt werden kann (vgl. REICHMANN/OECKING 1994). Als Maßnahmen des Fixkostenmanagements bieten sich u.a. der Abschluss befristeter Verträge und die Erzielung fixer Erlöse an (feste Grundpreise wie z.B. bei Telefon, Strom, BahnCard) (vgl. OECKING 1993, 1994; BACKHAUS/FUNKE 1996, 1997).

7. Organisation des Kostenmanagements

Proaktives Kostenmanagement beinhaltet auch eine organisatorische Komponente: Es ist als permanente Aufgabe im Unternehmen zu verankern (vgl. KAJÜTER 2000a, S. 233ff.). Dies erfordert zum einen die Übertragung der oben dargestellten Aufgaben (Kostenanalyse, Maßnahmenformulierung und -implementierung etc.) an verschiedene Personen und organisatorische Einheiten, die als Träger des Kostenmanagements bezeichnet werden. Zum anderen ist bei arbeitsteiliger Aufgabenerfüllung eine Abstimmung notwendig, für die Koordinationsmechanismen zu etablieren sind. Auf beide Aspekte wird im Folgenden kurz eingegangen.[14]

7.1. Träger des Kostenmanagements

Aufgaben des Kostenmanagements können grundsätzlich von allen Mitarbeitern wahrgenommen werden. Jeder verfügt zumindest in seinem Entscheidungs- und Verantwortungsbereich über Möglichkeiten, die Kosten zu beeinflussen, wobei sich diese Möglichkeiten in Abhängigkeit von der hierarchischen Stellung und funktionalen Zuständigkeit unterscheiden (vgl. hierzu FRANZ/KAJÜTER 1997b, S. 497ff.). Während über Standortverlagerungen i.d.R. von der Unternehmensleitung entschieden wird, beeinflussen Konstrukteure durch das von ihnen entwickelte Produktdesign die später anfallenden Einzel- und Gemeinkosten.

Gemeinsam ist dieser Form der Kostenmanagement-Organisation, dass die jeweiligen Personen bzw. organisatorischen Einheiten eine bewusste, zielgerichtete Kostenbeeinflussung zusätzlich zu ihren anderen Aufgaben im Wertschöpfungsprozess wahrnehmen. Diese Gestaltungsvariante wird *funktionales Kostenmanagement* genannt (vgl. KAJÜTER 2000a, S. 242). Sie bietet den Vorteil einer weitgehenden Kongruenz von Informationsstand und unmittelbarem Einflussbereich, so dass Verbesserungspotenziale i.d.R. besser erkannt und ausgeschöpft werden können. Andererseits besteht aber auch die Gefahr, dass dem Kostenmanagement nicht immer die erforderliche Aufmerksamkeit zukommt, da die Aufgaben zusätzlich (neben dem Tagesgeschäft) erledigt werden müssen oder persönliche Interessen der Betroffenen dagegen sprechen. Weiterhin ist denkbar, dass Verbesserungspotenziale zwar erkannt werden, die Entscheidung über deren Realisierung aber über den eigenen Entscheidungsbereich hinausgeht. Ein Beispiel hierfür ist eine abteilungs- oder bereichsübergreifende Prozessoptimierung. Schließlich kann in bestimmten Fällen auch spezifisches Know-how notwendig sein, das nicht bei jedem Mitarbeiter oder Bereich existiert.

Dies lässt es sinnvoll erscheinen, das funktionale Kostenmanagement um eine zweite Form der Kostenmanagement-Organisation, ein *institutionales Kostenmanagement*, zu ergänzen. Hierbei werden für (einzelne) Aufgaben des Kostenmanagements spezielle organisatorische Einheiten eingerichtet. Auf diese Weise entsteht eine Sekundärorganisation für das Kostenmanagement (vgl. KAJÜTER 2001, S. 42). Sie kann sich aus bestimmten Stellen bzw. Abteilungen (z.B. Kostencontrolling) oder auch aus Teams (z.B. Projektgruppen für die Prozessoptimierung) zusammensetzen. Um auf das Kostenmanagement spezialisierte Teamstrukturen dauerhaft zu etablieren, bietet es sich an, eine Stabs-

Projektorganisation einzurichten, die dazu beiträgt, Erfahrungswissen und Methoden-Know-how zwischen den situationsspezifisch gebildeten Teams zu transferieren.

Teamstrukturen eignen sich in besonderer Weise zur Einbeziehung von Mitarbeitern in die Erarbeitung und Umsetzung von kostenwirksamen Maßnahmen und ermöglichen zudem eine funktionsübergreifende Zusammenarbeit. Sie haben daher für die organisatorische Verankerung des Kostenmanagements eine hohe Bedeutung und tragen zu einem partizipativen und interdisziplinären Kostenmanagement bei.

7.2. Koordinationsmechanismen des Kostenmanagements

Zur Abstimmung der einzelnen Teilaufgaben des Kostenmanagements steht eine Reihe von Koordinationsmechanismen zur Verfügung, die sich drei Gruppen zuordnen lassen (vgl. KAJÜTER 2000a, S. 254ff.). Zu den *personenorientierten Koordinationsmechanismen* zählen die Vorgabe bzw. Vereinbarung von Zielen (z.B. zur Kostensenkung), persönliche Weisungen einer übergeordneten Instanz (z.B. zum Abbau von Personal) sowie die (informale) Selbstabstimmung der Beteiligten. Diesen Formen der Abstimmung ist gemeinsam, dass sie auf einer unmittelbaren Kommunikation zwischen Mitarbeitern beruhen. Dabei sind persönliche Weisungen aufgrund ihrer naturgemäß mangelnden Partizipation der betroffenen Mitarbeiter kritisch zu sehen, da ihnen oftmals die notwendige Akzeptanz fehlt. Sie sind jedoch in bestimmten Fällen erforderlich, um Maßnahmen schnell umsetzen zu können.

Spezielle Koordinationsorgane, wie z.B. Stabsstellen, Lenkungsausschüsse und Projektgruppen, stellen *strukturelle Koordinationsmechanismen* dar. Sie sind in der Aufbauorganisation dauerhaft oder vorübergehend implementiert und entlasten die Linieninstanzen von Abstimmungsaufgaben, bereiten Entscheidungen vor und dienen der Bündelung von Fach- und Methoden-Know-how. Aufgrund ihrer vielfältigen Gestaltungsmöglichkeiten handelt es sich um sehr flexibel nutzbare Koordinationsinstrumente.

Der Abstimmungsbedarf kann schließlich auch durch *technokratische Koordinationsmechanismen* befriedigt werden. Darunter werden feste Regeln verstanden, die oftmals in Handbüchern, Checklisten oder Richtlinien schriftlich dokumentiert sind. Eine derartige Standardisierung eignet sich vor allem für die Abstimmung gleichartiger Aufgaben. Im Rahmen des Kostenmanagements kann beispielsweise die methodische Vorgehensweise bei einer wettbewerbsbezogenen Kostenanalyse (Benchmarking) in einem Handbuch dargestellt werden, um auf diese Weise den involvierten Mitarbeitern ein einheitliches, bewährtes Ablaufschema als Orientierungshilfe zur Verfügung zu stellen.

Die vorstehenden Ausführungen zeigen, dass zur Abstimmung der Kostenmanagement-Aufgaben unterschiedliche Koordinationsmechanismen existieren. Aufgrund der Heterogenität der zu koordinierenden Aufgaben reicht es i.d.R. nicht aus, sich auf ein Koordinationsinstrument zu beschränken. Vielmehr ist ein kombinierter Einsatz der skizzierten Mechanismen erforderlich. Dabei gilt es zu bedenken, dass die Koordination des Kostenmanagements selbst Kosten verursacht, die in einem angemessenen Verhältnis zu dem (allerdings nur schwer quantifizierbaren) Nutzen stehen sollten.

8. Verbindung von Kosten- und Innovationsmanagement

Kostenmanagement alleine kann die Wettbewerbsfähigkeit auf Dauer nicht sicherstellen. Neue, innovative Produkte und die Gewinnung neuer Märkte sind die Basis für zukünftigen Erfolg. Vor allem in Hochlohnländern wie Deutschland kommt der Innovation besondere Bedeutung zu, da die verbleibenden Nachteile bei den Faktorkosten durch innovativere Produkte und intelligentere Prozesse kompensiert werden müssen.

Empirische Untersuchungen von McKinsey haben gezeigt, dass *Kostensenkung und Innovation* möglichst zusammen durchgeführt werden sollten. In der Elektronikindustrie haben sich die Unternehmen als besonders erfolgreich erwiesen, denen eine Verbindung von hoher Restrukturierungsgeschwindigkeit mit hohen Wachstumsraten gelang (vgl. KLUGE ET AL. 1994, S. 200, sowie den Beitrag von KLUGE in diesem Buch).

Besondere Bedeutung erlangt diese Tatsache vor dem Hintergrund der sozialen Dimension des Kostenmanagements. Um die Wettbewerbsfähigkeit des Gesamtunternehmens zu erhalten, müssen häufig Arbeitsplätze in einzelnen Bereichen abgebaut werden – auch als Folge eines produkt- und prozessorientierten Kostenmanagements. „Ohne Wachstumsaktionen wären die sozialen Auswirkungen der Restrukturierung [aber, d.V.] zu hart, ‚Kahlschlag' ohne Perspektive kann nicht motivieren." (KLUGE ET AL. 1994, S. 175f.). Deshalb sollte bei ermittelten Personalüberhängen neben dem Ausnutzen der natürlichen Fluktuation auch an die Schaffung neuer Arbeitsplätze gedacht werden. „Wer bei zu hohem Personalbestand nur an Personalabbau denkt, ist entweder fantasielos oder Pessimist." (KÜBEL 1990, S. 149).

Während die Schaffung neuer Geschäftsfelder und Arbeitsplätze zunächst in der Verantwortung des Managements liegt, ist jedoch auch von der Belegschaft eine gewisse Bereitschaft zur Mobilität und Weiterqualifikation notwendig, denn ein neuer Arbeitsplatz ist meistens nicht am selben Ort zu haben und erfordert häufig neue Kenntnisse und Fähigkeiten. Es ist den Mitarbeitern zu verdeutlichen, dass die Bereitschaft zur Veränderung in einem internationalen Wettbewerbsumfeld und in einer Wirtschaft mit hohem Innovationspotenzial unumgänglich ist. Wettbewerb drückt sich vor allem im Zwang zu Produktivitätssteigerungen und somit auch in verbesserten Verfahren mit geringerem Personaleinsatz aus. Dem Vorteil steigenden Wohlstandes aufgrund von Produktivitätserhöhungen steht zwangsweise die belastende Tatsache gegenüber, dass ein Teil der Mitarbeiter in neuen Arbeitsgebieten Einsatz finden muss, wenn nicht Arbeitslosigkeit drohen soll (vgl. hierzu auch den Beitrag von FRANZ).

In Joseph Schumpeters Beschreibung der Innovation als „schöpferische Zerstörung" kommt treffend zum Ausdruck, dass neue, den Wohlstand steigernde Verfahren und Produkte in der Regel an die Stelle alter Verfahren und Produkte treten. Dies aber bedeutet ebenfalls Veränderung, der sich die am Wirtschaftsprozess beteiligten Menschen nicht entziehen können.

Ein Beispiel für die erfolgreiche Verbindung von Kosten- und Innovationsmanagement bei gleichzeitiger Beachtung der sozialen Dimension ist Sanyo Electric, ein japanischer Hersteller von Konsumelektronik mit insgesamt 15.000 Mitarbeitern (vgl. SAKURAI 1995, S. 26ff.). Im Geschäftsbereich Klimaanlagen (ca. 1.000 Beschäftigte) wurde in 1994 ein umfangreiches Prozessmanagement (Activity Based Management – ABM) eingeführt. Ziel war es, die Gemeinkosten zu senken und gleichzeitig den Mitarbeitern die Angst vor Entlassungen zu nehmen. „Thus, the goal of introducing ABM at Sanyo included promoting new businesses, not just restructuring or reengineering; this broader aim can motivate participants to actively participate." (SAKURAI 1995, S. 27). Durch die Analyse der Geschäftsprozesse wurden viele Ursachen für nicht-wertschöpfende Aktivitäten erkannt und mehr als 25% der Mitarbeiter als freisetzbar identifiziert. Diese wurden jedoch nicht entlassen, sondern in neue, wertschöpfende Geschäftsbereiche versetzt. Um diese neuen Geschäftsfelder zu entwickeln, wurden verstärkte Bemühungen in der Produktentwicklung unternommen. Die freigesetzten Mitarbeiter wurden auf ihre neuen Aufgaben in einem internen Trainingszentrum bis zu drei Jahre lang vorbereitet.

9. Zusammenfassung

Um die oberen Unternehmensziele – langfristige Existenzsicherung, Steigerung des Unternehmenswertes, Erwirtschaftung einer angemessenen Kapitalrendite – zu erreichen, kommt einem systematischen, proaktiven Kostenmanagement eine zentrale Bedeutung zu. Proaktives Kostenmanagement stellt eine permanente Aufgabe aller Führungskräfte und Mitarbeiter dar, um die Produktivität und Wirtschaftlichkeit nachhaltig zu verbessern. Kostenbeeinflussende Maßnahmen setzen dabei an den Produkten, Prozessen und Ressourcen an und basieren auf einer fundierten Analyse der Kostensituation und der sie determinierenden Kostentreiber. Im Fokus der Kostenoptimierung stehen nicht nur die Wertschöpfungsstufen im eigenen Unternehmen, sondern auch die Schnittstellen zu Lieferanten und Abnehmern in der unternehmensübergreifenden Wertschöpfungskette.

Proaktives Kostenmanagement wird methodisch durch eine Reihe von Instrumenten unterstützt, von denen das Target Costing und das Benchmarking aufgrund der von ihnen ausgehenden Anregung zur Ergreifung kostenwirksamer Maßnahmen besonders wichtig sind. Die permanente Anregung zu einem proaktiven Kostenmanagement kann darüber hinaus durch dessen organisatorische Verankerung unterstützt werden.

Unvermeidbare Personalfreisetzungen als Folge des Kostenmanagements sollten möglichst sozialverträglich durchgeführt werden, z.B. über ein Outplacement. Für die langfristige Existenzsicherung und Wertsteigerung ist jedoch entscheidend, dass das Kostenmanagement um ein Innovationsmanagement ergänzt wird, mit dem gleichzeitig die Wettbewerbsfähigkeit verbessert und neue Arbeitsplätze als Ersatz für solche in nicht mehr profitablen Bereichen geschaffen werden.

Anmerkungen

1   Die Preis-Kosten-Schere lässt sich auch für einzelne Unternehmen oder Geschäftseinheiten ermitteln. Inwieweit die Preis-Kosten-Schere einzelner Chemieunternehmen in dem dargestellten Beispiel von der branchendurchschnittlichen Preis-Kosten-Schere abweicht, hängt u.a. von Abweichungen im Produktmix und der Kostenstruktur ab (vgl. HAMM 2000, S. 215). Für ein Beispiel aus der Stahlindustrie vgl. HENZLER/KEMPIS 1994.

2   Vgl. zum Zero-Base-Budgeting ausführlich PYHRR 1970; DREYFACK/SEIBEL 1978; MEYER-PIENING 1980, 1982; SUVER/BROWN 1983; zur Gemeinkostenwertanalyse MCDONALD/ROEVER 1975; ROEVER 1980, 1985; HUBER 1987, HERZOG 1988; GUTZLER 1992.

3   Dabei wird davon ausgegangen, dass diese immateriellen Investitionen eine über den Kapitalkosten liegende Verzinsung erwirtschaften. Positive Effekte hätte eine Kostensenkung nur dann, wenn durch sie Verschwendung (nicht-wertschöpfende Aktivitäten) reduziert oder vermieden würde.

4   Ähnlich negative Wirkungen haben auf kurzfristige Ergebnisverbesserungen abzielende Kosteneinsparungen, insbesondere beim Personal, ohne durch Strukturverbesserungen die Voraussetzungen für eine erfolgreiche Geschäftstätigkeit bei verminderter Belegschaft zu schaffen (sog. Downsizing, vgl. KIESER 2002).

5   Für einen Überblick über weitere empirische Studien, die ein reaktives Kostenmanagement dokumentieren, vgl. KAJÜTER 2000a, S. 3.

6   Zur systemtheoretischen Fundierung dieser Konzeption vgl. KAJÜTER 2000a.

7   Kostenmanagment-Instrumente haben somit zum einen die Funktion, Entscheidungen über kostenbeeinflussende Maßnahmen anzuregen und zu fundieren und zum anderen das Verhalten der Mitarbeiter zu beeinflussen (vgl. zur Verhaltenssteuerung durch Instrumente des Kostenmanagements SCHMOLL/ HAFNER 1977, RIEGLER 1996, EWERT 1997, WAGENHOFER 1997).

8   Vgl. zum Benchmarking ferner CAMP 1989; FIFER 1989; HORVÁTH/HERTER 1992; HORVÁTH/LAMLA 1995; KARLÖF/ÖSTBLOM 1994; HOFFJAN 1995; PIESKE 1995.

9   Vgl. zu den die Umsetzung des Kostenmanagements fördernden Aspekten der Unternehmenskultur auch SHIELDS/YOUNG 1992; FREEDMAN 1993; KAJÜTER 1997b.

10 Vgl. zur entwicklungsbegleitenden Kalkulation ferner GRÖNER 1990; MÄNNEL 1996; GÜNTHER/ SCHUH 1998; SCHOLL 1998; sowie zu empirischen Befunden WELP ET AL. 1998.

11 Vgl. zum Target Costing ferner SAKURAI 1989; SEIDENSCHWARZ 1991, 1993; FRANZ 1992b; HORVÁTH/SEIDENSCHWARZ 1992; HORVÁTH ET AL. 1993; BUGGERT/WIELPÜTZ 1995; GLEICH 1996; COOPER/SLAGMULDER 1997; SHANK/FISHER 2000; sowie zu empirischen Befunden FRANZ/KAJÜTER 1997b und ARNAOUT 2001a.

12 Vgl. hierzu auch WÜBBENHORST 1984, 1992; SIEGWART/SENTI 1995; ZEHBOLD 1996; EWERT/WAGENHOFER 2000, S. 321ff.

13 Vgl. zu diesem Problem auch BECKER 1992, S. 171; SCHULZ 1994; EBERLE 2000, S. 343.

14 Vgl. zu diesem organisationstheoretischen Ansatz grundsätzlich PUGH ET AL. 1968; GROCHLA 1978; KUBICEK 1980; WELGE 1987; KIESER/KUBICEK 1992.

Kostenmanagement im Rahmen der wertorientierten Unternehmensführung

ADOLF G. COENENBERG, GERHARD R. MATTNER UND WOLFGANG SCHULTZE

1. Einleitung

Die Rolle des Kapitalmarktes hat in den vergangenen Jahren für die Finanzierung deutscher Unternehmen zunehmende Bedeutung erlangt. Zusätzlich führt der wachsende Anteil institutioneller und ausländischer Anleger, die traditionell stärkeren Einfluss auf die Geschäftsleitung ausüben als Privatanleger, zu einer weiter reichenden Kontrolle durch den Kapitalmarkt. In der Folge hat sich die Ausrichtung der Unternehmensführung an den Zielen der Anteilseigner inzwischen weitestgehend durchgesetzt.

Diese Zielsetzung der Unternehmenswertsteigerung, begriffen als dynamische, langfristige Gewinnmaximierung, hat in der Betriebswirtschaftslehre lange Tradition. Das Treffen von Investitionsentscheidungen anhand des Kapitalwertkriteriums, das letztlich den Unternehmenswertzuwachs der einzelnen Investition abbildet, ist allgemeine Basis ökonomischen Handelns. Akzeptiert man die Kapitalwertmaximierung als Auswahlkriterium für Investitionsvorhaben, so wird deren Aggregat, die Unternehmenswertmaximierung, zum obersten Auswahlkriterium aller möglichen Strategien des Gesamtunternehmens.

Aus der Bewertungstheorie lassen sich so genannte Werttreiber identifizieren, die für die Steigerung des Unternehmenswerts entscheidend sind. Sie stehen in direktem Zusammenhang mit den Kostentreibern des Unternehmens. Im Folgenden wird ein kritischer Überblick über die verschiedenen Wertmanagement-Konzepte gegeben und der Zusammenhang zum Kostenmanagement aufgezeigt (Abschnitt 2.). Der Zusammenhang von Kosten- und Werttreibern wird dargelegt und die verschiedenen Hauptwerttreiber auf Ansatzpunkte des Kostenmanagements hin untersucht (Abschnitt 3.).

2. Wertmanagement-Konzepte

Die wertorientierte Unternehmensführung entstand im Wesentlichen aus einer Kritik am traditionellen Rechnungswesen (vgl. RAPPAPORT 1986, S. 19ff.). Diesem wurde vorgeworfen, es sei nicht geeignet, unternehmerische Entscheidungen wertorientiert zu treffen, denn es sei vergangenheitsorientiert und manipulierbar, vernachlässige Risiken und Kapitalbindung etc. Aus dieser Kritik entwickelten sich verschiedene wertorientierte Steuerungskonzepte, die im Folgenden kurz vorgestellt und bezüglich ihrer Eignung hinsichtlich der Planungs- und Kontrollfunktion diskutiert werden.

2.1. Überblick

Zu den bekanntesten wertorientierten Erfolgskennzahlen zählen der Economic Value Added (EVA) von Stern/Stewart (vgl. STEWART 1991) bzw. Economic Profit (EP) von McKinsey (vgl. COPELAND ET AL. 2000) sowie der Cash Value Added (CVA) der Boston Consulting Group (BCG) (vgl. STELTER 1999, S. 233ff.). Sie lassen sich der Gruppe der Residualgewinnmodelle zuordnen, bei denen das Periodenergebnis den Kosten für das eingesetzte Kapital gegenübergestellt wird. Erst der die Kapitalkosten übersteigende Gewinn, also ein positiver Residualgewinn, wird als echter Überschuss angesehen. Der CVA unterscheidet sich von den beiden anderen lediglich durch eine stärkere Zahlungsorientierung. Der CFRoI der BCG beruht auf denselben Überlegungen und bildet die Rendite des Investitionsprofils ab. EVA, EP, CVA und CFRoI dienen als Maße für die Überschussgenerierung einer einzelnen Berichtsperiode und sollen die Frage beantworten, ob eine auskömmliche Rendite erwirtschaftet wurde. Die Kennzahlen ΔEVA bzw. ΔCVA werden dagegen als Maßgröße für die zusätzlich geschaffene Wertsteigerung einer Periode verwendet.

Aus Sicht der Anteilseigner besteht der Unternehmenserfolg aus Kurssteigerungen, Dividenden, Bezugsrechten etc., dem so genannten „Total Shareholder Return (TSR)". Mithilfe von internen Steuerungskennzahlen soll diese extern erzielbare Wertsteigerung abgebildet werden. Diese Kennzahlen dienen einerseits der Erfolgsbeurteilung bezüglich des Kriteriums Unternehmenswertsteigerung im Rahmen der Kontrollfunktion, sollen aber auch als Ex-ante-Entscheidungskriterium zur Allokation von Ressourcen dienen (vgl. STRACK/VILLIS 2001, S. 68).

Die theoretische Fundierung von Entscheidungshilfen für die Auswahl unternehmenswertsteigernder Handlungsalternativen beruht auf dynamischen Prognosemodellen. Die existierenden wertorientierten Erfolgskennzahlen, anhand derer die Leistung des Managements bezüglich der Zielerreichung Unternehmenswertsteigerung beurteilt werden soll, sind hingegen statischer Natur. Sie werden vor allem in der Leistungskontrolle eingesetzt, wobei sie zunehmend auch an den Kapitalmarkt kommuniziert werden, um zu zeigen, dass eine Wertsteigerung erzielt wurde. Ein Zusammenhang zwischen wertorientierten Kennzahlen und Unternehmenswert besteht jedoch nur über die gesamte Laufzeit eines wertsteigernden Projekts, nicht für die einzelne Periode. Eine negative wertorientierte Kennzahl für einzelne Perioden kann sich durchaus auch bei einem insgesamt wertsteigernden Projekt ergeben (vgl. HEBERTINGER 2002, S. 138).

Deshalb ist es wichtig, die wertorientierten Kennzahlen hinsichtlich ihrer unterschiedlichen Aufgaben und Aussagekraft in Planungs- und Kontrollfunktion zu differenzieren. Um den Unternehmenswert zu steigern, müssen zum einen *ex ante* diejenigen Entscheidungsalternativen ausgewählt werden, die wertsteigernd wirken, und zum anderen muss *ex post* kontrolliert werden, ob die geplante Wertsteigerung auch tatsächlich realisiert werden konnte. Ein wertorientiertes Steuerungssystem muss deshalb geeignet sein, die Planung und Kontrolle von Wertsteigerungspotenzialen zu ermöglichen und dabei gleichzeitig hinreichend Anreize bieten, die Mitarbeiter zu wertsteigerndem Handeln anzuhalten.

2.2. Wertorientierte Steuerungskonzepte

2.2.1. Discounted Cashflow

Die Grundlage für die wertorientierte Entscheidungsfindung ist die Investitionsrechnung und die Diskontierung von Cashflows. Vorreiter der wertorientierten Unternehmensführung war die Shareholder Value-Analyse nach RAPPAPORT (1986), deren wesentlicher Beitrag in der Identifikation von „Werttreibern" des Unternehmenswertes besteht. Das

Konzept schlägt eine Brücke zwischen Unternehmensstrategie und Unternehmenszielsetzung, indem es die Unternehmensbewertung mit Instrumenten der strategischen Planung, vor allem den von Porter entwickelten Analysemethoden für Branchenstruktur und Unternehmensposition, verbindet.

Die Analyse trägt dazu bei, nach den eigentlichen Wurzeln des Erfolges zu suchen. Es gilt zu untersuchen, inwiefern das Unternehmen sich in einer einmaligen Position befindet, um spezifische Marktunvollkommenheiten zu kreieren oder auszunützen. Es müssen zum einen die Wettbewerbsvorteile identifiziert werden, die eine Rendite über den Kapitalkosten ermöglichen, und zum anderen muss die Intensität des Wettbewerbs eingeschätzt werden, der diese Vorteile erodieren lässt. Anhand dessen gilt es, den Zeitpunkt zu bestimmen, ab dem kein echtes Wachstum mehr möglich ist, da nur noch die Kapitalkosten verdient werden können. Das zur Identifikation der beiden grundlegenden Formen von Wettbewerbsvorteilen entwickelte Instrument der Wertkette gibt Aufschluss über die Höhe des geschaffenen Kundenwertes und die Struktur und Höhe der dafür nötigen Kosten (vgl. PORTER 1985, S. 3, 33ff.). Zusammen mit einer Wettbewerbsanalyse liefert dies die für die Shareholder Value-Analyse benötigten Werttreiber (vgl. RAPPAPORT 1986, S. 76) (vgl. Abb. 1).

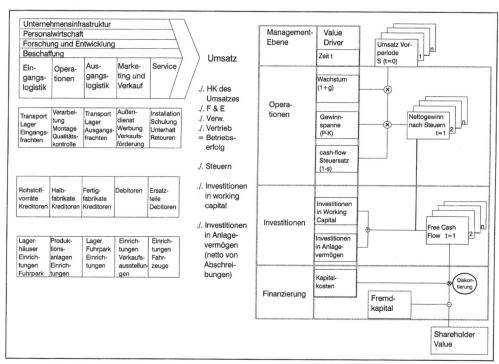

Abb. 1: Verbindung der Wettbewerbsvorteile mit der Shareholder Value-Analyse

Discounted Cashflow-Modelle sind für eine wertorientierte Planung konzeptionell adäquat, auch wenn sie einen hohen Prognoseaufwand mit sich bringen. Daher werden sie meist nur bei großen Investitionsvorhaben eingesetzt. Sie erfordern die Abschätzung zukünftig zu erwartender Cashflows aus anstehenden Handlungsalternativen. Ein Kontrollsystem auf dieser Basis erfordert Planungen und Aufzeichnungen der erwarteten und realisierten Zahlungsströme. Häufig fehlen jedoch solche Rechenwerke, und Cashflows werden derivativ aus den Ertragsüberschüssen der Bilanzierung abgeleitet, wohingegen interne Planungen auf Basis von periodisierten Größen im Unternehmen meist bereits existieren.

Aus einem einzelnen tatsächlich erwirtschafteten Perioden-Cashflow lässt sich die damit erzielte Wertsteigerung nicht ablesen. Ein Kontrollsystem müsste deshalb erwartete und erzielte Cashflows miteinander vergleichen und Verschiebungen geplanter Cashflows einbeziehen. Damit würde das Kontrollsystem jedoch anfällig für Manipulationen durch Planrevisionen. Zudem erfordert eine solche Nachrechnung einen hohen Aufwand, da die Plan-Cashflows aller Projekte zusammenzufassen und weiterzuführen wären. In der Praxis haben sich deshalb Residualgewinnmodelle durchgesetzt (vgl. PELLENS ET AL. 2000, S. 1825ff.), welche die Messung von Wertsteigerungspotenzialen mithilfe bilanzieller Zahlen, d.h. periodisierter Größen bewerkstelligen.

2.2.2. Economic Value Added

Die Investitionsrechnung auf Basis von Erträgen/Aufwendungen bzw. Kosten/Leistungen wurde bereits von LÜCKE (1955) untersucht. Nach dem Lücke-Theorem lässt sich der Barwert einer Investition auch mithilfe dieser erfolgsorientierten Größen, an Stelle von Cashflows, ermitteln, indem man kalkulatorische Zinsen z_t auf den kumulierten Unterschiedsbetrag der jeweiligen Größen berechnet und von der Rechengröße abzieht. Durch den Ansatz der kalkulatorischen Zinsen auf die Differenz der beiden Rechnungsgrößen wird bei der Diskontierung (mit den Kapitalkosten k) genau der Unterschied der Rechengrößen eliminiert. So lassen sich Investitionsrechnungen grundsätzlich statt auf der Basis von Einzahlungsüberschüssen (EZÜ) mit Ertragsüberschüssen (ERÜ) durchführen, indem man kalkulatorische Zinsen auf deren kumulierte Differenz, die Kapitalbindung KB_t, von den Ertragsüberschüssen abzieht. Denn in den Cashflows geht die Anfangsinvestition negativ ein, in die Ertragsüberschüsse hingegen gehen sie erst im Laufe der Zeit in Form von Abschreibungen ein.

$$\sum_{t=0}^{T} \frac{EZÜ_t}{(1+k)^t} = KB_0 + \sum_{t=0}^{T} \frac{ERÜ_t - z_t}{(1+k)^t} \;;\; \text{mit } z_t = k \times KB_{t-1} = k \times \left(KB_0 + \sum_{s=0}^{t-1} (ERÜ_s - EZÜ_s) \right)$$

Aus Sicht der Planung ist folglich unerheblich, auf welcher Grundlage die diskontierte Erfolgsgröße berechnet wird, da sich der Unterschied zum Ergebnis anderer Größen automatisch durch die Festlegung der zu verzinsenden Kapitalbindung aufhebt. Der damit berechnete Wert entspricht in jedem Fall dem Kapitalwert auf Basis von Cashflows.

Die Grundidee einer Bewertung nach dem Residualgewinnkonzept stellt die Tatsache dar, dass der Barwert eines Projekts, das genau seine Kapitalkosten erwirtschaftet, genau dem Wert der Anfangsinvestition entspricht, d.h. einen Kapitalwert von Null aufweist. Ein Unternehmen, das ausschließlich Projekte mit Kapitalwert von Null durchführt, kann lediglich soviel wert sein, wie die Summe der in ihm gebundenen Investitionen. Um den Unternehmenswert zu steigern, müssen Investitionen durchgeführt werden, deren Gegenwartswert die ursprünglichen Investitionsausgaben übersteigt. Der Wertbeitrag (EVA) einer solchen Investition, bezogen auf eine Periode, ergibt sich deshalb aus der Überrendite, also der Differenz aus Rendite der Investition (r_I) und Kapitalkosten (k), multipliziert mit dem investierten Kapital (KB_0) (vgl. STEWART 1991, S. 136f.; EIDEL 1999, S. 70ff.):

$$EVA_t = (r_I - k) \times KB_0.$$

Der Barwert der Wertbeiträge entspricht dem Kapitalwert der Investition, der in der Terminologie des EVA-Konzeptes bezogen auf einen Unternehmensbereich oder ein Gesamtunternehmen auch „Market Value Added" (MVA) genannt wird (vgl. STEWART 1991, S. 153; vgl. auch CRASSELT ET AL. 2000, S. 74; PFAFF/BÄRTL 1999, S. 93). Der Gesamtunternehmenswert (vor Finanzierung) entspricht deshalb dem Wert des Vermögens KB_0 plus dem Barwert der künftigen Wertbeiträge:

$$Gk_0 = KB_0 + MVA_0 = KB_0 + \sum_{t=1}^{\infty} \frac{EVA_t}{(1+k)^t}$$

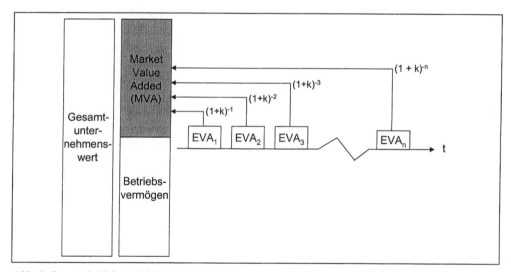

Abb. 2: Economic Value Added und Market Value Added (Quelle: CRASSELT ET AL. 2000, S. 75)

Bei der praktischen Ermittlung der EVAs ist danach zu unterscheiden, ob man bei der Bewertung von einer Berechnung vor oder nach (Fremdkapital-)Zinsen ausgehen will. Für die wertorientierte Unternehmensführung eignet sich i.d.R. die Vorgehensweise vor Zinsen (Bruttomethode) besser, da auf Geschäftsbereichsebene die Steuerung anhand von Gewinnen vor Zinsen den Vorteil hat, dass sie unabhängig von Finanzierungseinflüssen ist, auf die operative Einheiten i.d.R. keinen Einfluss haben. Dabei wird die Überschussgröße EVA finanzierungsunabhängig, d.h. unter der Prämisse der reinen Eigenfinanzierung berechnet. Als Kapitalkosten kommen entsprechend die „weighted average cost of capital" (WACC) zum Ansatz, die ein gewichtetes Mittel aus den Eigen- (r_{Ek}) und Fremdkapitalkosten (r_{Fk}) des Unternehmens darstellen und den Steuervorteil (1 - s) der Fremdfinanzierung beinhalten (vgl. im Detail SCHULTZE 2001, S. 242ff.):

$$r_{wacc} = r_{Ek} \cdot \frac{Ek}{Gk} + r_{Fk} \cdot (1-s) \cdot \frac{Fk}{Gk}$$

Die Nichtberücksichtigung der Finanzierung in den EVAs führt, gemäß dem WACC-Ansatz der DCF-Methoden, zum Ansatz fiktiver Steuern auf das Ergebnis vor Zinsen und Steuern (EBIT). Hiervon sind die Kapitalkosten abzuziehen, für deren Berechnung die Kapitalbindung anzusetzen ist, die sich aus dem gesamten betriebsnotwendigen Vermögen sowie aus Anpassungen der Ergebnisgröße resultierenden Erhöhungen/Minderungen zusammensetzt. Im Ergebnis resultiert folgende Bewertungsgleichung für den Gesamtunternehmenswert, d.h. für den Bruttowert des Unternehmens aus Sicht der Eigentümer und Fremdkapitalgeber:

$$Gk_0 = KB_0 + \sum_{t=1}^{\infty} \frac{EBIT_t(1-s) - r_{wacc} KB_{t-1}}{(1+r_{wacc})^t} = KB_0 + \sum_{t=1}^{\infty} \frac{EVA_t}{(1+r_{wacc})^t}$$

Um den Unternehmenswert aus Sicht der Eigentümer (shareholder value) zu erhalten, ist hiervon der Wert des Fremdkapitals (Fk) abzuziehen. Dies ließe sich auch unmittelbar über die Anwendung des Nettoansatzes über eine Berechung nach (Fremdkapital-)Zinsen erreichen, bei dem das Ergebnis (EBT) nach Abzug von Zinsen auf das Fremdkapital, vermindert um kalkulatorische Zinsen auf das gebundene Eigenkapital EK^B mit den Eigenkapitalkosten diskontiert wird (vgl. EIDEL 1999, S. 71):

$$Ek_0 = EK_0^B + \sum_{t=1}^{\infty} \frac{EBT_t(1-s) - (r_{Ek} \cdot EK_{t-1}^B)}{(1+r_{Ek})^t}$$

Der Nettoansatz ist aber weniger häufig anzutreffen, da hierbei Zinsen und Steuern auf Geschäftsbereichsebene zu ermitteln wären, was für rein operative Einheiten nicht praktikabel sein kann.

Neben der oben erwähnten rein bewertungsorientierten Anpassung des aus dem Rechnungswesen verfügbaren Ergebnisses um fiktive Steuern, schlägt Stern/Stewart eine Reihe weiterer Anpassungen vor, die aber nicht bewertungsbedingt, sondern rein steuerungsrelevant sind. Mit diesen wird versucht, außerordentliche Einflüsse zu eliminieren und Auswirkungen vorsichtiger Bilanzierung zu beheben. Aufwendungen mit Investitionscharakter („strategische Kosten") werden nicht erfolgswirksam verbucht, sondern aktiviert und linear abgeschrieben (vgl. STEWART 1991, S. 86ff.; BECK/LINGNAU 2000, S. 9). Die lange Liste möglicher Anpassungen – es werden je nach Quelle bis zu 164 vorgeschlagen – steht jedoch im Widerspruch zum eigentlichen Vorteil des EVA-Konzeptes, nämlich seiner guten Kommunizierbarkeit.

2.2.3. Cash Value Added

Wie schon ausgeführt handelt es sich auch beim Cash Value Added (CVA) um ein Residualgewinnkonzept. Allerdings beruht es im Gegensatz zum EVA – wie auch in der Bezeichnung zum Ausdruck kommt – auf einem Cashflow-Ansatz. Der aus den Cashflows ermittelten Rendite des investierten Kapitals – Cashflow Return on Investment (CFRoI) genannt – wird der Kapitalkostensatz (WACC) gegenübergestellt. Die sich ergebende Differenz – „Spread", Überrendite oder Residualrendite genannt – wird mit dem zum Wiederbeschaffungswert bewerteten investierten Vermögen, der Bruttoinvestitionsbasis, multipliziert:

$$CVA_t = (CFRoI - k) \times BIB_0.$$

In den von der Boston Consulting Group (BCG) vorgelegten Konzepten sind zwei Wege zur Ermittlung des CFRoI und damit des CVA vorgeschlagen worden. Diese beiden Wege sollen im Folgenden dargestellt werden.

Die erste von BCG vorgestellte Variante des CFRoI beruht auf der Ermittlung der internen Verzinsung eines fiktiven Cashflow-Profils. Üblicherweise werden Kapitalrenditen (r) mittels einfacher Division einer Überschussgröße durch den dafür benötigten Kapitaleinsatz ermittelt. Eine solche Berechnung basiert auf der Zinsrechnung und unterstellt für die Zukunft gleichbleibende Verhältnisse, wie aus der Formel für eine ewige Rente bekannt ist:

$$r = \frac{\text{Überschuss}}{\text{Kapital}} \Leftrightarrow \text{Kapital} = \frac{\text{Überschuss}}{r}$$

Denn bei einem Rückfluss von z.B. 100 und einem Kapitaleinsatz von 1.000 beträgt die Verzinsung natürlich nur dann 10%, wenn auch in Zukunft diese Zahlungen fließen sowie die Rückzahlung des Kapitaleinsatzes gewährleistet ist. Diese Pauschalannahme konstanter ewig anfallender Zahlungen versucht Variante 1 des CFRoI-Konzepts zu verfeinern, indem es die Dauer der Zahlungen und den Rückfluss des nicht abgeschriebenen Kapitals spezifiziert. Der Cashflow der Periode wird nicht durch den Kapitaleinsatz dividiert, sondern es wird der interne Zinsfuß eines hypothetischen Cashflow-Profils ermittelt. Dabei wird angenommen, dass der realisierte Cashflow (CF) der Periode über die verbleibende Nutzungsdauer der eingesetzten Vermögensgegenstände weiterhin anfällt und am Ende dieser Nutzungsdauer (n) die nicht abgeschriebenen Aktiva liquidiert werden. Diese Zahlungsreihe wird gleich dem investierten Vermögen zu historischen Anschaffungskosten vor Abschreibungen – der Bruttoinvestitionsbasis (BIB) – gesetzt. Aus diesem theoretischen Profil wird der interne Zins berechnet (Variante 1 des CFRoI):

$$0 = -BIB + \frac{BCF}{1 + CFRoI} + \frac{BCF}{(1 + CFRoI)^2} + ... + \frac{BCF + \text{nicht abschreibbare Aktiva}}{(1 + CFRoI)^n}$$

Der resultierende Wert sollte über der geforderten Mindestverzinsung (Kapitalkostensatz) liegen. Die Berechnung unterliegt natürlich den bekannten Problemen des internen Zinses (vgl. BREALEY/MYERS 2000, S. 93ff.), wobei die Problematik mehrerer Nullstellen wegen des hypothetischen Cashflow-Profils ausgeschaltet ist. Dennoch resultieren hieraus Probleme bzgl. der Barwertkompatibilität, d.h. der Übereinstimmung des Barwerts der CVAs mit dem Kapitalwert der Investition auf Basis von Discounted Cashflows.

In neueren Publikationen der BCG wird auch auf eine einfachere Variante des CFRoI als statische Rentabilität abgestellt, bei der der Cashflow nach ökonomischen Abschreibungen durch den Kapitaleinsatz dividiert wird (vgl. STELTER 1999, S. 237f.) (Variante 2 des CFRoI):

$$CFRoI = \frac{CF - \ddot{o}k.\,Abschr.}{BIB}$$

$$\Rightarrow CVA = (CFRoI - WACC) \times BIB = (CF - \ddot{o}k.\,Abschr.) - WACC \times BIB$$

Für die Ermittlung der ökonomischen Abschreibungen nach BCG werden einerseits wirtschaftliche, nicht bilanzielle Nutzungsdauern veranschlagt, andererseits wird die unter Berücksichtigung von Zinseffekten notwendige konstante Ansparung ermittelt, die sicherstellt, dass am Ende der Nutzungsdauer der ursprüngliche Investitionsbetrag wieder zur Verfügung steht (vgl. STELTER 1999, S. 235). Dies geschieht durch Division mit dem Endwertfaktor, d.h. dem Faktor für die Berechnung des Endwerts einer konstanten Zahlungsreihe:

$$\ddot{o}k.\,Abschr. = \frac{BIB}{EWF} \; ; \quad EWF = \sum_{t=1}^{n} (1 + r_{wacc})^{n-t} = \frac{(1 + r_{wacc})^n - 1}{r_{wacc}}$$

Das Ergebnis stellt die Abschreibung dar, die über die Laufzeit einschließlich Verzinsung der aus der Abschreibung finanzierten Anlagen den BIB ergibt. Damit wird effektiv in Summe jedoch weniger als der investierte Betrag abgeschrieben. Gleichzeitig wird jedoch für die Ermittlung der Kapitalkosten grundsätzlich auf die Bruttoinvestitionsbasis abgestellt, d.h. eine nicht durch Abschreibungen verringerte Kapitalbindung. Beide Effekte heben sich gegenseitig auf.

Der Sinn der Vorgehensweise nach BCG scheint in der vereinfachten Berechnung zu liegen. Angesichts der Gleichheit der Ergebnisse ist die Vereinfachung als unbedenklich einzuschätzen.

3. Zusammenhang zwischen Werttreibern und Kostentreibern

3.1. Werttreiber

Aus der Formel zur Ermittlung des Übergewinns (z.B. EVA) lassen sich die möglichen Ansatzpunkte zu seiner Erhöhung unmittelbar ablesen:

Übergewinn ≡ Buchgewinn – Kapitalkosten ⇔

Übergewinn = (Ertrag – Aufwand) – (Vermögen × Kapitalkostensatz)

Entsprechend bieten sich Hebel zur Wertsteigerung einerseits im (klassischen) Ergebnismanagement (Ertragsmanagement, Aufwandsmanagement) sowie andererseits in einer aktiven Beeinflussung von Kapitalkosten, entweder über Maßnahmen des Vermögens- oder des Risikomanagements.

So, wie sich die Unterschiede im Übergewinn einzelner Unternehmen zum größeren Teil durch Unterschiede im Buchgewinn, denn durch unterschiedliche Kapitalkosten erklären lassen, bietet das Ergebnismanagement einen entsprechend bedeutsamen Hebel zur Unternehmenswertsteigerung.

Zur Senkung des Kapitalkostensatzes erlaubt das Risikomanagement auf der Gesamtunternehmensebene sowohl eine Optimierung der Kapitalstruktur als auch ein strategisches Portfoliomanagement, um die Erwartungshaltung der Kapitalgeber zu beeinflussen. Da sich das Gesamtrisiko aus den Risiken der einzelnen Geschäftsbereiche zusammensetzt, ist eine Betrachtung der Kapitalkosten aber prinzipiell auch auf der Geschäftsbereichsebene möglich. Das Risiko ist umso größer, je höher die Volatilität der bedienten Märkte, je geringer die Wettbewerbsstärke und je geringer die operative Flexibilität, gemessen an der Relation der fixen zu den variablen Kosten. Die Optimierung der Vermögenswerte ist Aufgabe der Geschäftsbereichsebene. Hier ist primär über eine Reduzierung des nicht (hinreichend) produktiven Vermögens sowie hohe Kundenanzahlungen und Lieferantenverbindlichkeiten eine Wertsteigerung möglich (vgl. hierzu den Beitrag von KAJÜTER/NOACK)

Wird die Übergewinn-Formel in einer Umformung betrachtet, so werden die Interdependenzen in diesen einzelnen Zielsetzungen deutlicher:

$$\text{Übergewinn} = \left(\frac{(\text{Ertrag} - \text{Aufwand})}{\text{Vermögen}} - \frac{(\text{Vermögen} \times \text{Kapitalkostensatz})}{\text{Vermögen}} \right) \times \text{Vermögen}$$

Übergewinn = (Vermögensrendite – Kapitalkostensatz) × Vermögen

Gelingt es einem Unternehmen beispielsweise sein Geschäftsvolumen (bei einer Erhöhung des Vermögens) unter Beibehaltung der Rentierlichkeit auszubauen (profitables Wachstum), so wird es einen höheren ökonomischen Gewinn erzielen, dessen Entstehung eine isolierte Vermögensminimierung unter Umständen verhindert hätte. Daher ist, wie bei einer traditionellen Kosten-Nutzen-Betrachtung, auch beim Wertmanagement nur eine integrierte Entscheidungsfindung vorteilhaft (vgl. hierzu auch Abb. 3).

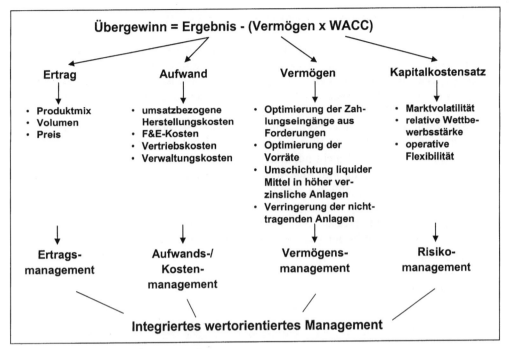

Abb. 3: Ansatzpunkte für wertsteigernde Maßnahmen

3.2. Kostentreiber

Für das Kostenmanagement ist die Ermittlung der wesentlichen Kostentreiber von besonderer Bedeutung (vgl. KAJÜTER 2000a, S. 122ff., sowie den Beitrag von SHANK). Das Kostenmanagement beschäftigt sich dabei traditionell primär mit den Aufwandspositionen der Übergewinngleichung (vgl. Abb. 3). Die wertorientierte Betrachtung erfordert die Erweiterung des Begriffs „Kostentreiber" grundsätzlich auf alle Werttreiber. Lediglich das Ertragsmanagement wird – wie bisher – aus dem Kostenmanagement meist ausgeklammert.

Damit werden Vermögens- und Risikomanagement expliziter Bestandteil des Kostenmanagements. Wurden vormals kalkulatorische Kosten (insbesondere kalkulatorische Zinsen und Wagnisse) berücksichtigt und vielleicht sogar als beeinflussbar betrachtet, so waren diese Aspekte bereits in einem umfassenden Kostenmanagement integriert. In der Praxis weisen die im Rahmen des internen Rechnungswesens verwendeten kalkulatorischen Bestandteile jedoch meist deutliche Nachteile gegenüber den wertorientierten Konzepten auf. Beispielsweise vermeiden letztere aufgrund ihrer theoretischeren Fundierung das Problem der willkürlichen Ermittlung von geeigneten Verzinsungsforderungen. Eigen- und Fremdkapitalzinsen können marktorientiert und damit objektiv(er) festgelegt werden.

3.3. Kennzahlenbäume zur Ermittlung von Werttreibern

Wie in Abschitt 2.2.1. ausgeführt, beschreibt Rappaport sieben allgemeine Makro-Werttreiber (Umsatz(wachstum), Gewinn(marge), Investitionen in Anlage- und Umlauf-vermögen, Steuern, Kapitalkosten und Dauer des Wertwachstums), die vom Management weiter in die unternehmensspezifischen Mikro-Werttreiber aufzuspalten sind (vgl. RAP-PAPORT 1999, S. 201).

Diese Werttreiber werden in Form von Kennzahlensystemen zusammengefasst, um die Auswirkungen einzelner Werttreiber auf den geschaffenen Wert zu veranschaulichen. Bei einer solchen Analyse sind nicht nur finanzielle sondern auch nicht-finanzielle Treiber-größen zu identifizieren, um ihre Auswirkung auf das Wertziel zu ermitteln. Abbildung 4 zeigt einen solchen beispielhaften Kennzahlenbaum (vgl. COENENBERG 1999, S. 513). Wäre durch eine Prozessoptimierung z.B. eine Steigerung der Prozessausbeute von 70% auf 75% möglich, würde dies zu einer Wertsteigerung von -37 auf +11 führen. Eine Hal-bierung der Vorräte (mit Tilgung von Fremdkapital) würde beispielsweise (unter Berück-sichtigung eines gestiegenen Kapitalkostensatzes auf 8,4%) eine Wertsteigerung von ca. 21 Geldeinheiten erreichen. Entsprechend lässt sich die Analyse für die anderen darge-stellten Einflussgrößen fortsetzen.

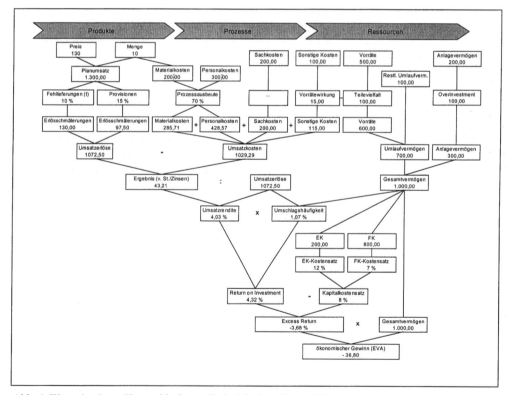

Abb. 4: Wertorientierter Kennzahlenbaum (Beispiel, ohne Steuern/Zinsen)

Entscheidend ist, dass ein Treiberbaum die jeweils branchen- und unternehmensspezifischen Stellgrößen abbildet. Daher lassen sich auch keine allgemeingültigen Treiberbäume entwickeln, die dann nur noch von den jeweiligen Unternehmen mit Zahlen zu füllen sind. Diese Problematik ist – ebenso wie das Prinzip der Kennzahlenbäume – bereits aus der klassischen Analyse bekannt (vgl. z.B. REICHMANN 2001, S. 27ff.).

Festzuhalten ist, dass eine wertorientierte Erweiterung von Kennzahlenbäumen einerseits nicht bei der Ergebnisermittlung endet, sondern ergänzend eine wertorientierte Spitzenkennzahl ermittelt und andererseits die Möglichkeiten zur Verbesserung dieser Kennzahl mithilfe des Vermögensmanagements besonders hervorhebt.

3.4. Balanced Scorecard zur Ermittlung von Werttreibern

Zur Lösung des oben angesprochenen Problems der lückenlosen Ermittlung von Werttreibern bietet sich in der Praxis häufig ein Konzept an, welches sowohl die Notwendigkeit der Integration von verschiedenen Teilzielen mit der Notwendigkeit der hinreichenden Detailbetrachtung von Einflussgrößen zu kombinieren sucht: die Balanced Scorecard.

Kerngedanke des Konzeptes ist die Identifikation und Kommunikation der wesentlichen Treibergrößen zur Realisation der spezifischen Unternehmensstrategie (vgl. KAPLAN/NORTON 1992). Dabei liegt der größte Nutzen in der Einführung eines solchen Kennzahlensystems, weil die Beteiligten gezwungen werden, die Logik ihres Geschäftes zu durchdringen, wodurch sich zwangsweise Ansatzpunkte für wertsteigernde Maßnahmen finden (vgl. Abb. 5).

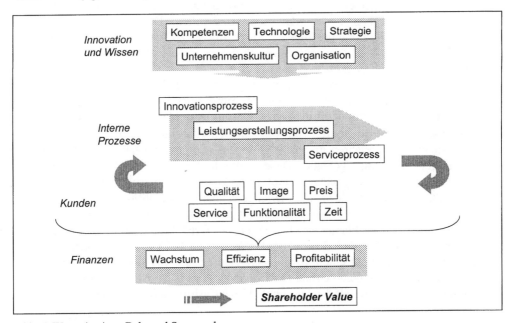

Abb. 5: Wertorientierte Balanced Scorecard

Eine wertorientierte Analyse kann daher sinnvoll durch eine Balanced Scorecard ergänzt werden, um Treibergrößen induktiv zu ermitteln, da sie eine andere Sicht der Wertgenerierung bietet. Die Scorecard spannt den Suchraum auf, um Kennzahlen systematisch festzulegen und als Grundlage der Steuerung zu verwenden.

Abbildung 5 zeigt die vier typischen Perspektiven (Innovation und Wissen, Interne Prozesse, Kunden und Finanzen) einer wertorientierten Scorecard mit den Faktoren, für welche Kennzahlen ermittelt werden. Diese Perspektiven sind jedoch nur eine mögliche Auswahl. Sie werden in der Literatur ausführlich diskutiert (vgl. z.B. KAPLAN/NORTON 1996, WEBER/SCHÄFFER 1999). Die Forderung der Praxis nach einer allgemeingültigen Muster-Scorecard kann jedoch – wie bei den Treiberbäumen – nicht erfüllt werden, ohne den eigentlichen Nutzen des Konzeptes einzubüßen.

Es sei aber ausdrücklich betont, dass – im Gegensatz zur oben dargestellten Analyse von Werttreiberbäumen – bei einer Balanced Scorecard keine mathematische Zuordnung von Werttreibern zu einer Wertkennzahl vorgenommen wird, da der Schwerpunkt einer Scorecard auf einer Offenlegung von unterschiedlichen Zielperspektiven liegt.

3.5. Erweiterung des Kostenmanagements um das Wertmanagement

Nach der Auswahl der zentralen Werttreiber ist es auch Aufgabe des Controlling die betreffenden Treibergrößen einerseits informatorisch zu erfassen, Verbesserungen zu planen und zu kontrollieren. Andererseits lassen sich die Verfahren der proaktiven Kostengestaltung, wie beispielsweise das Target Costing, die Prozesskostenrechnung oder das Qualitätskostenmanagement, um die wertorientierten Aspekte erweitern.

Eine kapitalmarktorientierte Vorgehensweise wird zunächst auf Projektebene über eine Risikoanalyse einen geeigneten Kapitalkostensatz ermitteln. Die Anwendung des Kapitalkostensatzes des Gesamtunternehmens würde die spezifischen (und damit entscheidungsrelevanten) Risiken des jeweiligen Projektes nicht zutreffend erfassen (vgl. FISCHER/SCHMITZ 1998, S. 206ff.)

Ferner ist – soweit nicht ohnehin bereits vorgesehen – die Projektplanung um eine explizite Investitions- und Vermögensplanung im Sinne einer anbieterorientierten Produktlebenszyklusrechnung (Product Life Cycle Costing) zu erweitern (vgl. COENENBERG 1999, S. 484ff., sowie den Beitrag von RIEZLER). Hierfür sind, wie oben dargestellt, die cashfloworientierten Verfahren grundsätzlich ebenso wie die Verfahren mit periodisierten Größen für die Planung geeignet. Dabei sollte die Kompatibilität von Planungsrechnung und Kontrollrechnung sichergestellt sein. Wird die Kontrolle mittels des CVA durchgeführt, bietet sich auch für die Planungsrechnung ein cashfloworientierter Ansatz in Form des Discounted CVA (DCVA) an. Ist das für die Kontrollrechnung relevante Maß der EVA, sollte die Planungsrechnung auf der Grundlage eines Discounted EVA-Ansatzes durchgeführt werden. Sowohl der CVA- wie der EVA-Ansatz beruhen in Bezug auf die Abschreibungen auf einem periodisierenden Ansatz. Sie sind für die periodische Kontrollrechnung, die zugleich Grundlage für ein Anreizsystem ist, einem rein zahlungsorientierten Konzept in Gestalt des Discounted Free Cashflows (DCF) überlegen.

Die Kostenrechnung als Basis für das Kostenmanagement

Thomas M. Fischer

1. Kostenrechnung als Informationsinstrument für das Kostenmanagement

Als *Kostenmanagement* wird im Folgenden die Gesamtheit aller Steuerungsmaßnahmen durch das Management von Unternehmen bezeichnet, die der zielorientierten, antizipativen Beeinflussung des Niveaus sowie der Strukturen und Verläufe von Kosten dient (vgl. DELLMANN/FRANZ 1994, S. 17).

Für die Überprüfung der Effizienz („Wurden die Dinge richtig gemacht?") bietet sich bei den jeweils eingeleiteten Schritten die laufende, periodenbezogene *Kostenrechnung* (und Erlösrechnung) an. Dort werden, im Rahmen der gegebenen betrieblichen Kapazitäten, die entstandenen Kosten erfasst (Kostenarten- und Kostenstellenrechnung), mit den periodenspezifischen Erlösen saldiert (Kostenträgerzeitrechnung) und auf die produzierten Erzeugniseinheiten für Zwecke der Kalkulation umgelegt (Kostenträgerstückrechnung).

Durch die Analyse der Informationen aus der Kostenrechnung können im Hinblick auf das Kostenmanagement verschiedene Funktionen übernommen und Analysen durchgeführt werden, auf die im Folgenden näher eingegangen wird.

2. Funktionen der Kostenrechnung für das Kostenmanagement

Im Hinblick auf die regelmäßige Ermittlung der betrieblichen Erfolge hat die Kostenrechnung zunächst eine *Dokumentationsfunktion* hinsichtlich der Istwerte der verbrauchten Ressourcen. Die alleinige Analyse der Istkostenrechnung ist jedoch noch wenig aussagefähig. Durch Vorgabe von budgetierten Verbrauchswerten kann ferner die *Planungsfunktion* realisiert werden, bei fallweisen oder regelmäßigen Vergleichen von Plan- und Ist-Kosten wird zusätzlich die *Kontrollfunktion* erfüllt. Falls Abweichungen vorliegen, ergeben sich hieraus Ansatzpunkte für effizienzsteigernde Maßnahmen im Rahmen der gegebenen betrieblichen Kapazitäten. Ferner lassen sich die Initiativ-, Bewertungs- und Beobachtungsfunktion anführen, die sich ebenfalls jeweils auf die Kostenanalyse von Funktionsbereichen, Querschnittsfunktionen sowie Transaktionen im Beschaffungs- und Absatzbereich fokussieren können.

2.1. Dokumentationsfunktion

Die Dokumentationsfunktion der Kostenrechnung "per se" lässt sich im Hinblick auf das Kostenmanagement in folgenden Aspekten zusammenfassen (vgl. ähnlich RAUTENBERG 2000, S. 28):
- Erfassung der Kosten bezogen auf Kostenarten, Kostenstellen und Kostenträger;
- Ermittlung der Selbstkosten je Kostenträger zur Abstimmung mit Angebotspreisen;
- Bewertung von Vorratsbeständen;
- Bereitstellung von Kosteninformationen für interne und externe Erfolgsrechnungen;

- Aufbereitung von Daten für perioden- und betriebsübergreifende Vergleiche;
- Fundierung von betriebsinternen Entscheidungen.

Wie aus dieser (betriebsspezifisch zu modifizierenden) Aufstellung bereits angedeutet wird, beinhaltet die Dokumentationsfunktion quasi die Voraussetzung für die im Folgenden noch näher erläuterten Funktionen der Kostenrechnung für das Kostenmanagement. Allerdings ist insbesondere im zwischenbetrieblichen Vergleich zu berücksichtigen, dass Unterschiede hinsichtlich des Ansatzes, der Bewertung und der Zuordnung einzelner Geschäftsvorfälle innerhalb der Kostenarten-, Kostenstellen- und Kostenträgerrechnung vorliegen können. Für ein aussagefähiges Benchmarking der Kostenposition eines Unternehmens wären daher zusätzliche Festlegungen und Normierungen erforderlich (vgl. ausführlich GÜNTHER ET AL. 1999, S. 328ff.).

2.2. Planungsfunktion

Das Bestreben, geeignete Vorgabewerte für eine Kostenkontrolle zu entwickeln, war ein entscheidender Faktor für die Entwicklung der Plankostenrechnung. Bei der kostenstellenbezogenen Planung sind für jede Kostenart spezifische Einzelheiten der Kostenentstehung zu erfassen. Hierbei handelt es sich insbesondere um die Berücksichtigung und Dokumentation der wesentlichsten Kostenbestimmungsfaktoren und ihrer Maßgrößen, den sog. „Bezugsgrößen". Wesentliche Kostenbestimmungsfaktoren sind (vgl. RAUTENBERG 2000, S. 37): Kapazität, Fertigungsverfahren, Faktorpreise, Faktorqualitäten, Beschäftigung und sonstige Faktoren (Wirtschaftlichkeit der Betriebsführung und nicht erfasste Einflüsse). Als weitere Kostenbestimmungsfaktoren lassen sich die Komplexität und Variantenvielfalt der Erzeugnisse anführen (vgl. FISCHER 1993, S. 27ff.). Um die Aussagefähigkeit der ermittelten Plankosten, z.B. für Vorkalkulationen und als Zielgröße in Soll-Ist-Vergleichen, zu verbessern, sollten möglichst viele dieser Kostenbestimmungsfaktoren bei der Planung berücksichtigt und durch einfach zu definierende Bezugsgrößen (Mengen- und Zeiteinheiten) dokumentiert werden.

Als Systeme der Plankostenrechnung stehen verschiedene Ansätze zur Verfügung, die sich in der Leistungsfähigkeit hinsichtlich der Entscheidungsvorbereitung und Wirtschaftlichkeitskontrolle unterscheiden (vgl. Abb. 1).

Als „starr" bezeichnet man Formen der Plankostenrechnung, bei denen in der Kostenplanung keine Spaltung in fixe und variable Kosten vorgenommen wird. Es liegt somit stets eine Vollkostenrechnung vor. Als „flexibel" bezeichnet man Formen der Plankostenrechnung, bei denen Änderungen mindestens eines Kostenbestimmungsfaktors durch eine Bezugsgröße gemessen und berücksichtigt werden; i.d.R. handelt es sich hierbei um Änderungen der Beschäftigung. Durch die Verwendung mehrerer Bezugsgrößen lassen sich mehrere Kostenbestimmungsfaktoren flexibel vorgeben. Falls alle Kostenbestimmungsfaktoren flexibel behandelt werden könnten, läge eine „voll flexible" Plankostenrechung vor; diese ist aber wegen der Erfassungsprobleme und der damit entstehenden hohen Kosten in praxi nicht realisierbar.

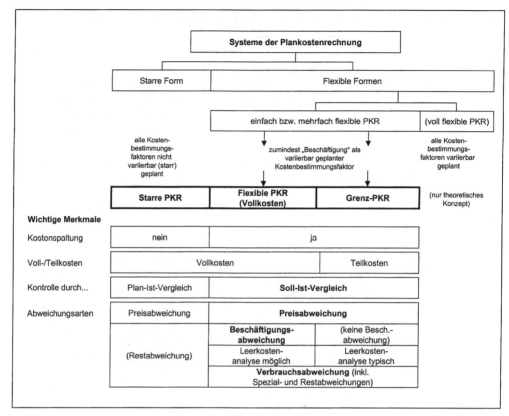

Abb. 1: Systeme der Plankostenrechnung (Quelle: RAUTENBERG 2000, S. 41)

2.3. Kontrollfunktion

Eine wesentliche Aufgabe der Kostenrechnung liegt in der Kontrolle der Wirtschaftlichkeit im Unternehmen. Falls kontinuierlich bei bestimmten Kostenarten oder -stellen die jeweils realisierten Istkosten von den vorgegebenen Planwerten abweichen, ergeben sich aus der durchgeführten Abweichungsanalyse wichtige Hinweise auf Ansatzpunkte für zusätzliche effizienzsteigernde Maßnahmen (vgl. ausführlich RAUTENBERG 2000, S. 45ff.).

Die *Preisabweichung* ist eine Korrektur der erfassten Istkosten um die Preiseinflüsse, um dadurch die Istkosten mit den Plan- bzw. Sollkosten vergleichbar zu machen. Diese Teilabweichung ist in der Regel nur vom Einkauf, nicht jedoch von den übrigen Kostenstellen zu verantworten, da sie auf Einflüsse des Beschaffungsmarktes und der Beschaffungspolitik zurückzuführen ist. In der flexiblen Plankostenrechnung (Vollkostenrechnung) kann die *Beschäftigungsabweichung* als Indikator für die Beschäftigungslage der Kostenstelle angesehen werden. Sie zeigt den Anteil der Fixkosten, der bei Unterbeschäftigung nicht auf die Leistungen (Kostenträger) weiterverrechnet wurde, da auf Basis der höheren Planbeschäftigung die verrechneten Plankosten pro Leistungseinheit entsprechend niedriger angesetzt waren. Die Beschäftigungsabweichung ist nur dann von der jeweiligen Kostenstelle zu verantworten, falls dort der Auslastungsgrad selbst bestimmt werden kann. Durch Gegenüberstellung der Istkosten (zu Plan-Faktorpreisen) und Sollkosten errechnet sich die *Verbrauchsabweichung,* die auf unplanmäßige Ressourcenverbräuche in den Kostenstellen zurückzuführen ist. Hier ist noch eine Aufspaltung in weitere „Spezialabweichungen" (z.B. Losgrößen- und Intensitätsabweichungen) sowie die verbleibende Restabweichung bzw. „echte Verbrauchsabweichung" möglich.

Der Umfang der auswertbaren Teilabweichungen beschränkt sich auf die in die Analyse einbezogenen, vorab festgelegten Kostenbestimmungsfaktoren. Deren Wertansätze beziehen sich i.d.R. auf unternehmensinterne Vorgaben. Dabei sind die Möglichkeiten zur Kostenbeeinflussung begrenzt, da nach Beginn der Markteinführung die anfallenden Kosten weitgehend festgelegt sind (vgl. FRANZ/KAJÜTER 2000a, S. 117). Anhand der beschriebenen Soll-Ist-Vergleiche kann – wie oben bereits erwähnt wurde – nur die Effizienz („Wurden die Dinge richtig gemacht?"), jedoch nicht die Effektivität („Wurden die richtigen Dinge gemacht?") überprüft werden. Falls die im Hinblick auf die Wettbewerbsposition angestrebten bzw. erforderlichen Profitabilitätsverbesserungen durch Ausschöpfen der in den aktuellen Strukturen vorhandenen Kostensenkungspotenziale (noch) nicht vollständig erreicht wurden, sind zusätzliche, ggf. kapazitätsverändernde Maßnahmen, mit Hilfe des Kostenmanagements zu initiieren. Hier kommen der Kostenrechnung zusätzliche Funktionen zu, auf die im Folgenden näher eingegangen wird.

2.4. Weitere Funktionen

Neben der Dokumentations-, Planungs- und Kontrollfunktion lassen sich weitere Funktionen der Kostenrechnung für das Kostenmanagement mit folgenden Schwerpunkten nennen:

- *Initiativfunktion,* d.h. Identifikation von Kostennachteilen und der zugrunde liegenden Kostentreiber;
- *Bewertungsfunktion,* d.h. Beurteilung möglicher Handlungsalternativen zu deren Beseitigung;
- *Beobachtungsfunktion,* d.h. projektbegleitende Rückmeldung der bereits realisierten und zukünftig noch benötigten Kostensenkungen (zur Statusanalyse von Projekten vgl. grundlegend COENENBERG ET AL. 1992, S. 767ff.).

Damit diese Funktionen mit den im jeweils implementierten Kostenrechnungssystem verfügbaren Informationen wahrgenommen werden können, müssen die originären (synonym: primären) Kostenarten (z.B. Materialeinzelkosten, Löhne und Gehälter, Abschreibungen, Energiekosten) in sog. zusammengesetzte (synonym: sekundäre) Kostenarten (z.B. FuE-Kosten) umgewandelt werden (vgl. GLEICH/PFOHL 2000, S. 172).

Hierdurch sollen jeweils fokussierte Kostenanalysen unterstützt werden, die im Folgenden näher erläutert werden.

3. Fokussierte Kostenanalysen zur Unterstützung für das Kostenmanagement

Um Veränderungen der Kostenposition eines Unternehmens im Hinblick auf strategische Wettbewerbsvorteile zu messen, können bei entsprechend hohem Kostenanteil ergänzend verschiedene sog. Partialkostenrechnungen in das jeweils vorhandene System der Kostenrechnung integriert werden. Die darin zusätzlich bereitgestellten Kosteninformationen können zur Analyse von Funktionsbereichen und Querschnittsfunktionen (vgl. Abb. 2) sowie – darauf aufbauend – zur Analyse von Beschaffungs- und Absatztransaktionen verwendet werden:

- *Funktionsbereiche* innerhalb eines Unternehmens, z.B. Forschung und Entwicklung, Beschaffung, Produktion, Vertrieb und Service;
- *Querschnittsfunktionen* innerhalb eines Unternehmens, z.B. Logistik, Information und Kommunikation, Ökologie-, Komplexitäts-, Zeit- und Qualitätsmanagement;
- *Beschaffungs- und Absatztransaktionen* als Verknüpfungen zwischen Unternehmen einer Wertschöpfungskette, z.B. Analyse von Transaktionskosten und der Profitabilität von Zulieferer- und/oder Kundenbeziehungen.

In Abhängigkeit von der Ressourcenstruktur in einem Unternehmen ist jeweils der vorrangige Fokus der Kostenanalyse festzulegen. Während in einem Industrieunternehmen z.B. Produktionskosten gewöhnlich eine hohe Bedeutung haben, werden in einem Handelsunternehmen z.B. eher die Beschaffungs- und Vertriebskosten einen Schwerpunkt darstellen. Unternehmen aus beiden genannten Branchen dürften dagegen ein gemeinsames Interesse für die Analyse von Kosten einzelner Querschnittsfunktionen, z.B. für Logistik, Ökologiemanagement oder Information und Kommunikation haben.

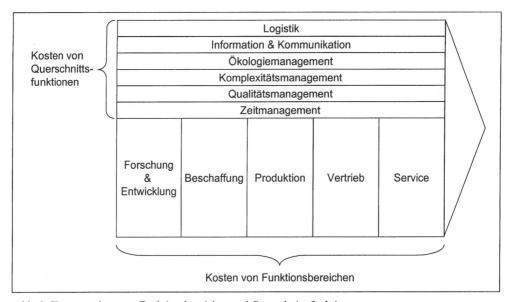

Abb. 2: Kostenanalyse von Funktionsbereichen und Querschnittsfunktionen

3.1. Analyse von Funktionsbereichen

Im Rahmen des Zielkostenmanagements (Target Costing) werden die für ein Produkt insgesamt zulässigen Kosten aus der Differenz von geschätztem Verkaufspreis und unternehmensspezifischer Zielrendite ermittelt (vgl. hierzu den Beitrag von SEIDENSCHWARZ ET AL.). Um die maximal zulässigen herstellungsbezogenen Kosten zu ermitteln, sind danach die Kosten der indirekten Leistungsbereiche, z.B. Beschaffung, Forschung und Entwicklung, Vertrieb, Verwaltung, von den Gesamtkosten für das Produkt zu subtrahieren.

Die Kosten der einzelnen Funktionsbereiche werden mit Hilfe der Kostenrechnung ermittelt. Im Folgenden wird auf diese Kosten näher eingegangen. Sie ermöglichen eine dem Fortschreiten der produktbezogenen Wertschöpfung im Unternehmen folgende, laufende Effizienzkontrolle.

Forschungs- und Entwicklungskosten umfassen den monetär bewerteten spezifischen Güterverbrauch für die zielstrebige, systematische Suche nach neuen Erkenntnissen („Forschung") und deren zweckgerechte Auswertung und Anwendung mit weiterem, bereits verfügbarem Wissen (vgl. GRASSHOFF/GRÄFE 2000, S. 327). Die FuE-Kosten der laufenden Periode stellen im Allgemeinen Vorleistungen für die in den späteren Perioden folgenden Ressourcenverbräuche der erzeugnisbezogenen Wertschöpfungsstufen dar.

Dort ist als *Beschaffungskosten* zunächst der durch die einzelnen Beschaffungstätigkeiten verursachte Ressourcenverzehr zu erfassen. Hierzu zählen, neben dem Einstandspreis für den jeweiligen Inputfaktor, die Kosten des Beschaffungsmanagements sowie die Handlingskosten vor, während und nach der Nutzung eines Inputfaktors. Insbesondere bei den zuletzt genannten Kategorien fehlt in vielen Unternehmen die erforderliche Kostentransparenz (vgl. PFAFF/KUNZ 2000, S. 356f., sowie den Beitrag von HOMBURG/RICHTER).

Zwischen der Beschaffung und dem Absatz ist diejenige Phase des Realgüterprozesses angesiedelt, auf die sich i.e.S. die *Produktionskosten* beziehen. Entsprechend umfasst der zugehörige Ressourcenverzehr die Kombination von Produktionsfaktoren (Arbeitsleistung, Maschinen und Gebäuden) zu technischen und konzeptionellen Verfahren, um bereitgestellte Werks- und Betriebsstoffe in Zwischen- oder Absatzprodukte zu transformieren (vgl. FRIEDL 2000, S. 379).

Im Anschluss an den Produktionsprozess werden *Vertriebskosten* durch Ressourcenverbräuche für Leistungen verursacht, die für die Gestaltung von Transaktionen mit den Absatzmärkten zu erbringen sind. Hierbei kann zwischen repetitiven (z.B. Prüfung des Auftragseingangs, Fakturierung) und innovativen bzw. individuellen Vertriebsleistungen (z.B. Marktforschung, Werbekampagnen, Verkaufsberatungen) differenziert werden (vgl. KIRCHGEORG 2000, S. 412).

Servicekosten beinhalten i.e.S. eigenständige Marktangebote von Unternehmen, die i.d.R. als integrative Dienstleistungen erbracht werden. Im Einzelnen lassen sich die damit verbundenen Ressourcenverbräuche in drei Kategorien von Servicekosten zusammenfassen: Kern-Servicekosten für die eigenständig angebotenen Dienstleistungen (z.B. Finanzdienstleistungen); Neben-Servicekosten für zusätzlich zur Sachleistung vermarktete Dienstleistungen (z.B. Geräteinstallation); Zusatz-Servicekosten für produkt- bzw.

angebotsbegleitende Dienstleistungen, die im ursprünglichen Verkaufspreis bereits enthalten sind (z.B. kostenloses Update von Software) (vgl. STAUSS 2000, S. 432).

3.2. Analyse von Querschnittsfunktionen

Die Analyse der betrieblichen Kosten kann sich nicht auf eine funktionsbezogene Perspektive begrenzen. Für kostenbeeinflussende Maßnahmen ist es wichtig zu wissen, ob der jeweilige Ressourcenverzehr auf Vorgänge zurückzuführen ist, die durch Entscheidungen in einem oder mehreren betrieblichen Funktionsbereichen ausgelöst wurde. Neben Logistik-, Komplexitäts- und Qualitätskosten, die teilweise schon in den vorhandenen Kostenrechnungssystemen implementiert sind, sollten zusätzlich Ökologie-, Zeit-, Informations- und Kommunikationskosten ermittelt werden, sofern deren Anteile an den Gesamtkosten nicht zu gering sind.

Die Ressourcen, die zur Abwicklung des Material- und Warenflusses im Unternehmen erforderlich sind, werden als *Logistikkosten* erfasst. Damit kann die Wirtschaftlichkeit der Logistikleistungen von der Warenannahme bis zur Fertigstellung der Erzeugnisse analysiert werden (vgl. WEBER 2000, S. 465f.).

Als *Informations- und Kommunikationskosten* werden die Kosten des gesamten Informations- und Kommunikationssystems in einem Unternehmen für den Aufbau und die Gewährleistung eines angemessenen Informationsversorgungsgrades bezeichnet. Diese umfassen die Personalkosten der Aufgabenträger, Kosten der betriebseigenen Sachmittel sowie ggf. Kosten für die Inanspruchnahme von Fremddiensten, z.B. bei Outsourcing der Informationsverarbeitung (vgl. SATZGER/HUTHER 2000, S. 481 und 489).

Ökologiekosten beinhalten alle Erfolgsminderungen, die durch Auswirkungen unternehmerischen Handelns auf die ökologische Umwelt in Form von vollständig quantifizierbaren Stoff- und Energieflüssen bedingt sind. Im Einzelnen zählen hierzu die Kosten für die Vermeidung, Produktion und Entsorgung von Reststoffen sowie deren externe Kosten (vgl. GÜNTHER 2000, S. 512).

Unter *Komplexitätskosten* werden Kosten verstanden, die sich mit der Vielfalt der im Unternehmen vorhandenen Produktprogramme und Wertschöpfungsprozesse verändern. Hierbei sind direkte (z.B. Konstruktion einer neuen Produktvariante) von indirekten Komplexitätskosten (z.B. Opportunitätskosten durch zusätzlichen Abstimmungsbedarf bei einer Ausweitung des Produktspektrums) zu unterscheiden (vgl. HOMBURG/DAUM 1997a, S. 151 und 155; HUNGENBERG 2000, S. 545).

Als *Qualitätskosten* werden die Kosten definiert, die a) auf das Erreichen einer angemessenen Erfüllung von vorgegebenen Anforderungen abzielen oder b) durch Tätigkeiten hervorgerufen werden, die aus einer unzureichenden Qualitätslenkung resultieren. Die zuerst genannten sog. Übereinstimmungskosten beinhalten den gesamten Verzehr betrieblicher Ressourcen, um die Qualitätsanforderungen der Stakeholder in der Wertschöpfungskette vom Zulieferer bis zum Endkunden sicherzustellen. Im Unterschied hierzu umfassen die als zweite Kategorie aufgeführten Abweichungskosten alle Erfolgsminderungen, die während oder nach der Leistungserstellung aufgrund einer Über- oder Unterschreitung der vorgegebenen Qualitätsanforderungen entstanden sind (vgl. FISCHER 2000, S. 557 und 562).

Zeitkosten zeigen alle Kosten, die in ihrer Höhe von der Länge der Durchlaufzeit, d.h. der Zeit vom Auftragseingang bis zur Auslieferung eines Produktes, beeinflusst werden. Hierzu zählen Kosten für eine Beschleunigung von Wertschöpfungsprozessen, die daraus resultierenden Kostenreduktionspotenziale, sowie Zeiteinhaltungs- und Zeitabweichungskosten (vgl. GÜNTHER/FISCHER 2000, S. 602ff.).

3.3. Analyse von Beschaffungs- und Absatztransaktionen

Zur Erreichung intern oder extern vorgegebener Kostenziele ist nicht nur der Ressourcenverzehr innerhalb des eigenen Unternehmens, sondern in der gesamten Wertschöpfungskette von den Zulieferern bis zu den Endkunden zu analysieren (vgl. PORTER 1986a, S. 59f.).

Im Einzelnen sind für den Beschaffungs- und Absatzbereich die sog. *Transaktionskosten* zu bestimmen, d.h. diejenigen Kosten, die bei der Information und Kommunikation von Gestaltungsaspekten des Leistungstausches für Anbahnung, Vereinbarung, Abwicklung, Kontrolle, Anpassung und Beendigung der arbeitsteiligen Erstellung einer bestimmten Leistung entstehen (vgl. zu Transaktionskosten allgemein PICOT 1991, S. 344, sowie die Systematik bei BENKENSTEIN/HENKE 1993, S. 80).

Neben der Erfassung von Transaktionen stellt deren monetäre Bewertung ein weiteres Problem dar. Hierfür reicht jedoch das betriebliche Kostenrechnungssystem im Allgemeinen nicht aus, da die einzelnen Transaktionskostenarten dort in der Regel nicht ausgewiesen werden. Daher sind durch das (Kosten-)Controlling die betriebsspezifischen Kostenrechnungen in der Wertschöpfungskette vom Zulieferer bis zum Endkunden aufeinander abzustimmen (vgl. Abb. 3 sowie den Beitrag von SEURING).

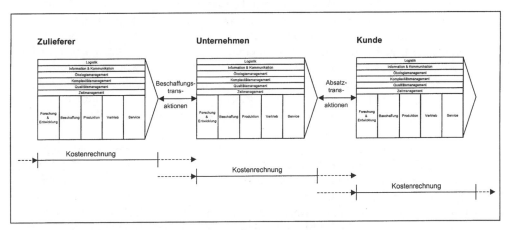

Abb. 3: Abstimmung der Kostenrechnung in der Wertschöpfungskette

Die monetäre Bewertung der an den Schnittstellen eines Unternehmens zu seinen Zulieferern oder Kunden entstehenden Transaktionskosten kann indirekt oder direkt erfolgen. Bei der sog. indirekten Messmethode werden Differenzen in der relativen Höhe der Transaktionskosten durch die empirische Erfassung der jeweils zugrunde liegenden Einflussgrößen für unterschiedliche Abwicklungsformen von bestimmten Leistungen geschätzt. Im Einzelnen sind strategische Relevanz, Spezifität, Unsicherheit und Häufigkeit der jeweiligen Transaktion zu bewerten (vgl. ausführlich FISCHER 1998, S. 185f.). Auch wenn dadurch die festgestellten Effizienzunterschiede noch nicht stringent miteinander vergleichbar sind, gelten die ermittelten Tendenzaussagen als erstes, ggf. hinreichend trennscharfes Beurteilungskriterium (vgl. BAUR 1990, S. 47f.).

Als direkte Messmethode für die monetäre Bewertung der einzelnen Transaktionen steht die *Prozesskostenrechnung* in der Diskussion (vgl. grundlegend COENENBERG/ FISCHER 1991, S. 21ff., sowie den Beitrag von KAJÜTER). Die prozesskostenorientierte Bewertung von Transaktionen erscheint vor allem dann wirtschaftlich, wenn die ablaufenden Prozesse ein hohes Maß an Repetitivität und einen vergleichsweise geringen Entscheidungsspielraum aufweisen, z.B. das „Prüfen von Wareneingängen" oder „Bearbeiten von Reklamationen".

Mit der Prozesskostenrechnung lassen sich bei Beschaffungstransaktionen die meisten Anteile der sog. *Total Cost of Ownership* quantifizieren. Diese enthalten alle Kosten für „acquisition, use, maintenance, and follow-up of a purchased good or service, ... that occur before, during, and after a purchase" (ELLRAM 1995, S. 23), die bei externem Bezug zusätzlich entstehen würden oder bei interner Erstellung entfallen könnten.

Um die Anwendungsfelder zur prozesskostengestützten Quantifizierung der jeweiligen Transaktionen zu identifizieren, lassen sich Austauschbeziehungen anhand von drei Merkmalen idealtypisch beschreiben (vgl. RECKENFELDERBÄUMER 1995, S. 245ff.):

- *Geschäftsbeziehung oder Einzeltransaktion:* Austauschprozesse, die innerhalb einer Geschäftsbeziehung stattfinden, sind aus Sicht des Anbieters dadurch geprägt, dass er den Geschäftspartner bereits kennt. Bei solchen „alten" Geschäftspartnern verfügt man über spezifisches Know-how aus früheren Transaktionen, so dass im Zeitablauf standardisierte und repetitive Prozesse entstehen. Die Anwendungsmöglichkeiten der Prozesskostenrechnung zur Quantifizierung der Transaktionskosten erhöhen sich also mit zunehmender Dauer und Kauffrequenz in einer Geschäftsbeziehung. Anders verhält es sich bei Einzeltransaktionen. Dort sind jeweils „neue" Geschäftspartner vorhanden, auf die die Prozesse jeweils gesondert auszurichten sind. Deshalb erscheinen hier die Standardisierung und Repetitivität der Austauschprozesse und damit die Anwendbarkeit der Prozesskostenrechnung deutlich geringer ausgeprägt als in schon länger bestehenden Geschäftsbeziehungen.

- *Wiederholungsgeschäft oder Erstgeschäft:* Dieses Kriterium erfasst, ob die Transaktion eine „alte" oder „neue" Leistung beinhaltet. Die wiederholte Erbringung einer „alten" Leistung führt zu immer gleichförmigeren Transaktionsabläufen und zu Standardisierungsprozessen, die – anders als beim eben behandelten ersten Kriterium – diesmal allerdings nicht geschäftspartner-, sondern leistungsspezifisch sind. Im Fall einer „neuen" Leistung ist beim Anbieter bezüglich der anfallenden Transaktionsprozesse deutlich weniger Know-how vorhanden. Eine prozessorientierte Quantifizierung der Transaktionskosten erweist sich somit bei Wiederholungsgeschäften mit „alten" Leistungen als tendenziell besser möglich als bei Erstgeschäften mit „neuen" Leistungen.

- *Austauschgut oder Kontraktgut:* Die Unsicherheit bezüglich der Transaktionsabläufe ist bei Kontraktgütern deutlich stärker ausgeprägt als bei Austauschgütern. Kontraktgüter verfügen in der Regel über einen größeren Anteil nicht-repetitiver Leistungsbestandteile, auch wenn sich bestimmte Austauschprozesse (z.B. Fakturierung) bei den angebotenen Gütern mit hohem Ähnlichkeitsgrad wiederholen. Eine Standardisierung der Prozesse erscheint bei Austauschgütern eher möglich. Folglich lassen sich die zugehörigen Transaktionskosten auch besser mit der Prozesskostenrechnung quantifizieren als bei Transaktionen von Kontraktgütern. Allerdings ist die Zurechnung der Transaktionskosten bei Kontraktgütern im Normalfall unproblematischer, da dort eine spezifische Auftragsfertigung überwiegt.

Fasst man die beschriebenen Kriterien zusammen, so ergeben sich verschiedene Anwendungsbereiche, die sich besser oder schlechter für eine prozesskostenorientierte Quantifizierung von Transaktionskosten eignen. Die Transaktionskosten in Geschäftsbeziehungen mit „alten" Geschäftspartnern sind mit der Prozesskostenrechnung meist am effizientesten zu bewerten (vgl. RECKENFELDERBÄUMER 1995, S. 248f.). Dies gilt insbesondere, wenn wiederholte Nachfrage nach „alten", d.h. gleichbleibenden Leistungen besteht. Aber auch bei der Lieferung von „neuen" Leistungen kann die Prozesskostenrechnung in vorhandenen Geschäftsbeziehungen wirtschaftlich eingesetzt werden, z.B. zur Bewertung von Such-, Verhandlungs- und Absicherungskosten anhand bereits vorliegender Daten über den „alten" Geschäftspartner. Bei der Bewertung von Einzeltransaktionen ergeben sich eingeschränkte Möglichkeiten für eine laufende Anwendung der Prozesskostenrechnung. Allerdings bieten Prozesskosteninformationen durchaus Ansatzpunkte, wie sich die Wirtschaftlichkeit z.B. von Such-, Verhandlungs- und Absicherungsaktivitäten generell verbessern lässt.

Die Positionierung der einzelnen Austauschprozesse ist im Zeitablauf zu überprüfen: Aus der Einzeltransaktion mit einem zunächst „neuen" Geschäftspartner kann eine dauerhafte Geschäftsbeziehung mit einem dann „alten" Geschäftspartner entstehen. In gleicher Weise vermag sich eine zunächst „neue" Leistung mit steigender kumulierter Absatzmenge zu einer „alten" Leistung zu entwickeln (vgl. RECKENFELDERBÄUMER 1995, S. 249). Kritisch bleibt zu beurteilen, inwieweit die entstandenen Transaktionskosten von den übrigen Kosten der Leistungserstellung abgegrenzt werden können. Vor allem bei einer starken Integration des Abnehmers in den Prozess der Leistungserstellung wird die inhaltliche Differenzierung von Produktions- und Transaktionskosten zunehmend schwieriger (zum Aufbau einer eigenständigen Transaktionskostenrechnung vgl. ausführlich HOHBERGER 2001, S. 54ff.).

4. Zusammenfassung

Die Kostenrechnung stellt eine wichtige Voraussetzung für das Kostenmanagement dar. Dies gilt vor allem für das operative Kostenmanagement, das darauf abzielt, innerhalb der gegebenen Produkt- und Prozessgestaltung die Effizienz zu steigern (vgl. FRANZ/ KAJÜTER 2000a, S. 117). Für ein strategisches, proaktives Kostenmanagement, das die Optimierung der Produkt- und Prozessstrukturen bewusst in den Mittelpunkt stellt, um nachhaltige Kostensenkungspotenziale zu erschließen (vgl. KAJÜTER 2000a, S. 5), reichen die Informationen der Kostenrechnung im Allgemeinen nicht aus. Insbesondere fehlen hier

- umfassende Kundenorientierung, d.h. die strikte Ausrichtung der Produktgestaltung an Kundenpräferenzen,
- dynamische, d.h. mehrere Perioden umfassende, lebenszyklusbezogene Bewertungskalküle,
- mit denen auch Veränderungen der gegebenen Kapazitäten zur Verbesserung der betrieblichen Effektivität untersucht werden können.

Kosteninformationen sind vor allem für kurzfristig orientierte Entscheidungen relevant, die sich auf die Nutzung der vorhandenen betrieblichen Kapazitäten beziehen. Hinsichtlich der erläuterten Analysebereiche ist kritisch anzumerken, dass die beschriebenen Funktionsbereiche und Querschnittsfunktionen nicht immer überschneidungsfrei voneinander abgegrenzt werden können. Entscheidend für die inhaltliche Fundierung des Bewertungskalküls ist somit der jeweilige Kontext der betrieblichen Entscheidungen. Hierbei können Interessenkonflikte und asymmetrische Informationsverteilung zwischen den an der Erreichung von Kostenzielen beteiligten Mitarbeitern auftreten, zu deren Überwindung entsprechend gestaltete Anreizsysteme implementiert werden müssten (vgl. hierzu PFAFF/WEISSENBERGER 2000, S. 109ff.).

Die Analyse von Kostenproblemen

CHRISTIAN HOMBURG UND MARKUS RICHTER

1. Grundgedanke des intelligenten Kostenmanagements

Die Kostensituation vieler Unternehmen ist unbefriedigend – sowohl was die Höhe der Kosten als auch was die Kostenstruktur angeht. Der Druck, Kosten zu senken bzw. Produktivität zu steigern, resultiert vor allem aus der zunehmenden Wettbewerbsintensität im Zuge der Globalisierung. Konsequentes Kostenmanagement avanciert damit zu einem zentralen Erfolgsfaktor (vgl. HOMBURG/DEMMLER 1995, S. 21).

Um dem Kostendruck zu begegnen, haben Unternehmen in den letzten Jahren zahlreiche Anstrengungen unternommen: Abläufe wurden optimiert, Bestände reduziert, Wertschöpfungsstufen verringert sowie Hierarchien verflacht. Die Maßnahmen konzentrierten sich dabei vor allem auf den Produktions- und Logistikbereich. Während man hier erhebliche Fortschritte realisieren konnte, klammerte man vielerorts andere Bereiche, wie z.B. Marketing und Vertrieb, von Kostensenkungsprogrammen weitgehend aus (vgl. HOMBURG/DAUM 1997a, S. 11).

Parallel dazu hat sich in den zurückliegenden Jahren die Kostenstruktur vieler Unternehmen verändert. So ist der Anteil der variablen Kosten zugunsten von zunehmenden Fixkosten tendenziell zurückgegangen (vgl. BACKHAUS/FUNKE 1997). Dadurch sind Unternehmen zunehmend in ihrer Möglichkeit beschränkt, flexibel auf Marktrückgänge zu reagieren. Hohe Fixkosten erzeugen zudem Mengendruck, der sich wiederum in Form von Preisdruck äußert und die Kostensituation zusätzlich verschärfen kann. Auch der Anteil der Gemeinkosten ist vielerorts angestiegen (vgl. SCHUMANN/BEINHAUER 1994), wodurch sich die Kostentransparenz in etlichen Unternehmen verschlechtert hat.

Dem zunehmenden Kostendruck sowie den Veränderungen im Kostengefüge ist mit herkömmlichen Ansätzen des Kostenmanagements nicht beizukommen. Die Gründe hierfür sind in erster Linie in den folgenden Defiziten, wie man sie vielerorts beobachten kann, zu sehen (vgl. HOMBURG/DAUM 1997a, S. 21f.):

- *Herkömmliches Kostenmanagement ist zu reaktiv*: Kostensenkungsprogramme werden von Unternehmen meist nur als Reaktion auf massive Probleme initiiert. Der Gedanke, dass Kostenmanagement wie Innovationsmanagement und Marktentwicklung eine dauerhafte Aufgabe im Unternehmen darstellt, ist dagegen wenig verbreitet. So werden vorhandene Strukturprobleme im Falle einer guten Auftragssituation häufig übersehen. Erst wenn die Aufträge ausbleiben, kommen die Probleme zum Vorschein und damit einher die Erkenntnis, Kosten senken zu müssen. Solch eine reaktive Handhabung von Kostenproblemen kann nicht effektiv sein, da durch den plötzlichen Zwang zur Kostensenkung lediglich Maßnahmen im Vordergrund stehen, die kurzfristigen Erfolg versprechen.

- *Herkömmliches Kostenmanagement ist zu symptomorientiert*: Kostensenkungsmaßnahmen von Unternehmen sind oftmals nur darauf ausgerichtet, die Symptome von Kostenproblemen in den Griff zu bekommen. Die eigentlichen Problemursachen bleiben von den Maßnahmen meist unberührt. Ein klassisches Beispiel hierfür ist die Thematik überhöhter Personalkosten. So stellen diese in der Regel lediglich das Symptom eines Problems dar. Die Erkenntnis, dass die Personalkosten in einem bestimmten Bereich zu hoch sind, führt demnach noch nicht weiter. Zieht ein Unternehmen beispielsweise aus der Problematik zu hoher Fertigungsgemeinkosten den Schluss,

Personalkosten im Bereich der Arbeitsvorbereitung reduzieren zu müssen, kann dies oft zu kurz gegriffen sein. So müssen die wahren Ursachen für die entstandene Kostenproblematik nicht zwangsläufig im Fertigungsbereich zu suchen sein. Geht man den Ursachen zu hoher Fertigungsgemeinkosten konsequent auf den Grund, stellt sich häufig eine ausufernde Zahl der Produktvarianten im Verkaufsprogramm als ursächlich heraus. Mit anderen Worten: Das Problem wird im Marketing- und Vertriebsbereich verursacht, manifestiert sich aber in erster Linie in den internen Bereichen wie Produktion und Logistik. Derartige Wirkungsmechanismen, die von der Entstehung eines Problems in einem Bereich zu den Symptomen in einem ganz anderen Unternehmensbereich führen, werden aufgrund ihrer Komplexität häufig übersehen. Oftmals handelt es sich um mehrstufige kausale Ketten. Einige Beispiele hierfür sind in Abbildung 1 dargestellt.

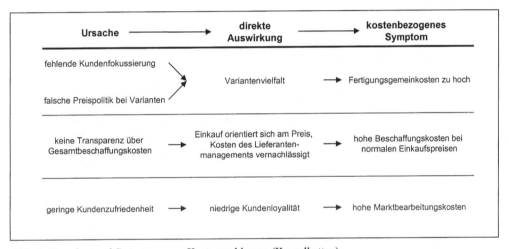

Abb. 1: Ursachen und Symptome von Kostenproblemen (Kausalketten)

- *Herkömmliches Kostenmanagement erfolgt zu undifferenziert:* Häufig versuchen Unternehmen, ihre Kosteneffizienz durch pauschale Einsparvorgaben z.B. hinsichtlich Personal- oder Sachkosten zu steigern (vgl. KAJÜTER 2000a, S. 3f.). Die Kritik an diesem undifferenzierten „cost cutting" hängt eng mit der Forderung nach einem ursachenorientierten Kostenmanagement zusammen. Undifferenzierte Kostensenkungsprogramme schließen nämlich häufig direkt – also ohne Ursachenanalyse – an die Erkenntnis an, dass die Kosten zu hoch sind. Je nachdem, wo die Ursachen für die zu hohen Kosten liegen, fallen diese aber in der Regel in unterschiedlichen Bereichen an. Bei einer pauschalen Kostenanpassung ohne genaue Ursachenanalyse läuft man folglich Gefahr, die Funktionsfähigkeit einzelner Bereiche zu beeinträchtigen, während in anderen Bereichen das Kostensenkungspotenzial nicht ausgeschöpft wird. Dazu kommt, dass man in den meisten Unternehmen Bereiche findet, in denen seit jeher sparsam gewirtschaftet wird, und daneben andere Bereiche mit enormen Überkapazitäten. Diese genauso wie die traditionell Sparsamen zu behandeln, kann offensichtlich nicht sinnvoll sein. Das Tückische an pauschalen Kostenkürzungen über verschiedene

Bereiche hinweg besteht darin, dass sich die Kosten auf diese Weise tatsächlich kurzzeitig in den Griff bekommen lassen, die möglichen langfristigen Auswirkungen dieser Einschnitte auf die Wettbewerbsfähigkeit aber häufig übersehen werden.

Aufgrund dieser Defizite bedarf es zur Bewältigung der anstehenden Probleme einer Neuausrichtung des Kostenmanagements. Notwendig ist insgesamt ein *proaktives Management der Kosten*, das permanent betrieben wird und ursachenorientiert erfolgt, d.h. die Kostenprobleme durch Beseitigung der Ursachen zu lösen versucht. Eine Reihe von Konzepten, die im Rahmen solch einer Neuausrichtung zur Anwendung kommen können, werden in diesem Beitrag vorgestellt. Grundgedanke dieser Konzepte ist das Prinzip des *intelligenten Kostenmanagements*. Es stützt sich auf kostenbeeinflussende Maßnahmen (z.B. Kostensenkungen), die aufbauend auf einer fundierten Kostenanalyse bei wesentlichen Defiziten ansetzen und die Leistungsfähigkeit des Unternehmens erhalten.

2. Ansatzpunkte von Kostenanalysen

Eine fundierte Kostenanalyse besteht prinzipiell aus zwei Schritten. Im ersten Schritt geht es um die *Analyse der Kostensituation*. Ziel dieses Schrittes ist es, bestehende Kostenprobleme aufzudecken, indem Kostenniveaus und Kostenstrukturen der jeweiligen Betrachtungseinheit auf Auffälligkeiten hin untersucht werden. Die Identifikation von Kostenproblemen ist zwar ein notwendiger, aber im Hinblick auf zielgerichtete Kostensenkungsmaßnahmen kein hinreichender Schritt. Schließlich werden im Rahmen der Situationsanalyse lediglich die Symptome des Problems betrachtet und nicht dessen Ursachen analysiert. Daher gilt es im zweiten Analyseschritt, die Ursachen der Kostenentstehung, d.h. die *kostentreibenden Faktoren* (Cost Driver) zu bestimmen (vgl. KAJÜTER 2000a, S. 117ff.). Erst wenn diese erkannt und von ihrer Wirkungsweise her untersucht worden sind, lassen sich effektive Maßnahmen im Sinne eines intelligenten Kostenmanagements einleiten.

In den meisten Unternehmen liegen die wesentlichen Kostensenkungspotenziale heute im Bereich der marktbezogenen Aktivitäten (vgl. HOMBURG/DAUM 1997a, S. 22). Gemeint sind damit sowohl die absatzmarktbezogenen Aktivitäten in Marketing und Vertrieb als auch die beschaffungsmarktbezogenen Aktivitäten. Der Schwerpunkt von Kostenanalysen liegt allerdings vielerorts noch immer auf den unternehmensinternen Bereichen (insbesondere Produktion sowie interne Logistik). Marktbezogene Informationen bleiben damit unberücksichtigt. Aufgrund dieser isolierten Sichtweise werden bedeutsame Kostensenkungspotenziale, die sich aus den Schnittstellen mit den vor- und nachgelagerten Wertschöpfungsstufen ergeben, oftmals nicht erkannt. Notwendig ist daher eine unternehmensübergreifende Sichtweise. So konstatiert SHANK hinsichtlich der traditionellen Herangehensweise von Kostenanalysen: „it starts too late and stops too soon" (SHANK 1989, S. 51). Um sämtliche Kostensenkungspotenziale erkennen und damit letztlich auch ausschöpfen zu können, müssen demzufolge die gesamte Wertschöpfungskette, aber auch die Wettbewerber in die Kostenanalysen mit einbezogen werden (vgl. KAJÜTER 2000a, S. 118ff.).

Je nach Analysefokus lassen sich daher grundsätzlich unternehmensinterne, wettbe-werbsbezogene, beschaffungsmarktbezogene und absatzmarktbezogene Analysen unter-scheiden. In Abbildung 2 sind die unterschiedlichen Ansatzpunkte von Kostenanalysen grafisch verdeutlicht. Die Grafik veranschaulicht zugleich die Struktur dieses Beitrags, denn nachfolgend werden für jeden Untersuchungsschwerpunkt verschiedene Ansätze der Kostenanalyse vorgestellt.

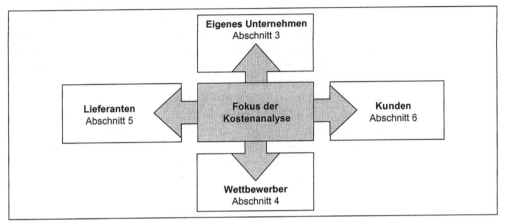

Abb. 2: Ansatzpunkte zur Analyse von Kostenproblemen

3. Unternehmensinterne Analysen

Im Rahmen unternehmensinterner Analysen geht es primär darum, Produkte, Prozesse und Ressourcen des Unternehmens kostentechnisch zu durchleuchten. Basis hierfür sind in erster Linie Daten aus der Kostenarten-, Kostenstellen- und Kostenträgerrechnung (vgl. REISS/CORSTEN 1992, S. 1488).

3.1. Analyse der Komplexitätskosten

Zahlreiche Unternehmen sind heute durch eine hohe *Variantenvielfalt* gekennzeichnet (vgl. HOITSCH/LINGNAU 1995, S. 483). Ein wesentlicher Grund hierfür ist darin zu sehen, dass viele Unternehmen versuchen, durch Differenzierung Wettbewerbsvorteile zu erlan-gen (vgl. HUNGENBERG 2000, S. 541). Gerade in rezessiven Phasen sind Unternehmen bestrebt, wegfallende Umsätze durch neue Produktvarianten in Nischenmärkten zu kom-pensieren. Für Unternehmen, die in direkter Konkurrenz zu Firmen aus Niedriglohnlän-dern stehen, stellt eine Differenzierungsstrategie oftmals gar die einzige Möglichkeit dar, sich im Wettbewerb zu behaupten (vgl. HOMBURG/DAUM 1997a, S. 149).

Übersehen wird dabei häufig, dass eine Erhöhung der Variantenanzahl langfristig mit steigenden Infrastrukturkosten verbunden ist. So müssen die zusätzlichen Produkte bei-spielsweise in die Kostenrechnung und Preisbildung integriert und in die Angebotslisten

aufgenommen werden. Darüber hinaus muss sich der Einkauf um Lieferanten für Rohstoffe und Verpackungen kümmern und die Produktion ein vielfältigeres Produktprogramm steuern. All dies verursacht langfristig höhere Kosten, die auch als Komplexitätskosten bezeichnet werden.

Die hohe Bereitschaft zur Produktion von Varianten ist in erster Linie auf ein Infor-
mationsproblem zurückzuführen (vgl. HOMBURG/DAUM 1997a, S. 150). So wird bei einer
Entscheidung zugunsten einer neuen Variante häufig davon ausgegangen, dass fixe Kosten ohnehin vorhanden sind und dass die neue Variante mit der existierenden Infrastruktur bewältigt werden kann. Auf Dauer führt solch eine Vorgehensweise fast zwangsläufig
zu Problemen: Während die Annahme der Fixkostenneutralität bei einzelnen Varianten
noch zutreffend sein mag, führt die wiederholte Anwendung dieser Prämisse langfristig
jedoch zu einem schleichenden Kostenwachstum.

In diesem Zusammenhang erweist sich zudem als problematisch, dass Komplexitätskosten nicht „en bloc" auftreten, sondern vielmehr in den einzelnen Funktionsbereichen
in den unterschiedlichsten Formen entstehen. Aufgrund dieser Transparenzproblematik
fällt eine exakte Quantifizierung in der Regel schwer. In Abbildung 3 ist beispielhaft für
einen Automobilzulieferer der Anteil der Komplexitätskosten an den Gesamtkosten dargestellt.

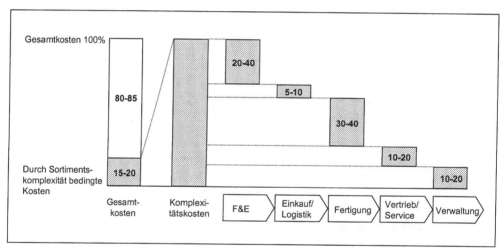

Abb. 3: Anteil der Komplexitätskosten am Beispiel eines Automobilzulieferers (Quelle: ROMMEL ET AL.
1993, S. 24)

20% der Gesamtkosten des Automobilzulieferers sind demnach direkt von der Komplexität des Sortiments (z.B. Anzahl der Teile und Varianten) abhängig. Bei einer weiterge-
henden Analyse ist festzustellen, dass 30-40% der gesamten Komplexitätskosten im Fertigungsbereich anfallen. Die übrigen 60-70% fallen allesamt in Gemeinkostenbereichen
an, womit sie weitgehend intransparent sind und sich nur schwer einzelnen Varianten
zurechnen lassen. Das Problem der Gemeinkostenschlüsselung gewinnt damit an Bedeutung. So ist die herkömmliche Zuschlagskalkulation, die komplexitätsbedingte Gemeinkosten proportional zur Höhe wertabhängiger Größen verrechnet, nicht in der Lage, die

Komplexitätskosten beanspruchungsgerecht zuzuordnen (vgl. COENENBERG 1999, S. 236f.). Während auf der einen Seite eine zu starke Belastung der Standardprodukte mit Komplexitätskosten erfolgt, werden Spezialprodukte auf der anderen Seite zu wenig belastet. Letztere werden damit von Standardprodukten subventioniert, wodurch sich das ohnehin schon bestehende Transparenzproblem weiter verschärft.

Dem kann durch eine Prozesskostenrechnung begegnet werden, da diese die zeitliche oder mengenmäßige Beanspruchung betrieblicher Ressourcen als Grundlage zur Verrechnung der Gemeinkosten auf Produkte heranzieht (vgl. hierzu auch den Beitrag von KAJÜTER). Komplexe Produkte werden hierdurch entsprechend stärker mit Gemeinkosten belastet als standardisierte Produkte.

Wie nachhaltig eine zu hohe Zahl an Varianten Prozesse im Unternehmen beeinträchtigen kann, soll abschließend das Beispiel eines Sanierungsprojekts in Abbildung 4 verdeutlichen (vgl. HOMBURG/DEMMLER 1994, S. 1603ff.).

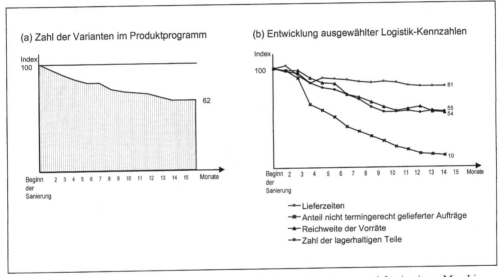

Abb. 4: Auswirkungen der Variantenreduktion am Beispiel eines Sanierungsprojekts in einem Maschinenbauunternehmen (Quelle: HOMBURG/DEMMLER 1994, S. 1603)

Der Erfolg einer Straffung des Produktprogramms spiegelt sich kurzfristig vor allem in den unternehmensinternen logistischen Abläufen wider. So konnte in dem Sanierungsprojekt durch eine etwa 40%ige Reduktion der Variantenzahl eine Verringerung der durchschnittlichen Lieferzeiten um 20% realisiert werden. Parallel dazu konnte die Zahl der nicht termingerecht gelieferten Aufträge auf etwa ein Zehntel des ursprünglichen Werts reduziert werden – und dies trotz einer Verringerung der Reichweite der Vorräte um fast die Hälfte. Eine zu hohe Anzahl an Varianten wirkt damit offensichtlich wie Sand im Getriebe und verlangsamt die Prozesse. Zu lange Durchlaufzeiten und zu hohe Bestände sind daher häufig Indikatoren von Überkomplexität (vgl. zum Komplexitätsmanagement auch den Beitrag von ROSENBERG).

3.2. Analyse interner Prozesskosten

Zur Beurteilung der Güte von internen Prozessen eignen sich grundsätzlich die Dimensionen Zeit, Qualität und Kosten. Letztere lassen sich mit Hilfe der Prozesskostenrechnung einzelnen Prozessen zuordnen (vgl. dazu den Beitrag von KAJÜTER). Als Grundlage für die prozessorientierte Erfassung der Kosten dienen hierbei so genannte Hauptprozesse, die sich aus einer kostenstellenübergreifenden Zusammenfassung von sachlich zusammenhängenden Teilprozessen ergeben (vgl. COENENBERG 1999, S. 227).

Die Vorgehensweise bei der Ermittlung eines Prozesskostensatzes soll am Beispiel der Kalkulation eines Kleinkredits verdeutlicht werden (vgl. Abb. 5).

Personalleistungen				
Vorgang	Einheiten pro Kreditfall	Minuten pro Einheit	Kosten pro Minute	Standard-Stückkosten pro Einheit
Vorgespräch	1	20	0,35	7,00
Bearbeitung des Antrages	1	30	0,30	9,00
Kontoeröffnung	1	10	0,30	3,00
Schufa-Meldung	1	5	0,30	1,50
Anlegen der Kreditkarte	1	10	0,30	3,00
Kontoauswertung	8	8	0,35	22,40
Summe	-	-	-	45,90
EDV-Leistungen				
Vorgang	Einheiten pro Kreditfall	Sekunden pro Einheit	Kosten pro Sekunde	Standard-Stückkosten pro Einheit
Kontoeröffnung bzw. -löschung	2	0,3	1,25	0,75
Kontoführung	24	0,3	1,25	9,00
Kontoabschluß	2	0,5	1,25	1,25
Summe	-	-	-	11,00
Sonstige Sachmittel-Leistungen				
Material		Einheiten pro Kreditfall	Kosten pro Einheit	Standard-Stückkosten pro Einheit
Formulare etc.		1	1,10	1,10
Schufa-Mitteilung		1	0,10	0,10
Porti etc.		8	0,56	4,48
Summe		-	-	5,68
Standard-Stückkosten eines Kleinkredits (Laufzeit 2 Jahre)				62,58

Abb. 5: Kalkulation der Standard-Stückkosten eines Kleinkredits (Quelle: SCHIERENBECK 1994, S. 662)

Im ersten Schritt werden die für den Abschluss des Kleinkredits erforderlichen Aktivitäten erfasst und konkretisiert (Vorgespräch, Bearbeitung des Antrages, Kontoeröffnung usw.). Diesen kostenstellenübergreifenden Aktivitäten werden in einem zweiten Schritt Standardbearbeitungszeiten und Einzelkosten zugerechnet. So werden beispielsweise für die Bearbeitung des Kreditantrages 30 Minuten veranschlagt, so dass sich bei Kosten von 0,30 € pro Minute insgesamt 9 € für diesen Vorgang errechnen. Zusammengefasst ergeben sich Personalkosten in Höhe von 45,90 €. Im vorliegenden Beispiel fließen außerdem die Kosten für EDV-Leistungen sowie die Kosten sonstiger Sachmittel-Leistungen in die Kalkulation des Kleinkredits. Während bei den ersten beiden Kategorien (Personal- und EDV-Leistungen) Zeitstudien zur Erfassung der Standard-Stückkosten pro Einheit durchgeführt wurden, handelt es sich bei den sonstigen Sachmittel-Leistungen um Kosten pro Einheit. Insgesamt errechnet sich ein Prozesskostensatz für die Bearbeitung eines Kleinkredits in Höhe von 62,58 €.

Prozessorientierte Kosteninformationen liefern häufig wertvolle Anhaltspunkte für Kostensenkungsmaßnahmen. So wird in der Kalkulation des Kleinkredits in Abbildung 5 deutlich, dass ca. 80% der sonstigen Sachmittel-Leistungen auf Porti und dergleichen entfallen. Mögliche Maßnahmen zur Kostensenkung könnten folglich in der Nutzung alternativer Kommunikationsformen (z.B. E-mail oder Fax) bestehen. Weitaus stärker fällt der Personalkostenblock ins Gewicht, der nahezu 75% an den Standard-Stückkosten des Kleinkredits ausmacht. Prozessstandardisierung und -beschleunigung sind hier mögliche Maßnahmen, um Teilprozesse zu beschleunigen und damit die Kosten zu senken.

Wichtige Anhaltspunkte für das Kostenmanagement ergeben sich außerdem durch einen Vergleich der Prozesskostensätze im Zeitverlauf, insbesondere im Hinblick auf die Wirkungen von bereits in die Wege geleiteten Maßnahmen der Produktivitätssteigerung. Zudem lassen sich Prozesskostensätze gut als Benchmarking-Kennzahlen für den Vergleich mit anderen Unternehmen heranziehen (vgl. HOMBURG/DAUM 1997a, S. 252).

4. Wettbewerbsbezogene Analysen

Der Kerngedanke wettbewerbsbezogener Analysen besteht darin, auf Basis der Erkenntnisse aus anderen Unternehmen Kostenprobleme im eigenen Unternehmen offenzulegen und entsprechende Ansatzpunkte zur Problemlösung zu gewinnen. Entgegen landläufiger Meinung sind die notwendigen Konkurrenzinformationen hierzu in den meisten Unternehmen vorhanden. Problematisch ist nur, dass diese in der Regel über nahezu alle Funktionsbereiche und Abteilungen verstreut sind und häufig eine zentrale Stelle fehlt, die diese vielfältigen Detailinformationen systematisch aufbereitet (vgl. HOMBURG/DEMMLER 1995, S. 24).

4.1. Analyse der Kostenstrukturen von Wettbewerbern

Im Vorfeld von Kostensenkungsprogrammen ist es von zentraler Bedeutung zu verifizieren, welche Kosten im einzelnen zu hoch sind. Ein nützliches Instrumentarium ist in diesem Zusammenhang der *Vergleich der eigenen Kostenstruktur mit denen anderer Unternehmen*. Dabei kann der Vergleich entweder auf Basis branchenbezogener Daten oder unmittelbar auf Basis der Daten von direkten Konkurrenten erfolgen (vgl. zu letzterem auch den Beitrag zum Kosten-Benchmarking von KREUZ).

Branchenbezogene Daten über Kostenstrukturen werden häufig von Verbänden veröffentlicht. So ermittelt z.B. der VDMA (Verband Deutscher Maschinen- und Anlagenbauer) in ein- bis zweijährigem Abstand per Befragung die Kostenstrukturen seiner Mitgliedsunternehmen und macht diesen die statistisch aufbereiteten Daten wiederum zugänglich. Gelegentlich sind derartige Kostenvergleiche aber noch zu pauschal für die Ableitung konkreter Handlungsmaßnahmen. Oftmals sind Kostenstrukturen nämlich nur im Kontext der strategischen Orientierung eines Unternehmens sinnvoll zu interpretieren. Abbildung 6 zeigt ein entsprechendes Beispiel (vgl. HOMBURG/DEMMLER 1994, S. 1596ff.). Hierbei handelt es sich um eine Gesamtkostenanalyse der direkten Konkurrenten eines kleinen Maschinenbauunternehmens, dessen Umsatzrendite in den letzten zwei Jahren bei etwa konstanten Umsätzen kontinuierlich rückläufig war und mittlerweile einen bedenklichen Wert von 1% erreicht hat.

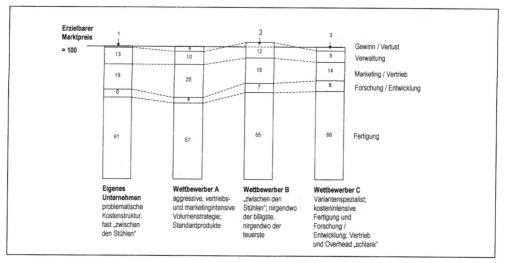

Abb. 6: Analyse der Gesamtkostenstruktur von drei Wettbewerbern mit unterschiedlichen strategischen Orientierungen (Quelle: HOMBURG/DEMMLER 1994, S. 1596)

Eine Analyse der Gesamtkostenstrukturen der Wettbewerber ergibt folgendes Bild: Die Kostenstruktur von Wettbewerber A ist konsistent mit dessen strategischer Orientierung. So spiegelt sich dessen volumenorientierte Strategie mit einem auf Standardprodukte beschränkten Produktionsprogramm auch in der Kostenstruktur wider. Die Fertigung erfolgt sehr kostengünstig, Forschungs- und Entwicklungskosten sind minimiert und die Aufwendungen in Marketing und Vertrieb aufgrund eines dichten, flächendeckenden Vertriebsnetzes zur Umsetzung der aggressiven, volumenorientierten Strategie vergleichsweise hoch. Die Umsatzrendite beläuft sich auf 4%.

Wettbewerber C hingegen setzt auf die Fertigung und Vermarktung von Varianten. Von daher sind die Aufwendungen für Fertigung sowie Forschung und Entwicklung vergleichsweise hoch. Die Vertriebskosten wiederum sind unter allen betrachteten Konkurrenten am geringsten, weil der Vertrieb über wenige technische Spezialisten erfolgt. Auch dieses strategische Konzept ist in sich schlüssig und ermöglicht Wettbewerber C eine Umsatzrendite in der Größenordnung von 3%.

Bei Wettbewerber B ist dagegen keine klare strategische Orientierung erkennbar. Er vermarktet sowohl Standardprodukte als auch Varianten, ohne aber in einem der beiden Segmente eine wirklich bedeutsame Rolle am Markt zu spielen. Dies schlägt sich auch in der Kostenstruktur nieder. So hat Wettbewerber B unter den betrachteten Konkurrenten in keinem Bereich weder die höchsten noch die niedrigsten Kosten. Insgesamt entstehen durch diese Inkonsistenzen in der strategischen Positionierung Kosten, die durch das Umsatzvolumen nicht gedeckt werden können. Folglich weist Wettbewerber B eine negative Umsatzrendite von etwa 3% aus.

Ordnet man die Kostenstruktur des eigenen Unternehmens in das Spektrum der Kostenstrukturen der Wettbewerber ein, fallen in erster Linie Ähnlichkeiten zu Wettbewerber B auf. Dies verdeutlicht – zusammen mit der marginalen Umsatzrendite von nur 1% – den strategischen Handlungsbedarf des Unternehmens. Das Kernproblem besteht darin, dass zwei Segmente mit unterschiedlichen Erfolgsfaktoren und unterschiedlichen Anforderungen an alle Unternehmensfunktionen miteinander vermischt werden. Solch eine fehlende bzw. unlogische Geschäftssegmentierung ist eine häufige Ursache von Kostenproblemen (vgl. HOMBURG/DEMMLER 1994, S. 1597). Daher hat man in dem betrachteten Unternehmen im Zuge einer Neusegmentierung zwei Geschäftseinheiten für das Standard- bzw. das Spezialgeschäft gebildet und organisatorisch weitgehend voneinander getrennt. Die Kostenstrukturen wurden dabei jeweils den Strukturen von Wettbewerber A bzw. C angepasst. Der Erfolg derartiger Maßnahmen wird i.d.R. allerdings erst langfristig wirksam.

4.2. Analyse des Kostentreiber-Managements von Wettbewerbern

Geht man Kostenproblemen konsequent auf den Grund, stellt man häufig fest, dass diese aus Fehlern beim Management von wenigen kostentreibenden Faktoren resultieren (vgl. hierzu auch den Beitrag von SHANK). Im produzierenden Gewerbe zählen beispielsweise die Breite der Produktpalette sowie die Fertigungstiefe zu den wichtigsten Kostentreibern (vgl. HOMBURG/DEMMLER 1994, S. 1593). Eine Analyse, wie Wettbewerber diese Cost Drivers gestalten, kann oftmals sehr aufschlussreich sein, um eigene Fehler hinsichtlich des Kostentreiber-Managements aufzudecken. In Abbildung 7 ist ein entsprechendes Beispiel aus der Unternehmenspraxis dargestellt. Betrachtet werden hierbei die Ausprägungen der beiden Cost Drivers „Breite der Produktpalette" und „Fertigungstiefe" für die eigene Geschäftseinheit sowie die neun wichtigsten Wettbewerber. Darüber hinaus enthält die Abbildung auch Angaben zum Umsatzvolumen (inflationsbereinigter Durchschnitt der letzten drei Jahre) und zur Rentabilität (approximierte Angaben in Form von +, 0 bzw. -).

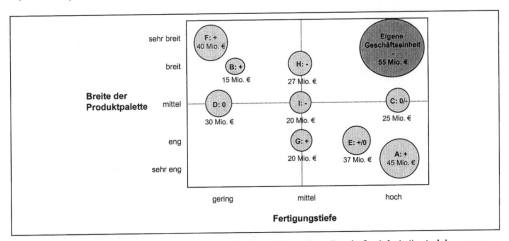

Abb. 7: Gestaltung der Kostentreiber von neun Wettbewerbern einer Geschäftseinheit (in Anlehnung an: HOMBURG/DAUM 1997a, S. 181)

Aus Abbildung 7 geht deutlich hervor, dass die Rentabilität von der Gestaltung der beiden Kostentreiber abhängt: So erwirtschaften nur diejenigen Unternehmen Gewinne, die in der Grafik links oben (geringe Fertigungstiefe und breite Produktpalette) oder rechts unten (hohe Fertigungstiefe und eng begrenzte Produktpalette) angesiedelt sind. Dieser Sachverhalt gilt offensichtlich unabhängig vom Umsatzvolumen.

Vor diesem Hintergrund erklärt sich auch die unbefriedigende Situation der eigenen Geschäftseinheit (Verluste trotz Marktführerschaft). Demnach scheint das Kernproblem in der Kombination von hoher Fertigungstiefe und sehr breiter Produktpalette zu liegen. Folglich sollte zumindest einer dieser beiden Cost Drivers zukünftig anders gestaltet werden. Im vorliegenden Beispiel hat man sich für eine drastische Reduktion des Produktprogramms entschieden und auf diese Weise die Situation der Geschäftseinheit erheblich verbessern können.

5. Beschaffungsmarktbezogene Analysen

Beschaffungsmarktbezogene Analysen gewinnen aufgrund der steigenden Materialintensität zunehmend an Bedeutung. So ist in zahlreichen Unternehmen infolge einer Reduktion der Wertschöpfungstiefe der wertmäßige Anteil an Zukaufteilen an den Kosten des Endprodukts stark gestiegen. Dies geht einher mit einer Umorientierung des zentralen Beschaffungsziels: Während bislang zumeist die Erzielung eines möglichst geringen Beschaffungspreises für den benötigten Inputfaktor im Mittelpunkt stand, rücken verstärkt die Gesamtkosten der Beschaffung in den Betrachtungsfokus (vgl. HOMBURG/DAUM 1997b, S. 249ff.).

5.1. Analyse der Gesamtkosten der Beschaffung

Kostenprobleme im Beschaffungsbereich resultieren häufig daraus, dass beschaffungspolitische Entscheidungen lediglich auf Basis des Einkaufspreises getroffen werden. Dass es neben dem eigentlichen *Einkaufspreis* auch weitere Kosten zu berücksichtigen gibt, wird dagegen oftmals übersehen. Beispielsweise können höhere Logistikkosten, verstärkte Reparaturen nach Ablauf der Gewährleistung und geringere Serviceleistungen den Preisvorteil schnell wieder dahin schmelzen lassen. Deswegen sind in einer Systematik der Beschaffungskosten sämtliche Kosten zu erfassen, die bei dem Fremdbezug einer Leistung für das einkaufende Unternehmen entstehen.

Die *Gesamtkosten der Beschaffung* lassen sich grundsätzlich einteilen in die „Costs of Ownership" auf der einen und den Kosten des Lieferantenmanagements auf der anderen Seite (vgl. HOMBURG/DAUM 1997b, S. 249ff.). Unter die *Costs of Ownership* fallen neben dem tatsächlich bezahlten Preis für einen Inputfaktor insbesondere Handlingkosten, die vor, während bzw. nach der Nutzung des Inputfaktors entstehen. Wichtige Komponenten sind Kosten der Qualitätssicherung, der Logistik, des Transports, der Lagerhaltung und der Entsorgung. Kennzeichnend für die Costs of Ownership ist der relativ regelmäßige Anfall und ihre Abhängigkeit von der Menge sowie der Beschaffenheit des bestellten Gutes.

Die *Kosten des Lieferantenmanagements* umfassen demgegenüber vornehmlich unregelmäßig anfallende Kosten, wie z.B. solche der Lieferantenwahl, der Lieferantenförderung und -bewertung sowie der Pflege der Geschäftsbeziehung. Charakteristisch für diese Kosten ist, dass sie recht stark von der Zahl und der Qualität der Lieferanten eines Unternehmens abhängen.

Der starke Fokus auf den Einkaufspreis als zentraler Entscheidungsparameter ist darauf zurückzuführen, dass die Handlingkosten und die Kosten des Lieferantenmanagements viel weniger transparent sind. Außerdem fällt ein wesentlicher Teil dieser Kosten außerhalb des Verantwortungsbereichs der Beschaffungsmanager an (z.B. in der Produktion). Sofern diese nur am Erzielen günstiger Einkaufspreise gemessen werden, werden sie vermutlich wenig Neigung verspüren, bei entsprechenden Entscheidungen Kosten, die in einem anderen Bereich anfallen, zu berücksichtigen. Wie bedeutend eine Gesamtkostenbetrachtung aber letztlich sein kann, zeigt das Beispiel eines großen deutschen Chemieunternehmens in Abbildung 8.

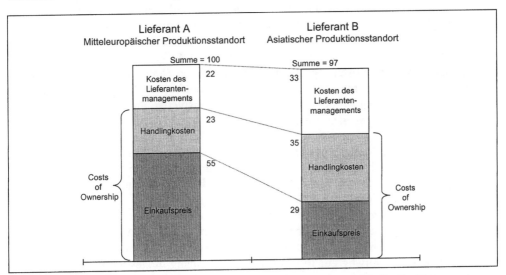

Abb. 8: Zwei Zulieferer eines Chemieunternehmens im Gesamtkostenvergleich (Quelle: HOMBURG/ DAUM 1997b, S. 251)

Dem Chemieunternehmen standen im Rahmen einer Beschaffungsentscheidung zwei Lieferanten zur Auswahl: im Fall von Lieferant A war die Belieferung von einem mitteleuropäischen Produktionsstandort vorgesehen, im Fall von Lieferant B von einem asiatischen Produktionsstandort. Zu konstatieren ist zunächst ein substantieller Preisvorteil des Angebots aus Asien. Es ist um fast 50% günstiger. Eine detaillierte Analyse der anfallenden Handlingkosten sowie der Kosten des Lieferantenmanagements ergab allerdings, dass diese bei dem asiatischen Zulieferer jeweils um circa 50% höher als bei dem europäischen Lieferanten waren. In Summe lagen die beiden Angebote also gleichauf (vgl.

Abb. 8). Vor diesem Hintergrund entschied man sich letztlich – trotz des höheren Einkaufspreises und unter zusätzlicher Berücksichtigung des Beschaffungsrisikos – für eine Zusammenarbeit mit Lieferant A.

5.2. Analyse kostensenkender Maßnahmen des Lieferantenmanagements

Ansatzpunkte zur Senkung der Beschaffungskosten bestehen vor allem im Bereich des Lieferantenmanagements. Schließlich werden sowohl die Handlingkosten als auch die *Kosten des Lieferantenmanagements* unmittelbar durch Entscheidungen beeinflusst, die sich auf die Lieferantenbasis bzw. die Zusammenarbeit mit den Lieferanten beziehen.

Die Kosten des Lieferantenmanagements hängen insbesondere von der Zahl der Lieferanten ab. Immerhin werden durch jede Geschäftsbeziehung gewisse Ressourcen gebunden. Überlegungen hinsichtlich der Reduktion der Lieferantenzahl reichen bis hin zum Konzept des *Single Sourcing*. Hierunter ist eine dauerhafte und in der Regel sehr enge Anbindung an einen speziellen Lieferanten zu verstehen (vgl. HOMBURG/DAUM 1997a, S. 212). Zwar gelangt der ausgewählte Lieferant hierdurch (zumindest kurzfristig) in eine monopolartige Situation, aber diesem möglichen Nachteil stehen gerade bei technologisch komplexen und speziell auf den Abnehmer zugeschnittenen Produkten erhebliche Kostensenkungspotenziale gegenüber. Diese können sich z.B. in einer vereinfachten Beschaffungsabwicklung (d.h. geringere Handlingkosten) äußern. Darüber hinaus können durch Single Sourcing Kostendegressionspotenziale durch Skaleneffekte aufgrund Nachfragebündelung sowie gemeinsamer Erfahrungskurveneffekte realisiert werden. Kostensenkungspotenziale können sich auch aus einer intensiveren Zusammenarbeit wie gemeinsam realisierte Prozessoptimierungen ergeben (vgl. HOMBURG/DAUM 1997a, S. 212f.).

Letztlich sind die Maßnahmen des Lieferantenmangements jedoch von bestimmten situativen Faktoren abhängig zu machen, d.h. eine undifferenzierte Pauschalisierung von Maßnahmen ist nicht zweckmäßig. Ein geeignetes Instrument, um eine entsprechende Differenzierung zu unterstützen, ist das *Beschaffungsportfolio* (vgl. Abb. 9). Im Rahmen dieses Portfolios werden zu beschaffende Produkte in Abhängigkeit von ihrer Komplexität sowie der wirtschaftlichen Bedeutung für das Unternehmen eingestuft.

Bevor die einzelnen Felder des Beschaffungsportfolios in Abbildung 9 genauer beleuchtet werden, sei vorweg auf folgenden Zusammenhang hingewiesen: Generell muss die Beschaffungspolitik zwei Kostenprobleme vermeiden, nämlich erstens das Problem, zu teuer einzukaufen, und zweitens das Problem, zu hohe Kosten des Handlings bzw. des Lieferantenmanagements zu verursachen (vgl. Abb. 8). Betrachtet man nun die Ausprägung dieser beiden Probleme von der Lieferantenzahl her, so ist davon auszugehen, dass die Kosten des Handlings und des Lieferantenmanagements mit zunehmender Lieferantenzahl zunehmen, während die Gefahr, Produkte zu teuer einzukaufen, mit zunehmender Lieferantenzahl aufgrund des intensiveren Wettbewerbs tendenziell abnimmt.

Sind die zu beschaffenden Produkte komplex, ist davon auszugehen, dass auch die Kosten für Handling und Lieferantenmanagement tendenziell höher liegen. Folglich kann das Unterhalten von Geschäftsbeziehungen zu mehreren Lieferanten in diesem Fall sehr kostenintensiv sein. Insbesondere, falls die wirtschaftliche Bedeutung des Produkts gering ist, sollte man der Vermeidung von Handlingkosten und Kosten des Lieferantenmanagements Vorrang vor der Optimierung des Einkaufspreises gewähren und mit einer sehr niedrigen Zahl von Lieferanten zusammenarbeiten, möglicherweise sogar Single Sourcing betreiben (Feld I). Ist dagegen bei hoher Produktkomplexität die wirtschaftliche Bedeutung ebenfalls hoch, so wird man gleichfalls mit einer niedrigen Zahl von Lieferanten zusammenarbeiten, aus Absicherungsgründen möglicherweise aber Single Sourcing vermeiden (Feld II). Bei niedriger Produktkomplexität sind die Kosten des Handlings sowie des Lieferantenmanagements im Regelfall geringer. Insbesondere bei hoher wirtschaftlicher Bedeutung empfiehlt es sich daher, auf intensiven Wettbewerb zwischen den Lieferanten zu setzen und mit einer recht hohen Lieferantenzahl zusammenzuarbeiten (Feld IV). Bei Produkten von sehr niedriger wirtschaftlicher Bedeutung sind die möglichen Preisoptimierungspotenziale dagegen weniger bedeutend, so dass man sich in diesem Fall mit einer mittleren Lieferantenzahl zufrieden geben kann (Feld III).

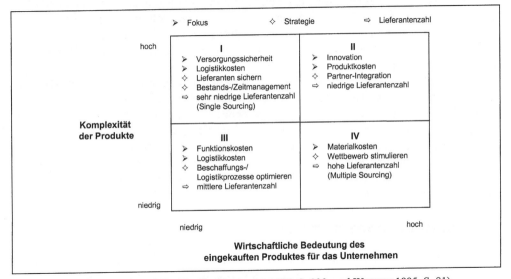

Abb. 9: Das Beschaffungsportfolio (Quelle: HOMBURG 1995, S. 829, und WEINKE 1995, S. 81)

6. Absatzmarktbezogene Analysen

Absatzmarktbezogene Analysen gestalten sich besonders schwierig. Ein erschwerender Faktor besteht vor allem in der überzogenen Produktorientierung vieler Kostenrechnungssysteme, die zu Lasten der kundenbezogenen Perspektive geht. So werden die Kosten einzelner Produkte vielerorts sehr detailliert ermittelt, während die Frage nach den Bearbeitungskosten spezieller Kunden oder Kundengruppen, kaum systematisch angegangen wird (vgl. HOMBURG ET AL. 1996). Ein weiteres Problem im Absatzbereich besteht in der Notwendigkeit, auch so genannte weiche Faktoren, wie z.B. Kundenzufriedenheit, zu quantifizieren (vgl. WEBER 2001, S. 193).

6.1. Analyse der Kostenauswirkungen von Kundenfluktuation

Eine hohe *Kundenfluktuation* ist einer der schwerwiegendsten Kostentreiber im Vertriebsbereich (vgl. REICHHELD/SASSER 1991). Im Umkehrschluss bedeutet dies, dass
dauerhafte, auf Kundenzufriedenheit basierende Geschäftsbeziehungen einen zentralen
Schlüssel zur Steigerung der Kosteneffizienz darstellen. Entgegen landläufiger Meinung
müssen *Kundenorientierung und Kosteneffizienz* demnach keineswegs zwangsläufig im
Widerspruch zueinander stehen. So zeigen die Ergebnisse einer umfassenden Untersuchung, dass der Erfolg kundennaher Unternehmen weniger auf dem Erzielen höherer
Preise als vielmehr auf Effizienzvorteilen beruht (vgl. HOMBURG 2000). Zurückzuführen
ist dies im wesentlichen auf den starken positiven Effekt, den hohe Kundenzufriedenheit
auf die Kundentreue hat. Aus dieser resultieren wiederum stabile und dauerhafte Geschäftsbeziehungen, die zu einer Verringerung des Koordinations- und Informationsbe-
darfs sowie zu Lerneffekten auf beiden Seiten führen. Folglich sinken im Laufe einer Geschäftsbeziehung die damit verbundenen Kosten tendenziell (vgl. HOMBURG/DAUM
1997a, S. 33f.). Unterschiede in Höhe des 15-20fachen kundenbezogenen Vertriebsauf-
wands zwischen alten und neuen Geschäftsbeziehungen stellen nach unseren Erfahrungen
keine Seltenheit dar.

Den Kostensenkungspotenzialen durch zufriedene Kunden stehen entsprechende Kosten zur Erreichung der Kundenzufriedenheit gegenüber. Insofern kann im Zusammenhang mit Kundenzufriedenheit nicht uneingeschränkt die Aussage gelten: je mehr, desto
besser. Erfolgreiche Kundennähe setzt vor allem eine starke *kundenbezogene Konzentration* voraus. Unternehmen müssen sich also intensiv mit der Frage auseinandersetzen, für
welche Kunden welche Ressourcen eingesetzt werden sollen. Voraussetzung hierfür ist,
dass Unternehmen ihre Kundenstruktur kennen, was in vielen Fällen nicht immer gegeben ist (vgl. HOMBURG/DAUM 1997a, S. 24).

6.2. Analyse der Kundenstruktur

Aus einer ungünstigen *Kundenstruktur* können zahlreiche Kostenprobleme resultieren.
Das Zustandekommen problembehafteter Strukturen ist häufig auf eine überzogene Um-
satzorientierung zurückzuführen (vgl. HOMBURG/DAUM 1997a, S. 24). So werden vielerorts auch Kunden mit noch so marginalen Umsatzbeiträgen gehalten. Als Resultat haben
viele Unternehmen zu viele Kunden, die darüber hinaus in der Regel nicht differenziert
bearbeitet werden. Solch eine unfokussierte Marktbearbeitung nach dem „Gießkannen-
prinzip" führt fast zwangsläufig zu Kostenproblemen.

Ein aussagefähiges Analyseinstrument zur Untersuchung und möglichen Bereinigung
der Kundenstruktur ist das *Kundenportfolio* (vgl. HOMBURG ET AL. 2002, S. 179ff.). Hier
werden die Kunden auf Basis ihrer Attraktivität und der Position, die man als Anbieter
bei diesen Kunden hat, in einem zweidimensionalen Schema positioniert (vgl. Abb. 10).

In die Beurteilung der Kundenattraktivität können neben dem jährlichen Bedarf des
Kunden das Wachstum dieses Volumens, das beim Kunden erzielbare Preisniveau, die
strategische Bedeutung des Kunden (z.B. zukünftiges Potenzial, Image des Kunden,
Funktion als Meinungsbildner), die Möglichkeiten der Zusammenarbeit mit dem Kunden

(z.B. Kooperationen in der Logistik oder der Produktentwicklung) sowie weitere ähnliche Kriterien einfließen. Die Anbieterposition ergibt sich i.d.R. aus dem relativen Bedarfsdeckungsanteil des Anbieters. Es wird also eine Art „kundenbezogener Marktanteil" errechnet. Gegebenenfalls kann diese Kennzahl auch um qualitative Kriterien wie die Qualität der Geschäftsbeziehung ergänzt werden.

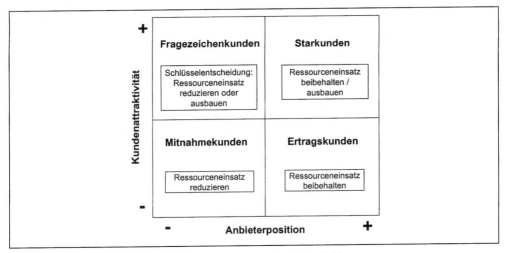

Abb. 10: Das Kundenportfolio (Quelle: HOMBURG ET AL. 2002, S. 181)

Das Kundenportfolio sieht eine Typologisierung der Kunden in vier Kategorien vor (vgl. Abb. 10). Auf Basis dieser Typologie können generelle Aussagen zur Ressourcenallokation bzw. zur Fokussierung der Marktbearbeitung getroffen werden. Die grundsätzliche Empfehlung des Modells lautet, den Ressourceneinsatz auf Starkunden und Fragezeichen zu konzentrieren. Für letztere gilt diese Empfehlung allerdings nicht uneingeschränkt. So muss sich der Anbieter vorweg fragen, ob er willens und in der Lage ist, die Position bei diesen Kunden nachhaltig zu verbessern, so dass sie zu Starkunden werden. Im anderen Fall empfiehlt es sich eher, die schwache Position zu akzeptieren und den Ressourcenaufwand stark zu reduzieren, da sich Fragezeichenkunden ihrer Attraktivität bewusst und damit in der Bearbeitung sehr aufwändig sind (z.B. aufgrund hoher Serviceerwartungen und spezieller Konditionsforderungen).

Im Hinblick auf Ertrags- und Mitnahmekunden sollte der Ressourceneinsatz auf alle Fälle begrenzt werden. Gerade hinsichtlich der Ertragskunden beobachtet man in der Praxis häufig, dass diese intensiver betreut werden, als es von der Bedeutung der Geschäftsbeziehung her angebracht wäre (vgl. HOMBURG ET AL. 2002, S. 182). Hier sollte folglich auf eine effizientere Gestaltung der Bearbeitung Wert gelegt werden. Gleiches gilt für Mitnahmekunden. Bei diesen stellt sich vor allem die Frage nach der Wirtschaftlichkeit der Bearbeitung, denn Mitnahmekunden sind häufig in überproportionaler Weise für unwirtschaftliche Phänomene im Unternehmen (z.B. Kleinstaufträge) verantwortlich.

Das Kundenportfolio kann grundsätzlich zur Analyse der Kundenstruktur eines ganzen Unternehmens, eines Unternehmensbereichs, eines Verkaufsbüros oder auch eines einzelnen Außendienstmitarbeiters herangezogen werden. Insgesamt sollte stets eine ausgewogene Mischung aus Star-, Fragezeichen- und Ertragskunden angestrebt werden. Gravierende Abweichungen von dieser Verteilung, wie z.B. im Falle eines hohen Anteils an Mitnahmekunden, sind meist eine Ursache von massiven Kostenproblemen.

Auch wenn sich aus dem Kundenportfolio erste Anhaltspunkte hinsichtlich der kundenbezogenen Rentabilität ableiten lassen, empfiehlt es sich mittelfristig im Rahmen einer gesonderten Rentabilitätsbetrachtung zu untersuchen, welchen genauen Einfluss bestimmte Kunden bzw. Kundensegmente auf die Gewinn- und Verlustentstehung haben. Durch Fokussierung der Marktbearbeitung auf überdurchschnittlich Erfolg versprechende Kunden bzw. Kundensegmente lässt sich auf dieser Basis die Kosteneffizienz im Absatzbereich weiter steigern (vgl. KÜPPER 2001, S. 422f.).

Voraussetzung für eine kundenbezogene Rentabilitätsanalyse ist die Erfassung der kundenspezifischen Kosten. Dies gestaltet sich in zahlreichen Unternehmen schwierig, da viele ihren Schwerpunkt bei der Erfassung der Kosten auf die produktbezogene Perspektive gelegt haben. Um die kundenbezogenen Kosten erfassen zu können, empfiehlt sich zunächst eine hierarchische Strukturierung dieser Kosten an. Im Rahmen dieser Hierarchie erfolgt dann nach Zuordnung der Kosten zu Produkten eine sukzessive Zuordnung zu Aufträgen und dann zu Kunden. Auf Basis einer stufenweisen Deckungsbeitragsrechnung kann sodann für jede der angeführten Ebenen eine Profitabilitätsanalyse durchgeführt werden (vgl. HOMBURG ET AL. 2002, S. 189ff.).

Während die Zuordnung bestimmter Kosten zu Kunden ohne weiteres möglich ist, sind insbesondere im Hinblick auf die Zuordnung der Gemeinkosten der Kundenbedienung vorab entsprechende Analysen notwendig. Gewährt man z.B. einem Handelsunternehmen, das man beliefert, einen Werbekostenzuschuss, so lassen sich diese Kosten problemlos dem einzelnen Kunden zuordnen. Die Gesamtkosten für die Auftragsbearbeitung lassen sich dagegen nicht eindeutig zuordnen, da sie i.d.R. über einen gewissen Zeitraum für mehrere Kunden gemeinsam anfallen. Zur Lösung dieses Problems bietet sich wiederum die Vorgehensweise der Prozesskostenrechnung an (vgl. Abschnitt 3.2.).

7. Zusammenfassung

Aufgrund der zunehmenden Wettbewerbsintensität hat sich die Kostensituation vieler Unternehmen dramatisch verändert. Zum einen haben sich die Kostenstrukturen nachhaltig verschoben, zum anderen wächst der Druck zur Kostensenkung. Herkömmliche Ansätze des Kostenmanagements sind diesem Veränderungsdruck nicht gewachsen. Notwendig ist vor allem ein proaktives Management der Kosten, das permanent betrieben wird und ursachenorientiert erfolgt.

Während die Ursachen von Kostenproblemen bisher schwerpunktmäßig in internen Unternehmensbereichen gesucht worden sind, müssen zur Ausschöpfung weiterer Kostensenkungspotenziale verstärkt auch Lieferanten, Kunden und Wettbewerber in die Betrachtungen mit einbezogen werden. Eine Reihe entsprechender Konzepte zur Kostenanalyse werden in diesem Beitrag vorgestellt.

Cost Driver Analysis:
One Key to Effective Cost Management

JOHN K. SHANK

1. Volume drives cost. Or, does it?

One major problem with conventional cost analysis is the deeply embedded notion that volume drives cost. Examples of situations in which volume is the presumed cost driver are so widespread and so plausible that they have dominated our thinking about "cost behavior" for decades – fixed versus variable cost, break-even analysis, profit contribution analysis, marginal versus average cost, flexible budgets, cost-volume-profit (CVP) analysis, …

There is no question that the notion is "true". Average cost does decline in the short run as volume increases, other things being equal. Of course, other things are hardly ever equal for very long. The notion that cost is driven by volume also clearly has strategic significance. If a firm can double its throughput, somehow, it can achieve a major cost advantage which permits either lower prices or higher spending to achieve market differentiation, or some combination of these two ideas. This is a form of strategic cost analysis. There is also much common sense appeal in using the concept of a break-even point.

But, there is also no question that, upon careful reflection, this kind of "cost driver" analysis just does not go very far. There are too many instances in which average cost is not lower for the firm with more volume (Ford vs. Mazda, for example). There are too many instances of firms in which average cost goes up, not down, as volume grows (Kodak in film from 1950 to 1980, for example). There are too many instances where the distinction between "fixed" and "variable" cost is just not meaningful. This author is among those who believe that "variable cost" is essentially useless as a strategic concept. Think, for example, of how rich the discussion can be about labor as a fixed or variable cost across national boundaries. The prominent idea in the US of labor as variable cost has never had much acceptance in Europe.

Also, is it really easy to decide whether maintenance cost is fixed or variable? This is really a strategic choice, just as for labor. Even raw material cost is not necessarily variable when viewed from the perspective of long term supplier-customer alliances. In short, it is far more useful today to consider all costs as "variable". The trick is to be astute about the underlying bases of cost variability. What underlying strategic choices cause cost to vary over time and across firms? Also, if higher volume were the necessary answer to cost leadership, Federal Express would never have gained success competing with the Postal Service. If higher volume were the answer, NuCor Steel would never have succeeded competing against US Steel. If higher volume were the answer, Apple would never have gained a foothold against IBM, or Mercedes Benz against General Motors. Also, if larger scale factories are always more cost effective, why is the cement industry dominated by small regional plants[1]; or the milk processing industry?

One of the primary themes in the emergence of the strategic consulting industry in the 1970s was that volume is an "uninteresting" answer to the question "what drives costs?". Situations which lead to "more volume" as the best answer to better cost management are just not encountered very often outside the pages of managerial accounting textbooks. The chapter on Siemens' electric motors business in the book 'Strategic Cost Management' (SHANK/GOVINDARAJAN 1993) is one excellent example of the potential negative strategic impact of the search for more volume.

2. Strategic Cost Drivers

If volume is not "the answer", what is? In Strategic Cost Management, it is acknowledged that cost is caused, or driven, by many factors that are interrelated in complex ways. Understanding cost behavior means understanding the complex interplay of the set of "cost drivers" at work in any given situation. At this level of generality, the idea is almost tautological. It is hardly contentious or counter-intuitive until one contrasts it with the theme that cost is a function, primarily, of only one cost driver, output volume. In Strategic Cost Management, output volume *per se* is seen to capture very little of the richness of cost "behavior". Management accounting tends in this regard to draw upon the simple models of basic micro-economics. Strategic Cost Management, on the other hand, tends to draw upon the richer models of the economics of industrial organization (SCHERER ET AL. 1975)

PORTER (1985) presents one attempt to create a comprehensive list of cost drivers, but his attempt is more important than his particular list. In the strategic management literature, better lists exist (RILEY 1987). Following RILEY, the following list of cost drivers is broken into two categories. The first category is what are called *"Structural" cost drivers*, drawing upon the industrial organization literature (SCHERER ET AL. 1975). From this perspective there are at least five strategic choices by the firm regarding its underlying economic *structure* that drive cost position for any given product group:

1. *Scale:* How big an investment to make in manufacturing, in R&D and in marketing resources.
2. *Scope:* Degree of vertical integration. Horizontal integration is more related to scale.
3. *Experience:* How many times in the past the firm has already done what it is doing again.
4. *Technology:* What process technologies are used at each step of the firm's value chain.
5. *Complexity:* How wide a line of products or services to offer to customers.

Each structural driver involves choices by the firm that drive product cost. Given certain assumptions, the cost calculus of each structural driver can be specified.[2] Of the structural drivers, *scale*, *scope* and *experience* have received a large amount of attention from economists and strategists over the years.

Of these three, only experience has drawn much interest from management accountants.[3] References to the "learning curve" appear in many managerial accounting texts.[4] However, rather than seeing experience as one of many "cost drivers", the accounting literature sees it more narrowly as an explanation of how the relationship between cost and output volume changes over time as cumulative output increases for one particular product or process. That is, even in the "learning curve" literature in accounting, output volume is still the pre-eminent cost driver. Experience is seen as a phenomenon which can help explain the changing relationship between output volume and costs over time.

Technology choice is a sufficiently thorny topic area that it is not really surprising that management accountants have pretty much ignored it. At the level of explicit analysis, so have most other people as well. Perhaps the most explicit work that deals with cost analysis for technology choices is in industrial economics. GOLD ET AL. (1970) and OSTER (1982) represent excellent examples regarding innovations in the steel industry.

Complexity, as a structural variable, has received the most attention among accountants recently. Some examples of the potential importance of complexity as a cost determinant are in the work on "Activity-Based Costing" by COOPER (1986), KAPLAN (1987) or SHANK/GOVINDARAJAN (1988).

The second category of cost drivers, *"Executional" drivers* (RILEY 1987), are those determinants of a firm's cost position which hinge on its ability to "execute" success-fully. Whereas "structural" cost drivers are *not* monotonically scaled with performance, "executional drivers" are. That is, for each of the structural drivers, *more* is not always *better*. There are diseconomies of scale, or scope, as well as economies. A more complex product line is not necessarily better or necessarily worse than a less complex line. Too much experience can be as bad as too little in a dynamic environment. For example, Texas Instruments emphasized the learning curve and became the world's lowest cost producer of obsolete microchips. Technological leadership versus followership is a le-gitimate choice for most firms.

In contrast, for each of the "executional" drivers, more is virtually always better. While it may not always be true that a higher level of these executional factors improves cost position, examples of diseconomies are much less frequent. The list of basic execu-tional drivers includes at least the following:

- work force involvement ("participation") – the concept of work force commitment to continual improvement,
- total quality management (beliefs and achievement regarding product and process quality),
- capacity utilization (given the scale choices on plant construction),
- plant layout efficiency (how efficient, against current norms, is the layout?),
- product configuration (is the design or formulation effective?),
- exploiting linkages with suppliers and/or customers, along the firm's value chain.

Operationalizing each of these drivers also involves specific cost analysis issues, as will be illustrated below. Many strategy consultants maintain that the strategic cost analysis field is moving very quickly toward "executional" drivers because the insights from analysis based on "structural" drivers are too often "old hat". It is somewhat ironic that the cost driver concept is moving from one revolution to a second one before the ac-counting world has caught up with the first one.

There is still no clear agreement on the list of "fundamental" cost drivers. However, those who see cost behavior in strategic terms are clear that output volume alone does not typically catch enough of the richness. How unit cost changes as output volume changes in the short run is seen to be a less interesting question than how cost position is influ-enced by the firm's comparative position on the various drivers that are relevant in its competitive situation.

Whichever cost drivers are on the list, the key ideas are as follows:

- For strategic analysis, volume is usually not the most useful way to explain cost be-havior.
- What is more useful in a strategic sense is to explain cost position in terms of the structural choices and executional skills which shape the firm's competitive position.

- Not all the strategic drivers are equally important all the time, but some (more than one) of them are probably very important in every case.
- For each cost driver there is a particular cost analysis framework which is critical to understanding the positioning of a firm. Being a well-trained cost analyst requires knowledge of these various frameworks.

Examples of the positive strategic impact of structural driver analysis are noteworthy in business history, if not widespread. Economies of scale were a major factor in the emergence of a small set of dominant players in autos and steel in the early 20th century. Scale economies were also the major reason for allowing monopoly status for electric utilities. The economies of vertical integration were used to tremendous advantage by the original Atlantic & Pacific Tea Company in the US in controlling the food distribution value chain all the way from farms, food processing plants, and truck fleets to supermarkets.

A more recent example of the role of an "executional" cost driver is the use of quality as a key strategic concept by Motorola in integrated circuits. The cost advantage it derives from its ability to achieve shipped defect rates of only 3 units per million ("Six Sigma" quality) is a key aspect of its competitive strategy. Motorola in 1993 entered the business of making billets for florescent lamps. They believe their quality skills can be the strategic lever for a successful entry in this business.

What do all these examples have in common? They all reflect a *strategic perspective* on achieving cost advantage.

3. Strategic Cost Driver Analysis

Can we quantify the strategic impact of cost drivers in more formal terms? The answer is a clear yes, we *can*. Whether such quantification is strategically useful is a more difficult question. We will illustrate here how the quantification typically works and then consider whether it is really useful.

Figure 1 shows a so-called "experience curve" for dynamic RAMs over the years from 1976 to 1984. The graph uses a log-log scale in which both the x and y axes are converted to logarithms. It is a well known mathematical "trick" that graphs using log-log scales convert many curvilinear relationships into straight lines. Straight line relationships seem more powerful to most persons. They give the appearance of a more definitive relationship. It is important to remember, however, that the relationship is not stronger just because we can find a way to present it as looking stronger.

Figure 1 shows dynamic RAM prices falling in 1984 to less than 10% of their level in 1976 as cumulative output grew almost 1,000 fold. The presumption here is that the steep decline in prices reflects a corresponding decline in manufacturing cost.

The caption labels this a "70% experience curve". This relationship obviously shows a clear and direct drop in prices as output grows. But, what does "70%" mean? The notion here is that price falls to 70% of its former level every time cumulative volume doubles.

The line shows a "70% slope," where "slope" is interpreted as the rate of reduction in the price level when volume doubles.

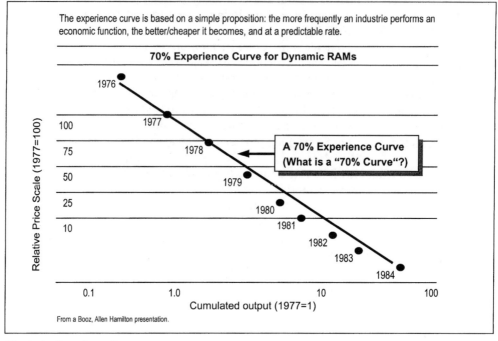

Fig. 1: An Experience Curve

The managerial notion here is that we can predict future cost behavior if we can control output growth. BRUCE HENDERSON'S Boston Consulting Group built a large consulting practice in the 1970s around the myriad implications of this simple notion about cost and cumulative experience. His strategic insights are summarized in the monograph, "Perspective on Experience" (HENDERSON 1972).[5] The appeal of searching for such a direct and strong relationship between cost and some single "magic strategic ingredient" has not been limited to only the experience ingredient.

Figure 2 shows the same concept in the steel industry with "scale" as the magic single ingredient which drives cost. Operating cost per ton is plotted against the size of the blast furnace, measured in thousands of tons. Again, graphed in log-log form, there is a strong linear relationship. The "slope" here is 75% which means operating cost per ton drops 25% every time the capacity of the blast furnace doubles.

A third example, shown in figure 3 relates the unit cost of an automobile (for GM and Ford) to the volume of production per model. The proliferation of different models from 1965 to 1982 is a proxy for product line complexity as a cost driver. Again, as shown in the graphs, if volume per model drops by 1/2 (more models which means more product line complexity) unit cost rises 15% for GM and 22% for Ford.

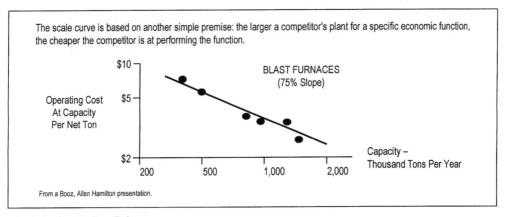

Fig. 2: Scale as a Cost Driver

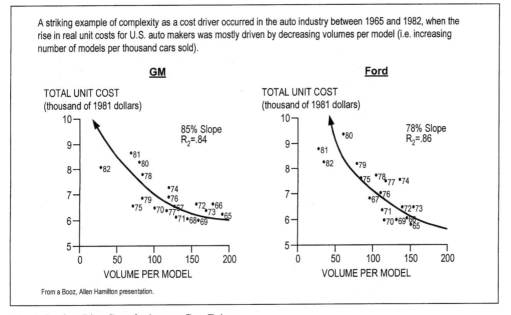

Fig. 3: Product Line Complexity as a Cost Driver

These are all good examples from the strategic consulting literature of interesting business insights gleaned from formal cost analysis based on a single strategic cost driver. But, if we can apply the concept to any one of several different "cost drivers", how do we know which one to pick? What if we had drawn the graphs in figure 2 using experience instead of scale as the cost driver for steel cost? Or what if we had used plant scale as the cost driver for RAMs instead of experience in figure 1? And, who says there is always *one* critical cost driver? Don't larger scale and more experience often go together? What if we tried to measure the joint impact of experience and scale and product line complexity in combination with each other? And, what if we wanted to consider more than just two or three cost drivers? Common sense suggests that many factors would be interacting all the time in any real world example. And yet, the examples in figure 1, 2, and 3 are taken from the real world.

Some observations regarding these attempts at formal *quantification of single cost drivers* are as follows:

- Cost driver analysis can be quantified in a way which yields precise neat mathematical answers to the question of how various structural or executional drivers affect total cost.
- Insights of the form "when cumulative experience doubles, unit cost falls 20%" are possible to generate.
- This analysis requires very strong "modelling" assumptions about how cost varies over time.
- The assumptions usually chosen are those that make the math easier, rather than those that are most plausible.
- Thus, the insights must always be considered with extreme caution. Are they "real" or just "math tricks"?
- On the other hand, the math techniques chosen do often yield insights which have powerful strategic significance. For example, the learning curve idea was applied by the US Government at Wright-Patterson Air Force Base in World War II to demonstrate that the cost of manufacturing aircraft wings followed a clear declining progression as the number of wings produced grew. This was a clear indication that orders should be batched to allow a few producers to gain the learning curve benefits.

Analysis like this is also widely used in public policy research. A major study reported in the *Bell Journal of Economics* (MONTEVERDE/TEECE 1982) looked at the importance of manufacturing scale, among other factors, in explaining product cost in the auto industry. The public policy implications are significant. If scale is important in reducing unit cost, concentration among auto firms has positive benefits. If scale is not important, legislation restricting concentration would not result in higher unit costs. The Bell Journal study found that scale was a significant cost driver, a result not unappealing to the regulation-reluctant appointees of President Reagan.

What is the future for efforts to describe in a quantitative way the impact on cost of various combinations of "structural" and "executional" cost drivers? This author believes that such efforts are extremely important in understanding what "drives" cost position. Strategic trade-offs across cost drivers are made all the time by real businesses. Understanding better the cost implications is a major urgent need of strategic cost management. The challenge will be to develop our skills in applying quantitative analysis in very complex business situations.

4. Strategic Cost Management: Blending Quantitative and Qualitative Cost Driver Analysis

For example, understanding the explicit *impact of scale* in a business is too important to be left undefined or simplistically defined. A major chemical firm in the US entered the paint business and built a large plant to service a wide geographic area. This decision was based on an implicit belief in significant scale economies in manufacturing, which is certainly true for bulk chemicals. But, it is *not* true for paint. Minimum efficient scale for paint manufacturing is quite small. This firm did not gain any manufacturing cost advantage in its large plant. But, its freight disadvantage in shipping across a very wide area doomed the business. The absence of cost analysis of scale economies and diseconomies was a major strategic weakness in this situation.

Explicit knowledge of minimum efficient scale (the *smallest* size which achieves full economies of scale) is a useful strategic variable which cries for more explicit attention. For example, as minimum efficient scale in computers falls steadily from mainframes to minis to super minis to desktop workstations to laptops, business advantage is won and lost based on understanding the impact on cost. Firms whose data processing strategy is still based on the presumed economies of large scale data processing centers do not understand this phenomenon!

As another example, the trade-off between scale and technology as cost drivers is revolutionizing the steel business today. Mini-mill technology (100% scrap-fired electric arc furnaces) is eliminating the importance of scale which has dominated the industry for almost 100 years. A minimum efficient scale plant is 3 to 4 million tons per year with conventional oxygen furnace technology but only 3 to 4 hundred thousand tons with electric furnace technology.

But, quotes in the business press suggest that Bethlehem Steel still did not believe in 1994 that a 300,000 ton per year mill can produce and deliver comparable quality steel at a lower cost than a 3 million ton per year mill. But, NuCor Steel knows that Bethlehem is wrong. The decision announced by US Steel in August of 1992 to go forward with a mini-mill suggests that at least one of the major integrated firms now also realizes that scale economies, as a strategic weapon to build competitive advantage, are dead in the steel business.

It is interesting that the Japanese steel industry is also still committed to megamills. It will be interesting to see how long it takes Nippon Steel or NKK to understand the cost implications of the declining significance of one of their major strategic themes – bigger is better.

This author has participated in recent studies which suggest that, similar to the steel industry, mini-mills and recycled raw material technology can also dramatically reduce the importance of scale economies in the paper industry. This industry is currently dominated by major integrated firms operating through megamills and megamachines. Thus, the potential to benefit, competitively, from the change in underlying cost drivers is just as significant here as it has become for steel. Cost driver analysis is the key to understanding this phenomenon.

Even without extensive use of mathematical formulations, it is possible to provide useful quantitative analysis for different cost drivers. The underlying cost analysis framework for one of the "soft" executional drivers, quality management, will be described here to demonstrate how a cost driver can be looked at in terms of an underlying analytic framework.

There is a very well developed literature on *cost of quality (COQ) analysis*.[6] This topic area is rich in measurement issues. Yet it is largely ignored in the conventional accounting literature. The fact that COQ analysis is so well-developed and so rich and yet apparently so foreign to most accounting authors makes it a good example for the reader who is still wondering whether Strategic Cost Management warrants more attention.

The basic managerial dilemma for COQ analysis is summed up by the following rather fundamental difference of opinion. On the one hand, some authors believe that COQ analysis is a complete waste of time (DEMING 1982). For DEMING, time spent figuring out what it costs because of doing things wrong would be much better spent doing things right the first time. Quite literally, DEMING sees cost analysis for quality as a misguided waste of time. On the other hand, other authors believe that the overall cost of quality curve is U-shaped (JURAN/GRYNA 1970). For JURAN AND GRYNA, regular, on-going COQ analysis is critical if management is to insure that the firm is operating in the relatively flat part of the COQ curve.

If one adopts JURAN AND GRYNA'S perspective, the relevant analytic framework is to measure and monitor quality costs in terms of a four-part breakdown:

1. *Prevention:* Costs of preventing bad quality (such as worker "quality circles"),
2. *Appraisal:* Costs of monitoring the level of bad quality (such as scrap reporting systems),
3. *Internal Failure:* Costs of fixing bad quality which is discovered before it leaves the factory (such as "rework" labor),
4. *External Failure:* Costs of bad quality which is not discovered before it is shipped (such as warranty claims or customer "ill will").

Within this perspective, as shown in the following figure, the first two categories reflect a *positive* slope if plotted against the level of quality (measured by product defects). That is, the more one spends on prevention and appraisal, the *higher* the level of quality. On the other hand, the last two categories reflect a *negative* slope when plotted against the level of quality. The lower the level of quality (more defects), the higher the cost of product failures, whether discovered before or after the product is shipped. This contrast in slopes gives rise to the U-shape of the additive total cost curve. It also gives rise to the concept that effective strategic management of quality means choosing that quality level and mix of spending across the four categories which minimizes total quality cost.

If one accepts this perspective, COQ analysis becomes an important on-going management control tool beyond just measuring quality in non-financial terms (first pass yield rates, defect rates etc.). On the other hand, if one believes that it is conceptually and strategically impossible to have "too high" a quality level (DEMING 1982), COQ analysis is a misguided waste of time and money. Given the central prominence which discussions about quality play in the world economy today, it seems puzzling that cost of quality analysis is discussed so little.

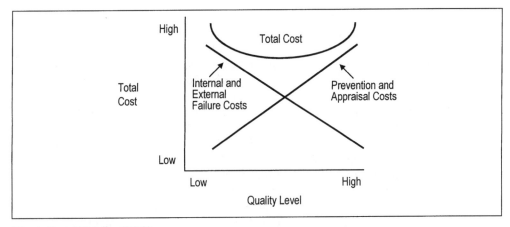

Fig. 4: Cost of Quality (COQ)

As one excellent example of a firm using *multiple cost driver analysis* effectively in strategic positioning, one can cite the dramatic turn around in Ford from 1983 to 1993. Based on its competitive position in 1983 vis-à-vis General Motors, no one would seriously have predicted the reversal in fortunes of the two firms that was so obvious by 1993.

In 1983, it was clear that whatever cost advantage accrued from cumulative experience, GM was the big winner over Ford. GM had produced more than twice as many cars as Ford and was continuing this ratio every day. Also, whatever cost advantages accrued from economies of scale in manufacturing or marketing scale or economies of scope from vertical integration, GM was the big winner over Ford. GM was large enough to achieve minimum efficient scale at every important stage of the manufacturing and distribution value chain. Ford could not hope to match GM on scale or vertical scope.

Also, Ford could not hope to match GM on investment in new manufacturing technologies. Whatever cost advantages accrued from new technological advances such as robotics or computer integrated manufacturing (CIM), GM was again the big winner over Ford. This overall scenario could be downright depressing if you were the senior management of Ford and were not content to be a weak number two forever! But Ford did not give up. They analyzed industry cost drivers very astutely and overtook GM in profitability in barely a decade.

What Ford came to understand, via strategic use of multiple cost driver analysis, was that GM was *not* dominant in *all* cost drivers. Whatever advantages GM enjoyed in economies of scale, technology, experience and vertical scope, they more than lost in the diseconomies of product line complexity. GM's product line, considering brand names, models, engines, body types and options packages totaled more than 2×10^{17} combinations in 1986. That is 200 quintillion possibilities for the customer!

A minimum efficient scale auto assembly plant in 1986 produced 250,000 cars per year. This is a rate of roughly one car per minute for 16 hours a day, 250 days per year. A revealing statistic is to compare GM versus Honda in 1986 on the question, "how long would it take in this minimum efficient scale assembly plant to produce one each of every possible end unit combination for the auto company?" For Honda, the answer was 45 minutes, (only 45 different end unit combinations offered, including factory options). For comparison, the answer was 1 day for Toyota and 220,000 years for Chrysler.

The answer for GM, it was 7.8 quadrillion years (7.8×10^{15})! Since GM made about 200 different models, the answer was still a staggering 36 trillion years for any one model such as the Chevrolet Cavalier. Since Cavalier sold about 250,000 cars in 1986, that means there were about nine quadrillion possibilities from the sales catalogues that never got produced even once! The impact of this extreme degree of complexity in product "choice" on manufacturing cost is dramatic. For whatever value GM derived in the marketplace from this dizzying variety available (in theory) to its customers, it paid a tremendous price in the cost of the resulting manufacturing complexity.

Ford significantly reduced the number of models it offered and combined factory installed options into fixed packages and thereby gained significant unit cost advantage over GM. Ford also got lucky when it turned out that there were no significant cost advantages from the technological investments GM made in robotics. In fact, it turned out that GM achieved its lowest assembly costs in 1991 in old, labor-driven assembly plants with high worker morale and dedication to continuous improvement. Costs were actually higher in the new, technology driven plants such as Hamtramick, Michigan, even after spending about $45 billion on the transformation. This is the largest single example of which the author is aware of a diseconomy in the technology cost driver!

Finally, Ford also came to believe that GM was at a substantial disadvantage on a very significant executional cost driver, manufacturing quality. With its "Quality is Job One" program, Ford achieved tremendous gains between 1985 and 1992 in unit cost and in market acceptance which GM is still trying to match.

In summary, Ford created a superior position in the quality and product line simplification cost drivers to more than offset GM's superiority in the scale, experience and vertical integration cost drivers. The tremendous diseconomies which GM wound up with on its major investment in the technology cost driver further eroded GM's once dominant cost position.

Although this example is more intuitive than quantitatively analytic, I believe it is an excellent one to show the potential strategic benefits of knowing what factors drive cost position and how to use cost driver analysis to gain competitive advantage.

5. Where do we go from here?

From the multiple cost drivers perspective, reducing cost behavior to a question of fixed, variable and mixed costs just does not begin to "explain" costs in a way that is useful in making future strategic choices. In fact, focusing on fixed versus variable costs can actually be dangerous, strategically. According to SIMPSON/MUTHLER (1987) it was the misguided belief that profit was more a function of efficient plant operation (spread the fixed costs) than of minimizing product defects (a cost of quality issue) that led Ford to the brink of insolvency in 1980. In Ford's case, attention to the broader set of relevant cost drivers (such as quality, complexity and product design) helped restore the firm to profitability even though these cost drivers were not explicitly a part of their management accounting system *then*. They are *now*!

I believe that much progress will be made over the next few years in further developing the techniques for quantifying the cost effects for particular structural and executional cost drivers, taken individually or in combinations. This area represents one in which cost analysis can be of tremendous benefit to strategic analysis in the future. I have tried in this paper to motivate the potential significance of this topic area for the future, even though most of the examples are relatively simple or are more intuitive than analytic. The challenge is there for cost management professionals to devote sufficient resources to this area to turn the potential benefits into realities and for general managers to push cost analysts to understand and explain cost position in strategic terms.

References

1 See also NORMAN 1979 and MCBRIDE 1981.
2 See, for example, the Titanium Dioxide Case series (PORTER 1986b).
3 For a recent comprehensive reference, see LIAO 1988.
4 See, for example, DEAKIN/MAHER 1984 or KAPLAN 1982.
5 See also CONLEY 1970, LIEBERMAN 1984 and 1987, GHEMAWAT 1985.
6 JURAN/GRYNA 1970, CROSBY 1979, GARVIN 1987, SIMPSON AND MUTHLER 1987.

Kosten-Benchmarking: Konzept und Praxisbeispiel

WERNER KREUZ

1. Kosten-Benchmarking – ein wirkungsvolles Management-instrument zur Verbesserung der Wettbewerbsfähigkeit

Kostenvergleiche wurden in der Vergangenheit und werden heute wie in der Zukunft in jedem Unternehmen durchgeführt. Spätestens bei der jährlichen Budgeterstellung werden die Daten der vergangenen Jahre nochmals herausgesucht und mit einem Zuschlag von x Prozent versehen, um das Budget für das nächste Jahr festzuschreiben.

Mancher Manager geht dann mit stolz geschwellter Brust in sein jährliches Leistungs-beurteilungsgespräch, hat er doch sein Budget unterschritten oder im Vergleich zum Vorjahr deutlich Kosten eingespart. Vielfach ist er so gut vorbereitet, dass er Vergleichs-zahlen von anderen Unternehmen des eigenen Konzerns oder von Durchschnittswerten von Verbänden zur Unterstützung seiner Leistungsdarstellung präsentieren kann. Manch-mal gelingt es ihm sogar, Kostendaten von befreundeten Unternehmen, die zum Informa-tionsaustausch bereit waren, zu erhalten.

Ja, wir haben es noch kürzlich in unserer Beratungspraxis erleben müssen, dass gezielt Firmen für einen Vergleich herangezogen werden (sollten), von denen das Unternehmen ganz genau wusste, dass ihre Kostenposition signifikant schlechter als die eigene ist. In dem konkreten Fall sollten die Instandhaltungskosten ausschließlich der – schlechteren – deutschen Wettbewerber miteinander verglichen werden, obwohl der Markt von den a-merikanischen und japanischen Anbietern dominiert wurde. Als wir dem Management klar machten, dass die Messlatte nicht die schlechteren, sondern die weltbesten Unter-nehmen sein müssten, wurde von der Studie schnell Abstand genommen.

1.1. Das „Messen an den Besten"

Benchmarking erhebt aber gerade *„das Messen an den Besten"* zum Grundprinzip (vgl. hierzu KREUZ ET AL. 1995). Die Weltbesten, die Spitzenunternehmen von heute, idealer-weise sogar die von morgen setzen den zukünftigen Standard, die Messlatte, die es zu erreichen gilt (vgl. Abb. 1).

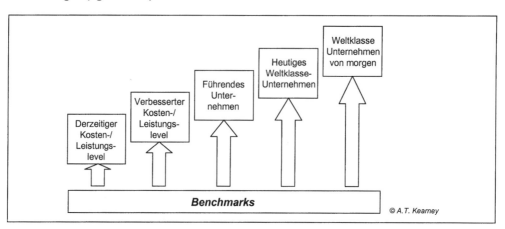

Abb. 1: Benchmarking-Prinzip

Denn was nützt die Freude über eine fünfzehnprozentige Kostensenkung, wenn der Kostenführer bereits mehr als 40% realisiert hat? Was bringt es, wenn man innerhalb des eigenen Konzerns eine Spitzenstellung einnimmt, im nationalen und internationalen Wettbewerb aber hoffnungslos hinterherhinkt? Wie lange kann das eigene Unternehmen im harten Wettbewerbskampf noch überleben, wenn man zwar immer noch besser als der Branchendurchschnitt ist, aber der Marktführer bereits um Längen enteilt ist?

Um die Vision von der Weltspitze, der Vision, „selbst die Maßstäbe für die anderen zu setzen" und nicht auf das zu reagieren, was die anderen bereits erreicht haben, Realität werden zu lassen, müssen sämtliche Innovationspotenziale genutzt werden. Hier kann ein brancheninternes, insbesondere aber ein branchenübergreifendes Benchmarking vollständig neue Erkenntnisse liefern (vgl. Abb. 2); denn vielleicht sind in Unternehmen aus der Computerbranche bereits Lösungen installiert worden, über die in der Telekommunikationsindustrie noch im Anfangsstadium diskutiert wird. Vielleicht liefert beispielsweise erst das *Extended Enterprise-Konzept*, das in der Automobilindustrie schon seit mehreren Jahren erfolgreich angewendet wird, während es in der Chemieindustrie noch in den Kinderschuhen steckt, den notwendigen Durchbruch zur Erringung der Wettbewerbsüberlegenheit.

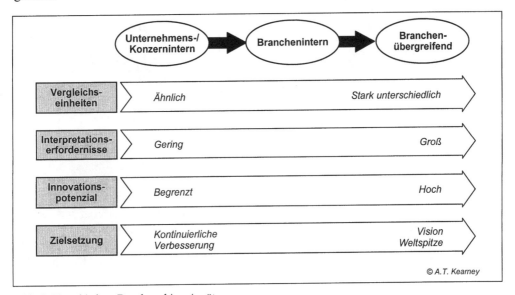

Abb. 2: Verschiedene Benchmarking-Ansätze

1.2. Der ganzheitliche Benchmarking-Ansatz

Um von Weltklasse-Unternehmen lernen zu können, sollte idealerweise ein ganzheitlicher Benchmarking-Ansatz gewählt werden, der bei dem Vergleich der Unternehmensstrategien beginnt, Prozesse und Funktionen umfasst, aber auch das Verhalten der Mitarbeiter einschließt (vgl. Abb. 3).

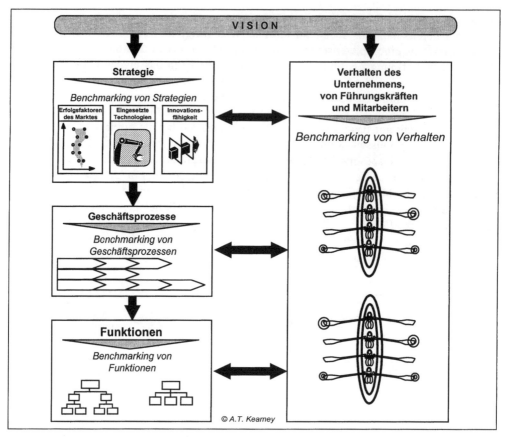

Abb. 3: Ganzheitlicher Benchmarking-Ansatz

Speziell das Kosten-Benchmarking spielt dabei auf allen Detaillierungsebenen eine entscheidende Rolle. Welche Strategie(n) verfolgt ein Unternehmen? Differenziert es sich von seinen Wettbewerbern eher durch Produkt- oder Serviceüberlegenheit, oder hat es sich als Low-Cost-Anbieter platziert? Wie groß ist der Gap zum Kostenführer? Was kostet es beispielsweise, einen Auftrag administrativ abzuwickeln? Welche Kosten fallen für die Betreuung von A, B und C-Kunden an?

Als die ersten Meldungen über erfolgreiche Projekte zur Geschäftsprozessoptimierung (Business Process Reengineering) einliefen, gab es anfangs großes Erstaunen darüber, dass Prozesse schneller und kostengünstiger gestaltet werden konnten und *gleichzeitig* die Qualität der Arbeitsergebnisse noch gesteigert wurde. Benchmarking ganzer Prozesse oder einzelner Funktionen/Aktivitäten leistete hier wertvolle Hilfe bei der Entscheidungsfindung und bei der Überzeugungsarbeit gegenüber Mitarbeitern und mittlerem Management, dass die neuen Ziele tatsächlich erreichbar sind.

Doch zunächst galt es, den so genannten „AGABU-Effekt" (Alles Ganz Anders Bei Uns) zu überwinden. Er ist das größte Killerargument für jeden Vergleich, bei dem man nicht selber als der Beste herauskommt. Veränderungen werden mit dem fadenscheinigen

Argument abgeschmettert, dass die spezifische Unternehmenssituation einen Vergleich einfach nicht zulässt. Vielfach lässt sich der AGABU-Effekt erst dann abbauen, wenn „Best Practice Visits" organisiert werden und die Mitarbeiter vor Ort erleben, wie sich die Beschäftigten von Weltklasse-Unternehmen tatsächlich um die Erfüllung der Kundenwünsche bemühen, wie sie in Teams zusammenarbeiten, wie sie Ausschuss vermeiden und dadurch die Qualitätskosten signifikant senken oder wie flexibel sie sich an Veränderungen des Marktes oder der Umwelt anpassen.

1.3. Die Voraussetzungen für den Erfolg einer Benchmarking-Studie

Damit das Instrument „Benchmarking" tatsächlich den gewünschten Erfolg bringt, müssen fünf Grundvoraussetzungen erfüllt sein:
- genaue Kenntnis der eigenen Benchmarking-Werte,
- Sicherstellung der Vergleichbarkeit,
- Akzeptanz des Benchmarking auf allen Hierarchieebenen,
- unbedingter Wille zur Veränderung,
- systematisches Vorgehen unter Einschaltung der „besten" internen und externen Experten.

In vielen Benchmarking-Projekten hat sich herausgestellt, dass Daten und Fakten von den Benchmarking-Partnern erfragt werden (sollten), die im eigenen Unternehmen selbst gar nicht verfügbar oder nur mit erheblichem Aufwand zu generieren sind. Es ist daher unabdingbar, dass als Erstes die eigene Position, die eigenen Daten und Kennwerte exakt und detailliert aufbereitet werden, ansonsten sind Glaubwürdigkeit und Aussagefähigkeit der Benchmarks nicht gewährleistet.

Von gleich großer Bedeutung ist die Selektion der in das Benchmarking einzubeziehenden Vergleichsunternehmen, weil ansonsten dem AGABU-Effekt Tor und Tür geöffnet werden. Dabei reicht es in der Regel nicht aus, nur die direkten Konkurrenten oder gar lediglich Unternehmen aus dem eigenen Konzern als Benchmarking-Teilnehmer auszuwählen. Denn wieso sollten die Weltbesten gerade in der eigenen Gruppe oder in der eigenen Branche gefunden werden? Vielmehr bedarf es einer gezielten Suche nach den externen und branchenfremden Unternehmen, die bekannt für ihre Spitzenstellung und gleichzeitig dem eigenen Unternehmen so ähnlich sind, dass die Übertragbarkeit der Erkenntnisse von allen anerkannt wird.

Die Akzeptanz der Ergebnisse ist dabei umso höher, je deutlicher die Unternehmensleitung macht, dass sie gewillt ist, sofort geeignete Maßnahmen einzuleiten, mit denen die Lücke zu den Weltbesten geschlossen werden kann, und nicht darauf aus ist, personelle Konsequenzen für Versäumnisse der Vergangenheit zu ziehen.

Entscheidend ist zudem, dass der Wille, die notwendigen Veränderungen im Unternehmen umzusetzen und entsprechende Aktionsprogramme einzuleiten, über sämtliche Hierarchieebenen kommuniziert wird. Doch Kommunikation allein genügt nicht. Spätestens dann, wenn die ersten Ergebnisse vorliegen und die notwendigen Maßnahmen erarbeitet werden, muss allen Beteiligten klar gemacht werden, dass nicht marginale Verbesserungen, sondern Spitzenleistungen angestrebt werden, mit denen Maßstäbe für die anderen Unternehmen gesetzt werden.

Als fünfter Erfolgsfaktor hat sich herauskristallisiert, dass ohne ein systematisches Vorgehen viele Möglichkeiten des Benchmarking nicht genutzt und die geplanten Verbesserungen nicht erreicht werden. Daher ist ein erfahrenes Benchmarking-Team, das die Benchmarking-Methodik vollständig beherrscht, ein weiterer Garant für den Benchmarking-Erfolg. In dieses Team sind die besten – an sich unabkömmlichen – internen und externen Experten abzustellen, die von allen akzeptiert werden und deren Urteil nicht in Frage gestellt wird.

1.4. Die sieben Benchmarking-Schritte

Der *Benchmarking-Prozess* selbst besteht aus insgesamt sieben Schritten (vgl. Abb. 4). Die Erfahrung von A.T. Kearney aus einer Vielzahl von Benchmarking-Projekten zeigt, dass diese erprobte Methodik durch ein hohes Maß an Ergebnisorientierung gekennzeichnet ist und fast immer zu messbaren Verbesserungen führt, die über ein auf das jeweilige Unternehmen zugeschnittenes Maßnahmenpaket realisiert werden können.

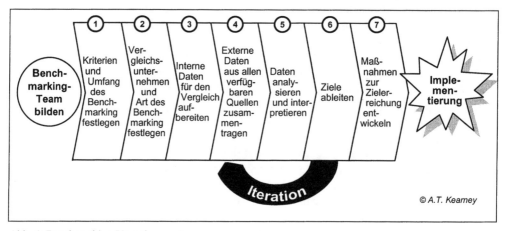

Abb. 4: Benchmarking-Vorgehensweise

Im *Schritt 1* sind die Benchmarking-Kriterien festzulegen und der Umfang des Benchmarking abzustimmen. Erfahrungsgemäß wird der Benchmarking-Fragebogen im ersten Entwurf viel zu umfangreich und zu kompliziert gestaltet. Es werden neben den tatsächlich bedeutenden Fragestellungen auch „B- und C-Fragen", zu denen man zwar schon gerne Antworten hätte, die aber von untergeordneter Bedeutung sind, in die Fragenliste aufgenommen. Begründet wird dies häufig mit Aussprüchen wie „ja, wenn man schon einmal bei der Konkurrenz ist, dann …". Bereits in diesem ersten Schritt ist daher eine ausgewogene Balance zwischen dem Informationsbedürfnis und dem Aufwand für die Erhebung der Benchmarking-Daten herzustellen. Die Kernfragen, die im Prinzip zu jedem einzelnen Unterpunkt zu stellen sind, lauten: Was mache ich mit den Erkenntnissen aus dieser Frage? Welche Maßnahmen sind aus den Ergebnissen abzuleiten?

Spätestens im *Schritt 2* wird erfahrungsgemäß der Benchmarking-Fragebogen auf einen angemessenen Umfang reduziert, wenn nämlich im eigenen Unternehmen die Benchmarking-Daten erhoben, aufbereitet und analysiert werden müssen. Denn die detaillierte Kenntnis der eigenen Kennwerte ist entscheidend für die Aussagefähigkeit der Benchmarking-Ergebnisse und führt in Einzelfällen sogar dazu, die Kriterien vollständig neu zu definieren. Wenn es nicht gelingt, die eigenen Daten mit einer hinreichenden Genauigkeit in der gewünschten Form zusammenzutragen, wie kann man dann erwarten, Vergleichsdaten der Konkurrenten und der Spitzenunternehmen ermitteln zu können? Erst wenn die internen Benchmarking-Werte abgestimmt vorliegen, wenn der Benchmarking-Fragebogen an das „Machbare" angepasst und die Aussagekraft der erwarteten Benchmarking-Ergebnisse nochmals kritisch hinterfragt worden ist, sollte daher mit den Vorbereitungen für die Auswahl der externen Benchmarking-Partner und der Art des Benchmarking begonnen werden.

Es ist dabei abzuwägen, ob ein „offenes" oder „verdecktes" Benchmarking geeigneter erscheint, die gewünschten Resultate zu liefern. Erst wenn diese Entscheidung getroffen ist, wird im *Schritt 3* damit begonnen, die geeigneten Vergleichsfirmen auszuwählen und die Informationssammlung über Konkurrenten und Spitzenperformer zu initiieren. Es sollte dabei nicht unterschätzt werden, wie viele Daten und Informationen im eigenen Unternehmen schon über die Wettbewerber und führende Firmen vorliegen. Sie sind allerdings zumeist nicht systematisch aufbereitet, sondern in den Köpfen und Schubladen der Führungskräfte und Mitarbeiter verborgen.

Erfolgsfaktor im *Schritt 4* ist, dass möglichst viele – sinnvolle – Quellen bei der Informationsbeschaffung angezapft und ausgeschöpft werden. Gleichermaßen gilt es dabei intern verfügbare (z.B. Reiseberichte, Wettbewerbsdokumente, Kundenbefragungen) und externe Informationen wie Geschäftsberichte oder öffentliche Datenbanken heran zu ziehen. Aus diesem häufig untergeordneten Datenwust gilt es, in *Schritt 5* die gewonnenen Informationen systematisch aufzubereiten und diese zielführend zu analysieren und zu interpretieren. Zur Vertiefung der gewonnenen Erkenntnisse und zur besseren Interpretation der Daten von externen Benchmarking-Partnern werden immer häufiger „Best Practice Visits" gewünscht und durchgeführt, um „vor Ort" die Strukturen und Abläufe sowie die eingesetzten Technologien der besten Unternehmen bewerten zu können.

Zu Beginn von *Schritt 6* hat das Benchmarking-Team abzuschätzen, ob die Daten- und Informationsbasis ausreicht, um die Lücke zu den Weltbesten erklären und Ziele ableiten zu können. Ist dies nicht der Fall, sind – manchmal sogar mehrfache – Iterationen der Schritte 4 und 5 unumgänglich. Wichtig ist dabei, dass die Ziele tatsächlich den Best-Practice-Gedanken widerspiegeln, also nicht zu geringen, kaum merkbaren Verbesserungen führen, sondern einen wirklichen Quantensprung bewirken. Auch hier ist das Geheimnis die ausgewogene Balance zwischen Motivation zur Veränderung und Ablehnung der Ideen, wenn sie von den Beteiligten als vollständig unrealistisch angesehen werden.

In dem letzten – und wichtigsten – *Schritt 7* sind die Benchmarking-Ergebnisse in konkrete Maßnahmen für das eigene Unternehmen umzusetzen. Für vorhandene Defizite und Ineffizienzen in den Strategien, Prozessen, Funktionen und im Verhalten sind kreative Lösungen zu finden, mit denen das Unternehmen den Abstand zu den führenden Firmen verkürzen kann und letztendlich selbst zu einem Spitzenunternehmen wird.

2. Praxisbeispiel – Strategische Neuausrichtung aufgrund einer klaren Kostenpositionsbestimmung

Unternehmen, die eine Benchmarking-Studie erfolgreich durchgeführt haben, stimmen darin überein, dass Benchmarking

- die Führungskräfte für das sensibilisiert, „was" der Wettbewerb oder die Klassenbesten „wie" erreicht haben,
- eine breite Akzeptanz für notwendige Veränderungen und (auch unpopuläre) Maßnahmen schafft,
- die Mitarbeiter motiviert, ihre Arbeitsergebnisse im Vergleich zu anderen zu sehen und zu verbessern.

Von besonderer Bedeutung für einen neu einzuleitenden Veränderungsprozess ist dabei das Kosten-Benchmarking, dessen Ergebnis die Kenntnis der detaillierten Kostenkette der wesentlichen Wettbewerber einschließlich der Detailanalyse der kostentreibenden Faktoren ist. Das Kosten-Benchmarking folgt dabei im Prinzip derselben siebenstufigen Systematik wie beispielsweise ein Technologie-, Markt- oder Verhaltens-Benchmarking; die Durchführung ist jedoch ungleich komplexer und schwieriger.

2.1. Die Spezifika eines Kosten-Benchmarking

Die Spezifika eines Kosten-Benchmarking werden im Folgenden am Beispiel eines Elektronikunternehmens dargestellt, das jahrelang den Markt beherrscht hatte, gute bis sehr gute Renditen erzielte und plötzlich einen dramatischen Umsatz- und Gewinneinbruch erlebte. Der Ausgangspunkt für die Durchführung des Kosten-Benchmarking mit diesem Unternehmen war dabei (und ist es immer!) die Detailanalyse der eigenen Kostenkette eines ausgewählten (Kern-) Produktes (vgl. Abb. 5).

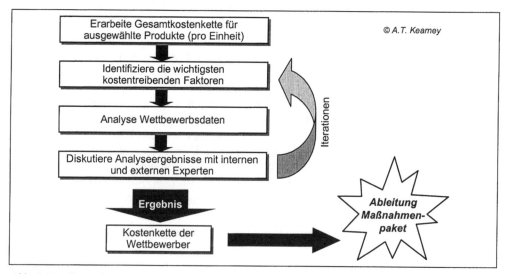

Abb. 5: Detailvorgehensweise Kosten-Benchmarking

Basierend auf den eigenen Kosteninformationen wurden danach die kostentreibenden Faktoren für jedes einzelne Element der Kostenkette ermittelt. Anschließend wurde dann die Wertschöpfung pro Prozessstufe/pro Funktion für ein ausgewähltes, vergleichbares Konkurrenzprodukt systematisch aufgebaut. Dabei wurden sowohl interne als auch externe Experten intensiv eingeschaltet, um die fachgerechte Interpretation der Analysedaten zu gewährleisten.

Bei unserem exemplarisch ausgewählten Benchmarking-Projekt erforderte es fast drei Wochen, um die Kostenkette des eigenen Unternehmens in der erforderlichen Genauigkeit und der gewünschten Detaillierung zu erstellen. Sämtliche Elemente der Kostenkette – vom Rohmaterial über alle Produktionsprozesse, Forschung und Entwicklung bis hin zu Vertrieb, Marketing und Administration – mussten verursachungsgerecht – und nicht per Umlage – dem ausgewählten „Cornerstone-Produkt" zugeordnet werden. Dazu mussten auf jeder Wertschöpfungsstufe wiederum die wichtigsten Kostenelemente (wie Lohn- und Gehaltskosten, Energie und Verbrauchsmaterialien) separat analysiert werden (vgl. Abb. 6).

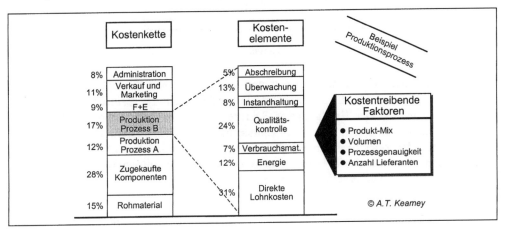

Abb. 6: Entwicklung der eigenen Gesamtkostenkette

Schlüssel und Erfolgsgeheimnis für den Erfolg eines solchen Kosten-Benchmarking sind die genaue Identifizierung und Definition der kostentreibenden Faktoren pro Wertschöpfungsstufe. Die kostentreibenden Faktoren bilden nämlich die wahre Grundlage für die Analyse der Wettbewerbsdaten und damit für die Ermittlung der Kostenkette der Wettbewerber. Diese Bestimmung der Kostenstruktur der Wettbewerber ist kein einfacher, sondern ein komplexer iterativer Prozess. Mit jedem einzelnen neuen Beitrag werden zusätzliche Erkenntnisse gewonnen, vorhandene Informationen vertieft, neue Kostentreiber identifiziert oder alte modifiziert.

Für die Kostenelemente mit den größten Hebelwirkungen sind die kostentreibenden Faktoren dann noch weiter zu detaillieren, um einerseits eine aussagekräftige Basis für den Vergleich mit den Wettbewerbern zu schaffen und andererseits die Benchmarking-Fragestellungen exakt auf die größten Hebel auszurichten (vgl. Abb. 7). Sofort einleuchtend dürfte wohl sein, dass kaum ein Unternehmen – jedenfalls bei einem verdeckten

Benchmarking – bereit ist, seine Kosten im Detail offen zu legen. Dagegen diskutieren sie sicherlich, manchmal sogar sehr stolz, über ihre neuesten Testmethoden und die eingesetzten Materialien. Dass daraus Kostenstrukturen abgeleitet werden können, wird dabei häufig nicht registriert.

Kostentrei-bende Faktoren (KTF)	Haupteinfluss-faktoren	Beitrag zum KTF (in %)	Beeinfluss-barkeit (in %)	Beeinfluss-bare Kosten (GE)	
Produkt-Mix	Produktionsprozess	20	0	–	
Produktions-volumen	Material	30	80	228	
Prozess-genauigkeit	Testmethoden	25	60	143	
	Toleranzen	10	10	10	
Anzahl Lieferanten	Maschinen/Vorrichtungen	10	60	57	
	Ausbildung d. Arbeiter	5	20	10	
Summe beeinflussbare Kosten:				**448**	

© A.T. Kearney

Abb. 7: Identifikation der kostentreibenden Faktoren

Erst *nach* der intensiven Auseinandersetzung mit den internen Kostendaten werden alle erreichbaren Quellen für die Zusammenstellung der Wettbewerbsinformationen angezapft (vgl. Abb. 8). Der Erfolg dieses Schrittes hängt wesentlich davon ab, wirklich sämtliche Quellen auszuschöpfen. Das können beispielsweise gezielte Befragungen von Experten, Kunden oder Lieferanten, aber auch Auswertungen von öffentlich zugänglichen Datenbanken, Geschäfts- und Besuchsberichten sowie Interviews mit Wettbewerbern oder den Spitzenunternehmen sein.

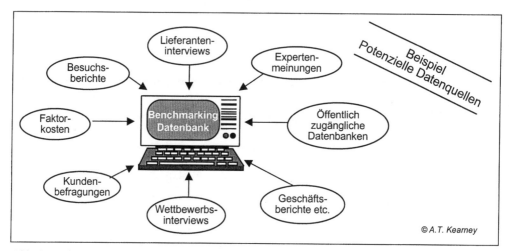

Abb. 8: Analyse der Wettbewerbsinformationen

Wenn dagegen zu früh mit der Sammlung von Informationen über Konkurrenten und Weltklassefirmen begonnen wird, besteht die Gefahr, dass eine Vielzahl nicht zielführender Daten ausgewertet wird, während die relevanten Informationen nicht erhoben werden.

Erfahrungsgemäß sind die Mitarbeiter/Führungskräfte aus dem eigenen Unternehmen die besten Quellen für eine *erste* Informationssammlung. Es hat sich immer wieder gezeigt, dass die Unternehmen, die eine Benchmarking-Studie durchgeführt haben, erstaunt waren, wie viele Informationen in den Aufzeichnungen der Mitarbeiter im Vertrieb, der Researcher, Finanz- und Marketingexperten und Produktionsmanager versteckt waren. Aber erst durch eine systematische Informations- und Datensammlung innerhalb und außerhalb des Unternehmens konnte ein genaues Bild der Kosten der Wettbewerber gewonnen werden. Informationen stehen zwar häufig zur Verfügung, die eigentliche Herausforderung besteht jedoch darin, diese gezielt zu sammeln und zu interpretieren.

Bei unserem Unternehmen aus der Elektronikindustrie waren die Kunden- und Lieferantenbefragungen – wie zumeist – unsere ergiebigsten Datenquellen. Ja, es gelang uns sogar, gemeinsam mit einem potenziellen Lieferanten die Produktionsstätte des Hauptkonkurrenten zu besichtigen, weil der Lieferant unbedingt die dort stehende Referenzanlage vorführen wollte. Dadurch erhielten wir genügend technische Informationen über den Wettbewerber, um die Kosten seines Produktionsprozesses mit einer Genauigkeit von über 95% abschätzen zu können.

Die Genauigkeit der Aufbereitung der Daten ist generell umso höher, je mehr interne und externe Expertise zur Analyse der Wettbewerbsdaten herangezogen werden kann. Die Experten sollten dabei aus allen untersuchten Bereichen stammen und in intensiven Brainstorming-Sitzungen schrittweise analysierend und aufbereitend die geeigneten Schlussfolgerungen ziehen und letztendlich die Wettbewerbskostenkette entwickeln (vgl. Abb. 9).

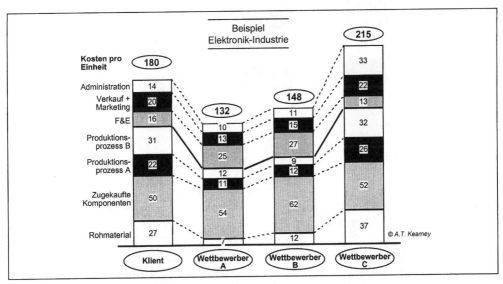

Abb. 9: Ermittlung der Kostenkette der Wettbewerber

Die Schlüsse in diesem Benchmarking-Beispiel waren eindeutig. Der entscheidende Faktor für niedrigere Kosten pro Einheit war der Grad der Fremdvergabe; er spiegelte sich sowohl in den höheren Ausgaben der Wettbewerber A und B für Zukaufmaterial wider als auch in den höheren Kosten für Rohmaterial und Produktionskosten unseres Klienten. Schlüssel für den Markterfolg war der F&E-Aufwand, der – trotz niedrigerer Gesamtkosten – bei den beiden führenden Wettbewerbern signifikant höher war.

Unter strategischen Gesichtspunkten war für unseren Klienten erschreckend, dass die beiden Hauptkonkurrenten selbst bei einem weiteren Verfall des Marktpreises, der damals bei ca. 160 bis 170 Geldeinheiten pro Gerät lag, noch profitabel agieren konnten, während unser Elektronikunternehmen schon eine negative Umsatzrendite von ca. 10% ausweisen musste. Ja, die Wettbewerber konnten sogar ganz gezielt einen Preiskampf initiieren und ihren Verkaufspreis auf 150 Geldeinheiten absenken. Dies hätte sicherlich zu einem schnellen Ausstieg unseres Klienten (und des Wettbewerbers C) geführt, so dass lediglich zwei Marktteilnehmer übrig geblieben wären.

Was war also zu tun? Aus unserem Kosten-Benchmarking ließ sich ein Maßnahmenpaket entwickeln, dessen eine Komponente ein kurzfristiges, volumen*unabhängiges* Crash-Programm war, mit dem die Gesamtkosten um 15% reduziert werden konnten (vgl. Abb. 10).

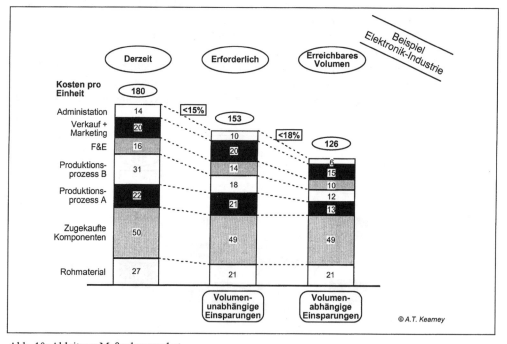

Abb. 10: Ableitung Maßnahmenpaket

Damit lagen die Kosten in etwa auf dem Niveau des zweiten Wettbewerbers. Die zweite, volumen*abhängige* Komponente bestand in einer strategischen Allianz mit einem (japanischen) Wettbewerber, die es unserem Klienten ermöglichte, erhebliche F&E-Auf-

wendungen und insbesondere Entwicklungszeiten durch Zugang zu neuesten Technologien einzusparen und dadurch den Absatz zu steigern. Insgesamt konnten so die Kosten um weitere 18% reduziert werden, so dass innerhalb von zwei Jahren das Kostenniveau des bis dahin kostenmäßig führenden Wettbewerbers erreicht werden konnte. Als Gegenleistung wurde dem japanischen Konkurrenten der Eintritt in bisher für ihn nicht zugängliche Märkte ermöglicht, und auch er konnte dadurch seinen Absatz um fast 20% erhöhen.

2.2. Die Vorteile des Kosten-Benchmarking

Die Kenntnis der eigenen Position und der „Geheimnisse" des Erfolgs von Wettbewerbern, die sich am Markt besser behaupten als das eigene Unternehmen, bietet sich als Ausgangspunkt zu neuen strategischen Überlegungen an. Benchmarking liefert greifbare Ergebnisse, die Grundlage für eine strategische Neuausrichtung sein können:

- Bewertung der Kostenposition, der kostentreibenden Faktoren und ihrer Hebelwirkungen,
- Vergleich der Wertschöpfungsketten,
- Spezifizierung der heutigen strategischen Position und der erforderlichen Veränderungen.

Kosten-Benchmarking hilft dem Manager zudem, vorhandene Defizite zu erkennen, kreativer zu denken, Lösungen für unternehmensspezifische Probleme zu finden und sich auf die Anforderungen der Zukunft vorzubereiten. Obwohl das Kosten-Benchmarking nur ein Teil eines ganzheitlichen Ansatzes sein kann, trägt es somit doch wesentlich dazu bei, die Ertragskraft und die Wettbewerbsfähigkeit eines Unternehmens nachhaltig zu verbessern; denn Kosten-Benchmarking

- liefert die erforderlichen Informationen über die Leistungsfähigkeit der Wettbewerber,
- ermöglicht die Definition der Ziele, die ein Unternehmen erreichen muss, um die besten Wettbewerber zu übertreffen,
- bildet die Grundlage für die Maßnahmen, durch die ein Unternehmen Weltklasse werden kann und so selbst die Maßstäbe für die anderen setzt.

Teil II
Ansatzpunkte und Instrumente des Kostenmanagements

Einführung

Im einführenden Beitrag wurde mit dem Zusammenhang zwischen Produkten, Prozessen und Ressourcen ein generisches Geschäftsmodell dargestellt, das den betrieblichen Wertschöpfungsprozess abbildet: Ausgangspunkt der Überlegungen ist der Kunde, für den *Produkte* oder Dienstleistungen hergestellt werden. Die Leistungserstellung induziert im Unternehmen *Prozesse*, für die entsprechende *Ressourcen* bereitgestellt werden müssen. Diese sind ggf. bei Lieferanten extern zu beschaffen. Mit diesem generischen Geschäftsmodell wird eine weite, unternehmensübergreifende Perspektive aufgezeigt, die drei zentrale Ansatzpunkte für Maßnahmen des Kostenmanagements bietet. Dementsprechend kann zwischen produkt-, prozess- und ressourcenorientiertem Kostenmanagement unterschieden werden, wobei diese drei Bereiche im konkreten Einzelfall unterschiedlich bedeutsam sein können. An den Produkten, Prozessen und Ressourcen ansetzende kostenbeeinflussende Maßnahmen werden durch zahlreiche Kostenmanagement-Instrumente angeregt und unterstützt. Die Ansatzpunkte und Instrumente des Kostenmanagements werden durch die Beiträge in diesem zweiten Teil des Buches detailliert dargestellt.

Produktorientiertes Kostenmanagement

Da das Kostenbeeinflussungspotenzial während der Produktentstehung am größten ist, sind die Bemühungen des produktorientierten Kostenmanagements auf diese Phase zu fokussieren. EHRLENSPIEL ET AL. verdeutlichen die dabei bestehende Diskrepanz zwischen den Möglichkeiten zur Kostenbeeinflussung und dem Defizit an Informationen über die kostenmäßigen Konsequenzen der während der Produktentwicklung getroffenen Entscheidungen. Um diese Diskrepanz zu beheben und eine *zielkostenorientierte Produktentwicklung* zu ermöglichen, ist das Target Costing um Methoden der entwicklungsbegleitenden Kalkulation zu ergänzen, die in diesem Beitrag beschrieben werden.

Anschließend widmen sich drei Beiträge ausführlich dem *Target Costing*. SEIDENSCHWARZ ET AL. erläutern die historischen Hintergründe, die Verbreitung sowie vor allem die Methodik und organisatorische Verankerung des Target Costing. Fallbeispiele illustrieren jeweils die dargestellten Konzepte. CLAASSEN UND ELLSSEL ergänzen diese grundlegenden Ausführungen durch ein anschauliches Praxisbeispiel zur Anwendung des Target Costing im Volkswagen-Konzern. Da die Zielkosten beim Target Costing aus den künftigen am Markt erzielbaren Preisen abgeleitet werden, ist deren Ermittlung eine wichtige Grundlage für den gesamten Target Costing-Prozess. Diesem Thema widmet sich daher ein eigener Beitrag von KUCHER/SIMON.

RIEZLER wendet sich dem Kostenmanagement im Produktlebenszyklus zu und stellt mit der Lebenszyklusrechnung ein Instrument vor, das der periodenübergreifenden Optimierung des Produkterfolgs dient. Abgerundet wird die Thematik des produktorientierten

Kostenmanagements schließlich durch einen Beitrag von ROSENBERG zum *Komplexitätsmanagement*. Anhand zahlreicher Praxisbeispiele werden die Kosten der Komplexität von Produkten und Produktprogrammen illustriert und Maßnahmen für ein systematisches Komplexitätsmanagement aufgezeigt.

Prozessorientiertes Kostenmanagement

Zweiter zentraler Ansatzpunkt des Kostenmanagements sind Prozesse. Der Beitrag von KAJÜTER zum *Prozesskostenmanagement* beschreibt zum einen die Vorgehensweise bei der Prozessoptimierung und stellt zum anderen die Prozesskostenrechnung in ihrer Methodik und ihren Anwendungsmöglichkeiten ausführlich dar.

RENDENBACH stellt hieran anknüpfend eine pragmatische Vorgehensweise zur Implementierung einer Prozesskostenrechnung in einem *Versicherungsunternehmen* dar und zeigt, welche Anregungen für die Optimierung von Prozessen daraus resultieren können. Ergänzend dazu beschreiben ARNAOUT/STROBL das Prozesskostenmanagement in einem kleinen *Unternehmen der New Economy*. Hierdurch wird deutlich, dass Ansätze des Kostenmanagements, die ursprünglich in bzw. für Großunternehmen der „Old Economy" entwickelt wurden, auch auf andere Bereiche übertragbar sind.

Mit dem *prozessorientierten Performance Measurement* hebt GLEICH die Bedeutung einer mehrdimensionalen Messung und Bewertung der Prozessleistung hervor. Neben den Prozesskosten sind auch die Prozesszeit und -qualität in Optimierungsüberlegungen einzubeziehen. Hierfür wird eine Reihe von Methoden dargestellt.

SLAGMULDER und SEURING stellen das Kostenmanagement in Wertschöpfungsketten in den Mittelpunkt ihrer Beiträge. Die Potenziale einer unternehmensübergreifenden Prozessoptimierung werden anhand von Beispielen anschaulich dargelegt.

Ressourcenorientiertes Kostenmanagement

Die zur Durchführung von Prozessen erforderlichen Ressourcen können entweder im Unternehmen vorhanden sein (z.B. eigene Maschinen und Mitarbeiter) oder von Lieferanten extern bezogen werden. Eine übergeordnete Fragestellung besteht darin, ob die erforderlichen Ressourcen durch eine *Verlagerung des Unternehmensstandortes* nicht zu einem günstigeren Preis bezogen werden können. KLUGE geht dieser Frage nach und zeigt, dass Standortverlagerungen ins Ausland häufig keine Lösung für die Kostenprobleme deutscher Unternehmen darstellen. Vielmehr sollten zunächst die Produkt- und Prozessgestaltung optimiert und erst im zweiten Schritt eine Verlagerung des Standorts in Erwägung gezogen werden.

KAJÜTER/NOACK stellen Möglichkeiten der Kostensenkung durch Maßnahmen des Asset Managements dar. Dieses zielt zum einen auf eine Optimierung der durch die Kapitalbindung bei Sachanlagen, Vorräten und Forderungen entstehenden Kosten. Zum anderen wird das lebenszyklusbezogene Kostenmanagement bei langfristig nutzbaren Anlagen skizziert.

Die Beiträge von TRAUDT und DUDENHÖFFER behandeln schließlich Ansätze, die der Beeinflussung der Materialkosten dienen. Anhand des Beispiels von BMW beschreibt TRAUDT die Vorteile eines partnerschaftlichen Zulieferermanagements. Die dabei u.a. zum Einsatz kommenden Internet-Portale werden von DUDENHÖFFER auf ihren Beitrag zur Kostenoptimierung hin analysiert.

Teil II.1
Produktorientiertes Kostenmanagement

Zielkostenorientierte Produktentwicklung

KLAUS EHRLENSPIEL, ALFONS KIEWERT UND UDO LINDEMANN

1. Einleitung

Kostensenken an Produkten lässt sich in der Praxis in beachtlichem Umfang erreichen, wenn Entwickler und „Kostenwissende" eng zusammenarbeiten. Viele Projekte haben das gezeigt. Die Herstellkosten können dann um 20 bis 30% verringert werden. Wenn die Konzepte des Produkts und der Produkterstellungsprozesse verändert werden, auch um bis zu 50%.

Diese Kostensenkungspotenziale wurden und werden aber häufig nicht umfassend genutzt. In der Vergangenheit hat man Produkte fast immer rein technisch entwickelt und hat die Kosten dem „Gefühl" des Entwicklers überlassen. Dabei ist trotzdem klar, dass die Entwickler seit jeher wirtschaftliche Produkte angestrebt haben. Aber das Gefühl kann trügen. Ohne einigermaßen verlässliche Kostendaten – und insbesondere – ohne ein verpflichtendes Kostenziel geht es nicht. Auf der technischen Seite sind z.B. feste Anforderungen an die Leistung eines Produktes, verlässliche Festigkeitsdaten usw. eine Selbstverständlichkeit – auf der Kostenseite ist diese Selbstverständlichkeit weniger verbreitet. Sie setzt sich aber ausgehend von in Großserie produzierten Konsumgütern zunehmend auch in der Einzel- und Kleinserienfertigung des Maschinen- und Anlagenbaus sowie in anderen Industriezweigen durch (vgl. STÖSSER 1999).

Grundlage für die explizite Festlegung und Verfolgung von Kostenzielen während der Produktentwicklung ist das *Target Costing*. Es trägt dazu bei, dass die Anforderungen des Marktes konsequent im Produktkonzept berücksichtigt und verbindliche Zielkosten für das Produkt aus dem voraussichtlichen Marktpreis abgeleitet werden. Damit wird der Fokus des produktorientierten Kostenmanagements auf die Phase der Produktentstehung gerichtet, also dorthin, wo der Spielraum zur Kostensenkung am größten ist (vgl. Abb. 1).

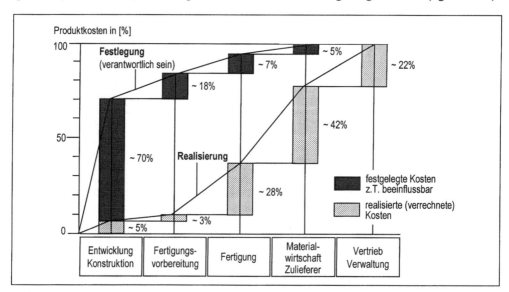

Abb. 1: Die Festlegung der Kosten erfolgt vor deren Realisierung: Entwicklung und Fertigungsvorbereitung legen fast 90% der Produktkosten fest (nach KOCH, BMW)

Erfahrungen der Praxis belegen, dass fast 90% der Produktkosten von Entwicklung und Fertigungsvorbereitung festgelegt werden (dunkle Säulen), während diese Abteilungen (im Beispiel eines Pkw-Herstellers) nur 5 + 3 = 8% der Selbstkosten (helle Säulen) für sich verrechnen.[1] Zuerst wird eben nur geplant. Das kostet noch wenig. Die Kosten wachsen dann erst richtig an, wenn das Produkt in Stahl, Kunststoff und Kaufaggregaten realisiert wird.

Dem hohen Potenzial zur Kostenbeeinflussung am Beginn der Produktentwicklung steht jedoch das Defizit an Informationen über den späteren Kostenanfall gegenüber. Es liegen ja nur grobe Vorstellungen von dem zukünftigen Produkt vor – wie soll man da etwas über die Herstellkosten aussagen? Um diesem Dilemma, dem „Paradox der Produktentwicklung", entgegenzuwirken, ist eine *entwicklungsbegleitende Kalkulation* erforderlich. Sie stützt sich auf Erkenntnisse über Kostenwirkungen ähnlicher Produkte und ermöglicht es den Entwicklern, frühzeitig die Kosten alternativer Produktkonzepte und die Einhaltung der aus dem Target Costing abgeleiteten Zielkosten abzuschätzen.

Dieser für das produktorientierte Kostenmanagement grundlegende Zusammenhang wird im Folgenden eingehender dargestellt, um einen tieferen Einblick in die notwendigen Rahmenbedingungen und Instrumente für eine zielkostenorientierte Produktentwicklung zu gewinnen. Daran anschießend werden organisatorische Strukturen skizziert, die eine zielkostenorientierte Produktentwicklung ermöglichen (Abschnitt 3.). Die Grundzüge des Target Costing und der entwicklungsbegleitenden Kalkulation stehen im Mittelpunkt von Abschnitt 4. und 5. Der Beitrag schließt mit einer kurzen Zusammenfassung.

2. Kostenbeeinflussung in der Produktentwicklung

2.1. Bedarf an Kosteninformationen während der Entwicklung

Entwickeln geschieht zuerst qualitativ, dann quantitativ, wie Videobeobachtungen von Entwicklern gezeigt haben (vgl. DYLLA 1991). Und zwar arbeitet der Entwickler zunächst aus seiner Erfahrung, seinem technischen Gefühl heraus. Er weiß z.B. wie ein doppelstufiges Getriebe vom Radsatz her aussieht, wie die Wellen zu lagern sind. Dabei kann er bei gleicher zu übertragender Leistung, ja bei gleichem Umhüllungsvolumen des Radsatzes diesen, und damit das Gehäuse, mehr lang gestreckt (Länge L groß) oder mehr kubisch (Länge L nähert sich der Breite B an) entwerfen. Technisch sind alle drei Varianten in Abbildung 2 ungefähr gleichwertig, aber nicht bezüglich der Kosten. Das muss er wissen. Er muss auch wissen, dass kubische Gehäuse kostengünstiger sind als lang gestreckte. In Abbildung 2 hat das gedrungene Gehäuse 13% weniger Herstellkosten als das Schlanke (vgl. HAFNER 1987; EHRLENSPIEL ET AL. 2000).

Ein Entwickler muss also nicht nur technische Erfahrung, sondern auch Kostenerfahrung haben. Das Produkt muss für ihn kostenmäßig genauso „durchsichtig" sein, wie hinsichtlich seiner technischen Funktion, denn jede Festlegung technischer Produkteigenschaften geht mit einer Festlegung von Kosten einher.

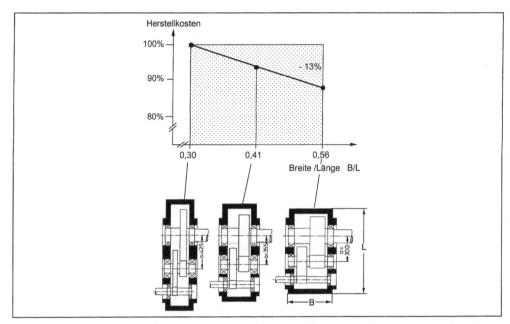

Abb. 2: Einfluss des Breiten/Längenverhältnisses auf die Herstellkosten von Gussgehäusen für Getriebe (in Anlehnung an: HAFNER 1987)

Häufig stehen den Entwicklern die notwendigen Kosteninformationen jedoch nicht zur Verfügung – meist eine Folge der mangelnden Zusammenarbeit zwischen Entwicklung und Controlling. Immer noch wirkt der alte Satz nach: „Kosten sind Sache des Kaufmanns, der Techniker soll bei seiner Technik bleiben". Dass ein Produkt mit allen seinen Eigenschaften ein Ganzes ist, und erst durch die Zusammenarbeit aller Funktionsbereiche optimal gestaltet werden kann, ist heute immer noch nicht selbstverständlich.

Auch die Beschaffung von Kosteninformationen ist ein interdisziplinärer Vorgang, an dem alle in Abbildung 3 dargestellten Bereiche beteiligt sind. So muss die Entwicklung zuerst die Geometrie und die Materialien des Produktes festlegen, woraus die Fertigungsvorbereitung die Bearbeitungsmaschinen und die Fertigungszeiten festlegt. Daraus wieder kann die Kalkulation Fertigungskosten ableiten. Das wäre allerdings noch kein Problem, denn das ist ein eingefahrener Prozess im so genannten „Informationsvorfluss". Mit Vorfluss ist der Fluss in Richtung Produktentstehung gemeint und mit dicken Pfeilen gekennzeichnet (vgl. Abb. 3). Das Problem entsteht erst bei dem bisher kaum organisierten Informationsrückfluss im Sinne eines Regelkreises. Die am Anfang des Produkterstellungsprozesses Tätigen (Projektierung, Entwicklung, Konstruktion) müssen nämlich rechtzeitig, d.h. frühzeitig die entscheidungsrelevanten Kosteninformationen bekommen. Sonst können keine konstruktiven Maßnahmen zur Kostensenkung mehr getroffen werden. Der Informationsrückfluss kann auf unterschiedliche Art und Weise erfolgen: durch Personen (durch Beratung, durch Teamarbeit) sowie durch „Papier" und EDV (Daten, Richtlinien, Berechnung). Am wirkungsvollsten, aber auch zeitaufwendig und damit teuer, ist die persönliche Information.

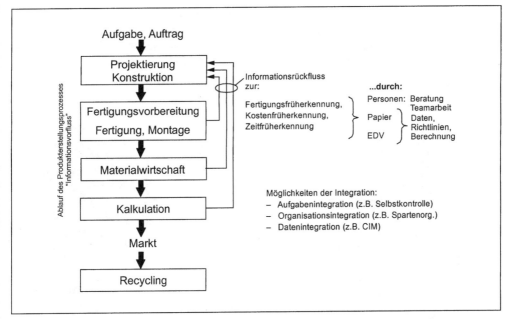

Abb. 3: Ergänzung des Informationsvorflusses im Sinne der Produkterstellung durch einen regelkreisartigen Informationsrückfluss

2.2. Notwendigkeit kurzer Regelkreise

Erfahrungen der Praxis belegen, dass die Kosten einer Änderung am Produkt im Verlauf der Produktentstehung stark ansteigen. Dieser Zusammenhang wird auch als „Rule of ten" bezeichnet: Eine schadenträchtige oder kostenträchtige Bauweise oder Gestaltung während der Entwicklung zu ändern, kostet wenig. Sie bei der Produktionsvorbereitung zu ändern kostet z.B. rund 10-mal so viel. Zeichnungen, Stücklisten und Arbeitspläne müssen geändert werden. Noch einmal um den Faktor 10 ist die Änderung teurer, wenn das Teil produziert wird, da Teile, Werkzeuge, Vorrichtungen u.U. weggeworfen werden müssen. So geht das weiter. Rückrufaktionen beim Endverbraucher sind dann nicht nur 10.000 mal so teuer, sondern führen zu Rufschädigung und Marktanteilsverlusten.

Aus dieser Trendaussage wird die Bedeutung einer kontinuierlichen Kostenabschätzung deutlich. Es reicht nicht, zu Beginn der Entwicklung ein Kostenziel vorzugeben und am Ende eine Kalkulation durchzuführen. Die Kosten müssen „ständig", mindestens aber zu bestimmten Meilensteinen des Entwicklungsprozesses aktualisiert ermittelt und mit dem Kostenziel verglichen werden.

Ein derartiges Produktkostencontrolling durch Festlegung der Kostenziele und Beschaffung der Daten zur rechtzeitigen Zielkontrolle ist eine wesentliche Voraussetzung, um kostengünstige Produkte zu erstellen. Dabei wird der traditionell dominierende „lange Regelkreis" (vgl. Abb. 4 links) in einen „kurzen Regelkreis" (vgl. Abb. 4 rechts) überführt. Die Kostenanalyse darf nicht erst nach Fertigstellung aller Zeichnungen, Stücklisten und Arbeitspläne erfolgen, sondern muss als mitlaufende Kalkulation in die Entwicklung integriert werden. Dafür gibt es verschiedene organisatorische Maßnahmen und Verfahren der entwicklungsbegleitenden Kalkulation, die in Abschnitt 3. bzw. 5. dargestellt werden (vgl. auch EHRLENSPIEL 1995; EHRLENSPIEL ET AL. 2000).

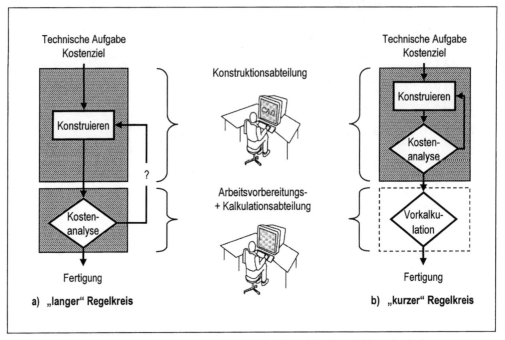

Abb. 4: Kostenanalyse nach der Entwicklung (links) und während der Entwicklung (rechts)

2.3. Überwindung der Arbeitsteiligkeit

Industrielle Arbeitsteiligkeit wurde insbesondere als Trennung von planenden und ausführenden Arbeiten um 1900 herum z.B. von F. TAYLOR eingeführt. Die Produktivitätssteigerung durch Spezialisierung der Arbeiter auf eine eintrainierte, immer gleiche Arbeit war durchschlagend. Auch wir haben Spezialisierung immer mehr nötig, weil im Zeichen der „Wissensexplosion" Einer nicht alles wissen und können kann.

Die Nachteile der Arbeitsteilung entstehen aus der Teilung und Unterbrechung der Informationsflüsse und der Demotivation mangels gemeinsamer Zielerkennung. Man weiß nicht mehr, was das Ganze soll, wofür man arbeitet. Jeder optimiert sich selbst; jede Abteilung denkt zuerst an sich. Schnittstellenprobleme und eine Flut von Änderungswünschen sind die Folge. Das verringert die Qualität und kostet Zeit und Geld.

Abbildung 5 zeigt die Nachteile dieses „Aneinander-Vorbeiarbeitens" durch die fortwährend nötigen Änderungen, aber auch die durch abgestimmte Teamarbeit mögliche Zeiteinsparung (links in der Abbildung als schematische Treppe gezeichnet).

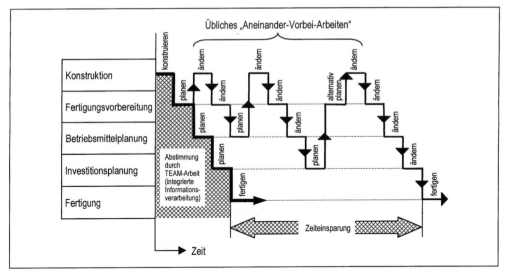

Abb. 5: Bei der Erarbeitung der Fertigungsunterlagen lohnt sich Teamarbeit. Die abgestimmte Informationsverarbeitung (links) erspart das wiederholte Ändern und damit Zeit und Kosten (nach K. W. WITTE)

2.4. Zwischenfazit

Was ist die Konsequenz? Konzentration der Aktivitäten, der besten Kräfte gemeinsam auf den Anfang der Produkterstellung im Sinne von „Machs gleich richtig!". Lieber am Anfang mehr Zeit aufwenden, als hinterher die Fehler zu korrigieren. Kleine Ursachen am Anfang haben – wie beim unachtsamen Lostreten einer (Kosten-)Lawine – große Wirkungen. Gezielte Information und Weiterbildung in Konstruktion und Entwicklung bringt oft mehr als teure – aber kalkulierbare – Rationalisierungsinvestitionen in der Fertigung. Zusammenfassend bleibt festzuhalten:

- Das Produktkostencontrolling dient dazu, die Zielkosten des Produktes einzuhalten. Wesentlich ist dafür die möglichst frühzeitige Beschaffung von Daten für den Soll-Ist-Vergleich. Davon zu unterscheiden ist das Projektcontrolling, das die Termine und Kosten des Produkterstellungsprozesses sichern hilft.
- Im Planungsprozess der Projektierung, Entwicklung, Konstruktion und Produktionsvorbereitung wird das Produkt vorab technisch festgelegt. Diese frühen Phasen bestimmen alles folgende: die Produktion und die Materialwirtschaft und damit auch die Produktkosten.
- Da jede technische Festlegung auch eine kostenmäßige Festlegung ist, müssen die planenden Stellen (also auch die Entwicklung) die kostenmäßigen Auswirkungen ihres Tuns simultan kennen. Es gibt keine rein technischen Entscheidungen!
- Nicht rechtzeitig („in statu nascendi") erkannte Produktkosten, die zur Überschreitung der Zielkosten führen, ergeben entweder zu teure Produkte oder zeit- und kostenintensive Änderungsvorgänge.

3. Integrierende Organisationsformen

3.1. Simultaneous Engineering

Zusammenarbeit der Spezialisten, also Teamarbeit unter einer gemeinsam akzeptierten Zielsetzung, ist das Gegenmittel gegen die Nachteile der Arbeitsteilung. Es ist bekannt und wird besonders in Klein- und Mittelbetrieben, schon wegen der dort vorhandenen engeren menschlichen Bekanntschaft, fast selbstverständlich praktiziert.

Simultaneous Engineering (SE) organisiert systematisch diese Teamarbeit und scheint insofern „alter Wein in neuen Schläuchen" zu sein. Neu ist aber der Gedanke, dabei mehr systematisch vorzugehen, die multidisziplinäre Teamarbeit von der ersten Produktidee bis zur Realisierung z.B. in der Serie zu organisieren und neben Qualitäts- und Kostenvorteilen besonders die Zeiteinsparung zu betonen (vgl. KLEEDÖRFER 1998).

Neu ist ferner, die Produkt- und Produktions- sowie Vertriebsentwicklung parallel voranzutreiben. Das trifft natürlich hauptsächlich bei Serienprodukten zu, für die z.T. für die Teilefertigung, jedenfalls für die Montage neue Einrichtungen geschaffen werden.

In Abbildung 6 ist die Kostenwirkung von Simultaneous Engineering gegenüber dem konventionellen arbeitsteiligen Arbeiten über der Zeit dargestellt. Eine Kostensteigerung am Anfang in der Entwicklung nach dem Motto „Lieber höhere Entwicklungskosten, dafür kürzere Entwicklungszeit" reduziert erfahrungsgemäß die Herstellkosten um 20 bis 30% und die Produkterstellungszeiten um 30 bis 50% (bis Serienanlauf).

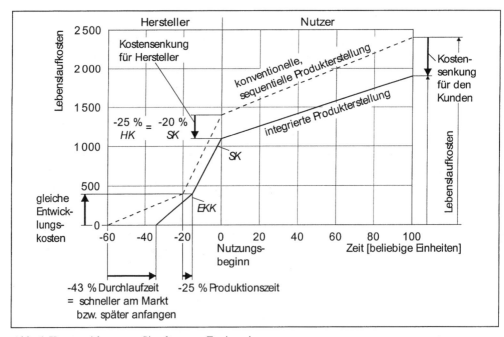

Abb. 6: Kostenwirkung von Simultaneous Engineering

Wenn man kundenbezogen entwickelt und sich von dort die richtigen Informationen beschafft, kann man oft auch die Gebrauchskosten des Kunden (und damit die „life cycle costs") zusätzlich senken (vgl. WOMACK ET AL. 1992). Dabei werden, wie in Abbildung 6 angenommen, die Entwicklungskosten insgesamt nicht höher! Es kommt darauf an, „es gleich richtig" zu machen: Zu Anfang gegenüber „normalem" Vorgehen mit erhöhtem Aufwand die Entwicklung richtig voranzutreiben (im Bild eine höhere Steigung der durchgezogenen als die der gestrichelten Linie). Das erspart spätere Änderungen. In Abbildung 6 ist wegen der Übersichtlichkeit der Anstieg der Kosten stark vereinfacht linear angenommen. An der grundsätzlichen Aussage ändern die in der Praxis „komplizierteren" Kostenverläufe nichts.

Simultaneous Engineering (SE) ermöglicht zielgerichtete, multidisziplinäre, parallele Teamarbeit während der Produktentstehung. Straffes Projektmanagement ist dabei Voraussetzung. Im Gegensatz zur Zersplitterung der Spezialisten, die ihre Informationen über die Mauer werfen, arbeiten in SE-Teams i.d.R. nicht nur Abteilungen des Unternehmens zusammen (z.B. Entwicklung, Produktionsvorbereitung, Materialwirtschaft, Vertrieb), sondern nach Bedarf werden auch der Kunde und der Zulieferer eingebunden (erweitertes Team) (vgl. Abb. 7).

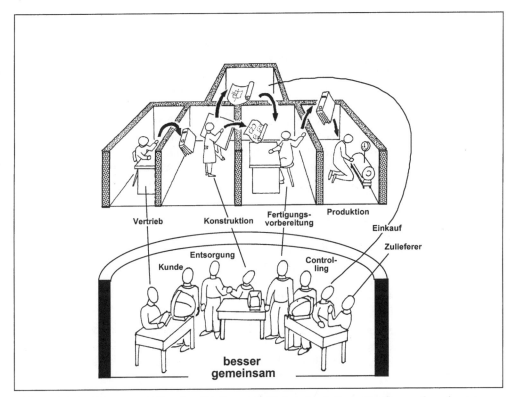

Abb. 7: Geistige Mauern zwischen den Abteilungen behindern den Informationsfluss und ergeben zu teure Produkte. Die Lösung ist das multidisziplinäre Team.

Denn auch die Nachteile der Arbeitsteilung nach außen müssen überwunden und dabei insbesondere die Schnittstelle zum Kunden in einen direkten Draht verwandelt werden. Wie anders sollen marktgerechte Produkte entstehen? Eine derartige Arbeitsweise im SE-Team ist auch bei „Outsourcing" zweckmäßig: Man holt den Zulieferer ins Team. Es werden mit ihm seine Gestaltungsfreiheiten zum Erreichen des gemeinsamen Kostenziels diskutiert.

Simultaneous Engineering wirkt zeitsparend vor allem durch eine gewisse Parallelisierung der sonst sequenziell ablaufenden Phasen der Produkterstellung. Dies ist möglich, weil die Informationswege der Spezialisten durch direkte Kommunikation kurz und effektiv sind. Die sonst aufgrund der Arbeitsteilung nötige Flut von schriftlichen Anweisungen, Änderungsmitteilungen usw. entfällt. Das SE-Team ist bei entsprechender Software und gemeinsam genutzten Datenbanken auch die Voraussetzung für eine rechnerintegrierte Produkterstellung (vgl. EHRLENSPIEL ET AL. 1996).

Es liegt auf der Hand, dass das Produktkostencontrolling mit Target Costing und entwickungsbeglcitcndcr Kalkulation ein wesentlicher Bestandteil von Simultaneous Engineering sein muss. Es werden „just-in-time" die Kostenziele aufgestellt und die Kostenschätzungen bzw. -berechnungen durchgeführt.

3.2. Fertigungs- und Kostenberatung

Simultaneous Engineering wird vornehmlich für die komplette Überarbeitung bzw. Neukonzeption von Produkten und im Wesentlichen bei Serienprodukten eingesetzt. Es erfordert eine innere Umorientierung der Unternehmen von der gewohnten Arbeit in der hierarchisch aufgebauten Linie zum teamorientierten Projektmanagement mit einem starken Projektleiter, der sich von der Linie zuarbeiten lässt. Diese Umstellung geschieht im Maschinenbau mit seiner Einzel- und Kleinserienfertigung nur sehr zögerlich. Ein Großteil der Arbeit ist ja dort auch nur die kundenspezifische Anpassung der Produkte, wofür sich die übliche Linienorganisation durchaus bewährt hat. Multidisziplinäre Querinformationen sind dabei nicht in dem Maße gefordert, wie bei einer kompletten Produktüberarbeitung.

Um aber auch bei der Teilüberarbeitung eines Produktes Kosten zu senken, wird in zunehmend mehr Unternehmen die *Fertigungs- und Kostenberatung* der Entwicklung eingeführt (vgl. EHRLENSPIEL 1995; EHRLENSPIEL ET AL. 2000).

Der Berater wird meist aus der Fertigungsvorbereitung (manchmal auch aus der Wertanalyse oder der Kalkulation) herangebildet und bleibt dort auch fachlich und disziplinarisch eingebunden. Auf 20 Entwickler sollte mindestens ein Berater vorgesehen werden. Seine Aufgaben sind u.a. folgende:

- Aufstellung von Vergleichskalkulationen direkt zusammen mit dem Entwickler, um Kostenziele einzuhalten.
- Beschaffung von Angeboten über Zukaufteile und Auswärtsfertigung zusammen mit dem Einkauf.
- Beratung hinsichtlich Daten, Verfügbarkeit, Besonderheiten von vorhandenen Betriebsmitteln (Werkzeugmaschinen, Vorrichtungen, Werkzeuge, Messeinrichtungen).
- Vorbereitung der Arbeits- und Prüfplanung.

Ein Berater verhütet und senkt Kosten, die einem Mehrfachen seiner eigenen Kosten entsprechen. Beobachtet wurde ein drastischer Rückgang späterer Änderungen und eine Verbesserung der Durchlaufzeit.

Folgende alternative Organisationsformen haben sich in der Praxis als sinnvoll herausgestellt (vgl. EHRLENSPIEL 1995):

a) Der Berater ist benannt und wird von der Entwicklung angefordert.
b) Der Berater besucht zu festen Zeiten die entsprechende Entwicklungsgruppe.
c) Der Berater hat einen Arbeitsplatz in der Entwicklung.

Es ist klar, dass diese Art der Beratung von der jeweiligen Person ein gutes menschliches Einfühlungsvermögen in die Belange der unterschiedlichen Mitarbeiter und Abteilungen erfordert, von der hohen fachlichen Qualifikation ganz zu schweigen.

3.3. Weitere integrierende Maßnahmen

Eine weiter gehende, wirkungsvolle integrierende Maßnahme ist, Entwicklung, Fertigungsvorbereitung und Kalkulation örtlich zusammenzufassen. Die Kommunikation ist stark von der Entfernung der Arbeitsplätze abhängig. Sie ist am intensivsten, wenn sich die Personen laufend sehen.

Schließlich haben sich gemeinsame „Freigabebesprechungen" oder Design-Reviews aller mit dem Produkt befassten Stellen zur Freigabe des Konzepts, des Entwurfs oder der fertigen Produktdokumentation bewährt (vgl. EHRLENSPIEL 1995; EHRLENSPIEL ET AL. 2000).

Mit diesen Maßnahmen werden zeitaufwendige Änderungen bzw. Iterationen und die geistige „Rüstzeit" von Abteilungen, die im Produkterstellungsprozess später eingreifen, verringert; die Motivation wird gefördert. Die Zeiteinsparung durch Wegfall von Rückfragen und Änderungen ist beachtlich. Die Motivation der frühzeitig informierten Mitarbeiter aus Produktion und Vertrieb wirkt ablaufbeschleunigend.

4. Zielkostengesteuerte Entwicklung durch Target Costing

Die aus Japan stammende Methode des Target Costing besitzt einige ganz wesentliche Charakteristika, die bei der Umsetzung eines Kostenmanagements eine relativ hohe Kostenkompetenz sicherstellen (vgl. hierzu auch die Beiträge von SEIDENSCHWARZ ET AL. sowie CLAASSEN/ELLßEL). Die wesentlichen Charakteristika in der praktischen Anwendung sind dabei vor allem die Konsequenz, die Kontinuität und die Systematik in der zielkostenbetonten Unternehmenssteuerung. Kernfragen sind dabei immer wieder:

• Was will der Kunde?
• Wieviel ist der Kunde bereit dafür zu zahlen?

Es geht also darum, umzudenken von der bisherigen Art Preise zu machen. Sie entstehen bisher meist auf Grund der entstandenen Kosten durch eine „bottom-up"-Kalkulation. Erst wird entwickelt, dann kalkuliert. Wenn dann der Marktpreis unter dem kalkulierten Preis liegt und keine Gewinne oder gar Verluste entstehen, gibt es lange Gesichter und

Suche nach dem Schuldigen. Man sollte von vornherein, bei der Planung eines neuen Produktes aktiv werden und umgekehrt „top-down" kalkulieren. Der Marktpreis ist die Vorgabe! Durch Abzug des geplanten Gewinns, der Verwaltungs- und Vertriebsgemein- kosten und weiterer Zuschläge (des „Overheads") ergeben sich die zulässigen Herstell- kosten. Danach muss sich Entwicklung und Produktion richten. Hingewiesen sei noch darauf, dass bei konsequentem Target Costing auch die Overheads zu senken sind! In den meisten Fällen, wenn es sich nicht gerade um „low-tech-Produkte" handelt, erreicht man die so vorgegebenen Herstellkosten mit zielkostengesteuertem Entwickeln (vgl. SEIDEN- SCHWARZ 1993 und 1997; EHRLENSPIEL ET AL. 1993; EHRLENSPIEL 1995).

Für die Produktentwicklung ist die Sicht des Kunden der wichtigste Aspekt bei der Zielkostenfestlegung. Darüber hinaus sind aber einige weitere Aspekte zu berücksichti- gen, um zu einem anspruchsvollen, aber auch realistischen Kostenziel und einer Kosten- zielspaltung zu kommen (vgl. STÖSSER 1999; EHRLENSPIEL ET AL. 2000). Abbildung 8 gibt hierzu einen Überblick.

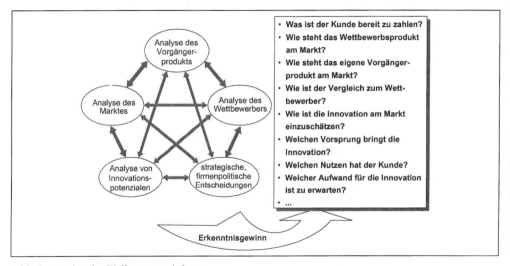

Abb. 8: Aspekte der Zielkostenermittlung

- *Analyse von Vorgängerprodukten (Out of Company)*: Ziel der Analyse von Vorgän- gerprodukten ist es, beurteilen zu können, welche Zielkosten für ein bestimmtes Pro- dukt unter den im Unternehmen (und bei seinen Zulieferern) vorliegenden Bedingun- gen erreicht werden können. Die Kosteninformationen sollten strukturiert vorliegen, wobei die Struktur sich an der Baustruktur, den Produktfunktionen, den Kostenarten u.a. orientieren sollte.
- *Analyse des Marktes (Market into Company)*: Beim „Market into Company" werden die Gesamtzielkosten aus dem Markt abgeleitet. Der am Markt erzielbare Preis („target price") wird dabei durch Methoden der Marktforschung gewonnen. Die Analyse des Marktes dient dazu, Produktmerkmale und deren Wertschätzung aus Sicht des Kunden zu ermitteln. Nach Abzug des geplanten Gewinns („target profit margin") bleiben die vom Markt erlaubten Kosten („allowable costs").

- *Analyse des Kundennutzen / Wirtschaftlichkeitsanalyse (Out of customer benefit / cost effective analysis)*: Der wirtschaftliche Nutzen, den ein Kunde durch den Kauf des Produkts für sich generieren kann, gibt Auskunft über eine vertretbare Höhe seiner Investition und damit eines sinnvollen Preises. Diese Vorgehensweise bietet sich besonders bei in ihrer Funktionalität neuen Produkten oder auch bei optionaler Ergänzungsausstattung an. Bei Konsumgütern ist dieser Ansatz weniger geeignet. Bei Investitionsgütern gibt es diese Vorgehensweise sehr häufig. Über die Preisfindung für die Investition hinaus kann man häufig auch Überlegungen zu Verfügbarkeit, Wartungs- und Betriebskosten etc. einschließen.
- *Analyse der Wettbewerber (Out of Competitor)*: Bei der Analyse von Produkten der Wettbewerber sollten die Produktfunktionen sowie die Kosten ermittelt werden. Ein Vergleich der Wettbewerberprodukte mit den eigenen Produkten (Vorgängerprodukt, Konzept eines neuen Produkts etc.) unter Berücksichtigung der Markterfordernisse gibt eine Vielzahl wertvoller Hinweise (vgl. hierzu auch den Beitrag von KREUZ).
- *Analyse von Innovationspotenzialen (Out of Innovation)*: Innovationen können einen hohen Einfluss auf die Zielkostenfindung haben. Einerseits ist es wichtig zu klären, wie der Markt die Innovation beurteilt und welchen Vorsprung sie gegenüber dem Wettbewerber bringt. Bei einer positiven Einschätzung ist ein Potenzial zu besseren Preisen gegeben. Auf der anderen Seite können Entwicklungen der Technologie (Materialien, Sensoren, Elektronik, Fertigungsverfahren, Berechnungsverfahren etc.) zu kostensenkenden Innovationen in Produkten und/oder Prozessen führen.
- *Berücksichtigung strategischer Entscheidungen*: Strategische, firmenpolitische Entscheidungen nehmen Einfluss auf die Festlegung der Zielkosten. Dies können z.B. festgesetzte Zielkosten sein, die den strategischen Eintritt in ein bestimmtes Marktsegment ermöglichen sollen, aber auch Restriktionen auf die Produkterstellung wie z.B. Vorzugslieferanten, Eigenfertigung aufgrund mangelnder Auslastung, Abnahmeverpflichtungen bei Tochterunternehmen etc.

Auf der Basis aller verfügbaren Informationen zu möglichen Zielkosten und unter Berücksichtigung der Unternehmenssituation werden die Zielkosten („target costs") vom Management festgelegt bzw. mit den für die Umsetzung Verantwortlichen (z.B. dem Projektleiter) vereinbart.

Beim Festlegen der Gesamtzielkosten und der Teilzielkosten sollten ferner folgende Punkte kritisch betrachtet werden:

- Warum ist unser Produkt so teuer (z.B. geringere Stückzahlen als die Konkurrenz, andere Leistungsmerkmale usw.)?
- Warum kann die Konkurrenz so viel kostengünstiger anbieten (z.B. höhere Stückzahlen, Fertigung in einem „Billiglohnland" usw.)?
- Wofür ist der Kunde bereit wieviel zu zahlen (z.B. welche Funktionen braucht er wirklich usw.)?
- Braucht der Kunde z.B. mehr Leistung, und wie würde er das honorieren?

Die Antworten auf diese Fragen können Anregungen und Randbedingungen zu einer ersten, schnellen Lösungssuche liefern, mit der das unter den Bedingungen des eigenen Unternehmens am Produkt realisierbare Kostensenkungspotenzial abgeschätzt werden kann. Grundlage dieser vorgezogenen Lösungssuche bilden die bereits identifizierten Anforderungen an das neue Produkt. Sie zeigen auch, dass es bei anspruchsvollen Kosten-zielen nicht ausreicht nur die Entwicklung eines Produkts zu betrachten, sondern dass die gesamte Prozesskette untersucht und geändert werden muss.

Speziell zum zielkostengesteuerten Entwickeln hat sich in vielen Industriekontakten die in Abbildung 9 dargestellte Vorgehensweise bewährt. Entsprechend dem Problem-lösungszyklus der Systemtechnik lauten die Grundschritte:

1. *Aufgabe klären*: Kostenziel und seine Aufteilung festlegen. Schwerpunkte zum Kostensenken suchen. Kostenstrukturen ähnlicher, früher gebauter Produkte haben sich dafür bewährt.

2. *Lösungssuche*: Technische Alternativen zu bisher bekannten Lösungen suchen. Hierfür gibt es bei den Teilschritten eine kurze Checkliste 2.1 bis 2.5.

3. *Lösungsauswahl*, die oft genug schon parallel zur Lösungssuche vorgenommen wird. Die gefundenen Lösungen werden kostenmäßig bewertet. Die technisch-wirtschaftlich günstigste wird gewählt.

Diese Vorgehensweise stützt sich, wie aus der Spalte „Informationen und Hilfsmittel" ganz rechts in Abbildung 9 hervorgeht, auf Informationen aus bekannten ähnlichen Pro-dukten des eigenen Unternehmens oder der Konkurrenz. Die Grundschritte 1 bis 3 wer-den iterativ mehrmals durchlaufen bis ein Vorentwurf für das Produkt entstanden ist, der im Rahmen des Kostenziels liegt und dann entsprechend Grundschritt 4 wie üblich zu Ende entwickelt wird. Die Vorkalkulation und spätere Nachkalkulation sollten dann ebenfalls innerhalb des Kostenziels liegen.

Wie das zielkostengesteuerte Entwickeln im Einzelnen abläuft, zeigt Abbildung 10 am *Beispiel eines Doppelwellenbetonmischers* (vgl. auch Abb. 11, Abb. 12 in Abschnitt 5. sowie EHRLENSPIEL ET AL. 1993 und 2000). Es wird ein Team gebildet. Die Zielkosten werden in Teilzielkosten aufgespalten: in Zielkosten für Baugruppen (A1, A2, B1, B2) bzw. Bauteile (Summe C). Für die Erreichung der Zielkosten der einzelnen Baugruppen werden mit Fertigungs- und Kostenberatung bzw. im Team Maßnahmen festgelegt und Verantwortliche benannt. Die Maßnahmen werden umgesetzt. In festgelegten Zeitabstän-den trifft sich das Team und berichtet über den Stand. Wird bei bestimmten Baugruppen erkannt, dass das Ziel nicht erreicht wird (A2, B2), werden diese erneut überarbeitet, bis die Zielkosten erreicht sind oder andere Kostensenkungsmaßnahmen beschlossen wer-den. Man sieht auch, dass Baugruppen/Bauteile, die kostenmäßig gewichtig sind, genau kalkuliert werden müssen, während weniger wichtige geschätzt werden können. Der Gauß'sche Fehlerausgleich verringert dort eher einzelne Schätzfehler (vgl. EHRLENSPIEL ET AL. 2000).

Wesentlich für das zielkostengesteuerte Entwickeln ist die Kostentransparenz von Vorläuferprodukten. Man muss sowohl zur Aufgabenklärung (vgl. Abb. 9, 1.2) wie zur Kostenzielspaltung in Teilkostenziele (vgl. Abb. 10) Kostenstrukturen früherer oder ähn-licher Produkte vorliegen haben. Daraus muss hervorgehen, welche Baugruppen/Teile die höchsten Kostenanteile haben, welche Fertigungsoperationen für die kostenintensiven Teile dominant sind. Man muss also ABC-Analysen hinsichtlich der Kostenverursachung machen können. Sonst verliert man sich in der Unzahl von Teilen, Fertigungsabläufen und Gesichtspunkten.

Grundschritte	Teilschritte zur Kostensenkung	Informationen u. Hilfsmittel
1 **Aufgaben klären, Forderungen formulieren**	1.1 **Kostenziel**, Wirtschaftlichkeitsziel (Produkt-,Gesamt-, Selbst-, Herstellkosten) → **Chef** 1.2 Analyse ähnlicher Maschinen, **Kostenstruktur** nach Produkt-Gesamtkosten und/oder nach Herstellkosten bezogen auf Bauteile, Funktionen (z.B. Material-, Fertigungskosten aus Einzelzeiten, Rüstkosten), Fertigungsverfahren, Fremd-, Eigenfertigung, werksinterner Normung... 1.3 Aufgabenstellung im Einzelnen → **Team**. Wo sind **Schwerpunkte** zum Kostensenken? Was (welche Baugruppen) kann geändert werden, was nicht? **Kostenziel aufteilen.** 1.4 **Tendenzangaben.** Regeln zum Kostensenken im Schwerpunkt	Marktvolumen, Eigenanteil Konkurrenz-Produkte, -Preise, Liefertermine, Vertriebsweise, Leistung, Sicherheit Zeichnungen, Stücklisten, Arbeitspläne, -Zeiten, Kosten, Kostenstrukturen, ABC-Analysen
2 **Lösungssuche, Alternativen für Vorentwurf suchen**	2.1 **weniger/mehr Funktionen?** 2.2 anderes **Prinzip** (Konzept) bei Nebenfunktionen? Baugrößen-Verringerung? 2.3 **andere Gestaltung** weniger Teile? **werksinterne Normung:** Gleichteile, Wiederholteile, Teilefamilien, Baureihe, Baukasten 2.4 **Material:** weniger Material? Abfall? Kostengünstigeres Material? Norm-, Serienmaterial, Kaufteile? 2.5 **Fertigung:** andere Verfahren? Weniger Fertigungsgänge? Andere Vorrichtungen... Betriebsmittel? Weniger Genauigkeit? Eigen- oder Fremdfertigung? Montagevarianten? } **Team**	Kundenwünsche Informationen aus Teamarbeit (Konstruktion, Fertigung, Einkauf, eventuell Verkauf, Projektierung) für alternative Lösungen Kostenwissen: Regeln, Tendenzangaben, Ähnlichkeitsgesetze, Relativkosten, Grenzstückzahlen
3 **Lösungsauswahl**	3.1 Analyse und Bewertung der Lösungsalternativen **Kostenschätzung; Kostenkalkulation** } **Team, Chef** 3.2 Auswahl einer Lösung	Kostenschätzungen: Unterschiedskosten-Kalkulation, Kurzkalkulation, Ähnlichkeitsgesetze, Kosten von Wiederholteilen und Kaufteilen
4 **Durchführung der Konstruktion**	Kontrolle des Kostenziels → **Chef**	Vorkalkulation
5 **Fertigung und Versuch**		Nachkalkulation

Abb. 9: Schritte zur Kostensenkung bei der Entwicklung

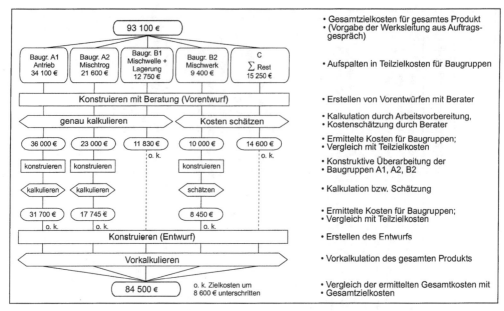

Abb. 10: Zielkostengesteuertes Entwickeln

In Abbildung 11 (siehe auch Abb. 12 in Abschnitt 5.) ist eine derartige Kostenstruktur eines Doppelwellenbetonmischers dargestellt. Der Mischer sollte bei gleicher Funktion (Mischqualität, -mengenleistung), gleicher Größe und prinzipiell gleicher Fertigungsart um 30% in den Herstellkosten gesenkt werden, um gegen den Tellermischer der Konkurrenz am Markt bestehen zu können.

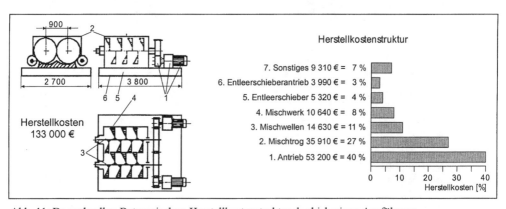

Abb. 11: Doppelwellen-Betonmischer: Herstellkostenstruktur der bisherigen Ausführung

Das Erste, was das Team tat, war die Kostendaten zusammenzutragen und aufzubereiten. Dabei zeigte es sich, dass das „Herz" des Mischers – das Mischwerk mit den Misch-Schaufeln und Mischwellen – so bleiben sollte wie es war. Man wollte die Mischqualität nicht in Frage stellen. Außerdem sind die Kosten dafür relativ gering. Die dominierenden

Anteile sind der Antrieb und der Mischtrog, und bei diesem die Bearbeitung der Lager-sitzflächen am teuren Bohrwerk. Damit waren durch diese Aufgabenklärung (Grund-schritt 1 in Abb. 9) die wesentlichen Ansatzpunkte für die Lösungssuche (Grundschritt 2 in Abb. 9) klar:

- ein anderes Konzept und andere Zulieferer für den Antrieb,
- Vermeiden des teuren Bohrwerks durch Einsatz einer Karusselldrehmaschine, wofür eine Umkonstruktion nötig war.

Das Ergebnis der Aktion war, dass die Herstellkosten des Betonmischers um 36% ge-senkt werden konnten. Die meisten Entwickler in der Praxis würden kostensenkend aktiv werden, wenn sie diese Kostentransparenz von vornherein hätten.

5. Entwicklungsbegleitende Kalkulation

Um die Zielkosten am Ende des Entwicklungsprozesses sicher zu erreichen, ist es nicht ausreichend, das „Target" zu Beginn des Entwicklungsprozesses vorzugeben und am En-de (oder sogar erst Monate später durch eine Nachkalkulation) die Kosten „nachzurech-nen". Die voraussichtlich später für das Produkt entstehenden Kosten müssen vielmehr „entwicklungsbegleitend" kalkuliert werden (vgl. LINDEMANN ET AL. 2001). Dazu sind mindestens zwei unterschiedliche, sich ergänzende Aufgaben zu unterscheiden:

- *Kostenverfolgung des ganzen Produkts während der Entwicklung*
  Bei komplexen Produkten (z.B. Pkw 10.000 Teile, Montageanlage 100.000 Teile) ist es allein ein Problem die Herstellkosten des ganzen Produkts während des Entwick-lungsprozesses (u.U. über mehrere Jahre) zu überblicken und zusammenzutragen: als Summe der Kosten vieler Teile, die wiederum aus verschiedenen Kostenarten (Mate-rialkosten, Kosten einzelner Arbeitsgänge) bestehen (vgl. Abschnitt 5.1.).
- *Kalkulation einzelner Baugruppen oder Teile*
  Die Kosten wesentlicher Baugruppen oder Teile, die umkonstruiert werden, sind wäh-rend der Entwicklung, oft noch aus unzureichenden Unterlagen, zu ermitteln. Dabei ist es für das Kostenmanagement notwendig, von Beginn der Entwicklung an schon beim Festlegen der Kostenziele die Kosten in der gleichen Struktur und Aufschlüsse-lung vorliegen zu haben wie später bei der Vor- und Nachkalkulation. Nur dann ist ei-ne kontinuierliche Kontrolle und ein Vergleich der Werte möglich. Die Verwirkli-chung dieser scheinbar selbstverständlichen Forderung stößt in der Praxis oft auf Schwierigkeiten, weil die notwendigen Kostendaten oft nicht in der geeigneten Form erfasst werden und nicht entsprechend zugreifbar vorliegen (vgl. Abschnitt 5.2.). Hier Durchgängigkeit und Transparenz zu schaffen, ist eine Voraussetzung für ein erfolg-reiches Kostenmanagement (vgl. STÖSSER 1999).

5.1. Kostenverfolgung des ganzen Produkts während der Entwicklung

Bei größeren Projekten, z.B. der Entwicklung eines Pkw, werden zur Kosten- und Pro-jektüberwachung eigene Projektplanungs- und -verfolgungsprogramme verwendet. Bei nicht so umfangreichen Produkten des Maschinenbaus hat der Einsatz von Tabellenkalkulationen oder ähnlichem bewährt (vgl. STÖSSER 1999; EHRLENSPIEL ET AL. 2000), um die Übersicht in dem häufig sehr umfangreichen „Zahlenfriedhof" zu bekommen und über die Laufzeit eines Projekts zu behalten. Sind damit einmal Übersichten erstellt, lassen sie sich schnell aktualisieren und auswerten. Sie ermöglichen auch eine „Parallelkalkulation" mit mehreren Spalten für Kosten des alten Produkts, Zielkosten und Istkosten des neu entstehenden Produkts zu bestimmten Zeitpunkten. Damit sind Vergleiche und grafische Auswertungen leicht möglich. Eine Tabelle, wie in Abb. 12 am Beispiel des Doppelwellenbetonmischers dargestellt, fördert auch ganz allgemein die Kostentransparenz für die Entwickler.

Das grundsätzliche Vorgehen wird im Folgenden kurz beschrieben. Wichtig ist, das Vorgehen immer an die Situation anzupassen und zu beachten, dass es ein längerer Prozess mit Iterationen und Lerneffekten ist.

Als Ausgangspunkt wird die Kalkulation eines oder mehrerer ähnlicher Produkte (u.U. auch eines Konkurrenzproduktes; hier die des Tellermischers) verwendet. In eine weitere Spalte werden die notwendigen und vereinbarten Kostenziele (vgl. Abschnitt 4.) für das gesamte Produkt und aufgeteilt auf Baugruppen oder -teile eingetragen. Durch Vergleich der Ist- mit den Zielkosten erkennt man die notwendigen Ansatzpunkte zum Kostensenken. Dabei werden im Team auch Ideen oder Maßnahmen erkannt mit denen man die Kosten beeinflussen kann (Kostensenkungspotenziale). Die Maßnahmen, die zu ihrer Durchführung Verantwortlichen und die erwarteten Kosteneinsparungen werden notiert (z.B. – 36 % durch ein anderes Konzept beim Antrieb, verantwortlich dafür die Entwicklung). Dann beginnt der Entwicklungsprozess. Zu festgelegten späteren Zeitpunkten wird jeweils der Iststand der Entwicklung ermittelt, es werden Ziel und das Erreichte gegenübergestellt, Abweichungen bzw. noch nicht erreichte Ziele festgestellt. Falls erforderlich, werden neue Maßnahmen eingeleitet und wieder Verantwortliche bestimmt (z.B. wurden beim Antrieb durch das neue Konzept nur eine Kostensenkung von – 28% erreicht, als neues Potenzial wurde ein anderer Lieferant erkannt, verantwortlich für die Verwirklichung ist nun der Einkauf). So geht der Entwicklungsprozess in weiteren Iterationsschritten weiter bis das Ziel erreicht ist.

Ein Problem bei der Kostenverfolgung ist auch, dass die zur Verfügung stehenden Kostendaten ganz unterschiedliche Qualität haben. So können für Zukaufteile, bekannte Baugruppen usw. exakt festgelegte Kosten vorliegen bzw. übernommen werden, während für neu zu entwickelnde Teile nur Schätzungen oder nur Kosten für Prototypen aber nicht die Kosten für die späteren Serienteile bekannt sind. Auch diese Qualität (exakt, geschätzt usw.) der Daten sollte mit vermerkt werden um die Genauigkeit und die noch vorhandenen Risiken während der Entwicklung abschätzen zu können (vgl. LINDEMANN ET AL. 2001).

Das geschilderte Vorgehen der mitlaufenden, entwicklungsbegleitenden Kalkulation kann aufwendig sein, ist aber für das Kostenmanagement nötig, weil zum Zeitpunkt der konstruktiven Entscheidung die zugehörige Kosteninformation auch da sein muss. In der Praxis tritt bei komplexen Produkten eine Aufwandsverringerung dadurch auf, weil nicht alle Teile eines Produktes wirklich neu sind und deshalb auch nicht alle neu kalkuliert werden müssen (vgl. EHRLENSPIEL ET AL. 2000): Gleichteile (Kosten bekannt), Wiederholteile (Kosten bekannt), Normteile, Kaufteile (Kosten bekannt, Preisangebot einholen), Ähnlichteile (auf Grund früherer Kalkulation schätzen oder mit Ähnlichkeitsgesetzen kalkulieren), Neuteile (neu kalkulieren).

1. Sitzung: Analyse

Doppelwellen-mischer (DWM)	Istkosten DWM	Anteil DWM	Istkosten Teller-mischer	Teilziel-kosten DWM	nötige Kosten-senkung	Kosten-senkungs-potentiale	
Baugruppen	[€]	[%]		[€]	[%]	Maßnahmen	Verantwort[
Antrieb	53 000	39,8	32 000	34 100	-36	ander. Prinzip	Entwicklun[
Mischtrog	36 000	27,0	27 000	21 600	-40	Schweißkonstr.	Entw.+ Fert[
M.welle+ Lager.	15 000	11,0	10 000	12 750	-15	Vereinfachen	Entwicklun[
Mischwerk	11 000	8,1	8 000	9 400	-15	Fertig. ändern	Fertigung
Entleerschieber	5 200	3,9	5 000	4 300	-17	Vereinfachen	Entwicklun[
Entleerantr.	4 000	3,1	3 800	3 400	-15	Vereinfachen	Entwicklun[
Sonstiges	9 000	7,0	8 000	7 550	-16	Vereinfachen	Entwicklun[
Summe	133 200	100	93 800	93 100	-30		

2. Sitzung:

Stand DWM	erreichte Kosten-senkung	neue	
[€]	[%]	Maßnahmen	Verantwort[
38 000	-28	anderer Liefer.	Einkauf
23 000	-36	Fertig. ändern	Fertigung
11 830	-21	ok	
10 000	-9	Fertig. ändern	Fertigung
3 400	-35	ok	
3 400	-15	ok	
7 800	-13	ok	
97 430	-27		

weitere Sitzungen ...

Ergebnis:

Kosten DWM	erreichte Kosten-senkung
[€]	[%]
31 700	-40
18 000	-50
11 800	-21
8 400	-24
3 400	-35
3 400	-15
7 800	-13
84 500	-37

Aus Platzgründen ist hier die Tabelle "gestapelt". Mit einer Tabellenkalkulation kann sie beliebig den Anforderungen der Praxis angepaßt werden.

Abb. 12: Beispiel für eine Kostenverfolgungstabelle

5.2. Kalkulation einzelner Baugruppen und Teile

Das Kostenmanagement benötigt – wie erwähnt – außerdem eine den Entwicklungsprozess begleitende, mitlaufende Kalkulation (z.B. musste bei dem Doppelwellen-Betonmischer für den neu entwickelten Mischtrog – Schweiß- statt Gusskonstruktion – entwicklungsbegleitend kalkuliert werden, um zu überprüfen, ob das gesetzte Kostenziel erreicht wurde). Basis ist dabei die übliche Vorkalkulation, die nach Abschluss der Entwicklung die Kosten auf der Grundlage weit gehend vollständiger Entwicklungsunterlagen über Stücklisten und Arbeitspläne, die u.U. erst neu erarbeitet werden müssen, ermittelt. Hier liegt das Hauptproblem der mitlaufenden Kalkulation bzw. „Kostenfrüherkennung": Man will Kosten schnell und früh im Entwicklungsprozess ermitteln, obwohl die Unterlagen noch nicht vollständig sind, das Produkt also im Detail noch gar nicht festliegt. Idealerweise wüsste man die Kosten bereits gern, wenn nur die Anforderungen klar sind und kaum etwas von dem neuen Produkt bekannt ist.

Im einfachsten Fall wird das Problem durch die direkte Übernahme der Kosten eines vorhandenen ähnlichen Produkts für das neue Produkt gelöst. Mit einer Anpassung der Kosten an das neue Produkt reicht dieses Vorgehen für die Praxis im Maschinenbau oft aus. Aufwendiger ist, die Kosten mit aus dem bestehenden Produkt- und Teilespektrum statistisch ermittelten Formeln oder Kostenwachstumsgesetzen zu ermitteln. In Ausnahmefällen ist auch eine genaue Kalkulation nötig (vgl. BRONNER 1996; EHRLENSPIEL ET AL. 2000).

In der Praxis haben sich folgende Verfahren zur entwicklungsbegleitenden Kalkulation von Baugruppen und Teilen als zweckmäßig erwiesen:
- Kostenschätzung,
- Such- oder Ähnlichkeitskalkulation, d.h. Suche und Übernahme der Kosten ähnlicher Produkte,
- statistisch ermittelte Kurzkalkulationen,
- Kalkulation mit Hilfe von Kostenwachstumsgesetzen,
- rechnerintegrierte Kalkulation.

Um Missverständnissen vorzubeugen, sei hier darauf hingewiesen, dass diese Verfahren die Standardvor- bzw. Nachkalkulation des Unternehmens nicht ersetzen sondern nur ergänzen. Sie müssen mit den Ergebnissen der Standardkalkulation abgeglichen und immer wieder aktualisiert werden (vgl. EHRLENSPIEL ET AL. 2000). Im Folgenden wird auf die wesentlichen Verfahren kurz eingegangen.

Kostenschätzung

Das Schätzen der Herstellkosten geht schneller als das Berechnen; es ist aber ungenauer, so dass es oft aus Mangel an Zutrauen unterbleibt. Unter bestimmten Voraussetzungen und systematisch angewendet ist das Kostenschätzen aber genügend genau. Das Schätzen muss sich auf abrufbare Erfahrungen mit ähnlichen Situationen, Teilen und Verfahren und nicht auf ein „vages Gefühl" gründen. Die Schätzergebnisse müssen festgehalten und später mit den tatsächlich entstandenen Kosten verglichen und Abweichungen diskutiert werden. So wird eine kontinuierliche Verbesserung der Ergebnisse erreicht.

Such- oder Ähnlichkeitskalkulation

Eine in der Praxis häufig angewandte, relativ einfache und schnelle Möglichkeit, die Kosten neuer Produkte zu ermitteln, ist der Vergleich mit den Kosten vorhandener Produkte. Vergleichen geht schnell und ist zuverlässig, wenn sich die Vergleichsobjekte nicht zu sehr unterscheiden und die Daten übersichtlich und aktuell vorliegen. Eine Voraussetzung zum Vergleichen ist das Suchen und Finden von ähnlichen vorhandenen Objekten. Diese Suche in den oft mehrere zehntausend Teile umfassenden Stammdatensätzen der Firmen ist nicht einfach.

Es gibt jedoch Möglichkeiten, ähnliche Teile nach beliebigen Merkmalen und mit einem mathematisch ermittelten „Ähnlichkeitsmaß" rechnergestützt zu suchen (vgl. HILLE-BRAND 1991). Werden mehrere ähnliche Teile gefunden, können durch Interpolation mittels einer Kostenfunktion die Kosten des neuen Teils sehr genau bestimmt werden. Die Merkmale, nach denen gesucht werden kann, müssen vorher entsprechend festgelegt und verschlüsselt werden. Die rechnergestützte Ähnlichteilsuche kann auch Teil eines Kosteninformationssystems sein. Neuere Programme können auch nach Begriffen in beliebigen Dateien suchen, ohne dass klassifiziert werden muss (vgl. MÜLLER 1991).

Statistisch ermittelte Kurzkalkulationen

Unter Kurzkalkulation versteht man nach DIN 32 990 eine vereinfachte Methode zur Kostenermittlung für einen definierten Kostenträger. Andere Begriffe sind Schnell-, Ähnlichkeits-, Äquivalenzziffernkalkulation (vgl. PAHL/RIEG 1984; BRONNER 1996; EHRLENSPIEL ET AL. 2000). Diese weit gefasste Abgrenzung versteht unter Kurzkalkulation alle Methoden, die im jeweiligen Bearbeitungsstadium des Produkts, also z.B. in Entwicklung oder Projektierung, verfügbar gemacht werden können. Gegenüber den Verfahren der Arbeitsvorbereitung und Kalkulation, die auf der vollständigen Produktdokumentation basieren, werden diese auf die wichtigsten und bekannten Einflussgrößen verkürzt. Typische fertigungstechnische Größen wie Vorschub, Schnittgeschwindigkeit sind dabei meist ausgeschlossen, da sie bei der Entwicklung in der Regel noch unbekannt sind.

Es gibt Maschinenteile (bzw. Fertigungsgänge), deren Herstellkosten (bzw. Fertigungszeiten) sich nicht oder nur zum Teil mit physikalisch ableitbaren Beziehungen errechnen lassen. Dies ist z.B. bei Gussteilen der Fall, bei denen eine Vielfalt empirischer oder von Fall zu Fall geschätzter Größen in die Kalkulation eingeht. In solchen Fällen kann man die Ist-Zeiten einer Vielfalt von Teilen mit wahrscheinlich für diese Zeiten maßgebenden Größen vergleichen (z.B. Geometrie, Toleranzen oder Werkstoffarten). Man sucht einen *statistischen Zusammenhang* zwischen den Einflussgrößen und den Fertigungszeiten bzw. -kosten. Das übliche Verfahren dazu ist die Regressionsrechnung. Da bei dieser der Ansatz grundsätzlich nur aus additiv verknüpften Gliedern besteht, sind die universelleren Verfahren die mathematische Optimierung und die Kalkulation mit neuronalen Netzen.

Kalkulation mit Hilfe von Kostenwachstumsgesetzen

Unter einem Kostenwachstumsgesetz (auch Ähnlichkeitsgesetz oder -beziehung) versteht man die Beziehung der Kosten von einander ähnlichen Produkten. Dazu müssen geometrische, stoffliche, konstruktive und fertigungstechnische Ähnlichkeiten vorhanden sein, was meist bei Baureihensystemen der Fall ist. Im Allgemeinen sind Fertigungskosten proportional zu Fertigungszeiten. Deshalb kann die Beziehung auch Zeiten enthalten, was für die Aktualisierung Vorteile hat. Unter Ähnlichkeit wird verstanden:

- Die *geometrische Ähnlichkeit*, bei der sich die Produkte bei gleichen Proportionen nur durch den Stufensprung (Längenmaßstab, Vergrößerungsfaktor)

$$\varphi_L = \frac{\text{Länge}_1}{\text{Länge}_0} = \frac{L_1}{L_0}$$

  unterscheiden (Storchschnabel-Vergrößerung). Werkstoff und Fertigung müssen ebenfalls gleich sein.

- Die *geometrische Halbähnlichkeit*, bei der sich bestimmte Maße mit jeweils unterschiedlichen Stufensprüngen verändern. So können z.B. bei einer Walze sich der Durchmesser mit $\varphi_D = D_1/D_0$ und die Walzenbreite mit $\varphi_B = B_1/B_0$ jeweils unterschiedlich verändern.

Wird der hinsichtlich Herstellkosten bekannte Entwurf als *Grundentwurf* (*HK0*) bezeichnet und der hinsichtlich Herstellkosten zu bestimmende Entwurf als *Folgeentwurf* (*HK1*), so wird das Kostenwachstumsgesetz bei geometrischer Ähnlichkeit

$$\varphi_{HK} = \frac{HK_1}{HK_0} = f(\varphi_L)\,,$$

und bei Halbähnlichkeit z.B. von Walzen

$$\varphi_{HK} = \frac{HK_1}{HK_0} = f(\varphi_D,\varphi_B)\,.$$

Der Zweck der Anwendung von Kostenwachstumsgesetzen besteht darin, ausgehend von den technischen und kostenmäßigen Daten des Grundentwurfs, schnell die für größere oder kleinere Folgeentwürfe entstehenden Kosten auszurechnen. Es ist nicht nötig, die Folgeentwürfe zuerst zu konstruieren und zu zeichnen und dann zu kalkulieren, sondern man kann dies nach der Entwicklung und Kalkulation des Grundentwurfs zeitsparend gleich „am Schreibtisch" tun (vgl. EHRLENSPIEL ET AL. 2000).

Vorteilhaft ist dabei, dass man schon beim Entwerfen einer Baureihe erkennt, wie sich die Kostenstrukturen mit ihren wichtigsten Kostenanteilen verändern. Dies kommt durch unterschiedliche Kostenwachstumsgesetze verschiedener Fertigungsverfahren oder Materialkosten zustande. Man ist deshalb in der Lage, viel kostenbewusster zu entwickeln als ohne diese Kenntnis. Ferner ist von Vorteil, dass die grundsätzlichen Zusammenhänge z.T. überbetrieblich gültig sind und kaum aktualisiert werden müssen. Die Anpassung erfolgt über den betriebsspezifischen und aktuell kalkulierten Grundentwurf.

Große Bedeutung haben in der Praxis die in den Kostenwachstumsgesetzen erfassten Zusammenhänge für das unterschiedliche Kostenwachstum der Materialkosten und der verschiedenen Fertigungsverfahren. Sind sie bekannt, kann man Kostenschätzungen sehr gut unterstützen und gezielt Maßnahmen zum kostengünstigen Entwickeln ableiten.

Rechnerintegrierte Kalkulation

Die dargestellten Kurzkalkulationen sind Hilfsmittel, um die Kosten eines Produkts im Laufe des Entwicklungsprozesses zu ermitteln. Wie erwähnt, muss die Basis der Kurzkalkulation die betriebliche Kalkulation sein. Die Erstellung und Benutzung von Kurzkalkulationen können eingeschränkt werden, wenn es gelingt, die Angebots- und Vorkalkulation so aufzubauen und zu unterstützen, dass sie schon während des Entwicklungsprozesses durchgeführt werden kann (vgl. EHRLENSPIEL ET AL. 1996).

Eine Kernidee dabei ist, dass die von der Entwicklung festgelegten und im CAD-System abgespeicherten Daten die Eingangsdaten für die Arbeitsplanung und Kalkulation sind. Wenn es gelingt, die CAD-Daten in geeigneter Form an ein Kalkulationsprogramm zu übergeben, kann der Entwickler nach Festlegung der Daten im CAD-System „auf Knopfdruck" die Kostenrechnung auslösen. Der angestrebte kurze Regelkreis wäre damit (zumindest in der Entwurfs- und Ausarbeitungsphase) erreicht.

Allerdings sind die Vorkalkulation und ihre Basis, die Ermittlung der Mengengerüste mit der Arbeitsplanerstellung durch die Arbeitsvorbereitung, aufgrund der Planung von zahlreichen Arbeitsgängen mit der Wahl von Maschinen, Vorrichtungen, Werkzeugen, Schnittdaten usw. aufwendig. In die Arbeitsplanung fließen dabei auch nicht dokumentierte Erfahrungen der Mitarbeiter ein. Ferner sind nicht immer die optimalen Maschinen verfügbar, es entsteht Ausschuss usw. Deshalb werden die Arbeitsplanerstellung und Kalkulation häufig noch manuell durchgeführt. Durch Forschungen auf dem Gebiet der automatischen Arbeitsplanerstellung, verbesserte Rechnerausstattung usw. wird die Rechnerunterstützung auch in den Arbeitsplanungs- und Kalkulationsabteilungen umfangreicher. In letzter Zeit wurde eine Reihe von Programmen zur Kalkulation entwickelt, die geeignet erscheinen, schon während des Entwicklungsprozesses die Kosten zu bestimmen. Allerdings ist der Markt für die Software sehr unübersichtlich und bringt ständig Neuerungen hervor. Ferner sind die Anforderungen und Randbedingungen der Unternehmen (z.B. Kostenrechnungsverfahren, Organisation, Produkt- und Produktionsart) sehr unterschiedlich. Daher kann hier keine vollständige Auflistung aller am Markt befindlichen Softwaresysteme erfolgen.

Abbildung 13 zeigt am Beispiel eines Zahnrades mit dem System XKIS (vgl. STEINER 1996) eine rechnerintegrierte Kalkulation. Das CAD-Modell ist aus Features (Gestaltelementen, wie Zylinder, Gradverzahnung, Einstich usw.) zusammengesetzt für deren Fertigung Arbeitsplanmakros vorhanden sind. Die Makros errechnen mit den aktuellen Maßen die Fertigungskosten.

Zu den wesentlichen Unterschieden der Systeme zählen das zugrundeliegende Kalkulationsverfahren und der Umfang der betrachteten Kostenanteile (vgl. REISCHL 2001). Einige Systeme haben ihren Schwerpunkt in der Ermittlung der Herstellkosten, wie beispielsweise HKB (vgl. FERREIRINHA 1985), oder XKIS (vgl. SCHAAL 1992; STEINER 1996; REISCHL 2001). Sie bedienen sich der differenzierenden Zuschlagskalkulation bzw. Maschinenstundensatzrechnung, aufbauend auf einer automatischen Arbeitsplanerstellung. Andere Systeme, wie z.B. KICK (vgl. FISCHER ET AL. 1994), legen dagegen den

Schwerpunkt darauf, die Kosten der indirekten Bereiche durch Prozesskostenansätze besser als bisher zu erfassen und Lebenszykluskosten zu ermitteln. Die Herstellkosten werden bei ihnen nicht so detailliert ermittelt wie bei HKB oder XKIS, sondern durch statistisch ermittelte Formeln. Ein weiterer Gesichtspunkt ist die Verknüpfung der Kalkulation mit anderen Programmen, wie z.B. mit einem CAD-System.

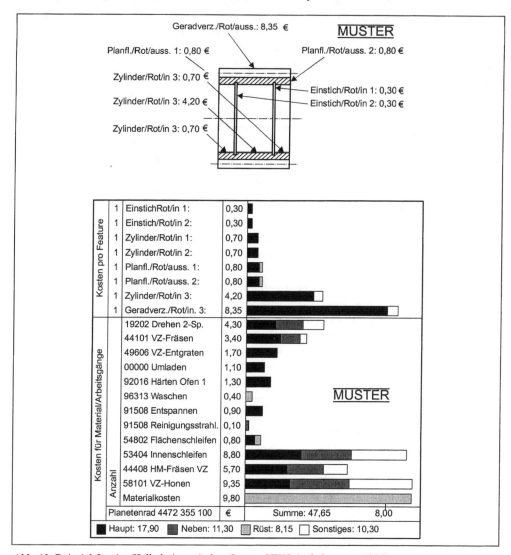

Abb. 13: Beispiel für eine Kalkulation mit dem System XKIS (vgl. STEINER 1996).

6. Zusammenfassung

Zur Identifikation und Auswahl von kostengünstigen Produktkonzepten müssen bereits in den frühen Phasen der Entwicklung Kosteninformationen zur Verfügung stehen. Target Costing liefert die marktorientierten Kostenziele, deren Erreichung mit Verfahren der entwicklungsbegleitenden Kalkulation regelmäßig zu kontrollieren ist. Effiziente Informations- und Entscheidungsprozesse während der Entwicklung werden durch integrierende Organisationsstrukturen ermöglicht, vor allem durch die interdisziplinäre Teamarbeit im Rahmen eines Simultaneous Engineering.

Die vorstehenden Ausführungen waren auf die Herstellkosten eines Produkts fokussiert. Diese sind aber nur ein Teil der Lebenszykluskosten („life cycle costs"). Insbesondere bei langlebigen Anlagen kommt den beim Kunden anfallenden Betriebs-, Instandhaltungs- und Entsorgungskosten oftmals eine hohe Bedeutung zu. Sie sind daher ebenfalls im Target Costing zu berücksichtigen (vgl. hierzu die Beiträge von SEIDENSCHWARZ ET AL. und RIEZLER).

Target Costing sollte über die zielkostengesteuerte Entwicklung hinausgehen. Es sollen ja innovative Produkte geschaffen werden. Vom Kostensenken allein kann man nicht überleben. Und natürlich gibt es bei der Einführung und Umsetzung dieses Prozesses viele Hürden und Hindernisse in der praktischen Anwendung. Aber: Um dem Maschinenbau und anderen Branchen auf Dauer das Überleben zu sichern, wird die Beherrschung des Target Costing-Prozesses eine Voraussetzung sein. Es ist „nur" notwendig, dass wir nicht nur die Meister des Analysierens und Methodisierens bleiben, sondern auch die Meister der exzellenten Anwendung werden. Vielleicht erzwingt hier der Konkurrenzdruck eine „heilsame" Wende.

Anmerkungen

1 Im Maschinenbau bei Einzelfertigung liegen die Entwicklungskosten bei ca. 13%. Auch die Kosten der Fertigungsvorbereitung sind höher (vgl. EHRLENSPIEL 1995).

Target Costing:
Auf dem Weg zum marktorientierten Unternehmen

WERNER SEIDENSCHWARZ, CHRISTIAN HUBER , STEFAN NIEMAND UND
MICHAEL RAUCH

1. Die Einbindung des Target Costing in das strategische Management

Insbesondere europäische Unternehmen haben seit Mitte der 1980er Jahre bis in die 1990er Jahre hinein ihren Fokus vermehrt auf die Bewältigung interner Herausforderungen wie dem Bereinigen von Kostenstrukturen, Outsourcing von Unternehmensleistungen, Cost-Cutting-Projekte und Abbau bzw. Vermeidung von Overengineering in ihren Leistungsspektren gelegt. Mit der zweiten Hälfte der 1990er Jahre kann man eine drastische branchenübergreifende Zunahme von externen Veränderungen in der Unternehmensumwelt beobachten. Diese Entwicklungen zeigen sich im Allgemeinen:

- ... technologie- und produktseitig in sich ständig verkürzenden Technologievorsprüngen und Produktlebenszyklen,
- ... marktseitig in der Entwicklung zu immer anspruchsvoller werdenden Kunden und mithin einer Veränderung von den klassischen Verkäufer- zu Käufermärkten,
- ... wettbewerbsstrategisch in der zunehmenden Bedeutung des simultanen Verfolgens der Erfolgsfaktoren Zeit, Qualität und Kosten.

Infolgedessen suchen Unternehmen strategische Antworten auf die beschriebenen externen Veränderungen. Das Streben nach Effizienz war und ist dabei zwar eine notwendige, jedoch keine hinreichende Bedingung für den nachhaltigen wirtschaftlichen Erfolg in den sich dynamisch verändernden Umweltsituationen (vgl. PORTER 1997, S. 42ff.).

Empirische Untersuchungen (vgl. A.D. LITTLE 1998) zeigen, dass vor diesem Hintergrund nur solche Unternehmen nachhaltige Wettbewerbspositionen aufbauen und Unternehmenswert generieren können, die

- über eine hervorragende Innovationsfähigkeit und -potenzial verfügen,
- ihre Innovationen in einer stringenten Produkt-Markt-Strategie mit den Erkenntnissen des Marketings synchronisieren,
- ausgearbeitete Strategien in der Organisation verankern und umsetzen können und
- über die Fähigkeit verfügen, innovative Ideen in kunden- und kostengerechte Problemlösungen zu übersetzen.

Folglich kommt dem synchronisierten Ineinandergreifen von Produkt-Markt-Strategie, Innovationsmanagement und Strategieumsetzungskompetenz im Rahmen der Produktentwicklung eine zentrale Bedeutung zu. Produkt-Markt-Strategie und Innovationsmanagement legen die Rahmenbedingungen für die zu entwickelnden Produkte im Sinne des „Doing the right things" fest. Bei der Definition des Produktportfolios ist auf eine ausgewogene Berücksichtigung von technologischen und marktbezogenen Aspekten zu achten. „Technology" - bzw. „Market-pull" sollten in einem ausgewogenen Verhältnis zueinander stehen, um sowohl eine einseitige Technikorientierung als auch eine reine Abhängigkeit vom Markt zu vermeiden. In Theorie und Praxis hat sich in den letzten Jahren im Gesamtzusammenhang entsprechend ausgewogener Strategieentwicklung und -umsetzung die Balanced Scorecard als Instrument etabliert (vgl. KAPLAN/NORTON 1997, 2001; SEIDENSCHWARZ 1999, S. 247ff., SEIDENSCHWARZ/HUBER 2002).

In der eigentlichen Produktentwicklung müssen die Produkt-Markt-Strategien im Sinne des „Doing things right" in kunden- und kostengerechte Problemlösungen umgesetzt werden. Erst wenn die Wertangebote des Unternehmens kunden- und kostengerecht produziert sind, können sie zu neuen Umsatz- und Ertragsträgern des Unternehmens werden. Mit jeder neuen Produktentwicklung werden auf diese Weise die Weichen für die Zukunft gestellt. Über die Summe aller Neuproduktentwicklungen hinaus wird das Unternehmen somit quasi „neu erfunden". Die Entwicklung neuer Produkte, Dienstleistungen und Prozesse determiniert nämlich zu einem großen Teil die zukünftigen Erfolgsaussichten des Unternehmens am Markt. Je nach Qualität der vorgelagerten Prozesse im Rahmen des Innovationsmanagements, der Produkt-Markt-Strategie und der Produktentwicklung werden zukünftige Wettbewerbspositionen vordeterminiert, können neue Umsatz- und Ertragspotenziale erschlossen werden und werden zukünftige Kostenstrukturen vorbestimmt. Im Rahmen dieses Ineinandergreifens kommt insbesondere der *Produktentwicklung* eine erfolgskritische Rolle zu, da sie die vorgegebenen Rahmenbedingungen in konkrete Kundenlösungen präzisieren, ausgestalten und bündeln muss. Damit dies erfolgreich gelingen kann, sollte die Produktentwicklung...

- ...in das übergeordnete Innovationsmanagement und die Produkt-Markt-Strategie eingebettet sein, d.h. Rolle des Entwicklungsbudgets im FuE- bzw. Produktportfolio, der Zielmarkt und die grundsätzliche Positionierung des zu entwickelnden Produktes müssen als Rahmenbedingungen deutlich definiert sein.

- ...markt- und kundenorientiert erfolgen. Es gilt das Primat der „Wahrheit des Kunden" und der „Erfüllung von Kundenanforderungen". Reine technologie-getriebene „Schönheitspreise" sind nicht zu gewinnen (vgl. SEIDENSCHWARZ 1997, S. 57ff.).

- ...preis- bzw. kostenorientiert erfolgen. Dabei müssen sich die Kostenvorgaben für das zu entwickelnde Produkt, für einzelne Funktionen und Komponenten strikt aus der Preisbereitschaft des Kunden ableiten (vgl. SEIDENSCHWARZ 1997, S. 35ff.).

- ....zeitgerecht erfolgen. Die „Time to Market" und damit verbunden das Erzielen von wettbewerbsrelevanten Vorteilen wird eine erfolgskritische Größe für den Erfolg eines Produktes im Markt, insbesondere vor dem Hintergrund der sich verkürzenden Produktlebenszyklen (vgl. SEIDENSCHWARZ 1997, S. 13ff.).

- ... über wirtschaftliche Zielvorgaben zur Steigerung des Unternehmenswertes gesteuert werden: Erwirtschaften die zu entwickelnden Produkte über den Produktlebenszyklus und im Verbund einer Produktfamilie nicht mindestens die gewichteten Kapitalkosten, so vernichtet die Produktentwicklung Unternehmenswert und verstößt damit gegen das Prinzip der Wertsteigerung.

Der umfassende Target Costing-Ansatz im Sinne eines integrierten Kosten- und Erlösmanagements zielt auf die Unterstützung von Produktentwicklungen, die den beschriebenen Anforderungen entsprechen sollen. Diesem Target Costing-Verständnis liegt über seine marktseitig geleistete Innovationssteuerung eher ein offensives Pionier-Verhalten als ein Follower-Verhalten zugrunde. Darüber hinaus wäre es unzureichend, das Konzept des Target Costing primär mit einer Kostenführerschaftsstrategie in Verbindung zu bringen und in Folge vorrangig als Kostenreduktionsinstrument zu interpretieren. Der Ansatz ist genauso gut oder schlecht für Kostenführerschaftsstrategien wie für Differenzierungsstrategien geeignet. Das Target Costing-Konzept vermeidet eine Perspektivenverengung auf eine der drei Größen Qualität, Kosten und Zeit und strebt in diesem Sinne nach einer gleichrangigen Betrachtung. Eine solche gleichrangige(re) Sicht bedarf einer integrierten

Betrachtung von Preisen, Produktwerten, Funktionalitäten, technischen Möglichkeiten, Kosten und zeitlichen Anforderungen mit einem jeweils der Marktsituation entsprechenden Fokus. Dieses versucht das Target Costing (vgl. SEIDENSCHWARZ/HORVÁTH 1999).

Im Folgenden wird auf folgende Punkte näher eingegangen:

- die Entwicklungsstadien und Einsatzfelder des Target Costing (Abschnitt 2.),
- die Instrumente des Target Costing-Werkzeugkastens (Abschnitt 3.),
- die Anwendung des Target Costing bei Dienstleistungen (Abschnitt 4.) sowie
- die organisatorische Verankerung des Target Costing (Abschnitt 5).

Dabei bilden die Beschreibung der im Rahmen des Target Costing eingesetzten Instrumente sowie deren Zusammenwirken den Schwerpunkt der Ausführungen.

2. Entwicklung und Verbreitung des Target Costing

2.1. Von der Zielkostenrechnung über das marktorientierte Kostenmanagement zur marktorientierten Unternehmung

Verfolgt man die Entwicklung des Target Costing über die letzten Jahre, so wird ersichtlich, dass es sowohl Unterschiede im Grundverständnis des generellen Ansatzes als auch in der unternehmensindividuellen Interpretation geben kann. Betrachtet man zuerst die historischen Wurzeln des Target Costing, so liegen diese vorrangig in japanischen Unternehmen (vgl. SEIDENSCHWARZ 1991, S. 98ff.) und lassen sich in diesem Sinne in drei Kategorien unterscheiden (vgl. SEIDENSCHWARZ 1993, S. 6ff.).

- *Ingenieursorientierte Ansätze*: Sie stellen den Entwicklungsprozess für das Produkt vor allem in Verbindung mit seiner prozesstechnischen Umsetzung in den Vordergrund.
- *Produktfunktionsorientierte Ansätze*: Sie legen ihre Betonung vor allem auf die produktfunktionale Zusammensetzung eines Produkts als Ausgangspunkt des Entwicklungsprozesses und sind damit sehr stark dem Gedankengut der Wertgestaltung verbunden.
- *Marktorientierte Ansätze*: Sie betonen – gegenüber den beiden vorgenannten Ansätzen – vorrangig die Marktausrichtung aller Produkt- und Prozessentwicklungsaktivitäten. Im Vordergrund steht die unabdingbare Verpflichtung des Unternehmens gegenüber dem Markt zum Zwecke der Gewinnsicherung.

Allen drei Kategorien ist gemeinsam, dass sie sich von einem „traditionellen Zielkosten-Denken" absetzen, welches sich im Wesentlichen dadurch auszeichnet,

- zwar auf aggregierter Gesamtproduktebene Zielkosten zu definieren, diese jedoch im weiteren Entwicklungsprozess nicht umfassend bis auf Maßnahmenebene herunterzubrechen und nicht über den Produktlebenszyklus hinweg zu controllen,
- Zielkosten vorrangig im Sinne einer Ratio-Weiterentwicklung auf der Basis von Plankosten oder Normalkosten, also unternehmensintern vorgegebenen Zielkostenmaßstäben, festzulegen.

Der Grundgedanke des Verwendens von Zielkosten im Rahmen von Neuproduktent-wicklungen reicht allerdings weiter zurück als bis in die „Toyota-Anfänge" der frühen 1970er Jahre. Er kam überall dort zu tragen, wo Kunden zwischen Wettbewerbsangebo-ten in einzelnen Marktsegmenten auswählen konnten und wo Kunden sich vor allem Er-wartungshaltungen gegenüber Produktangeboten aufbauen konnten.

FRANZ (1993, S. 124ff.) verweist auf ein weiteres Beispiel, die Entwicklung des VW-Käfer im Dritten Reich in Deutschland und merkt an, dass auch für dieses Produkt bereits Zielpreise und Zielkosten existierten. Anzumerken ist dabei, dass trotz der Zielkostener-wartung, entstanden aus der Führung eines diktatorischen Systems, die ursprünglichen Zielkosten nicht erreicht wurden. Ebenfalls anzumerken ist, dass es sich dabei zum da-maligen Zeitpunkt um ein innovatives Automobilkonzept handelte, in dem Zielkosten die Innovationen trieben. Heutzutage sind Target Costing-Ansätze in aller Regel im Sinne eines komplexen wettbewerblichen und politischen Umfelds situationsspezifisch auszu-gestalten. Ein konzeptionelles Fundament dazu soll der nachfolgend beschriebene Ansatz des Marktorientierten Zielkostenmanagements bilden. Der Ansatz zeichnet sich im We-sentlichen durch folgende Charakteristika aus (vgl. SEIDENSCHWARZ 1993):

- Strikte Marktorientierung sorgt für den Anspruch, möglichst für alle Produktkompo-nenten sowie alle Glieder der Prozesskette marktorientiert Zielkosten herzuleiten, dar-über hinaus bei dieser Zielkostenherleitung einen möglichst großen Anteil direkt aus den Kundenwünschen heraus abzuleiten.

- Der Ansatz zielt vorrangig auf Kostenbeeinflussung in den frühen Phasen der Produkt- und Prozessentstehung ab, Objekt der Kostenauffrischung durch Neuproduktanstöße ist die gesamte betroffene Prozesskette, Zielzeitraum der gesamte Produktlebenszyk-lus.

- Das System eines Marktorientierten Zielkostenmanagements bezieht sich nicht nur auf die instrumentellen, sondern auch die organisatorischen und die Anreizkomponenten.

Im Laufe der Weiterentwicklung dieses Ansatzes ergänzten bzw. vertieften sich in den letzten Jahren sowohl die instrumentellen Themenbereiche als auch die organisatorischen Komponenten. Entsprechend hat sich der Ansatz des Marktorientierten Zielkostenmana-gements in seinem Grundverständnis schrittweise erweitert.

Kam der Ansatz des Target Costing ursprünglich aus der Automobilindustrie und der Unterhaltungselektronik, so hat sich das Anwendungsgebiet in den letzten Jahren zuneh-mend auf die ganze Palette technisch und marktseitig komplexer Produkte erweitert und schließt heute auch den Dienstleistungsbereich ein (vgl. NIEMAND 1996).

2.2. Einsatz und Anwendung des Target Costing in der Unternehmens-praxis – empirische Befunde

International existiert eine Reihe von Untersuchungen, die sich mit dem Verbreitungs- und Anwendungsstand der Target Costing-Methodik in Unternehmen beschäftigen (vgl. ARNAOUT 2001a). Dabei ist eine zeitlich unterschiedliche Behandlung des Themas in der Triade erkennbar. Die ersten Untersuchungen stammen aus Japan, dem Ursprungsland des Target Costing, die Mitte der 1980er Jahre – etwa 20 Jahre nachdem das Konzept in der Praxis entwickelt und angewendet wurde – durchgeführt wurden. Im englisch- und deutschsprachigen Raum wurden Untersuchungen zum Verbreitungs- und Anwendungsstand des Target Costing erst Mitte der 1990er Jahre durchgeführt. Im Folgenden wird kurz auf die Studien von TANI ET AL. aus Japan (1994), COOPER/SLAGMULDER (1997) und CAM-I (1998) für den englischsprachigen Raum sowie FRANZ/KAJÜTER (1997b) und ARNAOUT (2001a) für den deutschsprachigen Raum eingegangen (vgl. ferner den Beitrag „Kostenmanagement in Deutschland" von FRANZ/KAJÜTER in diesem Buch).

Branchenspezifische Anwendung des Target Costing:

Nahezu alle empirischen Untersuchungen kommen zu dem gleichem Ergebnis: Target Costing kommt bisher hauptsächlich in montageintensiven Branchen mit Serienfertigung wie dem Automobilbau, dem Maschinen- und Anlagenbau und in der Elektronik- und Elektrobranche mit hoher Produkt- und Produktprogrammkomplexität zum Einsatz (vgl. ARNAOUT 2001b, S. 291). FRANZ/KAJÜTER (1997b) zeigen in ihrer Studie von 1996, dass es Hinweise auf eine zukünftig stärkere Anwendung der Methodik bei Unternehmen der Bank- und Versicherungsbranche geben wird.

Verbreitungsgrad des Target Costing:

Der Verbreitungsgrad des Target Costing ist in japanischen Unternehmen relativ hoch. So geben 60% in der von TANI ET AL. durchgeführten Studie bei börsennotierten japanischen Unternehmen an, die Methodik systematisch anzuwenden (vgl. TANI ET AL. 1994, S. 67ff.). FRANZ/KAJÜTER (1997b) kommen in ihrer Untersuchung zum Bekanntheitsgrad der Methodik bei den befragten Unternehmen von nahezu 100%, jedoch wenden nur 54% der an der Studie teilnehmenden Unternehmen die Methodik an (vgl. FRANZ/KAJÜTER 1997b, S. 486ff.). Generell ist daraus zu schließen, dass Target Costing mittlerweile zu einem „State of the Art-Instrument" des Kostenmanagements in Unternehmen geworden ist. Einflussfaktoren, die die Anwendung des Target Costing begünstigen, sind nach der Studie des CAM-I (1998) insbesondere ein sehr preissensitiver Wettbewerb, hohe Markteintrittsbarrieren sowie eine Unternehmensgröße von mehr als 5.000 Mitarbeiter.

Zielsetzung bei der Einführung bzw. Anwendung des Target Costing:

In der Studie des CAM-I (1998), geben die 115 überwiegend US-amerikanischen Unternehmen an, dass die Steigerung der Kundenorientierung in der Produktentwicklung, die Steigerung der Profitabilität sowie die Reduktion der Produktions- und Beschaffungskosten die wesentlichen Motive für das Target Costing sind. Nach der Studie von ARNAOUT (2001b, S. 292) bei deutschen Großunternehmen sind Kostensenkungen, Erhöhung der Kostentransparenz, Beeinflussung der Kostenstrukturen, Verringerung der Produktkomplexität und Erhöhung der Markt-/Kundenorientierung in der Produktentwicklung die wichtigsten Motive für die Einführung bzw. Anwendung des Target Costing.

Veränderung der Zielsetzung bei der Einführung bzw. Anwendung des Target Costing in unterschiedlichen Umweltsystemen:

TANI ET AL. (1994) stellen in ihrer Studie fest, dass sich die Zielsetzungen des Target Costing-Einsatzes im Laufe der Anwendungsdauer verändern (vgl. TANI/KATO 1994, S. 198f.). Bei der Einführung dominiert demnach das Ziel der Kostensenkung, gefolgt von den Zielen Qualitätssicherung, Marktorientierung der Produktentwicklung und rechtzeitige Markteinführung. Bei zunehmender Anwendungsdauer dominierte die Zielsetzung rechtzeitige Markteinführung. TANI ET AL. schlossen daraus: Je höher die Komplexität und Unsicherheit des Entscheidungsumfeldes, desto unbedeutender ist die Zielsetzung der Kostensenkung, und umso bedeutsamer sind die Zielsetzungen „Marktorientierung der Produktentwicklung und Qualitätssicherheit" (vgl. TANI/KATO 1994, S. 200).

COOPER/SLAGMULDER (1997) stellen fest, dass Target Costing mit zunehmender Wettbewerbsintensität eine zunehmende Bedeutung für Unternehmen gewinnt. Darüber hinaus legen sie dar, dass marktorientiertes Target Costing umso wichtiger wird, je erfolgskritischer die Erfüllung der Kundenanforderungen im Markt ist.

3. Die Instrumente des Target Costing auf Projektebene

Die Kerninstrumente im projektspezifischen Target Costing-Prozess sind in Abbildung 1 in der Gesamtsicht gezeigt. Im Folgenden werden die einzelnen Instrumente vor dem Hintergrund ihrer Funktion definiert und die jeweils für die Anwendung wichtigsten Punkte beschrieben. Angewendet werden diese Instrumente im Sinne der Target Costing-Philosophie von einem sog. *Integrierten Marktteam*. Ein Integriertes Marktteam ist ein interdisziplinäres Entwicklungsteam, das Produktentwicklungsprojekte nach der Target Costing-Philosophie und unter Einsatz der Target Costing-Instrumente durchführt. Integriertes Marktteam deshalb, weil es nicht nur um ein interdisziplinäres Simultaneous Engineering geht, sondern auch um das Primat der Marktausrichtung des gesamten Teams von Beginn der Produktidee an.

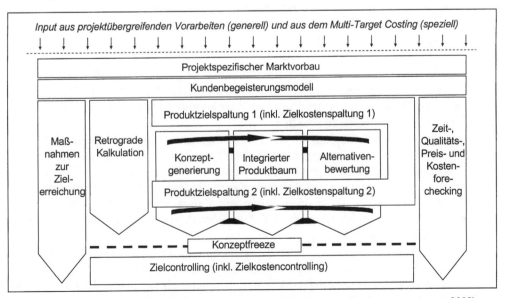

Abb. 1: Die Kerninstrumente des projektspezifischen Target Costing (Quelle: SEIDENSCHWARZ 2002)

3.1. Der Marktvorbau

Der Marktvorbau im Target Costing steht für das gezielte Festlegen, Sammeln, Analysieren und Aufbereiten von Daten und Ergebnissen im Ausgangspunkt einer Produktentstehung. Er stellt die Instrumente der Marktforschung in den für das Target Costing spezifischen Dienst der Zielbestimmung und -absicherung für Produkt- und Prozessentwicklungen. Logischer Ausgangspunkt des Marktvorbaus ist die strategische Einbettung und damit verbunden die Zielmarktdefinition für die anstehende Entwicklung. Der Marktvorbau im Target Costing agiert über vom Integrierten Marktteam projektspezifisch ausgewählte Instrumente der Marktforschung.

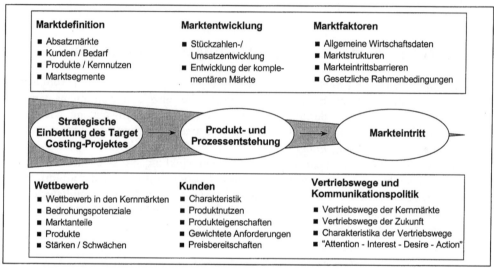

Abb. 2: Informationsinhalte des Marktvorbaus

Im Besonderen stellt er für die spätere Produktumsetzung den Bezug zwischen Produktmerkmalen, deren Ausprägungen und damit verbundenen Preisbereitschaften her. Um einen solchen Marktvorbau entsprechend strukturieren und fokussieren zu können, sind zwei Grundvoraussetzungen zu schaffen:

- Zum einen ist eine Anbindung an das Kundenbegeisterungsmodell zu gewährleisten. Dies dient zunächst der Fokussierung der Marktforschungsaktivitäten auf die sinnvoll am Markt abzufragenden Eigenschaften, nämlich im Wesentlichen die Leistungsanforderungen. Darüber hinaus ist damit aber auch die Basis gelegt für spätere produktfunktionale bzw. produktkomponentenbezogene Entscheidungen im Rahmen der Produktentwicklung, die immer auch mit dem Bewertungsraster des Kundenbegeisterungsmodells erfolgen müssen.

- Zum anderen ist aber vor jedem projektspezifischen Marktvorbau die Frage der Marktsegmentierung zu klären. Marktforschung macht nur Sinn mit eindeutiger Fokussierung auf klar beschriebene, abgegrenzte und in sich relativ homogene Marktsegmente. So ist z.B. für einen Premium-Hersteller im Automobilbereich eine Marktforschung im

Segment „Mittelklasse" wenig hilfreich, da er damit auch Befragungsergebnisse aus
anderen Kundensegmenten (Opel Vectra, Ford Mondeo, Renault Laguna, ...) erhält,
die die Merkmalsausprägungen seiner Zielgruppe (z.B. BMW 3-er, Audi A4, Jaguar
X-Type) verwässern und verfälschen. Gerade hier werden in der praktischen Anwendung grundlegende Fehler begangen, indem Märkte zu breit und umfassend ins Visier
genommen werden – begründet durch die Angst, durch eine zu starke Fokussierung
potenzielle Kunden auszuschließen und damit Volumen zu verlieren.
Dass sich auch in Märkten, in denen eine Differenzierung nur schwer möglich scheint
klare Kundensegmente herausarbeiten lassen, die in Folge ein klares Zuschneiden von
Kundenlösungen zulassen, verdeutlicht die Kundensegmentierung für den Tankstellenbe-
reich bei Mobil Oil (vgl. KAPLAN/NORTON 2001, S. 30; SEIDENSCHWARZ/HUBER 2002).

Road Warriors (16%)	Generally higher-income middle-aged men who drive 25,000 to 50,000 miles a year, buy premium gasoline with a credit card, purchase sandwiches and drinks from the convenience store, will sometimes wash their cars at the car wash.
True Blues (16%)	Usually men and women with moderate to high incomes who are loyal to a brand and sometimes to a particular station; frequently buy premium gasoline and pay in cash.
Generation F3 (27%)	(F3-fuel, food and fast) Upwardly mobile men and women -half under 25 years of age- who are constantly on the go; drive a lot and snack heavily from the convenience store.
Homebodies (21%)	Usually housewifes who shuttle their children around during the day and use whatever gasoline station is based in town or along their route of travel.
Price Shoppers (20%)	Generally aren't loyal to either a brand or a particular station, and rarely buy the premium line; frequently on tight budgets; the focus of attention of marketing efforts of gasoline companies for years.

Abb. 3: Kundensegmentierung von Mobil Oil (Quelle: KAPLAN/NORTON 2001, S. 30)

Um dem Integrierten Marktteam Zielvorgaben für Produktwert und Preisbereitschaften
zur Verfügung zu stellen, sind die in Abbildung 2 beschriebenen Informationen zu generieren. Grundsätzlich stehen zur Erfüllung dieser Aufgabe eine Vielzahl von Instrumenten der Primär- und Sekundärforschung zur Verfügung, die wiederum unternehmensinternen sowie -externen Ursprungs sein können (vgl. KOTLER/BLIEMEL 2001; MEFFERT
2000). Abbildung 4 zeigt eine Übersicht potenzieller Informationsquellen.
    Erfolgskritisch für den weiteren Target Costing-Prozess ist die Verdichtung der aufge-
bauten Marktkenntnis zu folgenden Ergebnissen bezüglich der Zielmärkte:

• Prognose der erzielbaren Stückzahlen über den Produktlebenszyklus,
• Entwicklung der Preisbereitschaften über den Produktlebenszyklus,
• Präferenzstrukturen zu den Ausprägungen der Produktmerkmale,
• Fixierung und Gewichtung der Kundenanforderungen und
• Szenarien für unterschiedliche zu erwartende Marktentwicklungen.

Diese für das Target Costing charakteristische Marktverankerung ist Basis aller nachfolgenden Aktivitäten und begründet die nachhaltige Unterscheidung von konventionellen
Kostenmanagementmethoden. Das in Abschnitt 3.2. präsentierte Beispiel zeigt, dass ein
fundiertes Marktverständnis nur durch einen systematischen Marktvorbau entstehen
kann. Das dort erwähnte Unternehmensbeispiel konzentriert sich dabei sogar auf eine
radikale Innovation.

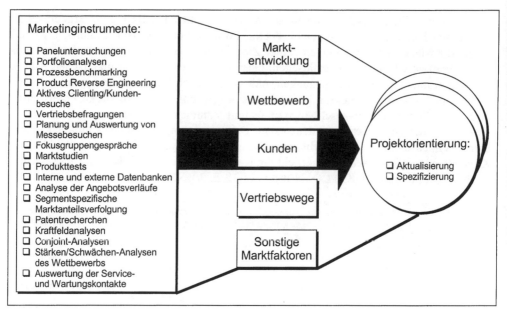

Abb. 4: Informationsquellen im Marktvorbau

3.2. Das Kundenbegeisterungsmodell

Kundenzufriedenheit wird über die Erfüllung von Kundenanforderungen generiert. Kundenbegeisterung entsteht durch eine einzigartige Produktintegrität und ein vom Kunden nicht erwartetes „plus 1" über die eigentliche Kundenerwartung hinaus. Kundenbegeisterung erfordert deshalb ein marktprägendes Innovationsmanagement. Deswegen sind die strategischen Dimensionen Produktwert- und Kostenkompetenz parallel zu verfolgen:

- Dazu müssen Basisanforderungen marktadäquat und kostenoptimal erfüllt werden,
- Leistungsanforderungen in ihrer Produktintegrität und Gesamtheit besser als der Wettbewerb positioniert sein und
- außerhalb der gegenwärtigen Erwartung der Kunden neue Begeisterungsmerkmale etabliert werden (das Spektrum reicht von Technologien bis zu neuen Dienstleistungen, wobei letztere schwer imitierbar sind).

Das *Kundenbegeisterungsmodell* in Anlehnung an KANO (vgl. SEIDENSCHWARZ 1995, S. 122) beschreibt die Kundenanforderungen in den drei Kategorien Basis-, Leistungs- und Begeisterungsanforderungen (vgl. Abb. 5). Marktorientierten Unternehmen dient dieses Denkmodell zur strukturierten Festlegung, Dokumentation und Verfolgung ihrer Kundenbegeisterungsstrategie. Es bleibt nicht länger dem Zufall überlassen, dass sich Kunden zu echten Fans entwickeln können:

- Projektübergreifend werden für die eigenen Kernkompetenzen und Kerntechnologien Zielzustände beschrieben, die am Markt ausgerichtet sind. Schlagkräftige Kundenbegeisterungsstrategien manifestieren sich in der Regel in wenigen markanten Punkten.

- Im projektgetriebenen Marktvorbau wird die rahmengebende Kundenbegeisterungs-strategie auf die anvisierten Zielmarktsegmente scharfgestellt (siehe oben).
- Im Fortlauf der mit der Target Costing-Methodik versehenen Projekte wird die Verbindung zwischen der Kundenbegeisterungsstrategie und der Produktzielspaltung hergestellt.

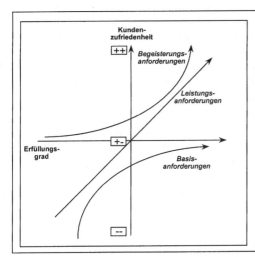

Begeisterungsanforderungen:

Aus diesem Grunde kaufen die Kunden bei uns und nicht bei einem anderen Unternehmen. Mit den Begeisterungsmerkmalen unserer Produkte heben wir uns von der Konkurrenz ab. Begeisterungsanforderungen verkörpern üblicherweise unsere spezifische Kernkompetenz.

Leistungsanforderungen:

Leistungsanforderungen vergleicht der Kunde explizit mit den Angeboten der Wettbewerber ("PS-Daten").

Basisanforderungen:

Durch die Erfüllung der Basisanforderungen kann man keine Kunden begeistern. Es besteht im Gegenteil die Gefahr, dass bei Fehlen der Basisanforderungen im Produkt Unzufriedenheit beim Kunden entsteht.

Abb. 5: Kundenbegeisterungsmodell

Fallbeispiel Marktvorbau und Kundenbegeisterungsmodell

Ein Unternehmen der Medizintechnik hat entschieden, die Entwicklung für eine radikale Innovation in der Medizintechnik anzugehen, die im Operationssaal zum Einsatz kommen soll. Das Unternehmen entscheidet sich dazu, die Projektentwicklung nach den Gesichtspunkten des Target Costing durchzuführen.

Im Rahmen des Marktvorbaus war zunächst die Frage zu klären, für welche Kundensegmente das neue Produkt relevant sein wird. Aufgrund der Komplexität und des Neuigkeitsgrades fokussierte man sich im ersten Schritt auf große Krankenhäuser und Universitäts-Kliniken in Europa und Amerika. Über Statistiken (z.B. MediStat, MDIS) fand man zunächst die Anzahl der in Frage kommenden Institutionen sowie deren Bettenzahl heraus. Da die Anzahl der Operationssäle nicht flächendeckend statistisch erfasst wird, errechnete man die Anzahl der Säle über bekannte Schlüsselgrößen (z.B. Anzahl an Betten pro OP). Über unterschiedliche Produkthochlaufszenarien (abhängig von der Preispolitik, der Technik-Akzeptanz, der Markteinführungsstrategie u.a.) ermittelte man Marktanteile und folglich Absatzstückzahlen pro Jahr.

Eine der zentralen Herausforderungen im Rahmen dieses Marktvorbaus war die Frage der Preisfestlegung, da es sich bei dem Produkt um eine Radikalinnovation handelt, für die es keinen Wettbewerb und folglich keine Referenzpreise gibt. Um eine „marktorientierte Preisuntergrenze" herauszufinden, legte man zunächst den Preis über die mit dem

Gerät möglichen Einsparungen fest, da der Einsatz des Gerätes eine erhöhte Prozesseffizienz und -sicherheit versprach. Dazu führte man in fünf Referenz-Krankenhäusern Prozessanalysen des OP-Prozesses durch und quantifizierte auf dieser Basis und der Zugrundelegung der heutigen Kostenstrukturen in den Häusern die jährlichen Einsparpotenziale. Darauf aufbauend befragte man kaufmännische Leiter von in Frage kommenden Krankenhäusern, welchen Prozentsatz der jährlichen Einsparung über welchen Zeitraum sie zu reinvestieren bereit seien, um sich ein solches Gerät anzuschaffen. Daraus errechnete man dann die „marktorientierte Preisuntergrenze". Darauf aufbauend wurden mit Hilfe des Kundenbegeisterungsmodells Szenarien entwickelt, welcher „Preisaufschlag" aufgrund des Begeisterungseffekts und des Innovationsgrades zu rechtfertigen sei. Die Preisakzeptanz unterschiedlicher Preise und Preisgestaltungen (Kauf, Miete, Pay per use) wurden dann im Rahmen von Customer Focus Gruppen abgeprüft.

Eine weitere Herausforderung bestand in der Ermittlung der gewichteten Kundenanforderungen. Aufgrund der Radikalinnovation konnte nicht auf vorhandenes Produktwissen beim Kunden zurückgegriffen werden. Deshalb entschied man sich für ein dreigeteiltes Vorgehen im Sinne des Kundenbegeisterungsmodells:

- Es wurden *Basisfunktionalitäten* definiert, die nicht im Rahmen des Marktvorbaus abgefragt wurden. Für diese Basisfunktionalitäten wurden durch Expertenschätzungen, Referenzmodule und parametrische Kostenschätzungen Zielkosten festgelegt.
- Für die *Begeisterungsfunktionen* wurde ein Anteil der gesamten vom Markt erlaubten Kosten reserviert. Für diesen „Sondertopf" wurde ein Entscheidungsgremium im Rahmen des Projektteams gebildet, das auf Antrag über die Freigabe von Begeisterungsfunktionen und die dafür vorzusehenden Zielkosten entschied.
- Für die *Leistungsfunktionen* entwickelte man das sogenannte „100-Punkte-Spiel". Dafür wurden zunächst die geplanten Features des Produktes in Hauptgruppen aufgeteilt und zu jeder Hauptgruppe die jeweiligen Features aufgelistet und erläutert. Im Rahmen von Customer Focus Gruppen, zu denen alle relevanten Kundengruppen im Rahmen des Buying Centers (Ärzte, Krankenhaustechniker, medizinisch-technische Assistentinnen, Krankenhausdirektoren) eingeladen wurden, wurde jedes dieser Features für die Kunden erlebbar gemacht (z.B. durch Computersimulation und Prototypen). Danach musste jeder Kunde seine ihm zur Verfügung stehenden 100 Punkte zunächst auf die Hauptgruppen aufteilen und die jeweilige Summe danach auf jedes einzelne Feature in der Hauptgruppe gemäß seiner Präferenzen verteilen.

Danach wurden die weiteren Instrumente aus dem Target Costing-Toolset eingesetzt. Zusammenfassend lässt sich festhalten, dass das Unternehmen sehr positive Erfahrungen mit der Target Costing-Anwendung gemacht hat. Der kaufmännische Vorstand formulierte zum Projektabschluss: „Ich halte Target Costing für Innovationen nicht nur für anwendbar, sondern nach den Projekterfahrungen für unabdingbar. Allerdings führt Target Costing bei Produktinnovationen weniger zu Kostensenkungen, als vielmehr zu einer besseren Allokation der Ressourcen (bei Hardware und Prozessen) und damit zu einer optimierten Produktkostenstruktur. Ich werde kein Innovationsprojekt mehr ohne konsequenten Target Costing-Einsatz genehmigen."

3.3. Die Retrograde Kalkulation

Target Costing erzwingt den Perspektivenwechsel von der unternehmensgetriebenen Kalkulation (der an Abrechnungsperioden orientierten Cost-Plus-Rechnung) zur marktorientierten Retrograden Kalkulation („Preis-minus"). Mit der *Retrograden Kalkulation* wird der Zielkostenrahmen für den gesamten Produktentstehungsprozess gesetzt. Die folgenden Charakteristika zeichnen die Retrograde Kalkulation aus (vgl. SEIDENSCHWARZ ET AL. 1997):

- Die Zielkosten auf Gesamtproduktebene (vom Markt erlaubte Kosten) werden über den Produktlebenszyklus hinweg unmittelbar von Marktpreisen und erzielbaren Stückzahlen abgeleitet.

- Der Target Profit wird aus den eigenen Unternehmenszielen (im Idealfall mit Unternehmenswertbezug) und der Branchenrentabilität abgeleitet und vorab „reserviert".

- Bereits mit dem Vorliegen der ersten Ergebnisse aus dem Marktvorbau kann die Retrograde Kalkulation in robuster Form erstellt werden. Mit zunehmend spezifizierter Information wird diese schrittweise detailliert. Dadurch fordert sie zum permanenten Abgleich zwischen vom Markt erlaubten Kosten, inhaltlichen Produktmerkmalsanforderungen und dem Entwicklungsstand hinsichtlich Produkt und Prozess heraus.

- Die gesamte unternehmensübergreifende Wertschöpfungskette wird in den Zielkostenerreichungsprozess eingebunden. Abbildung 6 erläutert die Struktur der Retrograden Kalkulation.

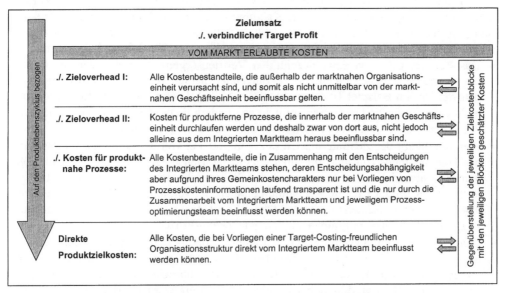

Abb. 6: Struktur der Retrograden Kalkulation (Quelle: SEIDENSCHWARZ 2002)

Nach dem Aufbau der Retrograden Kalkulation wird die Kostenstruktur des Unternehmens und deren Beeinflussbarkeit im Zielkostenmanagement klar ersichtlich. Der Anteil der direkt beeinflussbaren Produktzielkosten ist unmittelbar abzulesen. Angetrieben durch oftmals nur mit großen Anstrengungen zu schließende Zielkostenlücken gilt im Folgenden die Aufmerksamkeit des Integrierten Marktteams der Erweiterung des eigenen Aktionsraumes. Im Mittelpunkt steht dabei der Anschluss an das Prozessmanagement. Denn nicht nur die Prozesse hinter den Zieloverheads I und II sind relevant, um diese Kostenblöcke gezielt zu beeinflussen. Vielmehr gilt es, zwei Arten von Prozessen besonders in das Target Costing einzubeziehen, mit Zielkosten zu hinterlegen und in die Zielerreichungsmaßnahmen einzubinden:

- Zum einen sind die Prozesse, die direkt marktgängig sind und eine Marktleistung erbringen, in der Retrograden Kalkulation abzubilden (z.B. Installation, Wartung, Schulung).

- Zum anderen sind produktnahe Prozesse in Prozessform in der Retrograden Kalkulation abzubilden und über den Lebenszyklus zu bewerten. Dies ermöglicht es dem Management, Prozesskosten für bestimmte Kernprozesse (z.B. „Produkt vertreiben") über den Lebenszyklus, z.B. fünf Jahre, sowohl in Jahresscheiben als auch in Summe in der Retrograden Kalkulation aufzuzeigen und anhand des prozentualen Verhältnisses zu anderen Kostenblöcken sowie von Benchmarks auch Zielkosten für diese Prozesse festzulegen. Ein Beispiel für eine prozessorientierte Retrograde Kalkulation zeigt Abbildung 7.

An diesem Beispiel, das die Retrograde Kalkulation einer Ampelsteuerung abbildet, lässt sich zeigen, wie das Management und das Projektteam mit Hilfe einer solchen Kalkulation arbeiten und die Kostenposition gezielt verbessern können. Hierbei dient die laufend gepflegte und aktualisierte Retrograde Kalkulation als entwicklungsbegleitende Kalkulation (vgl. hierzu auch den Beitrag von EHRLENSPIEL ET AL.), in der alle Auswirkungen von Konzeptentscheidungen zeitnah aufgezeigt und kostenseitig dokumentiert werden.

- Das Beispiel geht von einer dezentralen Vertriebsorganisation aus, der aus Benchmarkwerten und Erfahrungen der Vergangenheit heraus 10% Target Profit zugestanden werden (im Beispiel 10% von 400 T€ = 40 T€). Dieser Target Profit stellt jedoch nicht eine klassische Umsatzrentabilität dar, sondern dient sowohl zur Kostendeckung der dezentralen Vertriebsorganisation als auch zur Gewinnerzielung.

- Somit verbleibt der Zentrale ein Umsatz von 360 T€, von dem die Gewinnerwartung des Unternehmens (diesmal im Sinne einer klassischen Umsatzrentabilität) in Höhe von 10% abzuziehen ist. Damit wird der Stellung des Profits als „heilige Kuh" im Rahmen des Target Costing Rechnung getragen: Es verbleibt ein Zielkostenwert von 324 T€, den es zu erreichen gilt. Der Target Profit steht von vornherein nicht und auch zu keinem Zeitpunkt im Rahmen des Target Costing-Prozesses zur Diskussion.

- Damit verbleiben in diesem Beispiel lediglich knapp über 20% der vom Markt erlaubten Kosten als nicht vom Projektteam beeinflussbar (allgemeine Verwaltungsgemeinkosten sowie Rest-Gemeinkosten, z.B. für Projektabbrüche, Vorfeldentwicklungen). Dieser Wert sollte grundsätzlich als Zielwert angestrebt werden, erweitert er doch den Kostengestaltungsspielraum des Teams gegenüber einer klassischen Retrograden Kalkulation um ca. 30%, da typischerweise bei herkömmlichen Kostenrechnungsstrukturen die direkt vom Projektteam beeinflussbaren Kosten bei maximal 50% der vom Markt erlaubten Kosten liegen.

Produktlebenszykluskalkulation		GJ 1		GJ 2-4	GJ 5	
		Stück	Volumen	...	Stück	Volumen
Stück		1	300	...	1	380
Kunden-Preis pro Stück (in €)		400.000	120.000.000		390.000	148.200.000
Umsatz in €	Kalkulations-sätze	400.000	120.000.000	...	390.000	148.200.000
abzüglich Target Profit	10%	40.000	12.000.000		39.000	17.550.000
Umsatz Zentrale in €		360.000	108.000.000		351.000	133.380.000
abzüglich Target Profit Zentrale	10%	36.000	10.800.000		36.000	13.680.000
entspricht vom Markt erlaubte Kosten		**324.000**	**97.200.000**	...	**315.000**	**119.700.000**
abzüglich Zieloverhead 1+2 (vereinfacht)						
Allg. Verwalt.Gemeinkosten	4%	13.416	4.024.825		13.081	4.970.683
Rest-Gemeinkosten-Satz	18%	64.800	19.440.000		63.180	24.008.400
Vom Integrierten Marktteam zu beinflussende Zielkosten (Target)	68%	**245.784**	**73.735.155**	...	**238.739**	**90.720.917**
Zielkostenlücke		**-4.775**	**-1.432.537**		**2.578**	**773.558**
Summe augenblickliche Kosten	Summe GJ 1 - 5	**250.559**	**75.167.692**		**236.161**	**89.947.359**
A) Entwicklungskosten						
Geschätzte F+E-Kosten (gesamt)	56.145.000	28.792	8.637.692		28.792	10.941.077
Hardware-Entwicklung	34.200.000	17.538	5.261.538		17.538	6.664.615
Prototyping	8.840.000	4.533	1.360.000		4.533	1.722.667
Software-Entwicklung	5.280.000	2.708	812.308		2.708	1.028.923
Dienstleistungs-Prozessgestaltung	6.500.000	3.333	1.000.000		3.333	1.266.667
Schulungs-/Transaktionskosten	1.325.000	679	203.846		679	258.205
B) Vom Team zu gestaltende Prozesse						
Summe vom Team zu gestalt. Prozesse	89.545.000	46.267	13.880.000		47.337	17.988.000
(Summe GJ 1-5)						
Vertriebsprozess	12.950.000	6.667	2.000.000		7.895	3.000.000
Engineering-Modul	19.500.000	10.000	3.000.000		10.000	3.800.000
Projektierungs-Modul	16.575.000	8.500	2.550.000		8.500	3.230.000
Logistikprozess	4.575.000	2.500	750.000		2.500	950.000
Auftragsbearbeitungsprozess	3.575.000	2.000	600.000		1.842	700.000
Montage/IBS-Modul	29.250.000	15.000	4.500.000		15.000	5.700.000
Service-Modul	3.120.000	1.600	480.000		1.600	608.000
C) Vom Team direkt beeinflussbare HK						
Herstellkosten aktuelles Produktkonzept	314.250.000	175.500	52.650.000		160.032	60.812.000
(Summe GJ 1-5)						
Administrationsprozesse	12.650.000	6.666.67	2.000.000		7.105	2.700.000
Einkaufsprozesse	25.700.000	13.333	4.000.000		14.474	5.500.000
Logistikprozesse	35.400.000	18.333	5.500.000		20.000	7.600.000
Fertigungsvorbereitungsprozesse	39.000.000	21.667	6.500.000		21.053	8.000.000
Fertigungsprozesse Gerät	48.350.000	27.500	8.250.000		23.000	8.740.000
Vorfertigungsprozesse Elektronik	13.950.000	8.000	2.400.000		6.600	2.508.000
Vorfertigungsprozesse Mechanik	43.400.000	25.000	7.500.000		21.000	7.980.000
Materialkosten	95.800.000	55.000	16.500.000		46.800	17.784.000

Abb.7: Beispiel einer lebenszyklusbezogenen, prozessorientierten Retrograden Kalkulation

- Die vom Team zu gestaltenden Kosten werden in einem ersten Schritt in drei Blöcke gegliedert, die dann weiter unterteilt und gestaltet werden müssen:
  - die *Entwicklungskosten* werden im Rahmen der F&E-Planung und des F&E-Controlling nach Modulen geplant und sind über eine vorab zu definierende Stückzahl oder einen zu definierenden Zeitraum zu amortisieren.

- Block zwei beinhaltet die *produktnahen Prozesse* wie Vertrieb, Engineering oder Logistik. Grundsätzlich bestehen hier zwei Möglichkeiten: Zum einen kann ein „Stückkostensatz" im Sinne eines Prozesskostensatzes definiert werden, wenn aus Erfahrungswerten oder Konkurrenzvergleichen ein solcher Wert vorliegt. Dies war im vorliegenden Beispiel beim Engineering-Modul der Fall, da man über große Erfahrung mit dem Thema Engineering im Unternehmen verfügte und über Prozessanalysen die Kostensätze für das Engineering einer Anlage bekannt waren. Zum anderen können aber auch Jahreswerte oder Lebenszykluswerte geplant und anhand der Stückzahl auf die einzelne Anlage heruntergebrochen werden.

  Dies geschah im Beispiel beim Vertriebsprozess, den man aufgrund des völlig neuen Marktsegmentes, das man mit der Anlage zu erreichen gedachte, von Grund auf neu gestalten musste. Hierzu wurde „from scratch" ein Vertriebs- und Marketingprozess über den betrachteten Zeitraum von fünf Jahren geplant (mit Personalressourcen, Aktivitäten wie z.B. Roadshows, Messen, und den notwendigen Materialien wie Flyer, CD-ROM's), kostenmäßig bewertet und vom Management verabschiedet. Der Kostensatz pro Anlage ergibt sich also durch Herunterbrechen der Gesamtkosten für Vertrieb und Marketing auf die Stückzahl über fünf Jahre.

- Analog ist das Vorgehen bei den *Herstellkosten*, wo sich nicht mehr große Kostenblöcke hinter Zuschlägen verstecken, sondern die notwendigen Herstellprozesse detailliert bewertet und ausgewiesen sind.

• Ergibt sich nach dem ersten Aufstellen der Retrograden Kalkulation eine Zielkostenlücke, verbleiben nicht – wie typischerweise üblich – die hardwarebezogenen Kostenbeeinflussungshebel (Material und Lohn), sondern die gesamte Bandbreite der Kosten zur Zielkostenerreichung. So wird z.B. hinterfragt, ob das Engineering in der heutigen Form adäquat ist oder für die betrachtete Anlage zu aufwendig gestaltet ist. Im Beispiel wurde u.a. durch eine intelligente Software-Lösung der Engineering-Aufwand deutlich reduziert.

Durch den gezielten Einsatz der Prozesskostenrechnung (vgl. hierzu den Beitrag von KAJÜTER), insbesondere im Bereich der produktnahen Prozesse, besteht die Chance, den Anteil der direkt beeinflussbaren Produktzielkosten markant zu erhöhen. Lediglich für die verbleibenden Posten produktferner Prozesse für Zieloverhead I und II werden Abschlagssätze festgelegt. Benchmarking-Aktivitäten sorgen auch hier für die konsequente Marktorientierung, wenn auch nicht direkt an den Kundenwünschen abgeleitet, sondern aus Best-Practice-Vergleichen.

Schließlich erlaubt die Retrograde Kalkulation dem Integrierten Marktteam jederzeit die einfache Erstellung von Sensitivitätsanalysen durch Simulation von Preis-, Stückzahl- und Kostenveränderungen. Die Gesamtwirkung über den Produktlebenszyklus wird sichtbar gemacht.

3.4. Die Produktzielspaltung

Als ein weiteres Kerninstrument des Target Costing sorgt die *Produktzielspaltung* für das konsequente Herunterbrechen der Marktziele bis auf Handlungs- und Maßnahmenebene. Mit diesem Instrument werden folgende Ziele verfolgt:

- Die beiden Dimensionen Produktzielwert und Zielkosten werden parallel berücksichtigt. Aus diesem Grund ist der Begriff „Produktzielspaltung" dem der „Zielkostenspaltung" vorzuziehen.
- Die Ergebnisse des Marktvorbaus (inkl. Wettbewerbsvergleich) werden auch auf detaillierterer Ebene der Produktgestaltung berücksichtigt.
- Von der „Sprache der Kunden" ausgehend wird – über die Ebene der funktionalen Abstraktion – zunächst gezielt das Entscheidungsfeld geöffnet, bevor die Problemlösungsstruktur (Funktionshauptkomponenten aus dem Hardware-, Software- und Dienstleistungsfeld) mit operationalisierbaren Zielen versehen wird.
- Die drei zentralen Meilensteine des Produktentstehungsprozesses, Lastenheft, Konzeptalternativenauswahl und Pflichtenheft, werden in eine durchgängige Entscheidungslinie gestellt, die ihren Ausgangspunkt im Markt nimmt.
- Durch die gezielte und je nach Geschäftsanforderungen spezifizierte Auswahl von Basis- und Hilfsmechanismen zur Produktzielspaltung (vgl. Abb. 8) entstehen abgesicherte Zielvorgaben zur Verteilung der vom Markt erlaubten Kosten und zu realisierendem Produktwert inkl. dazugehöriger technischer Zielwerte.

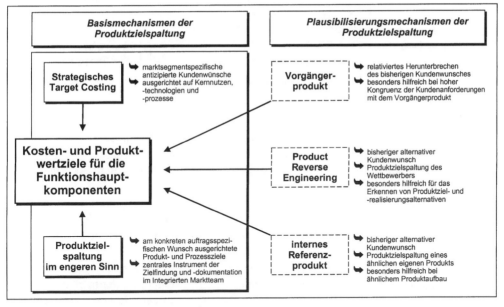

Abb. 8: Mechanismen der Produktzielspaltung

Unter den Basismechanismen der Produktzielspaltung befindet sich die Produktzielspaltung im engeren Sinne, die das Integrierte Marktteam auf der gesamten Wegstrecke von den Marktvorgaben bis zum Konzeptfreeze strukturell begleitet. Dabei gehen unter anderem Elemente aus den Ansätzen der Wertgestaltung, des Quality Function Deployment sowie mehrere andere Instrumente der frühen Phasen der Produkt- und Prozessgestaltung (u.a. Design-to-Cost, Design-for-Manufacturing, FMEA) selektiv ein. Die Zielkostenbestimmung führt im Ergebnis zum Produktwert- und Zielkostencommitment des Projektteams. Die Zweiteilung der Produktzielspaltung wird im Target Costing-Prozess gezielt eingesetzt, um die Phase der Konzeptalternativengenerierung und -bewertung einzurahmen (zur Übersicht vgl. Abb. 9).

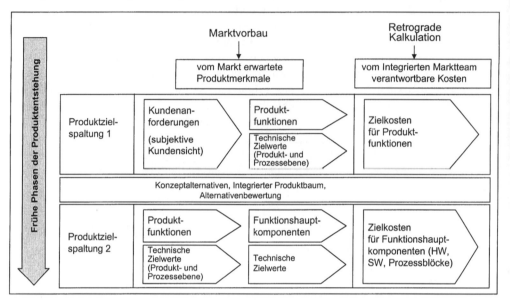

Abb. 9: Produktzielspaltung im engeren Sinne

Eine erfolgreiche Produktzielspaltung setzt die folgenden Punkte voraus:
- Der Prozess der Produktzielspaltung wird im Integrierten Marktteam durchgeführt, um alle notwendigen Wissenszentren zusammenzuführen und die spätere Akzeptanz der Zielwerte sicherzustellen.
- Die Bedeutung der Festlegung technischer Zielwerte der Produktfunktionen und Funktionshauptkomponenten (entspricht der Produktwertdimension) für die spätere Zielkostenerreichung ist deutlich zu machen. Es geht hier um die großen Weichen der Kostenvorausdeterminierung im Sinne der 80/20-Regel.
- Entsprechend der sensiblen Aufgabe, verbindliche Ziele hervorzubringen, empfiehlt sich die Begleitung des Teams durch einen erfahrenen Moderator, der nicht nur das Instrument der Produktzielspaltung und seine Einbettung in den Gesamtzusammenhang des Target Costing kennt, sondern auch gruppendynamische Prozesse beherrschen kann.

Fallbeispiel Produktzielspaltung

Ein junges Unternehmen stellt Stellantriebe für Klappen von Heizungs-, Klima- und Lüftungsanlagen her. In den vorangegangenen Jahren konnte aus dem Nichts durch eine für diesen Markt neue – nämlich designorientierte – Produktphilosophie ein beachtlicher Marktanteil gewonnen werden. Die Unternehmensleitung wollte sich jedoch nicht auf den ersten Lorbeeren ausruhen, sondern die Hauptproduktlinie neu entwickeln, um den Markt mit einer deutlich verbesserten Kostenposition zu bedienen. Die Entwicklungsarbeiten waren bereits soweit gediehen, dass für ein vorliegendes Lastenheft ein fertiges Produktkonzept auf dem Tisch lag. Die Kalkulationen zeigten jedoch, dass das Kostenziel bisher deutlich verfehlt wurde.

Das interdisziplinäre Entwicklungsteam, in das auch einige Zulieferer integriert waren, konnte trotz einiger Diskussion die notwendigen Hebel zum Schließen der Zielkostenlücke nicht finden. Erste Schuldzuweisungen zwischen den Funktionsexperten machten die Lösungssuche nicht einfacher. In dieser Situation entschied die Unternehmensleitung, mithilfe der Produktzielspaltung vom Markt her die Zielkosten auf Komponentenebene abzuleiten. In zwei Workshops, an denen Mitarbeiter aller relevanten Funktionsbereiche aus dem Unternehmen sowie die wesentlichen Zulieferer teilnahmen, wurden die Produktzielspaltung 1 und 2 durchgeführt (vgl. Abb. 10 und 11).

Produktzielspaltung 1: Transformation Kundenwunsch in Funktion.
Kernfrage: Wie trägt die Funktion zur Erfüllung des Kundenwunsches bei?

Anforderung \ Funktionen	Klappen elektrisch drehen	Klappen manuell drehen	Antrieb mechanisch fixieren	Mechanische und elektrische Kapselung möglich	Elektrifizierung sicherstellen	Hilfsschalteranschaltung ermöglichen	Drehwinkeleinstellung ermöglichen	Drehsinnumkehr ermöglichen	Gewichtung der Kundenanforderungen
Verstellung von A nach B sicherstellen	-	-	M	-	L	-	L	L	30%
Geräteschutz sicherstellen	L	L	-	H	-	-	-	-	20%
Einfache mechanische Montage	-	H	L	L	-	-	H	-	15%
Einfache elektrische Montage	-	-	-	-	H	H	-	H	20%
Zusatzfunktion optional anbieten	-	H	-	-	M	H	-	H	5%
Kompatibilität	H	L	M	L	H	H	H	H	10%
Gewichtete Funktionsstruktur: Beitrag der Funktion zur Erfüllung der Kundenanforderungen.	**22%**	**8%**	**11%**	**17%**	**11%**	**10%**	**9%**	**12%**	**100%**

Legende: Bedeutung der Funktionen zur Erfüllung der Kundenanforderungen
H=hohe Bedeutung; M=mittlere Bedeutung; L=schwache Bedeutung; „-"=ohne Bedeutung

Abb. 10: Beispiel Produktzielspaltung 1

In den Workshops wurden die Gewichtung der Anforderungen und die technischen Zielwerte intensiv diskutiert. Einige aufgeworfene Fragen konnten innerhalb des ersten Workshops (Produktzielspaltung 1) gar nicht geklärt werden. Dies war insofern überraschend, da das vorliegende Produktkonzept auf Basis eines bereits existierenden Lastenhefts entwickelt worden war. Aufgrund der relativ einfachen Produktstruktur des Stellantriebs fiel dem Team die Produktzielspaltung 2 relativ leicht.

Produktzielspaltung 2: Transformation gewichtete
Funktionen in gewichtete Produktkomponenten
Kernfrage: Wie trägt die Komponente zur Erfüllung der Funktion bei?

Komponenten / Funktionen	Getriebe komplett	Gehäuse / Decke	Elektronik komplett	Motor komplett	Gewichtung der Funktionen
Klappen elektrisch drehen	H	L	H	H	22%
Klappen manuell drehen	M	L	-	-	8%
Antrieb mechanisch fixieren	M	L	-	-	11%
Mechanische und elektrische Kapselung ermöglichen	M	H	-	-	17%
Elektrifizierung sicherstellen	-	L	H	-	11%
Hilfsschalteranschaltung ermöglichen	M	L	M	L	10%
Drehwinkeleinstellung ermöglichen	H	L	-	-	9%
Drehsinnumkehr ermöglichen	-	L	M	M	12%
Beitrag der Komponenten zur Erfüllung der Kundenanforderungen	**42,6%**	**24,7%**	**23,4%**	**9,6%**	**100%**
IST-Kostenstruktur der Komponenten	**25,8%**	**12,9%**	**41,9%**	**19,4%**	**100%**

Legende: Bedeutung der Produktkomponenten für die Erfüllung der Produktfunktionen
H=hohe Bedeutung; M=mittlere Bedeutung; L=schwache Bedeutung; „-"=ohne Bedeutung

Abb. 11: Beispiel Produktzielspaltung 2

Da bereits die Kalkulation des Produktkonzeptes vorlag, konnte sofort der Vergleich von Ziel- und Ist-Kosten auf Komponentenbasis durchgeführt werden. Das Ergebnis zeigte deutlich: Die Elektro-/Elektronikkomponenten waren deutlich zu teuer. Das Ausmaß der Zielkostenlücke löste im ersten Moment Zweifel in bezug auf die eingesetzte QFD-Methodik aus. Insofern zeigte sich (wieder einmal), dass die Nachvollziehbarkeit des QFD-Ergebnisses für die Akzeptanz von Ergebnissen im Team erfolgskritisch ist. Nachdem das Ergebnis dieser gemeinsamen Überprüfung jedoch standhielt, begann man ernsthaft nach möglichen Erklärungen für die Zielkostenlücke zu suchen. Vor Durchführung der Produktzielspaltung hatte das Team versucht, durch Optimierungen der Komponentenkonzepte die Zielkostenlücke zu schließen. Durch das Ergebnis der Produktzielspaltung wurde jedoch klar, dass das Grundkonzept für die Elektro-/Elektronikkomponenten in Frage gestellt werden musste. Das verfolgte Produktkonzept sah einen elektrischen Antrieb mit Synchronmotor vor. Diese Konzeptentscheidung wurde begründet durch eine Anforderung aus dem Marketing, dass die Geräuschentwicklung im Betrieb möglichst gering sein sollte. Die technische Alternative zum Synchronmotor wäre der Einsatz eines Asynchronmotors. Nach kurzer Diskussion im Workshop zeigte sich, dass die Kostenposition des Asynchronmotors wesentlich besser wäre, bezüglich der Geräuschentwicklung jedoch Nachteile hat. Es konnte keine endgültige Bewertung der Alternativen durchgeführt werden, da einige Informationen fehlten:

- Das Marketing forderte bezüglich der Geräuschentwicklung das absolute Minimum. Diese Angabe war nun zu unpräzise (siehe auch Marktvorbau). Daher wurde das Marketing beauftragt, den genauen technischen Zielwert aus Sicht des Kunden quantitativ festzulegen.
- Die Entwickler sollten die zwei alternativen Produktkonzepte technisch vergleichbar darstellen, um diese kostenseitig bewerten zu können. Die Geräuschentwicklung sollte in bezug auf die Anwendung verglichen werden.
- Vergleichbare Wettbewerbsprodukte sollten geprüft werden, wie deren Antriebslösungen aussehen.

Durch die methodische Unterstützung der Produktzielspaltung gelang es dem Integrierten Marktteam, konkrete Ziele für das Produkt im Sinne von technischen Zielwerten und Zielkosten auf Ebene der Hauptbaugruppen festzulegen. Letztlich führte der Diskussionsprozess um technische Zielwerte und Zielkosten zu einem von allen Funktionsträgern gemeinsam geteilten Verständnis hinsichtlich des Produktes. Auf dieser Basis konnte sich das Integrierte Markteam entsprechend zu technischen Zielwerten und Zielkosten commiten. Dieses Commitment ist für die nachfolgenden Stufen im Rahmen der Produktentwicklung und der Zielkostenerreichungsphase ein wesentlicher Erfolgsfaktor.

Bevor das Beispiel im Abschnitt 3.6. „Alternativenbewertung" fortgesetzt wird, soll zunächst im Abschnitt 3.5. auf Funktionsweise und Rolle des integrierten Produktbaumes im Target Costing-Prozess eingegangen werden, da dieser eine wesentliche Grundlage für die Alternativenbewertung darstellt.

3.5. Der Integrierte Produktbaum

Der *Integrierte Produktbaum* ist eine strukturierte Produktdarstellung, die Material-, Prozess- und Kosteninformationen transparent macht, das Arbeiten im interdisziplinären Team erleichtert und als Basis für die Erarbeitung von Konzeptalternativen und Konzeptbewertungen dient (vgl. PUNZENGRUBER/RAUCH 1995, S. 689f.). Es wird gezeigt, inwieweit ein Produkt die gesamte Wertkette eines Unternehmens in Anspruch nimmt. Der Integrierte Produktbaum besteht aus mehreren Elementen:

- Den Teilen und Komponenten des Produktes in den verschiedenen Realisationsphasen,
- den Prozessen, die die Kundenzufriedenheit über die gesamte Prozesskette sicherstellen und
- Kosteninformationen.

Diese Elemente werden entsprechend der chronologischen Abfolge der Produkterstellung aneinander gefügt bzw. an entsprechender Stelle eingefügt und ergeben am Ende eine Baumstruktur. Anders formuliert handelt es sich um eine robuste Strukturstückliste des Produktes, die in einem ersten Schritt um Prozessinformationen des gesamten Produktrealisierungsprozesses (inkl. unterstützende Prozesse) und in einem zweiten Schritt um Kosteninformationen ergänzt wird. Der Aufbau der integrierten Produktstruktur erfolgt in Projekten in der Regel „papiergestützt" an einer großen Wand des Teamraums.

Um die Baumdarstellung möglichst übersichtlich zu gestalten, verwendet man für die verschiedenen Baumgrundelemente verschiedene Formen (z.B. Rechtecke für die Teile/Komponenten, Ellipsen für die Prozesse). Die Kosteninformationen aus der entwicklungsbegleitenden Retrograden Kalkulation werden an den Stellen des Baumes eingefügt, an denen sie anfallen, und nach oben verdichtet. Den Elementen können durch den im Team definierten Einsatz verschiedener Farben Zusatzinformationen zugeordnet werden. So werden beispielsweise Zukaufteile und Teile aus der Eigenfertigung, Wiederholteile und Neuteile, Fertigungs- und Montageprozesse, Prozessen des direkten und indirekten Unternehmensbereiches auf einen Blick unterscheidbar.

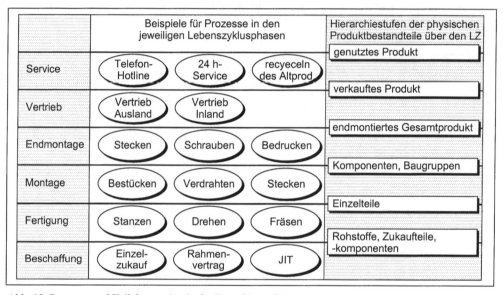

Abb. 12: Prozesse und Teilekategorien in der Baumhierarchie

Neben Formen und Farben der Baumelemente steckt in der Struktur des Produktbaumes noch eine Reihe von Informationen:
- Anzahl der Beschaffungskanäle,
- Anzahl der Wertschöpfungsstufen,
- Anzahl der Teile gesamt,
- Anzahl der Vertriebskanäle,
- Anzahl der Serviceleistungen.

Aus der Perspektive der Prozesskostenrechnung entsprechen diese Informationen den Kostentreibermengen und sind im Integrierten Produktbaum leicht zu ermitteln. Zum Beispiel: Die Höhe des Baumes entspricht der Anzahl der Wertschöpfungsstufen, die Breite des Baumes hingegen der Anzahl der Teile und Komponenten. Beide Größen spiegeln die Komplexität der Produkterstellung wider. Auch Kennzahlen, wie z.B. das Verhältnis Neuteil- zu Gesamtteileanzahl, können aus der Struktur des Baumes in frühen Entwicklungsphasen ermittelt werden.

Einen zentralen Bestandteil des Integrierten Produktbaumes nimmt die Betrachtung eines Produktkonzeptes über die gesamte Wertschöpfungskette ein (vgl. Abb. 12). Mit dieser Sichtweise wird verhindert, dass ein Konzept nur für einzelne Bauteile und Komponenten und die Fertigung erstellt wird. Daher umfassen die Prozesse nicht nur die direkt dem Produkt zurechenbaren Fertigungs- und Montageprozesse, sondern auch die unterstützenden Prozesse aus Beschaffung, Vertrieb und Service. Besonders transparent werden die Kostenaussagen dadurch, dass man für jede Stufe in der Wertschöpfungskette differenzierte Kostenaussagen bezüglich

- Materialkosten,
- Fertigungs- und Montagekosten und
- Prozesskosten der indirekten Bereiche (wenn verfügbar)

erhält. Die Summe dieser Kostenpositionen entspricht den direkt beeinflussbaren Kosten aus der Retrograden Kalkulation; die Zwischensumme der Kosten auf Ebene der Komponenten kann an den Zielkosten aus der Produktzielspaltung gespiegelt werden. Hier zeigt sich der Integrierte Produktbaum als Bindeglied mehrerer Target Costing-Tools. Der Nutzen des Integrierten Produktbaumes für Integrierte Marktteams liegt deshalb in mehreren Punkten begründet:

- Die komplexe Konzeptphase in der Produktentstehung wird durch den Aufbauprozess strukturiert.
- Der Integrierte Produktbaum kann zu einem Zeitpunkt aufgebaut werden, in dem noch keine detaillierten Angaben über Geometrien und Spezifikationen vorhanden sind.
- Der Baum – und damit sein Informationsgehalt – wird im Verlauf des Produktentwicklungsprozesses laufend verfeinert und aktualisiert. Die Anwendbarkeit des Integrierten Produktbaumes bleibt nicht auf die Konzeptphase beschränkt.
- Die Transparenz der Darstellung unterstützt die Kalkulation des abgebildeten Konzeptes. Vor allem für die prozessorientierte Kalkulation stellt die Darstellung der Abläufe eine wesentliche Erleichterung dar.
- Die interdisziplinäre Teamarbeit wird unterstützt; es ergeben sich erfahrungsgemäß eine Fülle von Diskussionen und ein reger Erfahrungsaustausch.
- Auf Basis des Integrierten Produktbaumes kann das Entwicklungsteam entworfene Konzepte eingehend analysieren sowie Verbesserungspotenziale identifizieren und bewerten (vgl. Abschnitt 3.6.).

Fallbeispiel Integrierter Produktbaum

Ein Integriertes Marktteam (bestehend aus deutschen Mitarbeitern) hat die Aufgabe, eine Low-Cost-Maschinensteuerung für den chinesischen Markt zu entwickeln. Die Produktion der Steuerungen sollte in einem gerade gegründeten Joint Venture in China erfolgen. Um die Kommunikation innerhalb des Entwicklungsteams und zwischen Team und Werksverantwortlichen in China zu erleichtern, wurde ein Integrierter Produktbaum aufgebaut. Der Hardware-Projektleiter steuerte die Produktstrukturinformation bei, die Fertigungsinformationen wurden im ersten Schritt durch einen deutschen Fertigungsplaner eingebracht, der Produktcontroller lieferte die Kosteninformationen.

Das Ergebnis wurde vom gesamten Team „vor der Wand" diskutiert. Erstmals hatten alle Teammitglieder die „entwickelte" Komplexität und die Kosteninformationen transparent vor sich. Dem Team wurden viele Zusammenhänge innerhalb des Produktkonzeptes klarer. Die Art der Darstellung lenkt die Diskussion des Teams auf wichtige Fragen: Beispielsweise wurde sofort das Konzept der selbstgefertigten Bedientafel, jene Komponente, die die größte Wandfläche belegte, hinterfragt: Warum machen wir das selber? Warum verwenden wir nicht andere Bedientafelkonzepte (z.B. Folientastatur)? Ohne die Visualisierung des Integrierten Produktbaums wäre das teure, auch bei anderen Produkten eingesetzte Bedientafelkonzept nicht in Frage gestellt worden. In Folge konnten deutliche Einsparungen realisiert werden.

Eine weitere wichtige Erkenntnis ergab sich für das Entwicklungsteam aus der Diskussion des Konzeptes mit dem Joint Venture-Verantwortlichen in China. Dieser konnte unmittelbar auf zwei kritische Punkte im Produktkonzept hinweisen: In China bedeuteten achtlagige Leiterplatten die Einführung einer neuen Fertigungstechnologie und Einpresstechnik (zur Realisierung von Steckerverbindungen). Das wäre im Invest für das Joint Venture nicht vorgesehen. Aufgrund der einfach verständlichen Darstellung konnte der Joint Venture-Verantwortliche in kürzester Zeit wichtige Hinweise in bezug auf die Fertigbarkeit in China geben, zu einem Zeitpunkt, zu dem auf Konstruktionsseite noch ohne große Probleme gegengesteuert werden konnte.

3.6. Die Alternativenbewertung

In den frühen Entwicklungsphasen gibt es sehr viele alternative Konzeptvorschläge. Entwicklungsteams tendieren jedoch sehr schnell dazu, aus der Vergangenheit heraus oder aufgrund unternehmenspolitischer Konstellationen bestimmte Konzepte zu favorisieren, ohne diese einer objektiven Analyse, unter Berücksichtigung einer breiten Palette von Kriterien, unterzogen zu haben. Aus diesem Grund stellt der Target Costing-Werkzeugkasten ein Instrumentarium zur Verfügung, das diese breit gefächerte *Alternativenbewertung* sicherstellt.

Die Struktur eines Alternativenblattes zur Bewertung von Konzept- oder Hauptkomponentenalternativen ist in Abbildung 13 dargestellt. Durch derartige Arbeitsblätter zwingt sich ein Integriertes Marktteam dazu, eine breite Palette an Informationen über einzelne Alternativen zu sammeln. Die Bewertung legt dabei ein Schwergewicht auf die Gesamtkostenwirkungen und die Risikoabschätzung der einzelnen Alternativen.

Das Durchspielen der Kostenwirkungen ist in erheblichem Maße von der im Unternehmen gegebenen Kostentransparenz abhängig. Die Alternativenbewertung darf sich nicht nur auf die direkten Material-, Lohn- und Arbeitsplatzkosten beschränken, sondern muss – im Sinne einer ganzheitlichen Optimierung – die Einmalkosten und Gemeinkosten zwingend mit einbeziehen. Können die Gemeinkostenwirkungen mit Prozesskosten nicht quantifiziert werden, so sind diese über Gemeinkostenchecklisten zumindest qualitativ abzuschätzen.

Neben den Kostenwirkungen müssen risikoseitig die technische Machbarkeit, die Qualität im Sinne der Kundenwunscherfüllung, die Erreichbarkeit der Zeitziele und mögliche Barrieren der Zielkostenerreichung untersucht werden, um eine fundierte Konzeptentscheidung sicherzustellen. Projektspezifisch können darüber hinausgehend noch weitere Kriterien hinzukommen.

Alternativen für das Produkt: _____ Projektleiter: _____			
Bewer-tungskriterien / Alternativ-konzepte	Konzept 1	Konzept 2	Konzept 3
Materialkosten Platzkosten Lohnkosten (inklusive Tests und Voreinstellung)			
1. Lfd. Direktkosten			
Spezialwerkzeugkosten Sach- und Personalinvestitionen (inklusive Testanlagen)			
2. Einmalkosten			
Wartung Reparatur After Sales			
3. Pflege nach Lieferung			
4. GK-Effekt *			
Zielkostenerreichungsrisiko Zeitrisiko Qualitätsrisiko Technikrisiko			
5. Gesamtrisiko			
6. Erfüllen Kundenanforderungen			
Begründung Gemeinkosten-Effekt: *siehe Checkliste*	* ↑ stark gk-treibend ↗ gk-treibend ↔ gk-neutral ↙ gk-senkend ↘ stark gk-senkend ↓		
Target Costing-Team für die Alternative: _____			
Teamunterschriften:			

Abb. 13: Struktur eines Alternativenblattes

Ergebnis der Alternativenkalküle sind vom Integrierten Marktteam getragene Lösungsentscheidungen, die mit einem entsprechenden Commitment der Teammitglieder verbunden sind. Die Alternativenbewertung erfolgt dabei in drei Schritten:

- In der *Definitionsphase* gilt es, die Struktur des Alternativenblattes in Abbildung 13 an die unternehmensspezifischen Gegebenheiten anzupassen. Diese Anpassung kann nur das Integrierte Marktteam vornehmen, damit ein gemeinsames Verständnis sichergestellt ist. Neben der Struktur sollte sich das Team über die Gewichtung der einzelnen Hauptbewertungskriterien einigen, um den Entscheidungsprozess schnell gestalten zu können.
- Im zweiten Schritt werden idealerweise drei *Alternativen* gegenübergestellt und jede für sich nach dem definierten Schema *bewertet*. Für jede Alternative werden die vereinbarten Informationen von den jeweiligen Spezialisten zusammengetragen. Eingetragen werden diese erst mit entsprechender Erläuterung im Team. Es gilt, wie immer

im Sinne eines späteren Teamkonsenses, den gleichen Informationsstand sicherzustellen. Wichtige Diskussionspunkte sollten protokolliert werden, um die Nachvollziehbarkeit zu gewährleisten.

- Im letzten Schritt werden die drei Alternativen im Einklang mit den oben genannten Vereinbarungen miteinander verglichen. Eine Alternative wird die günstigste sein und das Team wird eine *gemeinsame Entscheidung* treffen. Der wesentliche Punkt bei Alternativentscheidungen, die in der beschriebenen Art getroffen werden, ist, dass sie in Folge nicht mehr in Frage gestellt werden („Konzeptfreeze").

Fallbeispiel Alternativenauswahl

Kehren wir nun zum Fallbeispiel aus Abschnitt 3.4. zurück. Das Integrierte Marktteam hat im Rahmen der Produktzielspaltung 1 und 2 die gewichtete Hauptkomponentenstruktur definiert, intensiv über technische Zielwerte und Zielkosten diskutiert und sich schließlich im Team zu technischen Zielwerten und Zielkosten commitet. Zwei Wochen nach der Produktzielspaltung 2 traf sich das Integrierte Marktteam für den Stellantrieb wieder, um die Alternativentscheidung zwischen Synchronmotor oder Asynchronmotor für den elektrischen Antrieb zu treffen.

- Das Marketing hat nochmals mit repräsentativen Kunden gesprochen, die Stellantriebe in geräuschempfindlichen Umgebungen einsetzen und mit diesen im Detail die Anwendungssituation und die daraus resultierenden Anforderungen beschrieben. Auf dieser Basis wurde der technische Zielwert für die Geräuschentwicklung in Dezibel fixiert.
- Die Entwicklung hat nun auch einen Prototypen für den Asynchronantrieb aufgebaut, dessen Geräuschentwicklung gemessen und mit dem Synchronmotor verglichen. Die Asynchronalternative wurde auf Basis einer groben Stückliste in der gleichen Struktur wie der ursprüngliche Synchronantrieb kalkuliert.
- Der Wettbewerbsvergleich zeigte, dass alle Wettbewerber einen Asynchronantrieb einsetzen.

Die gesammelten Informationen wurden in Form der in Abbildung 13 gezeigten Struktur der Alternativenbewertung aufbereitet und verglichen. Wie aus Abbildung 14 ersichtlich ist der Asynchronantrieb dem Synchronantrieb im Hinblick auf die laufenden Direktkosten überlegen, da dieses Konzept deutlich niedrigere Material- und Platzkosten verursacht. Auch beim Vergleichskriterium „Einmalkosten" schneidet der Asynchronantrieb besser ab, da vor allem im Hinblick auf Spezialwerkzeuge einfachere Werkzeuge verwendet werden können, die deutlich billiger sind. Der Asynchronantrieb ist darüber hinaus leichter zu pflegen und verhält sich im Bezug auf die unternehmensinternen Prozesse „gemeinkostenneutral". Gespiegelt am Vergleichskriterium „Erfüllungsgrad der Kundenanforderungen" liegen die gesamten technischen Zielwerte des Konzeptes im „grünen Bereich". Auch im Hinblick auf das Gesamtrisiko, das sich im wesentlichen aus Zielkostenerreichungsrisiko, Zeitrisiko, Qualitätsrisiko und technischen Realisierungsrisiken zusammensetzt, hat das Konzept des Asynchronmotors Vorteile gegenüber dem Synchronmotor. Der Alternativenvergleich sprach deutlich für den Asynchronmotor.

Alternativen für das Produkt: _____	Projektleiter: Hr. Mustermann
Bewer-tungskriterien ／ Alternativ-konzepte	Asynchronantrieb im Vergleich zu Synchronantrieb
Materialkosten Platzkosten Lohnkosten (inklusive Tests und Voreinstellung)	Deutlich niedriger Niedriger, weil einfachere Fertigungstechnologie Gleich
1. Lfd. Direktkosten	++
Spezialwerkzeugkosten Sach- und Personalinvestitionen (inklusive Testanlagen)	Niedriger, da einfachere Werkzeuge Gleich
2. Einmalkosten	+
Wartung Reparatur After Sales	Beständiger Einfacher Weniger Aufwand, da wartungsarm
3. Pflege nach Lieferung	+
4. GK-Effekt *	◄─► gk-neutral
Zielkostenerreichungsrisiko Zeitrisiko Qualitätsrisiko Technikrisiko	Deutlich geringer Geringer, da einfacher zu realisieren Gering, da technisch einfachere Lösung Gering
5. Gesamtrisiko	+
6. Erfüllung Kundenanforderungen	Erfüllt alle technischen Zielwerte
Begründung Gemeinkosten-Effekt: *siehe Checkliste*	
Target Costing-Team für die Alternative: Asynchrommotor_____	
Teamunterschriften:	

Abb. 14: Ergebnis des Vergleichs der Stellantriebalternativen (vereinfachte Darstellung)

Auf Basis dieses Alternativenvergleichs wurde im Integrierten Marktteam einhellig die Entscheidung für den Asynchronmotor getroffen. Die strukturierte Vorgehensweise unter Einsatz der Target Costing-Tools Produktzielspaltung und Alternativenbewertung ermöglichte eine Versachlichung der Diskussion und führte zur Identifikation der Schwachstellen des Produktkonzeptes („Unpräzise Marktanforderungen führen häufig zu Overengineering"). Auf diese Weise konnte das Team gemeinsam – eigene Mitarbeiter und Kernzulieferer – die Zielkostenlücke auf Basis von Grobkonzepten beinahe schließen. Das Kostenziel wurde im Rahmen der Detailentwicklung durch Optimierungen innerhalb der Funktionshauptkomponenten endgültig erreicht. Durch eine fundierte Alternativenbewertung hat sich das Integrierte Marktteam somit Sicherheit hinsichtlich der Marktzielerreichung geschaffen.

3.7. Das Zielcontrolling

Aufgabe des *Zielcontrolling* ist es, ab dem Konzeptfreeze die Erreichung der Produktwertziele und der Zielkosten anzustreben und sicherzustellen.

Instrumentell wird das Zielcontrolling laufend durch *Zielkostenkontrolldiagramme*
unterstützt. Voraussetzung für den Aufbau ist die Ermittlung der Produktzielwerte auf
Funktionshauptkomponentenebene und die Ermittlung der geschätzten Kosten von den
frühen Entwicklungsphasen an. Zur entwicklungsbegleitenden Kalkulation gibt es eine
Fülle von Methoden (vgl. hierzu den Beitrag von EHRLENSPIEL ET AL.). Mit Fortschritt
der Ausarbeitung des Produktkonzeptes können die Kalkulationen detailliert werden. Die
Zielwerte aus der Produktzielspaltung (vgl. Abschnitt 3.4.) und die geschätzten Werte aus
der Kalkulation werden gegenübergestellt und in die Zielkostenkontrolldiagramme eingetragen.

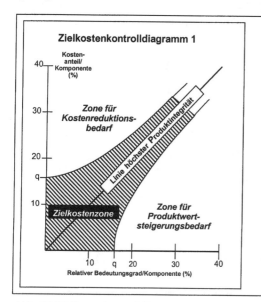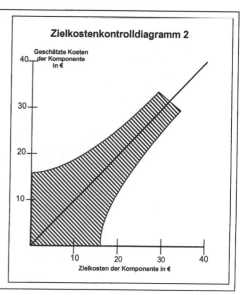

Abb. 15: Zielkostenkontrolldiagramme 1 und 2

Die Sicherstellung der Zielerreichung erfolgt in zwei Schritten:

- Im ersten Schritt ist die Kostenstruktur des Produktes an die Kundenanforderungen
  anzupassen. Dazu werden im Zielkostenkontrolldiagramm 1 (vgl. Abb. 15) die Ziel-
  kostenanteile der Funktionshauptkomponenten in Prozent den geschätzten zukünftigen
  Kosten in Prozent gegenübergestellt. Hier zeigt sich, ob der Ressourcenverbrauch des
  Konzeptes vom Kundenwunsch abweicht oder nicht. Liegen alle Funktionshauptkomponenten nahe der 45-Grad Linie, so spricht man von einem integren Produkt. Im Falle
  von Abweichungen sind vom Integrierten Marktteam die Gründe zu analysieren und in
  Folge die verbindlichen Zielwerte für das Konzept festzulegen.

- Im nächsten Schritt wird das Zielkostenkontrolldiagramm 2 (vgl. Abb. 15) auf Basis der absoluten Werte der Zielkosten und der geschätzten Kosten erstellt. Die Entwicklung der geschätzten Kosten wird im Zielkostenkontrolldiagramm 2 mitdokumentiert. Die Zielkostenunter- bzw. -überdeckung und das Ergebnis in Summe kann auch als Balkengrafik dargestellt werden.

Im Zuge des Kostenknetens ist, wie schon an anderen Stellen erwähnt, die gesamte Wertschöpfungskette in die Betrachtungen einzubeziehen. Traditionellerweise konzentrieren sich die Kostenreduktionsansätze auf Material- und Fertigungskosten. Um die anspruchsvollen Kostenziele jedoch erreichen zu können, müssen auch die Prozesse in Zukunft noch verstärkt in Kostenreduktionsbetrachtungen Berücksichtigung finden. Umfassendes marktorientiertes Kostenmanagement ist ohne Prozesskostenmanagement nicht vorstellbar (vgl. SEEBERG/SEIDENSCHWARZ 1993, S. 155f.).

Fallbeispiel Zielcontrolling

Im Entwicklungsprozess eines Elektronikmoduls für Kraftfahrzeuge sind die frühen Phasen abgeschlossen und das Integrierte Marktteam startet die Aktivitäten des Zielcontrolling mit Aufstellung der Zielkostenkontrolldiagramme. Zunächst hatte man beschlossen, sich dabei auf eine traditionelle Herstellkosten-Betrachtung auf Basis einer differenzierenden Zuschlagskalkulation zu beschränken, da das vorhandene Kostenrechnungssystem weiter gehende Aussagen über die Gemeinkostenverursachung nicht zuließ.

Ausgehend von dieser Basis wurde in den Zielkostenkontrolldiagrammen ersichtlich, dass der vorgesehene Prozessor deutlich außerhalb des Zielkostenkorridors im Bereich eines signifikanten Kostenreduktionsbedarfs lag (vgl. dazu Abb. 16, Zielkostenkontrolldiagramm 2 auf Basis der traditionellen Zuschlagskalkulation). Der Prozessor war deutlich zu teuer.

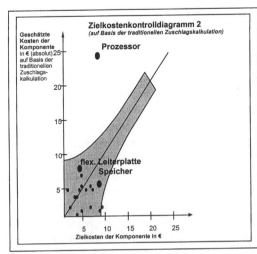 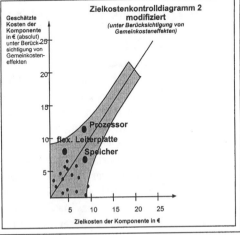

Abb. 16: Zielkostenkontrolldiagramm 2

Der Grund lag darin, dass dieser Prozessor für das zu entwickelnde Kleingerät prinzipiell zu leistungsstark war. Ursache dafür wiederum war, dass man im Rahmen eines unternehmensweiten Programms zur Reduktion der Komplexität projektübergreifend entschieden hatte, für diese Art von Geräten nur noch einen Prozessortyp einzusetzen, der für die Kleingeräte überdimensioniert ist, bei den höherwertigen Varianten jedoch auch zum Einsatz kommen kann. Das Integrierte Marktteam stand nun vor der Entscheidung, die bereits skizzierte Konzeptalternative zu überarbeiten und einen leistungsschwächeren Prozessor für das neue Kleingerät am Markt zu beschaffen oder aber den bisher im Konzept berücksichtigten, leistungsstärkeren Prozessor einzusetzen. Um für diese Entscheidung noch detailliertere Kosteninformationen zu gewinnen, entschloss man sich, abweichend vom bisherigen Vorgehen der traditionellen Zuschlagskalkulation, eine verbesserte Kostentransparenz im Gemeinkostenbereich zu erreichen, indem man die Gemeinkosten so verursachungsgerecht wie möglich zu ermitteln versuchte. Als ersten Schritt hin zum Aufbau einer Prozesskostenrechnung analysierte man daher innerhalb des Blockes der Herstellkosten die Kostentreiber der Logistikprozesse sowie der fertigungsvorbereitenden und -planenden Prozesse und erstellte mit Hilfe der Gemeinkosten-Checkliste eine Kostenschätzung für die Gemeinkostenverursachung des Kleingerätes.

Das Ergebnis der vertieften Kostenanalyse zeigte deutlich, dass den höheren Materialkosten des Standardprozessors deutlich geringere Kosten im Gemeinkostenbereich gegenüberstanden (vgl. Abb. 16, modifiziertes Zielkostenkontrolldiagramm 2). Insgesamt überwogen die „gemeinkostenbezogenen" Vorteile die „materialbezogenen" Nachteile des Standardprozessors gegenüber dem leistungsschwächeren Gerät. Die Entscheidung für den Standardprozessor war somit richtig, eine externe Suche nach einem leistungsschwächeren Prozessor nicht mehr nötig.

4. Der Dienstleistungs- und After Sales-Anschluss

Target Costing wird oft – unzulässig vereinfachend – auf eine reine Anwendung bei Hardware bezogen. Gerade bei langlebigen Konsumgütern sowie Investitionsgütern ist diese Sichtweise jedoch – auch und vor allem was die Kostenentstehung betrifft – zu eingeengt. Zwei Beispiele sollen die Problematik veranschaulichen:

- Das Thema Telematik ist momentan bei vielen Automobilherstellern stark im Fokus der Entwicklungsaktivitäten, da man sich hiervon einen innovativen Kundennutzen und dadurch Wettbewerbsvorteile verspricht. Unter Telematik versteht man die informationstechnische Verknüpfung von Fahrer und Fahrzeug mit relevanten Diensteanbietern, die dem Fahrer die entscheidungsrelevanten Daten jeweils zur Verfügung stellen (z.B. Staumeldungen, Hotelinformationen, Notrufe). Grundlage hierfür sind z.B. Autotelefone und Navigationssysteme. Diese Systeme wurden gerade von den Premium-Herstellern in letzter Zeit intensiv entwickelt und auf den Markt gebracht. Dabei muss man jedoch eine starke Fokussierung auf die Technologie feststellen, wobei man den Kundennutzen etwas aus dem Blick verloren hat. Die Folgen lassen sich aktuell am Markt beobachten. Die Telematik-Systeme werden vom Kunden noch kaum akzeptiert, da deren Anschaffung relativ teuer und auch noch mit laufenden Betriebskosten verbunden ist (was wiederum aktuell z.T. die Hersteller übernehmen, um die Systeme in den Markt zu bekommen). Der entsprechende Kundennutzen kann jedoch dem Fahrzeug-Käufer kaum vermittelt werden. Dies wiederum hat zwei Gründe: Zum einen gibt es noch zu wenig Dienste-Anbieter mit echten Mehrwertdiensten für den Kunden, zum anderen ist der Vertrieb im Verkaufsgespräch aufgrund mangelnden Know-hows nicht in der Lage, dem Kunden den Nutzen von Telematik-Systemen zu erläutern. Die Folge sind geringe Stückzahlen und folglich keine Kostendeckung bei den Herstellern, was wiederum Preissenkungen verhindert, die die Systeme am Markt aber wiederum attraktiver machen könnten. Bei konsequenter Anwendung des Target Costing sind solche Probleme frühzeitig abzusehen und es kann im Rahmen des Entwicklungsprojektes schon gegengesteuert werden. Zum einen über die Ermittlung und Bewertung des Kundennutzens und der Preisbereitschaften im Rahmen des Marktvorbaus, zum anderen aber auch durch die Analyse und Gestaltung der gesamten Prozesskette bis zum Kunden. Dabei würde man feststellen, dass der direkte Verkaufsprozess und die dabei stattfindende Vermittlung des Kundennutzens erfolgskritisch für Telematik-Systeme ist und man folglich diesen Prozess sowohl in die Zielkostensystematik als auch in die Ziel-Leistungsgestaltung einbeziehen muss (z.B. über die Gestaltung von Lernprogrammen im Rahmen des e-learning für Verkäufer).

- Viele Unternehmen initiieren aktuell mit großem Aufwand CRM-Programme, um die Kundenbindung zu verbessern. Man verspricht sich viel von sogenannten Outbound-Prozessen, also aktiven Programmen zur Kundenbindung (Kundenkarten und -Clubs, Einladungen zu Events, u.ä.). Im Sinne des Kundenbegeisterungsmodells versuchen dabei viele Unternehmen, die Kür (Begeisterungsanorderungen) vor der Pflicht zu tun. Denn häufig hapert es schon an den Inbound-Prozessen (Anliegen- und Beschwerdemanagement) und deren Konsistenz zum Produktangebot. Will man ein Premium-Produkt verkaufen, erwartet der Kunde auch zu Recht eine Premium-Betreuung im Service-, Gewährleistungs- oder Kulanzfall.

Nachdem im Rahmen des Target Costing immer die gesamte Problemlösung für den Kunden im Vordergrund steht, gehört die Gestaltung von Service- und Betreuungsprozessen mit zum Betrachtungsgegenstand des Target Costing. Folglich werden Service-Prozesse ebenfalls im Rahmen des Marktvorbaus analysiert, es werden die Kundenpräferenzen ermittelt, Zielkosten für diese Prozesse festgelegt und dann frühzeitig die Prozessgestaltung parallel zur Entwicklung der Hardware betrieben. So hat Volkswagen für sein neues Top-Modell des D-Segmentes, den Phaeton, bewusst den Vertriebs- und Serviceprozess geändert, in dem der Wagen nur bei ausgewählten und besonders geschulten Händlern vertrieben wird, der Händler den Wagen – im Gegensatz zum klassischen Vertriebsgeschäft als Vertragshändler – nur in Kommission nimmt und Volkswagen zu einem späteren Zeitpunkt die Vermarktung des Gebrauchtwagens übernimmt.

Diese Beispiele sollen nochmals die Anwendungsbreite des Target Costing verdeutlichen, das von seiner Ausrichtung her immer auf die gesamte Problemlösung für den Kunden und den gesamten Lebenszyklus zielt.

5. Zur Organisation des Target Costing

Zur organisatorischen Unterstützung des Target Costing müssen vor allem Teamorganisation, Aufbauorganisation, Anreizkomponente und die Einbindung des Target Costing in den Produktentwicklungsprozess betrachtet werden (vgl. SEIDENSCHWARZ 1995, S. 109ff.). Nachfolgend werden einige Aspekte in Bezug auf Projektorganisation und Einbindung des Target Costing in den Produktentwicklungsprozess näher betrachtet. Abbildung 17 gibt dazu zunächst einen Überblick über den Target Costing-Prozess mit dem Fokus auf das Zielkostenmanagement.

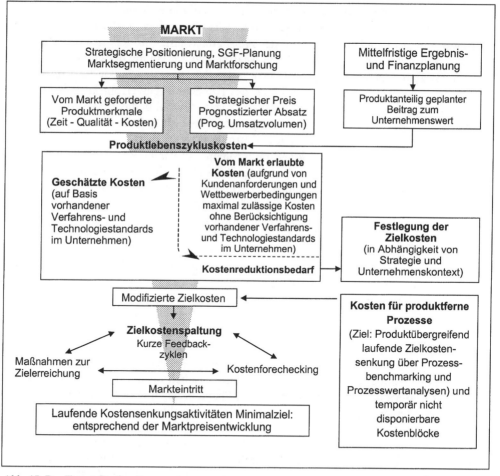

Abb. 17: Der Target Costing-Prozess

Seit geraumer Zeit beschäftigt sich die Erfolgsfaktorenforschung mit der Beantwortung der Frage: Was macht Entwicklungsprojekte erfolgreich? Eine entscheidende Rolle spielt dabei immer der Produktentstehungsprozess selbst. Exemplarisch sei das Ergebnis einer dieser Studien angeführt. Hinter dem Qualitätsprozess für die Produktentwicklung verbergen sich bspw. folgende Erfolgsfaktoren (vgl. COOPER/KLEINSCHMITT 1995):

- Ausführung der Entwicklungsaktivitäten mit hoher Qualität,
- vollständige Ausführung der Entwicklungsaktivitäten,
- Betonung der markt- und technologiebezogenen Klärungen vor der Realisierungsphase in der Produktentwicklung,
- frühe und klare Produktdefinition – vor der Realisierungsphase,
- harte Abbruchkriterien für Projekte, die entsprechend auch zu Abbrüchen von Projekten führen können,
- flexible Prozessgestaltung, die das Auslassen oder Kombinieren von Entwicklungsphasen ermöglicht, wenn es das Projektumfeld erfordert.

Das Target Costing-Toolset repräsentiert nicht eine Ansammlung von einzelnen Werkzeugen, aus denen je nach Belieben einzelne herausgegriffen werden. Die einzelnen Werkzeuge greifen vielmehr lückenlos und über den gesamten Produktentstehungsprozess durchgängig ineinander. Durch konsequente Anwendung der Target Costing-Instrumente wird durch die zugrundeliegende Logik ein Prozess in Gang gesetzt, der die oben genannten Erfolgsfaktoren unterstützt.

Für die Organisation von Entwicklungsprojekten, die mit der Methodik des Target Costing unterstützt werden, hat sich eine Unterteilung in das Entwicklungsteam an sich (üblicherweise sechs bis acht Personen) und zeitweilig je nach Bedarf zuliefernde Subteams bewährt. Dabei schält sich innerhalb des Entwicklungsteams in der Regel nochmals ein drei bis vier Personen umfassendes Kernteam heraus, das – im Gegensatz zu den anderen Mitgliedern des Teams – full-time abgestellt ist. Eine exemplarische Teamzusammensetzung zeigt Abbildung 18.

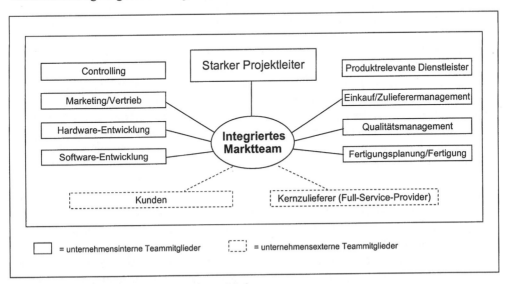

Abb. 18: Zusammensetzung eines Integrierten Marktteams

Damit das Integrierte Marktteam nachhaltig und erfolgreich in der Unternehmensorgani-
sation agieren kann, ist eine ausgewogene Mischung folgender Typen von Teammitglie-
dern wünschenswert:

- *Experten*, die das fachliche Know-how aus den jeweiligen Funktionen einbringen.
  Damit sind explizit nicht nur interne Spezialisten gemeint, sondern bewusst auch Experten aus anderen Gliedern der Wertschöpfungskette wie Zulieferer und/oder Kunden. Die Experten aus den Funktionsbereichen sind im Rahmen des Target Costing
  dabei nicht – wie häufig anzutreffen – als Abgesandte zu verstehen, die eine Art Mitt-
  lerfunktion zwischen Projekt und Funktion wahrnehmen, sondern vielmehr als eigenverantwortlich handelnde Vertreter ihrer jeweiligen Funktionen. Dies bedingt, dass sie
  neben dem jeweiligen Fachwissen auch die entsprechende Entscheidungskompetenz
  besitzen. Besitzen sie diese Kompetenz nicht, kommt es zu langwierigen Abstim-
  mungsrunden und Feed-Back-Schleifen, die die Erreichung der Projektziele ernsthaft
  gefährden können.

- *Sponsoren*, die aufgrund ihrer hierarchischen Stellung als Macht-Promotoren auftreten
  können sowie über die entsprechende Budgetgewalt verfügen. Damit fällt ihnen in der
  Regel auch die Aufgabe des Barrierenbrechers bei für das Projekt kritischen Fällen zu
  (prominente Entscheidungen zur Zielkostenerreichung, Abwehren von Blockierern
  etc.). Sponsoren haben vor allem die Aufgabe, dem Team „den Rücken freizuhalten".
  Sie sollten jedoch auf keinen Fall in das Projekt „hineinentscheiden". Die damit verbundene weitgehende Delegation von Verantwortung wird zwar zu Beginn vieler Projekte von vielen Topmanagern zugesichert, erfordert von ihnen im späteren Produktentstehungsprozess üblicherweise aber ein gewaltiges Durchhaltevermögen.

- *Champions*, die über die soziale Kompetenz sowie das nötige Moderationsgeschick
  verfügen, die anstehenden Projektaufgaben unter Einbindung aller relevanten Personen
  effizient zu bewältigen. Solche Typen von Managern eignen sich üblicherweise auch
  ideal als starke Projektleiter.

Aus diesen Erkenntnissen ergibt sich dann eine repräsentative Projektorganisation, wie
sie sich in zahlreichen Target Costing-Projekten bewährt hat. Als Prozesstreiber solcher
Aktivitäten fungiert das Kernteam, das sich aus dem Integrierten Marktteam herausschält
und – wie oben beschrieben – maximal vier Personen umfasst. Darum gruppieren sich –
neben den Mitgliedern des gesamten Integrierten Marktteams – fallspezifische Subteams,
die genau definierte Teilaufgaben innerhalb des Gesamtprojekts unter Beteiligung der
notwendigen Experten aus den verschiedenen Bereichen des Unternehmens – und gegebenenfalls von außerhalb – abarbeiten und dem Kernteam zuliefern. Im Idealfall steuert
ein Mitglied des Integrierten Marktteams ein solches Subteam. Die projektübergreifende
Koordination wird von den oben genannten Sponsoren wahrgenommen. Derart aufge-
baute Target Costing-Projekte weisen eine Reihe von *Vorteilen* auf:

- Durch das Full-Time-Kernteam ist eine kontinuierliche Projektbearbeitung, ein strin-
  genter Projektrhythmus sowie ein konsequentes Projektmanagement sichergestellt.

- Das Projekt lässt sich effizient abarbeiten, da keine „Leerkapazitäten" im Team vorgehalten werden, sondern fallspezifisch für die anstehenden Projektaufgaben Subteams
  gebildet werden.

- Über die Subteams sowie die „krakenförmige" Verzahnung des Integrierten Markt-teams (über die formellen und informellen Wege) mit dem organisatorischen Umfeld des Unternehmens ist eine enge Verbindung zur Aufbauorganisation gegeben. Außerdem wird das Target Costing-Know-how dadurch schnell in die Breite getragen.
- Durch die Anbindung an die Aufbauorganisation sowie die interdisziplinäre Teamzu-sammensetzung ist die Informationsversorgung zur Bewältigung der Projektaufgaben üblicherweise ohne großen Zusatzaufwand gegeben.

Diesen Vorteilen stehen in aller Regel jedoch auch einige *Nachteile* gegenüber:

- Die Mitarbeiter in den Subteams arbeiten – ebenso wie die Nicht-Kernteammitglieder des Integrierten Marktteams – weiterhin in ihrer Linienfunktion. Damit kommt es zu einem Konflikt zwischen Projekt- und Linienaufgaben, der nicht selten zu Lasten der Projektaufgaben geht. Daher ist es erfolgskritisch, bei Projektstart die anstehenden Aufgabenpakete genau zu definieren und vom Ressourceneinsatz her abzuschätzen. Dabei bewährt sich die Unterstützung externer Target Costing-Experten, da ohne ent-sprechende Erfahrung eine realistische Aufwandsschätzung nahezu unmöglich er-scheint. Sodann bedarf es des Commitments der Führungskräfte in der Linie, die ge-forderten Ressourcen auch tatsächlich bereitstellen zu wollen und zu können. Dabei wird die Bedeutung des Zusammenspiels von Projekten und Funktionen im Unterneh-men meistens noch unterschätzt. Bei entsprechender Ausgestaltung der Zusammenar-beit entsteht in der Regel jedoch eine Situation, bei der beide gewinnen. Die Funktio-nen können dabei den Input über die Markt- und Kundenanforderungen sowie die dar-aus abgeleiteten Anforderungen an ihre eigene Leistungsfähigkeit und Kostenkompe-tenz nutzen, um sich selbst laufend auf Best Class-Niveau zu halten. Um dies zu errei-chen, können sie rechtzeitig eigene Maßnahmen zu einer möglichen Prozessverbesse-rung anstoßen. Damit wird das Target Costing zum Taktschläger der laufenden Anpas-sung der betroffenen Geschäftseinheit an die Marktanforderungen (vgl. Abb. 19).

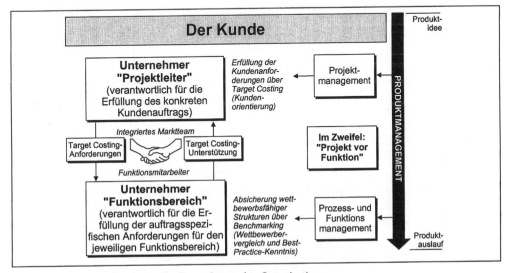

Abb. 19: Das Target Costing treibt die marktgerechte Organisation

- Da im Rahmen von Target Costing-Projekten meist tief greifende Änderungen im Unternehmen angestoßen werden, spielt der Support von Sponsoren eine wichtige Rolle. Dabei entsteht jedoch üblicherweise ein Konflikt: Um die notwendigen Änderungen zu unterstützen und vorantreiben zu können, müssen die Sponsoren sie verstehen und akzeptieren. Dies setzt eine ausreichende Kenntnis der im Team erarbeiteten Probleme und Lösungsmöglichkeiten voraus. Das heißt, die Sponsoren sind laufend im Rahmen von Lenkungsausschusssitzungen, Managementpräsentationen und Einzelgesprächen über den Projektfortschritt und die Projektergebnisse zu informieren. Dies kollidiert erfahrungsgemäß mit der hohen Belastung des Managements durch andere Aufgaben. Es ist daher eine besonders wichtige Aufgabe des Kernteams, die Sponsoren ausreichend zu informieren, ohne sie zeitlich zu sehr zu belasten. Eine Art „Patenschaft", in der jedes Mitglied des Kernteams sich um einen wichtigen Sponsoren kümmert, hat sich dabei bewährt. Insbesondere in den frühen Projektphasen ist dadurch ein Grundlevel an Vertrauen in die Projektarbeit und die Kompetenz des Teams aufzubauen, so dass dadurch das Informationsbedürfnis der Sponsoren kontinuierlich abnimmt.

Fallbeispiel Target Costing-Organisation

Für die Entwicklung eines neuen Moduls zur Anlagenautomatisierung stellt ein Unternehmen ein Integriertes Marktteam zusammen.

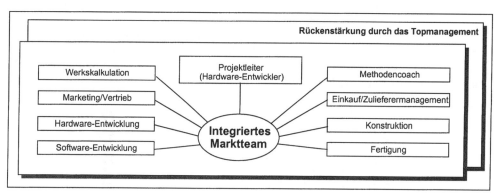

Abb. 20: Integriertes Marktteam

Das Management verhält sich idealtypisch im Sinne des Target Costing und vermeidet mehrere klassische Fehler:

- Das Target Costing wird „von Beginn an" gestartet. Es wird ein externer Berater als Methodencoach und Moderator hinzugezogen und in das Team integriert. Das Team erhält lediglich die Vorgabe, eine neue Low End-Produktfamilie zu entwickeln und darf sich alle weiteren Ziele im Rahmen der übergeordneten Zielsetzungen selbst vorgeben.
- Das Team und der Projektleiter haben volle Entscheidungsfreiheit für ihr Projekt und werden vom Management bedingungslos unterstützt.

- Der Projektleiter wird full-time und die Projektmitglieder jeweils zu mindestens 50% ihrer Arbeitszeit für die Projektarbeit freigestellt. Es existiert ein Teamraum, der ständig für alle Teammitglieder zur Verfügung steht.

Trotz dieser Voraussetzungen zeigt sich der Projektleiter bedenklich. Er fühlt sich den anstehenden Aufgaben nicht gewachsen und begründet dies wie folgt:

- Er wollte noch nie Personalverantwortung übernehmen, sondern ist mit seiner Entwicklertätigkeit völlig zufrieden.

- Von Themen wie Controlling und Marketing hat er keine Ahnung und sich auch noch nie vorher damit auseinander gesetzt.

- Er hatte die klassischen „Feindbilder" gegenüber anderen Funktionen aufgebaut und kann sich nicht vorstellen, wozu es gut sein soll, mit diesen von Beginn an einem Tisch zu sitzen.

Nach drei Monaten Projektarbeit zeigt sich – für Target Costing-Projekte absolut typisch – ein völlig anderes Bild:

- Der Projektleiter hat Projekt, Termine, organisatorische Rahmenbedingungen sowie sein Team voll „im Griff". Er arbeitet engagiert und mit großer Begeisterung an der gestellten Aufgabe und motiviert damit auch sein Team.

- Er zieht sich mehr und mehr aus seiner eigentlichen Entwicklertätigkeit zurück und übernimmt zunehmend Projektmanagementaufgaben.

- Er setzt sich kritisch mit den Marktforschungsergebnissen auseinander, mahnt Informationslücken und Unstimmigkeiten im Datenmaterial an und beteiligt sich selbst aktiv an Kundenbefragungen.

- Er vereinbart in festem Rhythmus Treffen mit dem Werkscontrolling und befasst sich im Detail mit der Kostenstruktur.

Dergestalt durch die ihm übertragene Aufgabe, die damit verbundene Verantwortung und Kompetenz sowie durch den Vertrauensvorschuss zum echten ‚heavy-weight project leader' gereift, sieht er sich und sein Team nach Abschluss des Marktvorbaus, der Retrograden Kalkulation, der Alternativenbewertung und der Produktzielspaltung mit einer äußerst kritischen Situation konfrontiert: Der Entwicklungsleiter entscheidet aus eigener Machtvollkommenheit und ohne Rücksprache mit dem Team und dem restlichen Management, das Target Costing nun zu stoppen, „da es ja seine Aufgabe erfüllt hätte", und „endlich mit dem Entwickeln anzufangen". Dazu möchte er auch das Team auflösen und die Aufgabe an ein reines Entwickler-Team übergeben. Der Projektleiter sieht den gesamten Projekterfolg gefährdet, da er mittlerweile erkannt hat, dass das Ziel nur im interdisziplinären Team erreicht werden kann und es unmöglich ist, das detaillierte Wissen über Produkt, Märkte, Kunden, Konkurrenten und Kostenstruktur im laufenden Prozess zu übergeben. Außerdem vermutet er, dass gerade die nun folgende Phase des Zielkostencontrolling erfolgskritisch wird, da das neue Produktkonzept mit vielen lieb gewonnenen Gewohnheiten des Unternehmens bricht und konsequent auf die Marktanforderungen ausgelegt ist. So sind von ehemals 250 Software-Funktionen lediglich 50 kundenrelevante übrig geblieben. Das Team vermutet, dass ein reines Entwickler-Team zum einen – wie in der Vergangenheit üblich – durch laufendes Add-on die Funktionalität ausufern lassen würde und zum anderen stark den Einflüssen von außen ausgesetzt sein würde, die ebenfalls weitere „Muss"-Funktionen fordern würden, „ohne die das Produkt auf keinen

Fall verkaufsfähig ist". Der Projektleiter erarbeitet die Problematik zusammen mit seinem Team und hat zudem die Durchsetzungskraft, entgegen der Entscheidung des Entwicklungsleiters, das gesamte Management zu einer Präsentation einzuladen, bei der das Team die Situation sowie die Risiken aus seiner Sicht darstellt. Daraufhin entscheidet das Management für eine Fortsetzung der Target Costing-Aktivitäten sowie der Teamarbeit. Im Zweifel gilt daher „Projekt vor Funktion!".

6. Fazit

Der Ansatz des Target Costing im Sinne eines Marktorientierten Zielkostenmanagements hat sich in den letzten Jahren kontinuierlich weiterentwickelt. Das zugrundeliegende Instrumentarium erlaubt eine ganzheitliche Begleitung des Produktentstehungsprozesses von der strategischen Einbettung der Produktidee bis zum Markteintritt. Ziel ist die Realisierung der marktorientierten Unternehmensführung auf Basis einer marktnahen Organisation. Das dazugehörige Controlling konzentriert sich auf das Controlling der Markt- und Prozesskette.

Produkt Business Pläne als operative Umsetzung von Target Costing und Target Investment

Utz Claassen und Rüdiger Ellssel

1. Die Wettbewerbssituation der Automobilindustrie

Weltweit sind zurzeit etwa 500 Millionen Autos zugelassen. Der Wettbewerb auf den internationalen Kraftfahrzeugmärkten wird zunehmend intensiver. Zwar öffnen sich im asiatisch-pazifischen Raum sowie in Osteuropa und auch in Mittel- und Südamerika neue zukunftsträchtige Absatzmärkte, dennoch ist mit einem Nachlassen der Wettbewerbsintensität nicht zu rechnen. Zunehmend drängen neben den bekannten Anbietern aus Europa, Japan und den USA auch Anbieter aus den sich industrialisierenden Ländern Südostasiens auf diese Märkte.[1]

Neue, hochmoderne Produktionsstätten entstehen außerhalb der traditionellen Produktionsstandorte. Das Verhältnis von Produktionskapazität zu Bedarf entwickelt sich nach wie vor auseinander. Die internationale Automobilindustrie ist weiterhin durch Überkapazitäten belastet. Demzufolge wird in den nächsten Jahren ein globaler Verdrängungswettbewerb mit bisher nicht gekannter Intensität zu erwarten sein.

Auf den traditionellen Märkten ist die Zunahme der Wettbewerbsintensität bereits heute schon sehr deutlich zu spüren. Neben der ständig zunehmenden Anzahl der Anbieter haben sich auch die primär wettbewerbsbestimmenden Faktoren geändert: Mit Eintritt der Sättigung dieser Märkte vollzog sich eine Wandlung von „Anbietermärkten" hin zu „Nachfragermärkten". Es sind nicht mehr nur die klassischen Absatzgrößen wie Preis und Qualität, sondern vor allem die schnelle und flexible Reaktion auf die ständig zunehmenden Bedürfnisse und Wünsche des Kunden die ausschlaggebenden Erfolgsfaktoren.

Maximale Qualität, Zuverlässigkeit und Gebrauchsfähigkeit auf höchstem technischen Niveau werden unabdingbare Voraussetzungen sein, um unter den verschärften Bedingungen des globalen Wettbewerbs bestehen zu können. Daneben wird in der Zukunft die Umweltverträglichkeit weiter zunehmend zu einer selbstverständlichen Anforderungsdimension.

Moderne Produktionsmethoden mit hoher Produktqualität sowie externe Zwänge (z.B. standardisierte Verbrauchs-, Emissions- und Sicherheitsanforderungen) werden zunehmend zu einer Produktangleichung führen, die den Markenwechsel erleichtert. Zusätzlich wird die Nachfrage nach Nischenprodukten und Spezialausführungen wachsen. Verschärfter Preiswettbewerb und hoher Kostendruck werden einhergehen mit sinkenden Stückzahlen pro Modellvariante.

In Zukunft werden sich in dem globalen Wettbewerb vor allem die Automobilhersteller behaupten können, die die Bedürfnisse des Kunden am schnellsten in Produkte und Leistungen umsetzen können und auf Veränderungen am schnellsten und am flexibelsten reagieren werden (vgl. PEREN 1996).

Dieser Trend macht es erforderlich, dass neben der entsprechenden organisatorischen Struktur und Managementtechnik vor allem eine Kultur der kompromisslosen Kundenorientierung im Unternehmen vorhanden sein muss. Sie ist zu einem entscheidenden Faktor in der Unternehmensstrategie geworden. Die Wünsche, Bedürfnisse und Erwartungen des Kunden bestimmen das Produkt. Sieht der Kunde seine Wertvorstellungen am Produkt und in den Serviceleistungen des Unternehmens realisiert, wird das Automobil erfolgreich verkauft werden. Damit steht der Kunde im Mittelpunkt der unternehmerischen Aktivitäten und Entscheidungen. Die Schaffung von Kundenwertvorteilen und die Erzielung einer maximalen Kundenzufriedenheit sind damit als Unternehmensziel von strategischer Bedeutung.

2. Die Target-Philosophie als Instrument für das marktorientierte Kostenmanagement

Aufgrund der Komplexität einer Fahrzeugneuentwicklung müssen eindeutige Zielsetzungen im Hinblick auf die Schaffung von Kundenwertvorteilen für die Entwicklungsabteilungen definiert werden.

Die Herausforderung besteht darin, die vielfältigen, differenzierten und von technischen Lösungen oftmals unabhängigen Kundenwünsche, Bedürfnisse und Erwartungen zu erkennen und darüber hinaus diese Wünsche aus der Sprache der Kunden in technische Vorgaben für neue Produktkonzepte zu übersetzen. Es müssen dabei auch emotional geprägte Aussagen der Kunden wie z.B. „das schwammige Sitzgefühl" systematisch in ein klares Anforderungsprofil z.B. für den Sitzkomfort des Fahrzeugs überführt werden. Die Übereinstimmung der Produktfunktionen mit den Bedürfnissen und Erwartungen der Kunden stellt ein Maß für die Kundenzufriedenheit dar.

Zur Erzielung einer maximalen Kundenzufriedenheit ist ein intensiver Kontakt zum Kunden erforderlich, denn die Wertvorstellungen der Kunden unterliegen einer dauernden Veränderung. Sonderausstattungen, die heute zu einer hohen Kundenzufriedenheit führen, können morgen schon zum Standard gehören. Der serienmäßige Einsatz der Servolenkung oder des Airbag sind Beispiele für diesen Veränderungsprozess. Besonders in der Produktentstehungsphase können so Veränderungen in der Wertvorstellung der Kunden identifiziert werden und frühzeitig in das neue Produkt einfließen.

Neben der Funktionalität des Produktes sind vor allem das Preis-Leistungs-Verhältnis, die Umweltverträglichkeit und die Güte der Serviceleistungen die wettbewerbsbestimmenden Erfolgsfaktoren.

Mit der Target-Philosophie soll gewährleistet werden, dass ein aus Kundensicht attraktiver Preis sowie ein aus Unternehmenssicht notwendiger Gewinn und Kapitalrendite mit dem Produkt realisiert werden kann.

Damit nun das Projektteam die aus Kundensicht „richtigen Dinge" im Hinblick auf eine hohe Kosteneffizienz auch „richtig" umsetzen kann, muss das Projektteam mit Unterstützung von Controlling die fahrzeugspezifischen Zielkosten ermitteln, die sich das Unternehmen unter Berücksichtigung eines adäquaten Gewinns für das jeweilige Produkt erlauben darf.

Ausgehend von dem Target Costing Leitsatz: „Wie viel ist der Kunde bereit, für das Produkt zu zahlen?" kann in Kenntnis dieses Marktpreises auch leicht die Frage nach den „erlaubten fahrzeugspezifischen Zielkosten" beantwortet werden. Der Target Costing Ansatz unterscheidet sich von der bisherigen Vorgehensweise der Produktkalkulation durch eine Umkehr auf der Zeitachse des Produktentstehungsprozesses (vgl. zum Target Costing auch den Beitrag von SEIDENSCHWARZ ET AL.).[2]

Bisher wurden zuerst die Kosten ermittelt und dann durch einen Gewinnaufschlag der Preis festgelegt. Das Risiko bestand nun darin, dass der so ermittelte Preis vom Kunden nicht akzeptiert wurde. Absatzschwierigkeiten und Gewinneinbußen waren damit vor-programmiert. Bei der Target Costing Kalkulation wird zuerst der Zielpreis, d.h. der am Markt mit diesem Produkt realisierbare Preis, ermittelt. Durch Abzug einer adäquaten Gewinnmarge und einer Risikovorsorge, die einen möglichen Wandel im Kundenverhal-ten, in der Gesetzgebung oder unvorhergesehene Ereignisse aus dem Markt berücksichti-gen soll, werden so die maximal erlaubten Zielkosten festgelegt.

In Kenntnis dieser aus dem Zielpreis abgeleiteten Zielkosten wird nun ein bereichs-übergreifend tätiges Projektteam in die Lage versetzt, die aus Kundensicht „richtigen Dinge" im Hinblick auf eine hohe Kosteneffizienz auch „richtig" umzusetzen. Die Target Costing Philosophie berücksichtigt in ihrer Anwendung somit die Wertvorstellung der Kunden ausgedrückt durch ein optimales Preis-Leistungs-Verhältnis und die Unterneh-menszielsetzungen ausgedrückt durch ein optimales Kosten-Nutzen-Verhältnis.

2.1. Ermittlung der Target Costs

Die *Ermittlung der Zielkosten* soll beispielhaft anhand der Vorgehensweise bei einer Fahrzeugneuentwicklung erläutert werden (vgl. hierzu auch CLAASSEN/HILBERT 1994a).

Ausgehend von dem zum Serieneinsatz (SOP) einer neuen Fahrzeuggeneration erziel-baren durchschnittlichen Zielpreis können durch Bereinigung dieses Preises um Mehr-wertsteuer, Händlermarge, Erlösschmälerungen sowie um länderindividuelle Einfluss-faktoren die durchschnittlichen Netto-Umsatzerlöse ermittelt werden.

Diese durchschnittlichen Netto-Umsatzerlöse lassen sich mit einer Ergebnisstruktur hinterlegen und entsprechend der unternehmerischen Zielsetzung prozentual in Einzel-kosten, Gemeinkosten, Risiko und Operatives Ergebnis aufteilen (vgl. Abb. 1).

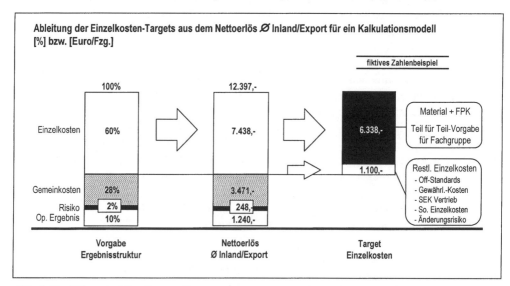

Abb. 1: Ermittlung der Einzelkosten-Targets

Darüber hinaus müssen alle am Produktentstehungsprozess crossfunktional beteiligten Mitarbeiter die Bedeutung des Fahrzeug-Gesamt-Targets für ihren individuellen Arbeitsumfang kennen. Eine weitere Detaillierung der Zielkosten nach Subsystemen ist somit erforderlich. Diese weitere Kostendetaillierung konzentriert sich auf die von den beteiligten Mitarbeitern direkt beeinflussbaren Kosten von Material und Fertigungspersonal. Die restlichen Einzelkosten (Off-Standards, Gewährleistungskosten, Sonder-Einzelkosten-Vertrieb, Sonstige Einzelkosten, Änderungsrisiko) werden auf der Beeinflussungsebene belassen. Dies bedeutet, dass zwar ein Zielwert abgeleitet wird, die konkrete Erreichung dieser Zielsetzung jedoch innerhalb des Gestaltungsspielraumes der zuständigen Bereiche liegt. Gleichermaßen wird bei den Gemeinkosten verfahren. Hier liegt die Realisierung der Zielsetzung jedoch im Verantwortungsbereich des produzierenden Werkes.

Das Herunterbrechen dieser technikbezogenen Einzelkosten-Targets nach Subsystemen in operational greifbare Einzelwerte erfolgt in einer Matrix nach den zwei Kriterien *Fachgruppe* (Motor, Getriebe, Fahrwerk, Karosserie, Ausstattung, Elektrik) und innerhalb der Fachgruppe nach *Technik* (Hauptbaugruppe, Funktionsgruppe, Komponente und Einzelteil).

Vom Referenzmodell der Serie, das als Basis für eine Neuentwicklung dienen soll, ist die Kostenmatrix mit der aktuellen Verteilung der €-Werte bekannt (vgl. Abb. 2). Diese Verteilung wird nun in modifizierter Form auf den Nachfolger übertragen. Dazu ist es in der strategischen Vorphase erforderlich, die aus Clinicstudien, Zielgruppenbefragungen, Wettbewerbsanalysen und Kundenreklamationen der Serie gewonnenen Erkenntnisse in die Matrix einfließen zu lassen. Weiterhin werden alle Änderungen hinsichtlich Produktkostenoptimierung, Modellpflege, Qualität und Serienänderungen, die bis zum Auslauf der Serie geplant sind, gezielt mit einbezogen. Auf diese Weise erhält man die Kostenverteilung des Nachfolgers zum Zeitpunkt SOP auf heutiger Kostenbasis.

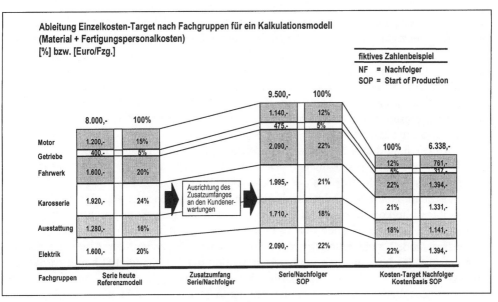

Abb. 2: Ermittlung der Einzelkosten-Targets nach Subsystemen

Diese aktuelle Verteilung der €-Werte wird in eine prozentuale Aufteilung überführt. Jetzt können die aus dem vorhergehenden Schritt gewonnenen absoluten Zielkosten mit diesen Prozenten multipliziert werden. Damit ist sichergestellt, dass die konkreten €-Werte der Zielkostenmatrix auch arbeitsgruppenbezogene Akzeptanz haben.

Analog der eben beschriebenen Vorgehensweise wird in weiteren Schritten die Kostendetaillierung bis hinunter zur Komponenten- bzw. Teileebene fortgeführt.

In diesem Kapitel wurde eine Möglichkeit zur kundenorientierten Zielkostenableitung bis auf Subsystemebene dargestellt. Aber nicht nur die Einzelkosten, wie Fertigungsmaterial und Fertigungspersonal, sondern auch die in der Frühphase des Produktentstehungsprozesses einmalig anfallenden produktspezifischen Aufwendungen für Spezialbetriebsmittel oder Entwicklungsleistungen bedürfen der kundenorientierten Zuordnung. Auch hier kann auf Kundenbelange differenziert eingegangen werden und darüber hinaus besteht die Möglichkeit, den späteren Materialverbrauch sowie die fertigungsgerechte Montage kostenoptimal zu beeinflussen.

2.2. Ermittlung des Target Investment

Zur Beantwortung der Kernfrage „Wie viel Investitionen darf ein Unternehmen für eine Fahrzeugneuentwicklung aufwenden, damit einerseits die Kunden-/Marktanforderungen und andererseits die wirtschaftlichen Zielsetzungen des Unternehmens erfüllt werden?" sollen im Folgenden die Methoden zur Ermittlung des *Target Investment* kurz vorgestellt werden (vgl. hierzu auch CLAASSEN/HILBERT 1994b; CLAASSEN/ELLSSEL 1996, 1997).

Gerade unter Berücksichtigung der absoluten Höhe von Neuinvestitionen bei Fahrzeugneuentwicklungen ist eine unter wirtschaftlichen und strategischen Gesichtspunkten differenziert abgeleitete und abgesicherte Vorgabe für die Funktionalbereiche unabdingbar.

In der Vergangenheit wurde der Investitionsbedarf für Fahrzeugneuentwicklungen allein durch Korrektur und Neuabschätzung basierend auf den Erfahrungswerten der Vergangenheit ermittelt. Dieses Verfahren wird heute natürlich auch noch angewendet. Die operativen Bereiche bewerten ihren für das Vorhaben erforderlichen Maßnahmenkatalog anhand der vom Projektmanagement vorgegebenen Prämissen wie Anzahl der Derivate, Fertigungstiefe, Anzahl der Standorte, Komplexität, Anzahl von Carry Over Parts, Automatisierungsgrad, Produktionsvolumen etc. und erhalten so den Investitionsbedarf für das Neufahrzeug (vgl. Abb. 3).

Die Anwendung dieser Methode allein reicht aber nicht mehr aus, um dem zunehmenden Konkurrenzdruck standzuhalten. Das Investitionsverhalten der Wettbewerber oder die branchenspezifische Rendite des durchschnittlich eingesetzten Vermögens bleibt dabei weitgehend unberücksichtigt. Ist das Produkt mit der Höhe der Abschreibungen noch im erlaubten Zielkostenbereich? Ist mein interner Verzinsungsanspruch an das eingesetzte Kapital realistisch? Dies sind weitere Fragen, die allein durch die Anwendung der „Bedarfsmethode" nicht ausreichend beantwortet werden. Neben der Ableitung des Investitionsmittelbedarfs aus den korrigierten Werten der Vergangenheit kommen deshalb zusätzlich in der Praxis vor allem die „Ertragsmethode", die „Kostenmethode", die „Benchmarkmethode" und die „Verzinsungsmethode" zur Anwendung.

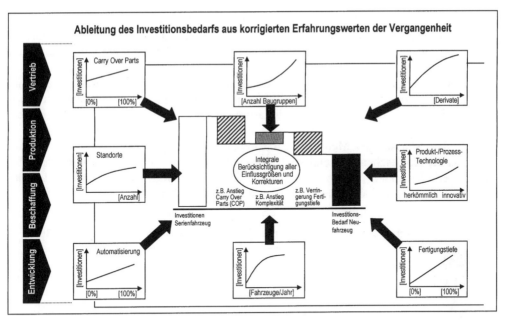

Abb. 3: Ableitung der Investitionsmittel nach der Bedarfsmethode

An dieser Stelle soll die *„Verzinsungsmethode"* etwas näher erläutert werden. Bei dieser wird das Target Produktinvestment unter Berücksichtigung der Wiedergewinnung der eingesetzten Investitionssumme und deren angemessener Verzinsung während der Nutzungsdauer ermittelt. Als theoretische Grundlage kommt dabei die Methode der internen Kapitalverzinsung zur Anwendung. Das bedeutet, dass hierzu sowohl die Nutzungsdauer als auch die Zeitwerte der Rückflüsse (Ergebnisbeiträge) hinreichend genau vorbestimmt bzw. abgeschätzt werden müssen. Zudem muss eine Vorgabe für den Mindestanspruch an den internen Zinsfuß definiert sein, die sich an den ökonomischen Unternehmenszielen orientiert.

Mit der Kenntnis über die Nutzungsdauer, die Zeitwerte der Rückflüsse (Ergebnisbeiträge) und den Mindestanspruch an den internen Zinsfuß können die Barwerte zum Zeitpunkt SOP ermittelt werden. Diese mit dem Zinssatz „pi" diskontierten Barwerte wiederum entsprechen nun der Höhe der erlaubten produktspezifischen Aufwendungen.

Durch die Vorgabe einer an den ökonomischen Unternehmenszielen orientierten Soll-Struktur der produktspezifischen Aufwendungen wie Entwicklungskosten, An- und Auslaufkosten, Folgekosten über die Nutzungsdauer, Umlagen für Aggregate-Entwicklungen und die Investitionen für den Fahrzeugersteinsatz können die jeweils maximal erlaubten Aufwendungen zugeordnet werden.

In dem fiktiven Zahlenbeispiel dürfen maximal 50% der Barwerte zu SOP als Investitionen für den Fahrzeugersteinsatz verwendet werden. Diese maximal erlaubten Investitionen entsprechen dem Target Investment.

Die Praxis hat gezeigt, dass abhängig von der gewählten Methode unterschiedliche Ergebnisse ermittelt werden, diese sich aber innerhalb einer Bandbreite mit relativ geringer

Streuung bewegen. Zur Ableitung einer plausiblen Zielgröße sollten jedoch immer mehrere unterschiedliche Ansätze zum Einsatz kommen, um die Unsicherheit, die mit der isolierten Anwendung eines einzigen Verfahrens verbunden ist, auf ein vertretbares Maß zu reduzieren.

Die mit den beschriebenen Verfahren ermittelten unterschiedlichen Target Investments werden vom Controlling auf Plausibilität geprüft und dem Projektmanagement sowie dem Vorstand mit Empfehlung über die absolute Höhe der Investitionsvorgabe präsentiert.

Alle dargestellten vier Methoden zur Ableitung des Target Investment (vgl. Abb. 4) sind aus der praktischen Anwendung heraus systematisiert worden und führen damit bei den „internen Kunden", den operativ tätigen Bereichen, aufgrund der Kenntnis der Methoden zu einer hohen Akzeptanz der so ermittelten Vorgaben.

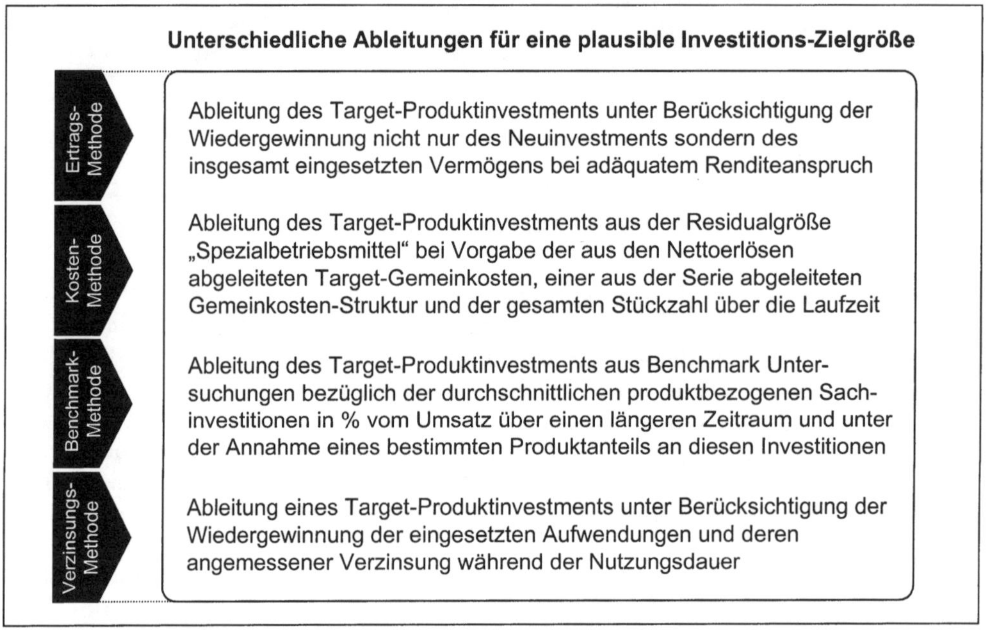

Unterschiedliche Ableitungen für eine plausible Investitions-Zielgröße

Ertrags-Methode
Ableitung des Target-Produktinvestments unter Berücksichtigung der Wiedergewinnung nicht nur des Neuinvestments sondern des insgesamt eingesetzten Vermögens bei adäquatem Renditeanspruch

Kosten-Methode
Ableitung des Target-Produktinvestments aus der Residualgröße „Spezialbetriebsmittel" bei Vorgabe der aus den Nettoerlösen abgeleiteten Target-Gemeinkosten, einer aus der Serie abgeleiteten Gemeinkosten-Struktur und der gesamten Stückzahl über die Laufzeit

Benchmark-Methode
Ableitung des Target-Produktinvestments aus Benchmark Untersuchungen bezüglich der durchschnittlichen produktbezogenen Sachinvestitionen in % vom Umsatz über einen längeren Zeitraum und unter der Annahme eines bestimmten Produktanteils an diesen Investitionen

Verzinsungs-Methode
Ableitung eines Target-Produktinvestments unter Berücksichtigung der Wiedergewinnung der eingesetzten Aufwendungen und deren angemessener Verzinsung während der Nutzungsdauer

Abb. 4: Ansätze zur Ableitung einer plausiblen Zielgröße

So sind dem Finanzbereich die Ertrags- und die Verzinsungsmethode aus dem alltäglichen Geschäft geläufig. Der Vertrieb ist markt- und wettbewerbsorientiert und wird daher eher die Ergebnisse der Benchmark- und Ertragsmethode akzeptieren. Dagegen ist die Produktion und die Beschaffung nach innen orientiert, d.h. das Kostenbewusstsein ist hier ausgeprägter vorhanden. Für die Produktion und die Beschaffung ist daher die Ableitung nach der Kostenmethode die plausibelste.

Erst nach einem Abgleich mit den von den Fachbereichen ermittelten Investitionserfordernissen wird der limitierte Umfang zur festen Vorgabe für die Funktionalbereiche (vgl. Abb. 5).

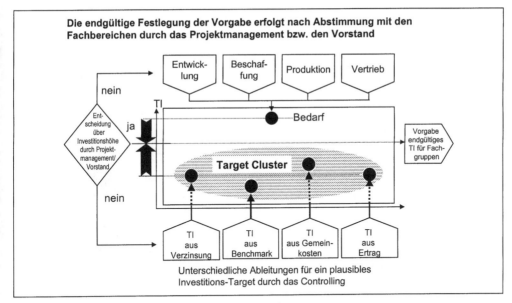

Abb. 5: Festlegung des Target Investment durch das Management

3. Realisierung der Target Costs und Target Investments

Mit der kundenorientierten Ableitung sowohl der Kosten- als auch der Investitionsvorgaben für die Projektteams ist noch nicht sichergestellt, dass diese Ziele auch erreicht werden. Die Mitglieder der crossfunktional besetzten Projektteams müssen beurteilen, ob sie diese Vorgaben auch wirklich erreichen können. Nach der teaminternen Übereinkunft muss das Commitment des jeweiligen Bereiches eingeholt werden, d.h. die operativen Bereiche müssen sich zur Zielerreichung verpflichten. Das bedeutet, dass die vom Controlling abgeleiteten Kosten- und Investitionsvorgaben auch von den operativen Bereichen akzeptiert werden.

In einem nächsten Schritt müssen nun die notwendigen Maßnahmen zur Zielerreichung mit Hilfe der *produktbezogenen Business Pläne* geplant werden. Dazu ist zunächst das Kostensenkungspotenzial zu identifizieren (vgl. Abb. 6). Kostensenkungspotenzial sollte vor allem dort gesucht werden, wo aus Kundensicht das ungünstigste Kosten-Nutzen-Verhältnis gegeben ist. Hier sollte unter wertgestalterischen Gesichtspunkten versucht werden, das maximale Kostensenkungspotenzial zu realisieren. Japanische Erfahrungen haben gezeigt, dass das größte Rationalisierungspotenzial in einer optimalen Produktkonstruktion liegt. Sie wirkt sich sowohl auf die Fertigungskosten als auch auf die Beschaffungskosten aus. In der Einfachheit der konstruktiven Lösungen und der Konzentration auf die kundenrelevanten Umfänge liegt der Schlüssel zu einem erfolgreichen Produktkonzept.

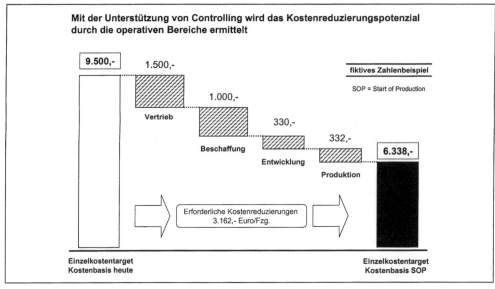

Abb. 6: Ermittlung des Kostensenkungspotenzials nach Bereichen

Einsparungen werden aber nicht nur am Teil, sondern auch in der gesamten Prozesskette, von der Entwicklung bis hin zum Vertrieb, zu identifizieren sein. Vor diesem Hintergrund sind auch alle am Wertschöpfungsprozess nicht direkt beteiligten Ressourcen einer Neubewertung zu unterziehen. Im Folgenden sollen die Aktionsmöglichkeiten der einzelnen Bereiche etwas näher erläutert werden (vgl. Abb. 7).

Abb. 7: Hauptaktionsfelder der Bereiche

Vertrieb und Marketing kann seinen Beitrag zur Ergebnisverbesserung zum Beispiel durch Optimierung des Marketing-Mix leisten oder das Ergebnis durch eine geschickte Produkt- und Preispolitik verbessern. Ferner sind die Logistikkosten von der Auslieferung ab Werk bis zum Kunden einer kritischen Bewertung zu unterziehen. Die Kosten für Werbeaktionen können in bestimmten Fällen absatzneutral reduziert werden. Weiterhin führt eine Optimierung der Lagerbestände an fertigen Fahrzeugen zu weiteren Kostenreduzierungen.

Die *Beschaffung* kann ihre Einkaufspolitik derart gestalten, dass die Kosten für alle Teile, Rohmaterialien und halbfertige Erzeugnisse so weit wie möglich reduziert werden können.

In der *Produktion* kann durch die Optimierung der Prozesse eine Reduzierung der Fertigungszeit und der Nacharbeitskosten erreicht werden. Durch Straffung des Produktionsprogramms und Verbesserung der Kapazitätsauslastung kann eine weitere wesentliche Kostenreduzierung erzielt werden.

Der *Produktentwicklung* obliegt es, durch konstruktive Optimierungen am Teil die Produkt- und/oder Prozesskosten zu reduzieren. Weiterhin können an kritischen Teilen durch konstruktive Maßnahmen die Gewährleistungskosten reduziert werden. Außerdem ist es möglich, durch Substitution teurer Materialien durch preiswertere bei gleich bleibender Qualität die Produktkosten zu optimieren.

Aus den Hauptaktionsfeldern der Bereiche werden die Einzelmaßnahmen generiert und im Produkt Business Plan festgeschrieben. Sie werden damit als verbindliche Vorgabe akzeptiert. Damit ist der Weg zur Zielerreichung vorgegeben (vgl. Abb. 8).

Business Plan – Verbesserung der Ergebnisbeiträge bis 12/01														06.02.02 Produkt Entwicklung
Aktionen	Sign:	Kostenreduzierungen 2001 nach Monaten [Euro/Fzg.]												Kumulat. 1/01 - 12/01
		Jan.	Feb.	März	April	Mai	Juni	Juli	August	Sept.	Okt.	Nov.	Dez.	[Euro/Fzg.] [% v.NE]
- Optimierung Zentralelektrik		5,00												5,00
- Materialsubst. Handkasten Innenteil			5,00											5,00
- Neues ABS-System				20,00										20,00
- Modernisierung Instrumententafel					3,00									3,00
- Modifizierung Frontspoiler					4,00									4,00
- etc.							10,00	15,00	12,00	18,00	14,00	9,00	5,00	83,00
					fiktives Zahlenbeispiel									
Aktionen ohne Identifizierung													30,00	30,00
Kostenreduzierung Total		5,00	5,00	20,00	7,00	10,00	15,00	12,00	18,00	14,00	9,00	35,00		150,00
Kostenreduzierung nach Quartalen		10,00			37,00			45,00			58,00			

Abb. 8: Detaillierung und Kalendarisierung der Einzelmaßnahmen

Die Kostendisziplin wird sichergestellt, indem Abweichungen während des Umsetzungsprozesses auf der Zeitachse nicht nur ständig verfolgt, sondern auch durch zusätzliche Maßnahmen zum Business Plan kompensiert werden müssen. Ein einfaches für alle Beteiligten verständliches Berichtswesen bringt Transparenz und unterstützt damit wesentlich die Arbeit des Projektteams.

Werden bei der revolvierenden Berichterstattung Realisierungs- und/oder Ergebnisabweichungen zum Produkt Business Plan festgestellt, müssen sofort Korrekturmaßnahmen entwickelt und eingeleitet werden. Auf der Grundlage von Abweichungsanalysen wird ein generischer Maßnahmenplan entwickelt und durch die Bereiche mit Einzelmaßnahmen ausformuliert. Dieser Plan wird dann als verbindliche Vorgabe verabschiedet. Während der Umsetzung erfolgt wieder ein ständiger Soll/Ist-Vergleich, der die Wirksamkeit der Maßnahmen kontrolliert (vgl. Abb. 9).

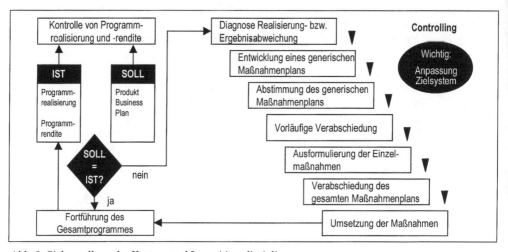

Abb. 9: Sicherstellung der Kosten- und Investitionsdisziplin

4. Zusammenfassung

Der Target-Prozess erstreckt sich prinzipiell über vier Phasen:
1. Zielbestimmung
2. Ableitung der Target Costs/Target Investments
3. Erstellung eines Produkt Business Plans
4. Sicherstellung der Kosten- und Investitionsdisziplin

Die produktspezifischen Zielwerte, z.B. Qualität, Kosten und Service, werden aus den Unternehmenszielen abgeleitet und in crossfunktional arbeitenden Projektteams quantifiziert. Darüber hinaus werden die Einflüsse aus der laufenden Serie, dem Wettbewerb und vor allem aus der zukünftigen Markterwartung in den Zielsetzungen berücksichtigt. Wichtig ist hierbei, dass man sich nicht nur auf die rein finanziellen Aspekte beschränkt, sondern dass auch die sonstigen Zieldimensionen quantifiziert und zusammen mit allen anderen Bereichen sichergestellt werden.

Die eigentliche Bestimmung der Target Costs ist nichts anderes als die analytische Ableitung der Zielkosten aus einem vom Markt determinierten und vom Vertrieb prognostizierten Zielpreis unter Abzug eines gewissen Risikoabschlags.

Um sicherzugehen, dass die mit der Target-Methode ermittelten Zielkosten auch erreicht werden, muss ein Produkt Business Plan erstellt werden. Dazu wird zunächst das Kosten-/Investitionssenkungspotenzial nach Bereichen identifiziert und mit Einzelmaßnahmen hinterlegt. Im Produkt Business Plan werden diese Maßnahmen detailliert und kalendarisiert dargestellt und als verbindliche Vorgabe festgeschrieben. Der Weg zur Zielerreichung ist damit vorgegeben.

Die Kosten- und Investitionsdisziplin während des Umsetzungsprozesses auf der Zeitachse wird durch ein revolvierendes Berichtssystem verfolgt. Im Produktentstehungsprozess werden an bestimmten Meilensteinen die Abweichungen vom „Zielpfad" ermittelt, analysiert und bei Bedarf müssen die Abweichungen durch zusätzliche Maßnahmen zum Produkt Business Plan kompensiert werden (vgl. Abb. 10).

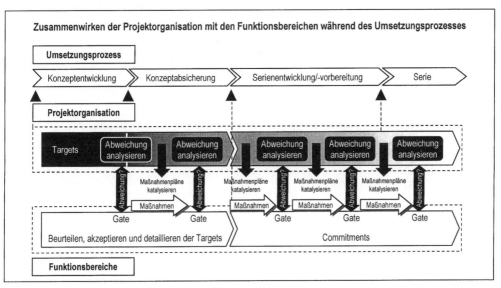

Abb. 10: Umsetzungsprozess auf der Zeitachse

Das Berichtssystem ist bereichsorientiert ausgerichtet. Jeder Bereich kennt zu jedem Zeitpunkt seinen Umsetzungsstatus und wird somit in die Lage versetzt, bei auftretenden Abweichungen sofort Gegenmaßnahmen einzuleiten. Diese Vorgehensweise schafft maximale Transparenz und unterstützt somit wesentlich die Arbeit des Projektteams.

Ohne Produkt Business Plan ist Target Costing nicht denkbar. Er stellt die zur Zielerreichung erforderlichen Maßnahmen und Commitments detailliert und kalendarisiert dar und hilft, die gegebenenfalls auftretende Ziellücke in der verbindlich kommittierten Ergebnisstruktur zu schließen.

5. Fazit

Der Kunde bestimmt über den Erfolg oder Misserfolg eines Produktes. Nur diejenigen Automobilhersteller werden zukünftig erfolgreich sein, die die Wünsche und Erwartungen der Kunden am schnellsten in Produkte und Leistungen umsetzen können und auf Veränderungen am schnellsten und am flexibelsten reagieren. Eine Kultur der absoluten Kundenorientierung ist damit ein unabdingbarer Bestandteil der Unternehmensstrategie geworden. Dabei müssen die unternehmerischen Zielsetzungen natürlich stets berücksichtigt werden. Mit Hilfe von Target Costing und Target Investment als Instrumentarium für das kundenorientierte strategische Kostenmanagement leistet das Controlling einen wichtigen Beitrag.

Die Anwendung der Target-Philosophie bei Fahrzeugneuentwicklungen soll ein aus Kundensicht attraktives Preis-Leistungs-Verhältnis sowie einen aus Unternehmenssicht notwendigen Gewinn und Kapitalrendite gewährleisten. Durch Target Costing und Target Investment wird sichergestellt, dass die knappen Ressourcen des Unternehmens kunden- und marktwirksam eingesetzt werden.

Während mit Hilfe von Target Costing und Target Investment die Zielvorgaben unter strategischen Gesichtspunkten ermittelt werden, stellt der Produkt Business Plan deren operative Umsetzung sicher. Er ist somit ein weiteres den Target-Prozess unterstützendes Instrument für das kundenorientierte operative Kostenmanagement.

Anmerkungen

1 Vgl. zu aktuellen Trends in der Automobilindustrie auch EALEY/TROYANO-BERMÚDEZ 1996; NAUGHTON 1999; DUDENHÖFFER 2000a, 2000b, 2001a; KAJÜTER 2000a, S. 74ff.
2 Zum Target Costing siehe ferner CLAASSEN/HILBERT 1993 und 1994a; GAISER/KIENINGER 1993; SEIDENSCHWARZ 1993, 1994, 1997.

Market Pricing als Basis des Target Costing

ECKHARD KUCHER UND HERMANN SIMON

1. Einleitung

Der Preis nimmt im Rahmen der Marketing-Mix Instrumente eine Sonderrolle ein. Aus Sicht des Kunden ist der Preis ein Opfer, das erbracht werden muss, um in den Genuss des Nutzens zu kommen, der mit dem Erwerb eines Produktes oder einer Dienstleistung verbunden ist. Dieses Opfer wird der Kunde nur erbringen, wenn der mit dem Erwerb des Produktes verbundene Nutzen in der subjektiven Wahrnehmung des Kunden größer ist als das zu erbringende Opfer.

Aus Sicht des Herstellers ist der Preis ein Instrument zur Steuerung seines Gewinnes und zur Erreichung von Marktanteils- und Marktpenetrationszielen. Der Preis ist sicherlich die wichtigste und härteste Wettbewerbswaffe. Es wird geschätzt, dass eine Preisänderung eine ca. 20 mal höhere Wirkung auf den Absatz von Produkten hat als eine Änderung des Werbebudgets (vgl. SIMON 1992).

Auf der Sorgenskala der Marketing Manager steht der Preis an erster Stelle gefolgt von der Produktdifferenzierung. Beides hängt eng zusammen, da mangelnde Produktdifferenzierung einer der Hauptgründe für die über Jahre hinweg angestiegene Preisbedeutung ist. Je stärker jedoch der Preis die Entscheidung des Kunden beeinflusst, desto eher sind die im Wettbewerb stehenden Anbieter von Produkten und Dienstleistungen versucht, diesen als Wettbewerbswaffe zur Erreichung ihrer Ziele einzusetzen.

Last but not least sollte der Preis, der am Markt für ein Produkt oder eine Dienstleistung erzielbar ist, die Kosten der Erstellung dieses Produktes oder der Erbringung der Dienstleistung determinieren. Dies ist allerdings in der Praxis noch nicht überall der Fall. Allzu häufig noch determinieren die Kosten den Preis.

2. Kosten und Preis

2.1. Die Kosten als Determinante für den Preis

Bekannterweise ergibt sich der Stückgewinn, den man mit dem Verkauf eines Produktes/einer Leistung erzielen kann, als Differenz von Preis und Kosten. Wie stehen nun Preis und Kosten zueinander in Beziehung? Bestimmen die Kosten den Preis oder bestimmt der Preis die Kosten? Schaut man sich die betriebliche Praxis an, dann gewinnt man oftmals den Eindruck, dass die F&E-Abteilung Produkte entwickelt, die Fertigungs- und Konstruktionsabteilung diese produziert, die Kostenrechnung von der Controlling-Abteilung übernommen wird und Marketing und Vertrieb für die Bestimmung des Preises zuständig sind. Diese klassische Arbeitsteilung ist häufig durch unzureichende Kommunikation zwischen den einzelnen Abteilungen charakterisiert, so dass für die Marketing- und Vertriebsabteilung Produkt, Kosten und zu erzielender Gewinn vorgegebene Größen sind, auf die sie keinen Einfluss haben. Dies führt dann häufig zu einer *Kosten-Plus Preissetzung*. Der Preis ergibt sich aus den vorgegebenen Kosten und einem Aufschlag, der den Zielgewinn ausmacht. Das Ergebnis eines solchen Vorgehens sind Produkte, die die Kundenbedürfnisse nicht optimal treffen und häufig zu teuer sind, da sie viele Komponenten enthalten, für die der Kunde nicht bereit ist zu zahlen. Der Kosten-Plus Ansatz ist obsolet, da der so zustande kommende Preis nicht marktorientiert ist. Er reflektiert weder den vom Kunden wahrgenommenen Produktnutzen noch dessen Zahlungsbereitschaft. Nur per Zufall gelangt man so zu einem optimalen Preis. In der Regel werden daher Umsatz und Gewinn in erheblichem Ausmaße verschenkt, da der Preis entweder zu tief oder aber zu hoch angesetzt wird. Im ersteren Fall verschenkt man Deckungsbeitrag, im zweiten Fall wird der Absatz durch den zu hohen Preis negativ beeinflusst.

2.2. Der Preis als Determinante für die Kosten

Bei einem nutzenorientierten Pricing determiniert der Preis die Kosten. Der Prozess startet nicht in der F&E-Abteilung, sondern im Markt bei den Kunden. Hier geht es darum, die Kundenanforderungen zu messen, damit das zu entwickelnde Produkt die richtigen Charakteristika für das jeweilige Kundensegment aufweist. Die wahrgenommene Produktleistung und damit der wahrgenommene Nutzen sowie die Zahlungsbereitschaft der Kunden müssen erfasst werden, um Absatz, Umsatz und Gewinn abschätzen zu können (vgl. LAKER 1995). Ist der optimale Preis im Markt ermittelt, ergeben sich die Kosten, indem man von diesem Preis den erwünschten Gewinn subtrahiert. Als Resultante erhält man die vom Markt erlaubten Kosten, d.h. die Target Costs, die es zu erreichen gilt.

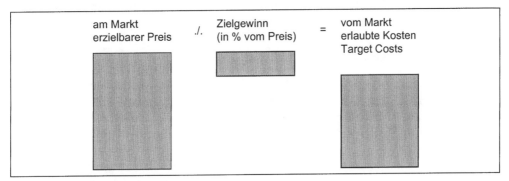

Abb. 1: Preis als Kostendeterminante

Anders als beim klassischen Vorgehen, wo eine Abteilung für das Produkt, eine andere für die Kosten und wieder eine andere für den Preis zuständig ist, werden hier Produkt, Preis und Kosten simultan ermittelt. Aus einem sequenziellen, wenig koordinierten und von innen nach außen gerichteten Vorgehen wird ein simultaner, abteilungsübergreifender, von außen nach innen gerichteter Prozess. Das *Market Pricing* ist also ein zentraler Bestandteil des *Target Costing* (vgl. zum Target Costing auch den Beitrag von SEIDENSCHWARZ ET AL.). Ohne die Kenntnis über den für ein bestimmtes Produkt am Markt zu erzielenden Preis, der den wahrgenommenen Wert und die Zahlungsbereitschaft der Kunden reflektiert, können keine Target Costs ermittelt werden.

Im Folgenden wollen wir uns daher mit der Bestimmung des am Markt zu erreichenden Preises beschäftigen, d.h. mit dem Market Pricing.

3. Preis und Nutzen

RAYMOND COREY (1982) hat einmal gesagt, „Pricing is an art, a game played for high stakes; for marketing strategists, it is the moment of truth – all of marketing comes to focus in the pricing decision." Der Preis ist somit das Spiegelbild dessen, was man auf den Ebenen Produktleistung, Kommunikation, Distribution, Positionierung etc. an wahrgenommenem Wert im Markt geschaffen hat. Der Preis kann daher nicht isoliert betrachtet, sondern muss immer im Kontext mit den anderen Marketing-Mix Instrumenten gesehen werden. Er reflektiert den wahrgenommenen Wert der am Markt angebotenen Leistung. Bevor man daher über den Preis eines Produktes nachdenkt, muss man sich mit den nicht-preislichen Leistungskomponenten beschäftigen. Folgendes sollte hierbei beachtet werden:

1. Die *Interaktion* von Preis mit anderen Marketing-Mix Instrumenten.
2. Die *Wettbewerbssituation*, d.h. der wahrgenommene Nutzen ist nicht absolut, sondern nur im Verhältnis zur Konkurrenz zu bestimmen.
3. *Wahrnehmung*; nicht die objektive Realität zählt, sondern nur das, was die Kunden wahrnehmen.
4. *Hard- und Softfaktoren*; der wahrgenommene Nutzen wird nicht nur durch das physikalische Produkt, sondern in immer größerem Maße durch so genannte Softfaktoren wie Service, Lieferpolitik etc. mitbestimmt.
5. *Preis-Nutzenrelation*; der Mehrnutzen im Vergleich zur Konkurrenz muss in einer bestimmten Relation zum Mehrpreis stehen.

3.1. Interaktion von Preis mit anderen Instrumenten

Der Preis ist eines von mehreren Instrumenten des Marketing-Mix. Wenn Unternehmen ein „Preisproblem" diagnostizieren, so liegt dessen Ursache zumeist nicht im Preis, sondern in Schwächen bei anderen nichtpreislichen Wettbewerbsparametern. Es ist deshalb nicht richtig, den Erfolg preisaggressiver Newcomer allein aus dem niedrigen Preis zu erklären. Niedrigpreisanbieter sind nur dann erfolgreich, wenn es ihnen gelingt, eine von den Kunden zumindest als befriedigend wahrgenommene Qualität sicherzustellen. Kein Kunde kauft ein Produkt nur weil es billig ist. Nutzen und Preis werden stets gegeneinander abgewogen. Abbildung 2 veranschaulicht die Position des Preises im Marketing-Mix. Hierbei sind insbesondere zwei Aspekte von Bedeutung:

• die Konsistenz der Marketing-Mix Instrumente,
• die Synergie zwischen den Instrumenten.

Konsistenz bedeutet hier, dass die Instrumente aufeinander abgestimmt sein müssen. Das heißt, wer sich in Form von Kommunikationsmaßnahmen ein Hochqualitätsimage geschaffen hat, der kann nicht zu Billigpreisen anbieten, da er dann Gefahr läuft, aufgrund des tiefen Preises das Qualitätsimage zu zerstören. Der Preis wirkt hier auch als Indikator für die Qualität des angebotenen Produktes. Widerspricht die über den Preis wahrgenommene Qualität der kommunizierten Qualität, d.h. sind die Instrumente zueinander inkonsistent, dann kann es zu Kaufverweigerungen kommen. Der Kunde beginnt wegen der wahrgenommenen Inkonsistenz an der Qualität des Produktes zu zweifeln.

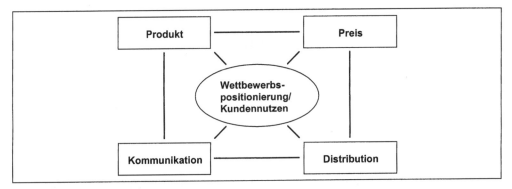

Abb. 2: Preis und Marketing-Mix

Synergistische Effekte zwischen den einzelnen Marketing-Instrumenten dürfen ebenfalls nicht unberücksichtigt bleiben, sonst wird der Effekt einer Preisänderung falsch eingeschätzt und kann dramatische Entwicklungen auslösen.

Der Fall der Zigarettenmarke West illustriert dies. Die West wurde mit einer enorm aufwendigen Werbekampagne in den deutschen Markt eingeführt. Diese war durchaus erfolgreich mit Blick auf den erreichten Bekanntheitsgrad der West. Dieser war extrem hoch; jeder Bundesbürger kannte nach kurzer Zeit die Marke West. Er wusste nur nicht, warum er sie kaufen sollte. Der erreichte Marktanteil von 0,6% war angesichts der Einführungsaufwendungen extrem enttäuschend. Am 13. Januar 1983 wurde dann der Preis der West von 3,80 DM auf 3,30 DM, also um 13% gesenkt. In den nächsten vier Monaten stieg der Absatz von 60 Millionen auf 1 Milliarde Zigaretten pro Monat, der Marktanteil von West stieg von 0,6 auf 10%.

Dieser extreme Effekt ist nicht allein aus der Preissenkung zu erklären, sondern nur aus den synergistischen Effekten von Preis und Kommunikation. Ohne die vorangegangene Kommunikation hätte die Preissenkung nur einen Bruchteil ihrer Wirkung erzielt. Die Kommunikation hat hier also den Effekt der Preissenkung massiv verstärkt (siehe auch SIMON/KUCHER 1987).

Da dieser synergistische Effekt nicht richtig eingeschätzt worden war, kann die Preissenkung durchaus als strategischer Fehler eingestuft werden. Denn der extreme Marktanteilsanstieg der West führte dazu, dass nach fünf Monaten die Konkurrenten zurückschlugen. Der Preiskampf ließ schließlich die seit Jahrzehnten stabile Preisstruktur zusammenbrechen. Die Branche brauchte vier Jahre, um sich von diesem Schlag zu erholen.

3.2. Wettbewerbsvergleich

Der Nutzen eines Produktes oder einer Dienstleistung ist nur in Relation zu Konkurrenzprodukten und Leistungen zu bestimmen. Kompromisslos konkurrenzbezogenes Denken mit dem Preis als einem zentralen Element wird folglich zum Muss. Als Bezugsrahmen für eine solche Denkweise empfiehlt sich das in Abbildung 3 dargestellte „strategische Dreieck" mit den Eckpunkten eigenes Unternehmen („Wir"), Kunde und Konkurrenz.

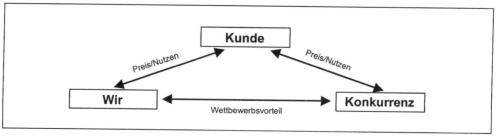

Abb. 3: Das strategische Dreieck

Die Position des Unternehmens in diesem Dreieck wird im Verhältnis sowohl zum Kunden als auch zur Konkurrenz durch den angebotenen Nutzen und den geforderten Preis bestimmt. Produkt/Leistung einerseits und Preis andererseits entscheiden letztendlich über den Erfolg im Wettbewerb. Um im strategischen Dreieck erfolgreich operieren zu können, ist es notwendig, alle drei Eckpunkte sowie die Beziehungen zwischen diesen möglichst gut zu kennen.

Dies beginnt mit der nicht trivialen Frage: „Wer ist unser Kunde?" In vielen Industrien bekommt man auf diese Frage unterschiedliche Antworten. Ist der Kunde der, der unser Produkt von uns kauft, z.B. der Großhandel oder Handel, oder ist der Kunde der, der das Produkt letztendlich verbraucht, d.h. der Endverbraucher. Ist der Kunde der, der über den Kauf entscheidet oder der, der zahlt. In manchen Industrien wie z.B. der Pharmaindustrie sind Entscheider, Zahler und Verbraucher unterschiedliche Personen. Ist der Kunde definiert, stellt sich die Frage nach seinen Anforderungen und Wünschen und danach, wie er verschiedene Produkte und Leistungen wahrnimmt.

Die Konkurrenz und „Wir" bieten dem Kunden einen bestimmten Nutzen zu einem bestimmten Preis. Hier stellt sich die Frage nach den Stärken und Schwächen, den eigenen wie auch denen der Konkurrenz. Während sich das klassische Marketing auf die Beziehung „Wir – Kunde" konzentriert und versucht, die Bedürfnisse der Kunden zu erforschen und zu befriedigen, kommt es heute stärker auf die relative Position zur Konkurrenz an. Die Schaffung strategischer Wettbewerbsvorteile ist von entscheidender Bedeutung für das Pricing. Je differenzierter ein Produkt ist, desto weniger wird es unter Preisdruck geraten und umso mehr wird es auch seine Preise von den Konkurrenzpreisen absetzen können. Umgekehrt gilt, dass ein undifferenziertes Produkt, d.h. ein aus Kundensicht völlig austauschbares Produkt da ohne eigenen strategischen Wettbewerbsvorteil, unter erheblichen Preisdruck geraten wird und keine Preisspielräume mehr zur Verfügung hat. Versetzt man sich in die Lage des Kunden, dann stellt sich die Frage, warum er ein Produkt kaufen soll, wenn es keinen strategischen Wettbewerbsvorteil aufweist und auch nicht billiger ist als das der Konkurrenz. Produktdifferenzierung, d.h. die Schaffung strategischer Wettbewerbsvorteile ist eine Grundvoraussetzung, um den hohen Preisdruck abzumildern und größere Preisspielräume zu schaffen (vgl. auch SIMON 1988).

3.3. Die Wahrnehmung

Im Marketing gilt nur das, was der Kunde wahrnimmt. Nur was er wahrnimmt, kann seine Entscheidung für oder gegen ein bestimmtes Produkt beeinflussen. Nun ist es allerdings so, dass Realität und Wahrnehmung nicht immer übereinstimmen müssen. Wir verdeutlichen dies in der Abbildung 4.

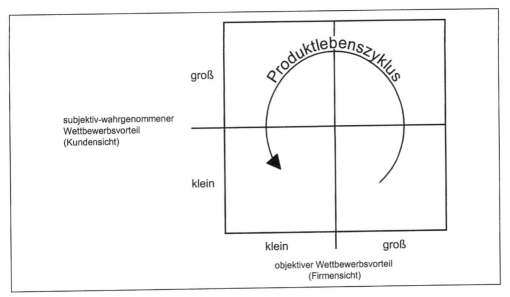

Abb. 4: Wahrnehmungsprinzip

Führt eine Firma ein neues Produkt in den Markt ein und existieren für dieses Produkt große Wettbewerbsvorteile, dann startet man im unteren rechten Quadranten, da die Kunden diese Wettbewerbsvorteile noch nicht wahrgenommen haben. Die Firma muss diese durch entsprechende Maßnahmen erst einmal kommunizieren. Produkte im unteren rechten Quadranten haben also in erster Linie ein Kommunikationsproblem, auch dann, wenn der Außendienst behauptet, der Preis wäre zu hoch. Die Kunden empfinden den Preis als zu hoch, weil sie den Produktnutzen mangels entsprechender Kommunikation der Firma noch nicht voll erkannt haben. Wird dieses Kommunikationsproblem nicht gelöst, ergeben sich ernsthafte Probleme. Ein typisches Beispiel stellt hier das Video 2000 von Philips und Grundig dar. Technisch-objektiv hatte dieses System echte Vorteile im Vergleich zum VHS-System von Matsushita. Diese wurden allerdings nie von den Kunden wahrgenommen. Diese Kommunikationsschwäche trug mit zu dem absoluten Fehlschlag von Video 2000 bei. Die Position im rechten unteren Quadranten ist im Übrigen eine besonders beliebte Position deutscher Anbieter, die häufig mit überlegenen Produkten auftreten aber nicht in der Lage sind, diese effektiv zu vermarkten.

Löst man das Kommunikationsproblem erreicht man die Position im oberen rechten Quadranten, in der objektive und subjektive Sicht übereinstimmen. Firmen wie Microsoft oder BMW dürften hier angesiedelt sein.

Im Laufe des Produktlebenszyklus wird ein Produkt allerdings seine objektiven Wettbewerbsvorteile verlieren, da in der Regel mit neuen Wettbewerbern auch wiederum bessere Leistungen angeboten werden. In dieser Situation kann mit Hilfe von gutem Marketing
die Position im linken oberen Quadranten erreicht werden. Hier ist man z.B. technologisch bereits überholt, aber besitzt in der Wahrnehmung der Kunden immer noch großes
Ansehen. IBM hatte diese Position über viele Jahre inne und konnte aufgrund der größeren Kundennähe und deren Wahrnehmung technologische Lücken überspielen.

Langfristig ist diese Position aber ohne Produktverbesserung nicht zu halten und man
rutscht im Verlauf des Produktlebenszyklus weiter nach unten, in den linken unteren
Quadranten ab. Hier kann man nur durch Kostenführerschaft und Niedrigpreisstrategie
überleben. Dies ist die Position der Nachahmerprodukte, auch Generika oder Piraten genannt. Sie haben weder objektive noch wahrgenommene Produktvorteile, können aber
mit aggressiven Preisen und besseren Kostenstrukturen in diesem Quadranten existieren.
Für den, der dies nicht kann, ist der Lebenszyklus beendet und er sollte mit einem neuen,
verbesserten Produkt einen neuen Lebenszyklus starten.

Mit dieser Wahrnehmungsmatrix wird verdeutlicht, dass im Markt nur die wahrgenommenen Wettbewerbsvorteile zählen und dass die Wahrnehmung nicht notwendiger-
weise mit der objektiven Realität übereinstimmen muss. Der wahrgenommene Nutzen
eines Produktes, einer Leistung hängt also von sehr viel mehr Faktoren ab als nur von
den technisch-objektiven Gegebenheiten.

3.4. Hard- und Softfaktoren

"In all markets customers do not buy technology; they buy the expected benefits those
technologies will bring to them." (BARRIE G. JAMES 1984). Dieses Zitat verdeutlicht anschaulich, dass der Nutzen nicht nur vom reinen physikalischen Produkt, sondern insbesondere auch von den Softfaktoren bestimmt wird. Ein Produkt muss also sehr viel umfassender definiert werden als nur durch die harten Produktmerkmale.

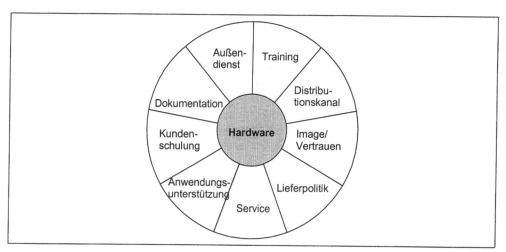

Abb. 5: Was ist ein Produkt?

Ein Produkt besteht aus so genannten Hard- und Softfaktoren. Die Hardfaktoren beschreiben das physikalische Produkt anhand von z.B. harten technischen Daten. Hierbei handelt es sich um Produktmerkmale im engeren Sinn. Der Softkranz in Abbildung 5 besteht aus Leistungsmerkmalen der Firma. Diese bestimmen ebenso den wahrgenommenen Nutzen wie die Hardfaktoren.

Es ist zu beobachten, dass Wettbewerbsvorteile immer seltener in den Hardfaktoren erreichbar sind. Hier findet aufgrund der technischen Ähnlichkeit der Produkte in vielen Fällen kaum noch eine Differenzierung statt. Die Wettbewerbsvorteile der Zukunft und damit die für das Pricing so wichtige Differenzierung von der Konkurrenz müssen daher zunehmend in den Softfaktoren gesucht und gefunden werden. Wichtig für das Pricing ist es, dass zur Messung des wahrgenommenen Nutzens produkt- und firmenbezogene Faktoren mit einzubeziehen sind.

3.5. Preis-Nutzenrelation

Nachdem nun diskutiert wurde, welche Aspekte bei der *Nutzenbestimmung* eines Produktes, einer Leistung zu beachten sind, geht es nun darum, diesen Nutzen in einen Preis umzusetzen.

Preis und Nutzen müssen in einem bestimmten Zusammenhang zueinander stehen. Der vom Kunden wahrgenommene Mehrnutzen im Vergleich zur Konkurrenz (Δ Nutzen, Δ = Delta) darf nicht durch den Mehrpreis (Δ Preis) übertroffen werden.

Eine einfache Daumenregel verdeutlicht dies:

$$\frac{\Delta \text{ Nutzen}}{\Delta \text{ Preis}} > 1,0.$$

Beträgt z.B. der wahrgenommene Zusatznutzen 40% und der Preisunterschied ebenfalls 40% dann ist das Verhältnis Δ Nutzen/Δ Preis = 1,0. Der Zusatznutzen wird völlig durch den Mehrpreis kompensiert und der Kunde hat kein Incentive, das Produkt zu kaufen. Wäre der Mehrpreis nur 20%, dann ist das Verhältnis 2,0. Der Mehrnutzen würde in diesem Beispiel zwischen Hersteller und Kunden geteilt.

Dies ist allerdings nur eine einfache Daumenregel, die aber in bestimmten Fällen zeigt, ob der Preis sich noch in vernünftigen Bandbreiten bewegt. So wurde der Zusatznutzen eines neuen Medikamentes, TPA, zur Behandlung von Herzinfarktpatienten bei Einführung des Produktes auf maximal 50% geschätzt. Der Mehrpreis betrug aber mehr als 1.000%, so dass das Verhältnis Δ Nutzen/Δ Preis nicht größer als 1,0, sondern nahe bei Null lag. Entsprechend enttäuschend verlief dann auch die Entwicklung dieses hochinnovativen Produktes.

Die Daumenregel hilft allerdings nur, um extreme Missverhältnisse aufzuzeigen. Für eine exakte Bestimmung des Marktpreises sind folgende Informationen notwendig:
1. Die Bestimmung der Preiselastizität des betrachteten Marktes. Die Preiselastizität bestimmt letztlich, wie das exakte Verhältnis von Δ Nutzen und Δ Preis ausfallen muss.
2. Die Messung, d.h. Quantifizierung des Δ Nutzens. Erst mit dieser Information kann man dann den optimalen Preis ermitteln.
Diese beiden Aspekte werden im nächsten Abschnitt behandelt.

4. Messung von Preiselastizität, wahrgenommenem Nutzen und Preisoptimierung

4.1. Preiselastizität und Preisabsatzfunktion

Die *Preiselastizität* ist definiert als das Verhältnis von prozentualer Absatzänderung zur sie verursachenden prozentualen Preisänderung. Eine Preisänderung von 10%, die eine Absatzänderung von 20% verursacht, impliziert eine Preiselastizität von 2,0 (= 20%/10%). Die prozentuale Absatzänderung ist zweimal so groß wie die prozentuale Preisänderung. Die Preiselastizität gibt also an, wie sensitiv der Absatz auf Preisveränderungen reagiert. Generell kann man wohl sagen, dass je größer sie ist, desto stärker wird der Zusatznutzen (Δ Nutzen) mit dem Kunden geteilt werden müssen. Umgekehrt kann in völlig preisinsensitiven Märkten eventuell der volle Mehrnutzen in Form von Mehrpreis abgeschöpft werden.

Eine andere Darstellung der Preiswirkung, mit der man auf exakterem Wege zum optimalen Preis gelangt, ist durch die *Preisabsatzkurve* gegeben. Sie gibt an, wie sich der Absatz oder der mengenmäßige Marktanteil eines Produktes in Abhängigkeit vom geforderten Preis entwickeln. Abbildung 6 gibt dies wieder.

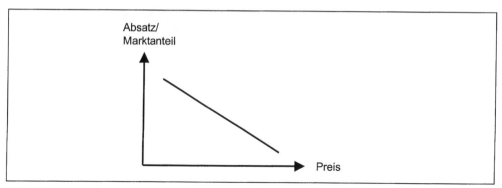

Abb. 6: Preisabsatzkurve

Die Beziehung zwischen Preis und Absatz kann im Prinzip jede beliebige Verlaufsform aufweisen. In der Regel ist sie nicht linear und verläuft auch nicht immer kontinuierlich, sondern kann bei bestimmten psychologischen Preisschwellen Sprungstellen aufweisen. Aus Demonstrationszwecken beschränken wir uns auf die in Abbildung 6 dargestellte lineare Form. Die Steigung sagt uns, wie preissensitiv der betrachtete Markt ist. Läuft sie parallel zur Preisachse, existiert keinerlei Preiswirkung. Je steiler sie verläuft desto preissensitiver ist der Markt.

Gelingt es, diese Kurve für ein Produkt, eine Leistung zu quantifizieren, lässt sich der optimale Preis ohne größeren Aufwand berechnen. Man multipliziert jeden Absatzpunkt auf der Kurve mit den korrespondierenden Stückdeckungsbeiträgen, die sich als Differenz aus dem jeweiligen Preis und den Grenzkosten ergeben.

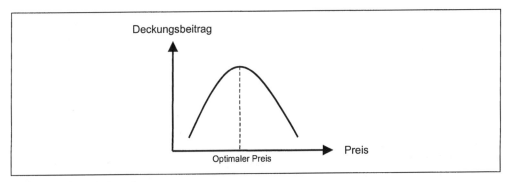

Abb. 7: Deckungsbeitragskurve

Wird der Preis so tief angesetzt, dass er mit den Grenzkosten identisch ist, ergibt sich ein Deckungsbeitrag von Null (vgl. Abb. 7). Mit steigenden Preisen nimmt nun der Stückdeckungsbeitrag zu. Dieser Effekt wirkt stärker auf den Gesamtdeckungsbeitrag als der mit der Preisanhebung verbundene Absatzrückgang; also steigt der Gesamtdeckungsbeitrag an. Dort wo die Deckungsbeitragskurve ihr Maximum erreicht, kompensieren sich die Effekte einer Zunahme im Stückdeckungsbeitrag mit denen des Absatzrückganges. Überschreitet man diesen optimalen Punkt wirkt der Absatzrückgang stärker als die weitere Zunahme im Stückdeckungsbeitrag, folglich fällt die Kurve wieder ab (vgl. auch KUCHER 1985a).

4.2. Messung mittels Conjoint Measurement

Zahlreiche Verfahren zur Messung von Preisabsatzkurven sind in der Wissenschaft entwickelt und empirischen Vergleichstests unterzogen worden (vgl. hierzu SIMON/KUCHER 1988). Die meisten Verfahren setzen aber einen gegebenen Produktnutzen voraus, der dann *implizit* in die Preisabsatzkurve einfließt. Diese Verfahren lassen sich hauptsächlich bei etablierten Produkten einsetzen. Will man aber eine explizite Messung des wahrgenommenen Produktnutzens durchführen und simultan die Preiselastizität bestimmen, wie dies insbesondere bei neuen Produkten bzw. bei noch zu definierenden Produkten angeraten ist, bietet sich die Methode des Conjoint Measurements an.

In der realen Kaufsituation entscheidet der Kunde nie allein aufgrund des Preises, sondern er wägt Preis und wahrgenommenen Nutzen gegeneinander ab. Diese Abwägung („Trade-off") wird beim *Conjoint Measurement*, einer Methode, die in den achtziger Jahren den breiten Praxisdurchbruch schaffte, nachvollzogen.[1]

Conjoint Measurement ist im Prinzip eine Abfragetechnik, die es erlaubt, auf indirektem Wege Aufschlüsse über die (1) Wichtigkeiten der Wettbewerbsmerkmale und über die (2) Veränderung des wahrgenommenen Kundennutzens bei Veränderungen der Produktleistung und/oder des Preises zu erlangen.

Hierbei geht man in der Regel so vor, dass dem Befragten zwei alternative reale und/oder hypothetische Produkte beschrieben werden, zwischen denen er sich entscheiden muss. Bei Anwendung modernster Technologie werden diese Produktvergleiche mit Hilfe eines Personalcomputers präsentiert. Dies hat insbesondere den Vorteil, dass die

Produktvergleiche der individuellen Bedürfnisstruktur des jeweiligen Befragten angepasst werden können. Aus den gewonnenen Präferenzdaten berechnet man dann so genannte Teilnutzenwerte, die den Wert einzelner Merkmalsausprägungen ausdrücken.
Sind die Werte der Merkmalsausprägungen eines Produktes bekannt, errechnet sich der
Gesamtnutzen eines realen Produktes aus der Summation der Teilnutzenwerte der Merkmalsausprägungen.

Jedes Produkt kann in Produkteigenschaften bzw. -funktionen aufgeteilt werden, für
die dann mittels der Conjoint Measurement-Methode Nutzenwerte ermittelt und in den
Preis umgesetzt werden. So stellt sich z.B. die Frage, welchen Wert bestimmte Höchstge-
schwindigkeiten, verschiedene Ausprägungen von Kundenservice oder die Marke eines
Automobils für den Kunden hat. Die Abfragetechnik soll anhand eines vereinfachten
Beispiels demonstriert werden.

1. Entscheidung	Auto A	Auto B
Höchstgeschwindigkeit	230 km/h	190 km/h
Firmenansehen	sehr gut	sehr gut
Kundenservice	gut	gut
Preis	30.000 €	20.000 €

2. Entscheidung	Auto A	Auto B
Höchstgeschwindigkeit	230 km/h	190 km/h
Firmenansehen	sehr gut	sehr gut
Kundenservice	gut	gut
Preis	25.000 €	20.000 €

Abb. 8: Trade-off Entscheidungen

In einer ersten Entscheidung muss sich der Befragte zwischen einer höheren Höchstgeschwindigkeit oder einem tieferen Preis entscheiden. Wählt er z.B. Auto B, dann folgt
daraus, dass die Differenz in der Höchstgeschwindigkeit von 40 km/h *weniger als*
10.000 € wert ist.

Aufgrund dieser Antwort könnte der Computer einen zweiten Paarvergleich abfragen,
bei dem jetzt der Preis von Auto A reduziert ist. Wählt der Befragte bei der zweiten Entscheidung Auto A folgt daraus, dass die Differenz in der Höchstgeschwindigkeit von 40
km/h *mindestens* 5.000 € wert ist.

Damit haben wir jetzt einen Preisbereich für die Differenz in der Höchstgeschwindigkeit:

$$5.000 € < \Delta \text{ Geschwindigkeit} < 10.000 €$$

Weitere Paarvergleiche können dann diesen Preisbereich reduzieren, so dass im Ergebnis
dem Geschwindigkeitsunterschied ein Preis zugeordnet wird. Dieses Verfahren findet
auch für alle anderen Merkmale statt, bei denen Unterschiede zur Konkurrenz existieren,
so dass auch für die Summe aller Verbesserungen ein Preis festgelegt werden kann.

Diese Methode wird von SIMON · KUCHER & PARTNERS seit 1984 systematisch zur Lösung konkreter Fragestellungen der Produkt- und Preispolitik eingesetzt und weiterentwickelt. In den USA berichten WITTINK/CATTIN (1989) über den intensiven Einsatz dieser Methode. Allein in den Jahren 1981 bis 1985 verzeichneten sie in den USA über 1.000 kommerzielle Anwendungen mit stark zunehmender Tendenz. SCHMIDT (1990) kommt zu dem Schluss: „... dass Conjoint Measurement die am meisten bevorzugte Methode bei der Untersuchung von neuen Produkten und Leistungen ist." In Europa haben SIMON · KUCHER & PARTNERS bisher über 1.000 kommerzielle Anwendungen dieser Methode zu verzeichnen. Hierbei wurde der Ansatz zunehmend verbessert und in ein Gesamtsystem integriert, das insbesondere für den Zweck der Preisfindung weiterentwickelt wurde. Ein Erfahrungsbericht über die Anwendung dieser Methode findet sich bei KUCHER/HILLEKE (1996).

Zu einer erfolgreichen Preisfindung gehört allerdings, dass die Information aus dem Conjoint Measurement in einem *Preis- und Produktoptimierungssystem* mit anderen Informationen verknüpft wird.

4.3. Einsatz eines Preis- und Produktoptimierungssystems

Conjoint Measurement-Daten können erst dann ihren wahren Wert entfalten, wenn sie mit anderen Informationen verknüpft werden. Insgesamt sind fünf Informationsblöcke für eine zuverlässige Preis- und Produktentscheidung in einem solchen System zu integrieren. Die Abbildung 9 stellt dies dar.

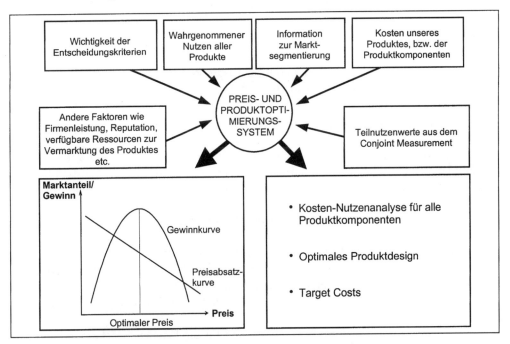

Abb. 9: Preis- und Produktoptimierungssystem

1. Information zur Marktsegmentierung. Die Analyse muss für jede Kundengruppe separat durchgeführt werden, da unterschiedliche Kundengruppen unterschiedliches Verhalten zeigen.
2. Sämtliche Information, die im Zusammenhang mit der Leistungswahrnehmung unseres und der Konkurrenzprodukte stehen. Hieraus berechnet sich dann das Δ Nutzen für ein spezifisches Marktsegment.
3. Die Teilnutzenwerte aus dem Conjoint Measurement. Diese geben uns die Preiselastizität des jeweiligen Marktsegmentes und gestatten uns, im Zusammenhang mit dem Δ Nutzen das Δ Preis zu bestimmen.
4. Firmenbezogene Informationen. Bisher sind in die Berechnung des Δ Nutzens nicht alle relevanten Informationen eingeflossen, da nicht alles im Markt bei den Kunden abfragbar ist, wie z.B. der Ressourceneinsatz, den die Firma plant, etc.
5. Die Kosten des Produktes bzw. der einzelnen Produktkomponenten bei unterschiedlichen Leistungsniveaus einzelner Komponenten.

In diesem System werden Produkt, Kosten und optimaler Preis simultan optimiert. Der Output besteht in einem auf Basis von Kosten-Nutzenvergleichen optimierten Produkt, den zu erreichenden Target Costs und dem optimalen Preis für dieses Produkt.

Die Entwicklung eines solchen Preis- und Produktoptimierungssystems ist von entscheidender Bedeutung. Es vervielfacht den Wert der Conjoint Measurement-Information durch die Verbindung mit anderen Informationen. Die Entwicklung eines solchen Systems erfordert allerdings methodische und strategische Kompetenz.

5. Beispiele

Im Folgenden wird der Nutzen des marktorientierten Pricing und des Target Costing anhand zweier realer Beispiele demonstriert.

5.1. Preisoptimierung für die BahnCard

Die BahnCard ist eine persönliche, d.h. nicht übertragbare Karte, die dem Käufer/Inhaber ein Jahr lang einen Rabatt auf den normalen Fahrpreis gewährt. Man erkauft sich die Reduktion der Fahrpreise durch den Erwerb der BahnCard (vgl. auch TACKE/MENGEN 1995).

Für die konkrete Ausgestaltung der Kundenkarte BahnCard standen die folgenden Fragen im Vordergrund:
- Wie hoch sollte der Rabattvorteil für den Karteninhaber sein (50%, 25% etc.)?
- Verglichen mit vielen anderen Kundenkarten hat die BahnCard einen hohen Preisvorteil zu bieten und kann daher keinesfalls kostenlos ausgegeben werden. Was sollte demnach die BahnCard pro Jahr kosten, differenziert nach 2. Klasse, 1. Klasse und bestimmten Zielgruppen?
- Welche zusätzlichen Leistungsbestandteile sind für die Kunden – insbesondere in der 1. Klasse – neben dem Rabattvorteil wichtig?

Darüber hinaus mussten die Auswirkungen der BahnCard-Einführung auf den Gesamtumsatz ermittelt werden, denn eine neue Preisstruktur macht natürlich nur Sinn, wenn sich dadurch auch Umsatzsteigerungen realisieren lassen.

Zur Beantwortung der oben gestellten Fragen wurde eine detaillierte Marktuntersuchung durchgeführt. Knapp 4.000 Kunden und potenzielle Kunden wurden computergestützt befragt. Hierzu wurde u.a. die Conjoint Measurement-Technik eingesetzt, um den Nutzen aus Kundensicht und die *Preisbereitschaft* möglichst valide erheben zu können.

Die empirische Marktuntersuchung führte zu folgenden Resultaten: Die Nutzenanalyse mit Conjoint Measurement ergab, dass der Wert des 50%-Rabattes für den durchschnittlichen Kunden nicht etwa doppelt, sondern etwa dreimal so hoch ist wie ein 25%-Rabatt, der ebenfalls abgetestet wurde. Die Größenordnungen werden unproportional wahrgenommen. Dies ist zwar irrational, aber wir wissen ja aus vielen anderen Situationen, dass die Kundenwahrnehmung nicht immer rational sein muss.

Hinzu kommt, dass ein 50%-Rabatt viel einfacher zu kommunizieren ist (z.B.: „Alles für die Hälfte") als jede andere Prozentzahl. Insofern fiel die Entscheidung, dem BahnCard-Inhaber einen Rabatt von 50% zu gewähren.

Bei der Preisoptimierung waren folgende Effekte zu berücksichtigen:

- Absatz an BahnCards,
- Umfang des Mehrverkehrs durch 50%-Rabatt,
- Verlust an bisherigen Umsätzen, so genannte Tarifopfer, (dadurch, dass der 50%-Rabatt auch auf diese angewendet wird).

Alle drei Effekte wurden in Form eines komplexen Simulationsmodells erfasst. Dieses basierte auf den Conjoint Measurement-Resultaten der 4.000 Befragten und ermittelte für unterschiedliche BahnCard-Preise, den BahnCard-Absatz und ausgehend von individuell berechneten Preiselastizitäten und dem heutigen Bahn-Reiseverhalten den Mehrverkehr sowie das Tarifopfer. Abbildung 10 zeigt die Resultate für die BahnCard in der 2. Klasse:

- Ein Preis unterhalb von 150 DM würde zwar zu einem hohen Absatz führen, gleichzeitig würde – im Vergleich zur Situation ohne BahnCard – jedoch ein niedrigerer Umsatz realisiert. Dieser ist auf das hohe Tarifopfer zurückzuführen, das die Effekte aus BahnCard-Verkäufen und Mehrverkehr übersteigt.
- Oberhalb von 280 DM werden zwar nicht solche Verluste realisiert. Aufgrund der geringen Nachfrage fällt jedoch auch die Umsatzsteigerung gering aus.
- Es resultierte somit ein optimaler Preisbereich zwischen 200 und 240 DM. Man entschied sich letztlich, die Basiskarte der BahnCard – gültig für die 2. Klasse – für 220 DM anzubieten. Für die 1. Klasse ergab sich ein optimaler Preisbereich zwischen 400 und 450 DM, der dann zu einer Preisentscheidung von 440 DM führte.

Erweiterte Zusatzleistungen (für BahnCard-Inhaber) waren in einem ersten Konzept für die 1. Klasse gedacht, um diese aufzuwerten und stärker von der 2. Klasse zu differenzieren. Es stellte sich jedoch heraus, dass mögliche Zusatzleistungen wie eine Clubzeitschrift, besondere Veranstaltungsangebote und Reisen, Gutscheine etc. aus Sicht der Kunden keinen großen Nutzen boten und die Zahlungsbereitschaft hierfür entsprechend gering war. Mit Hilfe der Conjoint Measurement-Technik konnte valide festgestellt werden, dass diese Dinge für die meisten Kunden zwar „nice to have" waren, man jedoch kaum bereit war, dafür einem deutlich höheren Betrag für die BahnCard zu zahlen.

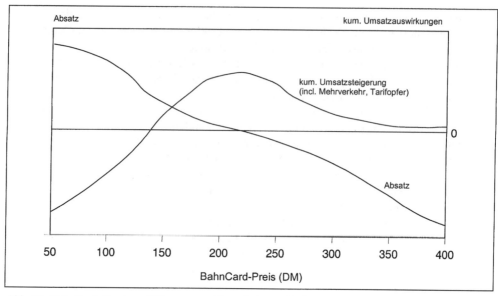

Abb. 10: BahnCard-Absatz und Umsatzauswirkung bei verschiedenen Preisen (skizziert)

Abbildung 11 gibt einen Überblick über die Zahlungsbereitschaft der Kunden für verschiedene Zusatzleistungen.

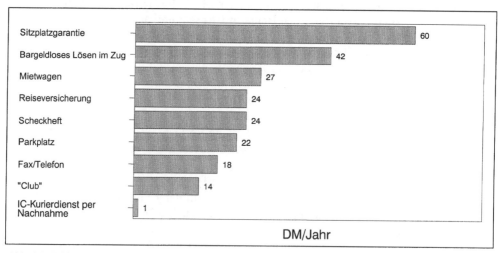

Abb. 11: Zahlungsbereitschaft der Kunden

Die höchsten Zahlungsbereitschaften existieren für die Sitzplatzgarantie und das bargeldlose Lösen im Zug. Die Realisierung aller anderen Zusatzleistungen wäre mit Kosten verbunden gewesen, die die Zahlungsbereitschaft der Kunden deutlich übertroffen hätte. Folglich wurde auf eine Integration dieser Leistungen verzichtet. Für die beiden attraktivsten Zusatzleistungen wurde die Realisierung zunächst zurückgestellt, um zu prüfen, ob die Kosten auf ein Niveau deutlich unter den Zahlungsbereitschaften der Kunden gedrückt werden können.

Hier wird also versucht, auf Basis gegebener Marktpreise eine Realisierungsform zu finden, deren Kosten noch einen bestimmten angestrebten Gewinn zulassen. Letztendlich erfolgt die Produktoptimierung also durch den Abgleich der Zahlungsbereitschaften für einzelne Zusatzleistungen und deren Kosten. Abbildung 12 veranschaulicht die Entscheidungssituation.

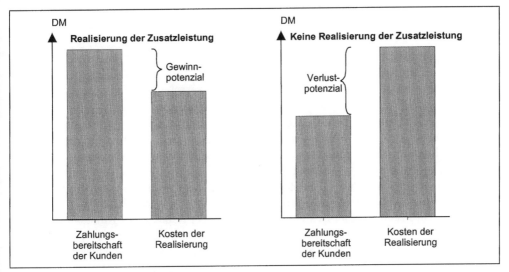

Abb. 12: Angebot von Zusatzleistungen

5.2. Market Pricing und Target Costing bei einer Textilmaschine

Eine Textilmaschine wurde im Laufe ihres Lebenszyklus kontinuierlich verbessert. Die Schlüsselfaktoren waren: (1) Wechselzeiten, (2) Lärmreduktion, (3) Qualität des Endproduktes, (4) Wartungszeiten und (5) Webgeschwindigkeit. Um die F&E-Anstrengungen auf den richtigen Weg zu lenken, wurde eine Conjoint Measurement Studie mit 150 Kunden weltweit durchgeführt. Gleichzeitig erarbeitete die F&E-Abteilung Kostenschätzungen für Verbesserungen auf den fünf Merkmalen. Tabelle 1 gibt dies wieder.

Für jedes Merkmal wurde die Verbesserung quantifiziert, die genau zu einer zusätzlichen Zahlungsbereitschaft von 100 DM pro Spindel führte, z.B. eine Reduktion der Wechselzeit von einem Textildesign zum nächsten um 5 Sekunden war den Kunden 100 DM pro Spindel wert. Die gleiche Zahlungsbereitschaft besteht für eine Lärmreduktion von 1 Decibel (A) und so weiter.

Die mit der Verbesserung der Leistung einhergehenden Kostensteigerungen wurden mittels einer Skala mit 1 = geringer Kostenanstieg bis zu 5 = starker Kostenanstieg zusammengefasst. Jetzt können basierend auf den ermittelten Zahlungsbereitschaften für die Verbesserungen und den damit verbundenen Kosten optimale Leistungsniveaus für alle Merkmale bestimmt werden.

Merkmale	Veränderung des Merkmals, die einer Zahlungsbereitschaft von 100 DM pro Spindel entspricht	Kostenskala	Optimales Niveau des Merkmals
Wechselzeiten	– 5 Sekunden	3	49 Sekunden
Lärmreduktion	– 1 Dezibel (A)	1	85 Dezibel (A)
Qualität des Endproduktes	+ 0.3 technischer Koeffizient	4	4.5 (Skala von 1 bis 5)
Wartungszeiten	– 5 Minuten	2	25 Minuten
Webgeschwindigkeit	– 20 Sekunden	3	90 Sekunden

Tab. 1: Market Pricing und Target Costing mit Conjoint Measurement

Ein weiteres wichtiges Ergebnis dieses Ansatzes bestand in der Erkenntnis, dass Kunden in Hochlohnländern stark differierende Wertschätzungen zu Kunden in Entwicklungsländern bezüglich einzelner Merkmale aufweisen. Als Konsequenz aus dieser Erkenntnis wurde ein modulares System entwickelt, das es der Firma erlaubte, preisgünstigere und teurere Versionen als früher anzubieten. Die Preisdifferenzierung wurde deutlich stärker betrieben, basierte aber auf dem vom Kunden wahrgenommenen Nutzen.

Der Market Pricing/Target Costing-Ansatz verbindet Aspekte des Kundennutzens, der Kosten und der Wettbewerbspositionierung und verdient daher höchste Beachtung. Abbildung 13 veranschaulicht das Problem unter einer mehr generellen Perspektive.

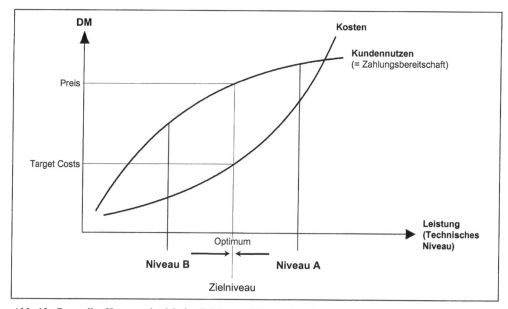

Abb. 13: Generelles Konzept des Market Pricing und Target Costing

Die Horizontale beschreibt die Leistung oder das technische Niveau eines Merkmals. Mit zunehmender Leistung nimmt der Kundennutzen zu, aber der Nutzenzuwachs wird mit weiter zunehmender Leistung immer geringer. Umgekehrt verhält es sich mit der Kostenkurve. Diese nimmt mit zunehmendem Leistungsangebot überproportional zu und kann sogar die Nutzenkurve schneiden.

Die Zielsetzung des Market Pricing/Target Costing-Ansatzes ist es, dasjenige Leistungsniveau jedes einzelnen Merkmals zu bestimmen, bei dem die Differenz zwischen Kundennutzen und Kosten maximiert wird. Die Leistung wird also nicht maximiert, sondern optimiert. In Abbildung 13 wird deutlich, dass ein Leistungsniveau von B gesteigert, eines von A aber reduziert werden sollte. In vielen unserer Projekte haben wir den Fall A angetroffen, in dem die Firmen eine zu hohe Leistung oft im technischen Bereich anboten, deren Grenzkosten nicht durch den zusätzlichen Kundennutzen gedeckt waren.

In anderen Fällen, insbesondere im Dienstleistungsbereich ist der Fall B zu beobachten. Hier wird häufig der zusätzliche Gewinn, der durch eine Leistungssteigerung erzielt werden kann, unterschätzt.

Das Verständnis für den relativen wahrgenommenen Wert und den Kosten von Produktmerkmalen in einem möglichst frühen Stadium des Produktlebenszyklus ist extrem wichtig. Fehleinschätzungen und Ignoranz werden vom Markt nicht vergeben. Der Market Pricing/Target Costing-Ansatz führt zu besseren Informationen für die Setzung von F&E-Zielen. Fehler, die hier gemacht werden, sind zu einem späteren Zeitpunkt kaum noch durch noch so gute Preisstrategien zu kompensieren.

6. Zusammenfassung

Für ein erfolgreiches Target Costing ist die Kenntnis des optimalen Preises unerlässlich. Dieser Preis sollte ein im Markt auf Basis der von den Kunden wahrgenommenen Wertschätzung des Produktes oder der Leistung ermittelter Preis sein. Ist der optimale Marktpreis ermittelt, können die Target Costs berechnet werden, indem der erwünschte Gewinn vom Marktpreis subtrahiert wird.

Der Marktpreis sollte den von den Kunden wahrgenommenen Nutzen des Produktes widerspiegeln. Dies bedeutet, dass neben der Ermittlung der Preiselastizität der wahrgenommene Nutzen gemessen werden muss. Hierbei sind folgende Aspekte zu beachten:
1. Der Preis kann nicht isoliert von den anderen Marketing-Instrumenten betrachtet werden. Alle Instrumente müssen folglich simultan aufeinander abgestimmt werden, wobei auf synergistische Effekte zwischen den Instrumenten zu achten ist.
2. Preis und Produktdifferenzierung sind zwei Seiten der gleichen Medaille, wobei der Fokus der Anstrengungen zunächst auf der Schaffung strategischer Wettbewerbsvorteile liegen sollte.
3. Strategische Wettbewerbsvorteile sind immer vom Kunden wahrgenommene Vorteile.
4. Ein Produkt besteht nicht nur aus dem physikalischen Produkt, sondern umfasst daneben alle Firmenleistungen auf den Softfaktoren.

5. Der wahrgenommene Zusatznutzen eines Produktes sollte den Mehrpreis, der dafür gefordert wird, überschreiten, da sonst der Kunde kein Incentive zum Kauf hat.

Ist der Zusatznutzen gemessen, muss zusätzlich die Preiselastizität der betreffenden Kunden erfasst werden, um zu einer Preisabsatzkurve und einem optimalen Marktpreis zu gelangen. Conjoint Measurement erweist sich hierbei als eine sehr wertvolle Methode, die ihren wahren Nutzen aber erst entwickeln kann, wenn ihre Ergebnisse mit anderen Informationen in einem *Preis- und Produktoptimierungssystem* integriert werden. Folgende Informationen müssen kombiniert werden:

1. Marktsegmentierungsinformation → Identifikation von Marktsegmenten,
2. Leistungswahrnehmung aller Produkte → Δ Nutzen,
3. Teilnutzenwerte aus dem Conjoint Measurement → Preiselastizität, die in Verbindung mit Δ Nutzen zum Δ Preis führt,
4. Firmenbezogene Informationen, die zusätzlich Marktpenetration und Marktanteil beeinflussen,
5. Kosten für verschiedene Produktkomponenten → Optimierung von Produkt und Preis.

Der Nutzen dieses Ansatzes zum Market Pricing/Target Costing wurde anhand von zwei realen Preis- und Produktoptimierungsbeispielen, BahnCard und Leistungsveränderungen bei einer Textilmaschine demonstriert.

Anmerkungen

1 Eine ausführliche Darstellung dieser Methode findet sich bei KUCHER (1985b), KUCHER/SIMON (1987) und SIMON (1995). Vgl. ferner TEICHERT (1998).

Produktlebenszykluskostenmanagement

Stephan Riezler

1. Einleitung

Industrielle Großserienproduktion ist als Produktionstyp für viele Branchen charakteristisch, beispielsweise für die Automobil- und Automobilzuliefer-, Elektro-, Elektronik-, Maschinenbau- und Pharmaindustrie. Vielfach wird dabei der Großteil des Umsatzes einer Unternehmung bzw. selbständiger Unternehmungteile mit wenigen, häufig in zahlreichen Varianten angebotenen Serienprodukten erzielt, so dass Produkte zentrale Ansatzpunkte des Kostenmanagements darstellen. Industrielle Großserienproduktion ist durch folgende *Besonderheiten* gekennzeichnet, die sich in den vergangenen Jahren verstärkt haben:

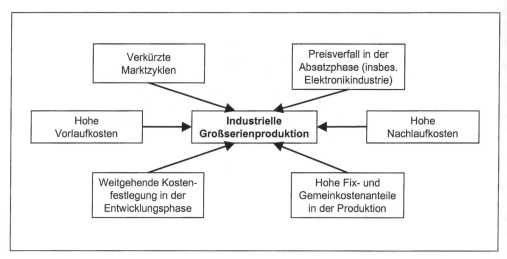

Abb. 1: Besonderheiten industrieller Großserienproduktion

Hauptursachen dafür sind die gestiegene Umfelddynamik als Folge technischen Fortschritts sowie liberalisierter und globaler Märkte, technologieintensive und komplexe Produkte, die Mechanisierung und Automatisierung der Produktion, gesetzliche Auflagen zur Produktentsorgung und die absatzpolitische Verknüpfung von Sachgütern mit produktbezogenen Dienstleistungen.

Aus den Charakteristika industrieller Großserienproduktion ergeben sich folgende spezielle *Anforderungen an das Kostenmanagement*:

- Das Kostenmanagement muss bereits in frühen Phasen der Produktentwicklung beginnen und seinen Schwerpunkt in der Produktentwicklungsphase haben. In dieser Phase ist die Beeinflussbarkeit der Kosten am größten (vgl. hierzu den Beitrag von EHRLENSPIEL ET AL.).

- Das Kostenmanagement muss sich auf den gesamten Produktlebenszyklus einschließlich Vor- und Nachlaufkosten beziehen und Substitutionsmöglichkeiten zwischen Vorlaufkosten einerseits sowie Herstell- und Nachlaufkosten andererseits berücksichtigen.

- Das Kostenmanagement muss in ein übergreifendes Erfolgsmanagement eingebunden sein, dass neben Kosten auch Erlöse bzw. erlösbestimmende Faktoren berücksichtigt. Zwischen den Subzielen Produktqualität, Entwicklungs-, Produktions- und Entsorgungskosten sowie Markteintrittszeitpunkt bestehen vielfältige Substitutionsbeziehungen, deren Auswirkungen auf den Gesamterfolg des Produkts transparent zu machen sind.
- Das Kostenmanagement muss Entscheidungen über produktbezogene Investitionen einbeziehen, da diese wesentliche Kostenbestimmungsfaktoren sind.
- Ein proaktives Kostenmanagement muss Kostenveränderungen im Zeitablauf gestalten, beispielsweise durch Vorgabe kontinuierlicher Verbesserungsziele, die aus Erfahrungskurven abgeleitet werden (vgl. KAJÜTER 2000a, S. 96f.).

Produktlebenszykluskostenmanagement ist die systematische, am Produktgesamterfolg ausgerichtete Beeinflussung der Kosten über den gesamten Lebenszyklus eines Produktes. Der *integrierte Produktlebenszyklus* umfasst die *Vorlaufphase* im Vorfeld der Serienproduktion (Produktentwicklung, Absatz- und Produktionsvorbereitung, Sachinvestitionen), die *Marktphase* (Produktion und Absatz des Hauptprodukts) und die *Nachlaufphase* im Anschluss an die Serienproduktion (Anlagenverwertung, Gewährleistung, Service und Entsorgungsverpflichtungen).

Im Mittelpunkt dieses Beitrages steht das Produktlebenszykluskostenmanagement aus *Herstellersicht* bei industrieller Großserienproduktion. Lebenszykluskostenüberlegungen aus Kundensicht, die neben dem Anschaffungspreis eines Produktes insbesondere laufende Betriebs- und Instandhaltungskosten betrachten, sind insoweit relevant, wie der Kunde sie in seine Kaufentscheidung integriert (vgl. GÜNTHER/KRIEGBAUM 1997).

Im folgenden Abschnitt werden zunächst die Aufgaben des Produktlebenszykluskostenmanagements bei industrieller Großserienproduktion vor dem Hintergrund der einführend genannten Rahmenbedingungen vorgestellt und ein Überblick über das Instrumentarium gegeben. Daran anschließend werden Aufbau und Anwendungsmöglichkeiten der Lebenszyklusrechnung als dem zentralen Recheninstrument des Produktlebenszykluskostenmanagements detailliert entwickelt. Die Darstellung gliedert sich in die Anwendung als reines Planungsinstrument und den projektbegleitenden Einsatz, mit dem neben Planungs- auch Überwachungsaufgaben abgedeckt werden.

2. Aufgaben und Instrumente des Produktlebenszykluskostenmanagements

Die *Hauptaufgaben* des Produktlebenszykluskosten- und -erfolgsmanagements umfassen die
- Wirtschaftlichkeitsbeurteilung des Produkts über dessen gesamten Lebenszyklus als Basis der Entscheidung über die Produkteinführung, der Auswahl von Produktalternativen und der Absatzpreisbeurteilung. Wichtige Entscheidungen, die eine Gesamtbetrachtung erfordern, sind bei Großserienprodukten die Freigabe der Vor- und Serien-

entwicklung, die eigentliche Serienfreigabe, die auch die Investitionsgenehmigung beinhaltet, und schließlich die endgültige Serienanlaufentscheidung;

- am Erfolg des Gesamtprojekts ausgerichtete Abstimmung von Teilentscheidungen und Teilprozessen im Projektverlauf, beispielsweise bezogen auf die Marktsegmentauswahl, Produktgestaltung und -varianten, Fertigungsstandorte, Make-or-Buy-Alternativen sowie Markteintritts- und Marktaustrittszeitpunkt;
- Sicherung einer am Gesamterfolg ausgerichteten Projektdurchführung durch operative Zielvorgaben für Kosten, Termine und Leistungskennzahlen sowie projektbegleitende Plan-Ist-Vergleiche und regelmäßige Prämissenkontrollen;
- systematische Aufbereitung von Projekterfahrungen für nachfolgende Serienprodukte.

Das zentrale und eigenständige Instrument des Produktlebenszykluskostenmanagements bildet die *Lebenszyklusrechnung* (vgl. RIEZLER 1996). Sie macht den wirtschaftlichen Gesamterfolg eines Produktes über seinen gesamten Lebenszyklus hinweg berechenbar. Über die Anwendung des speziellen Recheninstruments hinaus ist die entsprechende ganzheitliche und dynamische Denkweise grundlegend für das Produktlebenszykluskostenmanagement. Außerdem ist die organisatorische Verankerung der Verantwortung für das Gesamtprojekt notwendig.

Der Lebenszyklusrechnung verwandte Konzepte sind das im Großanlagenbau angewandte Life Cycle Costing und Finanzmodelle für Kraftwerksprojekte. Der Grundgedanke des *Life Cycle Costing* (vgl. PFOHL/WÜBBENHORST 1983) besteht darin, zur Beurteilung von Großprojekten nicht nur deren Anschaffungs- und Herstellungskosten, sondern sämtliche mit deren Erstellung, Nutzung, Stilllegung und Entsorgung verbundene Kosten einzubeziehen mit dem Ziel, diese Lebenszykluskosten zu minimieren. Aus Sicht des Anlagenbauers werden dabei auch die beim Kunden anfallenden Kosten berücksichtigt. Diese Betrachtungsweise dient der Wirtschaftlichkeitsbeurteilung und Preisfindung aus Sicht beider Vertragspartner, außerdem der aktiven Beeinflussung der Kosten und Leistungsmerkmale vor allem in den frühen Phasen der Systemkonzeption.

Finanzmodelle für Kraftwerksprojekte (vgl. LESER 2001) werden insbesondere bei internationaler Projektfinanzierung zur Wirtschaftlichkeitsbeurteilung, Auslegung, Vertragsgestaltung und Liquiditätsplanung verwendet. Dabei werden sämtliche mit der Errichtung, dem Betrieb und der Stilllegung des Kraftwerks verbundenen Zahlungsströme in Abhängigkeit von technischen, vertraglichen und marktbezogenen Parametern geplant. Aus den Zahlungsströmen werden im Modell Periodenergebnisse und Bilanzen von Projektgesellschaften abgeleitet, um Steuer- und Dividendenzahlungen sowie die Einhaltung bestimmter Finanzrelationen zu ermitteln. Das Grundkonzept des Modellaufbaus ist dem der Lebenszyklusrechnung sehr ähnlich.

Die Lebenszyklusrechnung ist dagegen schwerpunktmäßig auf das Produktlebenszykluskostenmanagement bei industrieller Serienproduktion ausgerichtet (vgl. auch die empirische Untersuchung von WÄHRISCH 1998, S. 237f.), obwohl das Instrument grundsätzlich auch auf andere Typen strategischer Projekte anwendbar ist (z.B. Markteintritt, Einführung einer neuen Produktionstechnologie, grundlegende Neuorganisation).

Über die Lebenszyklusrechnung hinaus werden für das Produktlebenszykluskostenmanagement zahlreiche *weitere Instrumente* verwendet, die überwiegend nicht primär lebenszyklusorientiert und daher in diesem Buch an anderen Stellen beschrieben sind. Dazu zählen insbesondere

- die Conjoint-Analyse zur Analyse erlösbestimmender Faktoren durch Kundenbefragungen,
- das Target Costing als Managementinstrument zur Beeinflussung der Produktkosten in der Entwicklungsphase durch die Ableitung von Kostenzielvorgaben aus Marktanforderungen,
- Verfahren der entwicklungsbegleitenden Kalkulation, die technische Parameter als Einflussgrößen zur Kostenprognose bestimmen,
- das Benchmarking zur wettbewerbsorientierten Ableitung von Zielvorgaben und
- die Prozesskostenrechnung zur Untersuchung von Kosteneinflussgrößen in indirekten Bereichen.

Die Einbeziehung der dabei gewonnenen Erkenntnisse in eine Lebenszyklusrechnung, insbesondere durch die Bildung von Einflussgrößenfunktionen, sichert eine konsequente Ausrichtung des Produktlebenszykluskostenmanagements auf den Gesamterfolg des Produktes. Aufgrund des großen Datenvolumens und des langen Planungszeitraums sind auch grafische Darstellungen nützliche Instrumente des Produktlebenszykluskostenmanagements, beispielsweise das bei Hewlett-Packard verwendete Zeitdiagramm zur Amortisationsdarstellung („Return Map", vgl. HOUSE/PRICE 1991).

3. Lebenszyklusrechnung als Instrument des Kosten- und Erfolgsmanagements

3.1. Grundkonzept

Die Lebenszyklusrechnung ist eine *Investitionsrechnung*, für die das Serienprodukt über seinen gesamten Lebenszyklus hinweg das Investitionsprojekt darstellt. Der Lebenszyklus von Serienprodukten weist die typische Zahlungsstruktur von Investitionen auf: Auszahlungsüberschüsse in der Vorlaufphase und Einzahlungsüberschüsse in der Marktphase. Zur Wirtschaftlichkeitsbeurteilung verwendet die hier vorgestellte Lebenszyklusrechnung die unperiodisierten *Zahlungen* als Rechengrößen und ermittelt Kennzahlen der dynamischen Investitionsrechnung (interner Zinsfuß, Kapitalwert, dynamische Amortisationsdauer).

Alternative Ansätze basieren auf Kosten und Erlösen um die Datenintegration mit dem periodenorientierten Rechnungswesen zu erleichtern. Mittels kalkulatorischer Zinsen auf das gebundene Kapital (LÜCKE-Theorem) können Kapitalwertberechnungen durchgeführt werden (vgl. KEMMINER 1999, S. 237ff.; MUSSNIG 2001b), jedoch setzt dies die Einführung eines zahlungsorientierten Kostenbegriffs voraus, der von dem in Deutschland verbreiteten wertmäßigen Kostenbegriff abweicht (vgl. zum Kostenbegriff HAHN/LASSMANN 1993, S. 46f.). Außerdem ist das produktspezifisch gebundene Kapital nur schwer zu ermitteln, so dass die Verwendung der originären Zahlungen aus theoretischer und praktischer Sicht vorzuziehen ist.

Für eine entscheidungsorientierte Rechnung sind dabei entscheidungsabhängige Zahlungswirkungen einerseits und einem Produkt final zugerechnete Deckungsvorgaben andererseits strikt zu unterscheiden. In einer *entscheidungsorientierten Differenzbetrachtung* wird zunächst untersucht, wie sich die Zahlungsströme der Unternehmung bei Durchführung des Projekts gegenüber der Nichtdurchführung verändern. Dies ist sowohl für die Entscheidung über die Projektdurchführung als auch für die Transparenz über die Kostenverursachung im Rahmen des Kostenmanagements grundlegend. In einer Unternehmung treten jedoch stets auch solche Gemeinauszahlungen bzw. Gemeinkosten auf, die für die Aufrechterhaltung der Betriebsbereitschaft zwar erforderlich sind, aber nicht ursächlich auf bestimmte Produkte zugerechnet werden können. Diese betreffen beispielsweise die Unternehmungsleitung sowie bestimmte Zentralfunktionen und Infrastruktureinrichtungen. Langfristig müssen aus den Einzahlungen der abgesetzten Produkte entsprechende Gemeinauszahlungen gedeckt und darüber hinaus Gewinne erzielt werden. Daher werden in der Lebenszyklusrechnung zur Erfolgs- und insbesondere Absatzpreisbeurteilung zusätzlich zu den entscheidungsabhängigen Differenzerfolgen entsprechende *Deckungsvorgaben* ausgewiesen.

In der Produktentwicklung besteht das grundsätzliche Dilemma, dass die Möglichkeiten der Kosten- und Erlösbeeinflussung in den frühen Entwicklungsphasen zwar am größten, der Informationsstand zumeist jedoch noch sehr gering ist (vgl. hierzu auch den Beitrag von EHRLENSPIEL ET AL.). Daraus folgt, dass die Lebenszyklusrechnung bereits in einem sehr frühen Planungsstadium erstmalig aufzustellen ist, wenn ein grobes Produktkonzept (einschließlich Zielpreis) festzulegen ist und ein Vorentwicklungsauftrag erteilt wird. Entsprechend dem geringen Informationsstand bezieht sie sich auf vergleichsweise aggregierte Größen und kann unter Umständen zunächst vereinfachend als Vorkalkulation auf Basis von Durchschnittswerten aufgestellt werden. Entsprechend der zeitlichen Reichweite der mit der Serieneinführung verbundenen Entscheidungen ist der Planungshorizont auf den gesamten Lebenszyklus zu beziehen. Eine frühzeitige Festlegung auf quantifizierbare Größen ist im Entwicklungsprozess auch als Zielvorgabe bedeutsam. Im Verlauf der Serienentwicklung wird die Lebenszyklusrechnung entsprechend dem verbesserten Informationsstand verfeinert und aktualisiert.

Die Lebenszyklusrechnung beinhaltet die zeitstrukturierte Planung der Zahlungsströme über den gesamten Produktlebenszyklus. Da in vielen Branchen Preis- und Kostenentwicklung auseinanderdriften, sind die einzelnen Perioden (i.d.R. Jahre, bei Bedarf auch kürzere Intervalle) differenziert auszuplanen. Die explizite Planung von Veränderungen im Zeitablauf vermittelt eine dynamische Betrachtungsperspektive im Hinblick auf Rationalisierungsziele, Lern- und Erfahrungskurveneffekte sowie Preis- und Mengenveränderungen auf Absatz- und Beschaffungsmärkten.

Die Differenzierung der Zahlungen nach einzelnen Lebenszyklusphasen (Vorlauf-, Markt- und Nachlaufphase) dient der Veranschaulichung sachlicher und zeitlicher Verbundwirkungen zwischen Zahlungen unterschiedlicher Phasen, beispielsweise bezogen auf den Markteinführungszeitpunkt (vgl. BACK-HOCK 1988).

Um überhaupt eine fundierte Planung vornehmen zu können, sind bestimmte Annahmen zu treffen über die wesentlichen Einflussgrößen der produktbezogenen Zahlungen. In der Lebenszyklusrechnung werden die wichtigsten Ursache-Wirkungsbeziehungen in einfachen Einflussgrößenfunktionen quantifiziert. Dies ermöglicht Sensitivitätsanalysen für die wichtigsten Planungsparameter und differenzierte Abweichungsanalysen während der Projektdurchführung.

Die Lebenszyklusrechnung ist nicht nur als reines Planungsinstrument, sondern auch als projektbegleitende Überwachungsrechnung konzipiert. In regelmäßigen Abständen und an bestimmten Meilensteinen wird die Gesamtrechnung durch Istdaten und überarbeitete Plandaten aktualisiert. Eine zur Planungsrechnung konsistente Überwachungsrechnung ist unverzichtbar, um eine erfolgsorientierte Projektdurchführung und ggf. erforderliche Projektanpassungen zu gewährleisten, Lerneffekte für Folgeprojekte zu erzielen und unrealistische bzw. manipulierte Planungen zu begrenzen. „Planung ohne Kontrolle ist daher sinnlos, Kontrolle ohne Planung unmöglich" (WILD 1982, S. 44). Die mangelhafte Ergänzung durch Investitionskontrollen stellt eine Hauptschwäche traditioneller Investitionsrechnungen in der Praxis dar.

Mit Ansätzen des *Target Costing* (vgl. hierzu die Beiträge von SEIDENSCHWARZ ET AL. und CLAASSEN/ELLßEL) hat die Lebenszyklusrechnung den Grundgedanken der frühzeitigen, auf den gesamten Lebenszyklus bezogenen Kostenbeeinflussung gemeinsam, jedoch wird in der Lebenszyklusrechnung ein umfassenderer Ansatz des Kosten- und Erfolgsmanagements angestrebt. Während im Grundmodell des Target Costing der Absatzpreis als vom Markt vorgegeben angenommen wird, untersucht die Lebenszyklusrechnung die Erlöseinflussgrößen bei in Grenzen variabler Preissetzung und die Beziehungen zwischen Erlös- und Kostenseite. Diese betreffen beispielsweise das Hinzufügen oder Weglassen von Produktfunktionen oder -varianten.

Im Gegensatz zu Kalkulationen auf Basis durchschnittlicher Kosten, wie sie im Regelfall auch das Target Costing verwendet, vermittelt die zahlungsorientierte Lebenszyklusrechnung eine dynamische Perspektive des Kostenmanagements, so dass Ansätze zur Dynamisierung des Target Costing (vgl. FRANZ 1997b; MUSSNIG 2001a) unterstützt werden können. Der dynamische Ansatz erlaubt auch die Verknüpfung mit kontinuierlichen Verbesserungszielen, wie sie basierend auf dem japanischen Kaizen-Ansatz in Industrieunternehmen weit verbreitet sind (Kaizen-Costing). Die zahlungsorientierte Vorgehensweise vermeidet eine stückbezogene Schlüsselung von Vor- und Nachlaufkosten sowie Mehrverbräuchen in der Anlaufphase, die auf Grund der im voraus nicht bekannten Gesamtstückzahl problematisch ist und der Transparenz über die Kostenbeeinflussung eher entgegenwirkt. Im Unterschied zu traditionellen Kalkulationsansätzen wird die Kostenverursachung im Gemeinkostenbereich (insbesondere bei Infrastruktureinrichtungen und flexibel umrüstbaren Produktionsanlagen) in der Lebenszyklusrechnung durch die entscheidungsorientierte Differenzbetrachtung und die Ermittlung produktbezogener Deckungsvorgaben für Gemeinauszahlungen detailliert untersucht.

In der ganzheitlichen, lebenszyklusorientierten Sichtweise unterscheidet sich die Lebenszyklusrechnung von traditionellen Instrumenten des Projektcontrollings, die i.d.R. auf den Kostenanfall in der Entwicklungsphase beschränkt sind. Dagegen stellt die Lebenszyklusrechnung die Kostenfestlegung in den Mittelpunkt.

3.2. Planungsunterstützung in der Vorlaufphase

3.2.1. Aufbau der Lebenszyklusrechnung

Die Grundaufgabe der Lebenszyklusrechnung als Planungsinstrument in der Vorlaufphase besteht darin, alle wirtschaftlichen Wirkungen, die durch die Entscheidung über die Projektdurchführung gegenüber dessen Nichtdurchführung im gesamten Lebenszyklus ausgelöst werden, rechenbar zu machen. Die Lebenszyklusrechnung wird im Folgenden am Beispiel der Entscheidung über die Einführung einer neuen Modellreihe in der Automobilindustrie veranschaulicht. Die Planungsaufgabe ist vor dem Hintergrund des zu Beginn vielfach geringen Informationsstandes und des z.B. in der Automobilindustrie zehn Jahre und mehr umfassenden Planungszeitraumes außerordentlich anspruchsvoll. Da sich jedoch auch die zu fundierende Entscheidung auf den gesamten Lebenszyklus bezieht, ist sie unabdingbar und mit größter Sorgfalt zu lösen. „We must overcome the preference of accountants for precision over accuracy, which causes them to ignore benefits they cannot quantify beyond one or two digits of accuracy" (KAPLAN 1986, S. 91). Auch bei großer Planungsunsicherheit sind quantitative Planungen wertvoll, da sie zu einem frühzeitigen und sorgfältigen Durchdenken zukünftiger Rahmenbedingungen, erforderlicher Maßnahmen und bestehender Handlungsalternativen zwingen, außerdem Zielvorgaben setzen und die Grundlage für mit zunehmender Erfahrung allmählich verbesserter Prognosen bilden. Neben der Planungsunsicherheit stellt die Komplexität des Entscheidungsfeldes das zentrale Problem für eine Lebenszyklusrechnung dar, dem durch pragmatische Vereinfachungen und eine modulare Struktur zu begegnen ist.

Den Ausgangspunkt des *Aufbaus der Lebenszyklusrechnung* (vgl. hierzu RIEZLER 1996, S. 183ff.) bildet die Untersuchung, welche direkten und indirekten Zahlungswirkungen des Projekts von Bedeutung sind, zunächst ohne deren Höhe festzulegen. Hierzu können Checklisten verwendet werden, die insbesondere auf Erfahrungen aus früheren Projekten basieren. Indirekte Projektwirkungen ergeben sich z.B. in Gemeinkostenbereichen oder vor- bzw. nachgelagerten Produktionsstufen.

Anschließend sind durch Expertenbefragung und ebenfalls unter Verwendung von Checklisten die vermuteten *Haupteinflussgrößen* auf die Projektzahlungen zu bestimmen (vgl. Abb. 2). Dabei handelt es sich sowohl um eigene Gestaltungsparameter als auch um externe Einflussfaktoren. Im Absatzbereich ist nach Marktsegmenten (insbesondere Regionen, Modellvarianten und Kundengruppen) und im Produktionsbereich nach Fertigungsstandorten zu differenzieren, wobei man sich aus Praktikabilitätsgründen darauf beschränken wird, nur repräsentative Absatzmärkte und Modellvarianten explizit zu betrachten. Die Bildung von Einflussgrößenhierarchien erlaubt die Verwendung sekundärer Einflussgrößen (z.B. Absatzmengen), die von anderen sekundären (z.B. Marktvolumen und Marktanteil) oder primären (z.B. Konjunkturentwicklung, Indikatoren der Kundenzufriedenheit, Länge des Marktzyklus, Modelleinführungen der Hauptkonkurrenten) Einflussgrößen abhängen.

Die eigentlichen *Planungsprämissen* bestehen nun in der Festlegung der Planwerte für die Haupteinflussgrößen des Projekterfolgs. Für eine erste Grobabschätzung der Projektwirkungen in einem sehr frühen Planungsstadium sowie als Basis einer Vorkalkulation ist

Einflussgrößen	Einfluss auf
Einflussgrößen in der Vorlaufphase	
Anteil Neuteile gegenüber dem Vorgängerprodukt	Entwicklungsauszahlungen
Einflussgrößen im Absatzbereich (Marktphase)	
Absatzmenge (sekundäre Einflussgröße)	Umsatzeinzahlungen
Marktvolumen (sekundäre Einflussgröße)	Absatzmenge
Marktanteil (sekundäre Einflussgröße)	Absatzmenge
Veränderung Bruttosozialprodukt	Marktvolumen
Index der Kundenzufriedenheit	Marktanteil
Neuprodukte Hauptkonkurrenten	Marktanteil
Preisnachlässe Hauptkonkurrenten	Marktanteil
jährliche Preisveränderung	Umsatzeinzahlungen
Einflussgrößen im Produktions-/ Beschaffungsbereich (Marktphase)	
Produktionsmenge	beschäftigungsproportionale Auszahlungen
Ausschussanteil	beschäftigungsproportionale Auszahlungen
Taktzeit	Personalauszahlungen
anfänglicher Personalkostensatz	Personalauszahlungen
jährliche Personalkostensatzänderungen	Personalauszahlungen
jährliche sonstige Faktorpreisänderungen	übrige laufende Auszahlungen
Teilezahl pro Endprodukt	Logistikauszahlungen
Einflussgrößen in der Nachlaufphase	
wirtschaftliche Nutzungsdauer flexibler Maschinen (produktunabhängig)	Restwerte
Weiterverwendungsgrad flexibler Maschinen für Folgeprodukte	Restwerte
Fehleranteil (%)	Gewährleistungszahlungen

Abb. 2: Beispiele für Haupteinflussgrößen des Projekterfolgs

es vielfach sinnvoll, zunächst Durchschnittswerte bei eingelaufener Serienproduktion zu bestimmen. Der Grundkonzeption der Lebenszyklusrechnung und dem dynamischen Ansatz des Kosten- und Erfolgsmanagements entspricht jedoch gerade die zeitstrukturierte Planung der Einflussgrößenwerte und ihrer Veränderungen im Zeitablauf, insbesondere auf der Basis von Lern- und Erfahrungskurveneffekten. Diese sind die Folge zunehmender Übung der Mitarbeiter, technischen Fortschritts, gezielter Rationalisierungsmaßnahmen sowie von Größendegressionseffekten. Auf der Absatzseite sind bei Serienbeginn zumeist geringere Absatzmengen sowie nahe am Serienende Mengen- und Preisreduzierungen zu berücksichtigen. Für zentrale Einflussgrößen werden Mehrpunktschätzungen (z.B. wahrscheinlicher, optimistischer und pessimistischer Wert) vorgenommen, die im Rahmen von Sensitivitätsanalysen und Szenarien einen besseren Einblick in die Risiken des Projektes geben.

Die Planung der Ein- und Auszahlungen erfolgt soweit sinnvoll möglich durch Bildung einfacher *Einflussgrößenfunktionen*, die die jeweiligen Ursache-Wirkungsbeziehungen abbilden. Beispielsweise werden die Auszahlungen einer Periode für eine Materialart wie folgt ermittelt:

Material-auszahlungen Periode t_n	=	Verbrauchsmenge je Stück / (1 - Ausschussquote)	*	Materialpreis Anfangs-periode t_0	*	Kumulierte Material-preisveränderung Periode t_n

Abb. 3: Beispiel einer Einflussgrößenfunktion

Solche Einflussgrößenfunktionen entsprechen dem Grundansatz von Tabellenkalkulationsprogrammen (z.B. Excel), Zahlenwerte durch Formeln zu hinterlegen, so dass diese sich für den Aufbau einer Lebenszyklusrechnung besonders eignen. Da die Struktur der Funktionen für alle Perioden gleich ist, können sie bei der Formeleingabe leicht für alle Perioden kopiert werden. Durch Vorgabe von Intervallen lassen sich auch sprungfixe Auszahlungswirkungen darstellen. Zahlungen, für die keine sinnvollen Einflussgrößenfunktionen gebildet werden können, müssen direkt geschätzt werden.

Ein besonderes Problem stellt die Ermittlung der projektbedingten Zahlungswirkungen dar, wenn Zahlungen auf Grund von *Verbundwirkungen* für verschiedene Produkte gemeinsam anfallen (vgl. dazu RIEZLER 2002). Ursachen sind die gemeinsame Nutzung unteilbarer Potenzialfaktoren (z.B. Infrastruktureinrichtungen und flexibel umrüstbare Produktionsanlagen) sowie Verbundwirkungen auf Absatz- und Beschaffungsmärkten. Für die Ermittlung der entscheidungsabhängigen Zahlungen sind bei gemeinsamer Ressourceninanspruchnahme die voraussichtliche langfristige Auslastung sowie die Erweiterbarkeit ausgelasteter bzw. die Abbaubarkeit nicht ausgelasteter Potenziale abzuschätzen. Vereinfachend können indirekte Zahlungswirkungen der Inanspruchnahme bereits vorhandener Potenziale durch den Ansatz vollkostenorientierter Verrechnungspreise (sekundäre Zahlungen) abgebildet werden, wenn diese langfristig auch durch andere Produkte ausgelastet oder aber abgebaut werden können. Diese Verrechnungspreise dürfen keine Gewinnanteile und keine kalkulatorisch verrechneten Vorlaufkosten enthalten. Die Weiterverwendung neu aufgebauter Potenziale für Folgeprodukte kann über pauschale Weiterverwendungsgrade abgebildet werden. Ziele der Analyse der Verbundwirkungen sind nicht nur die Erhöhung der Rechengenauigkeit, sondern vor allem die Verbesserung der Transparenz und Beeinflussbarkeit von Kosten bei Verbundbeziehungen. Im Absatzbereich lassen sich Verbundwirkungen (z.B. Kannibalisierungseffekte bei anderen Modellen) nur außerordentlich schwer abschätzen, sie können aber erheblichen Ergebniseinfluss haben, so dass ihre Analyse von großer Bedeutung ist.

Deckungsvorgaben für Gemeinauszahlungen, die nicht durch bestimmte Produkte verursacht sind (z.B. für Grundlagenforschung, Verwaltung, Logistik- und Vertriebsinfrastruktur), werden aus der Gesamtunternehmungsplanung abgeleitet. Dabei werden Gemeinauszahlungen soweit wie möglich verursachungsnah zugeschlüsselt, beispielsweise entsprechend der anteiligen Inanspruchnahme von Infrastruktureinrichtungen (vgl. auch

Lebenszyklusrechnung Serienmodell Automobilindustrie

Beginn: (2003) — Ende Serienproduktion: (2011)

Mio €	Summe	2002	2003	2004	2005	2006	2007	2008	2009	2010	2011
I. Vorlaufphase											
Maschinelle Anlagen	-600		-150	-400				-50			
Produktbezogene Forschung und Entwicklung	-510	-80	-300	-80				-50			
Produktions-/Absatzvorbereitung	-180		-30	-150							
SUMME I. (projektbedingte Zahlungen)	-1.290	-80	-480	-630	0	0	0	-100	0	0	0
Allgemeine Forschung und Entwicklung	-300	-100	-100	-100							
SUMME I. (nach Deckungsvorgabe)	-1.590	-180	-580	-730	0	0	0	-100	0	0	0
II. Marktphase											
A. Direkte Projektwirkungen											
Umsatzeinzahlungen	15.984				2.250	3.120	2.785	2.979	2.701	2.150	
Einzahlungsschmälerungen	-800				-80	-120	-125	-125	-150	-200	
Fertigungsmaterial	-7.160				-900	-1.350	-1.320	-1.285	-1.280	-1.025	
Fertigungspersonal	-2.230				-380	-420	-400	-375	-345	-310	
Sonstige Fertigungsauszahlungen	-780				-100	-140	-138	-136	-134	-132	
Produktbezogene Auszahlungen Logistik/Vertrieb	-344				-50	-60	-60	-60	-58	-56	
Unterschiede Zahlungen/Verbrauch durch Vorräte	0				-75					75	
B. Indirekte Projektwirkungen											
Inanspruchnahme Infrastruktur Fertigung/Logistik/Vertrieb	-855				-125	-150	-150	-150	-150	-130	
Sprungfixe Auszahlungen Allgemeine Verwaltung	-235				-45	-40	-40	-40	-35	-35	
SUMME II. (projektbedingte Zahlungen)	3.580	0	0	0	495	840	552	808	549	337	0
C. Deckungsvorgaben für Gemeinauszahlungen											
Inanspruch. nicht ausgelasteter/nicht abbaubarer Kapazitäten	-450				-75	-75	-75	-75	-75	-75	
Gemeinkosten Verwaltung/Vertrieb	-750				-150	-130	-125	-120	-115	-110	
SUMME II. (nach Deckungsvorgabe)	2.380	0	0	0	270	635	352	613	359	152	0
III. Nachlaufphase											
Restwert flexibler Maschinen	150										150
Ersatzteilgeschäft	575					20	35	55	75	90	300
Gewährleistung/Produktentsorgung	-555				-30	-40	-20	-20	-20	-25	-400
SUMME III. (projektbedingte Zahlungen)	170	0	0	0	-30	-20	15	35	55	65	50
Projektbedingter Einzahlungsüberschuss	2.460	-80	-480	-630	465	820	567	743	604	402	50
Einzahlungsüberschuss nach Deckungsvorgabe	960	-180	-580	-730	240	615	367	548	414	217	50

Kennzahlen (vor Gewinnsteuern, bezogen auf den 1.1.2002):   Kalkulationszins: 10,00% p.a.

A. Entscheidungsbedingte Differenzbetrachtung	
Interner Zinsfuß (Baldwin):	18,26% p.a.
Kapitalwert:	1.057 Mio €
Dynamische Amortisationsdauer:	5,4 Jahre

B. Nach Deckungsvorgaben für Gemeinauszahlungen	
Interner Zinsfuß (Baldwin):	11,24% p.a.
Kapitalwert:	147 Mio €
Preisuntergrenze Markteintritt:	14.748 €/Stück

Abb. 4: Beispiel einer Lebenszyklusrechnung

den Abschnitt 4. „Prozesskostenrechnung" im Beitrag von KAJÜTER). In bestimmten Fällen sind auch aus strategischen Zielsetzungen der Gesamtunternehmung abgeleitete Zurechnungskriterien denkbar, etwa niedrigere Deckungsvorgaben für strategische Wachstumsbereiche.

Im *Beispiel* der Abbildung 4 wird angenommen, dass Forschungs- und Entwicklungsaktivitäten teilweise direkt produktbezogen sind und damit zu projektbedingten Zahlungen führen, teilweise aber auch produktübergreifend anfallen, so dass für den Entwicklungszeitraum von Produkten eine pauschale Deckungsanforderung vorgegeben wird. Auch indirekte Projektwirkungen im Produktions-, Logistik-, Verwaltungs- und Vertriebsbereich werden im Fallbeispiel zum Teil als projektbedingte Zahlungen berücksichtigt, weil sie entweder als sprungfixe Auszahlungen zusätzlich anfallen oder aber vorhandene Kapazitäten bei Nichtdurchführung des Projekts langfristig abbaubar wären. Der übrige, produktunabhängig anfallende Anteil wird nur als Deckungsvorgabe berücksichtigt. Die Nachlaufphase umfasst durch das Service- und Ersatzteilgeschäft sowie Produktentsorgungsverpflichtungen vielfach einen sehr langen Zeitraum. Die Lebenszyklusrechnung kann dadurch vereinfacht werden, dass in der Periode des Serienauslaufs der Barwert der für die Nachlaufphase erwarteten Ein- und Auszahlungen angesetzt wird. Eine detaillierte Planung dieser Phase empfiehlt sich hingegen dort, wo das Service-, Ersatzteil- und Verbrauchsmaterialgeschäft wirtschaftlich großes Gewicht haben (z.B. bei Druckern oder Aufzügen).

3.2.2. Anwendung der Lebenszyklusrechnung

Zur *Entscheidungsunterstützung* bildet die Lebenszyklusrechnung die geplanten Zahlungswirkungen des Produkts über dessen gesamten Lebenszyklus tabellarisch und grafisch ab und ermittelt Kennzahlen der dynamischen Investitionsrechnung (interner Zinsfuß, Kapitalwert, dynamische Amortisationsdauer; vgl. das Beispiel in Abb. 4). Die aggregierte Darstellung kann sich modular aus Teilrechnungen für repräsentative Modellvarianten, Absatzregionen und Fertigungsstandorte sowie differenziertere Zahlungsarten zusammen setzen.

Grundlage der *Wirtschaftlichkeitsbeurteilung* und Alternativenauswahl ist insbesondere der modifizierte interne Zinsfuß in der entscheidungsbezogenen Differenzbetrachtung. Dieser übersteigt im Beispiel den Kalkulationszinsfuß erheblich, so dass das Projekt deutlich vorteilhafter ist als der Verzicht auf ein neues Serienprodukt. Unterschiedliche Produktalternativen werden zunächst entsprechend der Höhe des internen Zinsfußes in eine Rangfolge gebracht. Darüber hinaus wird für Serienprodukte zumeist auch ein Verzinsungsanspruch nach Zurechnung von Deckungsvorgaben vorgegeben (vollkostenorientierte Sichtweise). Dieser kann dem Kalkulationszinsfuß und damit den Kapitalkosten entsprechen oder auch darüber liegen, beispielsweise abgeleitet aus langfristigen Wertbeitragszielen. Bei weltweit abgesetzten bzw. produzierten Serienprodukten ist zusätzlich zur Vorsteuerbetrachtung eine näherungsweise Abschätzung von Ertragsteuern erforderlich.

Die Risikoabschätzung des Projekts erfolgt durch Sensitivitätsanalysen für kritische Einflussgrößen und das „Durchspielen" von Szenarien, beispielsweise unterschiedliche

Nachfrageentwicklungen oder Veränderungen der Länge des Marktzyklus mit entsprechenden Anpassungsmaßnahmen. Die dynamische Amortisationsdauer ist bei tendenziell verkürzten und in der Länge unsicheren Marktzyklen ein wichtiger Risikoindikator.

Die Lebenszyklusrechnung ermöglicht auch die Unterstützung *lebenszyklusorientierter Preisgrenzbetrachtungen*. Diese sind insbesondere dann von Interesse, wenn im Marktzyklus erhebliche Preisveränderungen auftreten (z.B. Preisverfall in der Elektronikindustrie, Savingsregelungen bei Automobilzulieferern) und die anfängliche Preissetzung wesentliche Auswirkungen auf die verbleibenden Preisspielräume der Folgeperioden hat. Insofern wird ein dynamischer Target Costing-Ansatz unterstützt. Im betrachteten Beispiel ermittelt die Lebenszyklusrechnung für das gewählte Produktkonzept und unter den gesetzten Planungsprämissen eine Preisuntergrenze von 14.748 €, die mit dem angenommenen Markteinführungspreis von 15.000 € verglichen wird.

Großserienprodukte haben i.d.R. erhebliche Auswirkungen auf die Gesamtunternehmung, so dass eine Verknüpfung der produktbezogenen Lebenszyklusrechnung mit der Finanz- und Erfolgsplanung der Gesamtunternehmung erfolgt (vgl. FINSTER 1995, S. 156ff.). Die zahlungsorientierte Lebenszyklusrechnung vereinfacht gegenüber kostenorientierten Ansätzen die Abschätzung der Auswirkungen auf zahlungsstromorientierte, unternehmenswertbezogene Kennzahlen (Shareholder Value-Konzepte).

Die Lebenszyklusrechnung begleitet die gesamte Entwicklungsphase als übergreifendes Planungsinstrument, das der auf den Gesamterfolg ausgerichteten Abstimmung der verschiedenen Teilprozesse dient. Die Produktentwicklungsphase, die in der Automobilindustrie einen Zeitraum von drei bis fünf Jahren umfasst, beinhaltet insbesondere bei Anwendung des Simultaneous Engineering bestimmte vorher festgelegte Entscheidungspunkte (*Meilensteine*), die eine entsprechende Gesamtbetrachtung erfordern (vgl. Abb. 5).

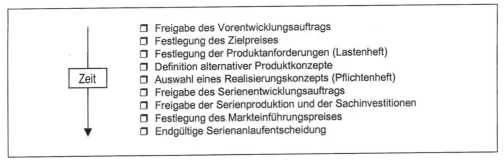

Abb. 5: Beispiele für Meilensteine in der Produktentwicklung

Darüber hinaus sind in der Entwicklungsphase eine Vielzahl von Teilentscheidungen zu treffen, die durch die ganzheitliche Darstellung der Lebenszyklusrechnung wirksam unterstützt werden können. Beispiele sind die Festlegung von Produktvarianten oder von Produktgestaltungsalternativen, die sowohl die Vorlaufphase (Entwicklungszeit und -kosten) als auch die Marktphase (fertigungsgerechte Konstruktion) und die Nachlaufphase (entsorgungsgerechte Konstruktion) beeinflussen. Entsprechend dem verbesserten Informationsstand nimmt der Detaillierungsgrad der Lebenszyklusrechnung in der Entwicklungsphase zu und werden die Planungsprämissen (Einflussgrößen), der Modellaufbau und direkt geschätzte Zahlungen aktualisiert. Die einflussgrößenorientierte Planung der Projektzahlungen unterstützt die besonders wichtige Verknüpfung mit einer entwicklungsbegleitenden Prämissenüberprüfung.

3.3. Projektbegleitende Planung und Überwachung

3.3.1. Aufbau der projektbegleitenden Lebenszyklusrechnung

Für ein wirksames lebenszyklusorientiertes Kosten- und Erfolgsmanagement ist ein reines Planungsinstrument ebenso wenig ausreichend wie eine einmalige Nachrechnung am Projektende, durch die Fehlentwicklungen nur noch aufgedeckt, aber nicht mehr korrigiert werden können. Daher ist die Lebenszyklusrechnung eine *projektbegleitende Rechnung*, die eine plankonforme Projektdurchführung und zielgerichtete Anpassungen an gegenüber der ursprünglichen Planung veränderte Bedingungen und Erkenntnisse unterstützt. Somit erfüllt die Projektbegleitrechnung sowohl Überwachungsaufgaben als auch während der Projektdurchführung auftretende Planungsaufgaben. Im Vordergrund des projektbegleitenden Kosten- und Erfolgsmanagements steht nicht die Aufdeckung von Fehlern, sondern die *Verhaltenssteuerung* der an der Projektdurchführung Beteiligten mit dem Ziel, Unwirtschaftlichkeiten nach Möglichkeit gar nicht erst entstehen zu lassen.

Eine *aktualisierte Lebenszyklusrechnung* als Projektgesamtrechnung wird in regelmäßigen Abständen (z.B. halbjährlich) sowie an wichtigen Meilensteinen durchgeführt. Mit zunehmender Projektdauer sind immer genauere Prognosen des Produktgesamterfolgs möglich. Gleichzeitig geht jedoch der Nutzen für das Kosten- und Erfolgsmanagement durch verringerte Beeinflussungsmöglichkeiten zurück. Die Projektgesamtsicht der Lebenszyklusrechnung ist insbesondere nach Abschluss der Markteinführungs- und Serienanlaufphase wertvoll, da zu diesem Zeitpunkt gegenüber der Ursprungsplanung deutlich verbesserte Erkenntnisse über Markterfolg und im Produktionsbereich erreichbare Standards vorliegen, aber noch zahlreiche Freiheitsgrade bestehen.

Der Aufbau der projektbegleitenden Lebenszyklusrechnung erfolgt analog zur mitlaufenden Kalkulation im Anlagenbau, indem die Planungsrechnung durch Eingabe der Istwerte für den abgelaufenen Zeitraum und Neuschätzungen für die verbleibende Projektlaufzeit aktualisiert wird. Das betrifft sowohl die Zahlungen als auch die Einflussgrößen als wesentliche Planungsprämissen. Eine effiziente *Istdatenerfassung* macht es erforderlich, Schnittstellen zur Datenübernahme aus vorgelagerten Informationssystemen zu definieren. Istwerte der Einflussgrößen werden hauptsächlich aus Vertriebsinformationssystemen und produktionsbezogenen operativen Kennzahlensystemen übernommen. Das periodenbezogene Rechnungswesen beinhaltet in der Regel die produktweise Erfassung der Kosten und Erlöse, nicht aber der produktbezogenen Zahlungen. Daher ist es vielfach zweckmäßig, die Zahlungen der Marktphase näherungsweise indirekt aus der Kosten- und Erlösrechnung zu ermitteln. Da der ganz überwiegende Teil der Zahlungen in der Marktphase mit den korrespondierenden Kosten und Erlösen nahezu deckungsgleich ist, lassen sich die Istzahlungen mit Hilfe vereinfachender Transformationsregeln aus der Kostenrechnung ableiten. Diese beinhalten beispielsweise durchschnittliche Zahlungsbedingungen und Bestandsveränderungen. Die aktualisierte Planung der zukünftigen Projektwirkungen erfolgt grundsätzlich analog zur Ursprungsplanung. Zusätzlich gehen jedoch die im Projektverlauf gewonnenen Erfahrungen und neuen Erkenntnisse mit ein. Im Rechenmodell der Lebenszyklusrechnung wird auf Basis vorhandener Istwerte und überarbeiteter Planwerte eine aktualisierte Prognose des Produktgesamterfolgs vorgenommen.

3.3.2. Anwendung der projektbegleitenden Lebenszyklusrechnung

Die *aktualisierte Lebenszyklusrechnung* bildet die Grundlage für
- Abweichungsanalysen zur Aufbereitung von Projekterfahrungen,
- die Ableitung operativer Vorgaben für die Projektdurchführung und
- die Entscheidungsunterstützung im Projektverlauf.

Die Speicherung der wichtigsten Ursache-Wirkungsbeziehungen in Einflussgrößenfunktionen ermöglicht es, die Gesamtabweichung zwischen ursprünglich und aktuell geschätztem Produkterfolg je nach gewünschtem Detaillierungsgrad in eine Vielzahl von Einzelabweichungen aufzuspalten.

Die Struktur der einflussgrößenorientierten *Abweichungsanalyse* der Lebenszyklusrechnung folgt den Grundgedanken der flexiblen Plankostenrechnung sowie der Betriebsplanerfolgsrechnung. Sie unterscheidet
- Plan-Soll-Abweichungen (Prämissenabweichungen) je Einflussgröße und
- Soll-Ist-Abweichungen (bei Istwerten der Einflussgrößen) je Zahlungsart

für den abgelaufenen Projektzeitraum sowie
- Plan-Plan-Abweichungen (erwartete Abweichungen) in der restlichen Projektlaufzeit, ebenfalls differenziert nach Einflussgrößen und Zahlungsarten.

Einflussgrößenabhängige Abweichungen werden ermittelt, indem die Planwerte der Einflussgrößen sukzessive durch Istwerte ersetzt werden. Bezogen auf die Verantwortlichkeit können Abweichungen grundsätzlich aus Fehleinschätzungen in der Planung, gezielten Umplanungen oder Anpassungsmaßnahmen sowie Unwirtschaftlichkeiten oder Verbesserungen in der Projektdurchführung resultieren. Auf Grund der erheblichen Prognoseunsicherheit, die bei lebenszyklusbezogenen Planungen zwangsläufig besteht, ist eine Controllingkultur, die Abweichungsanalysen primär als sachbezogene Ursachenanalyse und Hilfe zur Problemlösung und nicht als Suche nach Schuldigen versteht, Voraussetzung für die Akzeptanz des Instrumentariums.

Die dynamische Sichtweise der Lebenszyklusrechnung unterstützt die Ableitung operativer *Zielvorgaben* für kontinuierliche Kostensenkungen und Qualitätssteigerungen sowie absatzbezogener Ziele aus der lebenszyklusbezogenen Gesamtbetrachtung. Zur Verhaltenssteuerung sind Vorgaben operativer Kennzahlen, die in der Lebenszyklusrechnung als Einflussgrößen der Projektzahlungen enthalten sind (z.B. Taktzeiten, Ausschussanteile, Anlagennutzungsgrade, Marktanteile), vielfach besser geeignet als Zahlungen oder Kosten (vgl. dazu umfassend KAISER 1993). Sofern die Lebenszyklusrechnung als Prognoserechnung erwartete Unwirtschaftlichkeiten enthält, sind diese bei der Zielvorgabe zu eliminieren.

Bestimmte, im Projektverlauf zu treffende *Entscheidungen* haben so komplexe Auswirkungen, dass ihre Wirtschaftlichkeitsbeurteilung Sonderrechnungen erforderlich macht, in denen eine Differenzbetrachtung nach Abschluss aller Anpassungsmaßnahmen vorgenommen wird. In der Marktphase sind beispielsweise für Entscheidungen über Produktionsverlagerungen, die Einführung neuer Modellvarianten, größere Modellpflegemaßnahmen (face-lift in der Automobilindustrie) und das Serienende übergreifende Betrachtungen notwendig. Auf Basis der projektbegleitenden Lebenszyklusrechnung wird analysiert, welche Projektwirkungen noch *beeinflussbar* sind. Dabei können sowohl Auszahlungen der Vergangenheit (z.B. Sachinvestitionen) als auch aufgrund vertraglicher Bindungen oder Unteilbarkeiten irreversibel vordisponierte zukünftige Zahlungen entscheidungsrelevant sein, beispielsweise wenn alternative Auslastungen durch andere Produkte möglich sind, so dass sie nicht unreflektiert als sunk costs vernachlässigt werden dürfen.

In der *Vorlaufphase* konzentriert sich die Überwachung einerseits auf die Prämissenkontrolle, andererseits auf die Einhaltung von Entwicklungsbudgets, Terminen und Investitionsbudgets. Die auf den Gesamterfolg ausgerichtete lebenszyklusorientierte Sichtweise ist bei möglichen Zielkonflikten erforderlich, beispielsweise wenn die Einhaltung des Serieneinführungstermins nur zu Lasten einer Entwicklungsbudgetüberschreitung möglich ist oder wenn die Einhaltung des Investitionsbudgets nachteilige Auswirkungen auf Produktqualität oder Produktionskosten hätte. In diesen Fällen kann eine isolierte Ausrichtung auf Teilziele zu gefährlichen Fehlsteuerungen führen. In der *Marktphase* stehen die Ableitung kontinuierlicher Verbesserungsziele und die Unterstützung komplexer Entscheidungen im Vordergrund der Anwendung einer projektbegleitenden Lebenszyklusrechnung.

Die systematische Aufbereitung der Erfahrungen für zukünftige Serienprodukte erfordert eine *Wirtschaftlichkeitsnachrechnung* mit differenzierter Abweichungsanalyse. Da sich der Lebenszyklus von Serienprodukten zumeist über einen sehr langen Zeitraum erstreckt, muss eine wirksame Aufbereitung von Erfahrungswerten bereits projektbegleitend und nicht erst nach Projektbeendigung erfolgen. Vielfach ist es auch sinnvoll, eine vorläufige Projektabschlussanalyse bereits bei Serienende mit Planwerten für die Nachlaufphase durchzuführen.

4. Zusammenfassung

Produktlebenszykluskostenmanagement ist die systematische, am Produktgesamterfolg ausgerichtete Beeinflussung der Kosten über den gesamten Lebenszyklus eines Serienprodukts. Es legt den Schwerpunkt auf die Phasen der größten Kostenbeeinflussbarkeit und ist in ein übergreifendes Erfolgsmanagement eingebettet, das auch erlös- und terminbezogene Teilziele einbezieht. Grundlegend für das Produktlebenszykluskostenmanagement ist eine ganzheitliche und dynamische Sichtweise.

Das zentrale Instrument bildet die Lebenszyklusrechnung, die als Investitionsrechnung auf Zahlungsbasis das Serienprodukt als Investitionsprojekt darstellt. Die zeitstrukturierte und einflussgrößenbasierte Planung der Zahlungsströme über den gesamten Lebenszyklus hinweg beinhaltet eine explizite Planung der Veränderungen im Zeitablauf auf der

Grundlage von Erfahrungskurveneffekten und Marktentwicklungen. Die Lebenszyklus-rechnung unterstützt als Planungsinstrument insbesondere die Entscheidung über die Projektdurchführung, die Beurteilung von Projektalternativen und die übergreifende Abstimmung von Teilprozessen. Als projektbegleitende, durch Istwerte und überarbeitete Planwerte aktualisierte Rechnung dient sie der Verhaltenssteuerung und Entscheidungsunterstützung in der Projektdurchführung sowie der Aufbereitung von Erfahrungen für Folgeprodukte.

Kostensenkung durch Komplexitätsmanagement

OTTO ROSENBERG

1. Entstehung von Komplexität

Dem zunehmenden Konkurrenzdruck auf vielen Märkten der Konsum- und Investitionsgüterindustrie versuchen die Hersteller durch den Einsatz unterschiedlichster absatz- und produktionswirtschaftlicher Strategien zu begegnen. Eine dieser Strategien ist die Produktdifferenzierung. Sie basiert auf der Überlegung, dass durch möglichst genaue Anpassung des Produkts an die Wünsche bestimmter Verbrauchergruppen, im Extrem an das Bedürfnisprofil eines einzelnen Verbrauchers, neue Kunden hinzugewonnen bzw. durch Herstellung neuer Produktvarianten neue Verbraucherwünsche erzeugt und erfüllt werden können.

Allgemein lässt sich *Komplexität* als *vielfältige Zusammensetzung eines Ganzen* charakterisieren, wobei das Ausmaß der Komplexität von der Anzahl der Elemente und der Art und Anzahl der zwischen den Elementen möglichen Relationen abhängig ist (vgl. BRONNER 1992, Sp. 1122). Die *Produktkomplexität* wird im Wesentlichen bestimmt durch

- *die Vielfalt der in einer Produktgruppe enthaltenen Produktarten und ihrer Varianten* sowie
- *die Zahl der in die Produktarten eingehenden Teile und ihrer Beziehungen untereinander.*

Beispiele für Produktvielfalt in unterschiedlichen Branchen sind in der Abbildung 1 dargestellt. In der Automobilindustrie hat die Angebotsvielfalt zum Teil ein Ausmaß erreicht, das dazu führt, dass viele Fahrzeugvarianten maximal einmal im Jahr nachgefragt werden. Das auf dem deutschen Markt meistverkaufte Modell, der VW Golf, wurde im Modelljahr 1996 in mehr als 70 Milliarden unterschiedlichen Varianten angeboten, von denen in einem Jahr lediglich etwa 150.000 Varianten tatsächlich verkauft werden. Mehr als 99,9 Prozent aller bestell- und baubaren Fahrzeuge werden somit während des Lebenszyklus eines Modells niemals produziert.

Insbesondere stagnierenden oder gar sinkenden Umsätzen versucht der Vertrieb durch eine stärkere Produktdifferenzierung zu begegnen. Es gibt auch empirische Untersuchungen, die einen positiven Zusammenhang zwischen einer derartigen Erhöhung der Produktvielfalt und der Steigerung des Umsatzes belegen. So wurde etwa in den USA für den Markt für Frühstücksnahrung nachgewiesen, dass Hersteller, die ihr Produktangebot ausweiteten, Marktanteile hinzugewinnen konnten (vgl. GINGRICH/METZ 1990, S. 64). Das Unternehmen Kellogg stellte darüber hinaus eine positive Korrelation zwischen der Anzahl der neu eingeführten Kellogg's-Produkte und dem Umsatzwachstum des Geschäftsfelds fest. Allerdings konnte im Rahmen einer Untersuchung in der Elektronikindustrie kein signifikanter Zusammenhang zwischen Produktvariantenvielfalt und Umsatzwachstum bzw. Marktanteilswachstum ermittelt werden (vgl. PRILLMANN 1996, S. 201 und 205).

Kalkulationen der kostenmäßigen Wirkungen einer Erhöhung der Produktvarianten stützen vielfach die positive Beurteilung der Produktdifferenzierung. Die vom Controlling durchgeführten Produktkalkulationen gehen davon aus, dass sich zum einen die variablen Kosten als bewertete variable Faktormengen pro Produkteinheit nicht oder nicht wesentlich ändern und dass zum andern die Gemeinkosten insgesamt konstant bleiben, so dass sich bei erhöhten Absatz- und damit Produktionsmengen die fixen Kosten auf die Produkteinheit bezogen verringern. Insgesamt überproportional steigende Erlöse und lediglich proportional zunehmende variable Gesamtkosten müssen zu höheren Deckungsbeiträgen und unter Berücksichtigung weitgehend unveränderter Gemeinkosten in einer Periode zu höheren Gewinnen führen.

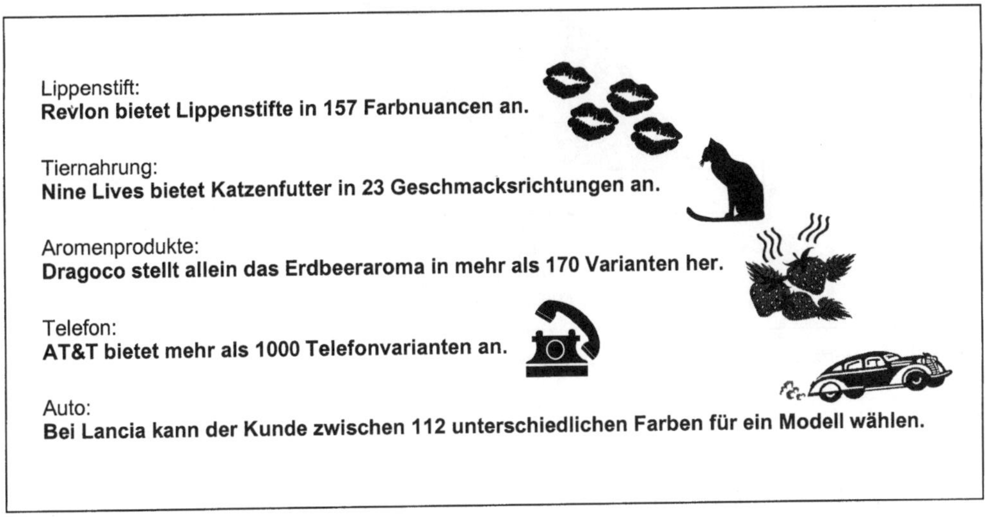

Lippenstift:
Revlon bietet Lippenstifte in 157 Farbnuancen an.

Tiernahrung:
Nine Lives bietet Katzenfutter in 23 Geschmacksrichtungen an.

Aromenprodukte:
Dragoco stellt allein das Erdbeeraroma in mehr als 170 Varianten her.

Telefon:
AT&T bietet mehr als 1000 Telefonvarianten an.

Auto:
Bei Lancia kann der Kunde zwischen 112 unterschiedlichen Farben für ein Modell wählen.

Abb. 1: Beispiele für Produktvielfalt

Empirische Untersuchungen bestätigen diese Aussagen jedoch nicht (vgl. ROMMEL ET AL. 1993, S. 29; PRILLMANN 1996, S. 203). Sie haben vielmehr ergeben, dass vielfach gerade diejenigen Unternehmen, die in Relation zu ihren Konkurrenten nur eine geringe Zahl von unterschiedlichen Varianten anbieten, zu den rentabelsten Unternehmen ihrer Branche gehören, während viele Unternehmen, die nahezu jeden Kundenwunsch mit ihrem Angebot erfüllen können, dagegen im Vergleich geringere Gewinne ausweisen. Als wesentliche Ursache sind durch die Zunahme der Komplexität ausgelöste Kostensteigerungen, die von leicht steigenden Erlösen nicht kompensiert werden können, anzusehen.

Einen möglichen Verlauf der Kosten- und Erlösfunktion eines Geschäftsfelds in Abhängigkeit von der Komplexität zeigt Abbildung 2 (vgl. FISCHER 1988, S. 4). Sind die Funktionsverläufe bekannt, ist die Bestimmung der optimalen Produktkomplexität theoretisch einfach. Sie liegt dort, wo Grenzerlös und Grenzkosten in Bezug auf die Produktkomplexität gleich sind. Da beide Funktionen in der Praxis unbekannt sind, liegt in der Ermittlung dieser Funktionen das eigentliche Problem. Allerdings deuten eine Reihe von Indikatoren darauf hin, dass in vielen Unternehmen die realisierte Produktkomplexität weit oberhalb eines wie auch immer gemessenen optimalen Komplexitätsgrads liegt.

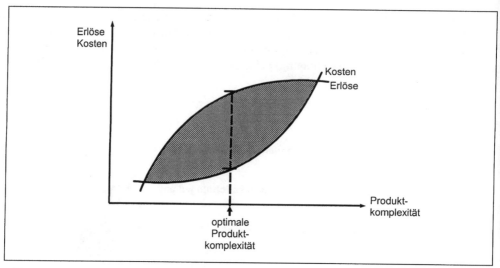

Abb. 2: Bestimmung der optimalen Produktkomplexität

2. Messung von Komplexität

Voraussetzung für komplexitätsbezogene Rechnungen ist zunächst das Vorhandensein operationaler Maßgrößen der Komplexität. Diese können input-, throughput- oder outputorientiert definiert sein.

Varianten können bei einteiligen Produkten durch Veränderung des Materials, der Geometrie, der Farbe oder der Funktion des Einzelteils sowie durch die für die Herstellung zur Verfügung stehenden Produktionsprozesse und bei mehrteiligen Produkten zusätzlich durch Variation der Einzelteile, durch unterschiedliche Kombination von Einzelteilen zu Baugruppen und durch unterschiedliche Kombination von Einzelteilen und Baugruppen zu Endprodukten erzeugt werden. Eine *Produkt-, Baugruppen- oder Einzelteilvariante* lässt sich durch den *Vektor der Ausprägungen der Merkmale, die absatz- und/oder produktionswirtschaftlich relevant sind,* beschreiben.

Outputorientiert sind die Merkmale relevant, deren unterschiedliche Ausprägungen von den Kunden wahrgenommen werden. Unterschiedliche Ausprägungen eines derartigen Merkmals können sowohl die Erlös- als auch die Kostenkomponente des Erfolgs beeinflussen. In der Automobilindustrie wird als ein Maß, das die Angebotsvielfalt vor Kunde misst, die Zahl der so genannten *Baukombinationen* als Gesamtheit der Möglichkeiten eines Käufers, sich ein Auto zusammenzustellen, gewählt.

Muss ein Merkmal im Endprodukt vorhanden sein (obligatorisches Merkmal), so charakterisiert eine Kombination, die eine bestimmte Ausprägung dieses Merkmals enthält, eine so genannte *Mussvariante*. Kann ein Merkmal bei einem Endprodukt auch fehlen (optionales Merkmal), so wird eine dieses Merkmal berücksichtigende Kombination als *Kannvariante* bezeichnet.

Kennzeichnet man mit

x_m Zahl der Ausprägungen des obligatorischen Merkmals m,
y_k Zahl der Ausprägungen des optionalen Merkmals k,
M Zahl der obligatorischen Merkmale,
K Zahl der optionalen Merkmale,

dann erhält man die Zahl der Mussvarianten (MV) und die Zahl der Kannvarianten (KV) aus

$$MV = \prod_{m=1}^{M} x_m \quad \text{und} \quad KV = \prod_{k=1}^{K} (y_k + 1).$$

Setzt sich ein Produkt aus Einzelteilen und Baugruppen als Muss- und Kannvarianten zusammen, so erhält man die Gesamtzahl der Produktvarianten (PV) mit

$$PV = \prod_{m=1}^{M} x_m \cdot \prod_{k=1}^{K} (y_k + 1).$$

Mussvarianten			**Kannvarianten**		
m	x_m		k	y_k	
1	5	Motoren	1	1	Nebelscheinwerfer
2	3	Getriebe	2	1	Drehzahlmesser
3	2	Bremsanlagen	3	3	Radios
4	2	Karosserievarianten	4	2	rechte Außenspiegel
5	15	Außenfarben	5	2	Schiebedächer
6	8	Sitzbezüge	6	1	Zentralverriegelung
7	2	Verglasungen	7	1	Zierstreifen
8	2	Fensterheber	8	2	Antennen
			9	1	Klimaanlage
			10	1	Sitzheizung
			11	2	Airbag

$$MV = \prod_{m=1}^{8} x_m = 28.800$$

$$KV = \prod_{k=1}^{11} (y_k + 1) = 20.736$$

Baukombinationen:

$$PV = \prod_{m=1}^{8} x_m \cdot \prod_{k=1}^{11} (y_k + 1) = 597.196.800$$

$$\approx 600 \text{ Millionen Varianten}$$

Abb. 3: Produktvarianten eines Pkws der Mittelklasse

Die Zahl der angebotenen Produktvarianten kann bei unbeschränkter Kombinierbarkeit der Merkmale schnell sehr groß werden. So lässt sich etwa, wie aus Abbildung 3 ersichtlich, aus dem Prospekt für einen Pkw der Mittelklasse errechnen, dass sich ein Käufer sein Auto aus theoretisch etwa 600 Millionen Varianten aussuchen kann.

Die Entwicklung der Komplexität in Abhängigkeit von den berücksichtigten Merkmalen kann durch einen *Variantenbaum* (vgl. Abb. 11) anschaulich dargestellt werden.

Inputorientiert konzentriert sich die Betrachtung auf die in einem Endprodukt enthaltenen Teile. Die Vielfalt an Teilen kann durch die Zahl der im Unternehmen verwendeten Teilenummern repräsentiert werden, wobei diese weiter in Teilmengen untergliedert werden können, die etwa nach aktuellen Serienprodukten und Baugruppen sowie nach Ersatzteilen für nicht mehr im Absatzprogramm enthaltene Produkte abgegrenzt sind (vgl. Abb. 4).

So weit die Unterschiedlichkeit von Teilen für den Kunden nicht erkennbar ist, hat sie nur Auswirkungen auf die Produktion und nicht den Absatz der Produkte, d.h. es können sich daraus nur Kosten- und keine Erlösveränderungen ergeben.

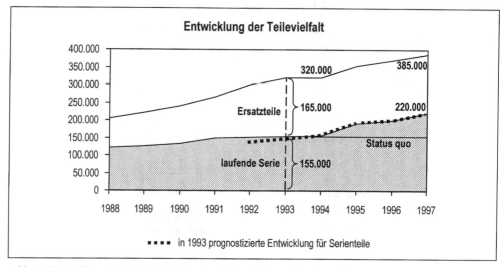

Abb. 4: Entwicklung der Teilevielfalt in einem Unternehmen der Automobilindustrie

3. Möglichkeiten eines systematischen Komplexitäts- managements

Die möglichen Maßnahmen zum Management der Produktkomplexität sind entweder Maßnahmen zur Komplexitätsvermeidung, Komplexitätsreduzierung, Komplexitätsverlagerung oder Komplexitätsbeherrschung.

3.1. Komplexitätsvermeidung und -reduzierung

Unter Komplexitätsvermeidung sind Maßnahmen zu verstehen, die der Entstehung von Produktkomplexität vorbeugen. Maßnahmen zur Komplexitätsreduzierung sind darauf gerichtet, bereits existierende Komplexität abzubauen. Derartige Maßnahmen sind im Wesentlichen:

- *Eliminieren von Exoten*

  Als Exoten werden Varianten oder Teile mit einem sehr geringen Anteil am Ge-samtproduktions- und Absatzprogramm bezeichnet. Durch die Identifizierung (z.B. mit Hilfe von Häufigkeitsverteilungen, vgl. Abb. 5 oder auch Abb. 11) und Streichung solcher Varianten sind erhebliche Vereinfachungen im Produktionsprozess zu erwar-ten; sind sie von vornherein zu vermeiden, entfällt zusätzlich sonst notwendiger Auf-wand im Bereich der Produktentwicklung und für Investitionen im Produktionsbe-reich.

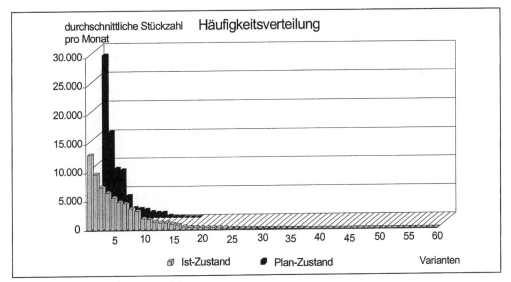

Abb. 5: Häufigkeitsverteilung der Kombi-Instrument-Varianten eines Pkws

- *Schnittstellenabgrenzung*

  Durch die einheitliche Abgrenzung von Schnittstellen zwischen unterschiedlichen Teilen lassen sich Abhängigkeiten zwischen Teilen, die getrennt produziert und später zusammengefügt werden, vermeiden. Eine Erhöhung der Vielfalt tritt dadurch nicht ein. Besitzt beispielsweise die Türinnenverkleidung eines Pkws eine Schnittstelle zum Anbringen des Fensterhebers, die für manuelle und elektrische Fensterheber gleich ist, lässt sich die Hälfte der andernfalls notwendigen Verkleidungsvarianten vermeiden.

- *Bilden von Zwangskombinationen/Ausstattungspaketen*

  Durch Zwangskombinationen von Ausstattungsoptionen zu Paketen lässt sich die Zahl der baubaren Varianten erheblich verringern (vgl. ROSENBERG 1996, Sp. 2126f.). In der Automobilindustrie haben beispielsweise DaimlerChrysler und Volkswagen mit Erfolg derartige Paketbildungen durchgeführt.

- *Vereinheitlichung von Teilen und Baugruppen*

  Mit der Vereinheitlichung und Standardisierung von Teilen und Baugruppen ist eben-falls erhebliches Einsparpotenzial verbunden. SONY konnte durch Verringerung der Teilevielfalt (die Zahl der mechanischen Teile wurde von 97 auf 45 gesenkt) die

Montagekosten für einen Walkman so weit senken, dass der empfohlene Verkaufspreis von 39 USD auf 32 USD reduziert werden konnte (vgl. OESS 1989, S. 148). Auch das Konzept der Swatch-Armbanduhren basiert u.a. auf der Vereinheitlichung und Standardisierung großer Teile des Produkts. Insbesondere dann, wenn die unterschiedlichen Varianten für den Kunden keinen zusätzlichen Nutzen besitzen oder die Unterschiede von ihm nicht wahrgenommen werden, sind derartige Vereinheitlichungen ohne negative Konsequenzen auf der Erlösseite realisierbar.

3.2. Komplexitätsverlagerung

Unter *Komplexitätsverlagerung* werden Maßnahmen verstanden, die die Produktkomplexität auf Zulieferer von Teilen und Baugruppen bzw. auf die Händler der Endprodukte verlagern. Insbesondere wenn die Vielfalt von Teilen und Baugruppen auch bei den Zulieferern erhalten bleibt, kann für das Produkt insgesamt langfristig keine Verbesserung der Kostensituation durch die Verlagerung erreicht werden. Mit der Erhöhung der fremdbezogenen Teilevarianten erhöhen sich beim Zulieferer die Komplexitätskosten, die er, wenn er auf Dauer überleben will, durch Erhöhung der Lieferpreise kompensieren muss.

Eine Verlagerung von Produktkomplexität auf den Händler tritt dann ein, wenn die Anpassung an spezielle Kundenwünsche erst durch den Händler unmittelbar vor der Übergabe des Produkts an den Kunden erfolgt. Aus technischen Gründen sind die Möglichkeiten für derartige Maßnahmen häufig relativ stark eingeschränkt, sie lassen sich aber durch frühzeitige Berücksichtigung in der Konstruktion des Produkts vergrößern. Beispiele für derartige Maßnahmen sind in der Automobilindustrie etwa die Montage unterschiedlicher Radios und Antennen oder die Nachrüstung von Fahrzeugen mit Speziallenkrädern beim Händler; bei Honda kann sogar eine Klimaanlage nachträglich vom Händler eingebaut werden. Durch diese Maßnahmen gelang es etwa Ford für den Fiesta die Zahl der Baukombinationen in der Produktion auf 10% der Baukombinationen, die für den Polo von Volkswagen gezählt wurden, zu reduzieren, wobei die Angebotsvielfalt für den Kunden bei beiden Fahrzeugen etwa gleich hoch war.

3.3. Komplexitätsbeherrschung

Vermeidung und Reduzierung von Produktkomplexität haben Auswirkungen auf alle Bereiche des Unternehmens, in denen Kosten durch Produktkomplexität verursacht werden. Strategien der *Komplexitätsbeherrschung* zielen darauf, bei unveränderter Komplexität durch produktionstechnische und insbesondere organisatorische Maßnahmen die kostenerhöhenden Wirkungen der Komplexität möglichst zu vermeiden oder doch zumindest zu verringern.

- *Flexible Fertigungssysteme*
  Die durchlaufzeitverlängernden Folgen der Fertigung vieler Varianten in kleinen Losen können durch den Einsatz *flexibler Fertigungstechniken* abgemildert werden (vgl. TEMPELMEIER/KUHN 1993). Flexible Fertigungssysteme zeichnen sich unter anderem dadurch aus, dass sie in kurzer Zeit von der Fertigung einer Variante auf die Fertigung einer anderen Variante umgestellt werden können. Der dadurch zu erzielenden Sen-

kung der Rüstkosten stehen allerdings erhöhte Kapital- und Betriebsmittelkosten gegenüber.

- *Bildung von Produkt- und Teilefamilien sowie produkt- und prozessorientierte Produktionssystemstrukturierung*
  Bei der Bildung von *Teilefamilien* werden Teile- und Baugruppenvarianten, die gleiche oder zumindest weitgehend ähnliche Fertigungsabläufe aufweisen, zu Gruppen (Familien) zusammengefasst. Jede Familie wird dann in einem eigenen Fertigungsbereich gefertigt, in dem alle Produktionsfaktoren räumlich und organisatorisch zusammengefasst sind, die zur vollständigen Bearbeitung der in der Familie enthaltenen Varianten benötigt werden. Mehrere Fertigungsstufen einer Produktfamilie bilden so genannte Fertigungssegmente (vgl. WILDEMANN 1989). Für das einzelne Fertigungssegment verringert sich die Unterschiedlichkeit der durchzuführenden Produktionsprozesse. Die Durchlaufzeiten verkürzen sich vor allem durch die Verringerung von Übergangszeiten. Insbesondere in der Teilefertigung erhöht sich die Wiederholhäufigkeit, wodurch Lernprozesse mit ihren positiven Auswirkungen auf Dauer und Qualität der Arbeitsleistungen möglich werden.
  Produziert ein Unternehmen Endprodukte mit ihren Varianten an mehreren Standorten, dann kann durch produktspezifische Aufteilung des Produktionsprogramms und Zuordnung einzelner Segmente zu jeweils einem Produktionsstandort die Produktionskomplexität an den einzelnen Standorten reduziert werden (*Focused Factory*, vgl. RATHNOW 1993, S. 155). Durch derartige Maßnahmen sind Prozesse in Produktion und Logistik zum Teil erheblich zu vereinfachen, gleichzeitig steigt aber die Gefahr von größeren Kapazitätsbedarfsschwankungen, wenn die Nachfrage nach den an den einzelnen Standorten zu fertigenden Varianten von der Entwicklung auf unterschiedlichen Marktsegmenten abhängt.

- *Späte Produktdifferenzierung im Produktionsprozess*
  Die möglichst weite Verschiebung des *Variantenbestimmungszeitpunkts* in Richtung des Fertigstellungszeitpunkts des Produkts wird als *späte Differenzierung* bezeichnet. Die bereits beschriebene Komplexitätsverlagerung auf Händler ist bei Verwendung einer höheren Betrachtungsebene ebenfalls diesem Aspekt unterzuordnen. Durch die späte Differenzierung werden Lagerbestände vermieden und der Endmontage vorgelagerte Produktionsprozesse vereinheitlicht. Sie verstärkt weiterhin die mit der Fertigungssegmentierung zu erreichenden Wirkungen. Bei der Konstruktion der Teile und Baugruppen sowie bei der Planung des Fertigungsablaufs ist darauf zu achten, dass die variantenerzeugenden Merkmale möglichst spät im Produktionsprozess wirksam werden. Derartige Aspekte lassen sich durch *Simultaneous Engineering* systematisch berücksichtigen, indem im Entwicklungsprozess die Gestaltung der Produkte, der Produktionsprozesse und die Planung der Produktionsfaktoren gleichzeitig und unter Beachtung wechselseitiger Abhängigkeiten erfolgt.
  Familien- und späte Variantenbildung erleichtern eine weitgehend auftragsanonyme Fertigung von Teilen und teilweise auch von Baugruppen. Die Endprodukte können dann kurzfristig und kostengünstig auftragsbezogen aus den auftragsanonym produzierten Teilen hergestellt werden.

- *Modulbildung*
  Als Möglichkeit, die durch die Unterschiedlichkeit der zu fertigenden Produkte inner-
  halb der Montagelinie auftretenden Probleme zu meistern, wird neuerdings verstärkt
  die so genannte *Modulfertigung* oder *Modulare Fertigung* (vgl. WILHELM 1995;
  BALDWIN/CLARK 1998) angesehen. In Produktionsteilsystemen, die der Endmontage
  vorgelagert sind, werden die für unterschiedliche Endprodukte benötigten Teile und
  Baugruppen so gefertigt oder vorbereitet, dass sie als Modul innerhalb der eigentlichen
  Montagelinie in den entsprechenden Fertigungsauftrag so eingefügt werden können,
  dass die für den Einbau benötigten Zeiten weitgehend gleich sind.

4. Erfolgsorientierte Wirkungen von Komplexitäts-managementmaßnahmen

4.1. Allgemeine Bestimmung der Wirtschaftlichkeit von komplexitäts-verändernden Maßnahmen

Die skizzierten Möglichkeiten zur Beeinflussung der Komplexität wirken im Allgemeinen über einen längeren Zeitraum. Insbesondere die Vermeidung oder die Reduktion von
Produktvarianten führt für den Zeitraum, für den die jeweilige Produktart Element des
Produktionsprogramms ist, zu Veränderungen der Ein- und Auszahlungsströme. Ein allgemeines Konzept zur Ermittlung der ökonomischen Vorteilhaftigkeit einer bestimmten
die Komplexität verändernden Maßnahme ist in Abbildung 6 skizziert.

Die Vorteilhaftigkeit einer derartigen Maßnahme lässt sich mit Hilfe von Wirtschaft-
lichkeitsberechnungen bestimmen. Für mehrperiodig wirkende Maßnahmen sind dynamische Verfahren der Investitionsrechnung die bestgeeigneten Instrumente. Wählt man den
Kapitalwert als Bewertungsmaßstab, so lautet der Ansatz hierfür allgemein mit

E_{it} aufgrund der Komplexitätsveränderungsmaßnahme i zu erwartende Einzahlungsveränderungen in der Periode t [DM]/[Jahr]

ΔMK_{ivlt} jährliche Materialmehrkosten, die im Jahr t in der Kostenstelle l dadurch zusätzlich entstehen, dass bei der Komplexitätsveränderungsmaßnahme i die Variante v durch eine höherwertige Variante ersetzt wird [DM]/[Jahr]

ΔFK_{ivlt} jährliche Fertigungslohnmehrkosten, die im Jahr t in der Kostenstelle l dadurch
zusätzlich entstehen, dass bei der Komplexitätsveränderungsmaßnahme i die
Variante v durch eine höherwertige Variante ersetzt wird [DM]/[Jahr]

KE_{irlt} durch die Komplexitätsveränderungsmaßnahme i im t-ten Jahr zu erzielende
Kosteneinsparung bei der Kostenart r in der Kostenstelle l [DM]/[Jahr]

$$\Delta K_{it} = E_{it} - \sum_{v=1}^{V} \sum_{l=1}^{L} (\Delta MK_{ivlt} + \Delta FK_{ivlt}) + \sum_{r=1}^{R} \sum_{l=1}^{L} KE_{irlt}$$

Einzahlungs-   Mehr-   Kostenein-
veränderung   kosten   sparungen

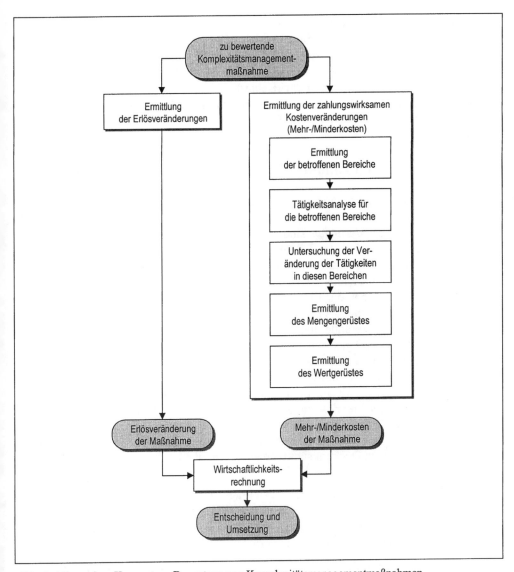

Abb. 6: Allgemeines Konzept zur Bewertung von Komplexitätsmanagementmaßnahmen

Auf der Grundlage der insgesamt für den Planungszeitraum der Komplexitätsveränderungsmaßnahme i zuzurechnenden Zahlungssalden ΔK_{it} und den mit ΔK_{il0} bezeichneten einmaligen Investitions- und Änderungskosten in der Kostenstelle l, die zu Beginn des Planungszeitraums auszahlungswirksam werden [DM]/[Kostenstelle], erhält man mit dem Kalkulationszinssatz z und q=1+z den Kapitalwert KW_i aus

$$KW_i = \sum_{t=1}^{T} \Delta K_{it} q^{-t} - \sum_{l=1}^{L} \Delta K_{il0}.$$

Ist der Kapitalwert KW_i größer Null, so ist die Durchführung der Komplexitätsveränderungsmaßnahme i für das Unternehmen vorteilhaft.

Fallen keine einmaligen Kosten ΔK_{il0} an, kann die Vorteilhaftigkeit allein auf der Grundlage der Kosten- und Erlösveränderungen ΔK_{it} bestimmt werden. Ist $\Delta K_{it} > 0$ für alle Perioden t, so ist die Maßnahme wirtschaftlich.

In den folgenden Abschnitten wird gezeigt, wie die entscheidungsrelevanten Größen bestimmt werden können und welche Probleme mit ihrer problemadäquaten Ermittlung verbunden sein können.

4.2. Bestimmung von komplexitätsinduzierten Erlösveränderungen

Wird durch Komplexitätsveränderungsmaßnahmen der Absatz beeinflusst, so sind dadurch verursachte Erlösveränderungen als Opportunitätskosten oder -erlöse entscheidungsrelevant. *Erlösminderungen* sind durch die Streichung von wenig nachgefragten Varianten (Exoten) und bei der Bildung von Zwangskombinationen möglich. Für das Unternehmen sind sie relevant, wenn der Kunde ganz vom Kauf Abstand nimmt oder ein Produkt der Konkurrenz kauft. Da durch diese Absatzminderungen aber auch variable Kosten, zumindest in Höhe der Einzelkosten, wegfallen, kann der Komplexitätsmaßnahme nur der Deckungsbeitrag als Differenz zwischen Erlösen und variablen Kosten als ein auszahlungswirksamer Veränderungsbetrag zugeordnet werden. Werden Varianten eines Teils durch ein höherwertiges Teil ersetzt oder erfolgt die Vereinheitlichung einer Baugruppe durch eine funktionale Aufwertung der einfachen Baugruppen, dürfte sich das nicht oder höchstens positiv auf den Absatz und damit auf die Erlöse auswirken.

Bei gleich bleibendem Absatzvolumen sind die durch eine Aufwertung verursachten zusätzlichen Kosten als Mehrkosten zu erfassen, so dass mögliche Absatzpreiserhöhungen in voller Höhe als Erlössteigerungen der Maßnahme anzurechnen sind. Erhöht sich die Absatzmenge, ist der komplexitätsverändernden Maßnahme ein Beitrag in Höhe der zusätzlich zu erzielenden Deckungsbeiträge gutzuschreiben.

Bezeichnet

EB_{int} Veränderung des Erlöses (Ergebnisbeitrags, Deckungsbeitrags) der Produktart n durch die Komplexitätsveränderungsmaßnahme i in der Periode t [DM]/[PE],

ΔX_{int} Absatzmengenveränderung für die Produktart n, die in der Periode t auf die Komplexitätsveränderungsmaßnahme i zurückzuführen ist [PE]/[Periode],

so bestimmen sich die in der Periode t durch die Realisation der Maßnahme i zu erwartenden absatzinduzierten Einzahlungsveränderungen

$$E_{it} = \sum_{n=1}^{N} EB_{int} \cdot \Delta X_{int}$$

Wirkt sich die Komplexitätsveränderungsmaßnahme nicht oder in einem nicht zu ermittelnden Umfang auf den Absatz der betroffenen Produktart aus, kann die Entscheidung allein aufgrund der auszahlungswirksamen Kostenveränderungen getroffen werden. E_{it} ist in diesem Fall gleich Null.

4.3. Bestimmung von komplexitätsinduzierten Kostenveränderungen

Die Abschätzung der mit einer Komplexitätsmanagementmaßnahme verbundenen zahlungswirksamen Kostenveränderungen erfolgt vielfach auf der Grundlage von Daten, die das vorhandene Kostenrechnungssystem zur Verfügung stellen kann. Während die sich aus den Materialkosten und den Fertigungslohnkosten zusammensetzenden *Einzelkosten* in Abhängigkeit der mit der Maßnahme verbundenen Veränderungen der Materialverbräuche und Fertigungszeiten von der Kostenrechnung ausreichend genau berechnet werden können, gilt dies in keiner Weise für die Bestimmung der Gemeinkostenveränderungen. Die zu erwartenden Veränderungen der *Gemeinkosten* werden entweder gar nicht oder falsch bestimmt. Die *Gemeinkosten* werden in herkömmlichen Kostenrechnungssystemen als periodenbezogene bewertete Verbräuche erfasst, den Kostenstellen als Gemeinkosten zugeordnet und mit Verteilungsschlüsseln auf die Produkte und auf die einzelnen Produkteinheiten (PE) verrechnet. Bilden so ermittelte Gemeinkosten die wesentliche Grundlage für komplexitätsverändernde Maßnahmen, führen sie zu falschen Entscheidungen. Im Allgemeinen werden die Kostenwirkungen komplexitätsverändernder Maßnahmen in herkömmlichen Kostenrechnungssystemen unterschätzt. Dies lässt sich an einem Beispiel verdeutlichen.

Beispiel 1:

Für das Beispiel gelten die Ausgangsdaten in Tabelle 1. Die Gemeinkosten betragen 123.000 DM/Monat. Von diesen entfallen auf jede der vorhandenen Varianten produktmengenunabhängig 41.000 DM/Monat. Für die geplante neue Variante entstehen zusätzliche Gemeinkosten i.H.v. 28.000 DM/Monat.

Produktvarianten		vorhandene			neue
		A1	A2	A3	A4
Absatzmenge	(Stück/Monat)	80	300	30	50
Preis	(DM/Stück)	425	450	375	400
Einzelkosten	(DM/Stück)	120	150	100	95

Tab. 1: Ausgangsdaten zu Beispiel 1

Gemäß der traditionellen Zuschlagskalkulation werden die Gemeinkosten auf die Produktvarianten proportional zu den Einzelkosten mit dem Gemeinkostenzuschlagssatz

$$\frac{\text{Gemeinkosten}}{\text{Einzelkosten}} = \frac{123.000}{57.600} = 213,54\%$$

verteilt. Damit ergeben sich die in Tabelle 2 dargestellten Stückgewinne.

	Approximativ verursachungsgerecht (DM/Stück)				nach Kostenrechnung (DM/Stück)			
	A1	A2	A3	A4	A1	A2	A3	A4
Erlös	425	450	375	400	425,00	450,00	375,00	400,00
- Einzelkosten	- 120	- 150	- 100	- 95	- 120,00	- 150,00	- 100,00	- 95,00
- Gemeinkosten	-513	- 137	- 1.367	- 560	- 256,25	- 320,31	- 213,54	- 202,86
= Gewinn	-208	163	- 1.092	- 255	48,75	- 20,31	61,46	102,14

Tab. 2: Ermittlung der Stückgewinne

Auf der Grundlage der Ergebnisse dieser herkömmlichen Kalkulation sollte das Absatz- und Produktionsprogramm unbedingt um Variante A4 erweitert werden, da für diese Variante der höchste Stückgewinn ausgewiesen wird. Produktvariante A2 ist zwar der „Renner", für sie ergibt sich jedoch nach dieser Rechnung ein Verlust von 20,31 DM/ Stück. Um diese Variante in die Gewinnzone zu bringen, wären danach entweder der Preis zu erhöhen, die Kosten zu senken oder beides durchzuführen.

Geht man von der komplexitätsbezogen erstellten Kalkulation aus – wobei noch zu erläutern sein wird, wie man die den Produktvarianten zugerechneten Gemeinkosten komplexitätsbezogen ermitteln kann –, so ist dagegen A2 die einzige Variante, die Gewinn bringt (vgl. Tab. 2). Weiter sollte aufgrund der Höhe des ausgewiesenen Verlustes Variante A3 möglichst umgehend eliminiert werden. Schließlich scheint die Erweiterung des Produktprogramms um A4 nicht vorteilhaft zu sein. Unter Wirtschaftlichkeitsgesichtspunkten ist also nach der komplexitätsbezogenen Kalkulation im Beispiel eine Reduzierung und nicht eine Erhöhung der Angebotsvielfalt geboten. Abbildung 7 stellt die unterschiedliche Verteilung der Gemeinkosten gegenüber.

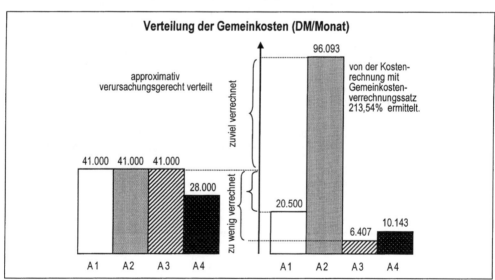

Abb. 7: Alternative Produktvariantenkalkulationen

Einzelkosten können sich auch bei Konstanz der insgesamt zu produzierenden und abzusetzenden Menge einer Produktart verändern, wenn sich durch eine Komplexitätsveränderungsmaßnahme das *Mix der Produktvarianten*, d.h. der Anteil einzelner Varianten an der gesamten Produktmenge, ändert. Insbesondere, wenn niederwertige Varianten durch höherwertige ersetzt werden, entstehen *Mehrkosten* (vgl. Abb. 8).

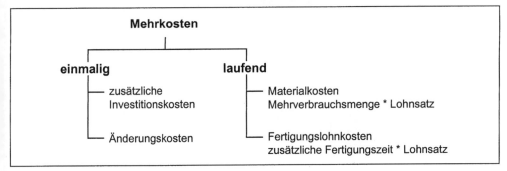

Abb. 8: Mehrkosten bei Veränderung der Produktkomplexität

Die Höhe dieser Mehrkosten ist nicht unveränderlich mit dem Umfang der durch eine Komplexitätsveränderungsmaßnahme vorgegebenen Variantenveränderung gegeben, sie kann vielmehr nicht unerheblich durch die Art der Variantensubstitution beeinflusst werden. Für Beispiel 2 lässt sich das exemplarisch zeigen.

Beispiel 2:

Zu einem bestimmten Planungszeitpunkt sieht die Entwicklung 20 nach Funktionen differenzierte Varianten des Motorraumleitungsstrangs für einen Motor vor. Die technisch notwendige Zahl an Varianten beträgt 3. Zur Begrenzung der Vielfalt verlangt das Management eine Reduzierung auf 10 Varianten. Die technische Umsetzung kann durch das Mitführen von Blindkabeln, d.h. durch Ersetzen von Leitungssträngen mit weniger Funktionen durch Leitungsstränge mit größerem Funktionsumfang, erreicht werden.

Die 20 Ausgangsvarianten und alternative Möglichkeiten der Reduzierung sind in Abbildung 9 aufgeführt. Die mit den verschiedenen Alternativen verbundenen Mehrkosten für Material und Fertigungslohn differieren erheblich. Die Ursache liegt in dem unterschiedlich hohen Kostenzuwachs in Abhängigkeit von der Substitution. Beispielsweise betragen die Einzelkosten für Variante 3 insgesamt 4,269 Mio. DM. Wird nun, wie bei Alternative a vorgesehen, Variante 3 durch Variante 4 ersetzt, so erhöhen sich die Einzelkosten pro Strang von 77,62 DM auf 79,85 DM, d.h. um 2,23 DM. Der Bedarf für Leitungsstrangvariante 3 wird auf 55.000 Einheiten pro Jahr geschätzt, so dass die Mehrkosten für diesen Leitungsstrangaustausch 122.650 DM betragen. Verringert man die Stränge, indem man einen Strang mit ungerader Nummer durch den jeweils nachfolgenden mit gerader Nummer ersetzt (vgl. Abb. 9, Alternative a), so sind insgesamt Mehrkosten in Höhe von 366.404 DM/Jahr zu erwarten. Die Realisation der Alternative b anstatt der Alternative a würde bei gleichem Umfang der Komplexitätsreduzierung zu einer um 312.058 DM/Jahr geringeren Zunahme der Einzelkosten führen.

Nr.	MfA	AG4	Klima	Kat.-Ü.	Syncro	Einbauraten (%)	kann ersetzt werden durch Nr.	Reduzierung auf 10 Varianten — Wird ersetzt bei Alternative		Reduzierung auf 3 Varianten — wird ersetzt bei Alternative
								a durch	b durch	c durch
1						40,8	2,3,4,5,6,7,8	2	-	8
2		*				8,4	4,6,8	-	-	8
3	*					28,9	4,7,8	4	-	8
4	*		*			3,2	8	-	-	8
5		*				8,4	6,8	6	-	8
6		*	*			3,2	8	-	-	8
7	*	*				0,0	8	8	8	8
8	*	*	*			0,0	-	-	-	-
9					*	1,0	10,11,12,13,14,15,	10	10	16
10				*	*	0,6	12,14,16	-	-	16
11	*				*	0,6	12,15,16	12	16	16
12	*			*	*	0,4	16	-	16	16
13		*			*	0,8	14,16	14	16	16
14		*		*	*	1,0	16	-	16	16
15	*	*			*	0,0	16	16	16	16
16	*	*	*	*		0,0	-	-	-	-
17				*	*	1,6	18,19,20	18	20	20
18		*		*	*	0,4	20	-	20	20
19	*			*	*	0,6	20	20	20	20
20	*			*	*	0,1	-	-	-	-
						Mehrkosten (DM/Jahr):		366.404	54.346	2.033.143

Abb. 9: Alternative Variantenreduzierungen und die mit ihnen verbundenen Mehrkosten

Ob eine weiter gehende Komplexitätsreduzierung auf 3 Varianten so unvorteilhaft ist, wie die Kostendifferenz von knapp 2 Mio. DM/Jahr im Vergleich mit Variante b suggeriert, lässt sich erst entscheiden, wenn auch die durch die alternativen Maßnahmen zu erzielenden Kostenveränderungen bei den Gemeinkosten berücksichtigt worden sind. Erlösveränderungen dürften in diesem Fall nicht zu erwarten sein, da der Motorraumleitungsstrang kein kaufbeeinflussendes Teil eines Autos ist.

Die mit einer Komplexitätsveränderung verbundenen Gemeinkostenveränderungen können positiv oder negativ sein. Bei einer Vermeidung oder Reduzierung von Varianten sind im Wesentlichen wohl Gemeinkostensenkungen zu erwarten, die im Allgemeinen als *Minderkosten* bezeichnet werden. In Abbildung 10 sind mögliche Ursachen für Minderkosten aufgeführt.

Die Ermittlung der Gemeinkosten als Minderkosten ist im Vergleich zur Ermittlung der Einzelkosten ungleich schwieriger, da im Allgemeinen die hierfür benötigten Informationen von den herkömmlichen Kostenrechnungssystemen nicht zur Verfügung gestellt werden können (vgl. BATTENFELD 2001), so dass vielfach nichts anderes übrig bleibt, als hierfür komplexitätsbezogene Sonderuntersuchungen, deren Ablauf in Abbildung 6 skizziert ist, durchzuführen. Eine Veränderung der Produktkomplexität hat grundsätzlich Auswirkungen auf den Aufwand in nahezu allen, insbesondere auch den indirekten Bereichen eines Unternehmens.

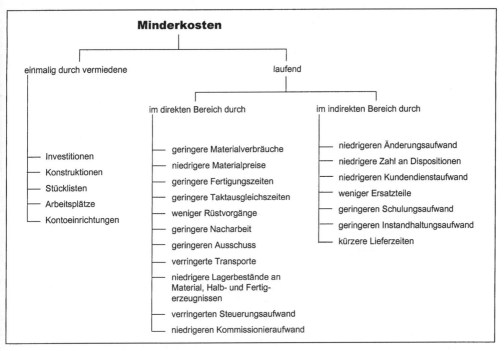

Abb. 10: Minderkosten bei Veränderung der Produktkomplexität

Jede Variante ist zu entwickeln und zu konstruieren, die verwendeten Materialien sind ebenso wie die Einzelteile, Baugruppen und schließlich das Endprodukt internen Qualitäts- und/oder gesetzlich vorgeschriebenen Zulassungsprüfungen zu unterziehen. Für jede Variante sind Arbeitspläne auszuarbeiten, Werkzeuge zu modifizieren, Fertigungszeiten zu ermitteln und Kalkulationen durchzuführen. Im Lagerbereich ist zusätzlicher Handlings- und Kommissionieraufwand zu bewältigen. Sowohl Wartungs- und Instandhaltungsarbeiten für Betriebsmittel als auch Kundendienst- und Reparaturarbeiten für Produkte nehmen zu. Der Umfang der Informationserfassung, -aufbereitung und -verwaltung steigt in allen Bereichen. Zusätzliche und/oder aufwendigere Lieferanten- und Kundenkontakte sind notwendig, mit wachsender Produktkomplexität sind eine größere und damit aufwändigere Kapazität der EDV-Systeme sowie komplexere Software-Systeme erforderlich. Durch die der Produktkomplexität zugrundeliegende Differenzierungsstrategie erhöht sich die Komplexität der Organisationsstruktur des Unternehmens selbst, beispielsweise sind für die unterschiedlichen Produktvarianten möglicherweise eigene Absatzwege und Vertriebsabteilungen einzurichten. Die Kosten für Vertriebsschulungen und Verkaufsmaterialien erhöhen sich ebenfalls mit zunehmender Produktkomplexität.

Hat man die durch die Komplexitätsmaßnahme betroffenen Kostenstellen in allen Bereichen des Unternehmens ermittelt, so ist in jeder Kostenstelle eine eingehende Tätigkeitsanalyse im Hinblick darauf durchzuführen, ob Tätigkeiten sich in Abhängigkeit von Veränderungen der Produktkomplexität verändern und zu einer Veränderung des Ressourcenverzehrs führen. Existiert eine Abhängigkeit zwischen dem allgemeinen Kostenbestimmungsfaktor Produktkomplexität und den in der Kostenstelle anfallenden Kosten, so ist zu prüfen, ob bereits einer der definierten Komplexitätsparameter als Bezugsgröße zu verwenden ist oder ob eine bereits vorhandene oder mit Bezug auf die Komplexität neu zu definierende Bezugsgröße in der Lage ist, als Maßstab für die durch die Komplexität verursachten Kosten zu dienen.

Einige solcher Bezugsgrößen oder Kostentreiber, die in unterschiedlichen Untersuchungen verwendet wurden, sollen im Folgenden exemplarisch aufgeführt werden:

- Zahl der Varianten,
- Zahl der Konstruktionsänderungen,
- Zahl der Zeichnungsänderungen,
- Zahl der Stücklistenänderungen,
- Zahl zu bearbeitender Bandsätze,
- Zahl zu pflegender Konten,
- Anzahl der zu bearbeitenden Teilenummern,
- Anzahl der Stichproben,
- Anzahl der Fehldispositionen.

Für die zu verwendenden Bezugsgrößen sind Kostensätze festzulegen, die durch Auswertung und Anpassung von bereits im herkömmlichen Kostenrechnungssystem vorhandenen Kalkulationssätzen oder durch vollständige Neuermittlungen zu bestimmen sind. Zur Differenzierung der Zahlungswirksamkeit der Kostenveränderungen erscheint dazu eine Differenzierung der Kostensätze nach unterschiedlichen Fristigkeiten sinnvoll. Welche Kostenarten letztendlich in die Kostensätze einzubeziehen sind, ist je nach Unternehmen, Kostenstelle und Problemstellung zu entscheiden.

Beispiele für Kalkulationssätze, die in verschiedenen analytischen Untersuchungen im Jahre 1995 ermittelt wurden, sind nachfolgend genannt:

- *Forschung und Entwicklung*
  100,– bis 150,– DM/Stunde Konstruktionszeit
- *Disposition*
  Kontoeinrichtung 1.250,– DM/Konto (einmalig)
  Kontopflege   850,– DM/(Konto · Jahr)
- *Kreditierung*
  5,– DM/bearbeiteter Bandsatz
- *Lager*
  Raum   150,– DM/(m^2 · Jahr)
  Fahrer   67,– DM/Std.
  Behälter   21,– DM/Kleinladungsträger
- *Einkauf*
  550,– bis 4.300,– DM/(Einkaufsposition · Jahr)

Letztlich ist das *Prozesskostenkonzept* (vgl. FRANZ 1991; COENENBERG/FISCHER 1991; KLOOCK 1992; sowie auch den Beitrag von KAJÜTER in diesem Buch) nichts anderes als eine Umsetzung der dargestellten Vorgehensweise. In der Terminologie der Prozesskostenrechnung lassen sich die beschriebenen Schritte wie folgt zusammenfassen:

1. Ermittlung der von der Komplexität abhängigen Prozesse in allen Bereichen (Kostenstellen) des Unternehmens,
2. Bestimmung der Prozessmengen in Abhängigkeit von Maßgrößen der Komplexität als Bezugsgrößen (als Kostentreiber),
3. Festlegung des Kostensatzes je Prozessmengeneinheit,
4. Berechnung der Kosten, die der komplexitätsverändernden Maßnahme je berücksichtigter Prozessart zuzurechnen sind, durch Multiplikation der jeweiligen Prozessmenge mit dem zugehörigen Kostensatz.

Der beschriebene Ablauf soll mit Beispiel 3 inhaltlich verdeutlicht werden.

Beispiel 3:

Ein kundensichtbares Teil wird in 25 Varianten in Spritz- und Schäumfertigung in den Farben schwarz (89,2%), blau (7,5%) und braun (3,3%) hergestellt. Im Rahmen einer Komplexitätsreduzierungsmaßnahme soll die Vielfalt auf 5 Varianten verringert werden. Ausgangszustand sowie Art und Umfang der Reduktion sind aus dem *Variantenbaum* in Abbildung 11 zu ersehen. Es wird davon ausgegangen, dass die Verringerung der Variantenvielfalt keinen Einfluss auf den Absatz hat.

Durch die Maßnahmen werden alle wesentlichen Bereiche des Unternehmens berührt. Die Ermittlung der Minderkosten ist beispielhaft für den Beschaffungsbereich in Tabelle 3 dargestellt. Die insgesamt zu erwartenden Mehr- und Minderkosten sind der Tabelle 4 zu entnehmen.

Prozessgrößen	Prozesskostensatz	Prozess-menge	Einmalige Minderkosten (DM)	Prozessmenge	Laufende Minderkosten (DM/Jahr)
Prognose- und Planzeit	120,00 DM/h	0 H	0		
Dispositionskonten	1.200,00 DM/Kto	20 Kto	24.000		
Dispositionszeit	120,00 DM/h			170 h	20.400
Sonderfahrten	1.140,00 DM/Var			20 Var.	22.800
Spedition	20,80 DM/LE			2.440 LE	50.750
Kapitalbindung	13,00 %			1.536.000 DM	199.680
Behälterkosten	54,90 DM/Beh.	848 Beh.	46.555		
Behälterdeckelkosten	19,00 DM/St.	170 Stck.	3.230		
Palettenkosten	137,00 DM/Pal.	85 Pal.	11.645		
Summe			85.430		293.630

Tab. 3: Detaillierte Ermittlung der Minderkosten für den Beschaffungsbereich

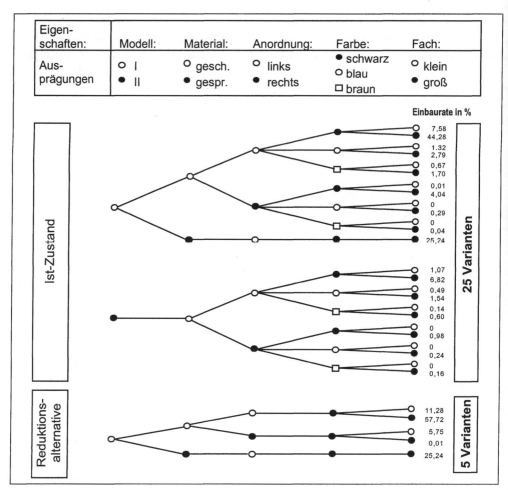

Abb. 11: Variantenbaum des Ist- und Planzustands

Planzustand: 5 Varianten	Einmalige Mehrkosten (DM)	Einmalige Minderkosten (DM)	Lfd. Minderkosten (DM/Jahr)
F&E			30.000
Produktion	1.515.000		1.464.000
Beschaffung		85.000	294.000
Qualität			3.000
Finanz			4.000
Vertrieb			13.000
Summe	1.515.000	85.000	1.808.000

Tab. 4: Gesamte Mehr- und Minderkosten der Komplexitätsreduzierungsmaßnahme

Geht man von einer Restlebensdauer des Produkts von vier Jahren und einem Kalkulationszinssatz von z = 0,4 p.a. aus, so erhält man als Kapitalwert

$$KW = 1.808.000 \cdot \sum_{t=1}^{4} 1,4^{-t} + 85.000 - 1.515.000$$

$$\approx 1.913.000 \text{ DM.}$$

Die Verringerung der Varianten von 25 auf 5 ist also sehr wirtschaftlich. Bereits nach etwas mehr als neun Monaten haben sich die einmaligen Mehrkosten für neue Werkzeuge und für den notwendigen Änderungsaufwand amortisiert.

Insbesondere dann, wenn in einem Unternehmen bereits ein entscheidungsorientiertes Kostenrechnungssystem vorhanden ist, scheint eine Integration eines Komplexitätskostenrechnungssystems in das bestehende System möglich. Auf Basis der Prozesskostenrechnung existieren EDV-unterstützte Ansätze, die als zusätzliches Informationssystem neben der existierenden Kostenrechnung zur Begründung von Entscheidungen über die Produktkomplexität dienen können (z.B. das an der RWTH Aachen entwickelte Kostenmodell KOMO; vgl. SCHUH 1989).

5. Fazit

Die Wirkung der Produktkomplexität auf Kosten, Qualität und Lieferzeit der Produkte wird weitgehend unterschätzt. Die durch die Erhöhung der Angebotsvielfalt postulierten Umsatzzuwächse werden nur in seltenen Fällen quantifiziert, die dadurch ausgelösten Kostenerhöhungen werden durch das Kostenrechnungssystem nicht verursachungsbezogen ausgewiesen. Geringe Termintreue wird zwar registriert, ihre Ursache aber nicht in der Produktkomplexität gesehen. Schlechte Qualität wird als gravierendes Problem erkannt, Maßnahmen zur Qualitätsverbesserung setzen jedoch nicht an der Produktkomplexität an. Wegen falscher Beurteilung der Wirkungen von Komplexität ist der realisierte Komplexitätsgrad in sehr vielen Unternehmen viel zu hoch.

Vorbedingungen für ein systematisches Komplexitätsmanagement und die damit zu erreichende Verbesserung der Zielgrößen sind die Ermittlung von Komplexitätskennzahlen, die fortlaufende Verfolgung ihrer Entwicklung und die zieladäquate Bewertung von Maßnahmen, die den Komplexitätsgrad der Produkte verringern. Da sich die erfolgsbezogenen Wirkungen von Varianten im Allgemeinen über mehrere Perioden erstrecken, ist die Wirtschaftlichkeit einer Variantenveränderung grundsätzlich im Rahmen einer Investitionsrechnung zu ermitteln. Hierzu sind vom Vertrieb die durch die zusätzlichen oder wegfallenden Varianten zu erwartenden Einzahlungsveränderungen zu prognostizieren und vom Controlling die der Veränderungsmaßnahme zuzurechnenden zahlungswirksamen Mehrkosten und Minderkosten zu bestimmen. Letzteres ist mit Hilfe einer Komplexitätskostenrechnung möglich, deren konkrete Ausgestaltung von der Art und Ausgestaltung des bestehenden Kostenrechnungssystems, dem betrachteten Unternehmen und der Komplexität der Produkte abhängig ist.

Die durch Komplexitätsreduktionsmaßnahmen zu erreichenden Kostensenkungspotenziale sind erheblich. Für eine Reihe von Komplexitätsreduktionsprojekten, an denen Mitarbeiter der Universität Paderborn mitwirkten, errechneten sich Kostensenkungspotenziale von 2 bis 25% der Produktselbstkosten, keines der Projekte war unwirtschaftlich.

Teil II.2
Prozessorientiertes Kostenmanagement

Prozesskostenmanagement

PETER KAJÜTER

1. Einleitung

Das heute vielfach noch vorherrschende Denken und Handeln in Organisationen ist maßgeblich durch das Prinzip der Arbeitsteilung in einer funktionalen und hierarchischen Unternehmensstruktur geprägt. Die Idee der Arbeitsteilung geht zurück auf Adam Smith und ist im Zeitalter der Industrialisierung von Frederic Taylor (Scientific Management) und Henry Ford (Fließband) für die Gestaltung von Großunternehmen angewandt und perfektioniert worden. Nach diesem Grundsatz wird einem Mitarbeiter eine begrenzte Anzahl relativ gleichartiger, sich wiederholender Tätigkeiten übertragen, um durch Spezialisierung deutliche Produktivitätsvorteile zu erzielen. Die Arbeitsteilung führte zu einer klaren Trennung zwischen Entscheidung, Ausführung und Kontrolle von Tätigkeiten mit der Konsequenz, dass in vielen Fällen die Fähigkeiten des einzelnen Mitarbeiters nur unzureichend genutzt werden und dessen Verantwortung auf unteren Hierarchieebenen darauf beschränkt ist, die Anweisungen des Vorgesetzten zu dessen Zufriedenheit auszuführen.

Arbeitsteilung kommt nicht nur innerhalb einer Abteilung, sondern auch durch die verschiedenen funktionalen Bereiche wie beispielsweise Einkauf, Fertigung und Vertrieb zum Ausdruck. Obwohl diese Form der Arbeitsorganisation wesentlich zur Steigerung des Wohlstandes in den Industrienationen beigetragen hat, sind ihr auch einige gravierende Nachteile immanent: Ressortegoismus und Bereichsdenken, unflexible Strukturen und vielschichtige Hierarchien sowie eine mangelnde Orientierung am Kunden (vgl. HINTERHUBER 1994, S. 60). Diese Nachteile waren solange nicht erfolgsentscheidend, wie das Unternehmensumfeld stabil war, die Absatzmärkte ungesättigt und oftmals reguliert waren und geringer Wettbewerbsdruck gute oder mindestens zufrieden stellende Margen zuließ. Diese Situation hat sich seit den 1980er Jahren grundlegend gewandelt. Dynamik im Umfeld, Marktsättigung und Verdrängungswettbewerb haben zu einem Überdenken der traditionellen Paradigma geführt. So wird auch die funktionale und hierarchische Unternehmensstruktur zunehmend in Frage gestellt. Nicht weitere Automatisierung und Spezialisierung, sondern vor allem weniger Arbeitsteilung wird als Quelle für künftige Produktivitätsgewinne angesehen (vgl. MOLL 1985, S. 285). Dieses Argument beruht auf der Erkenntnis, dass übertrieben arbeitsteilig organisierte Tätigkeiten komplexe Abstimmungs- und Koordinationsprozeduren erfordern, die eine Quelle von Fehlern, Zeitverlust und damit vermeidbaren Kosten darstellen, die durch eine prozessorientierte Arbeitsweise, bei der einem Mitarbeiter eine gewisse Folge sachlich zusammengehöriger Tätigkeiten zugeordnet wird, verringert werden können. Dieser Gedanke der Prozessorientierung ist auch Kernbestandteil jener Managementkonzepte, die in letzten beiden Jahrzehnten große Popularität erlangt haben (z.B. TQM, Lean Management, Benchmarking oder Business Process Reengineering).

Dennoch hat die zunehmende Prozessorientierung in der Praxis nicht zu einer völligen Abkehr von Funktionen und Hierarchien geführt. Eine „reine" Prozessorganisation, bei der sich die Stellenbildung im Unternehmen in erster Linie an den Prozessabläufen orientiert, bildet eher die Ausnahme. Dies liegt nicht zuletzt darin begründet, dass auch eine Prozessorganisation Nachteile birgt: „In dem Maße, in dem autonome Geschäftsprozesse gebildet werden, d.h. Geschäftsprozesse, die möglichst wenige Funktionen mit anderen

Geschäftsprozessen teilen, entstehen tendenziell Kosten durch Unterauslastung ... und durch Verdopplung von Ressourcen; vorhandene Kapazitäten und vorhandenes Know-how wird tendenziell weniger gut genutzt" (KIESER 1996, S. 183). Ziel der *Prozessopti-mierung* ist es daher, die Prozessabläufe in Unternehmen derart zu verbessern, dass Inef-fizienzen durch übertriebene Arbeitsteilung und schlechte Ressourcennutzung vermieden werden. Dabei stellt die Prozessoptimierung keine einmalige Aufgabe, sondern eine per-manente Herausforderung dar, denn aufgrund des technologischen Fortschritts entstehen immer neue Möglichkeiten, Prozesse effizienter zu gestalten. Die kommerzielle Nutzung des Internets ist dafür ein aktuelles Beispiel.

Um Prozesse im Rahmen der Optimierung zu bewerten und Kostensenkungspotenziale zu quantifizieren, sind die traditionellen Verfahren der Kostenrechnung nur bedingt ge-eignet. Sie bauen auf einer Kostenstelleneinteilung auf, die sich primär an der Aufbauor-ganisation und nicht an den Prozessabläufen orientiert. Daher ist die Frage, wie teuer die Durchführung eines kostenstellenübergreifenden Prozesses ist, mit den klassischen, auf die Fertigungskostenstellen fokussierten Kostenrechnungssystemen nicht ohne weiteres zu beantworten. Erforderlich ist dafür vielmehr eine *Prozesskostenrechnung*. Diese Wei-terentwicklung der Kostenrechnung unterstützt nicht nur die Analyse von Prozessen im Rahmen der Prozessoptimierung, sondern bietet auch in anderen Bereichen, wie z.B. der Produktkalkulation, eine verbesserte Informationsbasis. Damit ist sie ein wichtiges In-strument über das prozessorientierte Kostenmanagement hinaus.

Die vorstehenden Ausführungen zeigen, dass Prozesse ein wesentliches Objekt des Kostenmanagements darstellen. Das dabei zugrunde liegende Prozessverständnis wird im folgenden Abschnitt 2. konkretisiert. Darauf aufbauend werden in Abschnitt 3. die Ziele, die Formen, der Ablauf und die Organisation der Prozessoptimierung dargestellt. Im Mittelpunkt von Abschnitt 4. stehen dann die Entstehungsgründe und Verbreitung, die Einsatzbereiche und -formen sowie die Methodik und die Anwendungsbereiche der Pro-zesskostenrechnung. Der Beitrag schließt in Abschnitt 5. mit einem kurzen Fazit.

2. Prozesse als Objekt des Kostenmanagements

2.1. Prozessbegriff

Obwohl in Theorie und Praxis bislang kein einheitliches Prozessverständnis existiert[1], besteht ein weitgehender Konsens über folgende vier grundlegende Merkmale eines Pro-zesses (vgl. BEA/SCHNAITMANN 1995, S. 278ff.):

- Ein *Prozess* stellt eine *Folge von Aktivitäten* dar; diese verketteten Aktivitäten sind Tätigkeiten oder Verrichtungen an materiellen oder immateriellen Gegenständen (*Ver-kettungsaspekt*).
- Ein Prozess ist durch einen messbaren Input, eine messbare Wertschöpfung und einen messbaren Output gekennzeichnet (*Transformationsaspekt*).
- Ein Prozess ist auf die Erreichung eines vom Kunden definierten Ziels (Anforderung) ausgerichtet (*Zielaspekt*).

- Prozesse werden unter der Beteiligung von Menschen durchgeführt und sind von ihnen gestaltbar (*Organisationsaspekt*).

Ein so definierter Prozess stellt das Bindeglied zwischen den beiden anderen Objekten des Kostenmanagements dar. *Produkte* sind das Prozessergebnis (Output) für einen Kunden, *Ressourcen* der Prozesseinsatz (Input) von einem Lieferanten (vgl. Abb. 1).

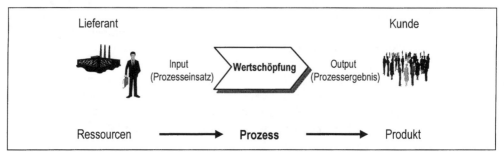

Abb. 1: Prozessmodell

Auf der Grundlage dieses Prozessverständnisses können in Abhängigkeit bestimmter Kriterien verschiedene Prozessarten unterschieden und dadurch die in der Literatur vorherrschende Begriffsvielfalt geordnet werden (vgl. WETH 1997, S. 27ff.). Beispiele für solche Klassifikationskriterien und die danach differenzierten Prozesstypen sind:

- Bezugsobjekt (Waren-, Finanz, und Informationsprozesse),
- Funktion (Einkaufs-, Fertigungs- und Vertriebsprozesse),
- Wertschöpfungsnähe (Kern- und Unterstützungsprozesse),
- Spezifität (unternehmens-, branchen- und unspezifische Prozesse),
- Wiederholung (repetitive und innovative Prozesse),
- Reichweite (unternehmensinterne und unternehmensübergreifende Prozesse).

2.2. Prozessstruktur

Die Gesamtheit aller in einem Unternehmen ablaufenden Prozesse stellt ein komplexes, oft intransparentes Geflecht dar. Dennoch lassen sich einzelne Prozesse abgrenzen und auf unterschiedlichem Aggregationsniveau betrachten. Daraus resultiert eine Prozessstruktur, die eine horizontale und eine vertikale Dimension aufweist:

- *Horizontal* sind Prozesse durch einen Anfang und ein Ende gekennzeichnet. Diese Eckpunkte legen die Schnittstellen zu anderen Prozessen fest. Mit dem Anfang wird der Input, mit dem Ende der Output eines Prozesses bestimmt.
- *Vertikal* weisen Prozesse einen spezifischen Detaillierungsgrad auf. Dieser lässt sich schrittweise erhöhen, indem die Prozesse jeweils in ihre Aktivitäten aufgespalten werden, die wiederum Prozesse auf einer unteren Ebene darstellen. Auf diese Weise entsteht eine *Prozesshierarchie*. Die Differenzierung in Geschäftsprozesse, Hauptprozesse, Teilprozesse und Tätigkeiten stellt eine solche Hierarchie dar (vgl. hierzu auch den Beitrag von GLEICH).

Beide Dimensionen der Prozessstruktur sind nicht unabhängig voneinander, da mit zunehmendem Detaillierungsgrad i.d.R. auch die Perspektive verengt wird. Abbildung 2 zeigt schematisch die hierarchische Struktur von unternehmensinternen Prozessen, die in gleicher Weise auch auf unternehmensübergreifende Prozesse zwischen Unternehmen in einer Wertschöpfungskette übertragbar ist (vgl. KAJÜTER 2000a, S. 185).

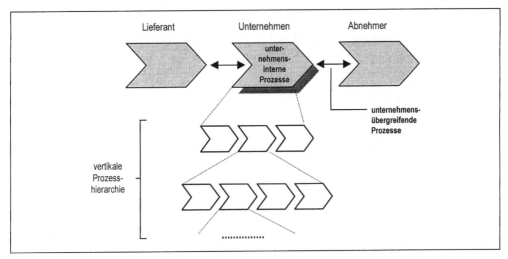

Abb. 2: Prozesshierarchie

3. Prozessoptimierung

3.1. Ziele der Prozessoptimierung

Mit der Optimierung von Prozessen wird aus Sicht des Kostenmanagements allgemein das Ziel verfolgt, die *Wirtschaftlichkeit* von Prozessabläufen zu erhöhen. Dies lässt sich erreichen, indem die Inanspruchnahme betrieblicher Ressourcen für die Realisierung eines definierten Prozessergebnisses (Output) reduziert wird.[2] Dabei gilt es zu berücksichtigen, dass eine geringere Ressourceninanspruchnahme nicht automatisch mit einer ergebniswirksamen Kostensenkung einhergehen muss. Vielmehr wird gerade in fixkostenintensiven Bereichen meist nur ein Potenzial zur Kosteneinsparung aufgebaut, welches erst durch weitere Dispositionen (z.B. Personalversetzung oder -abbau) realisiert werden kann.

Vor diesem Hintergrund stehen bei einer Prozessoptimierung drei wesentliche Zielgrößen im Mittelpunkt:

- *Prozesskosten* sind das monetäre Abbild der Ressourceninanspruchnahme. Zu ihrer Ermittlung bedarf es einer Prozesskostenrechnung, mit der die Kosten von den Kostenstellen auf die Aktivitäten und Prozesse verrechnet werden (vgl. Abschnitt 4.). Ziel ist die Optimierung der Prozesskosten.

- *Prozesszeit*: Die wichtigste zeitliche Zielgröße im Rahmen der Prozessoptimierung ist die Durchlaufzeit eines Prozesses. Sie umfasst den Zeitraum vom Empfang des Prozessinputs (Eingangsschnittstelle) bis zur Weitergabe des Prozessoutputs an den internen oder externen Kunden (Ausgangsschnittstelle) und setzt sich aus drei Elementen zusammen: der Prozessdurchführungszeit (Rüst- und Ausführungszeit), der Liegezeit und der Transferzeit. Lange Durchlaufzeiten binden viel Ressourcen. Ziel ist daher die Reduzierung der Durchlaufzeit von Prozessen.
- *Prozessqualität* beschreibt das Ausmaß, mit dem die Kundenanforderungen an das Prozessergebnis erreicht werden. Eine geringe Prozessqualität führt zu Nacharbeit und Ausschuss und damit zu einer unnötig hohen Inanspruchnahme von Ressourcen. Ziel ist deshalb die Steigerung der Prozessqualität, die i.d.R. auch zu einer Erhöhung der Kundenzufriedenheit beiträgt.

Im Gegensatz zu den Prozesskosten stellen die Prozesszeit und -qualität nicht-monetäre Zielgrößen dar. Als solche bilden sie die Prozessleistung unmittelbar ab. Sie sind daher Vorsteuergrößen für die monetären Ziele: Eine Verkürzung der Prozessdurchlaufzeit und eine Verbesserung der Prozessqualität wirken i.d.R. positiv auf das Kostenniveau dieser oder der folgenden Periode(n). So führt ein fehlerfreier Produktionsprozess, ausgedrückt in einem hohen „first-pass-yield", unmittelbar zu geringeren Nacharbeitskosten und vermutlich auch zu geringeren Garantiekosten in der Zukunft. Ebenso bestehen vielfach erhebliche Potenziale zur Kostensenkung durch eine Verringerung der Rüst-, Liege- und Transferzeiten innerhalb des Prozessablaufs. Die drei Zielgrößen Kosten, Zeit und Qualität stehen also – in gewissen Grenzen – durchaus in einem komplementären Verhältnis zueinander (vgl. WIESEHAHN 2001, S. 64ff.). Dem wird durch das prozessorientierte Performance Measurement in besonderer Weise Rechnung getragen (vgl. hierzu den Beitrag von GLEICH).

3.2. Grundsätzliche Formen der Prozessoptimierung

Zur Optimierung von Prozessen können verschiedene Vorgehensweisen gewählt werden. Diese unterscheiden sich u.a. im Hinblick auf das Ausmaß der angestrebten Verbesserung und werden unter den Begriffen „Business Process Reengineering" und „kontinuierliche Prozessverbesserung" diskutiert (vgl. Abb. 3).

Ansätze des *Business Process Reengineering* streben „ein fundamentales Überdenken und radikales Redesign von Unternehmen oder wesentlichen Unternehmensprozessen" (HAMMER/CHAMPY 1994, S. 48) an. Durch die grundlegende Neugestaltung von Prozessen sollen *Quantensprünge* in den Zielgrößen Kosten, Zeit und Qualität erreicht werden. Sie wird im Rahmen eines speziellen Projektes durchgeführt, das ausgehend von einer Vision über den neuen Prozessablauf *top-down* umgesetzt wird.[3]

Im Gegensatz dazu zielen Ansätze der *kontinuierlichen Prozessverbesserung* auf eine permanente, inkrementale Optimierung bestehender Prozesse ab. Hierbei werden „einzelne Prozeßsegmente hinsichtlich ihrer Notwendigkeit und Sequenz überprüft und – unter Beibehaltung der Prozeßgrobstruktur – modifiziert" (SCHOLZ/MÜFFELMANN 1995, S. 82). Viele *kleine Verbesserungen* führen dabei im Zeitablauf oftmals zu beachtlichen Ergebnissen.[4] Kennzeichnend für diese Ansätze ist die aktive Einbeziehung aller Prozessbeteiligten (*bottom-up*), deren Know-how auf diese Weise genutzt wird. Grundlage der kontinuierlichen Prozessverbesserung ist die aus dem japanischen Kulturkreis stammende Kaizen-Philosophie (vgl. IMAI 1992).[5]

Aufgrund der Radikalität der Vorgehensweise ist das Risiko eines Fehlschlags bei Reengineering-Projekten wesentlich größer als bei einer kontinuierlichen Prozessverbesserung. So weisen HAMMER/CHAMPY (1994, S. 260) selbst darauf hin, dass ca. 70% ihrer Reengineering-Projekte gescheitert sind.

	Business Process Reengineering	Kontinuierliche Prozessverbesserung
Ausmaß der Veränderung	radikale Neugestaltung, „Quantensprünge"	inkrementale Verbesserung, „in kleinen Schritten"
Zeitdauer	begrenzt, kurzfristig	fortlaufend, langfristig
Objekt	wenige zentrale Prozesse	prinzipiell jeder (Teil)Prozess
Durchführung	top-down	bottom-up
Beteiligte	wenige Mitarbeiter	alle Prozessbeteiligten
Risiko	hoch	gering

Abb. 3: Gegenüberstellung verschiedener Formen der Prozessoptimierung

Es erscheint daher sinnvoll, die beiden skizzierten Formen der Prozessoptimierung nicht als unvereinbare Gegensätze, sondern als notwendige Komplemente zu betrachten.[6] An die gelegentliche Neugestaltung eines Prozesses muss sich dessen kontinuierliche Verbesserung anschließen. Nur so lassen sich nachhaltige Erfolge erzielen. Dabei wird die Neugestaltung von Prozessen immer dann erforderlich sein, wenn eine angestrebte Zielvorgabe (z.B. eine Kostensenkung) innerhalb des zur Verfügung stehenden Zeitraumes durch kontinuierliche Prozessverbesserungen nicht erreichbar ist (vgl. SCHOLZ/VROHLINGS 1994, S. 120).

3.3. Ablauf der Prozessoptimierung

Der Ablauf einer Prozessoptimierung lässt sich in vier Schritte gliedern: Die Formulierung von Zielen, die Analyse des Istzustandes, die Erarbeitung von Optimierungsmaßnahmen sowie deren Implementierung. Dabei bestehen vor allem zwischen den ersten beiden Schritten enge Verknüpfungen, so dass häufig auch die Prozessanalyse den Ausgangspunkt für die Zielformulierung bildet. Nachfolgend werden die vier Phasen näher dargestellt.

3.3.1. Formulierung von Zielen

Die Reduzierung der Prozesskosten, die Verkürzung von Durchlaufzeiten sowie die Erhöhung der Prozessqualität wurden in Abschnitt 3.1. als allgemeine Zielgrößen der Prozessoptimierung angesprochen. Für ein konkretes Projekt sind diese Ziele im Hinblick auf ihr Ausmaß und ihren Zeitbezug zu spezifizieren, wobei im Einzelfall zu entscheiden ist, ob dies für alle drei Zieldimensionen oder nur für einzelne erfolgt.

Die operationalisierten Projektziele erfüllen mehrere Funktionen. Zum einen bieten sie Orientierung für die weiteren Schritte und können – unter der Voraussetzung realistischer Zielausmaße – motivierend wirken. Zum anderen stellen die formulierten Ziele eine Grundlage dar, um den Umfang der notwendigen Verbesserungsmaßnahmen festlegen und nach deren Umsetzung die Ergebnisse bewerten zu können.

Das Zielausmaß (z.B. die Höhe der angestrebten Kostensenkung) lässt sich aus den Unternehmenszielen, die im Rahmen der Budgetierung auf einzelne organisatorische Einheiten heruntergebrochen werden, ableiten. Dabei ist zu prüfen, ob die ggf. notwendige Kostensenkung allein durch Maßnahmen der Prozessoptimierung erreicht werden kann oder ob dafür weitere Maßnahmen erforderlich sind. Die Entscheidung darüber setzt bereits eine Kenntnis des Istzustandes und eine Einschätzung des möglichen Verbesserungspotenzials voraus, weshalb nach der Prozessanalyse eine nochmalige Überprüfung der Zielsetzung im Hinblick auf ihre Realisierbarkeit sinnvoll ist.

Weiterhin können im Rahmen eines Benchmarking ermittelte Zielwerte zur Festlegung von Prozessoptimierungszielen herangezogen werden (vgl. zum Benchmarking den Beitrag von KREUZ sowie KAJÜTER 2000b). Dadurch wird eine Orientierung am Best-Practice erreicht, die möglicherweise auch wertvolle Anregungen für die zu entwickelnden Optimierungsmaßnahmen bietet.

3.3.2. Analyse von Prozessen

Die Prozessanalyse dient der systematischen Aufdeckung von Schwachstellen und Verbesserungspotenzialen. Sie umfasst die Identifikation, Auswahl, Dekomposition und Darstellung von Prozessen sowie die Messung und Bewertung der Prozessleistung. Mit einer derartigen Analyse des Istzustandes wird das Verständnis für die bestehende Situation bei den involvierten Mitarbeitern vertieft und die Grundlage für die Entwicklung eines verbesserten Prozessablaufs geschaffen. Diese Vorteile überwiegen i.d.R. den möglichen Nachteil einer gehemmten Kreativität der beteiligten Mitarbeiter und rechtfertigen den Aufwand für die Istanalyse (vgl. SCHWEGMANN/LASKE 2002, S. 148f.).

Im ersten Schritt dieser Analyse sind die *Prozesse zu identifizieren* und gegeneinander abzugrenzen. Ihr Anfang und Ende sowie die Schnittstellen zu anderen Prozessen sind festzulegen. Da es hierzu keine allgemeingültigen Regeln gibt, ist die Abgrenzung von Prozessen stets subjektiv. Es lassen sich zwei Ansätze zur Prozessidentifikation unterscheiden, die sowohl einzeln als auch kombiniert angewendet werden können:

- Die *singuläre Prozessidentifikation* geht davon aus, dass Prozesse unternehmensspezifisch sind (vgl. z.B. GAITANIDES 1983; STRIENING 1988). Sie erfolgt *induktiv*, indem entweder von konkreten individuellen Problemen (*bottom-up*)[7] oder von kritischen Erfolgsfaktoren, die aus den Geschäftsfeldern abgeleitet werden (*top-down*)[8], ausgegangen wird.

- Der *allgemeinen Prozessidentifikation* liegt demgegenüber die Annahme zugrunde, dass es grundlegende, idealtypische Prozesse in der Form von „Rahmenprozessen" gibt, die in allen Unternehmen gleich sind (vgl. z.B. SOMMERLATTE/WEDEKIND 1991;

MÜLLER-MERBACH 1994). Die Prozesse werden bei diesem Ansatz *deduktiv* aus den Referenzprozessen abgeleitet und unternehmensspezifisch präzisiert. Abbildung 4 stellt zwei Beispiele für solche idealtypischen Referenzprozesse dar.[9]

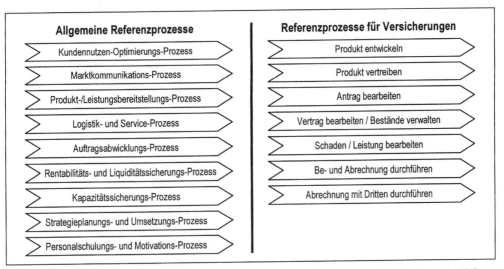

Abb. 4: Idealtypische Prozesse (in Anlehnung an: SOMMERLATTE/WEDEKIND 1991, S. 30; GDV 1996)

Da aus zeitlichen und ökonomischen Gründen i.d.R. nicht alle identifizierten Prozesse gleichzeitig optimiert werden können, sind einer oder mehrere von ihnen *auszuwählen*. Dabei können unterschiedliche Kriterien zugrunde gelegt werden, wie z.B. die Relevanz, das Verbesserungspotenzial und Restriktionen (vgl. BEINHAUER/SCHELLHAAS 1996, S. 327ff.). Die Relevanz von Prozessen wird u.a. durch die Häufigkeit der Prozessdurchführung, deren Kosten sowie deren Bedeutung für die Erfüllung der Kundenanforderungen bestimmt. Das Verbesserungspotenzial eines Prozesses ergibt sich aus der Differenz zwischen dem Istzustand und einem angestrebten Sollzustand, der beispielsweise durch einen Wettbewerbsvergleich ermittelt werden kann. Restriktionen können durch gesetzliche Vorschriften oder unternehmensinterne Veränderungsbarrieren bedingt sein und als qualitative Faktoren bei der Prozessselektion berücksichtigt werden.

Anschließend ist der ausgewählte Prozess in seine einzelnen Teilprozesse bzw. Aktivitäten zu *zerlegen*. Dadurch entsteht eine vertikale Prozesshierarchie (vgl. Abb. 2). Als schwierig erweist es sich dabei häufig, den *Detaillierungsgrad* der Prozessdekomposition zu bestimmen. Ist dieser zu gering, werden kaum neue Informationen gewonnen und die Schwachstellen nicht sichtbar. Bei einer zu starken Aufgliederung besteht dagegen die Gefahr, dass der Gesamtblick für den Prozessablauf verloren geht und die Analyse zu aufwendig ist. Um diese Vor- und Nachteile im Einzelfall richtig einschätzen und den optimalen Detaillierungsgrad bestimmen zu können, ist eine umfassende praktische Erfahrung notwendig. Eine grundsätzliche Orientierung bieten die Aspekte „Wirtschaftlichkeit der Analyse" oder „Zweckmäßigkeit im Hinblick auf die notwendige Transparenz" (vgl. WETH 1997, S. 58f.).

Die Prozessdekomposition kann durch verschiedene Darstellungstechniken unterstützt werden (vgl. PFOHL ET AL. 1996, S. 248). Diese unterscheiden sich u.a. im Hinblick auf die verwendeten Medien und Symbole. Durch die Visualisierung des Prozessablaufs an Pinnwänden kann eine hohe Transparenz und eine intensive Kommunikation unter den beteiligten Mitarbeitern erreicht werden. Sie ist zudem einfach umsetzbar und daher vor allem für den Einstieg in eine Prozessanalyse gut geeignet. Softwarebasierte Prozessmodellierungstools sind in ihrer Handhabung meist komplexer, ermöglichen dafür aber neben der grafischen Darstellung i.d.R. auch die Simulation von Prozessabläufen, was für die Erarbeitung eines optimierten Sollablaufs hilfreich ist.

Mit der Erhebung und Dokumentation ist die Prozessstrukturtransparenz hergestellt. Durch diese werden oft schon viele Schwachstellen erkennbar, die z.T. durch Sofortmaßnahmen behoben werden können. Typische, häufig zu beobachtende Schwachpunkte in Prozessen sind:

- *Organisationsbrüche*: Im Prozess sind zu viele Mitarbeiter involviert, wodurch sich ein hoher Abstimmungs- und Koordinationsaufwand ergibt.

- *Medienbrüche*: Vorgänge werden abwechselnd manuell und EDV-gestützt bearbeitet. Aufgrund von Schnittstellenproblemen müssen Daten dabei oftmals doppelt erfasst werden.

Durch derartige Schwachstellen entstehen Aktivitäten, die nicht zur Wertschöpfung für den Kunden beitragen und daher bei einer besseren Gestaltung des Prozessablaufs entfallen können. Die Elimination solcher nicht-wertschöpfender Aktivitäten stellt eine wesentliche Maßnahme zur Prozessoptimierung dar (vgl. Abschnitt 3.3.3.).

Bevor die konkreten Maßnahmen zur Verbesserung des Prozesses erarbeitet werden, ist im Rahmen der Prozessanalyse die *Prozessleistung zu messen und zu bewerten*. Als Maßgrößen dienen dabei zum einen die Prozesskosten, die mit Hilfe einer Prozesskostenrechnung ermittelt werden können (vgl. Abschnitt 4.). Zum anderen lassen sich die Prozesszeiten und die Prozessqualität bestimmen. Eine solche mehrdimensionale Messung der Prozessleistung bildet den Kern des prozessorientierten Performance Measurement (vgl. hierzu den Beitrag von GLEICH). Die Kosten-, Zeit- und Qualitätsdaten sind jedoch für sich alleine betrachtet nur bedingt aussagefähig. Daher ist für die Beurteilung der Prozessleistung ein Vergleichsmaßstab erforderlich. Dieser kann vor allem durch ein internes, wettbewerbsbezogenes oder branchenübergreifendes Benchmarking erhoben werden (vgl. KAJÜTER 2000b). Vorteilhaft ist dabei, dass die Methodik des Benchmarking nicht nur Vergleichskennzahlen liefert, sondern durch die detaillierte Analyse anderer Prozesse auch wertvolle Anregungen für Optimierungsmaßnahmen im eigenen Unternehmen bietet.

3.3.3. Erarbeitung von Optimierungsmaßnahmen

Aufbauend auf den Ergebnissen der Istanalyse ist ein optimierter Prozessablauf (Sollablauf) zu entwickeln, mit dem die formulierten Ziele erreicht werden können. Das breite Spektrum möglicher Maßnahmen zur Prozessoptimierung lässt sich in drei grundlegende Bereiche gliedern: die Bereinigung, die Verlagerung und die Veränderung der Ablaufstruktur von Prozessen (vgl. KAJÜTER 2000a, S. 188ff.).

Prozessbereinigung

Für die Prozessbereinigung ist zwischen wertschöpfenden und nicht-wertschöpfenden Aktivitäten und Prozessen zu differenzieren. Der Begriff 'Wert' wird dabei aus Kundensicht definiert und entspricht dem Nutzen, den der Kunde aus dem Prozessergebnis (Output) zieht. *Wertschöpfend* sind folglich solche Aktivitäten, die zu einer Werterhöhung für den Kunden beitragen, die dieser auch zu vergüten bereit ist. Es lassen sich zwei Arten wertschöpfender Aktivitäten unterscheiden: *Direkt wertschöpfend* sind Aktivitäten, die unmittelbar einen Nutzen für den Kunden stiften, z.B. das Auftragen von Lack auf die Rohkarosse oder die Auslieferung eines Pkw. Als *indirekt wertschöpfend* werden Aktivitäten bezeichnet, die dem Kunden nicht direkt einen Wert schaffen, aber Voraussetzung für die Durchführung der unmittelbar wertschöpfenden Aktivitäten sind. Beispiele hierfür sind die Aus- und Weiterbildung von Mitarbeitern, die Marktforschung oder Tätigkeiten im Rahmen des betrieblichen Rechnungswesens.[10]

Nicht-wertschöpfend sind dagegen Aktivitäten, die zwar Ressourcen in Anspruch nehmen (und daher Kosten verursachen), aber keinen Kundennutzen stiften. Derartige Aktivitäten können ggf. aufgrund von gesetzlichen Vorschriften erforderlich sein. Sofern dies nicht zutrifft, stellen diese Aktivitäten *Verschwendung* dar und sollten eliminiert werden. Beispiele für solche nicht-wertschöpfende Aktivitäten, die eine Folge suboptimaler Prozessgestaltung sind, zeigt Abbildung 5.

Fertigungsbereich	Verwaltungsbereich
- Werkzeugwechsel/Rüstzeiten - Transport - Ein- und Auslagerung - Suchen nach... - Produzieren fehlerhafter Teile - Nacharbeit - schlechte Materialnutzung	- lange Entscheidungswege - unnötige Ablagen/Kopien - unnötige Verteiler/Kenntnisnahmen - überflüssige Kontrollvorgänge - Suchen nach... - korrigieren fehlerhafter Unterlagen - mehrfaches Einarbeiten in Vorgänge (geistige Rüstzeiten)

Abb. 5: Beispiele für nicht-wertschöpfende Aktivitäten (Quelle: KAJÜTER 2000a, S. 287)

In der Praxis bestehen oftmals Schwierigkeiten, nicht-wertschöpfende Aktivitäten als solche zu identifizieren und sie eindeutig von den wertschöpfenden Tätigkeiten abzugrenzen. Hilfestellung bieten dafür z.B. folgende Leitfragen (vgl. NIEMAND 1996, S. 91f.):

- Nimmt der Kunde das Ergebnis der Aktivität direkt wahr?
- Welche Aktivitäten würden entfallen, wenn der Prozess durch eine Person abgewickelt würde?
- Kann die Aktivität ohne negative Konsequenzen für das Ergebnis des Gesamtprozesses entfallen?
- Enthält ein Prozess Rückkopplungen und Schleifen?

Prozessverlagerung: Outsourcing vs. Insourcing

Eine zweite Möglichkeit der Prozessoptimierung besteht in der Verlagerung von Aktivitäten und Prozessen innerhalb der unternehmensübergreifenden Wertschöpfungskette.

Damit wird die Gestaltung der *Leistungstiefe* (Make or Buy) angesprochen, die unter den Schlagworten „Outsourcing" und „Insourcing" intensiv diskutiert wird.[11] Unter *Outsourcing* wird dabei allgemein eine Auslagerung von Aktivitäten und Prozessen an Lieferanten, unter *Insourcing* die Einlagerung oder Integration derselben verstanden. Durch Outsourcing verringert, durch Insourcing erhöht sich der Wertschöpfungsanteil des Unternehmens am Endprodukt (vgl. Abb. 6).

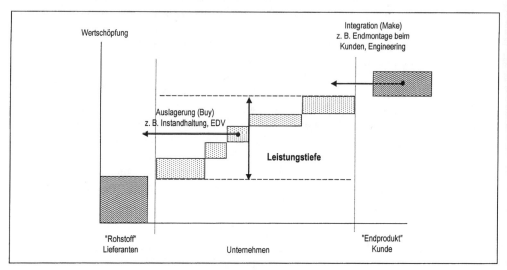

Abb. 6: Prozessverlagerung innerhalb der Wertschöpfungskette (Quelle: EVERSHEIM/HEYN 1995, S. 32)

Mit dem *Transaktionskostenansatz* bietet die Organisationstheorie einen aus theoretischer Sicht geeigneten Bezugsrahmen zur Gestaltung der Leistungstiefe (vgl. PICOT 1991).[12] Im Mittelpunkt der Analyse stehen dabei die Kosten, die bei Transaktionen über den Markt oder im Unternehmen anfallen. Diese sog. Transaktionskosten umfassen die Kosten der Planung, Anpassung und Kontrolle der abzuschließenden Verträge. Da die exakte Erfassung dieser Kosten in der Praxis jedoch erhebliche Schwierigkeiten bereitet[13], werden Entscheidungen über die Auslagerung oder Integration von Aktivitäten und Prozessen gewöhnlich anhand verschiedener quantitativer und qualitativer Kriterien getroffen (vgl. BÜHNER/TUSCHKE 1997, S. 25ff.).

Den Ausgangspunkt bilden dabei strategische Gesichtspunkte (vgl. BLIESENER 1994, S. 284). Danach sollten sog. *Kernaktivitäten*, die für die Erbringung wettbewerbskritischer Leistungen wesentlich sind und für deren Durchführung spezifische Ressourcen und Fähigkeiten existieren[14], die Kernkompetenzen darstellen, i.d.R. innerhalb des Unternehmens durchgeführt werden; demgegenüber ist für sog. *Randaktivitäten*, die keinen Wettbewerbsvorteil begründen, eine Auslagerung zu erwägen. Für die Entscheidung sind dann Wirtschaftlichkeitskalküle auf Basis der Kosten- bzw. Investitionsrechnung sowie qualitative Aspekte (z.B. Qualität, Abhängigkeit von Lieferanten) heranzuziehen. Dies gilt analog für eine Integration bisher nicht ausgeführter Aktivitäten, die sinnvoll sein kann, um vorhandene Kapazitäten besser auszulasten oder neue Geschäfte zu erschließen.

Änderung der Ablaufstruktur

Während die beiden bisher betrachteten Maßnahmen den Umfang an Aktivitäten und Prozessen im Unternehmen verändern, wird mit der Änderung der Ablaufstruktur die Ausführung der (verbleibenden) Aktivitäten und Prozesse optimiert. Dazu wird die *Anordnung einzelner Aktivitäten innerhalb des Prozessablaufs* verbessert. Beispiele hierfür sind die Zusammenfassung, Parallelisierung oder Umstellung von Aktivitäten, die ggf. auch das Hinzufügen einzelner Aktivitäten oder eine stärkere Automatisierung (EDV-Unterstützung) erfordern. Abbildung 7 zeigt schematisch das breite Spektrum unterschiedlicher Maßnahmen zur Prozessoptimierung.

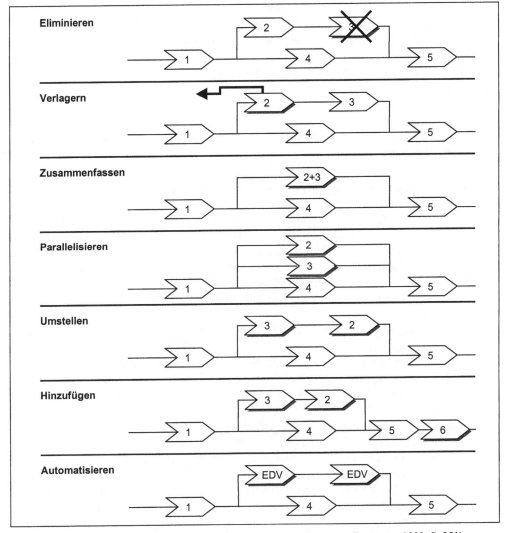

Abb. 7: Maßnahmen zur Prozessoptimierung (in Anlehnung an: LOHHOFF/LOHHOFF 1993, S. 251)

3.3.4. Implementierung des neuen Prozessablaufs

Als Ergebnis der erarbeiteten Optimierungsmaßnahmen liegt ein *Sollablauf* für den betrachteten Prozess vor, der abschließend zu *implementieren* ist. Da hierdurch gewohnte Arbeitsweisen in Frage gestellt, Aufgaben umverteilt und Kompetenzen verändert werden, kommt es – vor allem bei umfangreicheren Reorganisationen – oftmals zu *Widerständen* bei den betroffenen Mitarbeitern. Um diesen entgegenzuwirken und ein möglichst hohes Maß an Akzeptanz für die notwendigen Veränderungen zu erzielen, bietet sich die Nutzung der sog. *Akzeptanzfaktoren* an (vgl. KAJÜTER 2000a, S. 137f.):

- Rechtzeitige und glaubwürdige *Information* der Betroffenen über die Gründe, Inhalte und zu erwartenden Folgen der Maßnahmen;
- *Qualifikation* der Betroffenen durch gezielte Personalentwicklungsprogramme, so dass diese den neuen Anforderungen gerecht werden können;
- *Motivation* der Betroffenen durch intrinsische und extrinsische Anreize (z.B. Beteiligung an der Maßnahmenerarbeitung, Beteiligung an den erzielten Einsparungen);
- Einsatz von *Promotoren*, die aufgrund ihrer hierarchischen oder fachlichen Stellung die Implementierung aktiv fördern und als Vorbild fungieren.

Diese Möglichkeiten zur Akzeptanzförderung stellen zweifellos kein Patentrezept für die Implementierung neuer Prozessabläufe dar. Sie sind vielmehr situationsspezifisch anzupassen und kombiniert einzusetzen.

3.4. Unternehmensübergreifende Prozessoptimierung

Bemühungen zum Kostenmanagement sind häufig auf das eigene Unternehmen beschränkt. Dabei wird vernachlässigt, dass Unternehmen als Teil einer unternehmensübergreifenden Wertschöpfungskette agieren, die von der Rohstoffgewinnung bis hin zur Distribution des Endproduktes an den Kunden reicht. Diese weite Perspektive eröffnet für das Kostenmanagement zusätzliche Potenziale, die durch eine unternehmensübergreifende Prozessoptimierung erschlossen werden können (vgl. hierzu auch die Beiträge von SLAGMULDER und SEURING).

Die unternehmensübergreifende Prozessoptimierung kann zum einen auf die *Unterstützung von Prozessverbesserungen bei einem anderen Unternehmen* fokussiert sein. Die dabei z.B. bei einem Lieferanten erzielten Kosteneinsparungen können dann zum Teil durch einen geringeren Preis an den Hersteller weitergegeben werden. Einige Automobilhersteller haben dafür entsprechende Programme entwickelt (vgl. KAJÜTER 2002 sowie den Beitrag von TRAUDT).

Zum anderen kann die unternehmensübergreifende Prozessoptimierung auf die bessere *Abstimmung der Schnittstellen zwischen Unternehmen* ausgerichtet sein. Gegenstand der Prozessoptimierung sind in diesem Fall *unternehmensübergreifende Prozesse*, die aus miteinander verknüpften unternehmensinternen Prozessen zweier Unternehmen bestehen (vgl. KAJÜTER 2000a, S. 184f.). Beispielsweise sind die Einkaufsprozesse eines Herstellers mit den Vertriebsprozessen seines Lieferanten oder die Prozesse in der Ausgangslogistik eines Herstellers mit denen der Eingangslogistik seines Vertriebspartners verbunden. Inhaltlich handelt es sich dabei insbesondere um Waren- und Informationsflüsse zwischen den Unternehmen. Erstere werden z.B. durch das Konzept der Just-in-Time-Anlieferung aufeinander abgestimmt, letztere z.B. durch den Einsatz von EDI (Electronic Data Interchange).

Verknüpfungen zwischen Unternehmen einer Wertschöpfungskette in Form unternehmensübergreifender Prozesse stellen einen bedeutsamen strategischen Kostentreiber dar und bieten wesentliche Ansatzpunkte zur Erzielung von Wettbewerbsvorteilen (vgl. PORTER 1985, S. 76ff.). Obwohl sich die in Abschnitt 3.3. dargestellte Vorgehensweise bei der Prozessoptimierung grundsätzlich auch auf unternehmensübergreifende Prozesse anwenden lässt, ist deren Optimierung meist erheblich komplexer, da sie eine partnerschaftliche Zusammenarbeit erfordert. Zudem müssen sich die Unternehmen bei der Prozessanalyse auf einheitliche Begriffe und Darstellungstechniken einigen (vgl. KUGELER 2002, S. 484f.) und sich über die Aufteilung der gemeinsam erarbeiteten, aber möglicherweise nur bei einem Partner anfallenden Kosteneinsparungen verständigen.

3.5. Organisation der Prozessoptimierung

Zur Durchführung einer Prozessoptimierung – ob innerbetrieblich oder unternehmensübergreifend – empfiehlt sich die Einrichtung von *Prozessoptimierungsteams* (vgl. KIENINGER 1998, S. 34ff.). Dies sind Projektgruppen, die aus ca. 6 Mitarbeitern bestehen und bei ihrer Arbeit u.U. durch einen externen Moderator unterstützt werden. Dabei bringt dieser vor allem seine methodische Erfahrung aus anderen Projekten ein.

Um eine fundierte Prozessoptimierung zu ermöglichen, bedarf es nicht nur der uneingeschränkten Rückdeckung durch die Unternehmensleitung, sondern es ist auch sicherzustellen, dass die an der Prozessoptimierung beteiligten Mitarbeiter über hinreichende Freiräume im Tagesgeschäft verfügen. Für die Arbeit im Prozessoptimierungsteam gelten einige Grundsätze, deren Beachtung für den Projekterfolg wichtig ist:

- klare Definition der Prozessoptimierungsziele,
- offene und ehrliche Kommunikation im Team (keine Tabus),
- alle Teammitglieder sind gleichberechtigt,
- Einigung auf eine gemeinsame Lösung,
- Quantifizierung der erarbeiteten Maßnahmen.

Um die Prozessoptimierung dauerhaft im Unternehmen zu verankern, bietet es sich vor allem in größeren Unternehmen an, eine *Stabs-Projektorganisation* zu etablieren, aus der heraus nach Bedarf Prozessoptimierungsteams gebildet werden können (vgl. KAJÜTER 2001, S. 42). Die Stabsstelle übernimmt dabei die Gesamtkoordination der Prozessoptimierung im Unternehmen und trägt dazu bei, das Erfahrungswissen und das Methoden-Know-how zwischen einzelnen Teams zu transferieren.

Darüber hinaus besteht die Möglichkeit, *Prozessverantwortliche* (Process Owner) zu benennen, die jeweils für die komplette Durchführung und kontinuierliche Optimierung eines Prozesses verantwortlich sind. „Die bestehende Stabs- und Linienorganisation ... sowie die damit verbundenen Vorgesetztenverhältnisse werden dadurch nicht ersetzt, sondern ergänzt" (STRIENING 1989, S. 327). Es handelt sich insofern um eine zusätzliche Form der Verantwortung, die im Gegensatz zur Projektverantwortung *dauerhaft* übertragen wird.

4. Prozesskostenrechnung

4.1. Entstehungsgründe und Verbreitung

Die traditionell meist funktional ausgerichtete Unternehmensstruktur hat auch die Ausgestaltung des innerbetrieblichen Rechnungswesens entscheidend beeinflusst. So orientieren sich die herkömmlichen Verfahren der Kostenrechnung an der Aufbauorganisation (Kostenstellen) und sind zudem auf die Fertigung in Industriebetrieben ausgerichtet. Dies war solange kein Problem, wie die Produktion der Engpass im Unternehmen war und die indirekten Unternehmensbereiche eine eher untergeordnete Rolle spielten. Beides ist heute nicht mehr gegeben. *Veränderte Rahmenbedingungen und Wertschöpfungsstrukturen* (zunehmender Einsatz kapitalintensiver, automatisierter Produktionstechnologien; Bedeutungszunahme der fertigungsunterstützenden Bereiche, wie z.B. die Produktionsplanung und -steuerung, Softwareentwicklung, Qualitätssicherung und Instandhaltung) haben oftmals auch zu einer *Verschiebung in den Kostenstrukturen*, insbesondere einem Anstieg der Gemeinkosten[15], geführt. Wegweisend war in diesem Zusammenhang eine Studie von MILLER/VOLLMANN (1985), die über einen Zeitraum von mehr als 100 Jahren eine signifikante Zunahme des Anteils der Gemeinkosten an der Wertschöpfung in amerikanischen Industrieunternehmen nachwies (vgl. Abb. 8).

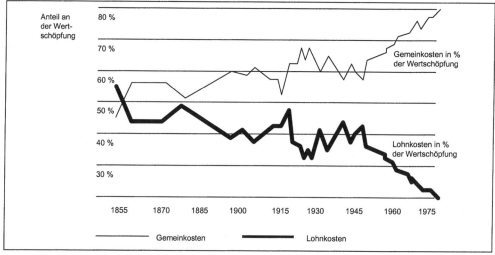

Abb. 8: Gemeinkostenanstieg in der amerikanischen Industrie (Quelle: MILLER/VOLLMANN 1985, S. 143)

Diese Kostenstrukturverschiebungen, die nicht nur in den USA, sondern auch in Deutschland zu beobachten waren, beeinträchtigten die Aussagefähigkeit der konventionellen Kostenrechnungssysteme. An diesen Systemen wurde daher in den 1980er Jahren zunehmend Kritik geübt.[16] Im Mittelpunkt standen dabei deren Schwächen in der Verrechnung von Gemeinkosten auf die Kostenträger. Obwohl dies kein neues Problem war, hatte es doch aufgrund des Anstiegs der Gemeinkosten an Bedeutung gewonnen.

Vor diesem Hintergrund war es erforderlich, die traditionellen, häufig sehr vereinfachenden und auf realitätsfernen Annahmen beruhenden Verfahren der Vollkosten-Zuschlagskalkulation zu überdenken. So sehen MILLER/VOLLMANN nicht die in Vollkostenkalkulationen verwendeten wertmäßigen Größen (z.B. die Materialeinzelkosten oder die Herstellkosten), sondern die Aktivitäten der Gemeinkostenbereiche als die eigentlichen kostentreibenden Faktoren (Cost Driver) an (vgl. MILLER/VOLLMANN 1985, S. 144f.). Dies war der Anknüpfungspunkt für die Entwicklung des *Activity-Based Costing* in den USA, das primär die Zurechnung der Gemeinkosten auf Produkte mit Hilfe von Größen anstrebt, die die Beanspruchung der Ressourcen durch die Produkte ausdrücken (vgl. z.B. COOPER/KAPLAN 1988; JOHNSON 1988; COOPER 1990, 1992).

Auch in Deutschland sind ähnliche Gedanken verfolgt worden. Allerdings bestanden hier weitaus differenziertere Kostenrechnungssysteme, wie z.B. die Grenzplankosten- und Deckungsbeitragsrechnung (vgl. KILGER 1993), die Einzelkosten- und Deckungsbeitragsrechnung (vgl. RIEBEL 1994) sowie die Betriebsplankostenrechnung (vgl. LASSMANN 1992).[17] Diese sind indes durchweg auf die industrielle Fertigung ausgerichtet, so dass die *Prozesskostenrechnung* bei vergleichbarem Grundgedanken wie das amerikanische Activity-Based Costing vornehmlich als eine Ergänzung für die indirekten Bereiche zu sehen ist (vgl. Abb. 9). Neben der Möglichkeit, Produkte differenzierter zu kalkulieren (vgl. hierzu Abschnitt 4.4.1), wird mit der Prozesskostenrechnung primär das Ziel verfolgt, die Kostentransparenz in den Gemeinkostenbereichen zu erhöhen und die Kosten betrieblicher Prozesse zu ermitteln.

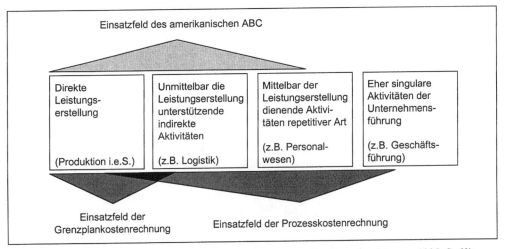

Abb. 9: Activity-Based Costing und Prozesskostenrechnung (Quelle: HORVÁTH/MAYER 1995, S. 60)

Der Durchbruch des Activity-Based Costing bzw. der Prozesskostenrechnung zum Ende der 1980er Jahre darf nicht darüber hinwegtäuschen, dass es in der Theorie bereits in den 40er und 50er Jahren erste Anregungen zu aktivitätsbezogenen Kostenrechnungssystemen gab und auch in der Praxis bereits viel früher Ansätze zu solchen Systemen vorhanden waren (vgl. PFOHL/STÖLZLE 1991, S. 1297). So wies DRUCKER bereits 1963 darauf hin, das Kosten durch Aktivitäten getrieben werden („costs are directly proportionate to number of transactions", DRUCKER 1963, S. 55) und General Electric stellte erste Überlegungen zu dieser Thematik in den 60er Jahren an (vgl. JOHNSON 1995, S. 17). Auch Siemens hat schon Mitte der 70er Jahre die Idee der Prozesskostenrechnung verfolgt, um die Kosten von betrieblichen Abläufen zu bestimmen und dadurch gezielt Prozesse zu optimieren sowie die Produktkalkulation zu verbessern (vgl. ZIEGLER 1992, S. 304f.).

Empirische Untersuchungen zur *Verbreitung des Activity-Based Costing bzw. der Prozesskostenrechnung* dokumentieren ein steigendes Interesse und eine zunehmende Implementierung dieser Methode, wobei die Befunde von jüngeren Studien auf eine gewisse „Konsolidierung" hindeuten. So wurde das Activity-Based Costing 1990 in 6%, 1994 in 21% und 1999 in 17,5% der britischen Großunternehmen eingesetzt (vgl. den Beitrag von MITCHELL sowie INNES/MITCHELL 1991, 1995, 2000). In Deutschland konnte für Großunternehmen ein Einsatzgrad von 52% in 1996 und 47% in 2001 ermittelt werden (vgl. FRANZ/KAJÜTER 1997b sowie den Beitrag von FRANZ/KAJÜTER zum „Kostenmanagement in Deutschland").[18]

4.2. Einsatzbereiche und -formen

Wie aus Abbildung 9 deutlich wird, wurde die Prozesskostenrechnung in Deutschland als ein Kostenrechnungssystem für die *Dienstleistungsbereiche* von Industrieunternehmen entwickelt. Ausgehend davon haben auch reine *Dienstleistungsunternehmen*, wie z.B. Banken und Versicherungen, zunehmend eine Prozesskostenrechnung eingeführt (vgl. hierzu auch den Beitrag von RENDENBACH).

Sowohl in Industrie- als auch in Dienstleistungsunternehmen stehen bei der Prozesskostenrechnung solche Bereiche im Mittelpunkt, deren Aktivitäten einen hohen Wiederholungs- und Standardisierungsgrad sowie einen relativ geringen Entscheidungsspielraum aufweisen. Dies trifft beispielsweise auf Tätigkeiten im Lagerwesen (Ein- und Auslagerungsvorgänge), in der Auftragsabwicklung, der Qualitätssicherung oder der Kredit- und Schadenfallbearbeitung zu. Die in diesen Bereichen anfallenden *repetitiven Aktivitäten* stellen messbare Kostentreiber dar (z.B. die Anzahl der Bestellungen im Einkauf), welche (mittelfristige) Kostenabhängigkeiten abbilden: Mit steigendem Aktivitätsvolumen nimmt die Ressourceninanspruchnahme zu, was bei Anpassung der Kapazitäten letztlich zu (meist sprungfix) steigenden Gemeinkosten führt. Da eine vergleichbare Leistungsmessung bei innovativen, kreativen und damit unstrukturierten Tätigkeiten (z.B. in der Rechtsabteilung, Werbung und Öffentlichkeitsarbeit) kaum möglich ist, ist die Prozesskostenrechnung für derartige Bereiche nicht geeignet.

Abbildung 10 zeigt die *Funktionsbereiche*, in denen die Prozesskostenrechnung in deutschen Unternehmen am häufigsten eingesetzt wird. Gemäß den Befunden einer empirischen Studie bei Anwendern der Prozesskostenrechnung nimmt die Logistik den ersten Rang ein: Fast jedes zweite Unternehmen, das die Prozesskostenrechnung eingeführt hat, nutzt diese in diesem Bereich. Aber auch in der Beschaffung und im Lagerwesen wird die Prozesskostenrechnung häufig genutzt.[19]

Funktionsbereich	Einsatz	Funktionsbereich	Einsatz
Logistik	47%	Vertrieb / Absatz	32%
Beschaffung	38%	Vorkalkulation	29%
Lagerwesen	37%	Internes Rechnungswesen / Controlling	27%
Produktion i.e.S. / Fertigung	37%	Versand	23%
Auftragsvorbereitung	34%	Forschung & Entwicklung	22%
Qualitätssicherung	33%	Dienstleistungs- / Servicebereich	22%

Abb. 10: Primäre Einsatzbereiche der Prozesskostenrechnung (Quelle: STOI 1999, S. 155)

Innerhalb dieser Funktionsbereiche sind unterschiedliche *Einsatzformen* der Prozesskostenrechnung zu beobachten (vgl. STOI 1999, S. 177). So zeigen die empirischen Befunde, dass

- 19% der Unternehmen die Prozesskostenrechnung im Rahmen einer Pilotstudie einsetzten,
- 30% die Prozesskostenrechnung fallweise und parallel zur bestehenden Kostenrechnung implementiert hatten und
- 51% sie laufend nutzten – entweder parallel zur bestehenden Kostenrechnung (16%) oder mit Integration in die Kalkulation und Ergebnisrechnung (35%).

4.3. Methodik zur Ermittlung von Prozesskosten

Unabhängig von der Form des Einsatzes bildet die im Unternehmen vorhandene Kostenrechnung die Grundlage für die Ermittlung der Prozesskosten. Dabei werden die in den Kostenstellen anfallenden Gemeinkosten durch die Prozesskostenrechnung auf kostenstellenübergreifende Prozesse verrechnet. Die dafür notwendige Vorgehensweise lässt sich in *fünf Schritten* zusammenfassen, die nachfolgend anhand eines Beispiels aus dem Beschaffungsbereich dargestellt werden (vgl. auch MAYER 1998, S. 12ff.).

(1) Vorstrukturierung der Prozesse

Bevor die Tätigkeiten in den einzelnen Kostenstellen detailliert analysiert und erhoben werden, ist eine Vorstrukturierung der Prozesse des Untersuchungsbereichs (im Beispiel der Beschaffung) sinnvoll. Bei dieser Top-down-Betrachtung können die oben erwähnten (branchenspezifischen) Prozessmodelle Anhaltspunkte für die unternehmensspezifische Definition von Prozessen geben. Auf der Grundlage dieser Vorüberlegungen können im nächsten Schritt die Aktivitäten in den Kostenstellen zielgerichtet erhoben werden.

(2) Tätigkeitsanalyse in den Kostenstellen

Durch eine Selbstaufschreibung oder Befragung der Mitarbeiter werden die in den Kostenstellen verrichteten *Tätigkeiten*, deren Umfang (Menge) und Zeitbedarf ermittelt. Eventuell kann dabei auf bereits vorhandene Arbeitsanalysen zurückgegriffen werden. Die erhobenen Tätigkeiten werden anschließend durch Interviews mit den Kostenstellenleitern strukturiert und zu kostenstellenbezogenen *Aktivitäten* (Teilprozessen) zusammengefasst. Die Tätigkeiten 'Konditionen aushandeln', 'Bestellung schreiben', 'Daten erfassen', 'Probleme klären', 'Rechnung prüfen', 'Ablage erledigen' etc. werden beispielsweise zur Aktivität 'Serienmaterial über Einzelverträge bestellen' verdichtet. Die so ermittelten Aktivitäten sind Ausdruck der Leistung, die die betrachtete Kostenstelle im Rahmen des Wertschöpfungsprozesses erbringt. Tabelle 1 zeigt in Spalte 1 derartige Aktivitäten für die Kostenstelle Einkauf.

Aktivität (1)	Maßgröße (Anzahl der...) (2)	Aktivitäts-menge (3)	Mitar-beiter-kapazität (MJ) (4)	Aktivi-täts-kosten (€) (5)	Aktivitäts-kosten-satz (€) (6)=(5)/(3)	Kate-gorie (7)
1 Rahmenverträge abschließen	Rahmenvertr.	50	0,5	25.000	500	lmi
2 Serienmaterial über Rahmenverträge bestellen	Bestellungen	5.000	1,5	75.000	15	lmi
3 Serienmaterial über Einzelverträge bestellen	Einzelbestell.	2.000	2,0	100.000	50	lmi
4 Gemeinkostenmaterial bestellen	Bestellungen	3.000	1,5	75.000	25	lmi
5 Kontakte mit Lieferanten halten	Lieferanten	80	1,0	50.000	625	lmi
6 Abteilung leiten	-	-	1,0	50.000	-	lmn
Kostenstellenkapazität und -kosten			7,5	375.000		

Tab. 1: Aktivitäten, Kapazitäts- und Kostenzuordnung in der Kostenstelle Einkauf

Die Aktivitäten können in zwei verschiedene Kategorien differenziert werden:
- Variiert der für die Aktivitäten benötigte Zeitaufwand mit der erbrachten Leistungsmenge, so wird von *leistungsmengeninduzierten Aktivitäten* (lmi) gesprochen. Sie stehen im Mittelpunkt der Prozesskostenrechnung und sind dadurch gekennzeichnet, dass sie sich häufig wiederholen, relativ schematisch ablaufen und zu weitgehend homogenen Leistungen führen. Um diese zu quantifizieren, sind für die leistungsmengeninduzierten Aktivitäten geeignete *Maßgrößen* festzulegen. In der Regel lassen sich diese Maßgrößen durch die 'Anzahl der ...' beschreiben (vgl. Tab. 1, Spalte 2). Die aus der Tätigkeitsanalyse abgeleitete *Aktivitätsmenge* bezieht sich i.d.R. auf ein Jahr, da auch die Kostenstellenkosten für diesen Zeitraum geplant werden (vgl. Tab. 1, Spalte 3).
- *Leistungsmengenneutrale Aktivitäten* (lmn) sind nicht repetitiv und weisen keine Abhängigkeit von einer Maßgröße auf. Hierzu gehören vor allem leitende und verwaltende Aktivitäten (vgl. HORVÁTH/MAYER 1989). Im Beispiel der Kostenstelle Einkauf ist nur die Aktivität 'Abteilung leiten' leistungsmengenneutral.

(3) Ermittlung der Aktivitätskosten

Um die *Kosten der Aktivitäten* zu bestimmen, werden die Kostenstellenkosten vollständig im Verhältnis zu der jeweils beanspruchten Mitarbeiterkapazität auf die Aktivitäten umgelegt (vgl. Tab. 1, Spalten 4 und 5).[20] Diese pragmatische Vorgehensweise liegt darin begründet, dass die Personalkosten die dominante Kostenart in den indirekten Bereichen sind. Zudem wird unterstellt, dass sich alle anderen Gemeinkosten (z.B. Raum-, EDV-

oder Büromaterialkosten) weitgehend im gleichen Verhältnis wie die Personalkosten auf
die einzelnen Aktivitäten verteilen. Für die lmi-Aktivitäten kann ein *Aktivitätskostensatz*
ermittelt werden (vgl. Tab. 1, Spalte 6), indem die Aktivitätskosten (Spalte 5) durch die
Aktivitätsmenge (Spalte 3) dividiert werden. Die Kosten der lmn-Aktivitäten werden entweder proportional zur Kostenhöhe der lmi-Aktivitäten auf diese umgelegt oder wie bisher mit prozentualen Zuschlagssätzen verrechnet. Letzterem Ansatz wird hier gefolgt.

(4) Verdichtung von Aktivitäten zu kostenstellenübergreifenden Prozessen

Der wesentliche Schritt besteht schließlich darin, dass Aktivitäten (Teilprozesse), die auf
ein gemeinsames Arbeitsergebnis ausgerichtet sind und damit sachlogisch zusammenge-
hören, zu (i.d.R.) kostenstellenübergreifenden *Prozessen* (Hauptprozessen) zusammengefasst werden. Wie in Abbildung 11 schematisch gezeigt, bestehen unterschiedliche Möglichkeiten, Aktivitäten zu verdichten. Dabei kann in Ausnahmefällen eine Aktivität auch
zugleich einen (unechten) Prozess darstellen, wenn eine weitere Verdichtung mit anderen
Aktivitäten nicht möglich ist (hier Aktivität 1 in Kostenstelle 5 bzw. Prozess 4).

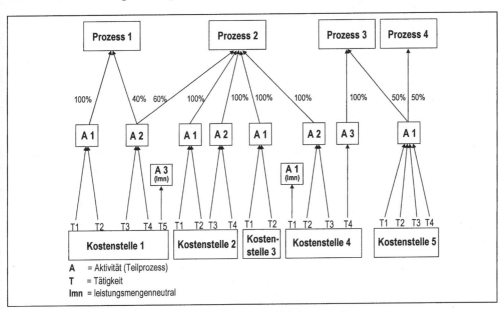

Abb. 11: Schematische Darstellung der Verdichtung von Aktivitäten zu Prozessen
(in Anlehnung an: REMER 1997, S. 41)

Für jeden Prozess ist ein *Kostentreiber* (cost driver) als Maßgröße zu bestimmen, der das
Kostenvolumen in allen betroffenen Kostenstellen treibt. Dies setzt voraus, dass die in
den Prozess zusammengefassten Aktivitäten von demselben oder von miteinander korre-
lierten Kostentreibern abhängig sind. Daneben gilt es zu bedenken, dass die Kostentreiber
zum einen mit dem bestehenden DV-System leicht erfassbar sein und zum anderen für
die Kalkulation einen Produktbezug aufweisen sollten. Erfahrungen der Praxis belegen,
dass die Ermittlung und Messung der Kostentreiber meistens das größte Problem bei der

Einführung einer Prozesskostenrechnung darstellt (vgl. STOI 1999, S. 175). Häufig ist kein einheitlicher, sondern nur ein dominanter Kostentreiber ermittelbar.

Im vorliegenden Fall kann, nachdem alle Kostenstellen des Beschaffungsbereichs auf die gleiche Weise wie der Einkauf analysiert worden sind, z.B. der Prozess 'Serienmaterial beschaffen (Einzelverträge)' gebildet werden. Er setzt sich aus Aktivitäten der Kostenstellen Einkauf, Wareneingang, Qualitätssicherung und Lager zusammen (vgl. Tab. 2). Der gemeinsame Kostentreiber ist die Anzahl der Beschaffungsvorgänge, die i.d.R. aus dem DV-System abrufbar ist.

Aktivität	Kostenstelle	Aktivitätsmenge	Aktivitätskosten (€)
Serienmaterial bestellen	Einkauf	2.000	90.000
Serienmaterial annehmen	Wareneingang	2.000	75.000
Serienmaterial prüfen	Qualitätssicherung	2.000	85.000
Serienmaterial einlagern	Lager	2.000	50.000
Prozess: Serienmaterial beschaffen (Einzelverträge)		Prozessmenge 2.000	Prozesskosten 300.000

Tab. 2: Bildung des Prozesses 'Serienmaterial beschaffen (Einzelverträge)'

(5) Ermittlung der Prozesskostensätze

Durch die Addition der Aktivitätskosten ergeben sich die Kosten des Prozesses. Werden diese durch die Prozessmenge dividiert, so erhält man schließlich den *Prozesskostensatz*, der die durchschnittlichen Kosten für die einmalige Durchführung des Prozesses angibt. Im Beispiel sind dies

$$300.000 \ € \ / \ 2000 \ \text{Bestellungen} = 150 \ €/\text{Bestellung.}$$

Neben dem Prozess 'Serienmaterial beschaffen (Einzelverträge)' lassen sich in gleicher Weise weitere Prozesse definieren, um den Beschaffungsbereich vollständig abzubilden (vgl. Tab. 3).

Prozess	Kostentreiber (Anzahl der...)	Prozess-menge	Prozess-kosten (€)	Prozess-kostensatz (€)
Serienmaterial beschaffen (Rahmenverträge)	Bestellungen	5.000	250.000	50
Serienmaterial beschaffen (Einzelverträge)	Bestellungen	2.000	300.000	150
Kontakte mit Lieferanten halten	Lieferanten	80	50.000	625
...	...	...	...	...
lmn-Aktivitäten	-	-	200.000	-
Summe			800.000	

Tab. 3: Auszug einer Prozessübersicht des Beschaffungsbereichs

Prozesskostensätze können auf unterschiedliche Weise für das Kostenmanagement genutzt werden. Auf die wesentlichen Anwendungsmöglichkeiten wird im folgenden Abschnitt näher eingegangen. Da Prozesskosten nicht nur für das prozessorientierte, sondern auch für das produkt- und ressourcenorientierte Kostenmanagement von Bedeutung sind, werden alle drei Bereiche angesprochen.

4.4. Anwendungsmöglichkeiten

4.4.1. Unterstützung des produktorientierten Kostenmanagements

Die Prozesskostenrechnung unterstützt das produktorientierte Kostenmanagement durch Informationen, die wichtige Anregungen zur Entwicklung kostengünstiger Produkte und Produktprogramme geben können.

Im Zusammenhang mit der *zielkostenorientierten Produktentwicklung* (vgl. hierzu den Beitrag von EHRLENSPIEL ET AL.) haben Prozesskosteninformationen die Funktion, den Entwicklern und Konstrukteuren die Auswirkungen ihrer Entscheidungen auf den späteren Gemeinkostenanfall frühzeitig aufzuzeigen (vgl. FRANZ 1991, S. 539, und 1992d, S. 38f.; MAYER 1991, S. 224). So ist die Anzahl der Beschaffungsaktivitäten, die i.d.R. ein wesentlicher Kostentreiber der Materialgemeinkosten ist, abhängig von der Anzahl der Teile, die in der Entwicklung und Konstruktion für ein Produkt festgelegt wird.

Empirischen Befunden zufolge nutzen etwa die Hälfte der Unternehmen, die mit einer Prozesskostenrechnung arbeiten, diese im Rahmen der Produktentwicklung (vgl. STOI 1999, S. 177ff.). Dabei steht die Verbesserung der entwicklungsbegleitenden Kalkulation sowie die Kombination mit dem Target Costing, die zwei Drittel dieser Unternehmen vornehmen, im Mittelpunkt.

Auch zur *Gestaltung des Produktprogramms* kann die Prozesskostenrechnung Informationen liefern. Wie oben erwähnt geht die klassische Vollkosten-Zuschlagskalkulation sehr pauschal und undifferenziert vor, indem die Gemeinkosten auf Basis wertmäßiger Größen (z.B. Materialeinzelkosten, Herstellkosten) verrechnet werden. Bei dieser Vorgehensweise wird jedoch die unterschiedliche Inanspruchnahme der Gemeinkostenbereiche durch einzelne Produkte und Aufträge nicht berücksichtigt. Dies ist bei einem geringen Gemeinkostenanteil und relativ homogenen Produkten und Aufträgen durchaus legitim. Bei hohen Gemeinkostenanteilen und einem komplexen, variantenreichen Produktprogramm ist jedoch eine differenziertere Betrachtung notwendig, um Fehlentscheidungen im Produkt-Mix zu vermeiden.

Die Vorteile einer *prozessorientierten Kalkulation* lassen sich anhand von zwei stark vereinfachten Beispielen verdeutlichen (vgl. KAJÜTER 1997a, S. 225ff.). In beiden Fällen handelt es sich um einen Hersteller von PCs, der sowohl eine Standardausführung als auch eine kundenspezifische Variante anbietet. Die Spezialanfertigung unterscheidet sich z.B. durch den Einbau eines CD-Brenners, einer ISDN-Karte oder ähnlichem. Pro Jahr werden je 1.000 Stück von der Standard- und der Spezialvariante gefertigt, deren Einzelkosten 250 € bzw. 400 € betragen. Gemeinkosten für die Produktionsplanung und -steuerung, Materialbestellungen, Lager etc. fallen in Höhe von 975.000 € an. Die Verwaltungs- und Vertriebsgemeinkosten belaufen sich auf 325.000 €.

Beispiel 1

Eine *einfache Zuschlagskalkulation* ist in Tabelle 4 dargestellt. Die Material- und Fertigungsgemeinkosten werden vereinfacht als prozentualer Aufschlag auf die Einzelkosten berechnet (150%), die Verwaltungs- und Vertriebsgemeinkosten als Aufschlag auf die Herstellkosten (20%).

In €	Standard-PC	Spezial-PC
Einzelkosten	250	400
Material- und Fertigungsgemeinkosten (150%)	375	600
Herstellkosten je Stück	625	1.000
Verwaltungs- und Vertriebsgemeinkosten (20%)	125	200
Selbstkosten je Stück	750	1.200

Tab. 4: Einfache Zuschlagskalkulation

Unter der Annahme, dass die Herstellung eines Spezial-PCs viermal so viele Arbeitsvorgänge in der Beschaffung und Fertigung in Anspruch nimmt wie die eines Standard-PCs, werden die Material- und Fertigungsgemeinkosten in Höhe von 975.000 € *prozessorientiert* wie folgt zugerechnet: Auf den Standard-PC entfallen 195.000 €, auf den Spezial-PC 780.000 €, d.h. 195 € bzw. 780 € je Stück (vgl. Tab. 5).

In €	Standard-PC	Spezial-PC
Einzelkosten	250	400
Prozesskosten	195	780
Herstellkosten je Stück	445	1.180
Verwaltungs- und Vertriebsgemeinkosten (20%)	89	236
Selbstkosten je Stück	534	1.416

Tab. 5: Kalkulation mit Prozesskosten

Ein Vergleich der nach den unterschiedlichen Methoden errechneten Selbstkosten je Stück macht deutlich, dass pauschale Zuschlagssätze zu erheblichen Verzerrungen führen können: Standardprodukte werden zu teuer kalkuliert und Spezialanfertigungen erscheinen scheinbar günstig. Tatsächlich werden jedoch die Spezialanfertigungen von den Standardprodukten „subventioniert". Nur bei der prozessorientierten Kalkulation wird die unterschiedliche *Komplexität* der Produkte (Teilevielfalt) berücksichtigt (vgl. COENENBERG/FISCHER 1991). Ein ähnliches Problem besteht bei Klein- und Großaufträgen und wird am zweiten Beispiel veranschaulicht.

Beispiel 2

Bei der *Zuschlagskalkulation* gelte ein einheitlicher Zuschlagssatz für die Vertriebsgemeinkosten von 15% auf die Herstellkosten. Dieser einheitliche Zuschlagssatz führt dazu, dass unabhängig von der Größe des Auftrages jeder PC mit 150 € Vertriebsgemeinkosten belastet wird (Herstellkosten pro Stück 1.000 €). Unter der Annahme, dass jedoch *bei jedem Auftrag konstante Abwicklungskosten für den Vertrieb* in Höhe von 300 € anfallen (jeder Auftrag muss akquiriert, bestätigt und versandt werden), ergeben sich bei der *Prozesskostenkalkulation* degressive Stückkosten in Abhängigkeit von der Größe des Auftrages (vgl. Tab. 6).

Stück/ Auftrag	Zuschlagskalkulation			Prozesskostenkalkulation		
	einheitlicher Zuschlagssatz: 15%			konstante Vertriebskosten je Auftrag: 300 €		
	Herstellkosten	Vertriebsgemeinkosten	Σ (€/Stück)	Herstellkosten	Vertriebsgemeinkosten	Σ (€/Stück)
1	1.000	150	1.150	1.000	300	1.300
10	10.000	1.500	1.150	10.000	300	1.030
50	50.000	7.500	1.150	50.000	300	1.006
100	100.000	15.000	1.150	100.000	300	1.003

Tab. 6: Stückkosten nach der Zuschlags- und Prozesskostenkalkulation bei Klein- und Großaufträgen

Auch wenn bestimmte Kosten (z.B. für Fracht und Verpackung) bei Großaufträgen u.U. höher sind als bei Kleinaufträgen, so bleibt davon die grundsätzliche Vernachlässigung des *Degressionseffektes* bei der Zuschlagskalkulation unberührt. Somit kann es auch hier zu Fehlinformationen kommen: Nach der Zuschlagskalkulation weisen Klein- und Großaufträge gleich hohe „Scheingewinne" pro Stück aus. Die Prozesskostenkalkulation offenbart jedoch „versteckte Kosten" bei Kleinaufträgen und „versteckte Gewinne" bei Großaufträgen (vgl. Abb. 12).

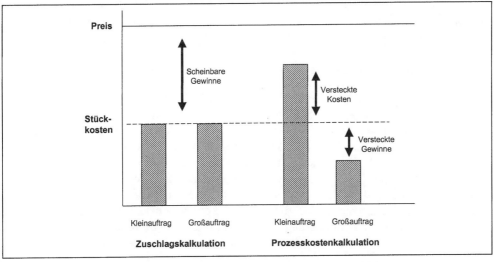

Abb. 12: Stückkosten in Abhängigkeit von Auftragsgröße und Kalkulationsverfahren

Beide Beispiele zeigen deutlich, dass die Prozesskostenkalkulation differenziertere Informationen liefert. Daraus können wichtige Konsequenzen für die Vertriebssteuerung sowie die Produktgestaltung resultieren. Im Rahmen der Vertriebspolitik könnte beispielsweise die Definition von Mindestauftragsgrößen erwogen werden, um unprofitable Kleinaufträge zu vermeiden. Zudem bietet die Prozesskostenkalkulation die Grundlage für eine differenzierte Preispolitik bei Standard- und Spezialanfertigungen sowie Klein- und Großaufträgen. Schließlich regt sie auch eine kostengünstige Produktgestaltung an, indem z.B. die Kostenvorteile durch ein montagefreundliches Design, geringe Teilevielfalt usw. deutlich werden.

Empirische Befunde belegen, dass die Produktkalkulation das häufigste Anwendungsfeld der Prozesskostenrechnung darstellt (vgl. STOI 1999, S. 177ff.). Dabei dominiert der laufende Einsatz der Prozesskostenrechnung. Besonders stark verbreitet ist die prozessorientierte Kalkulation in der Elektro-, Automobil- und Maschinenbauindustrie sowie in Banken und Versicherungen.

Die empirischen Befunde dokumentieren darüber hinaus, dass in der Praxis häufig auch Mischformen zwischen einer traditionellen Zuschlagskalkulation und einer reinen Prozesskostenkalkulation existieren (vgl. STOI 1999, S. 182f.). So werden oftmals nur die Kosten wichtiger Prozesse über eigene Positionen im Kalkulationsschema prozessorientiert verrechnet. Dadurch wird nochmals die ergänzende Funktion der Prozesskostenrechnung deutlich. Da es – wie oben dargelegt – auch Bereiche gibt, in denen sich keine repetitiven Prozesse definieren lassen und ferner auch die Kosten der leistungsmengenneutralen Aktivitäten (vgl. Abschnitt 4.3.) bei einer Vollkostenkalkulation auf die Produkte verrechnet werden müssen, ist es weiterhin erforderlich, auch mit pauschalen, wertmäßigen Zuschlagssätzen zu kalkulieren (vgl. Beispiel 1 oben). Diese werden somit durch die prozessorientierte Kalkulation nicht völlig obsolet, sondern in ihrem Umfang reduziert. Folglich entstehen mit der Prozesskostenrechnung drei Wege der Kostenzuordnung auf Produkte und Aufträge: direkte Zuordnung von Einzelkosten nach dem Verursachungsprinzip, Verrechnung von Prozesskostensätzen nach dem Beanspruchungsprinzip und die pauschale Schlüsselung in den Fällen, wo weder eine verursachungs- noch eine beanspruchungsgerechte Kostenzuordnung möglich ist.

4.4.2. Unterstützung des prozessorientierten Kostenmanagements

Im Rahmen des prozessorientierten Kostenmanagements dient die Prozesskostenrechnung vor allem dazu, die Kosten betrieblicher Abläufe zu ermitteln. Sie unterstützt damit die Prozessoptimierung und hilft, Kostensenkungspotenziale zu ermitteln. Dies ist neben der Produktkalkulation das häufigste Anwendungsfeld der Prozesskostenrechnung (vgl. STOI 1999, S. 177ff.). Vorherrschend ist dabei der fallweise Einsatz.

Bei einer derartigen *Prozesskostenanalyse* werden mit Hilfe der in Abschnitt 4.3. dargestellten Methodik sowohl der Istzustand von Prozessabläufen als auch alternative Sollabläufe kostenmäßig bewertet. Auf diese Weise können Kostenschwerpunkte erkannt, Prioritäten für die Prozessoptimierung gesetzt und die optimale Alternative für die Prozessneugestaltung ausgewählt werden. Zudem lassen sich die Kosten der nichtwertschöpfenden Aktivitäten quantifizieren und so das Ausmaß von Verschwendung aufzeigen.

Auch bei dem obigen Beispielprozess 'Serienmaterial beschaffen (Einzelverträge)' (vgl. Tab. 2) sind potenzielle Kosteneinsparungen aus der Prozesskostenanalyse sichtbar. Bei Umstellung auf eine Just-in-Time-Anlieferung des Serienmaterials würde die Aktivität 'Serienmaterial einlagern' entfallen. Hierdurch könnten Kosten in Höhe von 50.000 € eingespart werden, vorausgesetzt, diese fixen Gemeinkosten sind mittelfristig abbaubar. Beim Aufbau von Wertschöpfungspartnerschaften mit Lieferanten ist sogar weiter denkbar, dass auch auf die Qualitätsprüfung nach dem Wareneingang verzichtet wird, da in diesem Fall bereits bei der Entwicklung der Zulieferteile eng mit den Lieferanten zusammengearbeitet wird, so dass Vertrauen in die qualitätsgerechte Lieferung besteht.

Aus der Prozesskostenrechnung können darüber hinaus Daten für das *prozessorientierte Performance Measurement* gewonnen werden. Beispiele hierfür sind die Kostentreiber-Mengen oder die Prozesszeiten, die bei der Tätigkeitsanalyse ermittelt wurden (vgl. hierzu den Beitrag von GLEICH).

4.4.3. Unterstützung des ressourcenorientierten Kostenmanagements

Informationen aus der Prozesskostenrechnung können schließlich auch zur *Ressourcensteuerung* genutzt werden (vgl. MAYER 1998). Auch dies kann an dem oben dargestellten Beispiel des Prozesses 'Serienmaterial beschaffen (Einzelverträge)' illustriert werden.

Plant ein Unternehmen z.B. eine Ausweitung des Produktprogramms, ist i.d.R. mit einer steigenden Anzahl von Beschaffungsvorgängen zu rechnen. Die erhöhten Kostentreiber-Mengen werden dann gleichfalls das Aktivitätsvolumen in den betroffenen Kostenstellen erhöhen. Dadurch wird der Ressourcenbedarf steigen. Über die Verknüpfung der Aktivitätsmengen mit den Mitarbeiterkapazitäten lässt sich der veränderte Personalbedarf näherungsweise quantifizieren (vgl. COOPER/KAPLAN 1998, S. 527ff.).

In einem weiteren Schritt können auch die Auswirkungen auf die Kostensituation ermittelt werden. Dafür wäre es allerdings notwendig, zwischen variablen und fixen Prozess- bzw. Aktivitätskosten zu differenzieren. Weil dies jedoch wenig praktikabel ist, bietet es sich vereinfachend an, mit den leistungsabhängigen Sachkosten, den Personalkosten und den zeitgebundenen Nutzungskosten für Vertrags- und Eigentumspotenziale drei Kostenkategorien zu unterscheiden, die eine unterschiedliche Kostenreagibilität bei Beschäftigungsschwankungen aufweisen (vgl. MAYER/KAUFMANN 2000, S. 305ff.). Während die leistungsabhängigen Sachkosten z.B. zu 100% reagieren, kann für die Personalkosten z.B. ein Reagilibilitätsgrad von 80% unterstellt werden. Darin käme die Erwartung zum Ausdruck, dass ein Teil der zusätzlichen Aktivitäten ohne Aufstockung des Personalbestandes abgewickelt werden kann. Eine Kostenreagibilität von 0% bei den zeitgebundenen Nutzungskosten würde indes bedeuten, dass z.B. keine zusätzlichen Büroflächen benötigt werden und sich daher die Mietkosten nicht erhöhen.

Eine analoge Analyse ist für den Fall einer sinkenden Anzahl an Beschaffungsvorgängen möglich. Dadurch kann die Prozesskostenrechnung auch bei der *Budgetierung* eingesetzt werden und zu einer fundierteren Planung von Gemeinkostenbudgets beitragen.

4.5. Kritische Würdigung und Vergleich mit der Grenzplankostenrechnung

Die Prozesskostenrechnung ist eine wertvolle Ergänzung der klassischen Kostenrechnungssysteme und der neueren Kostenmanagement-Instrumente. Sie bietet viele Vorteile, aber auch Ansatzpunkte für Kritik. Nachfolgend werden sowohl die positiven Aspekte als auch die kritischen Punkte kurz angesprochen.

Da die *Vorteile der Prozesskostenrechnung* bereits in den vorstehenden Ausführungen an verschiedenen Stellen erwähnt worden sind, sollen sie hier nur stichwortartig zusammengefasst werden. Im Einzelnen ist anzuführen, dass die Prozesskostenrechnung

- die Kostentransparenz in den Gemeinkostenbereichen erhöht,
- die Kostentreiber in den indirekten Bereichen identifizieren hilft,
- als Grundlage für ein permanentes Gemeinkostenmanagement dient (vgl. hierzu auch den Beitrag von RENDENBACH),
- die Kosten der durch Teile- und Variantenvielfalt verursachten Komplexität aufzeigt,
- Anregungsinformationen für eine kostenorientierte Produktentwicklung bereitstellt,
- eine differenziertere Produktkalkulation ermöglicht,
- die betrieblichen Aktivitäten und Prozesse bewertet.

Diesen positiven Aspekten steht eine Reihe von *kritischen Punkten* gegenüber, die nicht unerwähnt bleiben sollen (vgl. ausführlich FRANZ 1990, S. 127ff., und 1992c, S. 609f.; GLASER 1992):

- Aus Sicht der Praxis wird oftmals der *hohe Aufwand für die Implementierung* der Prozesskostenrechnung kritisiert. Dieser Aufwand sollte aber gegen die oben erwähnten Informationsvorteile, die die Prozesskostenrechnung liefert, abgewogen werden. In vielen Fällen scheint der Aufwand gerechtfertigt zu sein und kann durch eine auf die wichtigsten Teilbereiche des Unternehmens beschränkte Einführung in Grenzen gehalten werden.
- Als *Vollkostenrechnung* kommt auch die Prozesskostenrechnung bei der Produktkalkulation nicht umhin, Gemeinkosten zu schlüsseln und Fixkosten zu proportionalisieren.
- Die tatsächliche *Veränderbarkeit der Kosten* aufgrund produktpolitischer Entscheidungen *wird ignoriert*. Es wird nicht berücksichtigt, dass durch die Proportionalisierung der Fixkosten „einzelnen Produkteinheiten Kosten zugerechnet werden, die nur beim Wegfall einer bestimmten Summe von Produkt- und damit Prozeßmengeneinheiten entfallen, und zwar nicht automatisch, sondern aufgrund von Dispositionen" (FRANZ 1992c, S. 610).

Trotz dieser Kritik leistet die Prozesskostenrechnung eine wichtige Unterstützung für mittel- bis langfristig orientierte, strategische Entscheidungen über die Gestaltung des Produktions- und Absatzprogramms. Sie ergänzt damit die eher operative Ausrichtung der Grenzplankostenrechnung. Gleichzeitig weist sie in mancher Hinsicht Parallelen zu dieser auf (vgl. FRANZ 1990; LORSON 1992). Dies betrifft insbesondere das Bemühen, Bezugsgrößen als Leistungsmaße für eine Kostenstelle zu definieren und mit mehreren unterschiedlichen Bezugsgrößen pro Kostenstelle zu arbeiten.[21] Neu ist jedoch die Idee der kostenstellenübergreifenden, prozessbezogenen Kostenkontrolle sowie die Möglich-

keit, Kostenschwerpunkte von Prozessen zu identifizieren und damit eine Prozessoptimierung anzuregen und zu unterstützen. Wesentliche Unterschiede zwischen der Prozesskostenrechnung und der Grenzplankostenrechnung sind in Tabelle 7 zusammengefasst.

	Grenzplankostenrechnung	Prozesskostenrechnung
Haupteinsatzbereich	Produktion	indirekte Bereiche
bevorzugt betrachtete Kosten	variable Kosten	(fixe) Gemeinkosten
Kalkulation	pauschal über Zuschlagssätze	differenziert je nach Kostenträger
Kostenspaltung	variabel / fix	lmi / lmn
Ausrichtung des Systems	operativ	strategisch / operativ
Entscheidungsunterstützung	kurzfristige Entscheidungen	mittel- und langfristige Entscheidungen

Tab. 7: Gegenüberstellung der Grenzplankostenrechnung und der Prozesskostenrechnung
(in Anlehnung an: NIEMAND 1992, S. 161)

5. Zusammenfassung und Fazit

Prozesse in und zwischen Unternehmen stellen einen zentralen Ansatzpunkt für das
Kostenmanagement dar. Durch die kontinuierliche Verbesserung von Abläufen oder die
grundlegende Neugestaltung von ineffizienten Prozessen kann häufig ein erhebliches
Potenzial zur Kostensenkung erschlossen werden. Damit geht oftmals auch eine Verbesserung anderer Leistungsgrößen wie Durchlaufzeit, Qualität oder Kundenzufriedenheit
einher.

Die Prozesskostenrechnung unterstützt das prozessorientierte Kostenmanagement. Sie
erhöht die Kostentransparenz in den indirekten Bereichen, ermittelt die Prozesskosten im
Rahmen der Prozessoptimierung und ermöglicht im Gegensatz zu den klassischen Ge-
meinkostensenkungsprogrammen (z.B. der Gemeinkostenwertanalyse und dem Zero-
Base Budgeting) ein permanentes Gemeinkostenmanagement. Darüber hinaus liefert sie
Entscheidungsunterstützung für das produkt- und ressourcenorientierte Kostenmanagement.

Anmerkungen

1 Dies liegt nicht zuletzt darin begründet, dass verschiedene betriebswirtschaftliche Teildisziplinen
   (z.B. die Organisationslehre, das strategische Management, das Controlling und die Wirtschaftsin-
   formatik) Prozesse aus unterschiedlichen Blickwinkeln aufgreifen und beleuchten.
2 Daneben besteht die Möglichkeit die Wirtschaftlichkeit durch Erhöhung des Outputs bei konstanter
   Ressourceninanspruchnahme zu steigern. Bei gegebener Nachfrage nach den Prozessleistungen
   kommt dieser Form der Effizienzsteigerung allerdings nur untergeordnete Bedeutung bei.

3 Zur Beschreibung derartiger Ansätze vgl. z.B. HAMMER 1990; KAPLAN/MURDOCK 1991; DAVENPORT 1993; HAMMER/CHAMPY 1994; GERPOTT/WITTKEMPER 1995; KREUZ 1995. Unabhängig von der im Einzelfall gewählten Terminologie wird im folgenden von 'Business Process Reengineering' gesprochen. Zur Kritik an diesen Ansätzen vgl. EARL/KHAN 1994; KIESER 1996; THEUVSEN 1996.

4 So belegt eine branchenübergreifende empirische Studie, dass 98% der befragten deutschen Unternehmen Kostensenkungen durch den Einsatz von KVP, deren zentraler Bestandteil die kontinuierliche Optimierung betrieblicher Abläufe ist, erzielen konnten (vgl. WECK 1997, S. 67).

5 Vgl. zur detaillierten Darstellung derartiger Ansätze z.B. HAUG ET AL. 1993; JUNG 1993; CHESER 1994; HAUG/PUDEG 1995; KREUTER/STEGMÜLLER 1997; GRAFMÜLLER 2000. Diese Ansätze werden im Weiteren einheitlich als 'kontinuierliche Prozessverbesserung' bezeichnet.

6 Vgl. hierzu ausführlich DAVENPORT 1993, S. 14ff.; GAITANIDES ET AL. 1994, S. 11ff.; HINTERHUBER/MATZLER 1995, S. 137; SCHOLZ/MÜFFELMANN 1995, S. 83; SCHUH ET AL. 1995; AL-ANI 1996; FERK 1996, S. 19ff.; CORSTEN 1997, S. 36.

7 Beispielsweise werden anhand des Problems „Unzufriedenheit aufgrund langer Durchlaufzeiten in der Fertigung" alle damit verbundenen Aktivitäten analysiert und Prozesse definiert.

8 Unterschiedliche Geschäftsfelder führen dabei zu unterschiedlichen Erfolgsfaktoren und damit auch zu spezifischen Prozessen. Zu einer ausführlichen Beschreibung dieser Vorgehensweise vgl. BEINHAUER/SCHELLHAAS 1996, S. 320ff.; SCHULTE-ZURHAUSEN 1999, S. 75ff.

9 Zu einer kritischen Beurteilung von idealtypischen Prozesstypologien vgl. SCHOLZ 1994, S. 90; CORSTEN 1997, S. 25ff.

10 Einige Autoren bezeichnen derartige Aktivitäten auch als *nicht-wertschöpfend*, aber notwendig (vgl. z.B. HAUG ET AL. 1993, S. 151; NIEMAND 1996, S. 90; WETH 1997, S. 67f.).

11 Vgl. hierzu z.B. HEINRICH 1992; VON DOBSCHÜTZ/PRAUTSCH 1993; BLIESENER 1994; BRÜCK 1995; EVERSHEIM/HEYN 1995; BÜHNER/ TUSCHKE 1997. Beispiele erfolgreicher Unternehmen zeigen, dass oftmals Kostensenkungen um durchschnittlich 10 - 20% durch eine Optimierung der Leistungstiefe erzielbar sind (vgl. ROMMEL 1994, S. 220).

12 Für eine detaillierte Darstellung der Transaktionskostentheorie vgl. WILLIAMSON 1979, 1981; PICOT 1982, 1993; PICOT/FRANCK 1993; JOST 2001.

13 Vgl. zum Defizit einer Transaktionskostenrechnung ALBACH 1988 und WEBER 1993b sowie zu ersten Ansätzen MATJE 1996.

14 Theoretische Grundlage für die Bestimmung auslagerungsfähiger Aktivitäten und Prozesse bildet dabei die Resource-based Theory (vgl. hierzu WERNERFELT 1984; GRANT 1991; BAMBERGER/WRONA 1996).

15 Vgl. hierzu im Überblick TROSSMANN/TROST (1996).

16 Vgl. hiezu insbesondere KAPLAN 1983; JOHNSON/KAPLAN 1987; LASSMANN 1984; WILDEMANN 1987; SIEGWART/RAAS 1989, S. 144ff.

17 Für einen Vergleich dieser Kostenrechnungssysteme vgl. FRANZ 2001.

18 In der Schweiz hatten 1994 rund 33% der befragten Unternehmen eine Prozesskostenrechnung implementiert (vgl. BREDE 1994, S. 341f.).

19 Die relativ häufige Implementierung der Prozesskostenrechnung in der Produktion/Fertigung ist zum einen auf Dienstleistungsunternehmen, zum anderen auf ein weites Begriffsverständnis von Prozesskostenrechnung im Sinne des Activity-Based Costing zurückzuführen (vgl. STOI 1999, S. 154).

20 Alternativ wäre auch eine analytische Kostenplanung möglich, bei der die Kosten der Aktivitäten unter der Annahme eines wirtschaftlichen Betriebsablaufs normativ bestimmt werden. Aufgrund des dafür notwendigen hohen Ermittlungsaufwandes dominiert in der Praxis die einfacher umzusetzende Aufteilung des bekannten Kostenstellenbudgets. Die dabei ermittelten Aktivitätskosten erlauben jedoch keine Aussage zur Wirtschaftlichkeit der Kostenstelle, da eine normative Vergleichsgröße fehlt. Eine solche muss, z.B. durch ein Benchmarking, gesondert erhoben werden.

21 Auch Kilger stellte bereits eine Liste mit direkten Bezugsgrößen für die fertigungsunterstützenden Bereiche auf, die deutliche Parallelen zu den im Rahmen der Prozesskostenrechnung formulierten Kostentreibern aufweist (vgl. KILGER 1993, S. 327).

Prozesskostenmanagement in der Assekuranz

Hans-Georg Rendenbach

1. Ausgangslage für das Gemeinkostenmanagement in der Assekuranz

Das Umfeld für den Absatz und die Erstellung von Versicherungsleistungen hat sich für die Assekuranz zur Jahrtausendwende hin dramatisch verändert. Im Rahmen der Harmonisierung des europäischen Versicherungsrechts (Deregulierung) wurde die in Deutschland seit 1901 bestehende umfassende und intensive Versicherungsaufsicht deutlich gemindert. Insbesondere der Wegfall der Bedingungsaufsicht und der Kontrolle der Auskömmlichkeit der Prämien gibt den Versicherungsunternehmen wesentlich mehr Spielraum in der Produktgestaltung und Leistungserstellung. Daneben hat der Wandel im politischen und technologischen Umfeld die Versicherungsmärkte selbst und ihre Zugangsmöglichkeiten erheblich verändert (Veränderungen in den Sozialversicherungssystemen, Öffnung nationaler Märkte, Einführung des Euro, Entwicklungen in Informationstechnologie und Telekommunikation, Terrorismus etc.). Eine Folge ist ein deutlich verstärkter Wettbewerb. Besonders umkämpft sind naturgemäß die Marktsegmente, in denen starke Anbieter gute Ertragschancen bei kalkulierbaren Risiken sehen.

In der Kalkulation der Versicherungsprodukte steht die Kernleistung der Risikodeckung selbstverständlich im Vordergrund. Wegen der leichten Kopierbarkeit von Versicherungsbedingungen und der weitgehenden Transparenz der Kalkulationsmethoden ist die Erzielung eines Wettbewerbsvorteils in diesem Feld allerdings oft nur in beschränktem Umfang möglich. Eine zweite wesentliche Position in der Kalkulation der Versicherungsleistung ist der Absatz der Versicherungsprodukte. Die Kosten dieser Leistungen fallen zu einem erheblichen Anteil als variable Kosten (Provisionen) an. In wettbewerbsintensiven und nachfrageorientierten Märkten ist aber auch hier der Gestaltungsspielraum der Anbieter sehr eingeschränkt. Die dritte Kernleistung des Versicherers besteht in der Bearbeitung des Versicherungsvertrages und der Entschädigung im Leistungsfall. Diese Bearbeitung findet überwiegend in Innendienstbereichen des Versicherers statt und ist meist nach Funktionen (Antrag, Vertrag, Schaden, Inkasso, Rechnungswesen etc.) gegliedert. Der Leistungsbeitrag der Verwaltungsabteilungen und ihr Niederschlag in der Kalkulation lassen sich am besten über Geschäftsprozesse dokumentieren und steuern. Die Kosten dieser Geschäftsprozesse verdienen allein schon wegen ihres Volumens (in Sachversicherungsbereichen bis zu 25% der Gesamtkosten) eine intensive Betrachtung. Darüber hinaus sind die Geschäftsprozesse oft über Jahrzehnte hinweg gewachsen und kaum einer grundlegenden Optimierung unterzogen worden. Schließlich bieten sich in Zeiten explodierender IT- und TK-Entwicklungen eine Vielzahl neuer Ansätze und Optimierungsnotwendigkeiten an. Das Prozesskostenmanagement als Teil des Geschäftsprozessmanagements wurde von einigen deutschen Versicherern zu Beginn der 1990er Jahre in die Unternehmenssteuerung einbezogen; in den meisten Versicherungsunternehmen hat die Etablierung des Prozesskostenmanagements insbesondere in Form eines permanenten Steuerungsinstrumentes jedoch erst in jüngster Zeit begonnen.

In diesem Beitrag wird die Gestaltung und die Wirkungsweise des Prozesskostenmanagements in Versicherungsunternehmen an praxisnahen Beispielen beschrieben.

2. Prozessoptimierung und Prozesskostenmanagement

Die Prozesskostenbetrachtung ist in der derzeitigen Marktsituation für Versicherungen doppelt interessant: Einerseits sind kurzfristige und deutliche Reduzierungen der Gemeinkosten nur dann möglich, wenn die Arbeitsabläufe kostenorientiert nachhaltig verbessert werden – hierzu ist eine *projektartige Prozessuntersuchung mit Business Process-Reengineering-Charakter* notwendig; andererseits muss eine kontinuierliche marktorientierte Steuerung der Gemeinkostenblöcke mit *ständiger Prozessoptimierung* im Sinne eines *Continuous Improvement* sichergestellt werden – das *permanente Prozesskostenmanagement* dient dieser Zielsetzung.

In Verbindung dieser beiden Zielsetzungen empfiehlt es sich, sukzessive in allen Gemeinkostenbereichen des Versicherungsunternehmens Projekte zur Prozessoptimierung durchzuführen und mit den Ergebnissen dieser Projekte in das permanente Prozesskostenmanagement einzusteigen. Die folgenden Ausführungen beschreiben die Vorgehensweise und die Erfahrungen aus einer Reihe ähnlicher Projekte der Geschäftsprozessoptimierung und der Einführung eines Prozessmanagements. Die drei Phasen der Projekte – Initialisierung, Prozessanalyse und Konzeption der Sollprozesse – und das sich anschließende Prozesskostenmanagement dienen als Gliederungspunkte dieser Ausführungen.

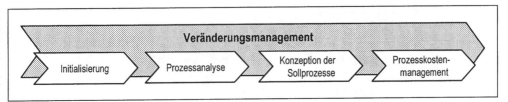

Abb. 1: Entwicklungsphasen zum Prozesskostenmanagement

2.1. Initialisierung

Die *Initialisierung* stellt die Einstiegsphase in das Projekt dar. Im Sinne einer hohen Effizienz und einer auf breiter Akzeptanz basierenden Effektivität sollte diese nicht zu breit, sondern zeitlich eher knapp dimensioniert sein.

2.1.1. Projektdefinition, Projektzielsetzung und Projektbeteiligte

Notwendig zu Beginn eines Projektes ist die Definition seines inhaltlichen, zeitlichen, kapazitativen und finanziellen Umfangs. Die Ziele der Prozessoptimierung und die angestrebten Effekte auf die Qualität der Prozesse, die Durchlaufzeiten und die Kosten sowie die personelle Besetzung der Kostenstellen und die Abgrenzung ihrer Aufgaben werden zu diesem Zeitpunkt in groben Bandbreiten festgelegt; eine Präzisierung der Ziele erfolgt nach der Analysephase, wenn die Situation differenziert betrachtet worden ist und Ansatzpunkte, Schwachstellen und Potenziale besser erkennbar sind. Die Festlegung der Projektmitarbeiter, der Entscheidungsgremien des Projektes und der einzubeziehenden

Mitbestimmungsgremien müssen ebenfalls zu Beginn des Projektes erfolgen. Die Erarbeitung eines Informations- und Kommunikationskonzeptes und die Durchführung von Erstinformationen für Führungskräfte und Mitarbeiter sind Teil des parallel zu den fachlich definierten Phasen des Projektes laufenden Veränderungsmanagements.

2.1.2. Prozesse und Kostenstellen des Untersuchungsbereichs

Der zweite Teil der Initialisierung besteht in der Vorstrukturierung der zu untersuchenden Prozesse und der Festlegung der einzubeziehenden Funktionen bzw. Kostenstellen. Um möglichst schnell zu tragfähigen Ergebnissen zu kommen, empfiehlt sich eine Beschränkung des Projektes auf überschaubare Teilbereiche des Unternehmens.

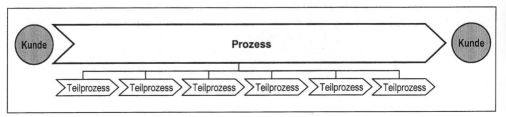

Abb. 2: Generische Prozessdarstellung

Ein Prozess beinhaltet alle Aktivitäten, die zur Erbringung einer Leistung notwendig sind; er beginnt und endet beim Kunden. Marktprozesse werden vom externen Kunden veranlasst und erbringen ihre Leistungen an diesen externen Kunden. Serviceprozesse werden meist von internen Kunden veranlasst und erbringen ihre Leistungen an diese internen Kunden. Steuerungsprozesse werden von der Unternehmensführung veranlasst und erbringen Leistungen für die Unternehmensführung. Zu einem Prozess gehören neben den Aktivitäten der eigentlichen Leistungserbringung jeweils auch Planungs- und Kontrollelemente. Teilprozesse sind abgeschlossene Teile der Leistungserstellung; sie können jeweils einer Organisationseinheit eindeutig zugeordnet werden.

In einem ein- bis zweitägigen Workshop definieren die Verantwortlichen der betroffenen Bereiche die funktions- und damit kostenstellenübergreifenden *Prozesse* (meist unter Zuhilfenahme eines *Referenzprozessmodells*) und erarbeiten mit einem Analyseleitfaden Umfang und Struktur der Analyse. Die Festlegung der kostenstellenspezifischen *Teilprozesse* erfolgt im Rahmen der Analyse durch die jeweiligen Kostenstellenleiter selbst; ggf. werden dabei die Prozessdefinitionen noch einmal korrigiert.

Zur Reduzierung des Analyseaufwandes kann hier auch festgelegt werden, dass im Falle des Vorhandenseins mehrerer gleichartiger Kostenstellen (z.B. in verschiedenen Filial- oder Gebietsdirektionen) zunächst nur einige repräsentative Filialdirektionen (FD) untersucht werden. Im Rahmen des permanenten Prozesskostenmanagements muss dann aber später diese Analyse in möglicherweise „abgespeckter" schriftlicher Form nachgeholt werden.

2.1.3. Beispiel einer Prozessstruktur in der Unfallversicherung

In der Unfallversicherung kann man die *Prozesse* der Produktgestaltung, der Antragsbearbeitung, der Bestandsbearbeitung, der Kundenbetreuung und der Schadenbearbeitung unterscheiden. Meist ist eine weiter gehende Aufgliederung sinnvoll, wenn z.B. verschiedene Typen dieser Prozesse sich deutlich voneinander unterscheiden (z.B. Antragsbearbeitung Einzelunfall bzw. Gruppenunfall, Schadenbearbeitung Zahlschäden bzw. Korrespondenzschäden). Beschränkt wird die Gliederungstiefe durch den Verwendungszweck eines späteren permanenten Prozesskostenmanagements, denn man sollte heute die Prozesse nur so weit differenzieren, wie man sie morgen auch tatsächlich differenziert steuern möchte.

Neben den oben genannten Prozessen werden aber auch für die anderen notwendigen Tätigkeiten wie Projektarbeit, Verwaltungstätigkeiten, Aus- und Weiterbildung, Controlling, Führung etc. Prozesse definiert, so dass alle Aktivitäten der zu untersuchenden Kostenstellen im Sinne einer hundertprozentigen Erfassung hier zugeordnet werden können.

• Antragsbearbeitung/Policierung	• Zahlschaden Filialdirektion	• Filialdirektions-Betreuung
– Einzel- und Familienunfall	• Zahlschaden Direktion	• Vertriebsbetreuung
– Gruppenunfall	• Korrespondenzschaden FD	• Produkt(weiter)entwicklung
– Unfall mit Beitragsrückgewähr	• Vorarbeit FD für Korr.-Schaden Dir.	• Projekte
• Vertragsänderungen/Stornierungen	• Korr.-Schaden bis 2 T€ aus FD	• Wartung/Betreuung von Systemen
• Vertragsbetreuung	• Korr.-Schaden 2–5 T€ aus FD	• Controlling
	• Korr.-Schaden über 5 T€ aus FD	• Öffentlichkeitsarbeit
	• Korr.-Schaden bis 2 T€ aus Dir.	• Aus- und Weiterbildung
	• Korr.-Schaden 2–5 T€ aus Dir.	• Personalführung
	• Korr.-Schaden über 5 T€ aus Dir.	• nicht zuzuordnende Prozesse

Abb. 3: Beispiel für die Prozesse der Unfallversicherung

2.2. Analyse der Prozesse

In der *Analysephase* soll die Beschreibung der Prozesse mit den wesentlichen Dimensionen Qualität, Durchlaufzeiten und Kosten erfolgen. Die unterschiedlichen Betrachtungswinkel und Bewertungen der verschiedenen Prozessbeteiligten (zentral und dezentral, Mitarbeiter und Führungskräfte) und eines neutralen Dritten sollten gleichermaßen einfließen, damit eine möglichst breite Basis für die spätere Optimierung gelegt wird.

2.2.1. Analysemethode

Die Analyse besteht zunächst aus *Interviews mit Führungskräften und Mitarbeitern* der in die Untersuchung einbezogenen Kostenstellen. Der Zeitbedarf für diese Interviews beträgt erfahrungsgemäß ein bis zwei Tage. Gefragt wird als Erstes danach, welche Teilprozesse im vergangenen Jahr für die vordefinierten Prozesse abgewickelt wurden. Zu diesen Teilprozessen soll dann die *Häufigkeit der Ausführung* und die hierdurch gebundene Kapazität angegeben werden. Die Angabe der Mengen ist insofern i.d.R. unproblematisch, weil meist maschinelle Zählungen von DV-Verarbeitungen vorliegen, die als Maßgröße für die Teilprozessbearbeitung durchaus geeignet sind. Etwas schwieriger ist häufig die *Zuordnung der Mitarbeiter-Kapazität* zu den Teilprozessen. Wenn hier konkrete Angaben fehlen, kann auf Schätzungen der Beteiligten zurückgegriffen werden. Diese Schätzungen stellen zwar einen Ungenauigkeits- und Unsicherheitsfaktor dar, der allerdings in zweierlei Hinsicht relativiert werden kann: Erstens ist die Gesamtkapazität der Kostenstelle bekannt; da alle Teilprozesse der Kostenstelle erfasst werden, kann ein möglicher Fehler nur in einer Verschiebung zwischen Teilprozessen desselben Verantwortungsbereichs bestehen. Zweitens können die Analyseergebnisse verschiedener gleichartiger Kostenstellen nebeneinander gelegt werden und bei deutlichen Abweichungen noch einmal mit den Beteiligten besprochen werden. Die Erfahrungen zeigen, dass die Verantwortlichen nach anfänglicher Skepsis sehr gut mit den auf eigenen Schätzungen beruhenden Prozesskosten steuern können.

2.2.2. Dokumentation der Analyseergebnisse

Die Dokumentation der Analyseergebnisse erfolgt in den beiden Dimensionen „Kostenstelle" und „Prozess".

2.2.2.1. Prozesskosten der Kostenstellen

In der Kostenstellen-Dokumentation werden alle Teilprozesse der Kostenstelle aufgelistet (vgl. Abb. 3). Je Teilprozess wird die Cost Driver-Menge angegeben; bei nicht repetitiven Prozessen (z.B. Controlling, Aus- und Weiterbildung) entfällt diese Mengenangabe bzw. die Menge ist 1. Außerdem enthält die Dokumentation die gebundene Mitarbeiter-Kapazität.

Durch Verteilung der Gesamtkosten der Kostenstelle proportional zu der Kapazität kommt man im nächsten Schritt zu den *Teilprozesskosten*. Alternativ können natürlich auch einzelne Kostenarten innerhalb der Kostenstelle direkt auf einen Prozess zugeordnet werden; in diesem Falle würden nur die restlichen Kosten über die kapazitätsproportionale Verteilung den Prozessen zugerechnet.

Selbstverständlich gibt auch diese Form der Schlüsselung die Realität nur unvollständig wider. So ist beispielsweise eine Unterscheidung zwischen anspruchsvollen und weniger anspruchsvollen Aufgaben und eine entsprechende Zuordnung von besser oder weniger gut bezahlten Mitarbeitern nicht möglich. Bei dem derzeitigen Ausbaugrad der Kostenstellenrechnung in den meisten Unternehmen dürfte dieses jedoch kein echtes Problem darstellen. Vielmehr würde andererseits eine stärkere Differenzierung zusätzlich mitbestimmungspflichtige Fragestellungen aufwerfen, auf die man gerade bei Reengineering-Maßnahmen gut verzichten kann. Jedenfalls hat sich diese kostenstellenweise Schlüsselung auf Teilprozesse in der Praxis bereits eindeutig bewährt.

Kostenstelle Unfall-Schaden **verantwortlich: Frau Immergut**

TP-Nr.	Teilprozess (TP)	Cost-Driver	TP-Menge	Mitarb. Kapazität	direkte Kosten	Teilpro-zesskosten	TP-Kosten-satz
1010	Schadenanlage incl. Erstbearbeitung	Neuschäden	5.555	1,00		67.224	12,10
1020	Folgebearbeitung EDV-Verfügung	EDV-Verfügungen	222.222	5,55		373.094	1,68
1030	Folgebearbeitung Korrespondenz	PTV + ind. Korrekturen	33.333	4,44		298.475	8,95
1040	Folgebearbeitung Sonstiges	manuelle Mitteilungen	111.111	2,50		168.060	1,51
1060	Zweitunterschriften einholen	ZU-pflichtige Vorgänge	11.111	2,00		134.448	12,10
1070	Gerichtsprozesse bearbeiten	Gerichtsprozesse	66	1,00	1.000	67.724	1026,12
1080	Rentenbearbeitung	Rentenakten	555	0,50		33.612	60,56
1090	Mitwirkung Jahres-abschluss			0,22		14.789	
1100	Rücksprachen Schadenbearbeitung	Rücksprachen	22.222	0,77		51.762	2,33
1110	Filialdirektions-Betreuung			5,55		373.094	
1120	Projekte			2,22	100.000	199.237	
1130	Wartung/Betreuung Systeme			0,55		36.973	
1132	Statistiken erstellen			0,11		7.394	
1150	sonstige Teilprozes-se			0,77		51.762	
Zwischensumme ohne Leitungsanteil				27,18		1.877.648	
1160	Personalführung			1,82		122.352	
Gesamtsumme				29,00	101.000	2.000.000	

Abb. 4: Prozesskosten einer Unfall-Schaden-Abteilung

Im letzten Schritt werden die Teilprozesskosten durch die Menge dividiert. Das Ergebnis ist der Teilprozess-Kostensatz. Über diese *Prozesskostensätze* können leistungsgerechte Vergleiche zwischen gleichartigen Verantwortungsbereichen oder auch zwischen zentraler und dezentraler Leistungserstellung angestellt werden. Außerdem können an diesen Prozesskostensätzen nun echte Kostenziele festgemacht werden, was für das *permanente Prozesskostenmanagement* später von eminenter Bedeutung ist.

2.2.2.2. Prozesskosten der Prozesse

Die Teilprozessangaben aus den verschiedenen Kostenstellen werden im zweiten Teil der Dokumentation zu den Prozessen zusammengeführt (vgl. Abb. 5 und 6). Die Angaben auf Teilprozessebene sind identisch mit den Angaben der o.a. Kostenstellenbetrachtung.

Prozess Zahlschaden Direktion   **verantwortlich: Frau Immergut**
Prozessmenge: 1.111

TP-Nr.	Teilprozess (TP)	Kosten-stelle	TP-Menge	TP-Kosten	Anteil (%) dieses Prozes-ses	Prozess-kosten gemäß Anteil	(Teil-) Prozess-kosten-satz
1010	Schadenanlage inkl. Erstbearbeitung	58	5.555	67.224	20,00%	13.445	12,10
1020	Folgebearbeitung EDV-Verfügung	58	222.222	373.094	0,10%	373	1,68
1060	Zweitunterschriften einholen	58	11.111	134.448	0,50%	672	12,10
4110	Posteingang Neuschäden	347	5.555	1.390	20,00%	278	0,25
4120	VS-Nr. ermitteln	347	5.555	4.167	20,00%	833	0,75
4517	Aktenablage	495	111.111	122.250	0,40%	489	1,10
Summe Prozess (HP)				HP-Kosten		16.090	14,48

Abb. 5: Prozesskosten einer Unfall-Schadenbearbeitung (Zahlschaden)

Prozessbezeichnung	Cost Driver Bezeichnung	Prozess-Menge	Kapazi-tät (TA)	Prozess-kosten	Prozess-kosten-satz
Antragsbearbeitung/Polizierung Einzelunfall	Anzahl Anträge Einzelunfall	77.563	7,44	493.946	6,37
Antragsbearbeitung/Polizierung Gruppenunfall	Anzahl Anträge Gruppenunfall	17.854	4,75	315.355	17,66
Antragsbearbeitung/Polizierung Unfall mit Beitragsrückgewähr	Anzahl Anträge Unfall mit Beitragsrückgewähr	106.377	7,76	515.191	4,84
Vertragsänderungen/Stornierungen	Anzahl Vertr.änd./Stornierungen	131.553	12,19	809.301	6,15
Vertragsbetreuung/ Kundenbetreuung	Anzahl Verträge Bestand	1.425.741	49,10	3.259.778	2,29
Korrespondenzschaden Bearbeitung Unfall	Anzahl Korrespondenzschäden	43.745	59,81	3.970.822	90,77
Zahlschaden Direktion	Anzahl Zahlschäden	1.111	11,23	16.090	14,48
Zahlschadenbearbeitung Unfall	Anzahl Zahlschäden	17.069	7,04	467.390	27,38
Produktentwicklung Unfall			6,90	458.095	

Anmerkung: TA = Tätigkeitsanteile

Abb. 6: Prozessübersicht Unfallversicherung (alle Kostenstellen, alle Prozesse)

Über die Summierung aller Teilprozesse erhält man die *Prozesskosten* (im Beispiel 16.090 €) und unter Berücksichtigung der Prozessmenge (hier 1.111) den Kostensatz des Prozesses (14,48 €). Auch diese Größe ist betriebswirtschaftlich zu interpretieren, soll als echte Steuerungsgröße im Unternehmen dienen und kann später auch Eingang in die Kalkulation finden.

2.2.3. Ansatzpunkte zur Optimierung aus der Analyse

Ansatzpunkte zur Optimierung ergeben sich aus der Analyse in vielfältiger Weise. Erste wesentliche Quelle sind die *Interviewpartner* selbst, die gezielt nach möglichen Schwachstellen und schon vorhandenen Verbesserungsvorschlägen gefragt werden. Hier stellt sich häufig heraus, dass eine beachtliche Anzahl guter Ideen von den Mitarbeitern bereits in der Vergangenheit unterbreitet worden waren, jedoch aus verschiedenen Gründen keiner Umsetzung zugeführt wurden.

Die *Transparenz der Prozessabläufe* ist die zweite Quelle für Optimierungsansätze, denn durch sie wird offensichtlich, wo Doppelarbeiten erfolgen, kompetenzbedingte Zusatzschleifen gezogen werden, starke Arbeitsteilung mehrfach Rüstzeiten notwendig machen, überlappende und wiederholte Kontrollen unnötig viel Kapazität binden etc.

Als eigenständige dritte Quelle muss die *Quantifizierung der Prozesskostensätze* angesehen werden. Hier wird nicht nur deutlich, wie teuer die o.a. nicht wertschöpfenden Prozesse sind; durch sie wird auch die Überprüfung durchaus wertschöpfender Prozesse initiiert, wenn die Kostensätze offensichtlich deutlich über dem Nutzen liegen. Wenn z.B. die Erstellung eines Angebotes mehr kostet, als der angestrebte Versicherungsvertrag an Jahresbeitrag erbringt, sollte man langsam ins Grübeln kommen! Die nackten Prozesskostensätze als griffige und überschaubare Größe lösen bei den Verantwortlichen jedenfalls oft durchaus beachtliche Betroffenheit und Nachdenklichkeit aus.

2.3. Konzeption der Sollprozesse

Für die Erarbeitung von prozessbezogenen Verbesserungsmaßnahmen werden „Prozess-Optimierungs-Teams" (POT) gebildet, die unter der Leitung eines „Prozessarchitekten" die Ansatzpunkte aus der Analyse aufgreifen, eigene Vorschläge hinzufügen und ein Gesamtpaket an Optimierungsmaßnahmen vorlegen sollen. Die Teams werden mit sehr konkreten Zielen an die Arbeit geschickt. Der Optimierungsanspruch sollte sich auf die nächsten ein bis zwei Jahre erstrecken (längerfristige Zielhorizonte provozieren Ideen mit langen Realisierungszeiträumen und hohen Investitionsvolumina, die meist zu Lasten einfacher Ideen mit kurzen Umsetzungszeiten und evtl. etwas geringeren Gesamteffekten gehen). Themenfeld jedes einzelnen Teams sollte eine geringe Zahl ähnlicher Prozesse sein (z.B. Unfall-Schadenprozesse). Die Teams arbeiten parallel und stimmen die Vorschläge untereinander ab, soweit Überschneidungen erkennbar werden. Die Optimierungsphase wird abgeschlossen mit der Entscheidung über alle Vorschläge aller POT durch die Entscheidungsgremien des Projektes.

2.3.1. Zusammensetzung der Teams

Der „Prozessarchitekt" ist der Leiter des Optimierungsteams. Er / sie ist eine am Geschäftsprozess wesentlich beteiligte Führungskraft, die die Verantwortung für die Qualität und die Umsetzbarkeit der Optimierungsmaßnahmen im Rahmen der gesetzten Ziele übernimmt.

Die anderen Teammitglieder sind Mitarbeiterinnen und Mitarbeiter aus allen an dem Geschäftsprozess beteiligten Bereichen, die zur Gestaltung der Sollprozesse erforderlich sind. Die *Auswahl der Mitarbeiter* ist vorentscheidend für die Qualität der POT-Ergebnisse. Die Mitarbeiter müssen optimieren können, wollen und dürfen. Das bedeutet, dass sie hinreichend Know-how mitbringen müssen, um Optimierungsvorschläge einbringen und beurteilen zu können, dass sie motiviert sein müssen, an der Istsituation etwas ändern zu wollen, und dass sie voll Selbstvertrauen Vorschläge unterbreiten sollen, ohne Angst haben zu müssen vor späteren Sanktionen in der eigenen Abteilung.

Die Einbeziehung aller betroffenen Abteilungsleiter in die POT-Arbeit ist meist nur mit mäßigem Erfolg beschieden, da diese oft Veränderungsvorschläge als Kritik an der eigenen bisherigen Arbeit ansehen. Außerdem tragen sie häufig unternehmensinternen Wettbewerb in das Team hinein, wodurch eine sachliche Diskussion der zukünftigen Geschäftsprozesse mitunter stark belastet wird.

Als besonders sinnvoll hat sich dagegen die Beteiligung von Betriebsräten in den POT erwiesen, da diese einerseits meist sehr engagiert bei der Ideenfindung mitwirkten und andererseits durch den persönlichen Bericht über das Zustandekommen der Vorschläge mögliche Widerstände ihrer Kollegen in den Betriebsratsgremien abbauten.

Neben den Betroffenen sollten neutrale POT-Koordinatoren beteiligt werden. Dies können externe Unternehmensberater, unternehmenseigene Betriebsorganisatoren und/ oder Mitarbeiter der Personalentwicklung sein. In jedem Falle anzuraten ist auch die Beteiligung des Controllers, der später die Überführung in das permanente Prozesskostenmanagement sicherstellen muss.

2.3.2. Vorgehensweise in den Prozessoptimierungsteams

Die POT-Arbeit findet im Wesentlichen in drei zweitägigen Workshops statt. Der erste Workshop beginnt mit der Information der POT-Mitglieder über die Ergebnisse der Prozessanalyse und die Zielsetzung der Prozessoptimierung.

Die eigentliche Arbeit beginnt mit der Feststellung der wesentlichen Optimierungsansätze bzw. der optimierungsbedürftigsten Prozesse. Zu diesen Prozessen werden *Idealprozesse* skizziert, die völlig losgelöst von vorhandenen Restriktionen eine visionäre Zielsetzung als Orientierungshilfe für die Wirkungsrichtung der später zu definierenden Optimierungsmaßnahmen abgeben sollen. Die Idealprozesse werden von den POT-Mitarbeitern quasi als Hausaufgabe bis zum zweiten Workshop ausgearbeitet und dokumentiert.

Im zweiten Workshop werden nun einzelne Optimierungsmaßnahmen erarbeitet, die den *Realprozess* in Richtung auf den skizzierten Idealprozess verändern sollen. Mit der Vorgabe des zeitlichen Wirkungshorizontes der Maßnahmen wurde bereits vorbestimmt, ob hier verstärkt einfache, kurzfristig wirksame Ideen produziert werden, oder ob eher größere Projekte z.B. zur DV-Unterstützung der Prozesse vorgeschlagen werden. Ausgangspunkt jeder Maßnahme ist ein detailliert beschriebener Ist-Zustand, dem ein ebenso konkret beschriebener Soll-Zustand gegenübergestellt wird, der mit der Maßnahme angestrebt wird. Zu der Maßnahmenbeschreibung gehört aber auch die genaue Festlegung der Realisierungsschritte, die Auflistung von ggf. zu beachtenden Restriktionen und die namentliche Benennung der Verantwortlichen für die Realisierung der Maßnahmen als Ganzes sowie der einzelnen Realisierungsschritte. Die Ausarbeitung und Dokumentation der Maßnahmen übernehmen die POT-Mitglieder wieder in „Heimarbeit".

Der dritte Workshop dient der Entscheidungsvorbereitung zu den Maßnahmen. Hierzu gehört auch die Durchsprache der Vorschläge mit den verantwortlichen Abteilungsleitern, die nun zum POT hinzustoßen und ggf. auf einzelne Vorschläge einwirken können. Diese Einwirkung kann gehen bis zur blanken Ablehnung ohne nachvollziehbare Begründung. Selbst in diesem extremen Fall erscheint es empfehlenswert, den entsprechenden Vorschlag zu streichen, da letztendlich der Kostenstellenleiter in der Umsetzung der Maßnahmen eine zentrale Rolle spielt und ggf. später die Realisierung sowieso verhindert. Die Erfahrung zeigt jedoch, dass eine Ablehnung fundiert beschriebener Maßnahmen selten geschieht und dass die verbliebenen POT-Ideen meist noch immer die Optimierungszielsetzung deutlich überschritten. Zu der Entscheidungsvorbereitung gehört im Anschluss aber auch eine exakte Quantifizierung der Maßnahmenwirkung; genannt werden muss der Zeitpunkt der Maßnahmenrealisierung und der zeitliche, kapazitative und kostenmäßige Effekt je betroffenem *Teilprozess* (und damit je betroffener Kostenstelle). Diese Quantifizierung ist der entscheidende Hebel für die spätere Umsetzungskontrolle und das permanente Prozesskostenmanagement.

2.3.3. Beispiele für Prozessoptimierungsideen

Sehr viele *Prozessoptimierungsideen*, die von den POT erarbeitet werden, machen die Auswirkungen und Probleme deutlich, die durch die starken Funktionsaufgliederungen entstehen, und zeigen auch, dass die beteiligten Mitarbeiter häufig sehr wohl Vorschläge machen können, wie diesen Problemen begegnet werden kann. An folgendem Beispiel wird außerdem deutlich, mit welch einfachen Mitteln manchmal sehr teure Prozessineffizienzen behoben werden können.

In der Unfall-Schaden-Optimierung war das POT mit der Tatsache konfrontiert, dass 75% aller Schäden als Korrespondenzschäden abgewickelt wurden, die durch ihre mehrfachen Rüstzeiten im Durchschnitt mehr als die dreifachen Prozesskosten eines Zahlschadens verursachten.[1] Der Anteil der Korrespondenzschäden war u.a. deshalb so hoch, weil in vielen Schadenfällen ein ärztliches Attest verlangt wird, das sehr häufig nicht zusammen mit der Unfallschadenanzeige eingereicht wurde, sondern verspätet und z.T. sogar erst nach mehrmaliger Aufforderung einging. Das bedeutete, dass der Sachbearbeiter eine Schadenakte anlegen musste, die er z.T. mehrfach anfasste, bevor er zur eigentlichen Schadenbearbeitung kam.

Die Lösung des Problems ist genau so einfach wie wirkungsvoll: Die Unfallschadenanzeige wurde so geändert, dass das ärztliche Attest auf dieser selbst und nicht auf einem separaten Formular erteilt wurde, so dass beide Angaben zwangsläufig zusammen beim

Versicherer eintreffen. Die Zahlschadenquote wurde damit auf über 50% binnen eines halben Jahres erhöht. Durch zusätzliche Vereinfachungen der Zahlschadenbearbeitung (z.B. Verzicht auf Aktenanlage) wurde außerdem der Prozesskostensatz dieses Schadenprozesses gesenkt. Insgesamt reduzierte sich der Kapazitätsbedarf in den Unfall-Schaden-Abteilungen durch diese Maßnahmen um mehr als 20%!

Die Unfallschadenprozesse wurden damit im Hinblick auf Qualität (weniger Rückfragen, geringere Fehlerquote, schnellere Regulierung), Durchlaufzeiten und Kosten verbessert, ohne dass die notwendigen Überprüfungen der Leistungsansprüche tangiert worden wären.

2.4. Prozesskostenmanagement

Das *Prozesskostenmanagement*, das sich unmittelbar an die Projektarbeit anschließt, beinhaltet

- erstens die Umsetzung der Optimierungsmaßnahmen aus dem Projekt,
- zweitens die laufende weitere Optimierung der Arbeitsabläufe, z.B. durch regelmäßig zusammenkommende *Quality Circle,*
- drittens die Einbeziehung der Prozesskostenziele in die Budgetplanung und -steuerung und
- viertens als mittelfristiges Ziel auch die Einbeziehung der Prozesskostenplanung in die strategische Planung und Portfolio-Steuerung.

Notwendig für das Funktionieren eines permanenten Prozesskostenmanagements ist in jedem Fall die Benennung von *Prozessverantwortlichen* (die Erfahrung zeigt eine häufige Identität mit dem Prozessarchitekten). Diese sollen die bestehende Funktionsgliederung nicht aufheben und die bestehende disziplinarische Hierarchie nicht ersetzen; sie haben lediglich die Aufgabe, Normen der Prozessabwicklung aufzustellen und zu überwachen.

2.4.1. Umsetzung der Prozessoptimierungen

Die Umsetzung der Maßnahmen obliegt den in der Maßnahmenbeschreibung namentlich benannten Verantwortlichen, die häufig identisch sein werden mit den Prozessverantwortlichen. Zur Unterstützung und Überwachung der Umsetzung sind in halbjährigem Rhythmus Umsetzungs-Workshops empfehlenswert, in denen der Status der Realisierung festgestellt wird und ggf. neue Entscheidungen getroffen werden.

2.4.2. Laufende Prozessoptimierungen durch Quality Circle

Die POT arbeiten mit einem sehr großen Zeitdruck und müssen weniger wirkungsvolle Maßnahmen zwangsläufig unbearbeitet lassen. Schon deshalb scheint es angebracht, die Teams quasi als *Quality Circle* fortbestehen zu lassen, die dann auch diese Maßnahmen ausarbeiten und einer Entscheidung zuführen können. Abgesehen davon entstehen durch den laufenden Wandel des Prozessumfeldes immer neue Ansatzpunkte und Bedarf zur Optimierung, die eine solche permanente Optimierungsinstanz sinnvoll erscheinen lassen.

2.4.3. Prozesskostenplanung und Prozesskostensteuerung

Die *Prozesskostenplanung* stellt die analytische Basis für die *Budgetplanung* dar und wird auf Jahresbasis durchgeführt. Bei gegebener Prozessstruktur und Funktionsverteilung besteht sie aus der Kostensatzplanung und der Mengenplanung. In einem Planungsprozess im Gegenstromverfahren gibt der Prozessverantwortliche in der *Top-down-Planung* die Zielkostensätze der Prozesse und die sich daraus ergebenden Zielkostensätze der Teilprozesse ebenso vor wie die aus seiner Sicht erwarteten Prozessmengen. Für die Kostenstellen ergibt sich hieraus ein *Zielbudget*, das als Orientierungswert für die operative Budgetplanung dient (vgl. Abb. 7).

In der *Bottom-up-Planung* legt der Kostenstellenverantwortliche nun die Plan-Teilprozessmengen fest. Anschließend plant er die hierfür notwendige Kapazität und die dafür entstehenden Kosten. Die Abweichungen zwischen dem Zielbudget und dem *Planbudget* verantwortet der Kostenstellenleiter im Rahmen der Budgetverabschiedung gegenüber seinem Vorgesetzten. Aus den verabschiedeten Planbudgets ergibt sich durch Aggregation eine Planprozessstruktur mit Planprozessmengen und Planprozesskostensätzen, die den Zielwert für die Planperiode dokumentieren, ohne dass der langfristige Zielkostensatz der Top-down-Planung hierdurch ersetzt würde.

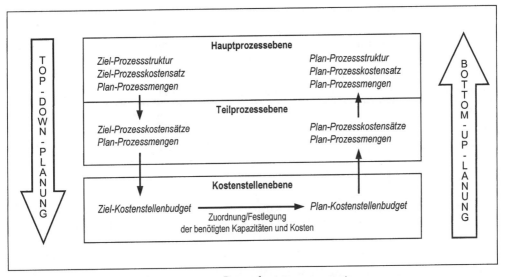

Abb. 7: Planung im Rahmen des permanenten Prozesskostenmanagements

Ein unterjähriger *Plan-Ist-Vergleich* kann allein schon aus Gründen der Wirtschaftlichkeit des Controlling nicht auf Prozessebene, sondern nur klassisch auf Kostenstellenebene erfolgen (vgl. Abb. 8). Erst nach Ablauf des Jahres werden die tatsächlichen Prozessmengen und Prozesskostensätze festgestellt und mit den Planwerten und Zielwerten verglichen.

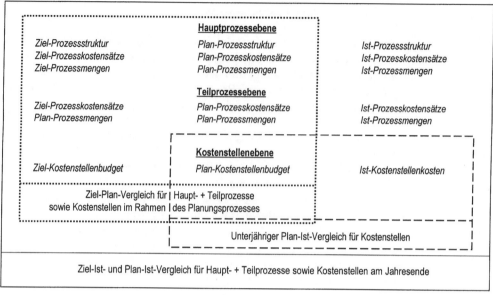

Abb. 8: Kontrolle und Abweichungsanalyse im Rahmen des permanenten Prozesskostenmanagements

Für den Prozesskostensatz der Korrespondenzschäden könnte sich folgendes Bild ergeben:

Prozesskostensätze (in €)	2000	2001	2002
Ziel-Prozesskostensatz	50,00	50,00	50,00
Plan-Prozesskostensatz		75,00	62,50
Ist-Prozesskostensatz	91,00	72,50	

Abb. 9: Prozesskostensätze Prozess Korrespondenzschäden

Die Analyse ergibt für 2000 einen Ist-Kostensatz von 91,– €, der nach der Optimierung reduziert werden soll auf 50,– €. Die Planung sieht für 2001 eine Reduzierung des Kostensatzes auf 75,– € und für 2002 auf 62,50 € vor. Die tatsächliche Entwicklung zeigt für 2001 einen Prozesskostensatz von 72,50 €. Die absoluten und relativen Abweichungen würden dann wie in Abbildung 10 dargestellt aussehen.

Eine zukunftsorientierte Analyse der Abweichungen zeigt, dass im Spannungsfeld zwischen Realität und Anspruch der mit der Budgetplanung verabschiedete Plankostensatz 2001 um 25,– € (50%) und 2002 noch um 12,50 € (25%) über dem Zielkostensatz liegt, was aber für 2001 eine Reduzierung gegenüber dem Vorjahr von 16,– € (17,6%) und 2002 von 10,– € (13,8%) bedeuten würde.

Die rückblickende Betrachtung offenbart, dass wir 2000 noch 41,– € (82%) von einem möglichen Zielkostensatz entfernt waren. 2001 wurde dieser Abstand auf 22,50 € (45%) reduziert; dies bedeutete eine Verbesserung gegenüber dem Vorjahr von 18,50 € (20,3%) und „sogar" eine Planunterschreitung um 2,50 € (3,3%).

Abweichungsart	2000		2001		2002	
ex-ante-Abweichungen	€	%	€	%	€	%
Plan zu Ziel			+ 25,00	+ 50,0	+ 12,50	+ 25,0
Plan zu Vorjahr			– 16,00	– 17,6	– 10,00	– 13,8
ex-post-Abweichungen	€	%	€	%	€	%
Ist zu Ist des Vorjahres			– 18,50	– 20,3		
Ist zu Plan			– 2,50	– 3,3		
Ist zu Ziel	+ 41,00	+ 82,00	+ 22,50	+ 45,0		

Abb. 10: Abweichungen zu Prozesskostensätzen des Prozesses Korrespondenzschäden

2.4.4. Prozesskosten in der Ergebnisrechnung und Kalkulation

Viele Komposit-Versicherungsunternehmen setzen neben der Vollkostenrechnung, wie sie für die GuV im Jahresabschluss benötigt wird, für die interne Steuerung eine *Deckungsbeitragsrechnung* ein. Diese vermeidet zwar die Ergebnisverzerrungen, die durch die z.T. nicht verursachungsgerechte Kostenzuschlüsselung entstehen, hat aber den Nachteil, dass die Gemeinkosten (immerhin rund 25% der Gesamtkosten) oft erst auf sehr hoher Aggregationsebene zugerechnet werden können. Eine Zuordnung auf Vertragsebene und meist auch auf Agenturebene ist gänzlich ausgeschlossen.

Mit den Prozesskosten kann man nun einen Mittelweg zwischen klassischer Vollkostenrechnung und konsequenter Teilkostenrechnung gehen. Ein Teil der Prozesskosten (z.B. für Antragsbearbeitung, Bestandsbearbeitung, Schadenbearbeitung, Inkasso und Mahnwesen) lassen sich über die in der DV vorhandenen Prozessmengen relativ leicht bis hinunter auf Vertragsebene in der internen Ergebnisrechnung zurechnen. Die Abbildung 11 stellt die Unterschiede zwischen der Deckungsbeitragsrechnung ohne und der mit Prozesskostenzurechnung exemplarisch dar.

Die Erfahrungen zeigen, dass die Prozesskostenzuordnung z.T. zu deutlich veränderten Bewertungen der Ergebnisquellen zwingt. Es werden nämlich z.B. durchaus Produkte angeboten und Vertriebskanäle genutzt, die in der Deckungsbeitragsrechnung hohe Deckungsgrade aufweisen, die nach Zurechnung der Prozesskosten aber oft sogar negative Ergebnisse zeigen. Andererseits stellen sich Sparten oder Absatzverbindungen mit geringen Deckungsgraden, aber auch geringen Prozesskosten, nach der Zuordnung der Prozesskosten relativ besser dar.

Aus diesen Erkenntnissen ergibt sich, dass auch schon in die *Kalkulation* der Versicherungsprodukte statt pauschaler Zuschläge die tatsächlich erwartete Belastung der Gemeinkostenbereiche einfließen sollte, um einerseits marktgerechte Preis-/Leistungsverhältnisse anbieten zu können und andererseits Verlustquellen zu vermeiden.

(in €)	Ohne Prozesskosten	Mit Prozesskosten
Erlöse	50.000,–	50.000,–
– Normalschadenkosten	29.000,–	29.000,–
= Deckungsbeitrag I	21.000,–	21.000,–
– Provisionen	7.000,–	7.000,–
= Deckungsbeitrag II	14.000,–	14.000,–
– *Prozesskosten*		6.300,–*
= Deckungsbeitrag III	14.000,–	7.700,–
– Kostenstellenkosten	7.500,–*	2.500,–*
= Erfolg I	6.500,–	5.200,–
– Großschadenkosten	5.000,–	5.000,–
= Erfolg II	1.500,–	200,–
+ kalkulatorische Zinsen	4.000,–	4.000,–
= Erfolg III	5.500,–	4.200,–

* In den Prozesskosten sind auch Kosten zentraler Servicebereiche enthalten, die bisher den Kostenstellenkosten nicht zugerechnet wurden (6.300,– + 2.500,– > 7.500,– €)

Abb. 11: Deckungsbeitragsrechnung ohne und mit Prozesskostenrechnung

2.4.5. Prozesskosten und Investitionsrechnung

In zweifacher Hinsicht können die Prozesskosten auch die *Investitionsrechnung* bereichern: Einerseits kann in der investiven Phase ein Investitionsprojekt als eigenständiger Prozess dargestellt werden, wodurch über die Prozesskosten identische Wertansätze in der Investitionsrechnung und der Kostenstellenrechnung gesichert werden. Außerdem wird nach Abschluss der Investitionsphase der Wegfall des Kapazitätsbedarfs in der Budgetplanung zwangsläufig registriert, was in der Kostenstellenrechnung ohne Prozesskostenplanung nicht unbedingt gesichert ist.

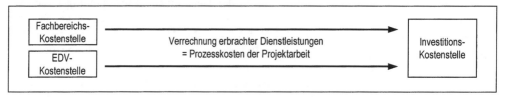

Abb. 12: Prozesskosten in der Investitionsrechnung (investive Phase)

Andererseits kann das Nutzeninkasso des Investitionsvorhabens weit besser unterstützt werden, als das bisher der Fall war, was im Übrigen möglicherweise auch Rückwirkungen auf spätere Nutzenschätzungen vor Aufsetzen eines Investitionsvorhabens haben wird. Die Unterstützung erfolgt in der Weise, dass z.B. bei neuen DV-Anwendungen die investiven Aufwendungen über kalkulatorische Abschreibungen den laufenden Aufwendungen der Anwendung zugeschlagen werden, die dann die Prozesskosten belasten. Die so dokumentierte Erhöhung der Prozesskosten muss nun durch Prozesskostensenkungen an anderer Stelle kompensiert, bei Rationalisierungsinvestitionen sogar überkompensiert werden.

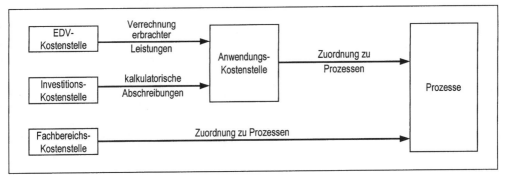

Abb. 13: Prozesskosten in der Investitionsrechnung (Nutzungsphase)

3. Prozesskostenmanagement in der Unternehmensstrategie bei Versicherungen

Die zunehmende Wettbewerbsintensität wird dazu führen, dass der derzeit eher Risikokosten-orientierte Preiswettbewerb übergreift auf einen Vertriebskosten- und Gemeinkosten-orientierten Preiswettbewerb. Die entsprechend notwendige strategische Ausrichtung der Versicherungsunternehmen bezüglich ihrer Leistungsangebote, Vertriebswege, Spartenportfolio und Leistungserstellungsstruktur bedingt letztendlich eine Betrachtung der Prozesse, die über die reine Ablauffolgebetrachtung mit Qualitäts- und Zeitanforderungen hinausgeht und eine Prozesskostenbetrachtung einbezieht, ergo auch ein funktionierendes Prozesskostenmanagement voraussetzt. So lässt sich z.B. die in einigen Unternehmen aktuelle Frage einer stärkeren Dezentralisierung von Leistungserstellungsprozessen bis hin zum Point of Sale nicht richtig beantworten ohne eine Betrachtung und Steuerung der Prozesskosten.

Selbstverständlich braucht eine entsprechende Umstellung in der Strategieentwicklung eines Unternehmens eine gewisse Zeit; diese wird jedoch auch benötigt für einen vollumfänglichen Aufbau eines Prozesskostenmanagements.

Anmerkungen

1   Als *Zahlschaden* wird ein Schaden bezeichnet, den der Sachbearbeiter nach Eingang der Schaden-
    meldung in einem Zuge bearbeiten und abschließen kann (mit einer Zahlung oder auch einer Leis-
    tungsablehnung, die keine weitere Reaktion des Versicherungsnehmers auslöst); ein *Korrespondenz-
    schaden* ist demgegenüber ein Schaden, dessen Bearbeitung eine zusätzliche Korrespondenz mit dem
    Versicherungsnehmer, einem Arzt, der Polizei etc. verlangt und deshalb entsprechend aufwendiger
    ist.

Prozesskostenmanagement in der New Economy

ALI ARNAOUT UND GÜNTER STROBL

1. Einleitung

Die Unternehmen der New Economy erkannten sehr früh die Chancen des E-Business und E-Commerce und besetzten zunächst die attraktivsten Positionen im Wettbewerbsfeld der New Economy. Während dessen hielten sich traditionelle Unternehmen teilweise auffällig zurück und warteten die Entwicklung der New Economy zunächst ab. Mittlerweile gelingt es den Unternehmen der Old Economy jedoch immer mehr, ihre traditionellen Stärken, wie beispielsweise eine breite und solide Kundenbasis, etablierte Marken, bestehende Partnernetzwerke oder Standorte, in diesen Wettbewerb einzubringen und damit für neue Kräfteverhältnisse zu sorgen (vgl. WAMSER 2000, S. 1)

Die Entwicklung hat gezeigt, dass bei weitem nicht alle jungen Unternehmen in der Lage waren, die in sie gesteckten und über die Börsenkapitalisierungen zwischenzeitlich ausgedrückten Erwartungen zu erfüllen. So sahen sich bereits im Jahr 2000 über drei Viertel der Unternehmen u.a. hinsichtlich der erforderlichen neuen Organisationsstrukturen nur unzureichend auf ihre weitere Entwicklung vorbereitet (vgl. BAIN & COMPANY 2000).

Die Einschätzung der Bedeutung betriebswirtschaftlicher Methoden und Konzepte in Unternehmen der New Economy verlief (zu?) lange in hohem Maße zu oberflächlich und bewegte sich zwischen undifferenzierter Euphorie über die bestehenden Erfolgsaussichten junger Unternehmen und dem stillen Aufbau solider und aussagekräftiger Steuerungssysteme. Nach dem Fall der New Economy werden deshalb jetzt auch in den sog. Start-up-Unternehmen die bewährten Methoden und Instrumente der Unternehmenssteuerung und des Kostenmanagements aufgegriffen und konsequenter umgesetzt.

Inwieweit dabei auch das in traditionellen Unternehmen seit Ende der achtziger Jahre erfolgreiche Prozesskostenmanagement angewendet werden kann, soll der folgende Beitrag anhand eines Fallbeispiels aus der New Economy erläutern.

2. Grundlagen des Prozesskostenmanagements in Unternehmen der New Economy

2.1. Charakterisierung von New Economy-Unternehmen

Bevor auf die Elemente und die Bedeutung des Prozesskostenmanagements eingegangen wird, sollen zunächst die Besonderheiten von Unternehmen der New Economy dargestellt werden. Unter New Economy versteht man dabei im Allgemeinen junge, schnell wachsende Unternehmen aus der Kategorie technologieorientierter Unternehmen der IT-, Elektrotechnik, Bio- oder Kommunikationstechnologiebranche. Diese werden häufig auch als sog. „Start-up"-Unternehmen bezeichnet, wobei dieser Begriff in der Literatur unterschiedlich definiert wird.

So werden Unternehmen als Start-ups bezeichnet, wenn sie z.B. (vgl. RUPRECHT 2000, S. 36ff.)

• sich in der Phase der Errichtung neuer Unternehmensstrukturen befinden,

- der Kategorie technologieorientierter Unternehmen der New Economy angehören,
- in einer Phase der Geschäftsidee oder Patentierungsphase sind,
- am Beginn der Umsetzung einer Idee oder der Entwicklung und Fertigung eines Produktes stehen,
- sich noch im Zeitraum vor Aufnahme der Geschäftstätigkeit befinden,
- noch ohne feste Organisation, feste Geschäftsführung und gesicherter Finanzierung sind,
- noch vor einem IPO stehen oder
- eine geringe Mitarbeiterzahl aufweisen.

Diese Kriterien zur Charakterisierung von Start-up-Unternehmen werden häufig separat angewendet und beleuchten damit jeweils nur einen Teilaspekt der momentanen Unternehmensentwicklung.

Ursprünglich leitet sich der Begriff „Start-up" aus der Unterscheidung verschiedener Beteiligungsformen und -phasen ab (vgl. WEITNAUER 2000, S. 9). Die Start-up-Phase umfasst in diesem Zusammenhang die sog. Gründungsfinanzierung als den zweiten Schritt der Frühphasenfinanzierung nach einer Seed-Finanzierung. In dieser Phase wird ein noch in der Entwicklungsphase befindliches Produkt für die Markterschliessung vorbereitet und es findet die Produktionsvorbereitung statt. An die Start-up-Phase schließt sich als Abschluss der Frühphasenfinanzierung die First-stage-Phase an, in der die Markteinführung stattfindet.

Für die weiteren Ausführungen soll von dem in der folgenden Abbildung dargestellten Verständnis eines Start-up-Unternehmens ausgegangen werden. Dabei wird nach einer Start-up-Phase im engeren und im weiteren Sinne unterschieden. In der Start-up-Phase i.e.S. befindet sich ein Unternehmen, das den Markteintritt vollzogen hat und sich am Anfang des Aufbaus der eigenen Marktposition befindet (vgl. Abb. 1).

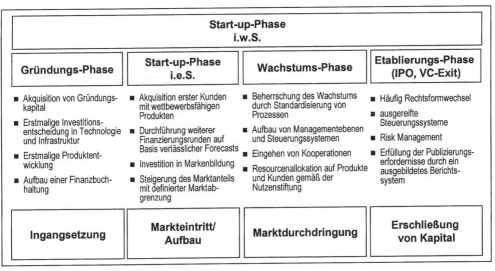

Abb. 1: Entwicklungsphasen von Start-up-Unternehmen

Die Start-up-Phase im weiteren Sinn beschreibt die gesamte Entwicklung von der Gründung über den Markteintritt und die Marktdurchdringungsphase bis zu einer Expansions- bzw. Etablierungsphase, in der besondere Finanzierungsanlässe die weitere Erschließung von Kapital erforderlich machen. Die Start-up-Phase i.w.S. entspricht demnach dem allgemeinen, „populärwirtschaftlichen" Sprachgebrauch des Start-up-Begriffes.

2.2. Elemente des Prozesskostenmanagements

Unter Prozesskostenmanagement versteht man allgemein ein Verfahren zur Planung, Steuerung und Verrechnung von Prozessen in Organisationen (vgl. MAYER 1998, S. 5). Ursprünglich entwickelt zur Abbildung der Gemeinkostenbereiche in produzierenden Unternehmen wird Prozesskostenmanagement heute auch zur Abbildung und Bewertung von Prozessen in Dienstleistungs- und Handelsunternehmen eingesetzt (vgl. STOI 1999). Über die Anwendung des Prozesskostenmanagements in Unternehmen der New Economy liegen bislang keine empirischen Befunde vor.

Die Methodik des Prozesskostenmanagements umfasst folgende Aspekte:

• Definition der Leistungen bzw. Aktivitäten indirekter Bereiche und Bewertung der Ressourceninanspruchnahme zur Ermittlung der Transparenz hinsichtlich Kostenhöhe und Kostenstruktur,

• Identifikation von mittelfristigen Einflussgrößen auf die Kosten- bzw. Ressourcenveränderung,

• Verrechnung von Prozesskosten auf Produkte, Aufträge, Kunden oder Marktsegmente zur Darstellung der Inanspruchnahme von Ressourcen der indirekten Bereiche.

In der Praxis hat sich zur Ermittlung von Prozesskosten eine schrittweise Vorgehensweise bewährt (vgl. hierzu ausführlich den Beitrag von KAJÜTER):

1. Zunächst erfolgt eine *Hauptprozessvorstrukturierung*, die die Basis für eine zielorientierte Teilprozesserhebung darstellt. Die Art der Vorstrukturierung von Hauptprozessen orientiert sich dabei an den unternehmensspezifischen Besonderheiten und den Anforderungen an die Produktkalkulation und Ergebnisrechnung.

2. Anschließend erfolgt eine *Tätigkeitsanalyse* zur Teilprozessermittlung und Kapazitätszuordnung. Die Analyse der Plan- und Ist-Personalkapazitäten und -Kosten ist in den meisten Unternehmen kostenstellenspezifisch möglich.

3. Die Kostenstellenkosten werden im Rahmen einer *Kostenbewertung* über die Mitarbeiterkapazität auf die Teilprozesse zugeordnet und die Teilprozesse aller Kostenstellen zu übergreifenden Hauptprozessen verdichtet.

In der Situation wachsender Gemeinkostenbereiche in Unternehmen stellt das Prozesskostenmanagement einen effektiven Ansatz zur Unterstützung des Managements dar, da mit ihrer Hilfe die Zusammenhänge zwischen Markt- und produktbezogenen Entscheidungen und den dadurch veränderten Kosten in indirekten Bereichen dargestellt werden können.

2.3. Bedeutung des Prozesskostenmanagements in der New Economy

Im Gegensatz zu traditionellen Unternehmen der sog. Old Economy, die häufig durch hierarchische Unternehmensstrukturen, Abteilungsdenken, eine funktionale Orientierung und klare Trennung von Führungs- und Ausführungsfunktionen gekennzeichnet sind, findet man in Start-up-Unternehmen dynamische und häufig vernetzte Unternehmensstrukturen vor. Die Anforderungen an die Organisationsstruktur und -prozesse werden außerdem durch die Produkt- und Ressourcenspezifika in der New Economy stark beeinflusst. Die Entwicklung geeigneter Geschäftsprozessmodelle zur Realisierung innovativer Produkte (z.B. Auktionen oder Portale), zur Bereitstellung kundenindividueller Massenprodukte (z.B. E-Banking) oder zur Berücksichtigung innovativer Erlösmodelle (z.B. E-Gambling) stellt auch heute noch eine große Herausforderung für die Unternehmensführung in den Entwicklungsphasen eines jungen Unternehmens dar.

Die Frage nach der zukünftigen Gestaltung von Organisationsstrukturen und -prozessen in der digitalen Ökonomie hat vor dem Hintergrund des dramatischen Abschwungs der New Economy zunehmende Bedeutung gewonnen (vgl. KRYSTEK/REPPEGATHER 2000, S. 238). Insbesondere die Anwendung neuer Informations- und Kommunikationstechnologien bestimmt die Bedeutung des Prozessmanagements in New Economy-Unternehmen. Das Verständnis des Prozessbegriffes ist dabei so unterschiedlich wie die Abgrenzung der Einsatzbreite der zugrunde liegenden Informations- und Kommunikationstechnologien. Diese reicht von

- der Abwicklung von Vorgängen im Absatzbereich mittels elektronischer Kommunikationsmedien (vgl. REBSTOCK 1998, S. 265ff.) über

- Transaktionen auf elektronischen Marktplätzen (vgl. ALBERS/PETERS 1997, S. 71) bis zur

- Verzahnung und Integration unterschiedlicher Wertschöpfungsketten und unternehmensübergreifender Geschäftsprozesse zwischen Organisationen (B2B), zwischen Organisationen und Verbrauchern (B2C) mit Hilfe von Informations- und Kommunikationstechnologien (vgl. KPMG 1999, S. 7).

Da die Grundlage von Start-up-Unternehmen oft in innovativen Geschäftsmodellen bei gleichzeitiger Anwendung innovativer Technologien besteht, existieren in vielen Unternehmen in der Regel noch keine ausgereiften Geschäftsprozessmodelle und -erfahrungen. Weiterhin lässt es die Unternehmensgröße und die Aufgabenfülle häufig kaum zu, in festen Organisationsstrukturen zu denken und zu handeln. Aufgrund des Effizienzdrucks in den frühen Entwicklungsstadien würde eine streng funktionale Arbeitsteilung zu Nachteilen wie Ressortegoismus, Bereichsdenken, Unflexibilität sowie mangelnde Kundenorientierung führen (vgl. HINTERHUBER 1994, S. 60). Eine geringe Arbeitsteilung als Quelle für Produktivitätssteigerungen in kleinen Organisationen vermeidet vielmehr komplexe Abstimmungs- und Koordinationsprozesse und damit Kosten. Eine konsequent prozessorientierte Arbeitsweise, bei der jedem Mitarbeiter eine Folge von sachlich zusammengehörenden Tätigkeiten zugeordnet wird, ist gerade in Unternehmen der Gründungs- und Markteintrittsphase daher selten zu beobachten.

Die in Abschnitt 2.1. vorgestellte Systematik zur Unterscheidung der Wachstumsphasen von Unternehmen der New Economy macht deutlich, dass die Situation wachsender

Gemeinkostenbereiche jedoch gerade in den als Start-ups charakterisierten Unternehmen eine kritische Herausforderung darstellt. So werden insbesondere in der Wachstumsphase komplexere organisatorische Strukturen aufgebaut, die mit wachsenden Gemeinkosten einhergehen und den Einsatz entsprechender Steuerungsinstrumente erforderlich macht. Und spätestens in der Etablierungsphase sollten ausgereifte Steuerungssysteme, die die notwendige Transparenz über das Unternehmensgeschehen und die Kostensituation sowohl nach innen als auch nach außen bieten, eine Selbstverständlichkeit sein.

3. Fallbeispiel: Anwendung des Prozesskostenmanagements bei einem Internet Service Provider

3.1. Das Unternehmen

Die betrachtete Organisationseinheit – ein Internet Service Provider – ist eine Tochter eines Telekommunikationsunternehmens mit rund 150 Mio. € Umsatz und rund 600 Mitarbeitern. Der Internet Service Provider selbst hat 32 Mitarbeiter. Das Aufgabenspektrum umfasst die Projektierung, Produktion und den Betrieb eines Portals und mehrerer eigener aktueller Nachrichten-Websites. Dazu gehört auch die Vermarktung dieser Websites z.B. durch Verkauf von Werbebannern oder die Erstellung spezieller Themen-Sites. Ein weiterer Zweig ist die Erstellung und der Betrieb von Websites für externe Kunden.

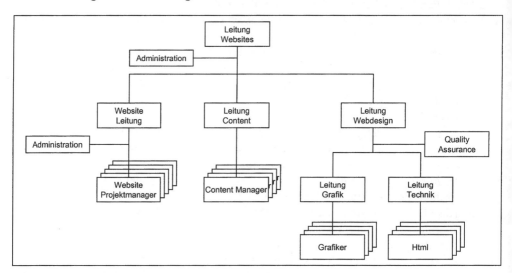

Abb. 2: Organisationsstruktur des Internet Service Providers

Organisatorisch ist der Internet Service Provider in drei Bereiche gegliedert (vgl. Abb. 2): Websites, Content und Webdesign. Der Bereich Websites umfasst das Projektmanagement der verschiedenen Websites, wobei einzelne Projektmanager für ihr jeweiliges Gebiet gesamtverantwortlich sind. Der Bereich Content liefert die redaktionellen Beiträge zu den Websites aufgrund von Aufträgen des Website Projektmanagers. Der Bereich Webdesign schließlich ist für die grafische Gestaltung bzw. Programmierung der Websites zuständig. Auch er arbeitet entsprechend der Auftragserteilung durch den Projektmanager. Die Funktion Quality Assurance schließlich prüft die Websites auf ihre inhaltliche und programmiertechnische Fehlerfreiheit.

3.2. Ausgangssituation und Zielsetzung

Im Rahmen eines nicht zuletzt aufgrund der dynamischen Marktlage gestarteten Umstrukturierungsprojektes stellte sich für die Geschäftsführung des Mutterunternehmens die Frage nach der möglichen Neuausrichtung des Internet Service Provider-Tochterunternehmens. Ein kurz zuvor durchgeführter Wechsel in der Führung des Bereiches war der unmittelbare Anlass für die Reorganisation des Bereiches.

Das eher unkontrollierte Unternehmenswachstum in den vergangenen fünf Jahren ging einher mit einer hohen Fluktuation der Mitarbeiter und – in der Folge – einer unklaren Aufgabenverteilung sowie einer nicht gelebten Organisationsstruktur. Es bestanden zahlreiche Schnittstellenprobleme sowohl zwischen den drei Unternehmensbereichen als auch nach außen (z.B. zum Vertriebsbereich oder zur EDV-Technik des Mutterunternehmens). Einige Mitarbeiter erfüllten ihre Aufgaben eher entsprechend ihrer persönlichen Interessenslage und nicht entsprechend der gültigen Stellenbeschreibungen.

Zielsetzung des Reorganisationsprojektes war es, eine Entscheidungsgrundlage für die Neugestaltung der Organisation des Internet Service Providers zu liefern. Der Internet Service Provider sollte in der Folge die Wachstumsstrategie des Gesamtunternehmens im Telekommunikationsbereich entsprechend im Bereich Internet stützen. Dazu sollte eine strukturierte Darstellung der heutigen Geschäftsprozesse sowie eine Kalkulation der angebotenen Produkte durchgeführt werden. Es bestand großer Entscheidungsdruck und so sollte die Istanalyse der bestehenden Organisation in nur knapp vier Wochen abgeschlossen sein. Dabei sollten im Einzelnen folgende Fragen geklärt werden:

- Welche Tätigkeiten werden an welcher Stelle und durch welche Personen durchgeführt?
- Welche Kosten entstehen bei der Produktion und bei der permanenten Wartung von Websites bzw. Portalen?
- Wie hoch ist der Deckungsgrad zwischen den existierenden Stellenbeschreibungen und der tatsächlichen Aufgabenerfüllung?

3.3. Die Methodik

Es bot sich in dieser Analysephase an, das Instrument der *Prozessanalyse* als Element des Prozesskostenmanagements heranzuziehen. Aufbauend auf tatsächlich durchgeführten Tätigkeiten sollten diese einem definierten Prozessmodell zugeordnet werden. Der Vorteil lag darin, dass damit einerseits eine Aufgabenkritik (anhand der Tätigkeitenbeschreibung) bewerkstelligt werden konnte, als auch entlang der Prozesse (auf Geschäftsprozess- und Hauptprozessebene) Fragestellungen zur Kostenstruktur beantwortet werden konnten.

Zu Beginn des Projektes bot sich weiterhin die Option einer stundengenauen Erfassung aller Tätigkeiten und deren Zuordnung zu Website-Projekten über einen Zeitraum von zwei Monaten – im Bewusstsein, dass dies ein projektorientiertes Geschäft genauer abbilden könnte. Dies wurde allerdings verworfen, weil die Akzeptanz dieser Vorgehensweise unter den Mitarbeitern zu diesem Zeitpunkt nicht gegeben war.

Mit der tätigkeitsorientierten Prozessanalyse sollten zunächst zwei Fragen beantwortet werden:

- Welche Prozesse werden durchgeführt und welche Kosten werden dadurch verursacht?
- Welche Kosten ergeben sich dadurch pro Prozessdurchführung?

Die Fragestellung nach dem Deckungsgrad der Aufgabenerfüllung sollte durch direkten Vergleich der Stellenbeschreibungen mit den im Interview erfassten Tätigkeiten beantwortet werden.

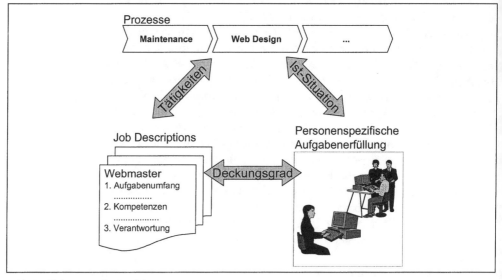

Abb. 3: Zielsetzung des Projektes

Zur Durchführung der Prozessanalyse wurde eine Vorgehensweise in vier Arbeitsschritten definiert:

1. Analyse vorhandener Kosteninformationen,
2. Definition eines mehrdimensionalen Prozessmodells (Produkte, Mitarbeiter, Prozesse) im Sinne einer Hauptprozessvorstrukturierung,
3. Durchführung der Erhebung,
4. Kostenbewertung und Erarbeitung von Maßnahmenvorschlägen.

3.3.1. Analyse vorhandener Kosteninformationen

Zur Analyse der vorhandenen Kostensituation wurden die Kostenstellenkosten ermittelt. Dabei wurde von folgenden Kostenarten auf Jahresbasis ausgegangen:

Personalkosten (inkl. Personalnebenkosten)
+ Miet- und Raumkosten
+ Abschreibungen
+ Sonstige Sachkosten (z.B. Reisekosten, Fremdleistungen)
= Gesamtkosten

Die Kosten des Internet Service Providers umfassten jedoch im wesentlichen nur Personal- und Sachkosten. EDV-Kosten, die beim Betrieb und Wartung von Hardware entstanden, waren nicht beim Internet Service Provider angesiedelt. Diese Kosten, die für eine Vollkostenkalkulation den Websites und Portalen jedenfalls zugerechnet werden müssten, konnten nicht einbezogen werden, da diese Informationen nicht verfügbar waren. In der Folge wurden die vorhandenen Kostenstelleninformationen als Kostenbasis herangezogen und somit die reine Dienstleistung der Erstellung und Wartung von Websites bewertet.

Der Bereich hatte im Jahr 2000 Gesamtkosten von 1,7 Mio. € verursacht, wobei davon 89% Personalkosten darstellten. Die restlichen 11% umfassten im Wesentlichen Miet- und Raumkosten sowie Abschreibungen. Bei 32 Mitarbeitern ergab sich daraus ein Gesamtkostensatz von 57.300,- € pro Jahr je Mitarbeiter, der in der Folge bei der Prozessbewertung herangezogen wurde.

Die beim Mutterunternehmen vorliegenden bzw. an sie berichteten Kosteninformationen waren insgesamt von äußerst schlechter Qualität, so dass die Umlagen und Kostenzuordnungen zum Internet Service Provider angezweifelt werden mussten. Ein bis zu diesem Zeitpunkt völlig unterentwickeltes Controllingsystem konnte keine genaueren Informationen liefern. Somit war zu einem frühen Zeitpunkt klar, dass im Rahmen dieses Projektes Kostenaussagen – auch auf Prozessebene – nur Hinweise geben, keinesfalls aber valide Steuerungsinformationen liefern konnten.

3.3.2. Definition eines mehrdimensionalen Prozessmodells

Im nächsten Schritt wurde auf Basis der durchgeführten Kostenanalyseinterviews ein mehrdimensionales Prozessmodell entwickelt. Dieses sollte einerseits die wesentlichen Geschäftsprozesse abbilden und andererseits detailliert genug sein, die Aufgabenerfüllung durch die Mitarbeiter zu überprüfen.

Das Ergebnis war ein zweistufiges Prozessmodell, das fünf Geschäftsprozesse, ein Supportprozess sowie 17 Hauptprozesse umfasste (vgl. Abb. 4).

Geschäftsprozess	Hauptprozess	Beispielhafte Inhalte
Innovation & Market Introduction	Produkt kreieren	Neue Web-Inhalte finden, neues Design entwerfen, ...
	Specials entwickeln	Sonderthemen finden und mögliche Inhalte webfähig konzeptionieren
	Website weiterentwickeln	vorhandene Website-Elemente überdenken, neue Inhalte finden
Marketing & Sales	Printgestaltung	Gestaltung von Printwerbung
	Website vermarkten	Entwurf von Präsentationen, Folderinhalten zur Website-Vermarkung
	Vertrieb Standard Website	Verkaufsunterstützung für Vetrieb
	Vertrieb Lösung Website	Verkaufsunterstützung für Vetrieb
Order Fulfillment	Webdesign Lösung Website	neue Homepage bauen, Framesets erstellen, browserrelevante Programmierungen
	Webdesign Standard	Bearbeitung von standardisierten Website-Komponenten
Order Fulfillment von Online-Werbung	eigene Website	Banner und Onlinewerbung definieren
	fremde Website	
	Banner, Onlinewerbung	
Maintenance	Content managen	Contentplanung, Contentbereitstellung, Content einstellen
	System managen	Chats betreuen, Moderation
	Website managen	Mailsupport für Communities, Gewinnspiele
Management (Supportprozess)	Administration	Sekretariatstätigkeiten, Travel Management
	Leitung	Personalführung, Management des Bereichs

Abb. 4: Prozessmodell des Internet Service Providers

Zusätzlich wurden die Produkte des Internet Service Providers definiert, um für jeden Hauptprozess auch die Zuordnung zu Produkten als weitere Dimension durchführen zu können. Die Produktpalette des Internet Service Providers umfasste drei Suchmaschinen (z.B. Gebrauchtwagentauschbörse), ein eigenes Portal, fünf eigene Websites (zielgruppenspezifische Websites für Kinder, Jugendliche etc.) sowie die Erstellung fremder Websites (Auftraggeber sind externe Kunden) – ohne nähere Differenzierung über Art und Umfang.

3.3.3. Durchführung der Erhebung

Die Erhebung wurde in Form von 60-Minuten-Interviews durchgeführt und bildete den Kern der Istanalyse. Es wurden alle 32 Mitarbeiter des Internet Service Providers mittels strukturierter Fragebögen interviewt, am Ende der Befragung erfolgte die Plausibilisierung der Daten mit Hilfe der Organisationsabteilung.

Mit dem strukturierten Leitfadeninterview wurden insgesamt drei Zielsetzungen verfolgt:

- Erstens sollte auf Basis der Prozessanalyseergebnisse die Zuordnung der Mitarbeiterkapazität (insgesamt 32,25 Mitarbeiterjahre) zu Hauptprozessen und Produkten erfolgen.
- Zweitens sollte überprüft werden, inwieweit die vorhandenen Stellenbeschreibungen der einzelnen Mitarbeiter dem tatsächlichen Tätigkeitsbild entsprechen.
- Drittens sollten vor dem Hintergrund der geplanten Neuausrichtung des Internet Service Providers und der neuen Bereichsführung Verbesserungspotenziale aus der Sicht der Mitarbeiter identifiziert werden.

3.3.4. Kostenbewertung und Erarbeitung von Maßnahmenvorschlägen

Aus den zur Verfügung stehenden Kosteninformationen und den Ergebnissen der fragebogengestützten Interviews ließ sich eine Reihe von quantitativen und qualitativen Auswertungen ableiten – mit der Einschränkung, dass im Sinne einer Vollkostenbetrachtung nicht alle relevanten Kosten eingeflossen sind (vgl. Abschnitt 3.3.1.). Auswertungen, die trotz der eingeschränkten Datenlage und -qualität auf Basis der durchgeführten Prozessanalyse erstellt werden konnten, werden nachfolgend beispielhaft für den Internet Service Provider vorgestellt.

Überraschend für die Geschäftsleitung und die betroffenen Mitarbeiter selbst war die tatsächliche Verteilung der Kapazitätsinanspruchnahme für die identifizierten Geschäftsprozesse der Wertschöpfungskette des Internet Service Providers (vgl. Abb. 5). 33% der Gesamtkapazitäten entfallen auf den Geschäftsprozess Maintenance, 20% auf das Order Fulfillment sowie 17% auf Innovation and Market Introduction. Der Managementprozess nimmt insgesamt 10% der Gesamtkapazitäten in Anspruch.

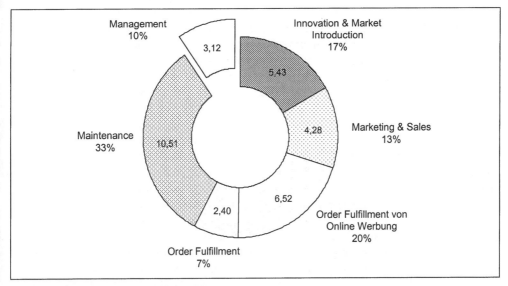

Abb. 5: Kapazitätsverteilung auf Geschäftsprozesse

Die Zuordnung der Kapazitäten auf die drei Geschäftsbereiche hat zu dem Ergebnis geführt, dass der Bereich Webdesign mit 13,25 Mannjahren (MJ) und der Bereich Website mit 12 Mannjahren jeweils über 35% der Gesamtkapazitäten in Anspruch nahmen. Der Bereich Content, dem nach Meinung der Mitarbeiter und der Geschäftsführung zukünftig eine höhere strategische Bedeutung beigemessen wurde, nahm nur fünf Mannjahre an Kapazität in Anspruch (vgl. Abb. 6).

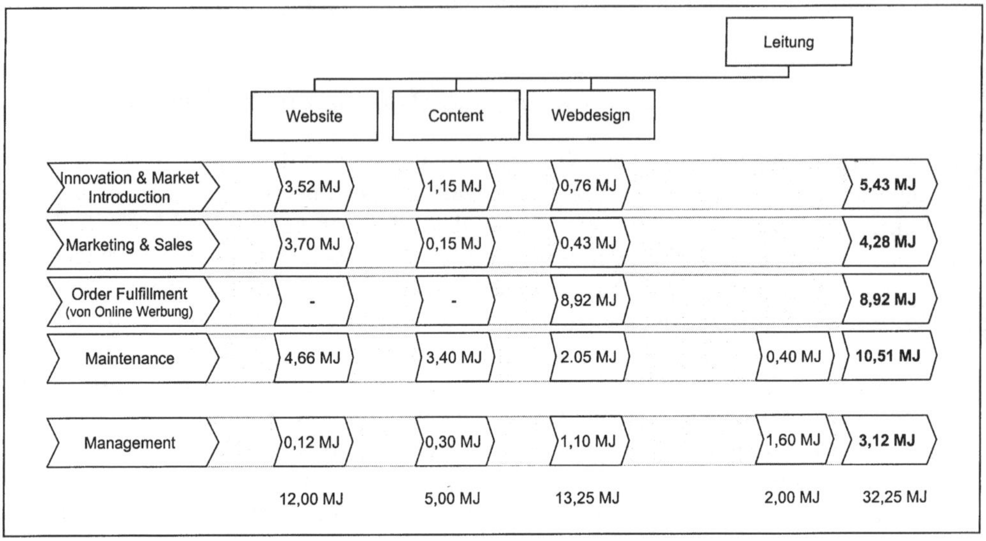

	Website	Content	Webdesign	Leitung	
Innovation & Market Introduction	3,52 MJ	1,15 MJ	0,76 MJ		5,43 MJ
Marketing & Sales	3,70 MJ	0,15 MJ	0,43 MJ		4,28 MJ
Order Fulfillment (von Online Werbung)	-	-	8,92 MJ		8,92 MJ
Maintenance	4,66 MJ	3,40 MJ	2.05 MJ	0,40 MJ	10,51 MJ
Management	0,12 MJ	0,30 MJ	1,10 MJ	1,60 MJ	3,12 MJ
	12,00 MJ	5,00 MJ	13,25 MJ	2,00 MJ	32,25 MJ

Abb. 6: Verteilung der Prozesskapazitäten in der Organisation (Funktionen-Prozesse-Matrix)

Auf Basis der identifizierten Hauptprozesse, der Kostenstellenkapazitäten und der im Rahmen der teilstrukturierten Interviews erhobenen Kostentreiber und Kostentreibermengen konnten trotz der eingeschränkten Datenqualität erstmalig Prozesskostensätze ermittelt werden (vgl. Abb. 7). Diese sollten den Mitarbeitern, hauptsächlich aber der neuen Bereichsleitung als erste Ansatzpunkte für die Umstrukturierung des Bereiches und für die für eine Neuausrichtung am Markt als notwendig erachtete Preispolitik dienen.

So konnte beispielsweise ermittelt werden, dass der Hauptprozess „Website managen" je Useranfrage Prozesskosten in Höhe von 42,- € verursachte. Dieser Wert wurde als überraschend hoch eingeschätzt, da den im Websitebereich beschäftigten Mitarbeitern der Umfang der Behandlung von Useranfragen bislang nicht bewusst war, denn es gab bis zur Prozessanalyse keinen als standardisiert wahrgenommenen Prozess.

Der Prozesskostensatz des Hauptprozesses „Specials entwickeln" des Geschäftsprozesses Innovation & Market Introduction in Höhe von 9.266,- € war insofern aussagekräftig, da für die Neuausrichtung des Internet Service Providers eine eventuelle Fokussierung auf Spezialinformationsangebote angedacht wurde. In diesem Zusammenhang wäre eine Standardisierung und Effizienzsteigerung dieses Hauptprozesses erforderlich, nicht zuletzt auch im Hinblick auf den Hauptprozess „Content managen", der Prozesskosten in Höhe von 116,- € je redaktionellem Inhalt verursacht. Die Anzahl der recherchierten und publizierten Themen mit redaktionellem Inhalt würde durch die Entwicklung von Specials ebenfalls zunehmen und Kosteneinsparungspotenzial bieten.

Hauptprozess	Cost Driver (CD)	Prozesskosten CD Mengen	Prozess-kostensatz
Website managen	Anzahl Anfragen User	320.000,- € 7.550 Anfragen	42,- € pro Anfrage
Specials entwickeln	Anzahl Specials	139.000,- € 15 Specials	9.266,- € pro Special
Content managen	Anzahl recherchierte und publizierte Themen mit redaktionellem Inhalt	256.000,- € 2.200 Themen	116,- € pro Thema

Abb. 7: Beispielhafte Prozesskostensätze des Internet Service Providers

Die Erkenntnisse der Prozessanalyse flossen anschließend in die Maßnahmenempfehlungen zur zukünftigen Steuerung der Teilbereiche des Internet Service Providers mit ein. Ein weiteres Ergebnis der Prozessanalyse war somit schließlich die Neuorganisation des Bereiches. Diese sah vor, die Organisation projektorientiert umzugestalten, indem nur noch Ressourcenpools für die Bearbeitung der verschiedenen Funktionen vorgehalten werden, auf die die Projektmanager und Produktmanager als Verantwortliche zugreifen.

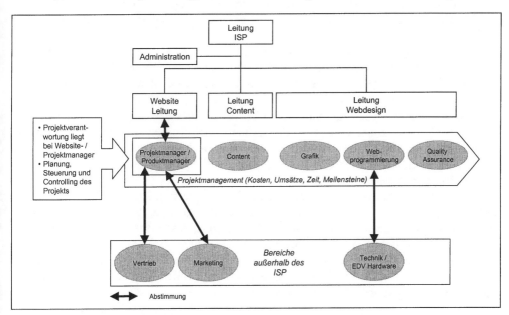

Abb. 8: Projektmanagementorientierung beim Internet Service Provider (ISP)

Der Steuerungsfokus verschob sich somit in Richtung auf ein reines Projektmanagement, das durch ein standardisiertes Projektmanagementkonzept unterstützt wird. Klar definiert wurden neben den Aufgaben des Projektmanagers auch die vorläufigen Verantwortlichkeiten zu Bereichen außerhalb des Internet Service Providers. Der entscheidende Vorteil dieser Projektmanagementorganisation besteht in der Kapazitätsflexibilität bezüglich der Anforderungen des geplanten internen Wachstums sowie hinsichtlich der externen Useranforderungen.

4. Fazit

Aus der Durchführung und dem Ergebnis der Prozessanalyse beim dargestellten Internet Service Provider können zusammenfassend eine Reihe von Schlussfolgerungen für den Einsatz des Prozesskostenmanagements gezogen werden:

- Im Beispielfall war das Controllingsystem des Internet Service Providers deutlich unterentwickelt und konnte keine steuerungsrelevanten Informationen generieren. Für die Prozessanalyse hatte dies den Effekt, dass die Kostenbasis nur unzureichend war, z.T. auf Annahmen gestützt werden musste und so die Argumentationsgrundlage schwächte. Bei der Festlegung des Untersuchungsbereiches muss daher sichergestellt sein, dass der Zugriff auf alle relevanten Kosteninformationen gewährleistet ist.
- Die wichtigsten Ansatzpunkte für die Neugestaltung von Prozessen auch in kleinen Organisationen, die bislang nicht prozessorientiert denken bzw. die Prozessanalyse erstmalig anwenden, lassen sich durch die gezeigte Vorgehensweise leicht identifizieren. Die größten Ressourcenbinder können aufgezeigt und Verbesserungen gezielt angestoßen werden.
- Die Ermittlung von Prozesskostensätze erzeugt eine erhöhte Aufmerksamkeit über die Kostenstruktur der untersuchten Produkte und Leistungen. Sie erlaubt überdies einen Leistungsvergleich (Benchmarking) mit anderen Unternehmen und erleichtert so die Argumentation für geplante bzw. durchzusetzende Verbesserungen.
- Zusammenhänge zwischen bestehenden Prozessen und der dahinter stehenden Aufbauorganisation können gerade in kleinen Organisationen in einem Prozess-Funktionsdiagramm anschaulich dargestellt werden. Somit kann die Anwendung des Prozesskostenmanagement ebenso die Basis für die Verbesserung von Schnittstellen zwischen den Bereichen bilden.

Insgesamt ist das Prozesskostenmanagement ein geeignetes Instrument zur Darstellung von Prozessen als Ausgangspunkt für organisatorische Anpassungen. Im Fall des vorgestellten Internet Service Providers zeigte sich allerdings, dass aufgrund des projektartigen Charakters der Tätigkeiten eine permanente prozessorientierte Steuerung (insbesondere über eine Prozesskostenrechnung) nicht zielführend ist. Statt dessen war in diesem Fall ein umfassendes Projektcontrollingsystem das wirkungsvollere und einfacher zu handhabende Steuerungsinstrument.

Prozessorientiertes Performance Measurement

RONALD GLEICH

1. Idee des Prozessorientierten Performance Measurement

Prozessorientiertes Performance Measurement verkörpert einen spezifischen Teilbereich des Performance Measurement (vgl. grundsätzlich GLEICH 2001), nämlich die Fokussierung auf das Unternehmensobjekt bzw. die Leistungsebene Prozess. Es soll als Instrument eine marktorientierte Steuerung der Unternehmensprozesse im Rahmen eines Prozessmanagements unterstützen. Zentraler Aspekt ist das Vorantreiben des permanenten Verbesserungsprozesses durch das fortlaufende Messen, Bewerten und Visualisieren der Prozessperformance. Nur wenn Prozesse messbar sind, sind sie kontrollierbar – und was kontrollierbar ist, kann auch verbessert werden. Daneben sollen die operative Planung und Steuerung der Prozesse durch geeignete Leistungskennzahlen unterstützt sowie die Kommunikationsintensität entlang den bereichsübergreifenden Prozessketten gesteigert werden. Das Verständnis bei allen Prozessbeteiligten für die vor- und nachgelagerten Prozesse sowie deren Leistungsdeterminanten wirkt Schnittstellenproblemen entgegen und sorgt für einen schnellen und flüssigen Gesamtprozessablauf.

Konzeptionell basiert das Prozessorientierte Performance Measurement auf dem geschäftsprozessbezogenen Prozesscontrolling (vgl. z.B. FISCHER 1996, S. 223; WEBER 1997) und der Prozesskostenrechnung (vgl. HORVÁTH/MAYER 1995; HORVÁTH & PARTNER 1998). Allerdings werden hierbei konsequent die Möglichkeiten genutzt, die kostenorientierte Prozesskostenrechnung als mehrdimensionales Informationssystem zu nutzen (vgl. hierzu auch STOI 1999, S. 42f.):

- Kostenbezogen lassen sich die Prozesskosten je Durchführung (Prozesskostensatz) und Prozessgesamtkosten als Leistungskennzahlen heranziehen.
- Über die Messung des Kapazitätsaufwandes je Prozess und die Kenntnis des Kostentreibers lassen sich grobe Prozessdurchlaufzeiten ermitteln. Allerdings gelingt dies nur auf Bruttozeitenebene und nicht differenziert nach Liege- oder Bearbeitungszeiten. Bessere Zeitinformationen liefert das unten erläuterte Konzept des Prozessgitters.
- Durch die Ermittlung der Kostentreiber als Outputgröße und die Kenntnis des Ressourceneinsatzes als Inputgröße lassen sich prozessbezogene Produktivitätskennziffern bilden.
- Ferner lassen sich mit der Prozesskostenrechnung Informationen über die Kapazitätsauslastung in den Gemeinkostenbereichen ermitteln.
- Durch Ermittlung von nicht wertschöpfenden oder wertvernichtenden Prozessen im Rahmen der Prozessanalyse können indirekt auch Aussagen über die Qualität und Effektivität der Prozesse gemacht werden.
- Ferner lassen sich über Befragungen der unternehmensinternen und -externen Prozesskunden weitere Aussagen über Prozessqualitäten und -wichtigkeiten generieren.

Zur Erfassung und Ergänzung bzw. zur richtigen Nutzung dieser bereits vielfältigen Prozessinformationen kommt in den verschiedenen Phasen des Prozessorientierten Performance Measurement (wie unten ausgeführt) eine Vielzahl von Instrumenten zum Einsatz.

2. Ausgestaltung des Prozessorientierten Performance Measurement

Das Konzept des Prozessorientierten Performance Measurement (PPM) soll im Folgenden anhand der Leistungsebenen und der Anwendungsphasen charakterisiert werden (vgl. GLEICH/SCHIMPF 1999, S. 415ff.). Die Leistungsebenen kennzeichnen die verschiedenen Performanceobjekte und deren hierarchische Einordnung, während die einzelnen Phasen unterschiedliche inhaltliche Schwerpunkte setzen.

Die *Leistungsebenen* des Prozessorientierten Performance Measurement orientieren sich an der Hierarchie eines Prozessmodells. Grundsätzlich können beliebig viele Hierarchieebenen zur Anwendung kommen. In der praktischen Anwendung haben sich vier Prozessebenen als vorteilhaft erwiesen (vgl. Abb. 1 und GLEICH/SCHIMPF 1999, S. 415).

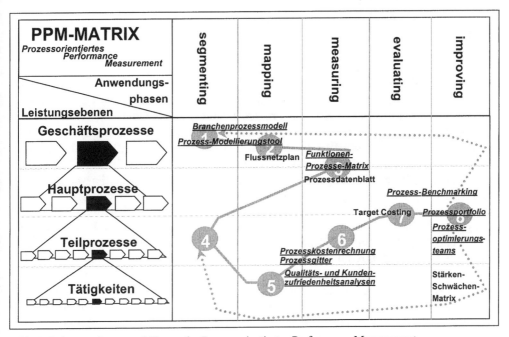

Abb. 1: Leistungsebenen und Phasen des Prozessorientierten Performance Measurement

- *Geschäftsprozesse* beschreiben auf aggregierter Ebene die wesentlichen und grundlegenden Aufgabenfelder des Unternehmens. Beispielhaft seien hier die Geschäftsprozesse „Produkt entwickeln", „Teile beschaffen" oder „Aufträge abwickeln" erwähnt.
- Ein *Hauptprozess* repräsentiert einen bereichsübergreifenden Prozess als Kette homogener Aktivitäten bzw. Teilprozesse mehrerer Bereiche. Für einen Hauptprozess als ablauforientierte Folge von Teilprozessbündeln kann ein einheitlicher Prozess- bzw. Kostentreiber angegeben werden, d.h. die Ressourceninanspruchnahme bzw. der Prozess-Input lässt sich auf eine Einflussgröße zurückführen.

- *Teilprozesse* sind eine Kette homogener Tätigkeiten *eines* Bereiches bzw. *einer* Kostenstelle und können einem oder mehreren Hauptprozessen zugeordnet werden. Hinter jedem dieser Tätigkeitsbündel steht jeweils ein einzelner Prozess- bzw. Kostentreiber.
- *Tätigkeiten* als unterste Leistungsebene repräsentieren einzelne Aufgaben eines Bereiches bzw. einer Kostenstelle und dienen vornehmlich einer besseren inhaltlichen Charakterisierung von Teilprozessen.

Wesentlicher Bestandteil eines Prozessorientierten Performance Measurement ist der Aufbau eines unternehmensspezifischen Prozessmodells, d.h. die Definition der vier angeführten Leistungsebenen (Prozessstrukturtransparenz) mit der anschließenden Bewertung und Verbesserung der Prozesse. Die zur Vor- oder Detailstrukturierung von Prozessen notwendigen Handlungen sowie die Bewertung und Verbesserung von Unternehmensabläufen lassen sich in *fünf Phasen* zusammenfassen (vgl. nochmals Abb. 1):

- Abgrenzen („segmenting"),
- Erfassen („mapping"),
- Messen („measuring"),
- Bewerten („evaluating"),
- Verbessern („improving").

In der ersten Phase wird versucht, die Prozesse der verschiedenen Leistungsebenen eindeutig inhaltlich zu definieren und voneinander abzugrenzen („segmenting"). Im nächsten Schritt erfolgt die Darstellung der Prozessabläufe sowie die erste Zuordnung zu Unternehmens- bzw. Funktionsbereichen (Welche Abteilungen sind wie intensiv an den einzelnen Prozessen beteiligt? Welche Teilprozesse laufen in welcher Reihenfolge ab? = „mapping"). Nach der nun erzielten Prozessstrukturtransparenz wird in den nächsten beiden Phasen die Prozessleistungstransparenz hergestellt. Die Erfassung der verschiedenen Prozessleistungsparameter geschieht im Zusammenhang mit der Bearbeitung der „measuring"-Phase (Wie oft wird der Prozess je Periode durchgeführt? Welche Ressourcen werden gebunden und wie hoch sind die entstandenen Kosten? Wie ist die Prozessqualität? Wie hoch ist die Kundenzufriedenheit? = „measuring"). Anschließend sind die Prozesse hinsichtlich ihrer Effektivität und Effizienz (auch vergleichend) zu bewerten und zu beurteilen (Wird der Prozess wirtschaftlich durchgeführt? Ist das Prozessergebnis zufrieden stellend? Ist der Prozess „wettbewerbsfähig"? = „evaluating"). In der letzten Phase sind Möglichkeiten, Anforderungen und Umsetzungsschritte zur Prozessverbesserung aufzuzeigen (Welche Verbesserungsmaßnahmen sollen durchgeführt werden? Wie lassen sich diese organisieren? Welche Effekte sind zu erwarten? = „improving").

Diese Phasen sind erforderlich um in einem zirkulären Erhebungsverfahren ein unternehmensspezifisches Prozessmodell mit allen relevanten Prozessleistungsparametern über alle Leistungsebenen aufzubauen (vgl. BROKEMPER/GLEICH 1999; GLEICH/SCHIMPF 1999, S. 416-418). Abbildung 1 veranschaulicht im Überblick zu den Phasen und den vier Leistungsebenen die verschiedenen geeignet erscheinenden unterstützenden Instrumente je Phase und Leistungsebene. Die Punkte 1-3 sind der Top-Down-Analyse zuzuordnen, die Punkte 4-6 der Bottom-Up-Analyse.

3. Konzeptanwendung

Mittlerweile gibt es umfangreiche Erfahrungen bezüglich des Einsatzes eines prozessorientierten Performance Measurement. Publiziert wurden Anwendungserfahrungen bei einem Metallbauer (vgl. BATZ/SCHIMPF 1999), in einem Elektromotorenunternehmen (vgl. SCHMIDT/GLEICH 1999), bei einem Anlagenbauer (vgl. SCHMIDT/GLEICH 2000) sowie bei einem Marktführer im Fenster- und Türenbau (vgl. BECKER/GLEICH 2000).

Sofern möglich sollen die Anwendungsmöglichkeiten und -erfahrungen bei Einsatz eines Prozessorientierten Performance Measurement an diesen Umsetzungsbeispielen veranschaulicht werden. Gezeigt wird beispielsweise wie einzelne Instrumente des Prozessorientierten Performance Measurement in den verschiedenen Phasen der Leistungsmessung und Leistungssteigerung in einander greifen.

Den Ausgangspunkt der Analysen bildet zunächst das Abgrenzen und Beschreiben der verschiedenen Prozesse im Unternehmen oder Geschäftsbereich (vgl. Abschnitt 3.1.). Anschließend findet auf Ebene der Teilprozesse und Tätigkeiten und dann auf Hauptprozessebene durch Einsatz unterschiedlichster Tools eine mehrdimensionale Bewertung der Abläufe statt (vgl. Abschnitt 3.2.). Die Bewertungs- und Verbesserungsphase wird vorwiegend durch das Prozess-Benchmarking sowie durch Prozessoptimierungsteams unterstützt. Auf diese Weise lassen sich schnell und effektiv prozessbezogene Schwachpunkte analysieren und Verbesserungsmöglichkeiten identifizieren (vgl. Abschnitt 3.3.).

3.1. Prozesse abgrenzen und beschreiben

Im Rahmen der Abgrenzung und Beschreibung der Prozesse, die vorwiegend auf Geschäfts- und Hauptprozessebene erfolgt (deshalb auch Top-Down-Analyse genannt), wird speziell auf die nachfolgend skizzierten zwei Kerninstrumente zurückgegriffen. Ein weiteres Kerninstrument dieser Phase stellt die Funktionen-Prozesse-Matrix dar (vgl. Abschnitt 3.2.).

- *(Branchen-)Prozessmodelle* sind als vorläufige Geschäfts- und Hauptprozessstruktur oft Ausgangspunkt der Top-Down-Prozessanalysen. Hierzu gibt es in der Literatur oder oft auch von Verbänden Beispiele, auf die zurückgegriffen werden kann. Als eines der ersten Prozessmodelle kann die Wertschöpfungskette Porters gelten. Auch wenn diese noch stark an eine funktionale Einteilung erinnert, so ist sie doch ein erster Schritt zu einer stärker ablauforientierten Sichtweise des Unternehmens. Zwischenzeitlich wurden eine Vielzahl weiterer Geschäftsprozessmodelle entwickelt, die als Basis für das Prozessorientierte Performance Measurement genutzt werden können (vgl. BROKEMPER/GLEICH 1999, S. 77ff.).
- *Prozess-Modellierungstools* auf Softwarebasis sind wichtige effizienz-schaffende Hilfsmittel für ein „mapping" von Prozessen. Gegenstand der Prozessmodellierung ist die Erhebung, Beschreibung, Abbildung, Gestaltung und Simulation von Abläufen. Die Modellierung von Prozessen schafft sowohl während einer Prozessanalyse als auch bei der Optimierung von Prozessen den erforderlichen Transparenzgewinn über Abläufe in einer Organisation und über Schnittstellen nach außen. Mittlerweile existiert eine breite Auswahl an Softwarewerkzeugen, die die verschiedenen Aufgaben der

Prozessmodellierung unterstützen. Mit einem Prozessmodellierungswerkzeug lassen sich Prozessabläufe grafisch darstellen, Abhängigkeiten zwischen einzelnen Prozessschritten identifizieren sowie Prozesssimulationen durchführen (vgl. BRENNER/ KOPP 2001). Neben der Darstellung des Prozessablaufs, können mit den meisten Softwarewerkzeugen auch Kosten und Zeiten für die einzelnen Prozessschritte hinterlegt werden.

3.2. Prozessleistung mehrdimensional messen

Ausgangspunkt der prozessbezogenen Analyse einer Kostenstelle ist in der Regel ein umfassender Katalog an Tätigkeiten, der zum einen anhand von Projekterfahrungen des Analysten, zum anderen anhand einer fachbezogenen Literaturrecherche erstellt wurde. Durch ein vorstrukturiertes Interview mit dem Kostenstellenverantwortlichen wird zunächst die Tätigkeitsstruktur erfasst.

Im nächsten Schritt erfolgt die Erhebung der Tätigkeitsmengen sowie die Ressourceninanspruchnahme je Tätigkeit. Diese wird entweder anhand von Schätzungen durch die Abteilungsleiter und/oder Mitarbeiter der Abteilung oder anhand von Zeitaufschrieben aufgenommen. Das Mengengerüst kann gegebenenfalls auch aus Kennzahlenberichten entnommen werden.

Nach der hier nicht dargestellten groben Tätigkeitsquantifizierung erfolgt die Verdichtung der umfangreichen Tätigkeitsstruktur zu Teilprozessen sowie deren anschließende Quantifizierung im Sinne der *Prozesskostenrechnung*. Hierzu kann unterstützend das Softwaretool „PROZESSMANAGER" der *Horváth & Partner* GmbH eingesetzt werden (vgl. FINKEIßEN/SCHWEIKERT 1998), welches auch für verschiedene Auswertungszwecke anwendbar ist. Abbildung 2 zeigt als Beispiel die Teilprozesse der Kostenstelle Projektmanagement eines Anlagenbauers sowie deren Kostentreiber (Maßgrößen), die Kapazitätsbindung beim Personal sowie die wichtigsten Kostenkennzahlen.

Teilprozesse		Maßgrößen						
Nr.	Bezeichnung	Bezeichnung	Menge	Personal MJ	Imi Kosten	Imn Kosten	Gesamt- kosten	Gesamt- kostensatz
T SXPA 010	Auftrag v. Vertrieb übernehmen	Aufträge	10,0	0,09	16.359	0	16.359	1.635
T SXPA 020	Baugruppenverzeichnis erstellen	Aufträge	10,0	0,35	65.438	0	65.438	6.543
T SXPA 030	Freigabe Baugruppenverzeichnis	Aufträge	10,0	0,00		0		
T SXPA 040	Freigabe Baugruppen kl. Änderung	kleine Änderung	10,0	0,07	13.088	0	13.088	1.308
T SXPA 050	Freigabe Baugruppen gr. Änderung	große Änderung	3,0	0,02	3.506	0	3.506	1.169
T SXPA 060	Projektmeeting 14tägig	Meetings	20,0	0,04	7.011	0	7.011	351
T SXPA 070	Versandabstimmung	Aufträge	10,0	0,04	6.544	0	6.544	654
T SXPA 080	Inbetriebnahme betreuen	Fahrzeuge	50,0	1,21	226.110	0	226.110	4.522
T SXPA 090	Montage mit GB Y abstimmen	Aufträge	10,0	0,07	13.088	0	13.088	1.308
T SXPA 100	Endmontage Betreuung	Fahrzeuge	50,0	0,41	75.954	0	75.954	1.519
T SXPA 110	Kundenbetreuung bei Montage	Fahrzeuge	50,0	0,81	151.909	0	151.909	3.038
T SXPA 120	Dokumentation lesen/prüfen	Aufträge	10,0	0,07	13.088	0	13.088	1.308
T SXPA 130	End Review Meeting	Aufträge	10,0	0,07	13.088	0	13.088	1.308
T SXPA 140	Kleinaufträge bearbeiten	Kleinaufträge	50,0	0,36	67.891	0	67.891	1.357
T SXPA 150	Kundenbetreuung auftragsunabhängig	Kundenbetreuung		0,40	74.786	0	74.786	74.786
Summe KSt 812 Projektmanagement GB X				4,00		747.858	0	747.858

Abb. 2: Beispiel zur Prozesskostenstellenrechnung (vgl. SCHMIDT/GLEICH 2000, S. 307)

Wichtigste Kostentreiber sind die Anzahl der Aufträge (10 im vergangenen Jahr) sowie die Anzahl der produzierten Fahrzeuge (50 im vergangenen Jahr, durchschnittliche Auftragslosgröße demnach 5 Fahrzeuge). Die wichtigsten Teilprozesse hierzu sind die Erstellung des Baugruppenverzeichnisses, die Betreuung der Inbetriebnahme der Fahrzeuge sowie die Kundenbetreuung bei der Montage.

Die Ergebnisse der Prozesskostenrechnung werden in einem nächsten Schritt zu kostenstellen- und bereichsübergreifenden Hauptprozessen verdichtet. Hierbei erfolgt in der Regel eine Orientierung an den Ergebnissen einer Hauptprozessvorstrukturierung. Hierzu lassen sich oftmals als Einstiegshilfe die oben erwähnten Prozessmodelle nutzen. Im skizzierten Beispiel konnte ein für einen speziellen Fachbereich der Maschinenbaubranche entwickeltes Branchenprozessmodell eingesetzt werden (vgl. BROKEMPER/GLEICH 1999, S. 78, sowie die obigen Ausführungen).

Dieses Prozessmodell diente als Referenzmodell für die Identifikation und Abgrenzung von Prozessen auf Hauptprozess- und Geschäftsprozessebene. Wie andere vergleichbare Prozessmodelle differenziert das herangezogene Prozessmodell primäre und sekundäre Aktivitäten. Diese „Prozesshülsen" bildeten auch die Grundlage für die Konzeption des Prozessmodells im betrachteten Anlagebauunternehmen (vgl. Abb. 3).

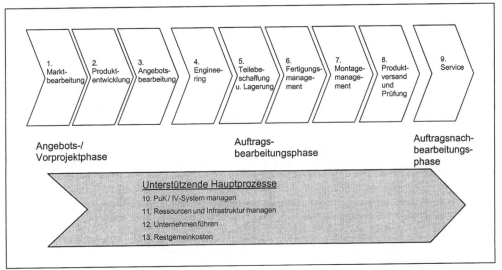

Abb. 3: Prozessmodell des untersuchten Unternehmens (vgl. SCHMIDT/GLEICH 2000, S. 308)

Die sekundären Aktivitäten wurden als unterstützende Hauptprozesse bezeichnet. Statt der fünf im Prozessmodell vorgeschlagenen Prozesse erfolgte eine Reduzierung auf vier Hauptprozesse. Ferner wurden neun primäre Hauptprozesse festgelegt, die sich in die drei Geschäftsprozesse

- Angebots-/Vorprojektphase,
- Auftragsbearbeitungsphase und
- Auftragsnachbearbeitungsphase

gliedern.

In die Erstellung eines Prozessmodells gingen zum einen die anfangs im Unternehmensprozessmodell festgelegten Hauptprozesse ein, zum anderen die in der Prozesskostenanalyse generierten und verdichteten Teilprozesse. Die Darstellung der Prozesse in einem Prozessmodell und die Abbildung der Kosten- und Leistungsparameter schafft eine hohe Prozesstransparenz und -vielfalt. Dies führt zu einer guten Analysemöglichkeit der Prozesse sowie der Prozesszusammenhänge.

Mit dem bei dem erwähnten Anlagenbauer erarbeiteten Prozessmodell (einen Auszug davon zeigt Abb. 4) wurde das erste Ziel, die Herstellung einer hohen, kostenstellenübergreifenden Prozesstransparenz hinsichtlich Kosten, Ressourcen und Leistungen, erreicht:

- Als Leistungsgröße kann der Output herangezogen werden, der je Prozess in Form der Kostentreibermenge vorliegt (z.B. 100 komplexe kaufmännische Angebotsbearbeitungen je Jahr).
- Die je Prozess gebundenen Ressourcen sind in Form der durch den Prozess gebundenen Personal-Kapazität ausgewiesen (z.B. 0,75 Mitarbeiterjahre je Prozess komplexe kaufmännische Angebotsbearbeitungen). Bewertet mit Kosten ergeben sich die Gesamtprozesskosten je Jahr.
- Ein Effizienzmaß (bewerteter Input/Output) sind die Kosten je Prozessdurchführung, der Prozesskostensatz. Dieser lässt sich auch als Prozesszeit abbilden, was im Prozessmodell allerdings zunächst nicht berücksichtigt wurde. Hierzu wurden parallel fallweise Prozessgitter erstellt.

HP	Nr.	Bezeichnung	Kostentreiber	Kostentreibermenge	Personal in MJ	Prozessgesamtkosten	Prozesskostensatz
...	...	...	...	...	...	...	...
HP 3 Angebotsbearb.	...	...	...	...	...	...	...
	T KXA 011	Kaufmänn Angebotsbearbeitung komplex (Ausl)	Angebote	100	0,75	94.892	948
	T KXA 012	Kaufmänn Angebotsbearbeitung (Risiko)	Angebote	20	0,65	82.006	4100
	T KXA 020	Auftragsbegl mit Eingangsmeldung einfach	Aufträge	10	0,01	879	88
	T KXA 021	Auftragsbegl mit Eingangsmeldung komplex	Aufträge	19	0,02	2.899	153
	...	...	...	...	...	...	...
...	...	...	...	...	...	...	...
HP 9 Service	T KXV 080	Reklamationsrechnungen	Reklamationsrechn.	100	0,01	1.529	15
	T YFT 190	Durchf. / Überwach. Reparaturschweißleistungen	Garantieleistungen	10	0,20	28.399	2840
	T SXG 010	An Kunden übergebende Geräte vom Projektleiter	Geräte für Kunden	50	1,25	225.956	4519
	...	...	...	...	...	...	...
	T SXG 130	Baustellenbesuche	Baustellenbesuche	60	0,13	20.251	338
	T SXG 140	Suchen der Schadensursache vor Ort	Besuche vor Ort	20	0,04	7.147	357
	T SXG 150	Interne Gespräche mit PC Leitung, Projektleitung	Interne Gespräche	1000	0,29	46.458	46
	...	...	...	...	...	...	...
...	...	...	...	...	...	...	...

Abb. 4: Ausschnitt aus dem Prozessmodell

Mit einer *Funktionen-Prozesse-Matrix* (vgl. BROKEMPER/GLEICH 1999, S. 80, sowie BATZ/SCHIMPF 1999) wird eine Überführung der funktionalen in eine prozessuale Betrachtungsperspektive vorgenommen. Sie dient zu einer ersten groben Bewertung der Hauptprozesse mit Zeiten, Kosten und Mengen sofern sie im Rahmen einer Top-Down-

Analyse Anwendung findet. Allerdings kann sie auch als Ergebniszusammenfassung der Prozessanalysen verwendet werden. In diesem Fall werden die Hauptprozessinhalte des Prozessmodells in die Funktionen-Prozesse-Matrix überführt.

Die Matrix wird durch die einzelnen Bereiche in den Zeilen und die identifizierten Geschäfts- und Hauptprozesse in den Spalten aufgespannt. Sie enthält in den Zeilen zunächst Informationen zu den Unternehmens- oder Geschäftsbereichen mit Gemeinkostencharakter (Mitarbeiter je Bereich sowie Bereichskosten). Ferner erfolgt in den Zeilen die Aufteilung dieser Ressourcen und Kosten auf die verschiedenen Prozesse. Basis hierfür sind entweder die in der Bottom-Up-Analyse ermittelten Ergebnisse oder die top-down erfolgten Abschätzungen.

In den Spalten werden neben den bereichsbezogenen Inputinformationen je Hauptprozess Kosten- und Leistungsinformationen dargestellt. Zusätzlich wird für jeden Hauptprozess ein Aufwandstreiber (die primäre Einflussgröße, auf die der Ressourcenverzehr zurückzuführen ist) erhoben bzw. aus dem Prozessmodell abgeleitet (z.B. die Anzahl der abgewickelten Kundenaufträge bei dem Hauptprozess „Auftragsabwicklung"). Diese Maßgröße gibt näherungsweise die Prozesshäufigkeit an, sodass sich aus Prozessgesamtkosten und Prozessmenge der Hauptprozesskostensatz errechnet. Abbildung 5 zeigt die Struktur und die wichtigsten Inhalte einer Funktionen-Prozesse-Matrix.

Vertiefende Detailanalysen in Ergänzung der Ergebnisse der Matrix lassen sich durch Dateiverknüpfungen und die Integration in den PROZESSMANAGER über die verschiedenen Prozess- und Bereichshierarchien problemlos durchführen.

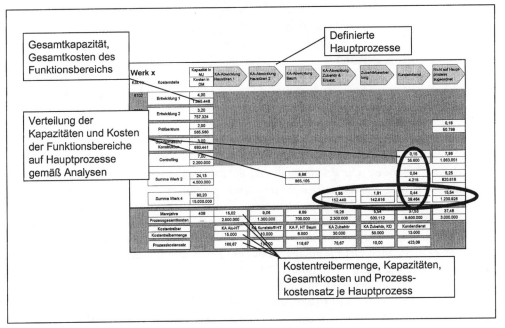

Abb. 5: Funktionen-Prozesse-Matrix für den Unternehmensbereich X

Mit *Prozessgittern* wird ergänzend zu der mehr kostengestützten Prozess-Performance-messung die Prozesskette eines Hauptprozesses dokumentiert. So lassen sich mit Prozessgittern die Anordnungsbeziehungen der Teilprozesse mit ihren Abläufen in Abhängigkeit von den Kostenstellen visualisieren (vgl. KIENINGER 1994, S. 243; WOBIDO 1994, S. 258). Damit lassen sich Durchlaufzeitprobleme und Ansätze zur Ablaufverbesserung im Zusammenhang mit der Prozessleistungssteigerung gezielter abbilden bzw. realisieren. Wichtig ist hierbei die prozessbezogene Analyse von Bearbeitungs- und Liegezeiten. Diese Ergebnisse lassen sich nutzen um Prozessabläufe zu straffen. Das Ergebnis dieser Straffung ist neben der Reduktion der Durchlaufzeiten wiederum auch die Senkung der Prozesskosten (vgl. Abb. 6).

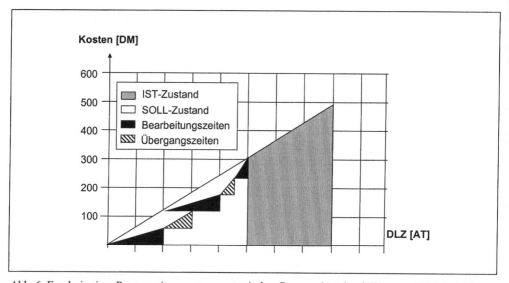

Abb. 6: Ergebnis eines Prozesszeitenmanagement mit dem Prozessgitter (nach WOBIDO 1994, S. 260)

Neben der Ermittlung von differenzierten Prozessdurchlaufzeiten sowie von Prozesskosten umfasst das „measuring" in der Regel auch prozessbezogene *Qualitäts- und Kundenzufriedenheitsanalysen.* Diese können in drei Schritte gegliedert werden:

• Zunächst sollten kundenzufriedenheits- und qualitätsrelevante Prozessperformancefaktoren ermittelt werden. Dies können im Einzelfall durchaus auch Zeit- oder Kostenkennzahlen sein (z.B. Transferzeiten von Prozessergebnissen zum Prozesskunden), im Allgemeinen werden hierunter jedoch weitere Performanceindikatoren wie allgemeine Zufriedenheit des Empfängers mit dem Prozessoutput oder die Wichtigkeit des Prozesses für die Aufgabenerfüllung des Prozesskunden verstanden. Solche Indikatoren lassen sich im Gespräch mit Prozessempfängern festlegen, was jedoch auch eine Analyse und Kenntnis der Prozesskunden erforderlich macht.

• In einem zweiten Schritt werden die kunden- und qualitätsrelevanten Faktoren und relevante Faktorausprägungen (z.B. spezielle Zufriedenheitsmerkmale) in Bezug zu den Prozessen gesetzt und in einen Fragebogen überführt.

- Die Auswertung der Kundenbefragung kann dann zu direkt verwertbaren Optimierungshinweisen führen. In Abbildung 7 ist beispielsweise aufgeführt, dass der Controllingprozess „Produktkalkulation durchführen" 4,7 Mannjahre Kapazität bindet, aus Sicht der Prozessempfänger eine hohe Wichtigkeit für die eigene Aufgabenerfüllung hat und nur zu einer geringen Kundenzufriedenheit führt. Daraus lassen sich grundsätzlich Verbesserungsnotwendigkeiten ableiten. Konkrete Ansatzpunkte liefern weitere Detailauswertungen des Fragebogens auf Basis der verschiedenen Faktorausprägungen.

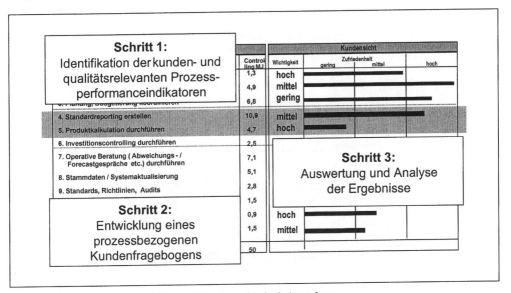

Abb. 7: Prozessbezogene Qualitäts- und Kundenzufriedenheitsanalyse

3.3. Prozesse bewerten und verbessern

Die Ergebnisse der Prozessanalyse lassen sich unter Einsatz eines *Prozess-Benchmarking* mit der Performance anderer, im Idealfall marktführender Unternehmen vergleichen. Damit lassen sich Ansatzpunkte finden, wie Prozesse durch den Einsatz neuer Praktiken effektiver oder effizienter gestaltet werden können (vgl. GLEICH/BROKEMPER 1997).

Zum einen können z.B. verschiedene einzelne Prozesskennzahlen verglichen werden, zum anderen lassen sich auch Kombinationen von Kennzahlen benchmarken. Auch hierzu nachfolgend zwei Beispiele:

Ein Beispiel für Vergleiche einzelner Prozesskennzahlen zeigt Abbildung 8: Hier wurden Prozesskostensätze für den Prozess „Erstellung neuer Arbeitspläne" im Rahmen eines Prozessbenchmarkingprojektes bei verschiedenen Maschinenbauunternehmen nach einer einheitlichen Methodik erhoben und nach verschiedenen Gliederungskriterien verglichen (vgl. BROKEMPER/GLEICH 1998a, 1998b).

Eine interessante Methodik um zu einer multivariaten Gesamtbeurteilung der Leistung zu gelangen ist die Data Envelopment Analysis (vgl. WERNER/BROKEMPER 1996). Ihre Funktionsweise sei anschließend kurz an einem Beispiel der Lagerhaltung verdeutlicht.

Im Wesentlichen werden in der Lagerhaltung zwei produktive Tätigkeiten vorgenommen. Die Einlagerung der bestellten oder eigengefertigten Halb- und Fertigteile und die Bereitstellung der Teile für Fertigung, Montage oder Versand. Diese beiden wertschöpfenden Tätigkeiten werden in unterschiedlichen Mengen(-verhältnissen) mit unterschiedlichem Personalaufwand durchgeführt.

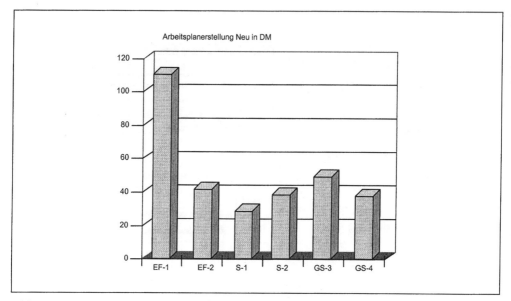

Abb. 8: Vergleich der Prozesskostensätze für den Prozess „Erstellung neuer Arbeitspläne"

Zur Beurteilung der Leistung lassen sich daraus zwei Teilproduktivitäten bilden:
• die Anzahl der Einlagerungen pro Mitarbeiter;
• die Anzahl der Teilebereitstellungen pro Mitarbeiter.
Diese beiden Teilproduktivitäten lassen sich für jedes Unternehmen ermitteln und in einem Koordinatensystem darstellen. Nachstehende Abbildung 9 zeigt die Teilproduktivitäten des Geschäftsbereiches X im Vergleich zu denen anderer Unternehmen.

Unternehmen verfügen in der Lagerhaltung immer dann über eine gute Leistung, wenn die Teilproduktivitäten höher sind als die aller anderen. Dies ist nur dann der Fall, wenn das Unternehmen nicht umhüllt wird. Im Beispielfall gilt dies für die Unternehmen Y und Z. Während Y die höchste Teilproduktivität bei der Einlagerung hat, weist Unternehmen Z die höchste Teilproduktivität bei der Teilebereitstellung auf. Beide Unternehmen sind somit die Best-of-Class der verglichenen Lagerbereiche.

Alle anderen Unternehmen werden durch eine Effizienzgrenze umhüllt. Diese Effizienzgrenze kann zur Vorgabe von Zielwerten herangezogen werden. Bei gleich bleibendem Verhältnis von Einlagerungen zu Auslagerungen müsste die Leistung so stark erhöht werden, dass das Unternehmen ebenfalls auf der Effizienzgrenze positioniert wird. Der hier betrachtete Geschäftsbereich X schneidet besonders bei den „Teilebereitstellungen pro Mitarbeiter" sehr schlecht ab, was auf massive Ablaufprobleme in der Auftragszusammenstellung schließen lässt. Die vor Ort durchgeführten tiefergehenden Analysen verfestigten dieses Bild, insbesondere die unzureichenden und „stand-alone"-betriebenen Softwarelösungen sorgten für einen hohen Ressourcenverbrauch im Prozessablauf.

Die Analysen auf Basis der durchgeführten Data Envelopment Analysis können ferner dazu genutzt werden, einen idealen Benchmarking-Partner ausfindig zu machen. Die Lage eines Unternehmens im Koordinatensystem gibt Aufschluss über das Verhältnis, in dem Einlagerungen zu den Teilebereitstellungen stehen. Die Unternehmen im oberen Bereich (schraffiert gekennzeichnet) sollten sich somit mit Unternehmen Y vergleichen, da das Unternehmen bei ähnlichem Einlagerungs- zu Auslagerungsverhältnis die höchste Produktivität hat. Die schwarz gekennzeichneten Unternehmen müssten sich sinngemäß mit Unternehmen Z vergleichen. Das verbleibende Unternehmen (kariert) müsste sich idealerweise mit beiden Unternehmen benchmarken.

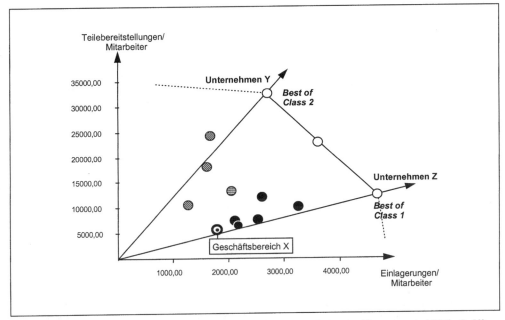

Abb. 9: Teilproduktivitäten für die Lagerhaltung im Vergleich (vgl. GLEICH/BROKEMPER 1998b, S. 52)

Unter Einsatz des *Prozessportfolios* (vgl. Abb. 10) lassen sich die Optimierungsschwerpunkte je Teilprozess oder Hauptprozess effektiv bündeln. Ordnungsfaktoren zur Erkennung eines Handlungsbedarfs sind der Teilprozesskostensatz im Spiegel der durchgeführten Benchmarkinganalysen sowie die ermittelten Gesamtprozesskosten je Jahr.

Mittels der internen Perspektive sollen die kostenträchtigen Prozesse erkannt und gruppiert werden. Mit den Benchmarkingergebnissen sollen diejenigen mit Verbesserungsmöglichkeiten identifiziert werden.

Wie Abbildung 10 weiter zeigt, lassen sich Zonen mit hohem, mittleren oder geringen Handlungsbedarf definieren. Prozess 5 in Abbildung 10 steht für die Einlagerung und Auslagerung im Lagerbereich des untersuchten Unternehmens und muss der Zone mit hohem Handlungsbedarf zugeordnet werden (hohe Prozesskosten im Vergleich zur Konkurrenz und sehr hohe Prozessgesamtkosten).

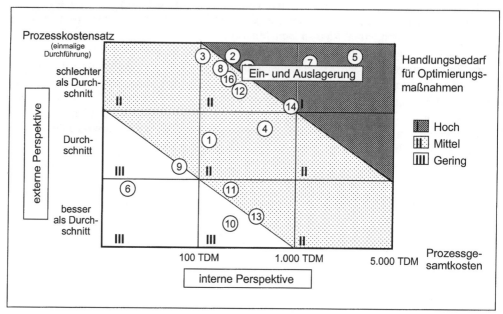

Abb. 10: Benchmarkingergebnisse und Prozesskosteninformationen im Prozessportfolio (vgl. SCHMIDT/ GLEICH 2000, S. 310)

Auf der Grundlage des Prozessbenchmarking sind Maßnahmen zur Prozessverbesserung zu ergreifen (vgl. BROKEMPER/GLEICH 1998b). Ziel ist es, Schwachstellen, Probleme oder Redundanzen in den Prozessabläufen zu beseitigen, um diese effizienter zu gestalten. Das Spektrum prozessbezogener Reorganisationsmaßnahmen ist sehr breit und reicht von der Eliminierung von Prozessen, über deren Verlagerung bis hin zur Änderung der Ablaufstruktur (vgl. hierzu den Beitrag von KAJÜTER). Auch eine Automatisierung (Prozess bleibt bestehen, Techniken und/oder Hilfsmittel der Informations- oder Materialbearbeitung ändern sich) kann eine Verbesserung der Prozessperformance bewirken (vgl. LOHOFF/LOHOFF 1993, S. 251).

Erarbeiten lassen sich Prozessverbesserungen im Rahmen von *Prozessoptimierungsteams* auf Hauptprozessebene (vgl. SCHIMANK 1997). Hierzu werden die Prozessbeteiligten in Workshops zusammengezogen und systematisch die Prozessschwachstellen identifiziert und schwachstellenüberwindende Verbesserungsmaßnahmen im oben skizzierten Sinne kreativ erarbeitet. Deren Umsetzung muss dann von den Prozessverantwortlichen betrieben und besonders bezüglich der geplanten Kosten- und Leistungskonsequenzen kontinuierlich bewertet werden.

4. Fazit und Ausblick

Das Konzept des Prozessorientierten Performance Measurement leistet einen wesentlichen Beitrag zur permanenten Prozessleistungssteigerung. Mit den eingangs aufgezeigten vier prozessbezogenen Leistungsebenen wird ein flexibles, hierarchisches Prozessmodell generiert, das eine hohe Prozessstrukturtransparenz aufweist und den Rahmen für eine mehrdimensionale Messung der Prozessparameter schafft. Der Einsatz unterschiedlicher phasenspezifischer Instrumente ebnet dabei schrittweise den Weg zu einer hohen Prozessleistungstransparenz.

Auf der Basis dieser Leistungstransparenz entfaltet das Prozessorientierte Performance Measurement Konzept, wie durch die Anwendungserfahrungen in verschiedenen Unternehmen bewiesen, seine eigentliche Wirkung (vgl. GLEICH/SCHIMPF 1999, S. 419):

- Durch die wettbewerbsorientierte Bewertung und Beurteilung der Prozessleistung lassen sich Optimierungspotenziale aufdecken und gleichzeitig Anhaltspunkte für konkrete Verbesserungsmaßnahmen identifizieren.
- Die Integration der prozessbezogenen Leistungsmaßgrößen in das Planungs- und Steuerungssystem (z.B. bei monatlichen Abweichungsanalysen, jährlichen Planungen oder Budgetierungsaktivitäten im Rahmen eines Activity-Based-Budgeting-Konzepts) bildet die Grundlage für einen permanenten Verbesserungsprozess. Im Gegensatz zu einmaligen Effizienzsteigerungsprogrammen unterstützt das Konzept eine kontinuierliche und marktorientierte Ausrichtung der Prozesse.
- Das flexible Prozessmodell erlaubt eine schnelle und aufwandsarme Anpassung im Hinblick auf strukturelle und leistungsbezogene Veränderungen.
- Die Mehrdimensionalität bei der Leistungsmessung und -beurteilung verhindert eine einseitige Zielorientierung.
- Die hohe Prozesstransparenz fördert bei allen Mitarbeitern das Denken in Prozessen und ihr Verständnis für bereichsübergreifende Abläufe (Blick über den Tellerrand).

Interorganizational Cost Management

Regine Slagmulder

1. Introduction

The widespread adoption of lean manufacturing principles in the last decade is one of the phenomena that has led to increased levels of competition and intense pressure on firm profitability (COOPER 1995; WOMACK/JONES 1996). Reacting to this pressure many lean enterprises have developed cost management systems that help reduce costs across the entire life cycle of the firms' products (COOPER 1995; COOPER/SLAGMULDER 1997; MONDEN/HAMADA 1991; MONDEN 1995; SAKURAI 1996; TANI ET AL. 1994). In particular, cost management during the product design phase of the product life cycle is of critical importance because as much as 80 - 90% of a product's costs are considered to be designed in (BLANCHARD 1978).

Cost management in product development is especially challenging for lean enterprises, since these firms outsource a significant portion of the value added of their products and most of the associated design tasks (WOMACK ET AL. 1990; LAMMING 1993). The outcome of such an outsourcing strategy is that the percentage of total costs under the control of the outsourcing firm is reduced. Consequently, the buyer comes to rely more heavily upon the cost management skills of its suppliers to remain cost competitive. Some lean enterprises recognizing this reality have developed interorganizational cost management (IOCM) systems, which are designed to coordinate the cost management programs of the firm and its customers and suppliers (COOPER/YOSHIKAWA 1994; COOPER/SLAGMULDER 1999).

The purpose of this article is to demonstrate how Japanese lean manufacturing companies use IOCM techniques to reduce costs, especially during product development. It describes the IOCM practices of firms that belong to the following two supply chains:

- The Komatsu-Toyo Radiator chain, where Komatsu, Ltd. is one of the largest heavy industrial manufacturers in Japan, and Toyo Radiator Co., Ltd. is one of the world's largest independent manufacturers of heat-exchange equipment for use in automobiles, heavy construction and agricultural vehicles, air conditioners for home and office, and freezers.
- The Tokyo-Yokohama-Kamakura chain, where Tokyo Motors, Ltd. is one of the world's top ten automobile manufacturers; Yokohama Corporation, Ltd. is a manufacturer of hydraulic systems for automobiles and trucks and associated equipment; and Kamakura Iron Works Company, Ltd. is a relatively small, family-run business which supplies parts to automobile manufacturers and their suppliers.[1]

The rest of the chapter is organized into three sections. The next section outlines the three major types of IOCM that buyers and suppliers can undertake. Section 3 describes the various IOCM techniques that focus on the design stage of the product life cycle, with illustrations of how they are applied at the companies studied. The final section highlights the importance of establishing the right organizational context for effective IOCM.

2. The Domain of Interorganizational Cost Management

Interorganizational cost management is a structured approach to coordinating the activities of firms in a supplier network so that total costs in the network are reduced (COOPER/ SLAGMULDER 1999). Using IOCM to coordinate the cost-reduction programs at the firms in a supplier network can help reduce costs in three different areas. First, it can help the firm and its buyers and suppliers find new ways to design products so that they can be manufactured at lower cost. Second, it can help the firm and its suppliers find ways to further reduce the cost of products during manufacturing. Finally, it can help identify ways to make the interface between the firms more efficient.

2.1. Interorganizational Cost Management During Product Development

An important application domain for IOCM is in product design. Here, interorganizational cost management is a structured approach to coordinating the product development activities of firms in supplier networks so that the products and components those firms produce can be manufactured at their target costs. It is of particular importance to lean enterprises because these firms typically outsource a significant portion of the value-added of their products. Consequently, as firms become lean and undergo vertical disaggregation, they discover that it is no longer adequate for each firm in the supplier network to undertake cost management independently. Instead, it becomes critical to the firms' success to coordinate their product development programs throughout the supplier network.

Interorganizational cost management in the product design phase achieves its objective by both disciplining and coordinating the product-development processes of firms throughout the supplier network. The primary disciplining mechanism of interorganizational cost management is the application of chained target costing. The source of coordination then lies in the application of three enabling mechanisms of cost management: functionality-price-quality (FPQ) trade-offs, interorganizational cost investigations, and concurrent cost management. These four techniques are discussed in more detail in section 3.

2.2. Interorganizational Cost Management During Manufacturing

Additional opportunities for cost reduction occur during the manufacturing phase. The buyer uses kaizen costing to set cost-reduction objectives for the end product and its first-tier suppliers. Like their target costing counterparts, these objectives should reflect the competitive pressure that the buyer is facing in the marketplace. The objectives can either be applied across the board for all outsourced items (for example, 3% per year) or set as a specific cost-reduction target for each item (for example, 6% for radiators and 3% for starter motors). The first-tier suppliers in turn will use their kaizen costing systems to communicate the cost-reduction objectives to their suppliers, usually using the same flat rate. Thus, the cost-reduction pressure faced by the firm's buyers is transmitted to its suppliers.

The real benefit of interorganizational kaizen costing is achieved when the firms in the supplier network cooperate to identify new, low-cost solutions that they cannot realize in isolation. When the supplier finds it impossible to meet the price reductions required by the buyer and still make an adequate profit, it can ask the buyer to provide engineering support. The joint engineering teams can explore solutions that require both firms to modify their manufacturing processes in such a way that the net result is lower costs. The buyer can also help its suppliers reduce costs in other ways. For example, the buyer can use the combined buying power of itself and its suppliers to negotiate better discounts than the firms can achieve on their own. The buyer will benefit from these negotiations by reduced prices from its suppliers.

2.3. Improving the Efficiency of the Buyer-Supplier Interface

The final application of interorganizational cost management occurs when buyers and suppliers cooperate to find ways to make the interfaces between their firms more efficient. One way is to reduce the costs of transaction processing, for example by using electronic data interchange (EDI) and bar coding. A second way is to reduce uncertainty by increasing information sharing and shortening cycle times. Reducing uncertainty is important because it enables both the buyer and the supplier to keep low levels of buffer inventory.

3. The Four Techniques for IOCM in Product Development

3.1. Introduction

Cost management practices have traditionally limited themselves to the boundaries of the firm. In recent years, however, intense competition is forcing firms to explore ways to extend their cost management programs beyond their organizational boundaries to include their buyers and suppliers. Such interorganizational cost management is particularly rich when the design of the end product is heavily dependent upon the design of an outsourced item. The resulting high level of design dependence requires that the buyer and supplier more closely integrate their product development activities and modify the way they structure their relationship.

Four major IOCM techniques were observed in practice. The first, chained target costing, is an arm's-length disciplining technique whose aim is to transmit the cost-reduction pressures faced by the end-firm in the supply chain to its suppliers. The suppliers are then expected to use multidisciplinary, team-based value engineering to find ways to reduce their costs to the target levels. The second technique, functionality-price-quality (FPQ) trade-offs, involves only relatively modest interactions amongst the firms' design engineers. The third, interorganizational cost investigations, involves more intense interactions amongst the design engineers and more significant changes to the design of the buyer's product. The final IOCM technique, concurrent cost management, requires the most significant interactions between the buyer's and supplier's design engineers and may lead to quite fundamental changes in the design of both the buyer's product and the outsourced components.

3.2. Chained Target Costing

Target costing is at the heart of interorganizational cost management. It is a structured approach to determining the life-cycle cost at which a proposed product with specified functionality and quality must be produced to generate the desired level of profitability at its anticipated selling price (COOPER/SLAGMULDER 1997). In essence, target costing consists of identifying the expected selling price of a product that is under development and subtracting the desired level of profits to identify the maximum cost at which the product must be manufactured. Thus, target costing converts product cost from an output of the product development process to an input. Since the target cost is derived from the market place, target costing transmits the competitive pressure of the market to the firm's product designers. Furthermore, by decomposing the product-level target cost to the component level, target costing also transmits that pressure to the firm's suppliers. The buyer's component-level target costs essentially establish the supplier's selling prices and thus help the supplier identify where to focus its cost-reduction efforts.

Chained target costing systems are created when the output of a buyer's target costing system becomes an input to a supplier's target costing system (Figure 1). Component-level target costing at the buyer then establishes the target selling prices for the supplier. Subtracting the target profit margin gives the supplier's product-level target cost and decomposing it again to the component-level establishes the selling prices for the next tier of suppliers. The result is a coordination of the buyer's and suppliers' cost management programs. For example, the target costing systems of Tokyo Motors, Yokohama, and Kamakura form a chain, with Tokyo Motors applying component-level target costing to Yokohama, who in turn applies it to Kamakura. The primary benefit of chained target costing systems lies in their ability to transmit the competitive pressure faced by the firm at the top of the chain to the firms further down the chain.

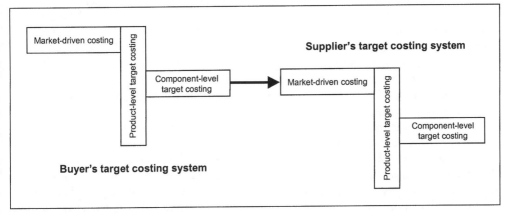

Fig. 1. Chained target costing systems

3.3. Functionality-Price-Quality Trade-offs

When one or more firms in the supply chain find that they cannot achieve their target cost, it is the product development teams' responsibility to initiate other IOCM mechanisms to find joint ways to reduce costs. The simplest and least invasive technique are Functionality-Price-Quality (FPQ) trade-offs. Under an FPQ trade-off suppliers explore ways to provide their buyers with products whose functionality and quality (but typically not price) are below the levels originally requested, but still acceptable. For example, if a given automobile part stays invisible to the vehicle's owner, then reduced surface quality of that part is usually not a problem. Successfully achieving such a trade-off allows the suppliers to find satisfactory solutions to their customers' product requirements while still meeting their target costs and thus generating adequate returns.

The buyer's costs can be reduced, for example, by rendering a subsequent production step unnecessary. In the T-Y-K chain, if Kamakura can find a way to improve the surface quality of its products so that machining costs at Yokohama are reduced, then Yokohama increases its component-level target cost for that part by a corresponding amount. As long as the costs at the supplier to achieve the improvement are lower than the costs avoided at the buyer, the total supply chain is better off.

FPQ trade-offs suffer from two significant limitations, however. First, only minor changes can be made to the specifications of the outsourced item as the design of the end product is essentially fixed. Second, the intervention occurs relatively late in the product development process. To help resolve the first limitation, the firms in both the T-Y-K and the K-T supply chains instigate interorganizational cost investigations.

3.4. Interorganizational Cost Investigations

The major differences between FPQ trade-offs and interorganizational cost investigations are the ability to involve engineers from more than two firms in the supply chain and the increased scope of the design changes that are possible. Increasing the number of firms involved in cost management allows more fundamental cost solutions to be identified. For example, if Kamakura is using a forging as its starting point, there is no way a meeting between just Tokyo Motors' and Yokohama's engineers can explore the possibility of using a much cheaper casting as the starting point. It is only when engineers from all three firms in the supply chain get together that such a solution can be discussed as the use of a casting requires extra machining steps at both Kamakura and Yokohama and the acceptance of lower surface quality at Tokyo Motors. However, the much lower cost of the starting point (in this example, a casting as opposed to a forging) leads to lower overall costs across the supply chain.

In interorganizational cost investigations costs can be reduced by changing the location of activities so that the activities are performed more efficiently, or by redesigning the product and its components to take full advantage of the manufacturing skills located throughout the target costing chain. For example, at some point in time, Toyo Radiator was having problems with an engine cooling system for a new Komatsu product, which required considerably more cooling capacity than the product that it replaced. Despite considerable efforts, the design teams of the two firms had failed to achieve the target cost for the new cooling system. To resolve the problem they initiated an interorganizational cost investigation, called "cost balance verification". As part of that process, Komatsu designed a new system to control the level of heat generation by the engine. Increased control over heat generation reduced the demand placed on the heat exchanger, thus allowing a lower cooling capacity design to be accepted. With the functionality specifications reduced, Toyo Radiator's costs were reduced to acceptable levels.

Interorganizational cost investigations are a powerful extension of chained target costing and FPQ trade-offs. They overcome one inherent limitation of those approaches by increasing the scope of the changes that can be made to the design of products and components. However, they fail to address another limitation, the late involvement of the suppliers in the product development process. The IOCM technique used to address the timing issue is concurrent cost management.

3.5. Concurrent Cost Management

Concurrent cost management allows the scope of the design changes to be further increased by giving suppliers more time to identify additional opportunities for cost reduction and greater ability to share suggestions with the buyer. Concurrent cost management is achieved by completely outsourcing research and development for an entire major function or group component. Firms can use two different approaches to concurrent cost management. In the first approach, called *parallel engineering*, the buyer provides the supplier with high-level specifications for the major function. These specifications allow the supplier to design the major function in isolation. Each firm's design team can make changes to their product as long as these modifications do not lead to violations of the high-level specifications of the other firm's product. Komatsu and Toyo Radiator use parallel engineering to develop engine-cooling systems that are not expected to be problematic and both firms expect the supplier to achieve its target cost. Komatsu provides Toyo Radiator with specifications of the physical envelope in which the cooling system has to fit, the anticipated airflow, and the required cooling capacity. One of the advantages of parallel engineering lies in the ability of the supplier to uncouple its own product development activities from those of the buyer. When the supplier knows the general direction in which the buyer is going, it can start developing new technologies and products that meet the buyer's future requirements. This uncoupling gives the supplier more time to develop new products.

In the second approach to concurrent cost management, called *simultaneous engineering*, the buyer's and supplier's product development teams work intensively together to identify mutually beneficial designs for both the product and the outsourced major function. The advantage over parallel engineering is the ability for each team to recommend design changes that alter the high-level specifications of both the product and the major functions. Komatsu and Toyo Radiator used this approach when Toyo Radiator had problems achieving its target costs for the A20 and A21 power shovels. The design for these new Komatsu products had 40% greater engine power than their predecessors. Under normal conditions, the increased engine size would lead to an approximately equivalent increase in the cost of the engine cooling system. Using their combined expertise on the project, the product development teams of the two firms found that by redesigning the engine a much cheaper, but equally effective, engine-cooling system could be developed.

Parallel and simultaneous engineering provide several benefits. First, they give the suppliers more time to develop their products and hence greater opportunity to reduce costs. Second, they enable the suppliers to develop new generations of their products almost independently of the product development processes of their customers. Third, they allow faster introduction of new products because the product development processes of the buyer and supplier occur at essentially the same time. Finally, they reduce overall costs by allowing the suppliers to spread development costs over the products of all of their customers. The primary disadvantage of the two concurrent cost management techniques is the lost ability of the buyers to differentiate their products based upon any proprietary technology utilized in the outsourced major function. This loss of proprietary technology is especially serious in supplier networks in which suppliers sell their products to firms that are direct competitors. For this reason, firms typically only outsource non-core technologies.

4. Establishing Buyer-Supplier Relationships for Interorganizational Cost Management

The objective of interorganizational cost management programs is for firms to find low-cost solutions, through coordinated actions with their buyers and suppliers, than would be possible if the firms attempted to reduce costs independently. Given its heavy reliance on cooperation between firms, interorganizational cost management can be undertaken only in lean supplier networks, in which the buyer-supplier relations are characterized by cooperation, stability, information sharing, mutual benefit, and trust.

Cooperation is required for all three areas of interorganizational cost management – product development, manufacturing, and buyer-supplier interface – because they all require the firm and its buyers and suppliers to adjust their behavior and act in their common best interest. Stability is necessary both to motivate and to justify these behavioral changes. All three areas of interorganizational cost management also require intense information sharing. This is particularly true in the case of product development, where information sharing is needed to ensure coordination of the design process at all the firms involved. The degree of information sharing depends on the outsourced item. Some items need no information sharing, and the buyer-supplier relationship can be relatively simple and at arm's length. In contrast, at the other end of the continuum, for items that are major functions almost total information sharing is required as the teams simultaneously design the end product and its major functions. Mutual benefit is required so that all the firms involved share in the increased profitability resulting from the behavioral changes. For IOCM to work, the additional profits from any improvements have to be shared among all the firms involved. This sharing creates an incentive for everyone to cooperate, irrespective of how powerful they are.

Buyers and suppliers interact with each other at different levels, where the level of the relationship is determined primarily by the degree of interaction between the product development teams of the two firms. Four distinct types of supplier relations can be distinguished: common suppliers, subcontractors, major suppliers, and family members.

- *Common suppliers* produce components that are widely available and are purchased by many buyers. Typically, common suppliers are viewed as interchangeable and cost is often the deciding factor in the choice of supplier.
- *Subcontractors* are brought into the new product development process after the product has been designed. The buyer designs the components that the new product contains and then instructs the subcontractor to manufacture them according to the specifications provided. The buyer often helps the subcontractor become more efficient by providing engineering and sometimes managerial support. For example, Yokohama regularly provides Kamakura's management team with suggestions on how to improve their business processes.
- Yokohama represents the fourth category of suppliers, *major suppliers*. Here, the buyer provides high-level specifications to the supplier and then requests the supplier to develop the outsourced group component (e.g. starter motor or fuel pump). Major suppliers get involved in the product development process before the product's detailed design is established. The engineers of the two firms interact on a regular basis and each firm tries to help the other become more efficient.
- *Family members*, the role that Toyo Radiator plays for Komatsu, are responsible for designing and delivering a complete major function of the final product. They have extensive research and development capabilities in their own right and act almost as an integral part of the buyer's design team. The buyer's relationships with its family members are the richest of all supplier categories.

The degree to which the design of an outsourced item and of the product that contains it are dependent on each other, determines whether the supplier is a major supplier or family member. If the two designs are relatively independent, then a major supplier can design the group component or major function in isolation from the end product that contains it. For example, a starter motor can be designed in isolation from the engine as long as the major supplier knows the starting torque required and the maximum dimensions of the motor. In contrast, if the designs are strongly interdependent, then the supplier has to be a family member because the buyer and supplier design teams must work closely together. For example, if the only way an engine cooling system can be designed to achieve the required characteristics is by simultaneously changing the design of the engine, then the two design teams must be integrated.

Determining the appropriate level of buyer-supplier relationships is important because it determines the choice of IOCM technique to be used. The higher the level of the buyer-supplier relationship, the more sophisticated the IOCM technique that can be supported (Figure 2). The simplest IOCM technique, target costing, is used for all levels of buyer-supplier relations, whereas the most sophisticated technique, simultaneous engineering, is only feasible when the suppliers are treated as family members. The ability of higher levels of suppliers to undertake the more sophisticated cost management techniques reflects a cost-benefit trade-off. As the level of the buyer-supplier relationship increases, so does the cost of developing and maintaining it. More specifically, relatively little effort is typically expended on common suppliers while considerable effort is expended on family members. The difference is due to the nature of the benefits that can be achieved through the relationship. With common suppliers, which sell low value-added, standard products at market prices, there is relatively little benefit to be derived from developing close relationships. In contrast, with family members, which develop and manufacture complete major functions, there are considerable benefits to developing rich, sharing relationships. Thus, the greater the value-added of the outsourced items and the more heavily the buyer relies upon the supplier's design skills, the greater the benefits that can be achieved through joint cost reduction and the higher the level of the buyer-supplier relationship that is being developed.

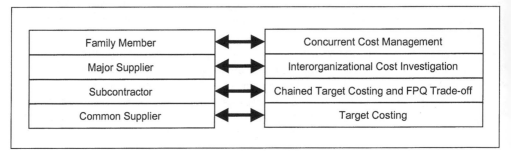

Fig. 2: Buyer-supplier relationships and IOCM techniques used

Instead of treating suppliers as interchangeable providers of low-cost components, lean enterprises treat them as a valuable source of innovative ideas. Mass producers that are becoming lean therefore have to change the way in which they interact with their suppliers. They must be willing to make significant investments in the relationship, for example, by sending engineers to the suppliers to help develop their design and manufacturing skills. In return, suppliers must also be willing to invest in the relationship, for example, by acquiring special equipment that enables them to produce buyer-specific components at lower cost. When the buyer shares design and cost information with suppliers and vice versa, they can achieve considerable synergies. To enable such sharing to occur, open buyer-supplier relationships are nurtured. Such relationships require considerable mutual trust on the part of both firms.

5. Conclusion

To survive in today's highly competitive environment, firms must develop low-cost, high-quality products with the functionality that their customers demand. When firms outsource a large percentage of the value-added of their products and associated product development tasks, they can only achieve this objective by linking their cost management systems with those of their suppliers and customers. The structured approach to coordinating the activities of firms in a supplier network so that total costs in the network are reduced, is called interorganizational cost management. In particular, IOCM systems applied during the product development stage involve close interactions between the design teams of the buyer and supplier firms to help identify opportunities for joint cost reduction based on design synergies across the firms.

At the heart of IOCM during product design lies chained target costing. Target costing acts as a disciplining mechanism for the product development process by establishing the cost-reduction objectives that must be achieved for new products and their components to ensure that the products are adequately profitable when launched. By chaining the target costing systems of multiple firms this discipline can be extended from the first-tier suppliers to the entire supplier network. The network is now subjected to the pressures of the marketplace and motivated to find new ways to reduce costs while simultaneously increasing functionality and quality of the end products and the components they contain.

However, if the design teams of the different firms involved in the development of new products act in isolation, as is the case in chained target costing systems, then opportunities for cost reduction that transcend organizational boundaries are often missed. Techniques such as are functionality-price-quality (FPQ) trade-offs, interorganizational cost investigations, and concurrent cost management, enable the design teams of buyers and suppliers to pool their knowledge in order to identify new ways to reduce costs. For example, when a supplier finds that it cannot achieve the target costs set by the buyer's component-level target costing process, it can initiate an FPQ trade-off. Under such a trade-off, the buyer and supplier negotiate to lower the level of quality and functionality required so the supplier can generate an adequate profit at the buyer's component-level target cost. In an interorganizational cost investigation, the design teams of the two firms get together to determine whether the specifications set by the buyer can be altered in ways that enable the component's costs to be reduced significantly. The changes to the component's specifications usually are greater than those considered under an FPQ trade-off. In concurrent cost management the entire design of the major function is outsourced to the supplier. If little synergy between the buyer's and supplier's design teams is expected, then under parallel engineering high-level specifications of the major function are set by the buyer, and the supplier is expected to design a solution that meets them. In contrast, if a high level of synergy is expected, then under simultaneous engineering the two design teams work together to design both the product and the major function simultaneously.

Interorganizational cost management can only be successfully undertaken when the buyer-supplier relationships that extend across the entire supplier network are stable, cooperative, mutually beneficial, and based on trust. The degree of sophistication of the IOCM technique used varies as buyers and suppliers establish different levels of relationships. The higher the value-added of the outsourced item and the higher the potential benefits from joint cost reduction, the more sophisticated the IOCM technique that can be justified. The choice of IOCM technique is thus determined by a cost-benefit trade-off between the cost of establishing sophisticated buyer-supplier interactions and the potential benefits of cost reduction through joint product development.

References

1 The names of the firms in this supply chain have been disguised for reasons of confidentiality.

Supply Chain Costing

Stefan Seuring

1. Einleitung

Die gestiegenen Anforderungen von Kunden im globalen Wettbewerb haben dazu geführt, dass Unternehmen entlang von Wertschöpfungsketten zusammen arbeiten. Das Supply Chain Management bietet dabei die Chance, die Wettbewerbsfähigkeit der gesamten Wertschöpfungskette zu erhöhen und Kostensenkungspotenziale zu identifizieren, die dem einzelnen Unternehmen alleine nicht zugänglich sind. Unternehmen gestalten dazu sowohl die Material- und Informationsflüsse als auch die Beziehungen zu ihren Geschäftspartnern in der Wertschöpfungskette.

Mit dem Supply Chain Costing liegt ein Konzept vor, das es ermöglicht, systematisch die Kosten innerhalb von Wertschöpfungsketten zu analysieren und sie so der aktiven Gestaltung zugänglich zu machen. Der Beitrag zeigt dies in drei Schritten auf:

- Zuerst wird in Abschnitt 2. eine kurze Einführung in das Supply Chain Management gegeben.
- Dann folgt in Abschnitt 3. die Konzeption des Supply Chain Costing und seine Ausgestaltung mit Hilfe des Target Costing und des Prozesskostenmanagements.
- Im Abschnitt 4. illustriert ein Beispiel aus der Textil- und Bekleidungsindustrie die Anwendung des Konzeptes und zeigt auf, wie Unternehmen durch die gezielte Kooperation in der Wertschöpfungskette Kostensenkungspotenziale realisieren und so in der Lage sind, ein verbessertes Produkt am Markt zu platzieren.

2. Supply Chain Management

2.1. Grundlagen des Supply Chain Managements

In den letzten Jahren hat das prozessorientierte Management das funktional geprägte Handeln in vielen Bereichen abgelöst. Das Management von Wertschöpfungsketten treibt diese Integration der Prozesse über die Unternehmensgrenzen voran (vgl. SCOR 2002). Innerhalb des Supply Chain Managements werden dabei eine Vielzahl operativer Maßnahmen diskutiert, wie z.B. die Reduktion der Lieferantenzahl, aber auch der Kundenbasis, gemeinsame Planung der Lagerhaltung entlang der Kette und die Einführung von elektronischem Datenaustausch (vgl. VOLLMANN ET AL. 1998, S. 377).

Das Supply Chain Management ist durch drei Grundprinzipien gekennzeichnet:

- Die Marketing- bzw. Kundenorientierung stellt sicher, dass alle Aktivitäten in der Wertschöpfungskette der Erfüllung eines Kundennutzens dienen.
- Das Integrationsprinzip steht für die Notwendigkeit, die gesamte Wertschöpfungskette als eine Einheit zu analysieren und zu gestalten.
- Das Effizienzprinzip steht für die konkrete Ausgestaltung der Wertschöpfungskette. Zusammen mit dem Integrationsprinzip soll erreicht werden, dass nicht einzelne Funktionen oder Unternehmen, sondern die gesamte Supply Chain optimiert werden. Dadurch sollen suboptimale Lösungen vermieden werden.

Diese Grundprinzipien ermöglichen es, eine Unterteilung der Zielgrößen und der davon abgeleiteten Planungs- und Steuergrößen der Wertschöpfungskette vorzunehmen, so dass auf den Output und auf den Input bezogene Ziele unterschieden werden:

- Output: Das Ziel der Wertschöpfungskette ist die optimale Befriedigung der Kundenbedürfnisse, z.B. durch hohe Lieferbereitschaft, geringe Lieferzeit oder kundenindividuelle Produkte.
- Input: Ziel ist die Minimierung der zur Erstellung einer Leistung notwendigen Ressourcen wie Material, Kapazitäten und Personal. Häufig wird dies unter möglichst niedrigen Gesamtkosten zusammengefasst. Gleichzeitig soll eine hohe Flexibilität in der Wertschöpfungskette bezüglich der Produktionskapazität sowie der Einführung neuer Produkte erreicht werden.

Bei der Zielformulierung ist zu beachten, dass Input- und Output-Ziele in wechselseitiger Abhängigkeit zueinander stehen und die angestrebte Zielerreichung kongruent zueinander sein muss. Um die Grundprinzipien umzusetzen und die Ziele zu erreichen, ist es notwendig, den Entscheidungsraum des Supply Chain Managements zu strukturieren.

2.2. Produkt-Kooperations-Matrix

Wie aus der eingangs angeführten Definition und den dargelegten Grundprinzipien deutlich wird, umfasst das Supply Chain Management ganz wesentlich zwei Dimensionen. Innerhalb der *Produktdimension* gilt es, die Material- und Informationsflüsse in und zwischen den Unternehmen gemeinsam zu optimieren. Die *Kooperationsdimension* macht es notwendig, die Beziehungen des Unternehmens zu Kunden und Lieferanten neu zu gestalten, so dass mit den wesentlichen Partnern in der Kette intensiver zusammengearbeitet wird, um so die Wettbewerbsfähigkeit der gesamten Wertschöpfungskette zu sichern (vgl. HANDFIELD/NICHOLS 1999, S. 2).

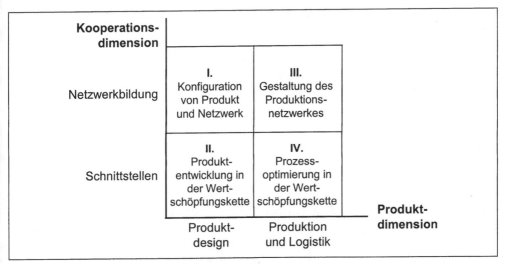

Abb. 1: Produkt-Kooperations-Matrix des Supply Chain Managements

Sowohl die Produkt- als auch die Kooperationsdimension werden in je eine konstitutive, gestaltende und eine operative, umsetzende Phase unterteilt. Der Gestaltungsspielraum des Supply Chain Managements kann daher in der Produkt-Kooperations-Matrix (vgl. SEURING 2001, S. 17) erfasst werden, deren vier Felder ein Ablaufschema für die Gestaltung von Wertschöpfungsketten enthält (vgl. Abb. 1).

Die *Konfiguration von Produkt und Netzwerk* umfasst die wesentlichen Entscheidungen, welche Produkte oder Dienstleistungen im Verbund mit welchen Unternehmen angeboten werden. Schon in dieser frühen Phase erfolgt die Reduktion auf die wesentlichen Lieferanten- und Kundenbeziehungen. Die drei folgenden Punkte konkretisieren die im Rahmen der Konfiguration von Produkt und Netzwerk getroffenen Entscheidungen.

Die *Optimierung der Produktentwicklung in der Wertschöpfungskette* zielt darauf ab, das in der Wertschöpfungskette vorhandene Entwicklungs-Know-how zu nutzen. Forschungs- und Entwicklungsleistungen werden dadurch vom jeweils am besten geeigneten Partner in der Wertschöpfungskette erbracht. Dadurch wird der Umfang der Zusammenarbeit entlang der Kette deutlich, die auch die Entwicklung des Produktes umfasst. In diesem Feld wird insbesondere das Prinzip der Kundenorientierung umgesetzt, da die Produkte die Anforderungen der jeweils nächsten Wertschöpfungsstufe und der Kunden am Ende der Kette optimal erfüllen müssen.

Bei der *Gestaltung des Produktionsnetzwerkes* wird darüber entschieden, welches Unternehmen genau welchen Schritt des Produktionsprozesses übernimmt. Dabei steht die Leistungsfähigkeit der Unternehmen in Produktion und Logistik im Vordergrund, wobei Optimierungen nicht nur durch Verbesserungen bei einzelnen Prozessschritten erreicht werden, sondern aus Veränderungen des Gesamtsystems resultieren. Dies betrifft z.B. die Anordnung der einzelnen Produktionsschritte oder auch die optimale Verteilung von Lagerbeständen entlang der Kette. In diesen Entscheidungen wird insbesondere das Integrationsprinzip deutlich, da alle Glieder der Kette gemeinsam betrachtet werden.

Durch *Prozessoptimierungen in der Wertschöpfungskette* sollen die Probleme traditioneller Liefer- und Kundenbeziehungen vermieden werden, bei denen jedes Unternehmen darauf abzielt, seinen eigenen Nutzen zu maximieren. Dabei steht die konkrete Gestaltung der Material- und Informationsflüsse zwischen den Unternehmen der Wertschöpfungskette im Mittelpunkt der Analyse und Optimierung. Die einzelnen Felder der Matrix sind eng miteinander verknüpft, so dass nur eine gemeinsame Optimierung die vollen Potenziale des Supply Chain Managements ausschöpft und damit insbesondere das Effizienzprinzip zum Tragen kommt.

3. Supply Chain Costing

3.1. Kosten als Zielgröße im Supply Chain Management

Supply Chain Management zielt darauf ab, die Gesamtheit der Ressourcen zu minimieren, die notwendig sind, um Kundenbedürfnisse in einem Segment zu bedienen. Inputorientierte Zielbeschreibungen fokussieren häufig auf die niedrigsten Gesamtkosten bzw.

auf die Verbesserung der Leistungsfähigkeit in der Wertschöpfungskette (vgl. LA-LONDE/POHLEN 1996, S. 1). Obwohl die Kostenreduktion damit als zentraler Erfolgsfaktor im Wettbewerb der Wertschöpfungskette erkannt wird, fehlt es bisher an Ansätzen, Instrumente des Kostenmanagements innerhalb des Supply Chain Managements nutzbar zu machen. Das Kostenmanagement umfasst dabei die Gesamtheit aller Steuerungsmaßnahmen, die der frühzeitigen und antizipativen Beeinflussung der Kosten dienen, wobei auch die Kosten in der Wertschöpfungskette konkurrenzbezogen analysiert, geplant und gesteuert werden (vgl. DELLMANN/FRANZ 1994, S. 18; KAJÜTER 2000a, S. 11ff.). In der Literatur zum Supply Chain Management wird zumeist keine konkrete Ausgestaltung des Kostenmanagements vorgenommen. Statt dessen wird auf Ersatzgrößen zurückgegriffen, so dass z.B. die Reduktion von Lagerbeständen und Lieferzeiten entlang der gesamten Wertschöpfungskette als Ziel genannt werden. In der Regel wird die Optimierung dieser Ersatzzielgrößen mit sinkenden Kosten verbunden.

An diesem Punkt setzt das Konzept des Supply Chain Costing (vgl. SEURING 2001, S. 122ff.) an, das als die Analyse, Gestaltung und Steuerung von Kosten in der Wertschöpfungskette definiert wird. Die traditionellen Instrumente des Kostenmanagements und der Kostenrechnung sind auf das Management von Einzel- und Gemeinkosten innerhalb eines Unternehmens gerichtet. Die Betrachtung einer Wertschöpfungskette von der Gewinnung der natürlichen Rohstoffe bis zur endgültigen Beseitigung des gebrauchten Produktes spannt aber einen wesentlich weiteren Rahmen. Es ist daher notwendig, den analytischen Rahmen des Kostenmanagements so zu erweitern, dass eine Analyse der Kosteneinflussfaktoren in der Wertschöpfungskette möglich wird.

Während Begriff und Gegenstand der Einzelkosten unmittelbar übernommen werden, bietet sich für die Gemeinkosten eine Trennung in Gemeinkosten erster und zweiter Ordnung an. Gemeinkosten erster Ordnung können im einzelnen Unternehmen gesteuert werden und stehen damit in direktem Bezug zum Begriff der Prozesskosten, wohingegen die Gemeinkosten zweiter Ordnung, die nur in der Kette beeinflusst werden können, auf den Begriff der Transaktionskosten hinweisen.

3.2. Drei Kostenebenen: Einzel-, Prozess- und Transaktionskosten

Zur sprachlichen Vereinfachung wird daher eine Dreiteilung des Kostenbegriffs vorgenommen, so dass Einzelkosten, Prozesskosten und Transaktionskosten unterschieden werden (vgl. SEURING 2001, S. 115f.):

- *Einzelkosten*
  Der Begriff der Einzelkosten charakterisiert die Kosten, die entsprechend des Kostenverursachungsprinzips direkt auf die Produkte des Unternehmens verrechnet werden können. Dabei handelt es sich vor allem um Materialkosten und Fertigungsstücklöhne.

- *Prozesskosten*
  Für den Begriff der Prozesskosten wird auf die Prozesskostenrechnung bzw. das Prozesskostenmanagement zurückgegriffen. Prozesskostenrechnung wird dabei verstanden als ein Verfahren zur Planung, Steuerung und Verrechnung von Prozessen, insbesondere auch zur kostenrechnerischen Abbildung der Gemeinkostenbereiche. Prozesskosten können daher vom einzelnen Unternehmen beeinflusst werden, was für die Ab-

grenzung zu den Transaktionskosten von entscheidender Bedeutung ist. Die in der Prozesskostenrechnung vorgeschlagene Vorgehensweise (vgl. MAYER 1998, S. 12f.) bildet eine Grundlage, an der sich beim Kostenmanagement in Wertschöpfungsketten ansetzen lässt.

- *(Wertschöpfungskettenweite) Transaktionskosten*
  Transaktionskosten werden als Informations- und Koordinationskosten verstanden, die „bei der Anbahnung, Vereinbarung, Kontrolle und Anpassung wechselseitiger Leistungsbeziehungen auftreten" (PICOT/DIETL 1990, S. 178). Diese Begriffssetzung stellt deutlich darauf ab, dass diese Kosten nicht von einem einzelnen Unternehmen beeinflusst werden, sondern durch den Austausch von Material- und Informationsflüssen sowie der Ausgestaltung der Kooperationsbeziehung maßgeblich bedingt werden.

Mit der Produkt-Kooperations-Matrix und den drei Ebenen des Kostenmanagements liegen damit die Bausteine vor, die zusammen den konzeptionellen Rahmen des Supply Chain Costing aufspannen (vgl. SEURING 2001, S. 123).

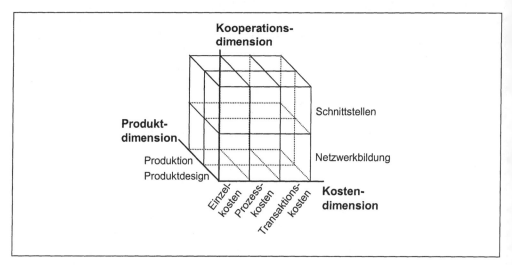

Abb. 2: Die drei Dimensionen des Supply Chain Costing

Abbildung 2 verdeutlicht, dass Einzel-, Prozess- und Transaktionskosten in allen vier Feldern der Produkt-Kooperations-Matrix zu berücksichtigen sind, um das Ziel der Reduktion der Gesamtkosten in der Wertschöpfungskette zu erreichen. Die vier Entscheidungsfelder zeigen dabei auf, wo Schwerpunkte auf den einzelnen Kostenebenen zu erwarten sind, so dass Kostenbeeinflussbarkeit und Kostenentstehung im Lebenszyklus der Produkte und der Kooperationsbeziehungen verdeutlicht werden.

Um den konzeptionellen Rahmen nutzbar zu machen, wird er mit etablierten Instrumenten des Kostenmanagements verbunden. In der Literatur zum Supply Chain Management wird dazu wesentlich auf zwei Instrumente verwiesen, nämlich das Target Costing (vgl. COOPER/SLAGMULDER 1999) und die Prozesskostenrechnung (vgl. LALONDE/POHLEN 1996; DEKKER/VAN GOOR 2000). Das Target Costing stellt die Zielorientierung auf die Kundenbedürfnisse sicher, während die Prozesskostenrechnung unmittelbar an die Prozessorientierung anknüpft, in der alle Aktivitäten entlang der Wertschöpfungskette verbunden werden. Im Rahmen dieses Beitrags wird nachfolgend das Supply Chain Target Costing und das prozessorientierte Supply Chain Costing vorgestellt.

3.3. Supply Chain Target Costing

Im Target Costing erfolgt eine retrograde Kalkulation, bei der der am Markt erzielbare Preis den Ausgangspunkt bildet (Market-Driven Costing). Davon wird der geplante Zielgewinn abgezogen, so dass man die vom Markt erlaubten Kosten erhält. Diese Kosten beinhalten sowohl die Produktzielkosten als auch die geplanten Overheads. Im Rahmen der anschließenden Zielkostenspaltung werden die Kosten- und Produktwertziele für die Funktionshauptkomponenten ermittelt, wobei Abweichungen im Zielkostenkontrolldiagramm veranschaulicht werden (vgl. hierzu ausführlich den Beitrag von SEIDENSCHWARZ ET AL.). Auch wenn in der Literatur schon früh die Einbindung von Lieferanten in das Target Costing diskutiert wird (vgl. SEIDENSCHWARZ/NIEMAND 1994), so bleibt das Instrument doch weitgehend auf die Gestaltung der Produkteinzelkosten begrenzt.

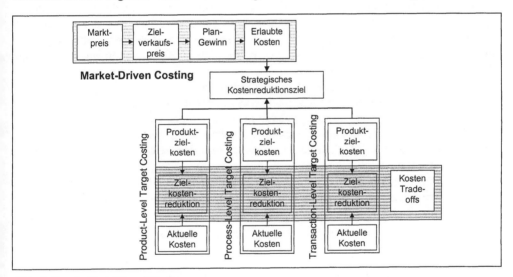

Abb. 3: Supply Chain Target Costing

Möglichkeiten der Kostenreduktion ergeben sich aber, entsprechend den Überlegungen des Supply Chain Managements, nicht nur auf der Ebene der Einzelkosten, sondern auch auf der Ebene der Prozess- und der Transaktionskosten. Daher sind bei der Suche nach Maßnahmen zur Schließung der Zielkostenlücke alle drei Kostenebenen des Supply Chain Costing einzubeziehen (vgl. Abb. 3). Kostenreduktionen können sowohl auf der Ebene Einzelkosten (z.B. durch preiswertere Materialien oder eine verbesserte Konstruktion), aber auch auf den Ebenen der Prozesskosten (z.B. durch effizientere administrative Prozesse) und der Transaktionskosten (z.B. durch verbesserte Zusammenarbeit mit Kunden und Lieferanten) erreicht werden.

Im Supply Chain Target Costing (vgl. SEURING 2002, S. 111) sind dabei Trade-offs zwischen den drei Kostenebenen zu berücksichtigen, so dass z.B. höhere Transaktionskosten zu niedrigeren Einzel- und/oder Prozesskosten führen können, wie im anschließenden Beispiel diskutiert wird. Für die Ermittlung der Kosten wird dabei auf Überlegungen der Prozesskostenrechnung aufgebaut, so dass zuvor noch das prozessorientierte Supply Chain Costing erläutert wird.

3.4. Prozessorientiertes Supply Chain Costing

Das Prozessmanagement und die Prozesskostenrechnung haben in den letzten Jahren in den Unternehmen immer mehr an Bedeutung gewonnen (vgl. hierzu ausführlich den Beitrag von KAJÜTER). Innerhalb des Prozesskostenmanagements werden Kostentreiber identifiziert, wozu eine Zuordnung von Prozessen zu unterschiedlichen hierarchischen Stufen vorgenommen wird (vgl. KAPLAN/COOPER 1997, S. 89; BROKEMPER 1998, S. 78). Dafür erfolgt zuerst eine Prozessanalyse (vgl. MAYER 1998, S. 5), die nun im Rahmen des Supply Chain Managements auf die gesamte Wertschöpfungskette ausgedehnt werden muss. Bei der anschließenden Ermittlung der Kostentreiber (Bezugsgrößen) kann so herausgearbeitet werden, welche Entscheidungen eines Unternehmens die Kosten vor- oder nachgelagerter Unternehmen beeinflussen, so dass die Ebene der Transaktionskosten in die Analyse integriert wird. Daraus ergibt sich in Kombination mit dem Target Costing die folgende Vorgehensweise:
1. Ermittlung des strategischen Kostenreduktionsbedarfs,
2. Abbildung der Prozesse und Identifikation der Kostentreiber in der Kette,
3. Analyse von Kostensenkungspotenzialen in den einzelnen Unternehmen,
4. Analyse von Kostensenkungspotenzialen zwischen den Unternehmen.
Anschließend sind diese Maßnahmen umzusetzen, um den Erfolg des Prozesskostenmanagements sicherzustellen.

    In den folgenden Abschnitten wird das vorgestellte Konzept des Supply Chain Costing und seine instrumentelle Umsetzung an einem Beispiel aus der Textil- und Bekleidungsindustrie verdeutlicht.

4. Supply Chain Costing in der Bekleidungsindustrie

4.1. Hintergrundinformationen zur textilen Kette

Die Textil- und Bekleidungsindustrie zeichnet sich als reife Industriebranche durch einen hohen, globalen Wettbewerbsdruck aus. Bei vielen Basisartikeln, vor allem in unteren Preissegmenten, bestehen kaum Möglichkeiten einer Differenzierung. Einkaufsentscheidungen der Kunden und der großen Handelshäuser sind durch ein enormes Kostenbewusstsein geprägt. Ein Beispiel bilden Damen-Sommerkleider, deren niedrigste Preislage seit 25 Jahren unverändert bei ca. 35 € liegt. Für diese preiswerten Produkte, bei denen die Kunden eine ansprechende Qualität erwarten, müssen entsprechend preiswerte Materialien zugekauft werden. Das hat zu einer großen Fragmentierung der Wertschöpfungskette geführt. Als Folge wechseln die Konfektionäre, d.h. die Unternehmen, die die Kleidung entwerfen und herstellen (lassen), ihre Lieferanten von Saison zu Saison, wenn kleinste Einsparungen im Einkaufspreis erreicht werden können. So werden beim Zukauf von Polyesterfutterstoffen Verhandlungen auf der Basis von unter 0,25 Cent pro laufendem Meter Stoff geführt.

Vereinfacht kann die Wertschöpfungskette für Bekleidungstextilien wie nachfolgend beschrieben untergliedert werden, wobei im Extremfall jeder wesentliche Prozessschritt in einem anderen Unternehmen durchgeführt wird.

Zuerst erfolgt die Gewinnung oder Herstellung von Fasern, so dass entweder Chemieunternehmen (für synthetische Fasern wie Polyester oder Nylon) oder landwirtschaftliche Betriebe (für Naturfasern wie Baumwolle oder Wolle) am Anfang der Kette stehen. Auf den folgenden Stufen kann eine mehr oder weniger große Spezialisierung der einzelnen Unternehmen beobachtet werden. Bei der Textilherstellung werden aus den Fäden des Rohmaterials erst Garne und dann Stoffe (Flächengewebe) gewonnen. In der Textilveredelung werden diese Stoffe gefärbt und ausgerüstet, so dass z.B. Hemden bügelfrei oder Outdoorjacken wasserdicht sind. Die Kleidungsherstellung erfolgt oft in Lohnfertigung im Auftrag von Konfektionären. Eine oder mehrere Handelsstufen vermarkten anschließend die Kleidungsstücke.

Entlang dieser textilen Kette findet keine Kooperation über die gesamten Stufen der Kette hinweg statt, so dass nur von Stufe zu Stufe, oft über Spotmärkte, miteinander Handel getrieben wird (vgl. HORSTMANN 1998, S. 5).

4.2. Die Wertschöpfungskette für Polyesterfutterstoffe bei Steilmann

Das Unternehmen Klaus Steilmann GmbH & Co. mit Sitz in Wattenscheid gehört zu den führenden Bekleidungsherstellern in Europa. Das nachfolgende Beispiel entstammt einem Projekt, das zusammen mit Lieferanten durchgeführt wurde.[1]

In den letzten Jahren begegneten viele Unternehmen dem Kostendruck auf den Absatzmärkten durch ständige Wechsel der Lieferanten. Das führte dazu, dass selbst Bestandteile der gefertigten Produkte, die kaum einem modischen Wechsel unterliegen, wie es z.B. für Futterstoffe in Jacken der Fall ist, ständig von anderen Lieferanten bezogen wurden, wenn dadurch der Einkaufspreis gesenkt werden konnte. Die damit verbundenen Kosten, z.B. bei der Auswahl der Lieferanten, der Kontrolle der gelieferten Produkte, der Pflege der Lieferantendaten oder die damit verbundene Haltung größerer Lagerbestände wurden nicht berücksichtigt.

Zwar haben die Konfektionäre und der Handel als verbrauchernahe Unternehmen in der Wertschöpfungskette eine Machtstellung, doch wird diese durch die Größenverhältnisse der Unternehmen zueinander begrenzt. Tabelle 1 stellt einige Daten zur Wertschöpfungskette zusammen, die im konkreten Fall auf drei Unternehmen verkürzt wurde. Die von Steilmann jährlich gekaufte Menge an Polyesterfutterstoff macht ca. 10% der Produktion eines Futterstoffherstellers (Textilunternehmen), aber nur noch 1% der Jahresproduktion eines Herstellers von Polyestergranulat (Chemieunternehmen) aus.[2] Zudem bestehen erhebliche Unterschiede in der Produktvielfalt. Während für die Futterstoffe im

Wesentlichen eine Polyesterrohware eingesetzt wird, werden bei der Herstellung der Futterstoffe ca. 300 verschiedene Farbtöne verwendet. Diese Ausdifferenzierung der Produkte zum Kunden hin ist üblich und in vielen Branchen beobachtbar.

Wertschöpfungsstufe	Chemieunternehmen	Textilunternehmen	Bekleidungshersteller (Steilmann, Wattenscheid)
Prozesse	Polymerisation, Garnherstellung	Weben, Färben, Veredeln der Stoffe	Konfektion, Eigen- und Lohnfertigung
Jahresmenge Polyesterfutterstoffe	Umgerechnet 500 Mio. m/a	Ca. 40 Mio. m/a	Ca. 4 Mio. m/a
Farbvielfalt	Farblose Ware	Ca. 300 Farben lieferbar	Reduziert auf 50 Farben

Tab. 1: Ausgewählte Daten zur Wertschöpfungskette für Polyesterfutterstoffe

In den letzten Jahren ist eine verbesserte Qualität an Polyesterfutterstoffen entwickelt worden, die sich durch verbesserte technische Eigenschaften auszeichnen und bei deren Produktion weniger Abfälle anfallen (vgl. THIER-GREBE/RABE 2000). Diese Entwicklung wurde maßgeblich durch den Hersteller eines Katalysators für Polyester angestoßen. Dabei ergab sich jedoch das Problem, diese Futterstoffe in die Wertschöpfungskette einzuführen, so dass dieses Untenehmen bereit war, Anwender mit chemisch-technischem Detailwissen zu unterstützen.[3]

Um die Markteinführung der neuartigen Polyesterfutterstoffe zu ermöglichen, initiierte Steilmann mit den beiden Unternehmen der Vorstufe ein gemeinsames Projekt zur Kostenreduktion. Anhand dieses Projektes werden im Folgenden die oben dargestellten Schritte des Supply Chain Costing beschrieben.

4.3. Durchführung des Supply Chain Costing

4.3.1. Ermittlung des strategischen Kostenreduktionsbedarfs

Futterstoffe sind zwar ein wichtiger, aber kein gestalt- oder wertgebender Bestandteil eines Kleidungsstücks. Eine technische Verbesserung des Polyesterfutterstoffs kann daher nicht in einem höheren Preis an den Bekleidungshandel und die Kunden weitergegeben werden. Im Sinne des Target Costing wird der Preis für die vorhandenen Produkte als Zielpreis angesetzt, so dass das strategische Kostenreduktionsziel bestimmt werden kann.

Im nächsten Schritt haben die drei Unternehmen der Kette ihre Prozesse getrennt voneinander kalkuliert, so dass von bestehenden technischen und administrativen Prozessen ausgegangen wird. Die im Chemie- und im Textilunternehmen auftretenden technischen Probleme konnten gemeistert werden. Allerdings zeigte sich, dass einzelne kritische Produktionsstufen bleiben werden. Eine Einführung des neuartigen Polyester-Rohmaterials in die Wertschöpfungskette hätte daher zu einem ca. 25% höheren Preis geführt. Eine Markteinführung des Polyesterfutterstoffs zu diesem Preis wäre ausgeschlossen.

4.3.2. Abbildung der Prozesse und Identifikation der Kostentreiber in der Kette

Chemieunternehmen

Die Wertschöpfungskette besteht, wie bereits erwähnt, aus drei Stufen. Im Chemieunternehmen wird das Rohpolyester hergestellt und anschließend zu Garn versponnen (vgl. Abb. 4). Die Herstellung des neuartigen Polyesters bedeutet einen wesentlichen Eingriff in den Produktionsprozess. Da ein neuer Katalysator verwendet wird, müssen alle Prozesse entsprechend angepasst werden.

Das größte Problem liegt in der parallelen Herstellung beider Polyesterqualitäten. Da die neue Qualität erst schrittweise eingeführt werden muss, werden bisher geringe Mengen in Losgrößen, die deutlich kleiner als für konventionelles Polyester sind, hergestellt. Bei der Umstellung der Anlagen zwischen den beiden Polyestersorten sind zusätzlich Reinigungsarbeiten notwendig. Beim Spinnen des Garns bestehen keine wesentlichen Probleme, da die Umstellung der Spinnmaschinen zwischen verschiedenen Rohwaren und Garnqualitäten relativ leicht erfolgen kann.

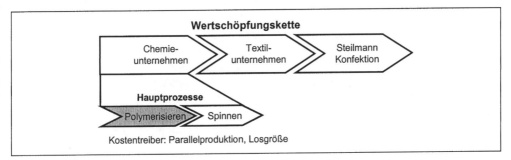

Abb. 4: Ausgewählte Prozesse und Kostentreiber im Chemieunternehmen

Textilunternehmen

Im Textilunternehmen können drei wertschöpfende Hauptprozesse identifiziert werden: Weben, Färben und Veredeln. Beim Weben entsteht aus dem eindimensionalen Garn der Futterstoff als zweidimensionales Flächengebilde, das in den folgenden Prozessschritten gefärbt wird. Zuletzt wird der Stoff veredelt, um seine (Dauer-) Gebrauchseigenschaften zu verbessern. Bei der Herstellung der Futterstoffe wird von einer Garnqualität ausgegangen, so dass als Produkt des Webens weiße Futterstoffrohware vorliegt, die zwischengelagert wird. Als kritischer Prozess im Textilunternehmen wird insbesondere das Färben identifiziert, da in diesem Schritt aus weißer Rohware, die noch in allen Farben gefärbt werden kann, die Polyesterfutterstoffe entstehen, die durch Farbe und Qualität eindeutig bestimmt sind. Abbildung 5 gibt einen Überblick zu den Prozessen und ausgewählten Kostentreibern.

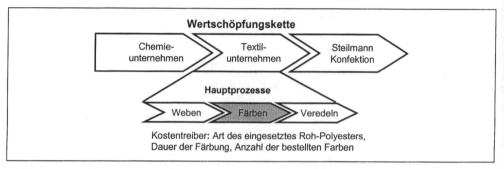

Abb. 5: Ausgewählte Prozesse und Kostentreiber im Textilunternehmen

Höhere Prozesskosten entstehen beim Textilunternehmen ganz wesentlich durch drei Punkte. Die Polymerisationskatalysatoren, die bei der Herstellung von Polyester eingesetzt werden, beeinflussen durch ihre chemischen Eigenschaften den Färbeprozess. Die Färbung des neuartigen Polyesters dauert länger, da z.B. pro Zeiteinheit weniger Chargen auf einer Anlage gefärbt werden können. Zudem muss die Farbe erst „eingestellt" werden, d.h. es sind Vorversuche notwendig, um die Qualität des Färbeprozesses sicher zu stellen. Jede Farbeinstellung alleine verursacht für die notwendigen Vorbereitungen und Tests Kosten in der Höhe von ca. 350 €. Schließlich müssen in der Produktion und der Lagerhaltung die beiden Polyesterarten getrennt voneinander geführt werden, so dass höhere Kosten für die administrativen Prozesse anfallen.

Als ein wesentlicher Kostentreiber für das Textilunternehmen kann daher die Anzahl der zu färbenden Farben ausgemacht werden, die maßgeblich von den Bestellungen der Kunden abhängen. Insgesamt werden Futterstoffe für Bekleidungstextilien in mehreren hundert verschiedenen Farben produziert. Bis zum Start des Projektes im Jahr 1998 orderte Steilmann alleine ca. 300 verschiedene Farben pro Saison. Wie bereits erwähnt, muss für jeden Färbeprozess die Farbe erst eingestellt werden, so dass die Höhe der Prozesskosten beim Textilunternehmen von der Anzahl der von den Kunden bestellten Farben für die Futterstoffe abhängt. Damit wird die Ebene der Transaktionskosten angesprochen, da das Textilunternehmen aufgrund des hohen Marktdrucks nicht alleine über die Anzahl der Farben entscheiden kann.

Konfektionär (Steilmann)

Die Art des eingesetzten Polyesters hat keinen Einfluss auf die Produktionsprozesse bei Steilmann, so dass dafür keine Prozessanalyse durchzuführen ist. Aus den diskutierten Punkten wird jedoch ersichtlich, dass der Kooperation in der Kette eine entscheidende Bedeutung zukommt.

4.3.3. Analyse von Kostensenkungspotenzialen in den einzelnen Unternehmen

Zunächst suchte jedes Unternehmen für sich nach Möglichkeiten der Kostenreduktion. Bereits das Polymerisat ist teurer, da das Polyester bisher nur in begrenzten Mengen hergestellt wird. Bei einer deutlichen Erhöhung der gefertigten Menge würde es möglich, eine Fertigungslinie im *Chemieunternehmen* ganz auf die Herstellung des neuartigen Polyesters umzustellen. Durch die so erreichbare Fixkostendegression wären erhebliche Kostensenkungen möglich, die aber kurz- und mittelfristig nicht realisierbar sind. An diesem Punkt wird die Verflechtung mit anderen Wertschöpfungsketten deutlich. Insgesamt kommt der gefertigten Losgröße eine wichtige Bedeutung als Kostentreiber zu.

Auch im *Textilunternehmen* waren nur begrenzte Kostenreduktionen erzielbar. Da sowohl das Chemie- als auch das Textilunternehmen mit etablierten Technologien arbeiten, gibt es nur begrenzt Möglichkeiten der Verbesserung, die insgesamt keinen maßgeblichen Beitrag zur Erreichung der Zielkosten auf der Ebene der vom einzelnen Unternehmen beeinflussbaren Einzel- und Prozesskosten liefern. Wie bereits angeführt, sind die bei *Steilmann* intern ablaufenden Prozesse unabhängig von der Art des eingesetzten Futterstoffs, so dass es auch hier nicht möglich war, Kosten zu reduzieren.

Nachdem jedes Unternehmen intern geprüft hatte, welche Möglichkeiten zur Kostenreduktion bestehen, zeigte sich deutlich, dass nur die gemeinsame Suche nach neuen Lösungen in der Zusammenarbeit zu den notwendigen Verbesserungen führen konnte, um die angestrebten Zielkosten zu erreichen. Nachfolgend werden einzelne Maßnahmen dargestellt, die die Unternehmen identifiziert und umgesetzt haben.

4.3.4. Analyse von Kostensenkungspotenzialen zwischen den Unternehmen

Eine typische Maßnahme im Supply Chain Management ist die Verkürzung der Wertschöpfungskette. Indem eine geringere Anzahl an Stufen durchlaufen wird, fallen geringere Kosten für die Zusammenarbeit zwischen den Unternehmen der Kette an, so dass die Transaktionskosten deutlich reduziert werden. So wurde die Supply Chain für die Polyesterfutterstoffe auf drei Glieder verkürzt (vgl. Tab. 1). Die drei Unternehmen gingen dabei eine enge Kooperation ein, die weit über die bereits bestehenden Lieferbeziehungen hinaus ging.

Um die Zielkosten auf das gewünschte Niveau zu reduzieren, mussten gemeinsame Optimierungsmaßnahmen entlang der Kette gefunden werden, da erst dadurch der Einsatz des Polyesterfutterstoffes bei Steilmann möglich wurde. Dazu wurden die beiden Schnittstellen in der Wertschöpfungskette getrennt betrachtet.

Schnittstelle Chemieunternehmen zu Textilunternehmen

Die Analyse der Prozesse im Chemieunternehmen zeigte auf, dass die Losgröße, in der das Polyester gefertigt wird, einen erheblichen Einfluss auf die Kosten hat. Daher wurde zwischen den beiden Unternehmen eine neue Lieferpolitik vereinbart, für die Transaktionskosten anfielen. Die Bündelung von Produktionsmengen im Chemieunternehmen erlaubte jedoch die Reduktion der Fertigungseinzelkosten und der Prozesskosten im Chemieunternehmen. Gleichzeitig wurden die Lagerkapazitäten und -kosten im Textilunternehmen berücksichtigt, um dort nicht Mehrkosten zu verursachen.

Schnittstelle Textilunternehmen zu Konfektionär

Das Färben wurde bereits als wesentlicher Prozessschritt identifiziert. Daher wurde ein Projekt zur Konsolidierung der Farbvielfalt bei den Futterstoffen durchgeführt. Bis zu diesem Zeitpunkt hatte bei Steilmann jede Abteilung Futterstoffe selbst nach Farben und

Qualitäten spezifiziert und von verschiedenen Lieferanten bezogen, so dass insgesamt ca. 300 verschiedene Farben in den Bekleidungsartikeln einer Saison eingesetzt wurden. Durch das Projekt wurde die verwendete Qualität für alle Futterstoffe vereinheitlicht. Weiterhin wurde die Anzahl der verwendeten Farben auf ca. 50 pro Saison reduziert und eine ABC-Klassifikation dieser Farben vorgenommen (vgl. Tab. 2).

Klassifikation	Farben	Mengenanteil	Lieferzeit	Produktionssteuerung
A	Schwarz	Ca. 50%	2 Tage	Push aufgrund langfristiger Liefervereinbarung
B	Ca. 20 Standardfarben (z.B. blau, grau)	Ca. 30%	2 Tage	
C	Ca. 30 saisonal wechselnde Farben	Ca. 20%	2 Wochen	Pull aufgrund Einzelauftrag

Tab. 2: ABC-Klassifikation der Farben der Polyesterfutterstoffe

Das Produktionsnetzwerk zwischen Steilmann und dem Futterstofflieferanten wurde daher neu gestaltet, so dass die Planbarkeit für beide Seiten erhöht wurde. Bisher wurden Futterstoffe nach Aufträgen an die Lieferanten gefertigt und innerhalb von ca. zwei Wochen geliefert. Für die A und B Farben konnte nach detaillierten Verhandlungen (Transaktionskosten) nun ein neuer Modus vereinbart werden, der zu erheblich reduzierten Prozesskosten für beide Seiten führte.

Während die C-Farben weiterhin auftragsbezogen in die Fertigung eingesteuert werden, werden Futterstoffe für die A und B Farben aufgrund saisonal vereinbarter Mengen vom Lieferanten auf Lager gefertigt. Die Lieferung ab Lager erfolgt auf Anforderung von Steilmann innerhalb von zwei Tagen. Kostenvorteile für Steilmann ergeben sich aus einer deutlich verringerten Lagerhaltung, da weniger Farben und geringere Mengen vorgehalten werden müssen, um die Lieferfähigkeit gegenüber den eigenen Kunden zu gewährleisten. Zudem besteht ein verringertes Lagerrisiko, d.h. das eingelagerte Ware nicht mehr verwertbar ist und entsorgt werden muss.

Kostenvorteile für den Lieferanten ergaben sich aus drei Punkten. So müssen weniger Farben für die Produktion vorbereitet werden, was bereits erhebliche Einsparungen bedeutet. Neben diesen reduzierten Einzelkosten sanken auch die Prozesskosten, indem die Lagerhaltung verringert wurde, vor allem aber eine verbesserte Auslastung der Produktion erfolgen kann. Die Gesamtmengen an Futterstoffen in den A und B Farben wird zu Beginn einer Saison festgelegt. Weil die grobe zeitliche Verteilung bekannt ist, werden diese Mengen prognosegetrieben in die Fertigung eingesteuert und können damit auch zu einer gleichmäßigeren Kapazitätsauslastung genutzt werden. Eine Übersicht zu ausgewählten Prozess- und Transaktionskosten für die Färbung bzw. die Reduktion der Farbzahl geben Tabelle 3 und 4.

Bei den laufenden Kosten nach der Durchführung des Projektes zeigen sich erhebliche Einsparungen beim Textilunternehmen. Das gesamte Bild ergibt sich jedoch erst, wenn die für das Projekt in den beiden Unternehmen angefallenen Transaktionskosten berücksichtigt werden. Die reduzierte Anzahl an Farben führt dabei zu einer deutlichen Kosteneinsparung beim Lieferanten, für die Steilmann erhebliche Transaktionskosten in Kauf genommen hat. Der Nettoeffekt über die Kette hinweg ist immer noch signifikant, da schon bei einer einjährigen Betrachtung, wie sie stark vereinfachend vorgenommen wird, eine Einsparung von 17.500 € resultiert.

	Kosten vor Reduktion der Farbanzahl	Kosten nach Reduktion der Farbanzahl
Kosten für das Textilunternehmen		
Anzahl der Farben	300	50
Kosten pro Farbeinstellung (€)	350	350
Gesamtkosten der Farbeinstellung (€)	105.000	17.500
Zusätzliche Fertigungskosten (€)		25.000
Kundenspezifische Lagerhaltung (€)		2.500
Laufende Kostenreduktion pro Jahr (€)		60.000
Kosten für den Konfektionär		
Beschaffung Futterstoffe pro Jahr (€)	10.000	2.500
Lagerhaltung Futterstoffe pro Jahr (€)	5.500	2.500
Laufende Kostenreduktion pro Jahr (€)		10.500

Tab. 3: Laufende Kostensenkungen durch die Reduktion der Farbanzahl

	Textilunternehmen	Konfektionär
Projektkosten (€)	5.000	45.000
Kosten der Vertragsverhandlung (€)	1.500	1.500
Summe Transaktionskosten (€)	6.500	46.500
Einsparung Prozesskosten pro Jahr (€)	60.000	10.500
Einsparung bzw. Kosten je Unternehmen (€)	53.500	-36.000
Einsparung in der Kette im ersten Jahr (€)		17.500

Tab. 4: Einmalige Projektkosten für Textilunternehmen und Konfektionär

Abschließend sei betont, dass die Tabellen nicht alle anfallenden Kosten berücksichtigen, sondern die speziellen Wirkungen der Reduktion der Farbanzahl erfassen. Die weiteren Kosten der Einführung der Futterstoffe werden nicht abgebildet. Insbesondere für das Textilunternehmen sind diese Kosten erheblich, wie vorstehend dargelegt wurde.

Insgesamt führte die Kooperation der drei Unternehmen zu beachtlichen Einsparungen, so dass die Produktion und der Einsatz des neuartigen Polyesterfutterstoffs realisiert wurde, da die Zielkosten in etwa erreicht wurden. Aktuell wird bei Steilmann für Polyesterfutterstoff nur noch diese Qualität eingesetzt.

5. Zusammenfassung und Ausblick

Den Ausgangspunkt des Beitrags bilden Überlegungen zum Supply Chain Management. Die Produkt-Kooperations-Matrix strukturiert dabei die wesentlichen Entscheidungen, so dass die Zusammenarbeit mit Lieferanten und Kunden (Kooperationsdimension) gestaltet und die Material- und Informationsflüsse (Produktdimension) gesteuert werden können.

Das Konzept des Supply Chain Costing bietet durch die zusätzliche Integration der Kostendimension die Möglichkeit, die gesamten in der Wertschöpfungskette anfallenden Kosten zu analysieren. Damit werden auch die Transaktionskosten berücksichtigt, die durch die Kooperation von Unternehmen entstehen. Insbesondere kann so erfasst werden, welche Entscheidungen eines Unternehmens zu Kosten bei einem anderen Unternehmen führen. Die instrumentelle Ausgestaltung im Supply Chain Target Costing und im prozessorientierten Supply Chain Costing bieten Unternehmen die Möglichkeit, Kosten über Unternehmensgrenzen hinweg zu beeinflussen, wie anhand des Beispiels aus der Textil- und Bekleidungsindustrie aufgezeigt wurde. Allerdings stehen die Entwicklungen noch am Anfang. Mit der weiteren Entwicklung des Supply Chain Managements bieten sich vielfältige Ansatzpunkte, die von der weiteren instrumentellen Ausgestaltung und Operationalisierung (vgl. z.B. KAJÜTER 2002) bis zur Integration in ein Supply Chain Controlling (vgl. KUMMER 2001) reichen.

Daraus ergeben sich für Unternehmen neue Möglichkeiten der Kostensteuerung, um gleichermaßen die Bedürfnisse der Kunden zu erfüllen und die Kosten in der Wertschöpfungskette zu gestalten. Die vielversprechenden Potenziale des Supply Chain Managements können jedoch nur realisiert werden, wenn traditionelle Strukturen des bereichs- und unternehmensbezogenen Managements abgelöst werden.

Anmerkungen

1 Aus Gründen der Vertraulichkeit sind die Namen der Lieferanten nicht genannt. Alle Angaben im Beispiel geben die Verhältnisse sinngemäß wieder.

2 Für diese Vergleichsrechnung wird vereinfacht angenommen, dass der gesamte Output des Chemieunternehmens zu Polyesterfutterstoffen verarbeitet wird. In der Realität geht diese Rohware in eine Vielzahl von Wertschöpfungsketten unterschiedlicher Produkte ein.

3 Da die Herstellung des Katalysators von der Herstellung der Futterstoffe entkoppelt ist, wird dieses Unternehmen aus der Analyse der Wertschöpfungskette ausgeschlossen. Dennoch unterstützte dieses Unternehmen die einzelnen Stufen, um so die bei den einzelnen Verarbeitungsprozessen notwendigen Anpassungen zu ermöglichen.

Teil II.3
Ressourcenorientiertes Kostenmanagement

Standortverlagerungen – eine Lösung für Kostenprobleme?

Jürgen Kluge

1. Einleitung

Intensiver Kostenwettbewerb, drückende Personalkostenblöcke mit absehbaren weiteren Belastungen sowie zunehmender Zwang zur Internationalisierung: Wer dächte da als Manager nicht sofort an den raumgreifenden Befreiungsschlag, die *Standortverlagerung,* möglichst in ein Land mit sehr niedrigen Lohnkosten? In den vergangenen Jahren standen Auslandsinvestitionen daher weit oben auf der Agenda deutscher Firmen. Mittlerweile sind 40% der Unternehmen in Deutschland mit eigenen Investitionen im Ausland engagiert. Nach Berechnungen des Instituts für Wirtschaftsforschung in Köln floss zwischen 1992 und 1998 ein Viertel des gesamten Investitionsaufkommens ins Ausland, in drei von vier Fällen in den Aufbau ausländischer Produktionskapazitäten. Kostensenkung und Markterschließung waren dabei die ausschlaggebenden Motive für ein Engagement. In besonderem Maße gilt dies für die EU-Beitrittsländer Mittel- und Osteuropas. Die Praxis zeigt jedoch, dass viele der versuchten Befreiungsschläge zu wahren Rückschlägen wurden. Entweder wurden deutsche Strukturen und Verhältnisse übertragen und damit nicht nur lokale Widerstände geschaffen, sondern auch ein untragbares Kostenniveau festgeschrieben, oder die angestrebten Qualitäts- oder Imagepositionen ließen sich nicht erzielen.

Die Motivation für Standortverlagerungen ist einerseits oft zu vordergründig auf Lohnkosteneinsparungen ausgerichtet, und in Unkenntnis der Verhältnisse im Zielland sitzt das verlagernde Unternehmen Trugschlüssen auf. Auf der anderen Seite werden viele mit Standortverlagerungen verbundene Chancen nicht vollständig genutzt. Diese sind z.B. der Marktzugang, der nur durch lokale Produktion erschlossen werden kann, sowie der Zugang zu Weltklasseinnovations- und -lieferantenclustern. Die *Nutzung von Faktorkostenvorteilen* (niedrigere Personal- oder Kapitalkosten) dominiert die beiden erstgenannten Gründe in der Diskussion leider zu oft und erweist sich später als nicht ausreichend. Auf sonstige Gründe für Standortverlagerungen, wie Gesetzes- oder Umweltauflagen, Subventionen oder Strukturbereinigungen z.B. nach Firmenzusammenschlüssen, wird im Folgenden nicht eingegangen. In drei Abschnitten wird zuerst die Motivation für Standortverlagerungen geschildert, danach werden die häufigsten Trugschlüsse beleuchtet und die Chancen, die mit einer Standortverlagerung verbunden sind, näher erläutert. Den Abschluss bildet eine kurze Zusammenfassung der Argumentation.

2. Motivation für Standortverlagerungen

Die Verlagerung von Produktionskapazitäten (ob absichtlich oder unabsichtlich) durch Übernahme von Volumen durch internationale Wettbewerber in den USA oder Fernost aus europäischen Standorten heraus ist in vollem Gange. So sank in den 1990er Jahren der europäische Produktionsanteil an weltweiten Wachstumsbereichen, wie Computer, Telekommunikation, Elektrotechnik, aber auch an zukunftsträchtigen Dienstleistungsbereichen wie Verkehr und Logistik um bis zu 12 Prozentpunkte, bei Ausgangsniveaus in der Größenordnung von 25 bis gut 40% eine relativ drastische Verschlechterung (vgl.

Abb. 1). Dabei sind sogar die europäischen Heimatmärkte in Gefahr; so bedienen die europäischen Computerhersteller ihren Heimatmarkt nur mit ca. 30% Marktanteil, in den USA und Asien sind sie mittlerweile gar nicht mehr nennenswert vertreten. Unter den zehn größten PC-Herstellern der Welt befindet sich nur noch ein Unternehmen mit maßgeblicher europäischer Beteiligung. Dahingegen werden die großen Märkte in den USA zu über 80% von US-amerikanischen und in Asien zu ca. 75% von japanischen Unternehmen bedient. Volkswirtschaftlich betrachtet resultiert daraus ein großes und wachsendes Handelsbilanzdefizit, z.B. in Konsumelektronik und Computerindustrie.

BEISPIELE

Der europäische Anteil an den heutigen Wachstumsbereichen nimmt ab

Bereiche	Weltweites Wachstum p.a. 1990 - 2000	Europäischer Produktionsanteil* 1990 → 2000
Pharmazeutische Produkte	7%	33% ⟶ 29%
Elektrotechnik	6%	44% ⟶ 32%
Kommunikations- und Nachrichtentechnik	6%	25% ⟶ 19%
Logistik und Verkehr	5%	35% ⟶ 27%
Telekommunikation	5%	28% ⟶ 22%

* Angaben für 2000 geschätzt
Quelle: McKinsey

Abb. 1: Entwicklung des europäischen Produktionsanteils in Wachstumsbereichen

Dabei zeigt eine der traditionell starken Branchen wie die Automobilindustrie, wie globale Wettbewerbsfähigkeit wieder errungen werden kann. Noch in der ersten Hälfte der 1990er Jahre ist der Anteil europäischer Pkw-Hersteller in den USA deutlich zurückgegangen und Japan (zumindest für Massenprodukte europäischer Hersteller) kein Markt gewesen. Nach erfolgreicher Restrukturierung und signifikanter Steigerung der Produktivität sind die Bemühungen der deutschen Automobilindustrie, verlorenen Boden gutzumachen, mittlerweile von Erfolg gekrönt. Europäische Pkw-Hersteller haben ihre Position auf dem amerikanischen Markt ausgebaut und üben maßgeblichen Einfluss in einigen großen japanischen Unternehmen aus. Der Erfolg in den USA ist nicht zuletzt der Entwicklung maßgeschneiderter Produkte für den dortigen Markt zu verdanken. Vor allem deutsche Hersteller sind darüber hinaus dazu übergegangen, verstärkt Produktionskapazitäten vor Ort aufzubauen. So hat sich der Produktionsanteil der Europäer bei den Personenwagen in den USA von 1997 bis 2000 mehr als verdoppelt und wird in den kommenden Jahren weiter wachsen. Die starke Position im US-Markt wirkte sich nicht zuletzt auch positiv auf die Beschäftigung in Deutschland aus. Fazit: Standortverlagerungen allein bringen noch keinen langfristigen Vorteil im Wettbewerb. Sinn und Unsinn, Chancen und Risiken einer Produktion außerhalb der heimischen Grenzen müssen stets vor dem Hintergrund optimaler Produktgestaltung und hoher operativer Effizienz erwogen werden.

Hauptgrund für die ungünstige Wettbewerbsposition eines Unternehmens ist häufig die *unzureichende Kostenposition* und hier besonders die niedrige Personalproduktivität, gemessen z.B. als Wertschöpfung pro Mitarbeiter. So sind Unterschiede von 35 bis 50% bei vergleichbaren Produkten und Prozessen keineswegs die Ausnahme. Die aktuelle McKinsey-Studie zur Produktivitätsentwicklung in den USA zeigt, dass sich selbst in traditionellen Branchen wie dem Einzelhandel ein innovatives Unternehmen wie Wal-Mart einen Produktivitätsvorsprung gegenüber den Wettbewerbern jenseits der 40%-Marke längerfristig bewahren kann (vgl. Abb. 2). Der Schlüssel zum Erfolg waren in diesem Fall der Einsatz neuer Konzepte in Logistik und Einkauf sowie der gezielte Einsatz von Informationstechnologien. Belohnt wurde diese Kreativität durch einen steigenden Marktanteil, der sich von 9% im Jahr 1987 auf 30% im Jahr 2000 mehr als verdreifacht hat. Aber die Versuche von Wal-Mart, ihr attraktives Konzept nach Deutschland zu übertragen, zeigen auch, wie langwierig und schwierig die Expansion in neue Märkte sein kann.

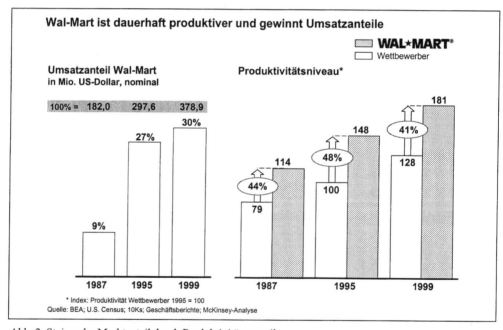

Abb. 2: Steigender Marktanteil durch Produktivitätsvorteile

Im produzierenden Gewerbe liegen die Hauptverbesserungspotenziale bei den Materialkosten (häufig größter Kostenblock mit Einsparpotenzialen von ca. 20%) sowie bei den internen Entwicklungs-, Produktions- und Vertriebskosten (als Kostenblöcke kleiner, jedoch mit teilweise dramatischen Einsparungsmöglichkeiten von über 50%).

Neben den signifikanten Kostennachteilen fallen durchschnittliche Unternehmen im Vergleich mit der Weltspitze auch im Zeitwettbewerb (z.B. doppelte Entwicklungszeiten) oder bei der Qualität (im Schnitt ca. 30% höhere Qualitätskosten) zurück (vgl. Abb. 3). Die Kostenunterschiede resultieren dabei – wie erwähnt – meist überproportional aus der eigenen Wertschöpfung und nur zum geringeren Teil aus dem eingekauften Material. Bemühungen, die erheblichen *Produktivitätslücken* zu schließen, sind letztlich ein Wettlauf gegen den zunehmenden Preisverfall bei der Öffnung von Märkten; solange die niedrigere Produktivität wenigstens teilweise durch höhere Preise kompensiert wird.

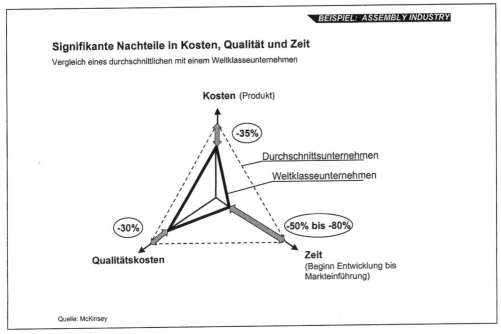

Abb. 3: Signifikante Nachteile bei Kosten, Qualität und Zeit

Hauptansatzpunkt in diesem Anpassungsprozess ist bei den typischen Kostenstrukturen deutscher Unternehmen die Personalproduktivität. Was liegt da näher, als durch Verlagerung die niedrigeren Personalkosten im Ausland zu nutzen, wenn man nicht den mühevollen Weg operativer Verbesserungen gehen will, die den Personaleinsatz minimieren? So zeigen Untersuchungen von McKinsey im Fahrzeugbau aus dem Jahr 1999 ein Kostensenkungspotenzial von 20 bis 30% bei Bezug von Komponenten aus Osteuropa. Und dies trotz doppelten Personaleinsatzes sowie 10% höherer Kapitalkosten durch höhere Risikoprämien bei Kapitalbeschaffung sowie schlechterer Auslastung. Überkompensiert werden diese Nachteile durch das um den Faktor 7 bis 8 niedrigere Lohnniveau. Eine auf den ersten Blick also durchaus attraktive Option – werden doch die anderen Alternativen wie Aufgeben, Rückzug in Teilmärkte oder das Kooperieren mit Weltklasseherstellern als wenig attraktiv und der aggressive Angriff mit Halten des eigenen Standorts und Aufbau der eigenen Fähigkeiten oft als zu mühevoll oder nahezu unmöglich eingeschätzt.

3. Trugschlüsse

Viele Unternehmen suchen deshalb mit einer Verlagerung die scheinbar schnelle und einfache Lösung einer Vielzahl ihrer Probleme zu Hause. Was sich als vielversprechender Befreiungsschlag ausnimmt, basiert aber oft auf zu kurzen oder unvollständigen Überlegungen.

Die großen Trugschlüsse bei derartigen Entscheidungen sind:

- Verlagerung ist der größte Stellhebel bei den Kosten.
- Verlagerung bringt schnellen Nutzen, danach kann die Produktivität gesteigert werden.
- Der neue Standort muss selbst gebaut werden.
- Eine Kopie der hiesigen Standorte ist die beste Lösung.
- Der Personalbedarf kann in Qualität und Quantität ausreichend gedeckt werden.

Unsere Analysen, die wir mit einer Vielzahl von Klienten durchgeführt haben, zeigen, dass die *Kostenunterschiede vor allem von Produktkonstruktion und Arbeitsorganisation verursacht* werden *und nicht etwa durch unterschiedliche Faktorkosten* (z.B. Personalkosten). So sind bei Kostenlücken von ca. 35 bis 50% in der Regel nur ca. fünf Prozentpunkte auf Faktorkostenunterschiede zurückzuführen, der Hauptteil kommt hingegen aus Produktgestaltung, Materialeinkauf und operativer Effizienz. Also Ansätze, die überall und auch ohne Verlagerung weitgehend erschlossen werden können.

Die Auswertung von 40 Studien aus sechs Industrien zu Design-to-Cost-Potenzialen förderte Kostenlücken von etwa 30% zwischen durchschnittlichen Wettbewerbern und der jeweiligen Weltspitze zutage, die signifikant auf die Produktgestaltung zurückzuführen waren.

So zeigten eine ganze Reihe von Projekten von komplizierten Maschinenbauprodukten über hochwertige Konsumgüter bis zu Automobilkomponenten, von Rohteilen über Vorprodukte bis zu kompletten Aggregaten im Schnitt Nachteile, die bei der Produktgestaltung von selbst gefertigten und zugekauften Teilen in der Größenordnung von ca. 20% lagen. Dazu kamen weitere 20% bei der Effizienz des Faktoreinsatzes (und hier besonders beim Faktor Personal). Die Unterschiede bei den Faktorkosten rangierten jeweils nur zwischen 4% (Vorprodukt) bis in die Spitze 10% (Teilefertigung). Neben einem genaueren Verständnis der Kostenlücke zeigen detailliertes Benchmarking und Reverse Engineering dann auch die Gründe in Produktgestaltung (höhere Komplexität, mehr Bearbeitungsschritte, geringere Toleranzen etc.) und operativer Effizienz (fehlende Funktionsintegration beim Bediener, andere Arbeitsorganisation in Teams, andere Logistikprinzipien). Aus diesen Benchmarking-Ergebnissen lassen sich so die Ansätze zur Schließung der Kostenlücke direkt ableiten.

Unter diesen Prämissen werden die *Faktorkostenunterschiede* zu einer Frage des Blickwinkels. Wer zuerst das Produktdesign auf Weltklassestandard bringt und das operative Potenzial voll ausschöpft, wird nur noch marginale Verbesserungen durch Verlagerungen sehen, die wahrscheinlich durch Fracht und Zoll kompensiert werden. Wer hingegen unproduktiv viele Mitarbeiter beschäftigt, wird durch scheinbar hohes Verlagerungspotenzial geblendet sein, nach der Verlagerung aber mit dem Produktivitätsproblem kämpfen müssen (vgl. Abb. 4). Es kommt also durchaus auf die Reihenfolge der Maßnahmen an, auch schon bei ihrer Planung und Bewertung.

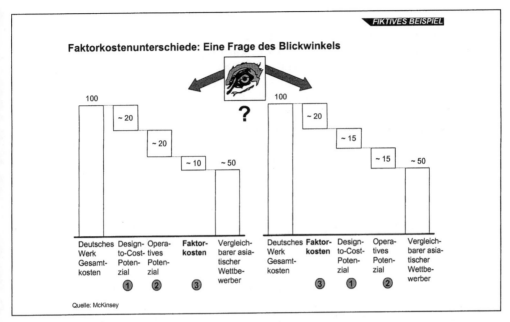

Abb. 4: Faktorkostenunterschiede

Die Erfahrung zeigt, dass nur der erste Weg erfolgreich ist: Zuerst müssen das Produktdesign vereinfacht und die operativen Fähigkeiten gesteigert werden, erst dann und sozusagen im „Endspiel" macht eine Verlagerung Sinn (vgl. Abb. 5).

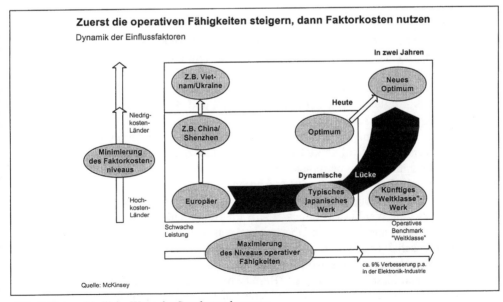

Abb. 5: Unterschiedliche Wege der Standortverlagerung

Wie groß die Unterschiede sein können, zeigt ein Vergleich der Produktivität zwischen Niedriglohnländern wie der Ukraine oder der Volksrepublik China mit europäischen Wettbewerbern. So förderte 1999/2000 z.B. ein Bergmann in der Ukraine pro Jahr ca. 293 Tonnen Kohle, sein deutscher Kollege jedoch 767 Tonnen, ein Mitarbeiter in einer Ölraffinerie in China erwirtschaftete einen operativen Gewinn von 11.773 US-Dollar pro Jahr, sein europäischer Kollege am europäischen Standort mit 103.904 US-Dollar dagegen den neunfachen Betrag. Ähnlich eindrucksvoll sind die Vergleiche bei Elektro-Stahl (71 Tonnen pro Tag und Arbeiter gegenüber 125) und Zement (602 Tonnen pro Jahr und Arbeiter gegenüber 3.149) sowie bei Fertigprodukten (0,9 Nutzfahrzeuge pro Jahr und Arbeiter gegenüber ca. 4,3). Hier sind also Weltklasseproduktivitätskonzepte mitzubringen respektive neue zu entwickeln.

Dies gilt besonders auch dann, wenn mit Partnern in den Verlagerungsländern gemeinsam Standorte aufgebaut werden sollen, da nach unseren Erfahrungen nur Allianzen aus starken Partnern wenigstens auf Zeit hinreichende Erfolgsaussichten bieten.

In den am stärksten vom internationalen Wettbewerb betroffenen Branchen, wie der Konsumelektronik, sehen wir dann auch entsprechend in unseren Industrieuntersuchungen mit ca. 35%, z.B. bei der Bestückung von Flachbaugruppen, den höchsten Anteil von Eigenfertigung in Billiglohnländern gegenüber ca. 25% Fremdbezug und nur 40% Eigenfertigung im Hochlohnland. Die noch relativ vor dem Wettbewerb geschützte Industrieelektronik/Messtechnik hat hingegen noch über 70% Eigenfertigungsanteil im Hochlohnland und unter 30% Fremdbezug. Eigenfertigung im Billiglohnland bildet nach wie vor die Ausnahme. Die Fertigung von auslaufenden Steuerungskomponenten für Kernkraftwerke durch General Electric in China oder der Bau hochwertiger Fahrzeuge und Baugruppen durch Volkswagen in Ungarn und der Slowakischen Republik zeigen aber, dass derartige Möglichkeiten – selbst bei höchsten Qualitätsanforderungen – durchaus auch in diesem Segment gegeben sind.

Eine Übertragung der bestehenden Fabriken ist ebenfalls keine ultimative Lösung. Neben trivialen Problemen, wie einer aus Deutschland übernommenen Heizung oder den hier typischen Dachlasten zur Absicherung bei Schneefall, die dann auf tropische Standorte übertragen werden, oder der Vorschreibung von extrem teuren und vor Ort nicht erhältlichen Fertigungsmaterialien, liegt der Fehler oft auch in einer falschen Auslegung der Fabrik. Der Abgleich zwischen Personaleinsatz und Automatisierung muss neu gefunden werden, und oft sind deutlich niedrigere Automatisierungsgrade bei kostengünstigem Personal zu wählen. Damit verschieben sich die Fixkostendegressionskurven auch oft in einer Weise, dass deutlich kleinere kritische Stückzahlen gebraucht werden, um die Fabriken kostengünstig zu betreiben. Hier kann in der Bedienung attraktiver lokaler Märkte zusätzliche Flexibilität gewonnen werden.

Konkrete Beispiele zeigen zwar ein Potenzial bei Verlagerung der bestehenden Strukturen, das aber von Weltklassewettbewerbern im Hochlohnland sogar manchmal knapp unterboten werden kann. Erst eine Übertragung von optimierten (Weltklasse-)Strukturen zeigt den durchschlagenden Erfolg (vgl. Abb. 6). Unterschätzt wird häufig auch der Personalbedarf der Verlagerung sowohl in Qualität (Auslands- und Managementerfahrung sowie Sprachkenntnisse) und Quantität (Bereitschaft deutscher Experten, ins Ausland zu gehen, Verfügbarkeit lokaler, gut ausgebildeter Führungskräfte inklusive der einzukalku-

lierenden Fluktuation). Hier fehlt es oft an langfristig und strategisch angelegten Perso-
nalentwicklungsplänen. Durch die Rekrutierung und das Training von Mitarbeitern aus
dem Zielland mit relativ hohem Investment lassen sich hier attraktive Mitarbeiterpotenziale erschließen.

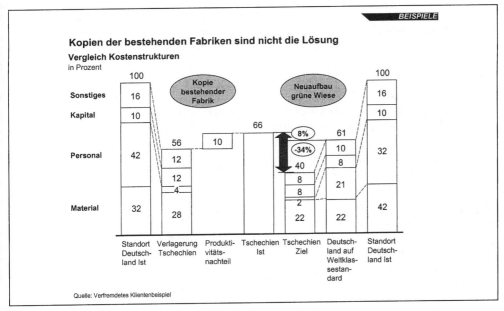

Abb. 6: Beispiel zur Standortverlagerung

Das heißt also: Eigenfertigung in Hochlohnländern wirkt wie ein Verstärker auf die Rendite. Was Weltklasse ist, kann sich mit attraktivem Gewinn deutlich behaupten; wer unproduktiv wirtschaftet, den zieht das Lohnkostenniveau wie ein Mühlstein nach unten.
Eigenfertigung in Billiglohnländern ist nicht das Allheilmittel und kann leicht zum Fehlschlag werden. Gut vorbereitet ist es aber eine wirksame Maßnahme im „Produktivitäts-
Endspiel".

4. Chancen

Der wichtigste Grund für Standortverlagerungen ist die Chance, sich *Marktzugang* und
Zugang zu Innovations- und Lieferantenclustern zu schaffen. Eine Herausforderung im
„schwierigsten Markt" (z.B. in Japan) leistet oft mehr für die interne Leistungsfähigkeit
von Unternehmen als jahrelange interne Programme zu Verbesserungen. Die erfolgreiche
Rückübertragung der unter den schwierigsten Bedingungen erarbeiteten Vorgehensweisen und Prinzipien ist der Schlüssel für eine wirksame Verbesserung des gesamten Unternehmens. Oft ist auch ein Standort im Land aus „local content"-Gründen zwingend

erforderlich, um den Marktzugang überhaupt zu erreichen (die einzige Eintrittskarte). Und in manchen Fällen bietet sich sogar die theoretische Möglichkeit, durch Schaffung von neuen Industrieclustern hohe Anteile der Wertschöpfung mit niedrigen Faktorkosten zu produzieren und so eine Basis für den Angriff auf „eingesessene" Weltklasseanbieter zu finden.

Auch der Zugang zu bereits existierenden Innovations- oder Lieferantenstrukturen kann der entscheidende Vorteil bei einer Standortverlagerung sein. So gab es Zeiten, in denen die Innovationskultur mit ihren technischen Trendsettern im Silicon Valley ein Muss für jede Elektronikfirma war, die sich auch nur halbwegs Erfolgschancen ausrechnen wollte. Und bei vielen Verlagerungen, z.B. nach Hongkong oder Singapur, stellte sich heraus, dass der entscheidende Vorteil nicht aus der billigeren eigenen Produktion, sondern aus dem Zugang zu den dort heimischen, leistungsfähigeren Lieferanten bestand.

In manchen Fällen ist es aber auch die Chance, auf der „grünen Wiese" einen Neuanfang mit geänderten „Spielregeln" zu wagen, wobei oft die berechtigte Frage gestellt werden kann, warum dieser Neuanfang unbedingt im fernsten Winkel der Erde und nicht auch in Deutschland geschafft werden kann.

Eine McKinsey-Untersuchung von internationalen Elektronikunternehmen zeigt, dass „Innovatoren", die führend in der Generierung von neuen Umsätzen mit neuen Produkten sind, sich eher Märkte mit höherem Wachstumspotenzial (14 statt 6% p.a.) und kürzeren Produktlebenszyklen (40 gegenüber 59 Monaten) aussuchen als der durchschnittliche Hersteller. Die „Innovatoren" beziehen dabei mehr Ideen direkt von Kunden, aus dem Vertrieb und von den Lieferanten als die durchschnittlichen Hersteller und verarbeiten sie auch noch intelligenter, indem sie z.B. Taguchi, QFD oder Wertanalyse sowie Reverse Engineering von Wettbewerbsprodukten viel gezielter einsetzen.

Unsere Untersuchungen zeigen, dass sich erfolgreiche Unternehmen in der Regel dadurch auszeichnen, dass sie von weniger Lieferanten beziehen. Auch hier gilt die Logik, dass zuerst die *Potenziale der Lieferantenreduktion* erschlossen werden müssen und dann eine Verlagerung in ein leistungsfähiges Lieferantencluster Erfolg verspricht. Sind die Standardisierungsbemühungen erst erfolgt und ist es im Prinzip möglich, einen Lieferanten für alle gleichartigen Bauteile zu finden, so lässt sich dieser Lieferant wegen des kritischen Volumens wahrscheinlich auch aufbauen, mitziehen oder direkt vor Ort finden. Bezeichnend ist dabei die Erfahrung, die ein deutsches Großunternehmen beim Einkauf von einfachen Elektronikkomponenten in Hongkong machte. Die mitgebrachte deutsche Komponente wurde von dem Team eines chinesischen Lieferanten eingehend begutachtet und nach kurzer Dauer rang man sich zu einem Angebot ca. 30% unter den deutschen Kosten durch. Auf die Frage, ob dies das letzte Wort sei, erfolgte nach wiederum kurzer Beratung der Hinweis, dass man nach einem Redesign in ca. drei Tagen ein noch besseres Angebot machen könne. Es lag bei Einhaltung aller wichtigen Spezifikationen bei minus 50%. Der Kauf einer bereits existierenden und in großer Stückzahl gefertigten Standardkomponente lag sogar 70% unter den bisherigen Kosten in Deutschland.

Kennzeichen der erfolgreichen Unternehmen ist gerade die *enge Zusammenarbeit mit den Lieferanten*. Diese ermöglicht dann auch die entscheidenden Einsparungen, wie den Verzicht auf die doppelte Kontrolle im Wareneingang, eine enge Logistikkoppelung o.ä. Dabei überwiegt bei den erfolgreichen Unternehmen eine Beschaffungsstrategie, die sich auf einen Lieferanten für alle gleichartigen Bauteile konzentriert. Wettbewerb wird hier eher über Kostenstrukturvergleiche erzielt als über konkurrierende Angebote. Nur bei wenigen ausgewählten Komponenten sind mehrere Lieferanten pro Bauteil involviert. Vertrauensverhältnisse und Transparenz über globale Lieferanten müssen meist erst noch aufgebaut werden, dies geht nicht ohne signifikantes Investment an Zeit und Geld in die Lieferantenentwicklung.

Neben den Lieferantenstrukturen müssen oft auch Innovationsstrukturen erschlossen werden. Gerade hier läge eine Chance für deutsche Unternehmen, rasch in Weltklasse- und Trendsetterzirkel einzudringen und die enormen Rückstände in der *Innovationsproduktivität* aufzuholen. Bereits in der ersten Auflage dieses Bandes haben wir mehr Innovativität angemahnt. Damals lag der Umsatz aus neuen Produkten der vorangegangenen 36 Monate pro Entwickler bei den deutschen Elektronikherstellern im Mittel bei ca. 1,3 Millionen US-Dollar, der Durchschnitt der ausländischen Wettbewerber lag bei 3 Millionen US-Dollar und die ausländischen Spitzenreiter (oberes Drittel) erzielten mit 6,2 Millionen US-Dollar Umsatz aus neuen Produkten pro Entwickler eine fast fünfmal so hohe Innovationsproduktivität. Zerlegte man die Kennzahl in ihre Ursachen, so stammte nur ca. ein Drittel des Unterschiedes aus der geringeren Anzahl neuer Produkte pro Entwickler, zwei Drittel aber aus dem geringeren Umsatz pro neues Produkt.

Fünf Jahre später hat sich an dieser Analyse nichts grundlegend geändert: Unter den 20 größten Elektronikherstellern der Welt zeichneten sich im Jahr 2000 die europäischen Konkurrenten durch den niedrigsten Gewinn pro Mitarbeiter und die geringste Dynamik bei der Gewinnentwicklung über die letzten fünf Jahre aus. Erzielte ein Mitarbeiter eines europäischen Players 2000 zwischen 160.000 und 220.000 US-Dollar Umsatz, schafften die Besten aus Asien und den USA Werte von weit mehr als 300.000 bis über 600.000 US-Dollar. Und das bei nicht signifikant höheren Ausgaben für Forschung und Entwicklung. Offensichtlich gelingt es nach wie vor nicht, echte Durchbrüche am Markt („Hits") zu erzielen. Wahrscheinlich ist es eben schwieriger, in der deutschen „Provinz" Elektronikprodukte für die Welt zu erfinden, als in den „In-Plätzen" in den USA oder Asien.

Industriecluster entstehen und wachsen oft an gänzlich unvermuteten Orten. Ein inzwischen bekanntes Beispiel ist die Softwareindustrie rund um Bangalore in Indien mit F&E-Niederlassungen von weltweit tätigen Unternehmen, wie Texas Instruments, Microsoft, Siemens, HP oder Motorola, und einer blühenden „Aufsteigerkultur". „Offshore-Datenarbeit" und „Staffellauf" mit zeitversetztem Arbeiten rund um den Globus sowie „data entry" von Massendaten waren nur der Anfang, inzwischen haben führende globale Unternehmen dort ihre eigenen F&E-Niederlassungen aufgebaut. Insgesamt sind in Indien ca. 280.000 Informatiker bei Softwarefirmen beschäftigt. Bis 2008 kann die indische IT-Industrie Berechnungen von McKinsey zufolge bis zu 2,2 Millionen Arbeitsplätze schaffen, und das bei einem (für Indien hohen) Durchschnittsgehalt von 500 US-Dollar pro Monat.

In dem beschriebenen „Verlagerungsspiel", um Lieferanten- oder Innovationscluster anzuzapfen, gibt es eine gewisse Dringlichkeit, einen „first-mover advantage". Da auf begrenzte Ressourcen an Lieferanten, Innovationspartnern oder Mitarbeitern zugegriffen werden muss, können sich die ersten Unternehmen bei freier Auswahl die besten Ressourcen, noch dazu mit niedrigen Kosten, sichern. So stieg z.B. das Einstiegsgehalt eurochinesischer MBA-Absolventen in einer Metropole wie Schanghai oder Peking von 1993 bis 2001 von ca. 3.000 bis 5.000 Yuan monatlich auf gegenwärtig bis zu 30.000 Yuan. Und hatte noch vor einigen Jahren jeder Kandidat im Durchschnitt nur ein Angebot, sind es heute bereits zehn, unter denen er auswählen kann, inklusive „einheimischer" Angebote mit relativ niedrigem Gehalt, aber hoher Position und hohen „fringe benefits".

5. Fazit

Eine Standortverlagerung reicht angesichts der weltweiten Herausforderungen deutscher Unternehmen nur in Einzelfällen als Antwort aus. Die Eindämmung der Kosten durch „Design-to-Cost"/Produktbereinigung, Erlangen von operativer Effizienz („lean production") und Lieferantenmanagement/Standortbereinigung müssen einhergehen mit einem offensiven Marktauftritt, dessen Elemente die Ausschöpfung der Potenziale in bestehenden Kernsegmenten, die Eroberung attraktiver neuer Märkte sowie die Entwicklung und Vermarktung neuer Produkte und Technologien sind (vgl. Abb. 7).

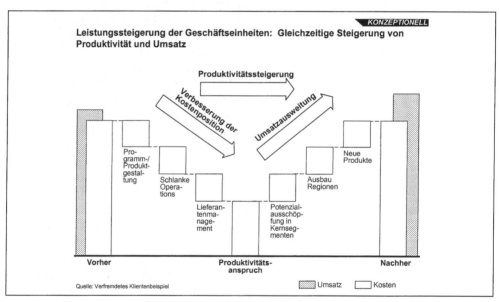

Abb. 7: Steigerung von Produktivität durch gleichzeitige Kostenreduktion und Umsatzwachstum

Gerade für die Schaffung einer ertragreichen Position in lokalen Märkten kann der Aufbau einer lokalen Produktion das richtige Mittel sein, denn oft sind nur so die geforderten Kostenpositionen zu erreichen – und nicht durch Export von Produkten aus Deutschland. So „kostet" der Aufbau von globaler Kapazität auch keine deutschen Arbeitsplätze, denn die Segmente, die erschlossen werden sollen (wie niedrigpreisige Maschinen oder Fahrzeuge o.ä.), sind aus Deutschland heraus gar nicht zu bedienen. Darüber hinaus bietet sich die Möglichkeit, Kostenvorteile durch Eintritt in leistungsfähige Lieferantencluster zu realisieren und am Innovationsgeschehen an vorderer Front teilzunehmen (und dies auch für die Produkte, die noch in Deutschland gefertigt werden).

Die Steigerung der Produktivität über *Kostenreduktion und gleichzeitigem Umsatzwachstum* muss der Schlüssel sein, Beschäftigung auch und gerade in Deutschland zu erhalten. So paradox es klingt, Stellenabbau in unproduktiven Bereichen und Verlagerung sind längerfristig wahrscheinlich die wirksamsten Waffen zur Sicherung der Beschäftigung am Standort Deutschland. Unsere Untersuchungen (z.B. „Wachstum durch Verzicht") zeigen, dass gerade die Unternehmen mit den radikalsten Produktivitätssteigerungen höchstes Wachstum erzielen können und trotz des laufenden Verlustes von „alter" Wertschöpfung überproportional viel „neue" Wertschöpfung generieren und deshalb vielfach sogar Personal einstellen.

Eines der eklatantesten Beispiele in Deutschland war das Telefonwerk von Siemens in Bocholt, das seine Produktivität seit Anfang der 1990er Jahre mehr als verfünffachte und zu einem der größten Telefonwerke der Welt wurde, obwohl dort nur einige Jahre vorher noch über Schließung oder Verlagerung diskutiert wurde. Ein weiterer prominenter Fall ist Porsche. Noch vor wenigen Jahren wurde der Stuttgarter Sportwagenhersteller als Übernahmekandidat gehandelt. Durch die Einführung neuer, nach konsequenten Design-to-Cost-Prinzipien entwickelter Modelle und eine drastische Verschlankung der internen Prozesse konnte die Produktivität seit 1996 mehr als verdoppelt werden. Gleichzeitig konnte die Beschäftigung in Deutschland um 18% gesteigert werden (vgl. Abb. 8). Und das, obwohl eine „Überlauffertigung" für den Boxster bei Valmet in Finnland aufgenommen wurde.

Abb. 8: Hohe Produktivität durch Design-to-Cost und schlanke Prozesse

Standortverlagerung sollte also genau überlegt und nicht vordergründig als Allheilmittel zur Lösung der strukturellen Probleme eingesetzt werden.

Asset Management als Ansatz zur Kostensenkung

PETER KAJÜTER UND HELMUT NOACK

1. Einleitung

Während des Wertschöpfungsprozesses binden Unternehmen mehr oder weniger lange Kapital, da sie zunächst Material und Anlagen (Betriebsmittel)[1] einkaufen müssen, um Produkte fertigen zu können. Werden diese nicht unmittelbar an den Kunden verkauft, entstehen zunächst Lagerbestände an Halb- und Fertigerzeugnissen. Wird dem Kunden beim Kauf schließlich ein Zahlungsziel gewährt, resultieren daraus Forderungen. Den genannten Ressourcen sowie den (halb)fertigen Produkten und Forderungen ist gemeinsam, dass sie Vermögenswerte – Assets – darstellen, die durch Eigen- und Fremdkapital zu finanzieren sind. Dadurch entstehen Kosten in Form von (kalkulatorischen) Zinsen, deren Höhe von drei Faktoren abhängt: der Höhe des gebundenen Kapitals, dem Zeitraum der Kapitalbindung und dem Zinssatz. Jeder dieser drei Faktoren kann zur Kostensenkung bzw. Steigerung des Unternehmenswertes beitragen.

Aus der Sicht operativ tätiger Geschäftsbereiche kommt jedoch dem Management der Vermögenswerte zur Reduzierung der Höhe und/oder Dauer der Kapitalbindung besondere Bedeutung zu, denn die Verringerung der Kapitalbindung erhöht den Kapitalumschlag und steigert damit wie eine höhere Umsatzrendite die Kapitalrentabilität (ROI, ROCE). Dabei sind allerdings vielfältige Interdependenzen zu berücksichtigen:

- Geringere Rohstoffvorräte reduzieren zwar die Kapitalbindung, können aber bei Versorgungsengpässen auch die Liefertreue des Unternehmens und damit die Kundenzufriedenheit negativ beeinflussen.
- Vorübergehend höhere Rohstoffvorräte können trotz der höheren Kapitalbindung sinnvoll sein, wenn dadurch zyklische Schwankungen bei den Rohstoffpreisen für einen günstigen Einkauf genutzt werden können.
- Bei langfristig nutzbaren Anlagen entstehen neben den Kosten der Kapitalbindung weitere Kosten, z.B. für Betrieb und Instandhaltung. Eine durch einen höheren Anschaffungspreis bedingte höhere Kapitalbindung kann indes vorteilhaft sein, wenn die während der Nutzungsdauer anfallenden Kosten entsprechend geringer sind.

Diese Beispiele zeigen, dass es sich beim Management der Vermögenswerte um eine Optimierungsaufgabe handelt. Sie umfasst ein weites Aufgabengebiet, das im Folgenden als *Asset Management* bezeichnet wird. Im engeren Sinne geht es dabei um Maßnahmen zur Reduktion der Kapitalbindung. Die vorstehenden Beispiele zeigen jedoch, dass diese enge Sichtweise vor allem bei langfristig nutzbaren Anlagen nicht ausreicht, da durch diese neben den kalkulatorischen Zinsen auch verschiedene andere Kostenarten verursacht werden. Nachfolgend wird daher unter Asset Management die Gesamtheit aller Maßnahmen verstanden, welche die Wirtschaftlichkeit des Unternehmens durch den optimalen Einsatz des betrieblichen Vermögens erhöht. Diese Maßnahmen lassen sich im Wesentlichen drei Bereichen zuordnen:

- dem *Anlagenmanagement*,
- dem *Bestandsmanagement* und
- dem *Forderungsmanagement*.

Damit werden jene Assets erfasst, über die im operativen Geschäft disponiert wird: Sachanlagen (inklusive immaterielles Vermögen), Vorräte und Forderungen. Wie die Struktur der Aktiva für wichtige Branchen zeigt, handelt es sich hierbei auch um die wertmäßig bedeutsamsten Vermögensgruppen (vgl. Tab. 1). Demgegenüber wird das Management der Finanzanlagen und liquiden Mittel im Folgenden nicht unter das Asset Management subsumiert, da es i.d.R. nicht in den Einflussbereich operativer Geschäftseinheiten fällt, sondern eine Aufgabe von Spezialabteilungen darstellt.

Assets (in % der Bilanzsumme)	Alle Unternehmen	Automobilindustrie	Maschinenbau	Chemieindustrie	Papiergewerbe	Energieversorgung
Anlagevermögen						
Sachanlagen (inkl. ImV)	24,3	22,7	16,0	18,9	38,7	41,8
Finanzanlagen	15,3	23,8	12,4	37,9	13,4	32,0
Umlaufvermögen						
Vorräte	23,3	13,0	29,3	12,9	16,0	2,2
Forderungen	32,1	32,3	36,5	28,1	25,7	21,0
Liquide Mittel	4,6	8,1	5,6	2,0	6,0	2,6

Tab. 1: Branchendurchschnittliche Struktur der Assets (Quelle: DEUTSCHE BUNDESBANK 2001a, S. 40ff.)

Ziel der folgenden Ausführungen ist es, die Möglichkeiten zur Kostensenkung durch Asset Management bei Sachanlagen, Vorräten und Forderungen darzustellen. Bevor auf diese drei Bereiche des Asset Management näher eingegangen wird, werden zunächst die Voraussetzungen für ein effektives Asset Management aufgezeigt. Der Beitrag schließt in Abschnitt 6. mit einer kurzen Zusammenfassung.

2. Voraussetzungen für ein effektives Asset Management

Damit die Kostensenkungspotenziale durch Asset Management systematisch genutzt werden, sind sowohl informatorische als auch personell-organisatorische Voraussetzungen zu erfüllen.

So ist zum einen sicherzustellen, dass die für das Asset Management Verantwortlichen mit entscheidungsrelevanten *Informationen* über die Assets versorgt werden. Hierbei handelt es sich um eine klassische Aufgabe des Controlling, das für den Aufbau und die Pflege des Berichtswesens verantwortlich ist. Informationen über den Bestand und die Nutzung der Assets sind strukturiert in die *laufende Berichterstattung* zu integrieren. Dazu gehören z.B. Nutzungs- und Stillstandszeiten von Maschinen, Durchlaufzeiten, Umschlag und Reichweite von Vorräten sowie Überfälligkeit von Forderungen. Derartige Informationen beschränken sich keineswegs auf monetäre Größen, sondern beziehen technische Daten ein. Um Handlungsbedarf aufzuzeigen, sind die Ist-Daten durch Zielvorgaben zu ergänzen. Diese können aus der Unternehmensplanung oder – sofern vorhanden – aus Benchmarks abgeleitet werden (z.B. Zielwerte für Umschlag und Lagerdauer von Vorräten, Forderungslaufzeiten). Für spezielle Entscheidungen kann es erforderlich sein, dieses reguläre Berichtswesen fallweise um *Sonderberichte* zu ergänzen.

Die im Berichtswesen aufbereiteten Informationen sollten möglichst die Ursachen und damit die Hebel zur Beeinflussung der durch die Assets verursachten Kosten aufzeigen. Darzustellen sind folglich die Kostentreiber, die sich in komplexen Ursache-Wirkungs-Ketten in hohen Kosten niederschlagen. Beispiele hierfür sind:

- Maschinenausfall → längere Durchlaufzeit → höhere Vorratsbestände,
- Qualitätsmangel → schlechtere Kundenzufriedenheit → längere Forderungslaufzeit,
- Variantenvielfalt → geringere Losgröße → höhere Vorratsbestände.

Diese Beispiele belegen, dass die Ursachen für hohe Kapitalbindung sehr vielfältig und in verschiedenen Bereichen des Unternehmens zu finden sind. Damit rückt die zweite Voraussetzung für ein effektives Asset Management in den Mittelpunkt – die Klärung der Einflussmöglichkeit und Verantwortung.

Da alle Funktionsbereiche Vermögenswerte im Rahmen der Wertschöpfung einsetzen bzw. ihre Bereitstellung beeinflussen, handelt es sich beim Asset Management um eine *Querschnittsfunktion*. Sie gehört zum operativen Geschäft wie die Disposition über Personal und andere Ressourcen. Dies schließt nicht aus, dass in unregelmäßigen Abständen durch interdisziplinäre Projektgruppen Maßnahmen zur Reduktion der Kapitalbindung erarbeitet und umgesetzt werden. Abbildung 1 stellt daher nur schwerpunktmäßig die wesentlichen Einflussmöglichkeiten dar (schraffierte Felder). Die Aufgabe des Controlling besteht dabei vor allem darin, das Asset Management durch entsprechende Informationen anzuregen und die Ausarbeitung von Maßnahmen zu unterstützen.

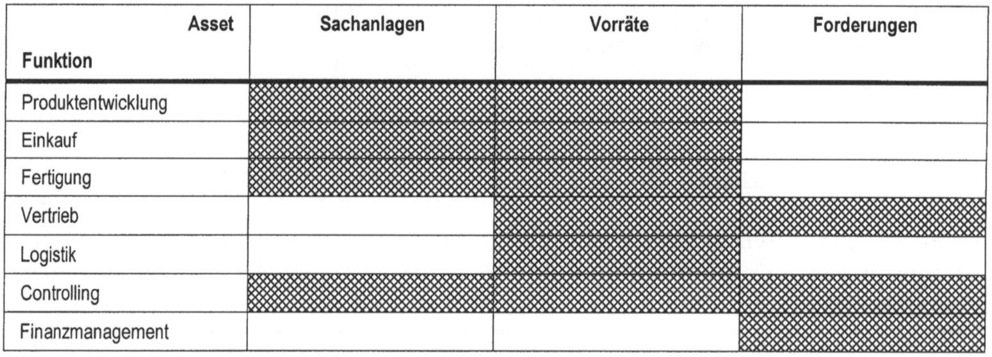

Asset \ Funktion	Sachanlagen	Vorräte	Forderungen
Produktentwicklung	▨	▨	
Einkauf	▨	▨	
Fertigung	▨	▨	
Vertrieb		▨	▨
Logistik		▨	
Controlling	▨	▨	▨
Finanzmanagement			▨

Abb. 1: Einflussmöglichkeiten beim Asset Management

3. Asset Management bei Sachanlagen

3.1. Beeinflussung der Höhe der Sachanlagen

Sachanlagen sind als Bestandteil des Anlagevermögens dazu bestimmt, langfristig dem Unternehmen zu dienen. Im Zeitablauf ändert sich jedoch oftmals ihre Bedeutung für den betrieblichen Wertschöpfungsprozess aufgrund sich wandelnder Rahmenbedingungen. Beim Asset Management von Sachanlagen geht es daher zunächst darum, die *Notwen-*

digkeit einzelner Vermögenswerte für die Wertschöpfung kritisch zu hinterfragen und die unter Wirtschaftlichkeitsaspekten optimale Ausstattung mit Anlagen festzulegen.

Ein Asset ist dann als *nicht betriebsnotwendig* zu bezeichnen, wenn es weder direkt noch indirekt einen Beitrag im Wertschöpfungsprozess leistet. Beispiele hierfür sind stillgelegte Maschinen und Anlagen sowie nicht genutzte Immobilien und Lizenzen. Durch ihre Veräußerung wird die betriebliche Leistung nicht beeinflusst, die Vermögens- und Kapitalbasis jedoch reduziert, wodurch sich eine Kostensenkung bzw. Renditesteigerung erzielen lässt.

Die Frage nach der Betriebsnotwendigkeit eines Assets ist jedoch häufig nicht so eindeutig zu beantworten. In der Regel werden z.B. verpachtete Grundstücke als nicht betriebsnotwendig zu klassifizieren sein, auch wenn sie neutrale Erträge erwirtschaften. Sofern diese Erträge unter den Kapitalkosten liegen, kann durch den Verkauf dieser Assets die Rendite des Unternehmens verbessert werden. Gleichwohl kann es aus strategischen Gründen sinnvoll sein, diese Assets weiterhin zu halten, um sie zu einem späteren Zeitpunkt in eine dem Unternehmenszweck dienende Nutzung zu überführen.

Schwierig ist die Entscheidung zudem bei Anlagen, die zwar im betrieblichen Wertschöpfungsprozess produktiv eingesetzt werden, aber nur eine geringe Auslastung aufweisen. Wenn z.B. eine Spezialmaschine über längere Zeit bei Einschichtbetrieb nur zu 70% ihrer Kapazität genutzt wird, erscheint es angebracht, die Alternative des Zukaufs der auf dieser Maschine gefertigten Teile zu erwägen.

Bei derartigen Entscheidungen über die *Fertigungstiefe* geht es um die Verlagerung von Aktivitäten und Prozessen, welche die Inanspruchnahme der eigenen Ressourcen verändert (vgl. KAJÜTER 2000a, S. 190ff.). Der im Rahmen der stärkeren Fokussierung auf Kernkompetenzen zu beobachtende Trend zu einer Verringerung der Fertigungstiefe hat konsequenterweise auch zu einem Rückgang des Sachanlagevermögens am Gesamtvermögen geführt. So hat sich beispielsweise im deutschen Maschinenbau die Sachanlageintensität zwischen 1993 und 1998 von durchschnittlich 18,6% auf 16,0% verringert (vgl. DEUTSCHE BUNDESBANK 1996 und 2001a). Gleichzeitig bleib der Anteil des Umlaufvermögens fast unverändert (Vorräte +1,5%, Forderungen -1,4%), so dass auf diesem Wege die Kapitalbindung im betriebsnotwendigen Vermögen reduziert und die Rendite verbessert werden konnte.[2] Dies entspricht den Zielen des Asset Managements, allerdings sind es häufig andere Zielsetzungen, wie z.B. die bessere Anpassungsfähigkeit an schwankende Absatzvolumina, die das Outsourcing bestimmen.

Sollen oder können die unterausgelasteten Kapazitäten nicht abgebaut werden, sind Maßnahmen zu erwägen, die den Nutzungsgrad erhöhen. Neben verstärkten Bemühungen zur Absatzsteigerung ist dabei auch an die Eigenfertigung bisher fremd bezogener Teile zu denken (Insourcing). Ferner können durch das Einbringen der Anlagen in ein Joint Venture, was eine Verlagerung von Kapazitäten zum Zweck der gemeinsamen Nutzung mit einem Partner darstellt, die Höhe der Assets und so die Kosten beeinflusst werden.

Doch nicht nur bestehende Kapazitäten sind zu hinterfragen, sondern auch der Aufbau neuer. Vor allem bei Neuproduktentwicklungen sind häufig hohe Investitionen in technische Anlagen und Werkzeuge erforderlich. Wird deren Höhe ausschließlich nach dem intern ermittelten Bedarf festgelegt, so besteht die Gefahr, dass die durch die Investitionen in der Folge verursachten Kosten (Abschreibungen, kalkulatorische Zinsen, Instandhaltungskosten etc.) die Wettbewerbsfähigkeit des Unternehmens belasten. Die im Rahmen eines Target Costing ermittelten, vom Markt erlaubten Produktkosten können dann möglicherweise nicht oder nur bei zusätzlichen Einsparungen an anderer Stelle erreicht werden. Um dies zu vermeiden, ist ein *Target Investment* zu bestimmen. Dieses ist aus dem Target Costing abzuleiten und geht von der Frage aus, wieviel Neuinvestitionen sich ein Unternehmen leisten darf, damit sowohl die Kundenanforderungen als auch die wirtschaftliche Zielsetzung des Unternehmens erfüllt werden (vgl. zur Methodik des Target Investment den Beitrag von CLAASSEN/ELLSSEL).

Bei einigen Assets, wie z.B. Fahrzeugen oder PCs, stellt sich bei der Entscheidung über den Aufbau neuer Kapazitäten auch die Frage *„Kauf oder Leasing?"*. Letzteres führt i.d.R. zu einem geringeren bilanziellen Vermögen und damit einer geringeren Kapitalbindung. Allerdings kann nur ein Gesamtkostenvergleich unter Berücksichtigung qualitativer Aspekte die Vorteilhaftigkeit des Leasing gegenüber dem Kauf aufzeigen.

3.2. Lebenszyklusbezogenes Kostenmanagement von Sachanlagen

3.2.1. Kosten im Lebenszyklus von Sachanlagen

Vor dem Hintergrund der zunehmenden Automatisierung von Produktionsprozessen haben die Sachanlagen in vielen Unternehmen erheblich an Bedeutung gewonnen. In der Automobilindustrie betragen die Anlagenkosten, d.h. die Kosten für die Bereitstellung, Bereithaltung und Nutzung sowie Ausmusterung von Anlagen, ca. 20% der gesamten Herstellkosten (vgl. MÄNNEL 1991, S. 199). Folglich gilt es bei Sachanlagen nicht nur wie bei allen anderen Vermögenswerten deren Höhe zu hinterfragen, sondern darüber hinaus auch die durch sie verursachten Folgekosten zu berücksichtigen. Bei langfristig nutzbaren Anlagen, wie z.B. Gebäuden, Maschinen und EDV-Systemen, übersteigen die während der Nutzung und Entsorgung anfallenden Kosten häufig die Investitionssumme um ein Mehrfaches (vgl. TAYLOR 1981, S. 32f.).

Erforderlich ist daher ein *lebenszyklusbezogenes Kostenmanagement von Sachanlagen* (Life Cycle Costing), um die über den Lebenszyklus einer Anlage anfallenden Kosten insgesamt zu analysieren und zu optimieren (vgl. BIEDERMANN 1990, S. 16ff.).[3] Es beruht methodisch auf den dynamischen Verfahren der Investitionsrechnung und unterscheidet sich nur im Hinblick auf das Bezugsobjekt von dem Lebenszykluskostenmanagement bei Produkten (vgl. hierzu den Beitrag von RIEZLER). Dementsprechend lassen sich wie bei dem Produktlebenszyklus auch für den Lebenszyklus einer Anlage drei Phasen unterscheiden: die Anlagenbereitstellung, die Anlagennutzung und die Anlagenausmusterung. Die während dieser drei Phasen anfallenden *Kostenarten* sind in Abbildung 2 dargestellt. Da es sich hierbei um ein Totalkalkül handelt, entfällt die Periodisierung der Anschaffungskosten in Form von Abschreibungen. Anstatt von „Kosten" wäre es daher betriebswirtschaftlich präziser von „Auszahlungen" zu sprechen. Beeinflusst durch die anglo-amerikanische Terminologie („life cycle costs") hat sich dies im deutschen Sprachraum allerdings nicht durchgesetzt.

Auf der Grundlage dieser lebenszyklusbezogenen Perspektive werden im Folgenden verschiedene Ansätze zur Kostenbeeinflussung aufgezeigt.

Anlagenkosten		
Bereitstellungsphase	Nutzungsphase	Ausmusterungsphase
Einmalkosten	Laufende Kosten	Einmalkosten
- Kosten der Anlagenplanung - Kosten der Beschaffungsmarkt- forschung - Kosten der Angebotsprüfung - Anschaffungskosten - Installationskosten - Ingangsetzungskosten	- Betriebskosten - Instandhaltungskosten - Zinsen - Steuern - Versicherungskosten	- Kosten der Außerbetriebnahme - Abbaukosten - Verwertungskosten der Altanlage - Entsorgungskosten

Abb. 2: Kostenarten im Lebenszyklus von Anlagen (in Anlehnung an: MÄNNEL 1991, S. 203)

3.2.2. Berücksichtigung von Trade-offs in der Bereitstellungsphase

Die Phase der Anlagenbereitstellung ist für das Kostenmanagement von zentraler Bedeutung, weil dort nicht nur über die Anschaffungskosten der Anlage entschieden wird, sondern auch die Weichen für den Kostenanfall in den nachgelagerten Phasen der Nutzung und Ausmusterung gestellt werden. So hat die Anlagenplanung und -konstruktion beispielsweise erheblichen Einfluss auf die spätere Anlagenverfügbarkeit, den Instandhaltungsbedarf und die Recyclingfähigkeit. Derartige Merkmale von Anlagen sind bei der Eigenerstellung genauso zu berücksichtigen wie beim Fremdbezug, wo sie i.d.R. in das Investitionskalkül einfließen.

Häufig bestehen dabei *Interdependenzen im Kostenanfall* (Trade-offs) zwischen den drei Phasen des Anlagenlebenszyklus (vgl. GÖTZE 2000, S. 273). Es ist daher zu prüfen, ob z.B. durch eine intelligente Anlagenkonstruktion, die zwar in der Anschaffung oder Erstellung höhere Kosten verursacht, überproportionale Kosteneinsparungen in der Nutzungs- und/oder Ausmusterungsphase (Betriebs- und Instandhaltungskosten, Entsorgungskosten etc.) erzielt werden können.

Vorteilhafte Effekte lassen sich oftmals auch durch den *Erwerb gebrauchter Anlagen* erzielen, da der Wertverfall neuer Anlagen in den ersten Jahren der Nutzung vielfach sehr hoch ist. Dies gilt nicht nur für Immobilien, sondern auch für viele andere Assets, wie z.B. Maschinen und Fahrzeuge. Werden diese gebraucht erworben, so sind die Anschaffungskosten und damit die Kapitalbindung i.d.R. deutlich geringer. Zudem werden bei neuen Anlagen häufig auftretende Anlauf- und Verfügbarkeitsprobleme weitgehend vermieden. Zu berücksichtigen sind allerdings auch die Folgekosten während der Nutzung und Ausmusterung. Sofern neue Anlagen aufgrund von Verfahrensinnovationen eine höhere Produktivität aufweisen oder mit geringeren Entsorgungskosten verbunden sind, kann der Nachteil des höheren Kaufpreises über den gesamten Anlagenzyklus durch geringere Folgekosten überkompensiert werden. Der Einsatz gebrauchter Anlagen ist deshalb vor allem dort sinnvoll, wo technologisch stabile Fertigungsverfahren existieren. In diesem Fall entstehen zunehmend auch elektronische Marktplätze für gebrauchte Güter im Internet (vgl. z.B. http://www.gebrauchtmaschinen.de).

3.2.3. Erhöhung der Anlagenproduktivität in der Nutzungsphase

Nach der Inbetriebnahme der Sachanlagen gilt es, die aufgebauten Kapazitäten möglichst wirtschaftlich einzusetzen. Da die durch sie verursachten Kosten weitgehend vordisponiert und fix sind, kommt der optimalen Nutzung der Sachanlagen bei Bemühungen zur Verbesserung der Wirtschaftlichkeit vorrangige Bedeutung zu. Bei Gebäuden und Büroräumen wird dem z.b. durch eine Raumnutzungs- und Raumbelegungsplanung, die Bestandteil eines umfassenden Facility Management sein kann, Rechnung getragen. In ähnlicher Weise ist der Einsatz des Fuhrparks zu optimieren, um ungenutzte Kapazitäten zu vermeiden.

Vielfach wird die wirtschaftlichere Nutzung der Kapazitäten allerdings durch rechtliche oder vertragliche Rahmenbedingungen blockiert. Vor allem starre Arbeitszeitregelungen verhindern oftmals längere Maschinenlaufzeiten, durch die die vorhandenen Anlagen besser genutzt und die Kapitalbindung durch Verkauf der dann überflüssigen Anlagen reduziert werden könnten. Flexible Arbeitszeitmodelle, deren Ausgestaltung Aufgabe des Personalmanagements ist, können daher nicht nur zur Senkung der Personalkosten, sondern indirekt auch zur Produktivitätssteigerung im Asset Management beitragen.

Ein wesentlicher Ansatz zur kontinuierlichen Verbesserung der Produktivität von Produktionsanlagen ist das aus Japan stammende Konzept des *Total Productive Maintenance* (vgl. AL-RADHI/HEUER 1995; BIEDERMANN/GRILL-KIEFER 2000). Es betrachtet den gesamten Lebenszyklus von Anlagen mit dem Ziel, in der Phase der Nutzung die Verfügbarkeit der Anlagen zu optimieren und gleichzeitig die Herstellung qualitativ hochwertiger Produkte sicherzustellen. Total Productive Maintenance beruht, wie das Total Quality Management, auf der Kaizen-Philosophie und bindet die Mitarbeiter in die Erarbeitung und Umsetzung der Maßnahmen zur kontinuierlichen Verbesserung ein. Ein zentrales Element bildet dabei die enge Zusammenarbeit zwischen Fertigung und Instandhaltung. Im Gegensatz zur traditionellen organisatorischen Trennung dieser beiden Bereiche übernehmen im Rahmen des Total Productive Maintenance Arbeitsgruppen in der Fertigung auch bestimmte Instandhaltungsaufgaben. Ihnen wird damit mehr Verantwortung übertragen, was sich i.d.R. vorteilhaft auf die Motivation der Mitarbeiter auswirkt.

Die Anlagenproduktivität wird gesteigert durch die systematische Identifikation und Beseitigung von Störfaktoren, die die Verfügbarkeit der Anlagen beeinträchtigen.[4] Diese Störfaktoren werden sechs Verlustquellen zugeordnet:

- *Anlagenausfälle* (durch fehlendes Material, organisatorische Probleme, Störungen in der Funktionsfähigkeit der Anlage),
- *Einricht- und Umrüstvorgänge,*
- *Leerlauf und Kurzstillstände* (durch zeitweilige Funktionsstörungen),
- *Verringerte Geschwindigkeit* (durch mechanische Probleme oder Qualitätsmängel an Bauteilen der Anlage),
- *Anlaufschwierigkeiten* (geringe Produktivität in der Zeit zwischen Inbetriebnahme der Anlage und Stabilisierung des Produktionsprozesses),
- *Qualitätsmängel* (Ausschuss, Nacharbeit).

Jede dieser Verlustquellen reduziert den Anteil der wertschöpfenden Betriebszeit an der insgesamt verfügbaren Anlagenlaufzeit (vgl. Abb. 3).[5]

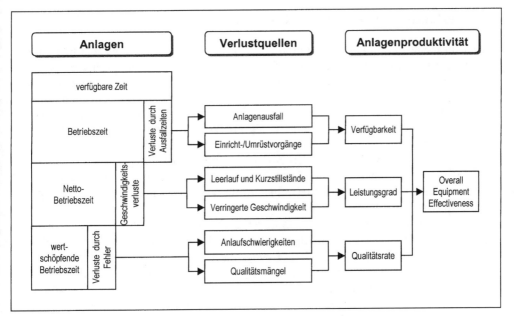

Abb. 3: Gesamtproduktivität von Anlagen (in Anlehnung an: NAKAJIMA 1995, S. 43)

Anknüpfend an diese Verlustquellen dient die Overall Equipment Effectiveness (OEE) als zentrale Kennzahl zur Beurteilung der Anlagenproduktivität. Die OEE ist definiert als multiplikative Verknüpfung von Verfügbarkeit, Leistungsgrad und Qualitätsrate der Anlage. Für diese drei Faktoren sollten Werte größer 90%, 95% bzw. 99% angestrebt werden, so dass sich für die OEE eine Zielgröße von 85% ergibt (vgl. BIEDERMANN/GRILL-KIEFER 2000, S. 26).

4. Asset Management bei Vorräten

Die Vorräte umfassen Roh-, Hilfs- und Betriebsstoffe, fertige und unfertige Erzeugnisse sowie Waren. Im Gegensatz zu den Sachanlagen gehen diese Assets im Wertschöpfungsprozess unter bzw. sind dazu bestimmt, an Kunden verkauft zu werden. Maßnahmen zur Kostensenkung zielen hier, abgesehen von Kosteneinsparungen durch günstige Einkaufspreise beim Material, auf eine Reduzierung der Kapitalbindung und Lagerkosten durch geringere Vorratsbestände bzw. schnelleren Lagerumschlag. Dabei sind gleichwohl eine ausreichende Versorgungssicherheit und Lieferbereitschaft zu gewährleisten.

Die Höhe der Vorratsbestände kann sowohl direkt als auch indirekt beeinflusst werden. Direkte Maßnahmen des Bestandsmanagements setzen unmittelbar an den Vorratsbeständen an und zielen auf eine Reduktion der Planungsunsicherheit ab. Mit indirekten Maßnahmen werden Vorratsbestände reduziert, indem die Produkt- und Prozessgestaltung verbessert wird. Auf beide Bereiche wird im Folgenden näher eingegangen.

4.1. Bestandsreduzierung durch Abbau von Planungsunsicherheit

Vorratsbestände sind maßgeblich durch Unsicherheit bedingt. Diese besteht nicht nur im Hinblick auf die Entwicklung der Nachfrage am Absatzmarkt, sondern vielfach auch bei der Liefertreue und den Lieferzeiten am Beschaffungsmarkt. Die Folge davon sind unnötige Sicherheitsbestände, die sich durch eine höhere Planungssicherheit abbauen lassen.

Das Bestandsmanagement setzt daher zum einen ein Informationssystem voraus, das die Absatzentwicklung möglichst zuverlässig prognostiziert (vgl. HERTER 1993, S. 352). Dies gilt in erster Linie für die Nachfrage externer Kunden. Aber auch innerbetrieblich kann eine klare Information über den Bedarf an internen Leistungen das Vorhalten von Pufferbeständen vermeiden. In der Serienfertigung haben sich in diesem Zusammenhang Kanban-Systeme bewährt, die mittels einer Karte oder leerer Behälter der vorgelagerten Produktionsstufe den Bedarf an Teilen signalisieren.

Höhere Planungssicherheit und damit geringere Bestände lassen sich zum anderen auch durch eine bessere Abstimmung zwischen den Unternehmen einer Wertschöpfungskette erreichen. Die Just-in-Time-Belieferung, die heute in vielen Unternehmen erfolgreich praktiziert wird, war vielfach ein erster Schritt zu einer engeren Zusammenarbeit zwischen Herstellern und Lieferanten. Sie bietet ersteren die Möglichkeit, die Kosten im Bereich der Lagerhaltung zu senken, setzt jedoch einen intensiven Informationsaustausch mit den Lieferanten voraus. Nur dann werden diese in der Lage sein, pünktlich zu liefern und auch ihrerseits auf Sicherheitsbestände zu verzichten. Der Planungssicherheit förderlich sind zudem sog. Model-Life-Verträge, die den Lieferanten den Absatz bestimmter Teile und Komponenten über den gesamten Lebenszyklus des Produktes garantieren.

Um das Ziel kurzer Lieferzeiten bei hoher Liefertreue mit dem Ziel niedriger Bestände in Einklang zu bringen, arbeitet beispielsweise die Demag Mobile Cranes GmbH bei der Herstellung von Mobilkranen eng mit ausgewählten Kernlieferanten zusammen. Diese Lieferanten erhalten regelmäßig folgende zeitlich gestaffelte Informationen:

- eine weitreichende Bedarfsvorschau (noch ohne Abnahmeverpflichtung),
- eine verbindliche Abnahmeplanung ohne verbindlichen Liefertermin,
- konkrete Abrufmengen mit fixierten Lieferterminen,
- frühzeitige Informationen über anstehende technische Änderungen.

Um durch derartige Informationen das Bestandsmanagement möglichst optimal zu unterstützen, müssen die Partner in der Wertschöpfungskette vergleichbare Planungsverfahren und kompatible Informationssysteme einsetzen. Diesbezüglich besteht in der Praxis meist noch erheblicher Optimierungsbedarf.

4.2. Bestandsreduzierung durch produkt- und prozessorientierte Maßnahmen

Die Reduzierung der Vorratsbestände ist vielfach auch ein beiläufiger Effekt des produkt- und prozessorientierten Kostenmanagements. Beispielsweise trägt die *Optimierung der Produktkomplexität* durch Verringerung der Teile- und Variantenvielfalt u.a. auch dazu bei, dass weniger Vorräte an Teilen, Baugruppen und fertigen Erzeugnissen vorgehalten werden müssen (vgl. zum Management der Produktkomplexität auch den Beitrag von

ROSENBERG). Derartige Maßnahmen sind bereits bei der Entwicklung eines neuen Produktes zu berücksichtigen.

Ein Beispiel dafür ist die Neuentwicklung des Getriebemotorenprogramms der Demag Cranes & Components GmbH:

- Durch die Standardisierung der Motorbaugrößen konnte die Anzahl unterschiedlicher Motorgehäuse derart reduziert werden, dass wirtschaftliche Losgrößen bei der Druckgussfertigung möglich sind.

- Die Vereinheitlichung der Bremsmodule und Kupplungen führte zu nur noch je zwei unterschiedlichen Varianten für das gesamte Motorenprogramm.

- Die Neukonstruktion der Getriebe über einen zweistufigen Aufbau aus Vorstufe und gemeinsamer Varianzstufe für alle Getriebetypen verringerte die Vielfalt an Getriebeteilen.

Durch diese verschiedenen Maßnahmen konnte die Anzahl der Motorteile von über 500 auf 320 verringert werden. Die positiven Nettoeffekte auf die Höhe der Vorratsbestände lassen sich indes nur über einen Zeitraum von etwa drei Jahren realisieren, da die Lieferbereitschaft für Ersatzteile noch für eine gewisse Zeit die Bevorratung alter Teile erfordert. Dadurch kann die Standardisierung, sofern sie die Neukonstruktion von Teilen bedingt, vorübergehend auch zu einer Bestandserhöhung führen, die aber langfristig durch geringere Bestände überkompensiert wird.

Vorteilhaft wirkt sich nicht nur die (langfristige) Reduzierung der Vorräte aus, sondern auch der geringere Bedarf an unterschiedlichen Druckgussformen, Werkzeugen und Vorrichtungen mit der Folge von Einsparungen durch eine geringere Kapitalbindung im Anlagevermögen.

Weitere indirekte Effekte auf die Höhe der Vorratsbestände gehen von Maßnahmen des prozessorientierten Kostenmanagements aus. So kann z.B. eine *Prozessoptimierung* zu einer kürzeren Durchlaufzeit führen und auf diese Weise in der produzierenden Industrie u.a. die Kapitalbindung in den unfertigen Erzeugnissen (Work-in-Progress) reduzieren (vgl. zur Prozessoptimierung den Beitrag von KAJÜTER). Theoretisch verhält sich die Höhe der unfertigen Erzeugnisse proportional zur Durchlaufzeit. In der Praxis treten jedoch oftmals Störgrößen auf (z.B. Anlagenausfälle, unpünktliche Lieferungen), die zu einer unterproportionalen Reduzierung der Bestände führen. Bei der Fertigung von Demag Mobilkranen führte beispielsweise eine um ca. 30% verringerte Durchlaufzeit zu einer Bestandssenkung um 22% (vgl. Abb. 4). Dazu hat eine Reihe von Einzelmaßnahmen beigetragen: die Einführung des Flussprinzips in der Fertigung, die Parallelisierung von Arbeitsvorgängen in der Vormontage, die Verkürzung des Test- und Abnahmeprozesses, die Analyse und Beseitigung von Liegezeiten, die Analyse möglicher Engpässe und die Flexibilisierung der Arbeitszeiten.

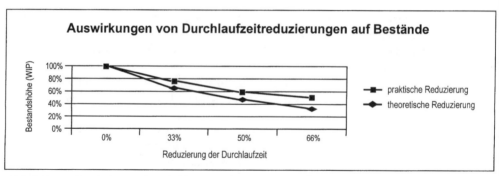

Abb. 4: Bestandsreduzierung durch Verkürzung der Durchlaufzeit

Aufgrund der zunehmenden Kapitalbindung im Verlauf des Produktionsprozesses ist die
bestandsreduzierende Wirkung einer verringerten Durchlaufzeit in den letzten Prozessschritten am größten. Abbildung 5 zeigt den Verlauf der Kapitalbindung bei der Herstellung eines Mobilkranes. Einer relativ langen Phase (54 Tage) mit geringem Wertzuwachs
im Stahlbau folgt ein Anstieg der Kapitalbindung auf über 90% in der vergleichsweise
kurzen Montagezeit (13 Tage). Die Verkürzung der Durchlaufzeit in den abschließenden
Wertschöpfungsstufen Test/Abnahme und Finish/Lack ist daher um ein Vielfaches wir-
kungsvoller als eine Verkürzung im Stahlbau.

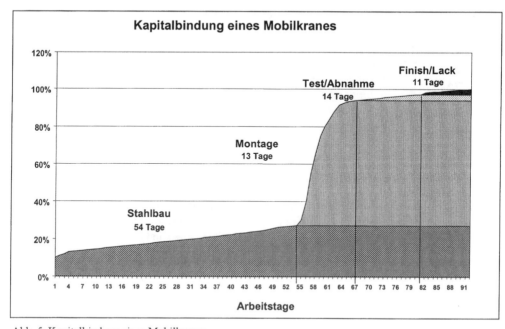

Abb. 5: Kapitalbindung eines Mobilkranes

5. Asset Management bei Forderungen

Forderungen aus Lieferungen und Leistungen entstehen durch den Kunden gewährte Zahlungsziele. Die auf diese Weise verursachten Zinskosten sind – meist implizit – in den Verkaufspreis einkalkuliert und somit in den Konditionen des Kaufvertrages enthalten. Eine Überziehung der vereinbarten Zahlungsziele erhöht indes den Forderungsbestand und verursacht zusätzliche Kosten. Dem ist durch ein systematisches *Forderungsmanagement* entgegenzuwirken. Dieses umfasst ein differenziertes, mehrstufiges Mahnwesen, das Forderungen bei *säumigen Kunden* eintreibt.

Häufig liegen überfällige Forderungen allerdings nicht in der schlechten Zahlungsmoral der Kunden begründet, sondern sind auf *unternehmensinterne Faktoren* zurückzuführen. Dazu gehört z.B. die Tatsache, dass in vielen Unternehmen den Kunden die Rechnung erst geraume Zeit nach der Warenlieferung zugeschickt wird (vgl. HERTER 1993, S. 356). Weiterhin führen falsche, unvollständige, verspätete oder mangelhafte Lieferungen und Leistungen häufig zur Unzufriedenheit der Kunden und zu Verzögerungen bei der Bezahlung von Rechnungen. Auch die Form des vereinbarten Zahlungseingangs beeinflusst die Höhe des Forderungsbestandes. Beispielsweise kann eine Forderung bei einer Zahlung per Scheck aufgrund der dafür notwendigen längeren Bearbeitungszeit (Registrierung des Scheckeingangs, Einreichung zur Bank, Gutschrift auf dem Konto) i.d.R. erst später liquidiert werden als bei einer Lastschrift (vgl. PACKOWKSI ET AL. 1999).

Zur Optimierung des Forderungsbestandes ist folglich zunächst eine Ursachenanalyse erforderlich, um darauf aufbauend zielgerichtete Maßnahmen ergreifen zu können. Dabei kommt den internen Ursachen besondere Bedeutung zu, weil aus diesen nicht nur höhere Kosten bei der Kapitalbindung resultieren, sondern auch weitere Kosten im Bereich der Fehlerbehebung, die sich möglicherweise bei anderen Aufträgen wiederholen.

Die Höhe des Forderungsbestandes lässt sich schließlich auch durch *Factoring* steuern. Die Vorteilhaftigkeit eines solchen Verkaufs von Forderungen ist indes im Einzelfall zu prüfen, da sie letztlich von den jeweiligen Konditionen der Factoringgesellschaften abhängig ist.

6. Zusammenfassung

Asset Management ist ein Ansatz des ressourcenorientierten Kostenmanagements, der darauf abzielt, die Wirtschaftlichkeit des Unternehmens zu verbessern, indem Kostensenkungspotenziale durch einen optimierten Einsatz betrieblicher Vermögenswerte ausgeschöpft werden. Damit wird gleichzeitig ein Beitrag zur Steigerung des Unternehmenswertes geleistet.

Im Mittelpunkt des Asset Managements stehen die durch operative Geschäftseinheiten beeinflussbaren Vermögenswerte, also Anlagen, Vorräte und Forderungen. Bei allen diesen Assets gilt es, die Ausstattung und damit den Umfang der Kapitalbindung optimal zu gestalten. Bei Anlagen sind darüber hinaus die während des Lebenszyklus anfallenden Folgekosten zu berücksichtigen.

Die vielfältigen Interdependenzen, die einerseits zwischen dem Einsatz der verschiedenen Assets und andererseits zwischen den Assets sowie der Produkt- und Prozessgestaltung existieren, machen das Asset Management zu einer komplexen Optimierungsaufgabe. Die im Bereich des Anlagen-, Bestands- und Forderungsmanagements entwickelten Konzepte können jedoch einen Beitrag leisten, diese Aufgabe zu erfüllen.

Anmerkungen

1 Unter „Material" werden im Folgenden sowohl Roh-, Hilfs- und Betriebsstoffe als auch Zulieferteile und -komponenten verstanden. Der Begriff „Anlagen" wird synonym zu „Betriebsmittel" gebraucht und umfasst somit Grundstücke und Gebäude, Maschinen, Werkzeuge, Betriebs- und Geschäftsausstattung etc., aber auch immaterielles Vermögen, wie z.B. Patente und Lizenzen.

2 Gestiegen ist demgegenüber vor allem der Anteil der Wertpapiere und Beteiligungen.

3 Im IT-Bereich wird die lebenszyklusbezogene Kostenbetrachtung auch dem Begriff „Total Cost of Ownership" diskutiert.

4 Zu empirischen Befunden über Störfaktoren, die die Anlagenverfügbarkeit reduzieren, vgl. HUPFAUER 1997, S. 94ff.

5 Bei der „verfügbaren Zeit" sind bereits geplante Stillstandszeiten (z.B. für Pausen und Gruppenbesprechungen) berücksichtigt.

Zulieferermanagement unter Kostenaspekten

HEINZ G. TRAUDT

1. Veränderte Rahmenbedingungen in der Automobilindustrie

Die Automobilmärkte haben weltweit unterschiedliche Entwicklungsstufen erreicht. In den Triademärkten Westeuropa, USA und Japan bewegen sich die jährlichen Wachstumsraten innerhalb moderater Größenordnungen. Vereinzelt beobachten wir sogar negative Entwicklungen, die im Zuge gesamtwirtschaftlicher Konjunkturschwächen vor den Automobilmärkten nicht Halt machen. All dies geschieht allerdings auf einem hohen und langfristig stabilen Gesamtniveau.

Anders in den Schwellenländern: Die Wachstumsprognosen für die Märkte Osteuropas, Asiens und Lateinamerikas aus den frühen 90er Jahren verkündeten hohe, teilweise sogar zweistellige jährliche Zuwachsraten. Die tatsächliche Entwicklung blieb weit hinter den Erwartungen zurück. Im Zuge finanz- und wirtschaftspolitischer Krisen haben die Automobilmärkte massive Einbrüche erlebt; die Nachfrage bleibt volatil. Trotz allem: In Erwartung steigender, weltweiter Nachfrage werden die Produktionskapazitäten regional weiter ausgebaut. Sie liegen bereits heute um 30% und mehr über der Nachfrage.

Daraus resultiert zum einen ein scharfer Wettbewerb, dem die Automobilhersteller mit Strategien der globalen Präsenz, der Kostenführerschaft, der Differenzierung und der Konzentration auf das Kerngeschäft begegnen. Zum anderen stellen wir fest, dass ein spürbarer Konsolidierungs- und Selektionsprozess in Gang gekommen ist, der die Zahl der selbständigen Automobilhersteller mit überregionaler Bedeutung erheblich reduziert hat (vgl. Abb. 1).

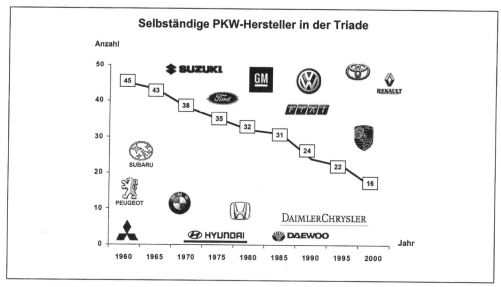

Abb. 1: Konzentrationsprozess bei Automobilherstellern

Gleichzeitig hat sich die Vielfalt und die Komplexität der angebotenen Produkte deutlich erhöht. Begleitet wird diese Entwicklung von einem ausgeprägten Innovations- und Zeitwettbewerb.

In der Automobilindustrie haben sich die Herausforderungen, erfolgreich zu sein und zu bleiben, für die Hersteller wie für die Zulieferer massiv verschärft. Da die Materialkosten – und damit der Beitrag der Zulieferindustrie – den weitaus größten Kostenblock bei einem Automobil darstellen, ist ein wirkungsvolles Kostenmanagement im Bereich der Materialwirtschaft unerlässlich. Dabei liegt die Betonung heute weniger auf der eindimensionalen Preisminimierung der eingekauften Teile und Komponenten, sondern mehr auf der Neuausrichtung und Optimierung von Strukturen und Prozessen.

Die Gesetzmäßigkeiten des globalen Wettbewerbs erfordern Veränderungen auf der gesamten Wertschöpfungskette. Im Fokus des Zulieferermanagements stehen Fragen der Neuverteilung von Aufgaben für Hersteller und Zulieferer. Die Automobilhersteller reduzieren ihre Leistungstiefe – nicht nur im Fertigungsprozess, sondern vor allem im Produktentstehungsprozess, um ihre Ressourcen auf Kernkompetenzen zu konzentrieren, Kosten- und Innovationspotenziale zu erschließen, die Fixkostenbelastung zu verringern sowie die notwendige Flexibilität zu sichern.

Diese Entwicklung geht mit einer spürbaren Veränderung der Rolle der Zulieferunternehmen einher, die in enger Kooperation zu den Herstellern stehen. Die Folge ist auch hier ein grundlegender Strukturwandel, der noch nicht abgeschlossen ist.

2. Strategische Ausrichtung von BMW

Damit ein Automobilunternehmen für die erfolgreiche Bewältigung der Zukunft gut aufgestellt ist, bedarf es einer klaren Produkt- und Marktstrategie, die natürlicherweise einen direkten Einfluss auf das Zulieferermanagement ausübt. Drei mögliche Optionen sind denkbar:

- Die erste Option ist das ausschließliche Engagement im Volumen- oder Massenmarkt. Hier wird versucht, Erfolg über möglichst hohe Stückzahlen zu erzielen – mit entsprechend niedrigerer Preisposition. Für BMW ist dies keine Alternative.
- Die zweite Option ist ein Mix aus Volumen- und Premiummarkt. BMW hat diesen Weg mit dem Erwerb von ROVER versucht; unsere Erfahrungen waren negativ. Premium- und Massenmarken lassen sich unter einem Dach nur schwer vereinen.
- Die dritte Option ist, exklusiv im Premiumbereich tätig zu sein. Premiumanbieter konzentrieren sich auf die kleineren Marktsegmente, in denen sich mit Premiumprodukten Premiumpreise erzielen lassen. Hier ist nicht derjenige Anbieter wirtschaftlich erfolgreich, der die höchsten Volumina absetzt, sondern derjenige, der über die profiliertesten Marken verfügt und somit Wettbewerbsvorteile durch Differenzierung statt durch Skalenerträge erzielt. Das ist der Weg von BMW.

Premium bedeutet "Mehrwert". Mehrwert ist das Ergebnis aus dem Zusammenspiel einer exzellenten Produktsubstanz und einem herausragenden Markenimage. Premiumpreise sind die Gegenleistung für den gebotenen Mehrwert. Sie erlauben hohe Deckungsbeiträge pro verkaufter Einheit. Für einen ausschließlich im gehobenen Marktsegment tätigen Hersteller wie BMW besteht die Herausforderung darin, bei begrenztem Volumen – verglichen mit den Großserienherstellern – einen höheren Kundennutzen zu bieten, ohne ein vertretbares Preispremium zu überschreiten und zugleich die aus der Modellrendite eines Fahrzeugs abgeleiteten Zielkosten einzuhalten. Die Zweidimensionalität dieser Aufgabenstellung stellt ohne Zweifel das prägende Element eines Zulieferermanagements für Premiumhersteller dar. Der Materialwirtschaft – und im engeren Sinne dem Materialeinkauf – ist damit eine strategische Gestaltungsfunktion zugeordnet. Als Schnittstelle zum Zuliefermarkt obliegt es dem Einkauf, seine Geschäftsprozesse so auszurichten, dass auf Basis einer rechtzeitigen und vollständigen Einbindung der für ein Premiumprodukt geeigneten Zulieferunternehmen – gemeinsam mit der Entwicklung – ein Optimum bei Innovation, Funktion, Kosten und Qualität sichergestellt werden kann.

3. Bedeutung der Materialwirtschaft

Der vom Markt diktierte Zwang nach ständiger Verbesserung und höherer Effizienz führt zu veränderten Ansätzen im Einkauf. Sie lassen sich unter folgenden Stichworten zusammenfassen:

- Funktionsanreicherung der Materialwirtschaft zur Wahrnehmung eines ganzheitlichen Supply Managements,
- Komplexitätsreduzierung im Hinblick auf Produkte und Prozesse durch Modularisierung der Kaufteileumfänge,
- Anpassung der Lieferantenstrukturen an die veränderten Produktstrukturen und Übertragung umfassender Dienstleistungs- bzw. Gestaltungsaufgaben auf Schwerpunktlieferanten,
- Integration der an der Wertgestaltung beteiligten Lieferanten in der Frühphase von Produktprojekten und Fokussierung der Zusammenarbeit auf die Entwicklungsaufgabe,
- Unterstützung des Strukturwandels der Wertschöpfung und der Zulieferindustrie durch Supportmaßnahmen.

Die Materialwirtschaft hat zahlreiche *Möglichkeiten der Kostenbeeinflussung* (vgl. Abb. 2). Grundsätzliche Unterschiede ergeben sich im Hinblick auf die Wirkungsfelder. Instrumente, die auf eine Optimierung der Mengen und des Leistungsorts abzielen, können vom Einkauf eigenverantwortlich angewandt werden. Dagegen verlangen Instrumente, die die Produkt- und Prozessgestaltung beeinflussen, ein interdisziplinäres, teamorientiertes Vorgehen. Dies ist zweifellos schwieriger zu realisieren als die Anwendung der klassischen Instrumente, eröffnet aber größere Kostenbeeinflussungspotenziale.

Für die Produktentwicklung sind zwar weniger als 5% der gesamten Produktkosten über die Laufzeit eines Fahrzeugmodells aufzuwenden, gleichzeitig legt sie aber 70% und mehr fest (vgl. hierzu auch den Beitrag von EHRLENSPIEL ET AL.). Dies geschieht implizit durch Konzeption und Entscheidung von Produktinhalten, Funktion und Technik, Material und Fertigungsverfahren, Projektstrukturen und Abläufen. Die Einbindung kompetenter Lieferanten bereits in die Konzeptphase eines Fahrzeugprojekts und die konsequente Produkt- und Prozessorientierung der Einkaufsaktivitäten führen zu Kostenvorteilen von bis zu 30% gegenüber einer konventionellen Vorgehensweise. Aufgrund dieser

Erkenntnis wandte sich die BMW Materialwirtschaft schon Ende der 1980er Jahre zunehmend der Produkt- und später der Prozessgestaltung zu, um die Kosten wirkungsvoll zu beeinflussen.

Wirkungsfeld / Instrument	Volumen	Leistungsort	Produktgestaltung	Prozessgestaltung
Zentraleinkauf	▨			
Single Sourcing	▨	▨		
Global Sourcing		▨		
Make-or-buy-Analyse		▨	▨	
Standardisierung	▨			▨
Modular Sourcing		▨	▨	▨
Simultaneous Engineering (SE)			▨	▨
Lieferantensupport				▨

Abb. 2: Möglichkeiten der Kostenbeeinflussung durch den Einkauf

4. Reengineering der BMW Materialwirtschaft

4.1. Wandel des Einkaufs zum Supply Management

Wenn Zulieferer bereits im Produktentstehungsprozess einbezogen werden, verändert sich die Rolle der Materialwirtschaft (vgl. Abb. 3). Statt exakt spezifizierter Bauteile als Ergebnis eines abgeschlossenen Entwicklungsprozesses sind Paketleistungen aus Entwicklung, Fertigung und nicht selten logistischen Dienstleistungen einzukaufen, die zunächst inhaltlich nur grob definiert sind. Statt einen zeitlich eng begrenzten Einkaufsvorgang abzuwickeln, ist ein jahrelanger Prozess zu gestalten und zu betreuen. Der Materialwirtschaft wächst dadurch eine Gestaltungsaufgabe zu, die über das klassische Einkaufen weit hinausreicht. Der Einkäufer, der bisher eine überwiegend kommerziell orientierte Tätigkeit ausgeübt hat, wird diese Veränderung nicht aus dem Stand vollziehen können. Voraussetzung für die Evolution des Einkaufs zum Supply Management war daher bei BMW eine schrittweise, aber kontinuierliche *Funktionsanreicherung und Höherqualifizierung der Materialwirtschaft* mit zwei Dimensionen.

Die erste Veränderung betraf das Anforderungs- und Ausbildungsprofil der Mitarbeiter in der Materialwirtschaft. Neben gezielten Weiterbildungsmaßnahmen wurde durch entsprechende Steuerung des Personaleinsatzes das quantitative Verhältnis von Kaufleuten und Technikern den veränderten Anforderungen angepasst. Waren früher zwei von drei Einkaufsspezialisten Kaufleute und einer Techniker, so ist diese Relation heute umgekehrt.

Die zweite Dimension betraf die Ergänzung um zusätzliche Instrumente und Funktionen, z.B. die Einführung einer Einkaufsmarktforschung und Technologiebeobachtung (als Querschnittsfunktion), die Etablierung von Verbindungsingenieuren zur Entwicklung und zu den Lieferanten, der Aufbau einer analytischen Kostenplanung und eines Projekt-Controlling (beide aus dem Finanzwesen übernommen), die Einrichtung einer kaufteile-bezogenen Anlaufsteuerung für Fahrzeugprojekte, die Entwicklung und Einführung neuer Arbeitsmethoden wie Simultaneous und Value Engineering sowie der Aufbau der Funktion Lieferantenentwicklung.

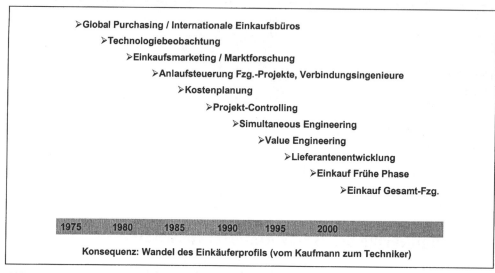

Abb. 3: Funktionsanreicherung der BMW Materialwirtschaft

Die in jüngster Zeit bei BMW vollzogenen Funktionsanreicherungen, nämlich der Einkauf Frühe Phase und der Einkauf von Gesamtfahrzeugen sind zwei wesentliche, aber konsequente und notwendige Schritte, die das moderne Rollenverständnis des BMW Einkaufs im Produktentstehungsprozess (PEP) widerspiegeln. Einher geht damit eine deutliche Ausweitung der Einkaufsverantwortung im Sinne der Produktgestaltung und der langfristigen, strategischen Geschäftsbeziehungen zu Montagepartnern.

4.2. Organisatorische Einbindung der Materialwirtschaft

Die zunehmenden Aufgaben, die Einkauf und Lieferanten übernehmen, erfordern eine enge Zusammenarbeit aller am Entwicklungs- und Planungsprozess Beteiligten (d.h. insbesondere Einkauf, Lieferanten, Entwicklung, Fertigungsplanung und Logistik). Aufgrund des Kostenhebels, der von der Produktentwicklung ausgeht, verspricht in erster Linie die organisatorische und räumliche Nähe des Einkaufs zur Produktentwicklung Vorteile. Bei BMW wurde die Materialwirtschaft daher schon im Jahre 1993 als Funktionsbereich geschlossen dem Entwicklungsressort zugeordnet. Die Fachstellen der Entwicklung und der Materialwirtschaft wurden dabei nicht nur nach dem gleichen Prinzip (gegliedert nach Technologien und Konstruktionsgruppen) organisiert, sondern auch im zentralen Forschungs- und Innovationszentrum jeweils räumlich einander zugeordnet.

4.3. Projektorganisation und Materialwirtschaft

Fahrzeugprojekte werden bei BMW im Rahmen sog. *Produktlinienteams* bearbeitet, die für jede Produktlinie gebildet werden. Eine Produktlinie setzt sich i.d.R. aus mehreren (Modell)-Baureihen zusammen. Die Produktbetreuung erfolgt lebenszyklusbezogen, d.h. über die gesamte Produktlaufzeit, und reicht vom Projektauftrag bis zum Serienauslauf. In der Produktentwicklung hat die Produktlinie vor allem den Auftrag, die Konzept- und Serienentwicklung zu planen, zu steuern und zu koordinieren. Die Produktlinie ist verantwortlich für die Einhaltung der Zielvorgaben hinsichtlich Kosten, Terminen und Qualität. Zwischen Produktlinie und Linienfachstellen besteht eine interne Kunden-Lieferantenbeziehung, wobei die Linie als Center of Competence der Auftragnehmer ist (vgl. Abb. 4). Die Linie übernimmt definierte Aufgaben z.T. im Wettbewerb mit externen Anbietern. In den Projektteams arbeiten auch Vertreter der Materialwirtschaft mit.

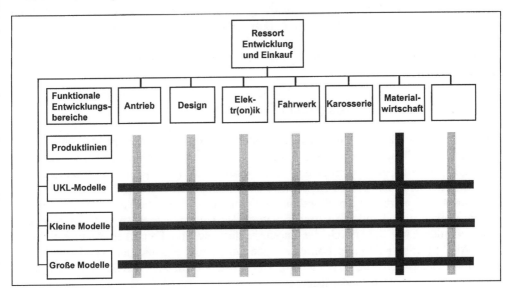

Abb. 4: Organisatorische Einbindung der BMW Materialwirtschaft

4.4. Zusammenarbeit zwischen Materialwirtschaft und Lieferanten

Die veränderte Aufgabe der Materialwirtschaft ist nur durch den ganzheitlichen Ansatz einer strategisch ausgerichteten, *partnerschaftlichen Zusammenarbeit* zwischen Hersteller und ausgewählten Lieferanten zu lösen (strategische Wertschöpfungspartnerschaft). Dabei bringt jeder Partner seine Kernkompetenzen mit dem Ziel ein, gemeinsam ein optimales Ganzes zu erreichen. Entscheidend für den Erfolg von Wertschöpfungspartnerschaften sind eine längerfristig angelegte Zusammenarbeit, Teamorientierung, klare Aufgabenzuordnung, beiderseitiges Vertrauen und Commitment, offener Informationsaustausch und somit transparente Prozesse (vgl. Abschnitt 5.2.).

Die Fokussierung auf die Entwicklungsphase bedeutet für die Materialwirtschaft eine aktive Rolle und Mitwirkung bei der Produktgestaltung. Das Outsourcing von Entwicklungsaufgaben an Lieferanten erfolgt unter enger Einbindung, zum Teil räumlicher Integration in den Entwicklungsprozess. Die BMW Materialwirtschaft betreut ständig mehr als 100 SE-Projekte mit Lieferanten, mit der Zielsetzung kürzerer Entwicklungszeiten, deutlich reduzierter Kosten, funktional und qualitativ besserer Produkte sowie einer besseren Ausschöpfung des Innovationspotenzials.

5. Instrumente des Supply Management bei BMW

Im Folgenden wird dargestellt, welche Konsequenzen sich für die instrumentalen Ansätze des BMW Einkaufs aus der Fortentwicklung von einer Dienstleistungs- zu einer Gestaltungsfunktion ergeben haben. Ähnliche Entwicklungen lassen sich in der gesamten Automobilindustrie beobachten. Eines zeigt sich dabei sehr deutlich: Supply Management unter Kostenaspekten ist eine permanente Aufgabenstellung über den gesamten Lebenszyklus eines Produktes hinweg.

5.1. Konfigurationsmanagement

Mit der zunehmenden Auffächerung des Modellangebots im Kampf um Marktanteile und profitables Wachstum kam es in den letzten Jahren zu produktorientierten Gestaltungsstrategien, die sich unter dem Begriff *„Konfigurationsmanagement"* subsummieren lassen. Damit verbunden ist das Ziel, entweder innerhalb einer Modellbaureihe oder aber baureihen- und markenübergreifend durch Nutzung von *Teilesynergien* die Herstellkosten zu senken, um damit die Ertragssituation des Unternehmens zu verbessern. Unterstützt werden kann dies durch die Zusammenfassung von Baureihen zu Produktlinien (vgl. Abb. 5). Innerhalb einer Baureihe – aber auch einer Produktlinie – bedeutet Konfigurationsmanagement die Erschließung von Kostenpotenzialen durch Modularisierung und/oder Komponentenstandardisierung.

Im Hinblick auf die *Modularisierung* liegen Kostenreduzierungspotenziale zunächst in der Fahrzeugintegration. Kostenreduzierungen können durch die Entflechtung von Montage- und Werksstrukturen mittels Offline-Vormontagen erreicht werden, die zu einer Freisetzung von Montageflächen und damit kapazitätssteigernden Takten führen.

Ein Ansatz zur *Komponentenstandardisierung* ist die Verwendung von *Gleich- und Synergieteilen*, d.h. konstruktiv und technisch sehr ähnlichen Teilen. Dadurch können die Stückkosten erfahrungsgemäß umso mehr gesenkt werden, je mehr eine Übernahme von Marktstandards möglich ist. Die Kostensenkungspotenziale kommen dabei nicht allein von Skaleneffekten, sondern auch von nachhaltigen Entwicklungskostenreduzierungen – sei es durch Übernahme von Komponenten auf andere Fahrzeugmodelle (Carry Over) oder durch eine schon für die gesamte Produktlinie von Anfang an geplante Komponentenstrategie (Carry Forward). Insbesondere bei Nischenprodukten mit geringen Stückzahlen und hohen Einmalaufwendungen können die Effekte sehr groß sein.

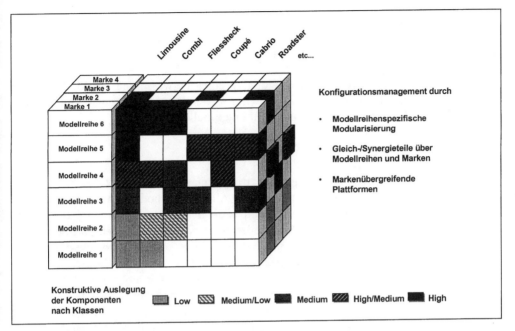

Abb. 5: Konfigurationsmanagement

Darüber hinaus gehende Potenziale können durch die Verwendung einheitlicher Komponenten in für den Kunden nicht sichtbaren bzw. funktional nicht unmittelbar erfahrbaren Bereichen erzielt werden. Diese sog. *Baukastenstrategie* findet sowohl horizontal innerhalb einer Produktlinie als auch produktlinienübergreifend Anwendung. Insgesamt kann ein Komponentenüberdeckungsgrad entstehen, der zwischen zwei Modellen bis zu 80% beträgt.

Durch Übernahmen, Fusionen und Kooperationen bei den Fahrzeugherstellern kam es vielfach auch zu *markenübergreifendem Konfigurationsmanagement*. Obwohl in der Regel weiterhin Mehrmarkenkonzepte mit differenzierten Erscheinungsbildern favorisiert werden, lassen sich Einsparungspotenziale auch hier für nicht marken- oder kundenrelevante Komponenten realisieren.

Über die markenübergreifende Konfiguration innerhalb des Unternehmens hinaus sind auch *Kooperationen mit Wettbewerbern* denkbar, die in eine Verwendung gleicher Module bis hin zu gemeinsamen Plattformen münden.

Aufgrund seiner Kenntnis von Marktstandards, Produkt- und Kostenstrukturen ist der Einkauf in der Lage, in der Zusammenarbeit mit Entwicklung, Controlling und Projektmanagement produktspezifische sowie produkt- und markenübergreifende Kostenreduzierungspotenziale zu identifizieren. Wesentliche Gestaltungsaufgaben sind dabei:

- Optimierung der Modul- und Systemkonfiguration durch Nutzung von Integrationseffekten, wie z.B. Mehrfachverwendung von Hard- und Softwaremodulen,
- Aufzeigen von Sourcingalternativen und Integration der Wertschöpfungspartner unter klarer Definition der Leistungsschnittstellen und Verantwortlichkeiten,

- Steuerung der kapazitäts- und versorgungskritischen Bauelemente,
- Lieferantenübergreifende Volumenbündelung und -verhandlung,
- Management der erforderlichen Qualitätssicherungsmaßnahmen bis hin zur Lieferantenentwicklung (vgl. Abschnitt 5.5.).

Grenzen entstehen dort, wo Standardisierung zu einer Verwässerung des Markenprofils führt oder wo schnelle Entwicklungszyklen eine Anwendung von Modulen und Komponenten über alle Fahrzeugvarianten hinweg in Frage stellen.

5.2. Optimierung der Lieferantenstrukturen

Aufgrund des weit gefächerten Kaufteilespektrums unterscheidet BMW vier verschiedene *Lieferantenkategorien*, die unterschiedliche Auswahlmethoden und teilweise auch unterschiedliche Formen der Zusammenarbeit bedingen (vgl. Abb. 6). Lieferanten mit Wertgestaltungsaufgaben sind dabei Konzeptlieferanten, Kernlieferanten und Serienentwicklungslieferanten. *Konzeptlieferanten* sind innovative Anbieter hochwertiger Produktumfänge. Sie sind vor allem im klassischen Zulieferbereich der Karosserieausstattung tätig. BMW hat für ihre Auswahl das Instrument des Konzeptwettbewerbs entwickelt. Im Konzeptwettbewerb liegt die Betonung auf der Innovationsleistung des Lieferanten. Das Konzeptangebot enthält Aussagen über Technik, Funktion, Qualität, Termine und Kosten. Konzepte, die weiterverfolgt werden sollen und mit denen Neuland betreten wird, werden anhand von Machbarkeitsstudien überprüft.

	Markt-lieferant	Serienent-wicklungs-lieferant	Konzept-lieferant	Kern-lieferant
Basisanforderungen (Qualität, Lieferung, Preis)	O	O	O	O
Entwicklungs-Know-how		O	O	O
Projektmanagement		O	O	O
Design to cost		●	O	O
Sublieferantenführung			O	●
JIT-Logistik			O	●
Globale Präsenz			O	●
Kundenexklusivität				O
Auswahlverfahren	Produzenten-wettbewerb	Serienent-wicklungs-wettbewerb	Konzept-wettbewerb	Portfolio-auswahl

● Kann-Kriterium   O Muss-Kriterium

Abb. 6: BMW Lieferantenkategorien

Voraussetzung für einen funktionierenden Konzeptwettbewerb ist eine Vertrauensbasis in den Lieferantenbeziehungen. Lieferanten werden ihr Know-how in einer vorvertraglichen

Phase nur dann offen legen, wenn sie sicher sein können, dass dieses vertraulich behandelt und nicht an Dritte weitergegeben wird. Durch den großen Freiraum für die Anbieter gehen aus dem Konzeptwettbewerb nicht selten Lösungsalternativen mit neuen technischen Inhalten und deutlich reduzierten Kosten hervor. Weitere Vorteile sind eine hohe Entscheidungssicherheit und i.d.R. zügige Serienentwicklung mit weniger Schleifen.

Natürlich ist damit ein gewisser Arbeits- und Zeitaufwand verbunden. Daher kann, vor allem aus Kapazitätsgründen, nur ein Teil der Zulieferumfänge im Wege des Konzeptwettbewerbs festgelegt werden. Bei vielen Umfängen sind zudem die Möglichkeiten des Zuliefermarktes bereits bekannt. Viele Lieferanten haben sich aufgrund langjähriger, guter Zusammenarbeit eine Referenz erworben. Diese sog. *Kernlieferanten* bilden ein Lieferantenportfolio, das eine Grundlage für weitere Lieferantenentscheidungen darstellt. Die Portfolioauswahl ist also im Wesentlichen eine auf bisherigen Erfahrungen basierende Auswahlmethode.

Sofern die Konzeptentwicklung bereits vollständig im Hause erfolgt ist, die Weiterentwicklung zur Serienreife und die Produktion aber in Lieferantenhände gelegt werden soll, werden die dafür in Frage kommenden *Serienentwicklungslieferanten* im Rahmen eines Serienentwicklungswettbewerbs entschieden.

Durch die Modularisierung der Produkte verschieben sich die Schwerpunkte zu den Lieferanten mit größeren Umfängen und komplexen Entwicklungsaufgaben, d.h. vor allem zu Kern- und Konzeptlieferanten. Es kristallisiert sich ein begrenzter Kreis von etwa 150 - 200 Partnern heraus, die mehr als 80% des Kaufteilevolumens auf sich vereinen. Die übrigen Geschäftspartner sind überwiegend *Marktlieferanten* von einfacheren Komponenten, Einzelteilen, Rohmaterialien etc.

Single Sourcing bietet sich vor allem bei hochwertigen Komponenten mit hohen Einmalaufwendungen und hoher Spezifität an. Der Verzicht auf unmittelbaren Wettbewerb zwischen zwei oder mehr Lieferanten ist vor allem dann vorteilhaft, wenn die Lieferantenleistungen transparent oder gut nachvollziehbar sind, sei es durch Offenlegung der Kalkulation (Stichwort „gläserner" Lieferant), interne Kostenanalyse oder Vergleich mit ähnlichen Komponenten für andere Fahrzeuge. Ggf. müssen bei Single Sourcing Ausgleichsmechanismen für entfallende Wettbewerbsanreize geschaffen werden, z.B. in Form von Wettbewerbsklauseln oder Vereinbarungen über kontinuierliche Verbesserung von Qualität, Kosten und technischer Ausführung.

Ein weiterer Aspekt ist die Globalisierung der Fahrzeugfertigung, die einen *internationalen Liefer- und Fertigungsverbund* erfordert. BMW sucht dazu nach Partnern, die entweder bereits global präsent sind oder die Flexibilität besitzen, dem Hersteller ggf. an neue Standorte zu folgen. Eine redundante Komponentenfertigung ist oftmals unwirtschaftlich. BMW strebt daher eine arbeitsteilige Komponentenfertigung an. Insbesondere kompakte, transportfreundliche Komponenten werden zentral an einem Standort gefertigt und von hier aus auch den anderen Montagestandorten zur Verfügung gestellt. Großvolumige Bauteile werden dagegen überwiegend dezentral (lokal) gefertigt und just-in-time eingesteuert. Auch Vormontageumfänge werden überwiegend dezentral hergestellt, wobei kapital- und werkzeugkostenintensive Einzelteile häufig aus zentraler Produktion stammen.

5.3. Integration der Lieferanten in die Entwicklung und Fertigung

Aufgrund des hohen Kostenbeeinflussungspotenzials während der Produktentstehung werden die Konzept-, Kern- und Serienentwicklungslieferanten bereits frühzeitig in die Produktentwicklungsteams bei BMW integriert (vgl. Abschnitt 4.4.).

Die enge Zusammenarbeit mit diesen Lieferanten setzt BMW bis in die Serienfertigung hinein fort. Im Funktionsbau und in der Pilotfertigung, die unter seriennahen Bedingungen abläuft, beteiligen sich die Lieferanten am Einbau der von ihnen gelieferten Produktumfänge. Diese Vorgehensweise hat sich als zeit- und kostenwirksam erwiesen und zu einer deutlichen Verbesserung der Anlaufreife geführt.

So hatten nahezu die Hälfte der Lieferanten für die BMW 5er Reihe Gelegenheit, sich am Einbau ihrer Komponenten im Rahmen des Prototypenbaus zu beteiligen und daraus unmittelbar Erkenntnisse für die Serienfertigung abzuleiten. Darüber hinaus wurden vor Serienstart Komponenten im Rahmen einer sog. Prozessserie gefertigt, wobei die entsprechenden Fachstellen von BMW Unterstützung leisteten. Die Produktion erfolgte dabei unter Echtzeitbedingungen mit Serienfertigungsmitteln.

Auch der BMW Roadster Z 3 bot die Möglichkeit, moderne Methoden der Zusammenarbeit zwischen BMW und seinen Lieferanten anzuwenden. Unter dem Codewort „200 in quality" führten Neuteilelieferanten bereits mehrere Monate vor Beginn der Fahrzeugmontage eine Pilotfertigung unter Serienbedingungen durch. Damit war es möglich, Schwierigkeiten und Engpässe frühzeitig zu erkennen und zu beseitigen, um einen reibungslosen Serienanlauf bei hoher Produktqualität sicherzustellen und gleichzeitig die Kosten für Anlaufbudgets zu begrenzen.

5.4. Kontinuierliche Verbesserungen in der Serie

Um die Markt- und Wettbewerbsfähigkeit des Endprodukts über die Dauer der Serienproduktion hinweg zu erhalten und einen Spielraum für Produktaufwertungsmaßnahmen zu haben, werden im Zeitablauf stabile oder rückläufige Herstellkosten angestrebt. Dies erfordert einen kontinuierlichen Verbesserungsprozess mit positiven betriebswirtschaftlichen Effekten. Die Aufgabe des Einkaufs besteht dabei in der Initiierung und Steuerung des Verbesserungsprozesses zwischen Unternehmen und Lieferanten.

Da in der Regel mit dem Erreichen des eingeschwungenen Zustandes in der Produktion ein kontinuierlicher Produktivitätsfortschritt beginnt, ist eine *periodische Preisüberprüfung* und *-neuvereinbarung* sinnvoll. Der darauf verwendete Analyse- und Verhandlungsaufwand korreliert eng mit dem jeweiligen Einkaufsvolumen und dem erreichbaren Kostensenkungspotenzial. Vorgegebene Zielwerte orientieren sich zum Beispiel an dem unternehmensintern angestrebten Produktivitätsfortschritt, dem branchen- oder technologiespezifischen Fortschritt und eventuellen Volumenveränderungen.

Pauschalvereinbarungen finden bei geringwertigen Standardteilen Anwendung, deren Kostenentwicklung gut überschaubar ist. Vor allem in diesem Bereich gibt es auch Mehrjahresvereinbarungen. Auf Wunsch einer Seite können diese eine sog. Sprechklausel enthalten, die bei außergewöhnlichen bzw. nicht vorhersehbaren Kostenveränderungen auch während der vereinbarten Laufzeit eine Neuaufnahme von Preisverhandlungen ermöglicht.

Unabhängig von der periodischen Preisüberprüfung werden *modellbezogene Kostensenkungsprogramme* durchgeführt. Im Unterschied zu prozessbezogenen Verbesserungen gilt das Augenmerk hierbei der Produktwertanalyse, deren Ziel das Auffinden kostenreduzierender Produktmaßnahmen ist. Diese können zum Beispiel eine technische Entfeinerung, die Reduzierung von Spezifikationen und Varianten oder eine Materialsubstitution zum Gegenstand haben. Im Extremfall, z.B. bei größeren Veränderungen des Stands der Technik einer Baugruppe, ist ein Konzept-Redesign denkbar.

Um die technische Weiterentwicklung in geordnete Bahnen zu lenken, werden einzelne Maßnahmen zusammengefasst und in standardisierten Abläufen zeitlich synchron zur Serienreife geführt. Neben jährlich einfließenden Modellpflegemaßnahmen bieten sich sog. Facelifts an, die ein- bis zweimal innerhalb eines Produktlebenszyklus durchgeführt werden.

5.5. Lieferantenentwicklung

Die gestiegenen Anforderungen an die Zulieferindustrie veranlassen die Automobilhersteller, bestehende Lieferantenbeziehungen einem permanenten Monitoring zu unterwerfen. Da mit einem Wechsel aber die in langjähriger Zusammenarbeit aufgebauten Kompetenzen verloren gehen, wurden *Unterstützungsprogramme* zur Optimierung bestehender Lieferantenbeziehungen und -prozesse entwickelt und als Beratungsleistungen angeboten (vgl. Abb. 7).

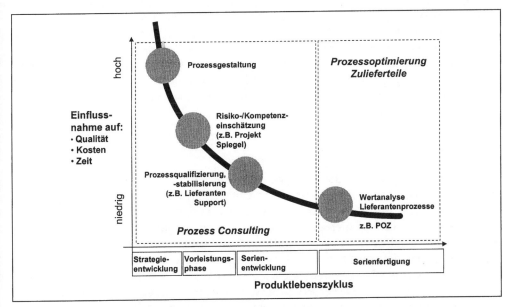

Abb. 7: Lieferantenentwicklung – Ansätze im Produktlebenszyklus

Die Unterstützungsprogramme umfassen einerseits fundamentale Reengineering-Aktivitäten und Programme zur Senkung der Fertigungskosten im Rahmen der Produktoptimierung, andererseits analytische Früherkennungsmethoden und Steuerungskonzepte entlang der Lieferkette.

BMW bietet seinen Lieferanten im Rahmen des Prozess Consulting Unterstützungsprogramme, die in der ersten Stufe unter dem Begriff „*Prozessoptimierung Zulieferteile*" (PoZ) in der Serienproduktion ansetzte und die Optimierung laufender Prozesse zum Ziel hatte. PoZ basiert auf der Tatsache, dass Prozesse in der Regel durch Kern-, Unterstützungs- und Verlusttätigkeiten bestimmt sind. Somit müssen neben den idealen Herstellkosten und dem Gewinn des Zulieferers auch die Kosten von Fehlleistungen bezahlt werden.

Im Rahmen von PoZ wird neben den Fertigungsprozessen die gesamte Prozesskette einschließlich der Schnittstellen zu BMW analysiert und optimiert. Die wirtschaftlichen Ergebnisse und die Beurteilung durch die Lieferanten sind durchweg positiv.

Auch für die Prozessoptimierung gilt jedoch, dass die Effizienzparameter leichter bzw. nachhaltiger im Produktentstehungsprozess zu beeinflussen sind als in der Serienfertigung.

BMW ging deshalb dazu über, schwerpunktmäßig diese Phase unterstützend zu begleiten. Das dafür eingesetzte Instrumentarium ist der sog. *Lieferantensupport*. Er beinhaltet sowohl struktur- als auch prozessbezogene Methoden und Werkzeuge, z.B. Teilebaum- und Prozessanalysen. Der primäre Handlungsbedarf bezieht sich erfahrungsgemäß auf die Wertschöpfungsplanung, die Qualitätssysteme und das Veränderungsmanagement.

Heute wird in der Gestaltung der Prozesse der Schlüssel zum Erfolg gesehen. Deshalb setzen moderne Beratungsleistungen wesentlich früher im Produktentstehungsprozess an. Die entsprechende Methodenkompetenz hat die Funktion BMW Prozess Consulting selbst entwickelt. Unter den Lieferanten hat sich insbesondere der sog. Projektspiegel als Expertise zur Früherkennung und Abstellung von Projektrisiken einen Namen gemacht. Als Herausforderung für die zukünftige Lieferantenberatung erweisen sich die immer komplexer werdenden Liefer- und Prozessketten, die zunehmend einen systematischen Gestaltungs- und Steuerungsbedarf erfordern.

5.6. e-Business

Die Wertschöpfungskette in der Automobilindustrie zeichnet sich durch eine kontinuierliche, enge Zusammenarbeit selbständiger Unternehmen mit einer großen Zahl von Transaktionen aus. Eine kommunikationstechnische Verknüpfung im Sinne eines umfassenden Netzwerks vermag hier große Zeit- und Kostenvorteile zu erzeugen. Das Internet als anwenderfreundliches, wirtschaftliches Kommunikationsmedium bietet dafür gute Voraussetzungen. Seine weltweite Verbreitung hat für Einkauf und Lieferantenbeziehungen zu einer Neuausrichtung von Methoden und Tools geführt (vgl. hierzu auch den Beitrag von DUDENHÖFFER). Dieser Vorgang ist allerdings noch nicht abgeschlossen, weshalb hier nur einige Anwendungsschwerpunkte genannt werden sollen.

- *Im Produktentstehungsprozess:*
  - Anfrage-, Angebots-, Vergabeabwicklung
  - Konzept- und Kostenwettbewerbe
  - Collaborative Engineering
  - Projektdatenmanagement
  - Qualitätsmanagement
  - Änderungsmanagement
- *Im Serienproduktionsprozess:*
  - Management von Bedarfs-, Bestands- und Lieferdaten
  - Qualitätsmanagement und Gewährleistungsabwicklung
  - Kommunikationstechnische Integration prozesskritischer Sublieferanten

Die einzelnen Prozessbausteine sind sinnvollerweise im Rahmen eines gesamthaften „Supplier Relationship Management" auszulegen und zu steuern, um die Kompatibilität der Schnittstellen und Systeme zu gewährleisten (vgl. Abb. 8). Dem Einkauf als Schnittstellenmanager zwischen Unternehmen und Zuliefermarkt kommt hierbei eine Schlüsselrolle zu. Unterstützend für seine Arbeit wirkt – neben standardisierten Schnittstellen zwischen Unternehmen und Lieferanten – eine workflow- und transaktionsorientierte Prozessgestaltung, die sich durchgängig internetfähiger, elektronischer Tools bedient.

Vorteilhaft ist darüber hinaus eine branchen- bzw. industrieweite Standardisierung von Methoden und Tools, um redundante Systeme zu vermeiden und die Aufwendungen für die einzelnen Unternehmen zu begrenzen.

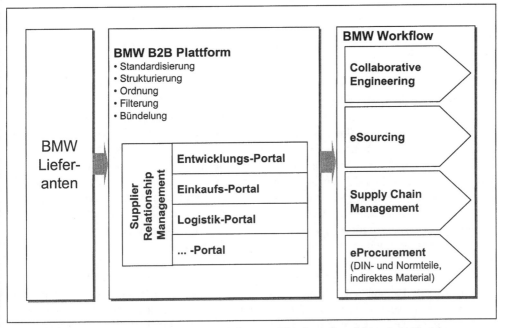

Abb. 8: Supplier Relationship Management – Lieferanteneinbindung über elektronische Portale

5.7. After-Sales-Konzepte

Ein wesentlicher Bestandteil des Automobilmarketings sind *Service und Ersatzteilever-sorgung*, die deutlich mehr als zehn Jahre über das Ende der Serienproduktion hinaus sichergestellt sein müssen. Bezogen auf diesen Zeitraum können auf der Einkaufsseite Probleme wie technische Obsoleszenz (Verfügbarkeit der Produktionstechnik), begrenzte Lagerfähigkeit (z.B. Elektronik, Lacke) oder ein instabiles Lieferantenszenario auftreten und zu Versorgungsengpässen führen.

Hinzu kommt, dass ein rückläufiger Bedarf nach Serienauslauf zu sinkenden Losgrößen und damit in der Regel zu steigenden Herstellkosten für Ersatzteile führt. Da die Verbraucherpreise für Ersatzteile aber – entsprechend dem Fahrzeug-Zeitwert – in dieser Phase besonders günstig sein sollten, können Preiserhöhungen nicht in dem erforderlichen Maße vorgenommen werden.

Um sich der Forderung nach uneingeschränkter Verfügbarkeit und möglichst stabilen Einkaufspreisen über einen Zeitraum von 20 Jahren und mehr so weit als möglich anzu-nähern, ist die Entwicklung eines *komponentenspezifischen Lebenszykluskonzepts* und dessen Integration in die jeweiligen Einkaufsstrategien sinnvoll. Betroffen davon sind z.B. Elemente wie Lieferantenauswahl, Produktgestaltung (Spezifikationen) und Verein-barungen hinsichtlich Produktionsstandort(en), Produktionstechnik, Logistik und Preis-gestaltung. Am erfolgsträchtigsten ist ein solches Lebenszykluskonzept, wenn es bereits im Produktentstehungsprozess entwickelt und unter Einbeziehung aller beteiligten Pro-zesspartner (Entwicklung, Vertrieb, Logistik, Lieferanten) implementiert wird.

6. Ausblick

Die Zusammenarbeit mit der Zulieferindustrie hat sich im Zuge des Strukturwandels der Wertschöpfung deutlich verändert.

In der Automobilindustrie wächst nach der Reduzierung der Eigenleistung in der Pro-duktion auch der Anteil der zugekauften Entwicklungsleistung. Die Hersteller sichern sich dadurch neben schlanken Entwicklungsstrukturen einen Kompetenzzugewinn vom Beschaffungsmarkt. Die damit verbundene Optimierung der Arbeitsteilung und Komple-xitätsreduzierung erlaubt ihnen u.a. eine wirtschaftliche Ausweitung des Produktspekt-rums, vor allem, wenn dies über eine Baukasten- oder Plattformstrategie geschieht.

Die dadurch notwendige frühzeitige, enge und prozessbezogene Einbindung der Liefe-ranten führt zu einem umfassenden Kaufteile-Wertgestaltungsmanagement des Einkaufs, das neben kommerziellen auch technische, qualitative und logistische Aspekte berück-sichtigt.

Den Lieferanten wird mehr Gestaltungsspielraum, aber auch mehr Verantwortung übertragen. Für Hersteller ist es nach wie vor essentiell, die Fähigkeit zu erhalten, dem Gesamtprodukt einen unverwechselbaren Charakter zu verleihen, das heißt, nicht zum bloßen Brand Owner für eine Zusammenstellung von Einzeltechnologien zu werden.

Kostensenkung durch Internet-Einkaufsplattformen

Ferdinand Dudenhöffer

1. Einleitung

Mit dem Internet werden die Wertschöpfungsketten von Unternehmen neu ausgerichtet. Die Internet-Kommunikation erlaubt ein schnelleres und engeres Zusammenrücken von Unternehmen.[1] Ein wichtiger Bereich ist die Nutzung des Internet für Einkaufs- und Beschaffungsprozesse – auch E-Procurement genannt. Elektronische Marktplätze leisten allerdings wesentlich mehr als automatisierten Einkauf. Transaktionsabwicklung zwischen vielen Beteiligten, Supply Chain Management, Zusammenarbeit bei der Produktentwicklung und neue Mehrwertdienste sind einige der Funktionen, welche Internet-Plattformen bereits heute übernehmen.

Aus Sicht des Kostenmanagements ist das Internet eine unterstützende Technologie, die neue Potenziale zur Kostensenkung eröffnet (vgl. KAJÜTER 2001, S. 40). Diese bestehen nicht nur in der Chance, günstigere Einkaufspreise zu erzielen, sondern auch in der Möglichkeit, Prozesse innerhalb eines Unternehmens und innerhalb einer unternehmensübergreifenden Wertschöpfungskette effizienter zu gestalten.

Ziel dieses Beitrages ist es, diese Kostensenkungspotenziale und Ansätze zur ihrer systematischen Ausschöpfung aufzuzeigen. Dazu wird im Folgenden zunächst das allgemeine Spektrum von Internet-Einkaufsplattformen dargestellt (Abschnitt 2.) und anhand von Beispielen aus der Automobilindustrie illustriert (Abschnitt 3.). Um ein besseres Verständnis für die Internet-Einkaufsplattformen in der Automobilindustrie zu schaffen, wird dabei auch die Wertschöpfungskette von Automobilherstellern in ihren Grundzügen skizziert. Darauf aufbauend stehen die Potenziale zur Kostensenkung durch Internet-Einkaufsplattformen im Mittelpunkt (Abschnitt 4.). Vor dem abschließenden Fazit folgt ein kurzer Ausblick in die Potenziale des Internet-Einsatzes im Vertrieb.

2. Internet-Einkaufsplattformen als virtuelle Marktplätze

Internet-Einkaufsplattformen sind Computer-Systeme, welche die Einkaufsprozesse von Unternehmen elektronisch unterstützen (Business-To-Business, B2B). Da auf den Plattformen Einkäufer und Verkäufer aufeinandertreffen, können Einkaufsplattformen auch als virtuelle Marktplätze interpretiert werden. Grundsätzlich lassen sich Internet-Einkaufsplattformen nach ihrem Branchenbezug klassifizieren. Damit lässt sich zwischen horizontalen (alle Branchen) und vertikalen (eine Branche) Marktplätzen unterscheiden.

2.1. Horizontale Marktplätze

Horizontale Marktplätze zielen darauf ab, branchenübergreifende Lösungen für Internet-gestützte Einkaufsvorgänge von Unternehmen anzubieten. Wichtige Zielgruppen für einen horizontalen Marktplatz sind dabei kleine und mittelständische Unternehmen aus den unterschiedlichsten Branchen. Im Vordergrund stehen dabei oft die Einkaufs- und Beschaffungsprozesse für sogenannte C-Güter – also etwa der Einkauf von Büromaterial oder einfachen Elektrik- und Elektronikartikeln. Beispiele von horizontalen Marktplätzen sind Mercateo (www.mercateo.com) oder Atrada (www.atrada.com).

Das Angebotsspektrum der horizontalen Marktplätze umfasst in der Regel die elektronische Beschaffung über Katalogsysteme, Einkaufsausschreibungen und Auktionen (elektronische Verhandlung). Elektronische Einkaufskataloge kommen überwiegend bei der C-Güter-Beschaffung zum Einsatz. Zur elektronischen Beschaffung von spezifischeren Gütern und Dienstleistungen (A- und B-Güter) dienen die Instrumente Internet-gestützte Ausschreibung und Internet-Auktion.

2.1.1. Elektronischer Katalog

Ein wichtiger Vorteil der Internet-gestützten C-Güter-Beschaffung liegt in der Dezentralisierung des Einkaufsprozesses. Durch den elektronischen Katalog kann die jeweilige Fachabteilung die C-Güter-Bestellung eigenständig durchführen. Gleichzeitig stellt ein entsprechendes Kontroll-Modul sicher, dass der jeweilige Bedarfsträger von seinem Fachvorgesetzten die notwendige Freigabe (Genehmigung) für den Einkaufsvorgang erhält. Die Funktionen der Einkaufsabteilung können damit auf die Definition der Lieferanten und die Vereinbarung von Rabattrahmen (Lieferantenauswahl) beschränkt werden. Haupteffekt der Einkaufsplattform ist damit beim C-Güter-Einkauf die Reduktion der Kosten des Einkaufsprozesses. Als Faustregel gilt: Je niedriger der Produktwert ist, umso höher ist der Einspareffekt bei den Prozesskosten.

2.1.2. Elektronische Einkaufs-Ausschreibung und Auktion

Beim direkten Einkauf (Material-Einkauf für den Produktionsprozess) sind in aller Regel die notwendigen Input-Güter (A- und B-Güter) nicht über Katalogsysteme beschaffbar, sondern spezifischere Anforderungen machen präzisere Produkt-Beschreibungen (Einkaufs-Ausschreibung) erforderlich. Der Einkäufer nutzt damit das Internet zur schnelleren Bearbeitung von Einkaufsanfragen und zu Einkaufsverhandlungen (Auktion). Bei Internet-Einkaufs-Auktionen, auch als Reverse Auctions bezeichnet, werden die Aufträge vom Einkäufer ausgeschrieben und Lieferanten können während einer vorgegebenen Laufzeit ihre Angebote abgeben und gegebenenfalls überarbeiten. Nach Ablauf einer Frist entscheidet sich dann der Einkäufer für das optimale Angebot.

Im Vordergrund bei elektronischen Einkaufs-Ausschreibungen und Auktionen steht die Zeitersparnis. Zusätzlich ermöglicht das Internet prinzipiell auch eine höhere Markttransparenz. Höhere Markttransparenz erhöht in aller Regel den Lieferantenwettbewerb und ermöglicht so niedrigere Einkaufspreise. Potenzielle Ersparnisse durch bessere Einkaufspreise (Markttransparenz) und Reduzierung der Prozesskosten (schnellerer Einkaufsvorgang) sind wesentliche Vorteile beim direkten Einkauf über horizontale Internet-Einkaufsplattformen.

2.1.3. Plattform-Finanzierung und Geschäftsmodell

Um langfristig am Markt zu bestehen, benötigt der Betreiber der Internet-Plattform ein Erlösmodell, das erlaubt, seine Kosten abzudecken und eine entsprechende Eigenkapitalrendite zu erwirtschaften. Die Erlöse der Internet-Plattform können sich aus folgenden Quellen ergeben:

- *Software-Bereitstellung*: Es wird eine einmalige Softwaregebühr erhoben, die auf Basis beispielhafter Transaktionsvolumen sowie möglicher Wartungsgebühren kalkuliert wird.

- *Transaktions-Gebühren*: Pro Transaktion wird für den (Ein-)Käufer oder Verkäufer eine Gebühr erhoben, die sich pauschal oder prozentual vom Transaktionsbetrag errechnet. Dabei liegen oft asymmetrische Transaktions-Gebühren vor, das heißt, der Verkäufer bezahlt für die Möglichkeit, seine Produkte auf der Plattform präsentieren zu können. Nach diesem Geschäftsmodell arbeitet etwa der horizontale Marktplatz Mercateo.

- *Mitgliedsbeiträge*: Hierbei wird eine Pauschalgebühr für die Leistungsbereitstellung über einen bestimmten Zeitraum berechnet. Supplyon (www.supplyon.de), ein vertikaler Marktplatz der Automobilzulieferindustrie, nutzt etwa dieses Modell.

- *Werbung*: Der Verkauf von Werbeplätzen (Banner) auf Sites, die als „Meeting Places" oder „Communities" dienen, sind hierfür ein Beispiel.

- *Mehrwertdienste*: Die Plattform erzielt Erträge aus dem Verkauf neuer Leistungen wie Logistik, Kredite, Zertifizierungen, Anwendungs-Hosting etc.

Da der Aufbau und das Betreiben einer Internet-Einkaufsplattform kostenintensiv ist, muss das Geschäftsmodell sicherstellen, dass Verkäufer und Einkäufer eine entsprechende Zahl von Transaktionen über die Plattform tätigen. Ein Plattform-Modell, das ausschließlich auf „beste" Einkaufs- bzw. Verkaufspreise (Markttransparenz) ausgerichtet ist, wird dabei mittel- und langfristig eher weniger erfolgreich sein, da die Plattform ihre Vorteile überwiegend durch die „Kappung" der Verkaufs- bzw. Einkaufsmargen bezieht. Ein solches Plattform-Modell ist als eine Art Null-Summen-Spiel darstellbar. Es definiert lediglich die Neu-Verteilung von Gewinnen.

Eine Einkaufsplattform wird wertschaffend, wenn sie darüber hinaus die Kosten des Einkaufsprozesses reduziert. Markttransparenz und Prozesskosten-Reduzierung schaffen damit eine Positiv-Summen-Spiel-Situation, die den Markterfolg der Einkaufsplattform nachhaltig und langfristig sichert. Das Potenzial zur Senkung der Prozesskosten ist dabei umso höher, je spezifischer die Plattform auf die Prozesse in dem einzelnen Unternehmen bzw. den Branchen ausgelegt ist. Damit rücken vertikale Marktplätze in den Blickpunkt.

2.2. Vertikale Marktplätze

Da horizontale Marktplätze eine Plattform für möglichst viele Branchen bilden, sind ihre Möglichkeiten zur Abdeckung des Einkaufs von spezifischen Gütern naturgemäß beschränkt. Je spezifischer das Anforderungsprofil eines Unternehmens an seine Lieferanten ist, umso spezifischer müssen Produkt-Beschreibungen, die Lieferanten-Vorauswahl und die Einkaufsverhandlungen sein. Der über alle Branchen entwickelte Marktplatz stößt damit schnell an seine Grenzen. Da ferner größere Unternehmen spezifische Einkaufs-Procedere besitzen, sind horizontale Marktplätze für größere Unternehmen ebenfalls weniger nützlich.

Ab einer gewissen Branchen-Komplexität und Unternehmensgröße werden damit branchenspezifische oder vertikale Marktplätze vorteilhaft. Dabei erfordern Branchenmarktplätze aufgrund ihrer höheren Komplexität und Kundenabstimmung höhere Basisinvestitionen als die branchenübergreifende Lösung. Auf einem Branchenmarktplatz nutzen die Kunden eine kostenintensive Infrastruktur gemeinsam. Klarer Produkt-Fokus und klare Zielgruppen-Ausrichtung sind Erfolgsfaktoren für vertikale Marktplätze.

Gut studierbar sind die vertikalen Marktplätze am Beispiel der Automobil- und Zulieferindustrie. Aufgabe der Internet-Plattform ist es dabei, die Effizienz der gesamten Wertschöpfungskette der Automobilhersteller durch einen intelligenten Informationsfluss zu verbessern. Dies wird im folgenden Abschnitt näher dargestellt, indem zunächst die Wertschöpfungskette der Automobilhersteller skizziert und anschließend die etablierten Plattformen beschrieben werden.

3. Internet-Einkaufsplattformen in der Automobilindustrie

3.1. Die Wertschöpfungskette des Automobilherstellers

Die Wertschöpfungskette des Automobilherstellers ist durch eine hohe Komplexität gekennzeichnet. Bereits bei der Entwicklung von neuen Fahrzeugen arbeiten der Automobilhersteller und Zulieferer intensiv zusammen (Simultaneous Engineering). Der Entwicklungsprozess eines neuen Fahrzeugs erstreckt sich dabei über mehrere Jahre und verursacht bei einer neuen Fahrzeug-Generation Entwicklungsaufwendungen, die in aller Regel über 1,5 bis 2 Mrd. € liegen (vgl. DUDENHÖFFER 1998). Neben den 400 bis 600 Direktlieferanten einer Fahrzeug-Familie, welche direkt beim Fahrzeughersteller in die Entwicklung und Produktion der verschiedensten Teilsysteme und Komponenten des Fahrzeugs eingebunden sind, bestehen weiterreichende Entwicklungs- und Produktionsverflechtungen zu den Unterlieferanten. Damit ist vorgezeichnet, dass die Zulieferbeziehungen in der Automobilindustrie längerfristig ausgerichtet sind und Grundsatzentscheidungen der Beschaffung über den Entwicklungs- und Produktzyklus einer Modellgeneration – also über einen Zeithorizont von sechs bis acht Jahren – getroffen werden.

3.1.1. Forward Sourcing

Die Einbeziehung des Zulieferers in einem frühen Stadium der Produkt-Entwicklung erfolgt nach einer sogenannten „Forward Sourcing"-Entscheidung. *Forward Sourcing* bedeutet, dass der Automobilhersteller im Rahmen eines Anfrage- und Vergabe-Prozesses den besten Entwicklungs- und Serienlieferanten für definierte Komponenten und Module des Fahrzeugs bestimmt. In Abbildung 1 ist dies unter dem Prozess-Schritt „Entwicklung" eingezeichnet. Dabei fällt auf, dass sich die „Forward Sourcing"-Entscheidung

über mehrere Zulieferstufen erstrecken kann. Erhält beispielsweise der Zulieferer John-
sonControls (Tier 1) im Rahmen einer Forward Sourcing Entscheidung den Auftrag, ein
Komplett-Cockpit für ein neues Fahrzeug zu entwickeln und später auch zu produzieren,
ist es durchaus üblich, dass gleichzeitig vom Hersteller die Unterlieferanten von John-
sonControls (Tier 2, ... Tier n), also etwa Bosch-Blaupunkt für den Einbau der Navigati-
ons-Telematik-Einheit, die im Cockpit integriert ist, mit bestimmt werden. Der Forward-
Sourcing-Auftrag läuft damit wie in Abbildung 1 eingezeichnet auf den Zulieferstufen
Tier 1, Tier 2 bis Tier n.

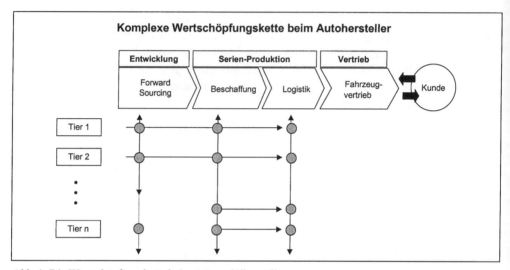

Abb. 1: Die Wertschöpfungskette beim Automobilhersteller

Die Entscheidungsvariablen des Forward-Sourcing-Auftrages umfassen also weit mehr
als die Variable „Preis". Definiert und beurteilt werden muss die Variable „Qualität" in
den verschiedensten Ausprägungen: Anliefer-Qualität (Just-in-Time und fehlerfrei), Ein-
bau-Qualität (Montageaufwand), Langzeit-Qualität (Produktlebensdauer) sind nur einige
Beispiele.

Neben der Qualität des Zulieferteils (Produkt-Qualität) ist also im komplexen Produktionsprozess des Automobilherstellers die Anliefer- und Montage-Qualität von hoher Bedeutung. Ist der Produktionsprozess des Zulieferers und seiner Unterlieferanten so stabil,
dass die Cockpits „taktgenau" in der gewünschten Menge (Produktions-Kapazität) bei
der späteren Serien-Produktion angeliefert werden? Automobilhersteller differenzieren
sich im Markt durch die Innovationen ihrer Fahrzeuge. Ein Großteil der Innovationen
kommt dabei aus den Entwicklungsabteilungen der Zulieferindustrie (vgl. DUDENHÖFFER
1998, 2001a). Inwieweit garantiert der Zulieferer die wichtigen Produkt-Innovationen
(Innovations-Qualität)? Damit umfasst ein Forward Sourcing Auftrag auch die Variable
„Produkt-Innovation". Das Beispiel macht die Komplexität der Forward Sourcing-Ent-
scheidung deutlich. Bereits jetzt wird erkennbar, dass Teilaspekte eines Forward Sourcing Prozesses automatisierbar und standardisierbar werden, der Gesamtprozess allerdings wird nicht vollständig elektronisch „bearbeitbar".

Die stärkere Integration der Zulieferer in die Produktentwicklung macht gleichzeitig deutlicht, dass elektronische Kommunikation zwischen den verschiedenen Entwicklungspartnern wesentliche Zeit- und damit Kosteneinsparungen bewirken. Die elektronischen Medien erlauben, einen Gesamtentwicklungsumfang in Teilentwicklungspakete zu zerlegen, deren Teilergebnisse dann simultan ausgetauscht werden können. Damit erhöht eine geeignet definierte elektronische Infrastruktur die Entwicklungsgeschwindigkeit. Ein Effekt, der grundsätzlich kostensenkend wirkt. Daher besitzen bzw. planen die wichtigen Internet-Marktplätze der Automobilindustrie auch entsprechende „Engineering-Tools".

3.1.2. Serien-Produktion

Aufgrund hoher Varianten- und Ausstattungsvielfalt von Automobilen sind die Serienproduktions-Prozesse bei den Automobilherstellern komplex. Karosserievarianten, Motoren, Getriebe, Farben, Polster, Ausstattungspakete, Zusatzausstattungen, Länderspezifikationen lassen sich sehr schnell zu mehreren 100.000 Kombinationen zusammenfügen. Das zeitgenaue Einsteuern der Zulieferteile für das jeweils am Fertigungsband zu bauende Fahrzeug erfordert hohen Logistikaufwand und ist damit durch entsprechenden elektronischen Datenaustausch darstellbar.

Das Standard-Instrument EDI (Electronic Data Interchange) steuert die Serienproduktion durch entsprechende Lieferabrufe beim Direktlieferanten (Tier 1). Nach Industrieschätzungen wurden im Jahr 2001 zwischen 80-90% der Daten-Transaktionen zwischen dem Automobilhersteller und dem Tier 1 Zulieferer über EDI getätigt. Aufgrund der hohen Kosten von EDI-Lösungen erfolgt der Datenaustausch auf den nachgelagerten Stufen (Tier 2, ... n) weniger systematisch. Dort werden nach Industrieschätzungen etwa 70% des Datenaustauschs über Fax, E-Mail oder Telefon-Kommunikation vorgenommen. Kostengünstige Internet-Lösungen (Web-EDI) erlauben diese Lücke zu schließen.

Erkennbar wird ferner, dass die Stabilität der Serien-Produktionsprozesse wesentlich durch Kapazitätsinformationen und Produktionsengpass-Informationen auf den nachgelagerten Zulieferstufen verbessert wird. Produktionsengpässe können erhebliche Zusatzkosten verursachen. Paradebeispiel ist der Türschloss-Hersteller Kiekert. So ruhte im Jahr 1998 nach einem angeblichen EDV-Defekt bei Kiekert über zwei Wochen die Serienproduktion wichtiger Ford-Modelle, da bei der Fahrzeugproduktion das Kleinteil Türschloss fehlte. Prozesssicherheit und Zuverlässigkeit besitzt damit in mehrstufigen Wertschöpfungsketten hohen Stellenwert.

3.1.3. Vertrieb

Eine wesentliche Schnittstelle, die in der Automobilindustrie hohe Ineffizienzen aufweist, liegt zwischen Serien-Produktion und Vertrieb. Wochenpräzise Kundenauftrags-Bearbeitung ist bei den Automobilherstellern bisher eher die Ausnahme. Die kundenauftragsgesteuerte Produktion erlaubt, *Vertriebskosten* wesentlich zu senken. Einer der großen Kostenblöcke sind dabei Lagerkosten und Wertverluste von Lagerfahrzeugen im Handel. Die Internet-Technologien erlauben Lösungsansätze zum Schnittstellen-Problem im Vertrieb und damit einen Weg in eine „*Built-To-Customer-Order*"-gesteuerte Produktion.

3.2. Etablierte Internet-Einkaufsplattformen

Bereits im Jahr 2001 wurden nach Angaben der Volkswagen AG 80% des jährlichen Einkaufsvolumens von 50 Mrd. € über den eigenen Internet-Marktplatz abgewickelt (vgl. o.V. 2001). Über 5.500 Lieferanten nutzten zum Ende des Jahres 2001 den privaten Marktplatz der Volkswagen AG.

Neben den *privaten Marktplätzen*, so wie sie von VW und BMW betrieben werden, haben sich in der Automobil- und Zulieferindustrie die *Hersteller-initiierte Einkaufsplattform* Covisint (www.covisint.com) und die *Zuliefer-initiierte Plattform* Supplyon (www.supplyon.de) etabliert. Abbildung 2 stellt die wichtigen Marktplatzformen der Automobilindustrie im Überblick dar. Die über die Einkaufsplattformen getätigten Transaktionen sind dabei erheblich: 129 Mrd. USD betrug nach Covisint-Angaben das im Jahr 2001 getätigte Transaktionsvolumen. Das Einkaufsvolumen von 240 Mrd. USD der Plattform-Gründer Ford, GM und DaimlerChrysler erlaubt dabei eine Einordnung des Transaktionsvolumens.

Abb. 2: Internet-Einkaufsplattformen in der Automobilindustrie

Gemeinsames Ziel aller Einkaufsplattformen ist die Nutzung web-basierter Datenkommunikation zur Steigerung der Effizienz der Einkaufs-, Logistik- und Entwicklungsprozesse über die verschiedenen Stufen der Lieferkette (Supply Chain). Damit definieren alle drei Marktplatz-Konzepte den gleichen Angebotsumfang. Unterschiede ergeben sich durch den Kunden-Fokus der jeweiligen Plattform. Dabei steht der VW-Marktplatz und der Hersteller-initiierte Marktplatz Covisint in einem stärkeren Wettbewerbsverhältnis. Der Vorteil des privaten Marktplatzes liegt in der sehr spezifischen Auslegung der Informationsprozesse auf die Bedürfnisse der spezifischen Einkaufs- und Produktionswelt des VW-Konzerns. Der Nachteil liegt in den Marktplatzkosten, die ausschließlich durch das VW-System zu finanzieren sind. Das teilweise genannte Problem der Datenvertraulichkeit erscheint dagegen weniger bedeutsam, da sowohl Covisint als auch andere öffentliche Marktplätze durch entsprechende Daten-Verschlüsselung eine hohe Datensicherheit garantieren.

Während Covisint und private Hersteller-Marktplätze überwiegend Substitute sind, steht der Zuliefer-initiierte Marktplatz Supplyon zu Covisint und den privaten Hersteller-Marktplätzen eher in einer komplementären Beziehung. Der Automobilhersteller will zwar die Prozess-Stabilität über die gesamte Zulieferkette garantiert haben, allerdings lässt dies Spielraum für zulieferspezifische Warenwirtschaftssysteme und Einkaufsprozesse. Gelingt es, die Schnittstellen zwischen Hersteller-Plattform und Zuliefer-Plattform präzise zu definieren und die Plattformen miteinander zu verknüpfen, erlaubt die Zweistufigkeit in der Plattform-Hierarchie die Reduktion der Komplexität einer „Welt-Plattform".

4. Kostenvorteile durch Internet-Einkaufsplattformen

Kostensenkungen durch Internet-Plattformen resultieren aus drei Bereichen: Niedrigere Einkaufspreise, Senkung der Prozesskosten im Einkauf und Effizienzsteigerung im Supply Chain Management. Die Kostensenkungspotenziale sind dabei vom Einsatz des Beschaffungsgegenstands (Betriebsmittel, Serien-Produktionsteile) und der Art der Beschaffungsmaterialien (spezifische Güter, Standard-Güter) abhängig (vgl. Abb. 3).

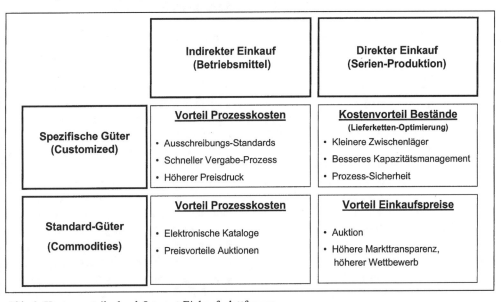

Abb. 3: Kostenvorteile durch Internet-Einkaufsplattformen

4.1. Senkung der Einkaufspreise

Am meisten Aufsehen bei der Beschreibung von Internet-Plattformen haben die durch Auktionen erzielten günstigeren Einkaufspreise erzielt. Bereits 1999 hat Ford auf der Vorläufer-Plattform von Covisint Internet-Auktionen zum Reifen-Einkauf durchgeführt. Auktionen lassen sich bei standardisierten Gütern (Commodities) schnell und mit großer Teilnehmerzahl durchführen. Tendenziell wird bei Commodities durch Internet-Auktionen infolge hoher Teilnehmerzahlen ein höherer Wettbewerbsdruck aufgebaut. Allerdings spielen Commodities, wie etwa Stahl oder Reifen, in der Automobilproduktion eine eher geringere Bedeutung. Der überwiegende Teil der Fahrzeug-Herstellkosten entfällt auf spezifisch entwickelte Teile, Komponenten und Module.

Selbstverständlich lassen sich Auktionen vom Prinzip her auch auf die Entwicklungs- und Produktionsumfänge von spezifischen Teilen, Komponenten und Modulen anwenden. Allerdings spielt bei diesen Zulieferteilen das Entwicklungs- und Fertigungs-Knowhow der jeweiligen Zulieferer, sprich ihr Innovationspotenzial, eine wichtige Rolle. Entwicklungs- und Fertigungs-Know-how lassen sich weniger durch standardisierte „Web-Verfahren" abtesten und vergleichen. Der zusätzliche Preisdruck durch Internet-Plattformen spielt damit beim Serieneinkauf nur ein beschränkte Rolle.

Aus Abbildung 3 ist erkennbar, dass der Plattform-Vorteil durch bessere Einkaufspreise überwiegend bei Standard-Gütern (Commodities) im direkten Einkauf liegt (Serien-Produktionsteile). In diese Einkaufskategorie fallen nach unseren Einschätzungen weniger als 20% des gesamten Einkaufsvolumens eines Automobilherstellers. Über 80% des Einkaufsvolumens entfallen damit nach Abbildung 3 auf Einkaufspositionen, die grundsätzlich Prozesskostenvorteile durch Internet-Einkaufsplattformen versprechen.

4.2. Senkung der Prozesskosten in der Serien-Produktion

Das strategische Augenmerk bei den Einsparpotenzialen von Internet-Einkaufsplattformen liegt daher auf den Prozesskosten. Die Matrix in Abbildung 3 illustriert, dass dem *Supply Chain Management* (Lieferketten-Optimierung) dabei eine Schlüsselfunktion zukommt. Damit stehen die Logistik-Instrumente des Web-EDI im Vordergrund. Lieferabrufe, Verfügbarkeit von Liefer- und Transport-Daten, Gutschriftsanzeigen, Lagerbewegungen, Speditionsavisen und Labeldruck, Leergutmanagement, Frachtmanagement, Web-Kanban sind einige der wichtigsten Web-EDI-Datenströme, deren Optimierung es erlaubt, *Zwischenläger* entlang der gesamten Lieferkette zu reduzieren und gleichzeitig die *Prozess-Sicherheit* zu steigern.

Neben der Verringerung der Zwischenläger lassen sich Prozesskosten in der Serien-Produktion durch *verbessertes Kapazitätsmanagement* senken. Die bessere Auslastung der globalen Zuliefer-Kapazitäten, die Reduzierung des Abbaus von „Überlastkapazitäten" bei den Lieferanten der nachgelagerten Stufen und die frühzeitige Erkennung von Engpass-Faktoren erlauben Effizienzgewinne entlang der gesamten Lieferkette. Insbesondere beim sogenannten Bedarf-Kapazitätsmanagement, das die Produktionsplanung der Herstellerwerke aus dem Abgleich der spezifischen Fahrzeug-Anforderungen des Marktes mit den eigenen Kapazitäten und denen der Zulieferer ableitet, existiert hohes

Automatisierungspotenzial. Hoher manueller Aufwand zur Überprüfung von Zulieferteilen, fehlende systematische Lieferantenkapazitäts-Informationen, permanente Veränderung im Marktbedarf und unzureichende Systemunterstützung im Sinne eines Frühwarnsystems bei Engpässen, haben den VW-Konzern dazu veranlasst, das Internet-Tool *eCAP* (elektronisches Kapazitätsmanagement) zu entwickeln. Die Vorteile solcher Lösungen liegen in der kostensparenden „Glättung" der Produktion bei den Zulieferern und somit der Vermeidung außerordentlicher Maßnahmen.

4.3. Senkung der Prozesskosten im indirekten Einkauf

Elektronische Ausschreibungs-Standards, schnellerer Vergabe-Prozess und höhere Markttransparenz definieren im indirekten Einkauf der spezifischen Güter die wichtigsten Potenziale zur Kostensenkung. Bei Standard-Gütern (Commodities) resultieren die Einsparungen durch die bereits in Abschnitt 2.1.1. und 2.1.2. beschriebenen elektronischen Kataloge und Auktionen.

5. Ausblick: Potenziale des Internet-Einsatzes im Vertrieb

Die Automobilvertriebssysteme sind bei vielen Herstellern als klassische Retail-Systeme entwickelt, die wenig dazu geeignet sind, die Fertigungsanlagen der Hersteller über individuelle Kundenbestellungen zu steuern. So wurden bei den Volumenherstellern im Jahr 2000 im Durchschnitt 70% der Fahrzeuge nach „Händlerauftrag" und nicht nach „Kundenauftrag" produziert (vgl. DUDENHÖFFER 2001b). Das klassische Retail-Modell, bei dem der Händler seine Ware quasi „wie aus dem Regal" verkauft, herrscht vor und verursacht hohe Lagerkosten. Ein wichtiges Projekt für einen neuen Vertrieb wurde von BMW im April 1998 im Pilot-Betrieb gestartet – das Online Ordering. Seit Ende 2000 können sich alle BMW-Händler in Europa direkt in die Produktion „ein-linken" und Kundenaufträge und Lieferzeiten fest definieren (vgl. DUDENHÖFFER 2000a und 2001c). Etwas holprig als „Kundenorientierter Vertriebs- und Produktionsprozess (KVOP)" bezeichnet, ist das BMW-Online-Ordering-Modell der erste Schritt in eine „Built-To-Order"-Welt. Mercedes-Benz hat Mitte 2001 mit seinem Global Ordering ein ähnliches Projekt umgesetzt. Sogar in den USA kann sich der Mercedes-Händler jetzt Online in die Stuttgarter-Produktion ein-linken und Kundenaufträge mit Liefermonat abgesichert bestätigen. „Zeitqualität" nennt BMW die neuen Kundenwerte. Das Internet ist dabei, eine intelligente Infrastruktur für den neuen Autovertrieb zu legen und die Lieferzuverlässigkeit, eben die Zeitqualität, zu verbessern.

Durch Online-Ordering ändert sich die Rolle des traditionellen Autohauses. Statt – analog zum klassischen Retail-Modell – „Ware" vom Hersteller auf Lager zu nehmen und bildlich gesprochen „ins Regal zu setzen", passt sich in der neuen Automobil-Wertschöpfungskette die Produktion dem Markt und Kunden an und nicht umgekehrt. Damit wird die Funktion des Autohauses neu definiert. Präsentation der Produkte und Kundenservice sind die neuen Werte, die im Informationszeitalter im Autohaus geschaffen werden (vgl. Abb. 4). Das alte Bild der Überschuss-Produktion, die mit erheblichen Kosten und Incentives in den Markt „ge-pushed" wird, kann ersetzt werden durch einen Kundenwert-orientierten Vertrieb.

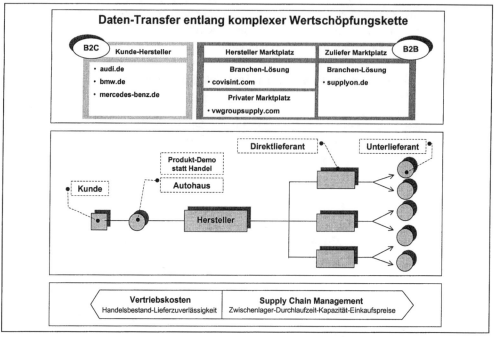

Abb. 4: Durchgängige Datenströme ermöglichen „Built-To-Order"-Prozesse

6. Fazit

Die durchgängige Internet-Datenstruktur vom Autokäufer bis zum Zulieferer ist eine wesentliche Voraussetzung zur Neuausrichtung der Wertschöpfungskette in der Automobilindustrie. Internet-Einkaufsplattformen sind ein wichtiger Baustein in dieser neuen Wertschöpfungskette. Mit der Integration eines „Built-To-Order"-Vertriebsmodells ist davon auszugehen, dass die Möglichkeiten zur Kostensenkung durch Internet-Einkaufsplattformen zusätzlich steigen. Wie hat doch der VW-Vorstand Neumann so schön formuliert (vgl. O.V. 2001): „Das Gold liegt in den Prozessen".

Anmerkungen

1 Eine frühzeitige Analyse zur Wirkung des Internets auf Wertschöpfungsketten findet sich bei BENJAMIN/WIGARD 1995. Zur Einordnung von B2B-Marktplätzen vgl. KAPLAN/SAWHNEY 2000.

Teil III
Bewältigung der sozialen Folgen des Kostenmanagements

Einführung

Ein systematisches Kostenmanagement führt zwangsläufig zu Opfern: Durch die Aufgabe unprofitabler Geschäftsbereiche, den Abbau von Hierarchien oder Vereinfachungen in den Prozessen gehen Arbeitsplätze verloren und alte Gewohnheiten und Privilegien werden abgeschafft. Eine besondere Herausforderung besteht in der Bewältigung dieser sozialen Folgen des Kostenmanagements. Dazu werden in den folgenden Beiträgen interessante Anregungen gegeben und neue Wege aufgezeigt.

Der Abbau von Arbeitsplätzen als wohl die sozial härteste Folge des Kostenmanagements kann aus unterschiedlichen Gründen erforderlich sein. Als zentrale Faktoren führt FRANZ die Behebung von Unwirtschaftlichkeiten der Vergangenheit, die Notwendigkeit zur Steigerung des Unternehmenswertes oder Reaktionen auf das Wettbewerbs- und Kundenverhalten an. Da derartige Vorgänge in einer den Wohlstand fördernden Marktwirtschaft wohl unumgänglich sind, müssen die Folgen des Arbeitsplatzabbaus so gut wie möglich bewältigt werden. Wachstumsstrategien stellen dabei *Wege zum Erhalt von Arbeitsplätzen* dar, indem neue Beschäftigungsmöglichkeiten im eigenen Unternehmen geschaffen werden. Voraussetzung dafür ist jedoch i.d.R. die Bereitschaft der Mitarbeiter zur Qualifikation für neue Anforderungen, zu örtlicher Mobilität und ggf. auch zu (vorübergehenden) Gehaltsminderungen.

Ist der Abbau von Arbeitsplätzen unausweichlich und können keine Ersatzarbeitsplätze geschaffen werden, so bietet das *Outplacement* von Mitarbeitern eine Möglichkeit, die Personalfreisetzung möglichst sozialverträglich zu gestalten und dem Mitarbeiter bei der Suche nach einem neuen Arbeitsplatz außerhalb des Unternehmens behilflich zu sein. Outplacement stellt damit eine sinnvolle Ergänzung zu herkömmlichen Sozialplänen, Aufhebungsverträgen oder Abfindungen dar, durch die nur eine finanzielle Hilfe geleistet wird, ohne das ursächliche Problem, den Verlust des Arbeitsplatzes, anzugehen. VON RUNDSTEDT schildert die Ursprünge und die Vorgehensweise des Outplacement und stellt Kosten und Nutzen für den Mitarbeiter und das Unternehmen gegenüber.

Da Kostenmanagement regelmäßig Veränderungen im Unternehmen auslöst, ist die Betrachtung der Schnittstelle zwischen *Kostenmanagement und Change Management* von besonderer Bedeutung. REISS geht u.a. der Frage nach, inwieweit durch Kostenmanagement Veränderungsprozesse initiiert werden und wie andererseits Konzepte des Change Managements zu einer Verbesserung der Kostenposition beitragen können. Als Beispiel für letzteres wird u.a. auf das Total Quality Management Bezug genommen.

Wege zum Erhalt von Arbeitsplätzen im Rahmen des Kostenmanagements

KLAUS-PETER FRANZ

1. Einleitung

Kostenmanagement ist die *zielgerichtete Beeinflussung* der Kosten, also des für die Leistungserstellung einer Unternehmung notwendigen bewerteten Ressourcenverbrauchs. Die Kosten sollen durch Maßnahmen des Kostenmanagements auf ein Niveau gebracht werden, das für den zu erreichenden Unternehmungszweck (das Sachziel) das niedrigst-mögliche ist. Kosten zu beeinflussen, bedeutet somit, Einfluss auf betriebliche Ressourcen zu nehmen.

Die Art und Weise, in der dies geschieht, ist in Abhängigkeit von der Richtung, in der die Kapazitäten der Unternehmung verändert werden, grundlegend unterschiedlich. Befindet sich eine Unternehmung oder ein einzelner betrachteter Geschäftsbereich in einer Wachstumsphase mit der Folge einer Erweiterung der Kapazitäten, erhöhen sich zwangsläufig auch die Gesamtkosten und es kommt aus Sicht des Kostenmanagements vor allem darauf an, den Anstieg der Kosten im Verhältnis zu den steigenden Umsätzen so gering wie möglich zu halten. Wird auch die personelle Kapazität ausgeweitet, geht es um positiv besetzte Themen, wie Neueinstellungen und Stabilität von Arbeitsplätzen.

Ganz andere Konsequenzen entstehen im umgekehrten Fall, wenn eine Unternehmung – aus Gründen, die unten noch zu erläutern sein werden – im Rahmen von Maßnahmen des Kostenmanagements Kosten senkt bzw. senken muss. In dieser eher in Stagnations- und Schrumpfungsphasen wahrscheinlichen Situation wirft die dann auch zu erwartende Senkung von *Personalkosten* gänzlich andere Probleme auf als die Senkung der anderen Kostenarten, da von den Maßnahmen die Mitarbeiter der Unternehmung in unterschiedlicher Weise betroffen sind.

Im Folgenden wird – ausgehend von der plausiblen These, dass die überwiegende Mehrheit der in einer Unternehmung arbeitenden Menschen an der Erhaltung ihrer dortigen Arbeitsplätze interessiert ist – den Fragen nachgegangen, welche Faktoren die Erreichung dieses Ziels gefährden können und welche Voraussetzungen zu erfüllen sind, damit dem verständlichen Wunsch der meisten Mitarbeiter nach Erhalt ihrer unter Umständen gefährdeten Arbeitsplätze Rechnung getragen werden könnte.

2. Kostenmanagement und Wirtschaftlichkeitsprinzip

Kostenmanagement im oben gekennzeichneten Sinn ist ein selbstverständlicher Teil des Wirtschaftens und des dabei anzuwendenden Wirtschaftlichkeitsprinzips, denn dieses wird in einer seiner Fassungen als Erreichung eines wirtschaftlichen Zwecks mit dem geringst möglichen Einsatz an Ressourcen aufgefasst.

Für fast alle Ressourcen ist das Ziel des Kostenmanagements dann am besten erfüllt, wenn sowohl die *Bewertungs*komponente (als für die Ressource anzusetzender Preis) als auch der *mengen*mäßige Verbrauch den für die Zweckerfüllung jeweils niedrigsten Wert annehmen. Betrachten wir als Beispiel den bewerteten Verbrauch des von einem Energielieferanten an eine Unternehmung gelieferten Stroms. Die beschaffende Unternehmung wird darauf abzielen, den Stromanbieter zu wählen, der den günstigsten Preis offeriert (unter der Annahme, es gehe nur um das homogene Gut „Strom" und nicht auch um zusätzlich angebotene ergänzende Dienstleistungen, die einen höheren Einstandspreis als bei einem die Dienstleistung nicht bietenden Wettbewerber rechtfertigen könnten). Weiterhin wird sich die Unternehmung bei entsprechenden Resultaten von Wirtschaftlichkeitsrechnungen für energiesparende Verfahren mit einem möglichst geringen Stromverbrauch entscheiden. Sie minimiert auf diese Weise ihre Stromkosten.

Ähnliche Zusammenhänge gelten für alle anderen Kostenarten und so grundsätzlich auch für die Personalkosten, da auch deren Senkung – lässt man zunächst einmal eventuell gegenläufig wirkende Einflüsse beiseite – eine Steigerung der Produktivität zur Folge haben wird. So wird berichtet, dass in der US-amerikanischen Wirtschaft die auf das Jahr 2001 hochgerechnete Produktivität, gemessen in der Produktion je Arbeitsstunde, um 2,7% im Vergleich zum Vorjahr gestiegen ist (vgl. BÜNING 2001). Als Ursache für den Produktivitätszuwachs wird ein „Rekordrückgang beim Einsatz von Arbeitskräften" vermeldet. Allein im Oktober 2001 sank die Zahl der Beschäftigten um 415.000. Das Ergebnis war eine deutliche Verlangsamung des Anstiegs der Lohnkosten je Arbeitsstunde mit lediglich 1,8% im Vergleich zum Vorjahr.

3. Die Sonderstellung der Personalkosten und des Personals

Obwohl also für die *Personalkosten* grundsätzlich die gleichen ökonomischen Gesetzmäßigkeiten gelten wie für andere Kostenarten, nehmen sie eine *Sonderstellung* ein, da hinter dem bewerteten Ressourcenverbrauch in diesem Fall Menschen stehen, die als Mitarbeiter im Dienste der Unternehmung tätig sind (vgl. FRANZ/KAJÜTER 1997a, S. 24f.). Diese verbinden zum überwiegenden Teil ihr wirtschaftliches Wohlergehen mit der Unternehmung, in der sie arbeiten, weil sie ihren Lebensunterhalt und häufig den anderer Mitglieder eines Haushalts aus dem Einkommen bestreiten, das sie von der Unternehmung beziehen.

Dies führt verständlicherweise dazu, dass eine aus Gründen des Kostenmanagements beabsichtigte Senkung der Arbeits*preise* und damit des Einkommens auf Widerstand stößt; allenfalls der in einer Atmosphäre des Vertrauens mit plausiblen Daten von der Geschäftsführung geführte Nachweis, dass nur bei Einkommensverzicht die Sicherung der Existenz der Unternehmung und damit auch der Arbeitsplätze zu gewährleisten ist, dürfte zur Akzeptanz einer solchen Maßnahme führen.

Eine Senkung des *mengen*mäßigen Personaleinsatzes wird in der Regel (lässt man einmal die von manch einem der älteren Mitarbeiter durchaus erwünschte Entlassung in den vorzeitigen Ruhestand außer Acht) noch vehementer abgelehnt werden, da die finanziellen Folgen für die Betroffenen – zusätzlich zu anderen, dem emotionalen Bereich zuzurechnenden Konsequenzen – drastischer sind. Dies gilt sowohl für eine Absenkung der Arbeitszeit, z.B. im Rahmen der Einführung von Kurzarbeit bzw. kürzerer Arbeitszeiten (z.B. im Rahmen der Einführung einer 4-Tage-Woche), in ungleich größerem Ausmaß jedoch für die Entlassung von Mitarbeitern.

Diese Besonderheiten menschlicher Arbeit ziehen für das Kostenmanagement bedeutsame Folgen nach sich, da es schließlich die Mitarbeiter sind, die im Rahmen eines proaktiven Kostenmanagements die kostenbeeinflussenden Maßnahmen planen und umsetzen sollen. Dazu werden sie aber kaum oder nur unter starken Vorbehalten bereit sein, wenn sie sich von eventuellen Folgen des Kostenmanagements im oben beschriebenen Sinn bedroht sehen. Sind die Folgen des Kostenmanagements für ihre persönliche Situation von den betroffenen Mitarbeitern nicht überschaubar, sind eingeschränktes Commitment und Aversionen gegen die übertragene Aufgabe logische Folgen.

Dies könnte auch eine Begründung dafür sein, dass Kostenmanagement mit Folgen im Arbeitskräftebereich als pauschale ergebnisstabilisierende Maßnahme von der Unternehmungsleitung angeordnet wird („Siemens streicht 3.000 Stellen") oder dass externe Personen, vor allem Unternehmensberater, mit der vorbereitenden Analyse zum Stellenabbau beauftragt werden.

Von eigenen Mitarbeitern kann volles Engagement im Kostenmanagement nur erwartet werden, wenn

- es ihnen entweder gleichgültig ist, wie ihre eigene Position im Anschluss an Maßnahmen des Kostenmanagements aussieht oder
- wenn sie von vornherein wissen, dass ihre eigene Position nicht gefährdet ist; eine Gefährdung kann auch darin gesehen werden, dass Mitarbeiter fürchten, im Anschluss an arbeitsplatzeliminierende Maßnahmen des Kostenmanagements mit einem bedeutend höheren Intensitätsgrad arbeiten zu müssen, weil weniger Mitarbeiter ein tendenziell gleichbleibendes Arbeitsvolumen zu bewältigen haben.

Der erste Fall, die Indifferenz gegenüber drohendem Arbeitsplatzverlust, ist eher unwahrscheinlich und allenfalls dann anzunehmen, wenn Mitarbeiter

- ohnehin bereits die innere Kündigung ausgesprochen haben und auch der legalen Kündigung gelassen ins Auge sehen,
- voller Zuversicht sind, im Falle einer Kündigung eine neue (bessere?) Stelle in einer anderen Unternehmung übernehmen zu können oder
- eventuelle Überbrückungszeiten bis zum Finden einer neuen Stelle kein gravierendes Problem darstellen, weil ein geringer privater Fixkostenblock, privates Vermögen oder eine zu erwartende hohe Abfindung erleichternd wirken.

Der oben angeführte zweite Fall, Mitarbeitern die Sicherheit zu vermitteln wird, nach Maßnahmen des Kostenmanagements ihren Arbeitsplatz bei angemessener Arbeitsintensität zu behalten, ist der kritischere, da der Sinn des Kostenmanagements ja gerade darin bestehen kann, Ressourcen – einschließlich von Teilen der Belegschaft – abzubauen, um eine günstigere Kostenposition zu erreichen.

4. Begründungen für die Notwendigkeit des Abbaus von Arbeitsplätzen

Für ein solches, auch auf den Abbau von Arbeitsplätzen ausgerichtetes Kostenmanagement können vielfältige Gründe maßgebend sein:

(1) Behebung von Unwirtschaftlichkeiten der Vergangenheit

Die Unternehmung hat in der Vergangenheit Unwirtschaftlichkeiten zugelassen, weil es ihr die Marktsituation oder eine staatlich sanktionierte Monopolstellung erlaubte; ändern sich diese Grundlagen nun in Richtung eines preisorientierten Wettbewerbs, kann die Unternehmung die zukünftige Lage nur bewältigen, wenn sie Ressourcen abbaut. Nach der Studie „Produktivitätsdefizite im deutschen Mittelstand" einer international tätigen Unternehmungsberatung (vgl. o.V. 2000) werden in mittelständischen Unternehmungen im Durchschnitt 36% der Arbeitszeit aus unterschiedlichen, aber grundsätzlich vermeidbaren Gründen, unproduktiv verbracht. Als Hauptgrund werden unvollkommene Prozessabläufe angeführt. Unternehmungen können mit solchen Unvollkommenheiten leben, solange die Wettbewerber unter ähnlichen Versäumnissen leiden oder sogar höhere Unproduktivitäten aufweisen (in der Studie werden drei Nachbarländer Deutschlands angeführt, in denen dies der Fall ist). Verbesserungen sind allerdings angesagt, wenn – intakten Wettbewerb und freien Marktzugang vorausgesetzt – Konkurrenten mit relativen Kostenvorteilen auftreten, weil diese z.B. ihre Prozesse kostengünstiger organisiert haben (vgl. dazu den Beitrag von KAJÜTER) oder Produkte anbieten, die aufgrund frühzeitiger Bemühungen bei ihrer Entwicklung kostengünstiger produziert werden können (vgl. dazu den Beitrag EHRLENSPIEL ET AL.). In solchen Fällen kann das Überleben im Markt neben anderen Maßnahmen auch eine Steigerung der Arbeitsproduktivität und das heißt, unter Umständen den Abbau von Arbeitsplätzen, erforderlich machen.

(2) Notwendigkeit der Steigerung des Unternehmungswertes

Einen besonders heiklen Fall stellt der Zusammenhang zwischen dem Abbau von Arbeitsplätzen und der Steigerung des Unternehmungswertes (zu ersehen an steigenden Börsenkursen) im Verlauf von Maßnahmen des Kostenmanagements dar, da gegensätzliche Interessen von Arbeitnehmern und Anteilseignern aufeinandertreffen. Eine Stellungnahme zu diesem Konflikt fällt je nach der zugrundeliegenden Situation unterschiedlich aus:

– Sofern eine Unternehmung unproduktiv arbeitet, ist ihr wirtschaftliches Ergebnis niedriger als es bei der an einer Norm (z.B. einem Wettbewerbs- oder Best Practice Benchmark) zu messenden produktiven Arbeitsweise möglich wäre. Damit wird gegen die Interessen der Anteilseigner verstoßen, denen damit auch nur ein relativ geringerer Einkommensstrom zufließen kann. Die daraus zu ziehenden Konsequenzen sind die gleichen wie im obigen Fall (1).

– Es kann möglich sein, dass eine Unternehmung entsprechend dem Stand der Technik produktiv arbeitet, aber dennoch mit der Forderung vom Kapitalmarkt konfrontiert wird, die Produktivität zum Zweck der Ergebniserhöhung zu steigern. Dies wird dann der Fall sein, wenn die Renditeanforderungen, die Eigenkapitalgeber erheben (und die letztlich aus einem Vergleich mit anderen Kapitalanlagemöglichkeiten resultieren) höher sind als die von der Unternehmung erbrachte Rendite. Mit anderen Worten ausgedrückt, liegt die Rendite der Unternehmung unter den Eigenkapitalkosten. In diesem Fall drohen der Unternehmung Schwierigkeiten im Wettbewerb um das knappe Gut „Eigenkapital", was sich beispielsweise in Problemen bei der Platzierung neuer Aktien am Kapitalmarkt ausdrücken kann. Die

Lösung des Problems kann unter anderem auch verlangen, dass die betroffene Unternehmung ihre Arbeitsproduktivität erhöht, indem sie beispielsweise neue Verfahren entwickelt oder erwirbt, durch deren Einsatz Arbeitskräfte eingespart werden.

Der schlechte Ruf, den das Kostenmanagement in Form von Freisetzungen von Arbeitskräften erlangt hat, resultiert aus Maßnahmen von Unternehmungen, bei unzureichenden Ergebnissen eine solche Zahl von Arbeitsplätzen abzubauen, dass die daraus resultierende Kostensenkung der notwendigen Ergebnisverbesserung entspricht. Als Ausdruck für eine solche Verfahrensweise hat sich der Begriff „downsizing" herausgebildet (vgl. KIESER 2002). Der grundlegenden Philosophie dieses Buches folgend (vgl. den einführenden Beitrag von FRANZ/KAJÜTER) kann ein solches Vorgehen mittel- bis langfristig nur zufällig die erwünschte Ergebnisverbesserung erbringen, da ein errechneter Sollabbau an Personal bei gleichbleibenden Prozessen und Produktstrukturen im Laufe der Zeit zu einer Unterversorgung der Unternehmung mit Personal führt, was zu einer Überlastung der verbleibenden Mitarbeiter und schließlich mit hoher Wahrscheinlichkeit auch zu mangelhaften Leistungen für die Kunden führt. Es wäre aber erstaunlich, wenn dies den Unternehmungswert nachhaltig steigern würde.

(3) Reaktion auf Verfahrensverbesserungen durch Wettbewerber
Die Unternehmung sieht sich einem Wettbewerber gegenüber, der ein neues arbeitskräftesparendes Verfahren eingeführt und damit seine relative Kostenposition verbessert hat. Insbesondere in Märkten mit einer intensiven Preiskonkurrenz und dem damit verbundenen Zwang zur Kostenführerschaft kann die Notwendigkeit bestehen, auf diese Wettbewerbsaktion mit entsprechenden arbeitsplatzeinsparenden Maßnahmen zu reagieren.

(4) Reaktion auf Wettbewerber mit günstigerer Kostensituation
Es treten Wettbewerber, insbesondere aus dem Ausland, in den Markt ein, die – auch ohne bessere Verfahren und Prozesse – bedeutend geringere Kosten haben und das Ziel verfolgen, über tiefere Absatzpreise Marktanteile zu gewinnen. Die Kostenvorteile, die die Wettbewerber nutzen, können durch niedrigere Faktorpreise oder günstigere Umfeldbedingungen (z.B. weniger bürokratische Auflagen) verursacht sein.

(5) Änderungen im Nachfrageverhalten
Die Nachfrage nach den Produkten der Unternehmung sinkt aufgrund von Veränderungen des Konsumentenverhaltens. So ist es möglich, dass ein Produkt nicht mehr im bisherigen Maße nachgefragt wird, weil es nicht mehr dem Zeitgeist entspricht. Eine weitere Ursache für einen Nachfragerückgang können Substitutionsprodukte darstellen, durch die ein Produkt einer Unternehmung verdrängt wird. In beiden Fällen ist aufgrund der geringeren Absatzmengen eine Anpassung der Kapazitäten und damit unter Umständen auch der Zahl der Arbeitskräfte erforderlich. An einem solchen Prozess können auch die Mitarbeiter der vom Arbeitsplatzabbau betroffenen Unternehmung selbst beteiligt sein, wenn sie Produkte aus dem eigenen Haus nicht mehr kaufen bzw. neue Produkte anderer Hersteller den eigenen alten Produkten vorziehen.

Alle genannten Punkte sind Vorgänge, die in einer intakten Marktwirtschaft wohl kaum vermeidbar sind. Die Fälle (3) und (5) werden durch *Innovationen* verursacht, also grundsätzlich förderungswürdige und erwünschte wirtschaftliche Vorgänge. Innovationen wurden jedoch bereits vom wissenschaftlichen Pionier auf diesem Gebiet, Joseph Schumpeter, als „schöpferische Zerstörung" bezeichnet, erbringen also einerseits den ersehnten Beitrag zum Fortschritt und zur Wohlstandssteigerung, verursachen aber andererseits den Bruch mit tradierten Strukturen und den Zwang zur Veränderung.

Leider bringen nicht nur Begleiterscheinungen der Marktwirtschaft, wie die oben genannten, den Verlust von Arbeitsplätzen mit sich, sondern dieser kann auch durch *Missmanagement* verursacht werden, das in extremer Form den Konkurs einer Unternehmung zur Folge haben kann. So kostet der Konkurs der Fluggesellschaft Sabena, der insbesondere in Managementfehlern beim Hauptanteilseigner Swissair begründet ist, rund 5.000 Arbeitsplätze (vgl. SCHMID/DE PAOLI 2001).

Hingegen können es der Abbau von Monopolstellungen, das Einführen neuer Verfahren, das Eintreten neuer Wettbewerber mit einer günstigeren Kostenposition in den Markt oder Nachfragerückgänge bei Produkten notwendig machen, Arbeitsplätze abzubauen, um der Unternehmung die zum Bestehen des Wettbewerbs um Risikokapital erforderliche Rendite zu sichern. Man kann sogar so weit gehen und behaupten, dass erst das die Menschheitsgeschichte begleitende permanente Suchen nach Möglichkeiten zur Substitution menschlicher Arbeitskraft durch Sachmittel zu den von den meisten Marktteilnehmern gewünschten Steigerungen des Niveaus an Wohlstand – gemessen an der Verfügbarkeit über ökonomische Güter – geführt hat und führt. Die dramatischen Wandlungen, die mit der gewünschten Erhöhung des materiellen Wohlstands verbunden sind, werden beispielsweise sichtbar, wenn man sich die Struktur der Beschäftigungsverhältnisse über längere Zeiträume vor Augen führt. Waren in der Landwirtschaft vor mehr als 100 Jahren noch mehr als 90% der Menschen beschäftigt, so sank der Anteil Anfang der 1990er Jahre in Deutschland auf 4% und betrug im Jahr 2001 noch 2,4%. Mitte der 1990er Jahre arbeiteten noch 1,4 Millionen Beschäftigte im Baubereich, im Jahr 2000 noch knapp über 1 Million; allein im Jahr 2000 gingen 60.000 Arbeitsplätze verloren (vgl. HOCHTIEF AG 2000, S. 17). Der Anteil der in Dienstleistungsbereichen Beschäftigten betrug 1991 59,2% und stieg bis zum Jahr 2001 auf 68,8%. Allerdings konnten damit die Arbeitsplatzverluste, die im gleichen Zeitraum in der Land- und Forstwirtschaft und im Baugewerbe zu verzeichnen waren, nicht ausgeglichen werden.

5. Das Management der Folgen von Arbeitsplatzabbau

Die Lösung der Probleme, die bei den oben genannten Gründen für Arbeitsplatzabbau für die Mitarbeiter von Unternehmungen entstehen, kann nicht darin bestehen, Anpassungen der Kosten – auch der Arbeitskosten - zu vermeiden. Es kommt vielmehr darauf an, auf intelligente Art die unvermeidbaren Konsequenzen zu bewältigen.

Bei den folgenden Ausführungen sei vom Bild eines die Mehrheit repräsentierenden Mitarbeiters ausgegangen, der grundsätzlich mit der Tätigkeit in seiner Unternehmung zufrieden ist und gern in seiner gewohnten Umgebung lebt. Unter diesen Voraussetzungen und besonders dann, wenn er auch noch die Verantwortung für den überwiegenden Teil des Haushaltseinkommens trägt, wäre ihm vermutlich ein langfristiges Verbleiben bei seiner angestammten Unternehmung oder aber doch zumindest die eigene freiwillige Entscheidung über den Zeitpunkt seines Ausscheidens am liebsten. Um dies aber im Falle der oben geschilderten unvermeidbaren arbeitsplatzvernichtenden Umstände gewährleisten zu können, müssten für die in der Unternehmung wegfallenden Arbeitsplätze im Gegenzug Ersatzarbeitsplätze geschaffen werden.

5.1. Die Schaffung von Ersatzarbeitsplätzen

Wäre dies nur in einer anderen als der bisherigen Unternehmung möglich – wobei unter Umständen der Wunsch nach einem Verbleib in der gewohnten Umgebung nicht erfüllbar wäre – könnte Outplacement hilfreich sein (Vgl. dazu den Beitrag von VON RUNDSTEDT).

Soll aber dem Wunsch der Mitarbeiter stattgegeben werden, in ihrer angestammten Unternehmung zu verbleiben, müssen auch *dort* die Ersatzarbeitsplätze geschaffen werden, mit deren Hilfe eine Kompensation für die wegfallenden Arbeitsplätze erfolgt. Dies kann auf unterschiedliche Weise geschehen:

(a) Intensivere Marktdurchdringung

Die Unternehmung kann versuchen, den angestammten Markt stärker zu durchdringen, um damit einen Mehrabsatz ihrer bisherigen Produkte zu erreichen. Dies könnte bei dem oben genannten Grund (1) für den Abbau von Arbeitsplätzen, die Steigerung der Produktivität durch Behebung von Unwirtschaftlichkeiten, von Erfolg gekrönt sein, wenn der Markt auf die mit den Kostensenkungen möglichen Preissenkungen positiv reagiert. Gleiches gilt für den Fall (2), wenn die Unternehmung die Kostenvorteile durch Einsatz eines arbeitskräftesparenden Verfahrens in den Preisen weitergibt und der Markt dies mit steigender Nachfrage nach Produkten der Unternehmung honoriert. Reagiert die Unternehmung hingegen lediglich auf Aktionen von Wettbewerbern, kann sie allenfalls damit rechnen, verlorenes Terrain wiederzugewinnen oder ihre alte Position zu stabilisieren.

(b) Erschließung neuer Märkte

Die Unternehmung kann sich bemühen, *neue Märkte* zu erobern, um dort ihre bisherigen Produkte abzusetzen. Dies bedingt allerdings, dass in den obigen Fällen (3) und (4) der preisgünstigere Wettbewerb auf diesen neuen Märkten nicht auftritt und dass im Fall (5) die Nachfrageveränderungen des heimischen Marktes auf den neuen Märkten ohne Bedeutung ist.

(c) Entwicklung und Vermarktung neuer Produkte

Die Unternehmung kann sich zum Ziel setzen, neue Produkte zu entwickeln und in den Markt einzuführen, um damit den Absatzausfall bei den alten Produkten zu kompensieren. Eventuell ist damit eine räumliche Veränderung des Absatzmarktes verbunden.

(d) Diversifizierung

Die Unternehmung kann gänzlich die Branche und damit Produkte und Märkte wechseln. Bekannte Beispiele dafür sind die Unternehmungen Preussag (Transformation von der Stahlindustrie in die Tourismusbranche) und Mannesmann (Übergang von der Röhrenproduktion und dem Anlagenbau zur Telekommunikation).

(e) Wechsel an kostengünstigere Standorte

Die Unternehmung kann in den Fällen (3) und (4) versuchen, kostengünstiger zu produzieren, indem sie die Produktion in Regionen verlagert, wo ihr dies möglich ist. Allerdings sind dabei die gegen eine solche Aktion sprechenden Argumente zu beachten, die in dem Beitrag „Standortverlagerungen – eine Lösung für Kostenprobleme?" von KLUGE vorgetragen werden.

5.2. Voraussetzungen für die Besetzung von Ersatzarbeitsplätzen

Bis auf den Fall (a) stellen alle aufgezeigten Möglichkeiten Anforderungen an die Arbeitskräfte, die zu erfüllen sind, um die sich mit der neuen Situation ergebenden Chancen wirklich ergreifen zu können.

5.2.1. Qualifizierung als Veränderungsvoraussetzung

Generell müssen die Arbeitskräfte zur Bewältigung der neuen Anforderungen die entsprechende *Qualifizierung* besitzen. Um diese zu erreichen, sind in Abhängigkeit vom jeweils vorliegenden Fall inhaltlich und vom Umfang her unterschiedliche Maßnahmen erforderlich.

Sofern *neue Märkte* erschlossen werden sollen, sind insbesondere die Marketing- und Vertriebsmitarbeiter gefordert. Sie müssen sich mit den kulturellen Besonderheiten der neuen Märkte auseinandersetzen, sprachliche Barrieren überwinden, unter Umständen ihren Lebensmittelpunkt in die neuen Regionen verlegen und nach Partnern Ausschau halten, die bereits bessere Kenntnisse über die zu erobernden Märkte besitzen. Sofern die traditionelle Produktpalette beibehalten wird, sind Mitarbeiter anderer Funktionsbereiche weniger betroffen.

Werden *neue Produkte* entwickelt und vermarktet oder bisherige Produkte um ergänzende Leistungen erweitert, ist der Kreis der von den Veränderungen betroffenen Mitarbeiter erheblich weiter zu fassen. Neue materielle Produkte erfordern eventuell neue Produktionsverfahren, die Beschaffung neuer Werkstoffe und Anlagen und andersartige Vermarktungskonzepte.

Neue Dienstleistungen oder die Erweiterung materieller Produkte um begleitende Dienstleistungen machen neue Prozesse und das Training neuer Verhaltensweisen notwendig. Typische Beispiele für solche neuen Anforderungen finden sich in der Bauindustrie, der Bauzulieferindustrie und der Energiewirtschaft. In allen drei Branchen ist für das traditionelle Produkt (Rohbauten, Baumaterial, Strom) bei Überkapazitäten auf den meisten Märkten der Preis der wesentliche Parameter im Wettbewerb. Die Folge ist Verdrängungswettbewerb durch Unterbieten der Preise der Konkurrenten; so ist im Geschäftsbericht der Hochtief AG für das Jahr 2000 auf Seite 6 die Bemerkung zu finden, „Überkapazitäten führen seit Jahren zu ruinösem Preiswettbewerb".

In allen drei Branchen ist auch festzustellen, dass in den meisten Unternehmungen der Versuch unternommen wird, eine Differenzierung durch zusätzliche Dienstleistungen oder Systemlösungen zu erreichen. So richtete sich die RWE Energie AG (vor der Fusion der RWE AG mit der VEW AG und der darauf folgenden Neuordnung des Energiebereichs) auf den europäischen Markt aus, und sieht darin „speziell für energienahe Dienstleistungen ein wichtiges Wachstums- und Beschäftigungspotenzial" (RWE Energie AG 2000, S. 10). Viele Unternehmungen haben jedoch bereits feststellen müssen, wie schwierig und kostspielig der Weg in diese neue Zukunft ist und dass er insbesondere nicht mit der gleichen Belegschaft wie in der Vergangenheit begangen werden kann. Dies folgt aus zum Teil völlig neuen Geschäften, wie dem Stromhandel, für dessen Abwicklung im RWE-Konzern die RWE Energy Trading Ltd. mit operativen Geschäftsaktivitäten in London und Essen gegründet wurde. Gehandelt wird mit Strom und Erdgas in physischer und derivativer Form, angeboten werden auch innovative E-Trade-Produkte über das Internet. Neben die unumgängliche Einstellung von Mitarbeitern, die die erforderlichen neuen Spezialkenntnisse von außen in die Unternehmung tragen, treten Qualifizierungsmaßnahmen unterschiedlicher Art, um der Stammbelegschaft die Chance zu eröffnen, den Gang in die veränderte Zukunft mit anzutreten.

Wechselt die Unternehmung die *Standorte* ihrer Leistungserbringung, so sind in der Regel nur wenige Mitarbeiter der alten Standorte begünstigt, da grundsätzlich an den neuen Standorten auch ganz überwiegend die dort zur Verfügung stehenden Arbeitskräfte eingesetzt werden. Ausnahmen bilden heimische Führungskräfte, die den Anspruch des Mutterunternehmens auf die Leitung der Auslandstöchter dokumentieren. Diese Führungskräfte haben zur Bewältigung ihrer Auslandsaufgaben entsprechenden Qualifizierungsbedarf.

Die höchsten Anforderungen an die Qualifizierungsfähigkeit und -willigkeit der Arbeitskräfte stellt ohne Zweifel der *Wechsel der Branche* dar, wie ihn die Preussag AG und die Mannesmann AG durchgeführt haben.

5.2.2. Mobilität als Veränderungsvoraussetzung

Neben der Qualifizierung kann *Mobilität* die zweite Voraussetzung für einen erfolgreichen Erhalt des Arbeitsplatzes in einer Unternehmung sein. Dies betrifft insbesondere die Fälle, in denen neue Märkte erschlossen werden und in denen Produktions- und Vertriebsstellen in neuen Regionen eröffnet werden. Die folgende Bemerkung im Geschäftsbericht der RWE Energie zielt genau auf diesen Punkt: „Die Mobilität von Mitarbeitern gewinnt an Bedeutung. So zum Beispiel, wenn wir die Aktivitäten in Regionen und Centern ... bündeln oder Vertriebsniederlassungen in europäischen Großstädten errichten. Die persönlichen und finanziellen Belastungen, die dabei entstehen können", werden klar ausgesprochen und es wird Hilfe in unterschiedlicher Form angeboten.

Nicht nur die räumliche Dezentralisierung des Vertriebs, sondern auch anderen Veränderungen können Mobilität erforderlich machen. So müssen Entwicklung, Herstellung oder Vermarktung neuer Produkte nicht unbedingt an den historisch gewachsenen Standorten einer Unternehmung erfolgen. Der Wechsel der Branche ist ebenso wie die Neuproduktentwicklung häufig mit dem Zukauf von Unternehmungen verbunden, was ebenfalls neue Anforderungen an zumindest vorübergehende Mobilität stellt.

5.2.3. Gehaltsminderung als Voraussetzung für Arbeitsplatzerhaltung

Eine weitere Voraussetzung für den Erhalt eines Arbeitsplatzes im Unternehmen kann die Inkaufnahme einer (unter Umständen vorübergehenden) *Gehaltsminderung* in einer alten oder einer neu zu übernehmenden Position sein. Eine solche Maßnahme wird insbesondere in zwei Situationen zu befürchten sein:

- Die Unternehmungsleitung befürchtet, dass mit hoher Wahrscheinlichkeit beim vorhandenen Gehaltsniveau und den damit festliegenden Personalkosten die Existenz der Unternehmung gefährdet ist. Dies dürfte insbesondere in personalintensiven Branchen und damit der Dienstleistung von Relevanz sein. Die Gefährdung kann sich in einem drohenden Konkurs aufgrund von Überschuldung oder von Zahlungsunfähigkeit manifestieren oder – weiter die Zukunft reichend – in Problemen der Eigenkapitalgewinnung wegen unzureichender Rentabilität. Die Ursache kann strukturell in Form eines nachhaltigen Nachfragerückgangs angelegt sein, in ruinösem Preiswettbewerb bei Überkapazitäten oder kann in einem konjunkturellen Tief bestehen, das nach einiger Zeit überwunden sein wird. Insbesondere in den letzten beiden Fällen würde nach Auffassung der Unternehmungsleitung eine vorübergehende Senkung der Personalkosten die kritische Lage entspannen, bis eine Marktbereinigung bzw. eine konjunkturelle Erholung eingetreten ist. Eine praktische Anschauung für die hier dargestellte Situation bot in der jüngeren Vergangenheit die Lufthansa AG. Sie erreichte vor wenigen Jahren in bedrängter Lage eine Gehaltskürzung bei ihren Piloten. Die Problematik des geschilderten Sachverhalts liegt einmal in der Glaubwürdigkeit der Unternehmungsleitung und der von ihr präsentierten Zahlen und Argumente. Zum anderen wird die betroffene Belegschaft nur zustimmen, wenn absehbar erscheint, dass die Unternehmung bei besserem Geschäftsverlauf die Kürzung wieder rückgängig macht oder die Verluste gar kompensiert. Auch hier ist wiederum die Lufthansa als Beispiel heranzuziehen, bei der im Laufe einer längeren Auseinandersetzung die Piloten eine zumindest teilweise Rücknahme ihrer ehemaligen Gehaltsminderungen erzwangen.
- Für die in Betracht kommende Stelle besteht ein großes Angebot auch externer Arbeitskräfte, auf das die Unternehmung zurückgreifen kann. Dies stellt aus Sicht der bestehenden Belegschaft ein Drohpotenzial dar, das sie nach Möglichkeit abwehren möchte. Insbesondere in benachbarten Staaten mit unterschiedlichem Niveau der Personalkosten ist die geschilderte Situation von Bedeutung. Die Mitarbeiter der deutschen Bauindustrie stellen derzeit fest, wie das Lohngefälle zu den osteuropäischen Staaten ihre Arbeitsplätze in einem Maße bedroht, dass der deutsche Gesetzgeber sich genötigt sah, schützende Regelungen zu erlassen.

6. Schlussbemerkung

Grundsätzlich werden Unternehmungen, die ihre Arbeitskräfte nicht nur als Kostenfaktor, sondern als ein wertvolles Potenzial zur Begeisterung ihrer Kunden und zur Steigerung des Unternehmungswertes begreifen (vgl. KÜBEL 1990), soweit wie möglich versuchen, auch bei strukturellen wie konjunkturellen Veränderungen die genannten Möglichkeiten zum Erhalt von Arbeitsplätzen für ihre Mitarbeiter in Anspruch zu nehmen. So vermeldet die Firma Thyssen-Krupp, dass sie im Verlaufe eines großangelegten Rationalisierungsprogramms keinen Stellenabbau in großem Stil betreiben wolle (vgl. THIEL 2002, S. 10), schließlich seien die Mitarbeiter die Quelle von Innovation und beständiger Leistungsverbesserung. Vielleicht kann der von Thyssen-Krupp geplante Weg, die Vergütungs- und Anreizsysteme stärker zu überprüfen auch ein Weg zur Verbesserung der Arbeitsplatzsicherheit werden; die Voraussetzung dafür ist allerdings, dass sich die Mitarbeiter bereit erklären, sich neben der Absicherung ihrer existenziellen Bedürfnisse auch an den Chancen und Risiken durch ökonomische Veränderungen beteiligen zu lassen. Dann könnten unter Umständen Vorgänge, wie die Anpassung der Beschäftigtenzahl an Täler der konjunkturellen Entwicklung durch Arbeitsplatzabbau, auf ein geringeres Maß als heutzutage vielfach üblich reduziert werden.

Eine Maßnahme, die auf jeden Fall vermieden werden sollte, ist ein simples „downsizing", bei dem proportional zum Betrag eines verschlechterten Ergebnisses eine entsprechende Zahl an Arbeitsplätzen abgebaut wird, um das Ergebnis wieder zu stabilisieren. Nur wenn damit nicht-wertschöpfende Tätigkeiten abgebaut werden, entlastet sich eine Unternehmung von Kosten, ohne wirtschaftliche Nachteile zu erleiden. Ansonsten führt diese einfache Arithmetik über eine Überlastung der verbleibenden Arbeitskräfte hin zu Problemen, die letztlich ihre Marktfähigkeit und Kundenorientierung in Frage stellen. Die Gründe dafür liegen auf der Hand:

- Gleichbleibende Arbeitsabläufe mit zunehmend weniger Arbeitskräften sind letztlich nicht in gleichbleibender Qualität zu bewältigen; die Voraussetzung für eine Erhöhung der Arbeitsproduktivität sind Verbesserungen der Prozesse. Ansonsten wird aus downsizing leicht dumbsizing.
- Arbeitsplatzabbau ohne flankierende Maßnahmen an Produkten und Prozessen wirkt auf die Belegschaft beängstigend und demotivierend und mindert damit schließlich die Arbeitsproduktivität.

Outplacement: Sozialverantwortung zahlt sich aus

EBERHARD VON RUNDSTEDT

1. Problemstellung

Strukturwandel, verkürzte Produktlebenszyklen, neue Technologien – um nur einige Schlagworte zu nennen – zwingen Unternehmen in immer kürzeren Abständen auf veränderte Marktsituationen zu reagieren. Die damit einhergehende Notwendigkeit, das Kostenmanagement als integralen Bestandteil in eine Organisation zu implementieren, ist offensichtlich, personalpolitisch jedoch ein Dilemma. Einerseits bewirkt ein konsequent umgesetztes Kostenmanagement die langfristige Sicherung der Wettbewerbsfähigkeit und trägt damit zur Sicherung von Arbeitsplätzen bei. Andererseits führt die konsequente Umsetzung des Kostenmanagements auch zwangsläufig zu Personalfreisetzungen, die unabhängig von der hierarchischen Einordnung eines Arbeitnehmers vorgenommen werden müssen und in zunehmenden Maße auch langjährige, oft hoch qualifizierte Mitarbeiter betreffen.

Die Auswirkungen von Freisetzungsmaßnahmen auf den oder die betroffenen Mitarbeiter zu reduzieren, so problematisch die Situation für den Einzelnen auch ist, wäre betriebswirtschaftlich betrachtet jedoch fatal. Ist ein Unternehmen gezwungen, sich von Mitarbeitern zu trennen, so hat dies gleichermaßen Auswirkungen auf das interne wie auch externe Umfeld des Unternehmens. Das heißt, die Art und Weise wie ein Unternehmen sich in einer Trennungssituation verhält, ist nicht nur mitverantwortlich für die Motivation und Leistungsbereitschaft der verbleibenden Mitarbeiter, sondern prägt auch in hohem Maße sein Image.

In einer vermeintlich durchweg negativ besetzten Situation gilt es somit, positive Impulse zu setzen. Nur so wird eine Kongruenz zwischen Kommunikation und Handlung sichtbar, besteht eine Chance, die monetären wie auch nicht-monetären Erwartungen aller Beteiligten in Einklang zu bringen, kann es zu einer gewünschten, vom Unternehmen steuerbaren, positiven Außenwirkung kommen.

Herkömmliche Sozialpläne, Aufhebungsverträge und Abfindungen bieten hier selten verwertbare Ansatzpunkte. Sie helfen dem betroffenen Mitarbeiter, die finanziellen Verluste einer Freisetzung zu überbrücken, das ursächliche Problem, der Verlust des Arbeitsplatzes, die drohende Arbeitslosigkeit und ihre Folgen, bleibt aber bestehen. In der Lösung dieses Problems liegt der Ausgangspunkt des *Outplacement*.

2. Ursprünge, Definition und Beteiligte des Outplacement

Die *Ursprünge* des Outplacement bauen auf Erfahrungen mit US-amerikanischen Regierungsprogrammen zur Betreuung von Soldaten auf, die nach dem zweiten Weltkrieg aus der Armee ausschieden. Erstmals unter der Bezeichnung 'Outplacement-Counselling (OPC)' wurde es Ende der 60er Jahre in den USA angewandt, als bei Standard Oil und in der Luftfahrtindustrie eine große Anzahl von Mitarbeitern freigesetzt werden musste (vgl. SCHULZ ET AL. 1989, S. 13). Mittlerweile hat sich das Outplacement zu einem integrativen Lösungsansatz mit einem breit gefächerten Leistungsspektrum entwickelt. Kernstück des Outplacement heutzutage ist die auf den individuellen Stärken und Erfahrungen aufbauende Beratung zur beruflichen Neuorientierung.

Outplacement ist die vom ehemaligen Arbeitgeber finanzierte Beratung und Unterstützung eines freigestellten Mitarbeiters bei der Suche nach einem neuen Arbeitsplatz, der seinen Qualifikationen und Bedürfnissen entspricht (vgl. KÜHLMANN/WESENBERG 1994, S. 600). Outplacement ist somit mehr, als nur Hilfestellung bei der Suche nach einer neuen Erwerbsmöglichkeit. Es ist eine gezielte Beratung und Betreuung des betroffenen Mitarbeiters, die ihm hilft, eine neue, seinen Eignungen und Neigungen entsprechende Aufgabe in einem anderen Unternehmen zu finden. Outplacement ist ein personalpolitisches Instrument, das aktive Hilfe im Trennungsprozess bietet, eine Trennung ohne Konflikte ermöglicht und dadurch positive Impulse setzen kann.

In der Regel sind *drei Parteien* an einem Outplacement-Prozess beteiligt:

- *Das auftraggebende Unternehmen:*
  Es entscheidet, wer unter welchen Rahmenbedingungen an einer Outplacement-Maßnahme teilnimmt. Wird der Mitarbeiter beispielsweise komplett oder nur zum Teil freigestellt, erhält er eine zeitlich unbefristete oder eine befristete Beratung, wird dem Mitarbeiter nur die Teilnahme an bestimmten oder an allen Beratungsmodulen ermöglicht?

- *Der betroffene Mitarbeiter:*
  Nur er kann letztendlich entscheiden, ob eine Beratung zustande kommt und wie erfolgreich sie sein wird. Er muss ggf. vorhandene Vorbehalte abbauen und sich bewusst sein, dass Outplacement eine Hilfe zur Selbsthilfe und kein auf dem ‚Silbertablett‘ offerierter neuer Arbeitsplatz ist.

- *Die Outplacement-Beratung:*
  Sie bietet ihre Dienstleistung dem Unternehmen wie auch dem Mitarbeiter an. Erst wenn diese beiden Parteien die Bereitschaft zur Zusammenarbeit kundtun, kommt es zu einer vertraglichen Basis. Da die Beratung beide Seiten während der Trennung sowohl rational wie auch emotional betreut, ist ihre unbedingte Neutralität eine conditio sine qua non. Eine Übersicht seriöser und kompetenter Beratungsgesellschaften, die diesen Anspruch erfüllen, veröffentlicht der Bundesverband Deutscher Unternehmensberater BDU e.V. in Bonn.

3. Die Beratungsleistung

Outplacement umfasst die Beratung aller an einem Trennungsprozess Beteiligten. Es berät sowohl den betroffenen Mitarbeiter als auch das auftraggebende Unternehmen, wie diese Situation optimal bewältigt werden kann.

3.1. Die Beratung des Auftraggebers

Idealerweise beauftragt das Unternehmen die Outplacement-Beratung bevor erste Trennungsgerüchte oder gar definitive Trennungsabsichten bekannt werden (vgl. MORIN/

YORKS 1990, S. 162f.). In dieser vorbereitenden Phase können grundsätzliche Überlegungen zur Gestaltung der Trennung diskutiert werden. 'Termination should end the job, not the man', ist die vielleicht treffendste Aussage für die Intention, die alle nachfolgenden Handlungen prägen sollte. Der Berater kann Vorschläge zur psychologisch günstigsten Vorgehensweise vor und während des Trennungsgespräches geben, er kann die unterschiedlichen Erwartungshaltungen und Empfindungen verdeutlichen und somit unnötigen Schaden, der durch einen nicht ausreichend durchdachten Trennungsprozess entstehen kann, vermeiden helfen (vgl. VON RUNDSTEDT 1991, S. 45). Der Berater kann darüber hinaus die für die Kündigung zuständigen Personen mit Hilfe eines gezielten Trainings auf Trennungsgespräche vorbereiten. Den zuständigen Führungskräften wird hierbei geholfen, ihre Dissonanzen abzubauen und ein konstruktives Trennungsgespräch zu führen.

Gleichzeitig muss das auftraggebende Unternehmen den Berater möglichst detailliert über die Ursachen der Trennung, die Persönlichkeit des Mitarbeiters, dessen wirtschaftliche und persönliche Hintergründe, aber auch über die Bedingungen, unter denen die Trennung vollzogen werden soll, informieren (vgl. LECIEJEWSKI 1996, S. 63). Nur durch eine intensive Kommunikation in der Vorbereitungsphase lassen sich Vorgehensweisen entwickeln, die zu einer konfliktfreien Trennung beitragen und der Unternehmensphilosophie des Auftraggebers entsprechen.

Versteht man den Umgang mit der Trennungssituation im Unternehmen als die Basis für das sich anschließende Outplacement, wird die Bedeutung der unternehmensspezifischen Vorbereitungs- und Beratungsphase deutlich.

3.2. Die Beratung des Mitarbeiters

Analog zu den diversen Ausgangsvoraussetzungen, unter denen Mitarbeiter an Outplacement-Maßnahmen teilnehmen, werden auch unterschiedliche Beratungsformen angeboten. Meist basieren diese Formen jedoch auf drei Kriterien, die sich in der Praxis durchgesetzt haben.

- *Dauer der Beratung:*
  Eine Outplacement-Beratung kann unbefristet sein, d.h. der Mitarbeiter erhält fachkundige Unterstützung, bis er einen neuen Arbeitsplatz gefunden und die Probezeit erfolgreich bestanden hat. Die Beratung lässt sich aber auch zeitlich, beispielsweise auf drei oder sechs Monate, befristen. In diesem Fall wird dem Mitarbeiter das komplette Beratungsprogramm angeboten, die Betreuung endet jedoch nach Ablauf der Frist, unabhängig davon, ob der Mitarbeiter während dieser Zeit eine neue Position gefunden hat oder nicht.

- *Inhalt der Beratung:*
  Der Beratungsprozess vermittelt verschiedene, meist aufeinander aufbauende Inhalte. Diese Module können einzeln oder in Kombination, je nach dem individuellen Beratungsbedarf des Mitarbeiters, angeboten werden.

- *Teilnehmerzahl der Beratung:*
  Je nach dem, ob nur eine Person oder mehrere Personen gleichzeitig an einer Beratung teilnehmen, spricht man von Einzel- bzw. Gruppenberatungen. An Einzelberatungen nehmen insbesondere Führungskräfte teil, deren Aufhebungsvertrag durch eine

Outplacement-Beratung ergänzt wurde. Typisch für Gruppenberatungen ist, dass sie zeitlich meist auf einige Tage befristet sind und primär tarifliche Mitarbeiter zur Zielgruppe haben.

Unabhängig von der jeweiligen Beratungsform und -ausgestaltung, wird dem Mitarbeiter für die Dauer der Beratung ein voll ausgerüsteter Arbeitsplatz sowie ein umfangreicher Sekretariatsservice zur Verfügung gestellt.

Zwei der gebräuchlichsten Beratungstypen, die unbefristete Einzelberatung und die befristete Gruppenberatung, werden nachfolgend etwas ausführlicher beschrieben.

3.2.1. Die Einzelberatung

Wurde dem Mitarbeiter die Trennungsabsicht übermittelt und möchte er die Hilfe einer Outplacement-Beratung annehmen, beginnt ein Prozess, der sich in seiner idealtypischen Form in drei Phasen einteilen lässt (vgl. Abb. 1).

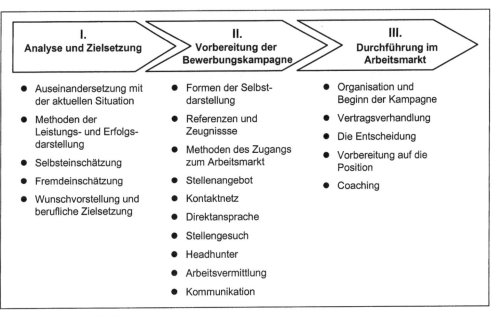

Abb. 1: Die Phasen des Outplacement

Phase I – Analyse und Zielsetzung
Zunächst gilt es, dem betroffenen Mitarbeiter (im Folgenden Klient genannt) bei der Aufarbeitung der Ursachen und emotionalen Folgen der Trennung zu helfen. Ein entscheidender Faktor ist hierbei, dass der Klient die eigene Situation akzeptiert und wieder in die Lage versetzt wird, ein positives Selbstwertgefühl aufzubauen. Nur unter diesen Voraussetzungen ist es möglich, eine demotivierende und frustrierende Situation konstruktiv zu bewältigen. Die Chance zu einer persönlichen Weiterentwicklung liegt gerade im Durchleben und Überwinden einer solchen Krise (vgl. VON RUNDSTEDT 1994,

S. 464). Aufbauend auf dieser Grundlage wird u.a. eine kritische Bestandsaufnahme, eine Stärken/Schwächen-Analyse, aber auch ein Vergleich zwischen Selbst- und Fremdeinschätzung vorgenommen. Ziel dieser und weiterer Techniken ist, dass der Klient eine berufliche Zielsetzung entwickelt, die seinen subjektiven Wünschen und seinem objektiven Können in idealer Weise entspricht und somit ein optimales Betätigungsfeld bieten würde (vgl. VON RUNDSTEDT/MAYRHOFER 1991, S. 43).

Phase II – Vorbereitung der Bewerbungskampagne
Aufbauend auf der eruierten Zielsetzung werden in der zweiten Phase alle wichtigen Instrumentarien zur Umsetzung einer 'Self-Marketing' Strategie entwickelt. Ein aussagefähiger Lebenslauf, Zeugnisse und Referenzen sind hier lediglich das notwendige Rüstzeug. Maßgeblich ist die strukturierte und systematische Aufdeckung sowie Erarbeitung aller potenziell nutzbaren Arbeitsmärkte. Der Klient erlernt Methoden und Techniken, die eine zielgerichtete Recherche ermöglichen und schafft somit die Basis für weiterführende Unternehmenskontakte, die letztendlich das Fundament einer erfolgreichen beruflichen Neuorientierung sind. Das hierzu notwendige Equipment, wie z.B. eine umfangreiche Bibliothek, der Zugang zum Internet und zu Datenbanken, Recherchemöglichkeiten auf CD-ROM und einiges mehr muss die Outplacement-Beratung ebenso zur Verfügung stellen wie Zugänge zum ‚verdeckten Arbeitsmarkt'. Es gilt, Positionen auszumachen, bevor sie auf dem freien Markt angeboten werden (vgl. VON RUNDSTEDT/MAYRHOFER 1991, S. 44). Der Klient muss sein eigenes Netzwerk gezielt aktivieren und die Möglichkeit erhalten, das Netzwerk der Beratung zu nutzen. Der Kontakt zu Headhuntern, die regelmäßig Klientenprofile erhalten sollten, ist ein ebenso unerlässlicher Faktor wie die intensive Kontaktpflege zu Unternehmen, Verbänden oder auch Behörden.

Phase III – Durchführung im Arbeitsmarkt
In der dritten Phase werden die bis dato erarbeiteten Informationen und Kontakte gebündelt und fließen zielgerichtet in eine offensive Bewerbungskampagne ein. Der Klient setzt die 'Self-Marketing' Strategie aktiv am Arbeitsmarkt um. Ein Stadium, das für den Klienten, gerade in der Anfangsphase, nicht ausschließlich von Erfolgen geprägt ist. Potenzielle Rückschläge müssen hier durch den Berater aufgefangen werden, der Klient muss in seinen Aktionen gestärkt werden und darf sich durch Absagen nicht entmutigen lassen. Erfolge, scheinen sie auch noch so unbedeutend, müssen als solche begriffen und als konsequentes Ergebnis aller vorhergehenden Maßnahmen verstanden werden. Den Abschluss der Bewerbungskampagne bilden möglichst viele, qualitativ hochwertige Arbeitsangebote. Diese werden u.a. hinsichtlich der möglichen Tätigkeitsbereiche, der Organisationsstruktur aber auch der Unternehmenskultur gegeneinander abgewogen. Es folgt die Entscheidung für eine der Positionen und schließlich die Vertragsunterzeichnung. Beim Abschluss eines neuen Arbeitsvertrages kommt der Outplacement-Beratung eine nicht unerhebliche Rolle zu, die jedoch keineswegs mit einer – unzulässigen – Rechtsberatung verwechselt werden darf. Oft fehlen selbst Führungskräften, die häufig über viele Jahre in einem Unternehmen tätig waren, die relevanten Informationen sowie die Transparenz bezüglich der marktüblichen Konditionen. Hier trägt der Outplacement-Berater wesentlich dazu bei, dass der Klient seine Interessen im Rahmen der gegebenen Möglichkeiten wahren kann (vgl. LINGENFELDER/WALZ 1988, S. 100).

Der hier exemplarisch dargestellte und schematisierte Ablauf einer Outplacement-Beratung, kann nur einen groben Einblick gewähren. Gerade deshalb muss jedoch betont werden, dass ein professionelles Outplacement sich stets durch eine *individuelle Beratung* auszeichnet. Sollte ein Klient sich im Rahmen der Beratung beispielsweise für einen Wechsel in die Selbständigkeit entschieden haben, so gehört selbstredend auch eine Existenzgründungsberatung zum Leistungspaket. Eine seriöse Beratungsgesellschaft hat diesbezüglich Kontakte zu diversen Spezialisten, z.B. Juristen oder Kreditexperten, auf die der Klient zurückgreifen kann und auch soll.

3.2.2. Die Gruppenberatung

Teilnehmer an Gruppenberatungen sind meist tarifliche Mitarbeiter, deren Freisetzung, bedingt durch Fusion, Verlagerung oder Schließung der Betriebstätte u. ä.m., unumgänglich ist. Erfahrungsgemäß hat diese Arbeitnehmergruppe häufig besondere Probleme sich zieladäquat auf dem Arbeitsmarkt zu präsentieren (vgl. HAARI 1999). Die Teilnahme an einer Outplacement-Maßnahme schafft hier für die betroffenen Mitarbeiter reale Wettbewerbsvorteile. In der Gruppenberatung wird den Klienten zunächst verdeutlicht, dass es auch oder gerade für sie eine berufliche Perspektive gibt, die erfolgreiche Suche nach einem neuen Arbeitsplatz aber im Wesentlichen von der Initiative, Flexibilität und dem Ideenreichtum eines jeden Einzelnen abhängt. Die Klienten erlernen eine Systematik zur Selbstanalyse, auf deren Grundlage sie ihre Bewerbungsunterlagen erstellen können. Ihnen werden Techniken vermittelt, die zur Durchführung einer erfolgreichen Bewerbungskampagne notwendig sind und auf das Vorstellungsgespräch vorbereiten. Videogestützte Rollenspiele und ein abschließendes Einzelgespräch runden diese Beratungsleistung ab. Im Idealfall wird den Teilnehmern an Gruppenberatungen der Zugang zu dem Kontaktnetz der Outplacement-Beratung nicht nur ermöglicht sondern dessen Nutzung darüber hinaus gefördert. Für die Klienten kann die Outplacement-Maßnahme in diesem Fall z.T. eine direkte berufliche Neuorientierung zur Folge haben. Gruppenberatungen sind meist auf einige Tage befristet und sollten eine Teilnehmerzahl von maximal zehn Personen nicht übersteigen.

4. Kosten versus Nutzen

Während sich die Kostenseite des Outplacement recht eindeutig quantifizieren lässt, fällt dies unter dem Nutzen-Aspekt, der durch nicht-monetäre Größen geprägt wird, deutlich schwerer. Nachfolgend soll dennoch der Versuch unternommen werden, beide Größen gegenüberzustellen und gegeneinander abzuwägen.

4.1. Kosten des Outplacement

Die durchschnittliche Honorarhöhe für eine Einzelberatung beträgt ca. 20% des bisherigen Jahreseinkommens bei einer Mindesthonorarhöhe von etwa 15.000,– € (vgl. LECIE-

JEWSKI 1996, S. 73). Nebenkosten, wie z.B. Bewerbungsmaterialien, Telefongebühren, Benutzung der Datenbanken, werden zusätzlich berechnet und betragen ca. 2.500,– €. Bedenkt man, dass die durchschnittliche Beratungsdauer zwischen drei und sechs Monaten liegt (vgl. Abb. 2) relativieren sich diese Größen (vgl. VON LÜTZOW 1995, S. 413). Gruppenberatungen werden meist pro Tag und Berater abgerechnet und bewegen sich zwischen 1.500,– und 2.500,– €.

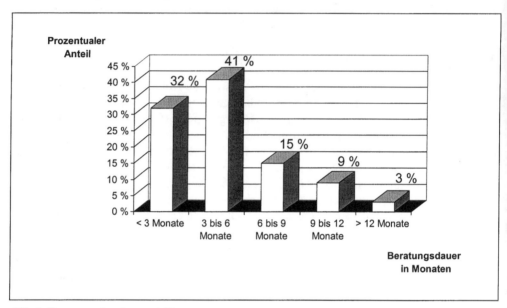

Abb. 2: Dauer von Outplacement-Beratungen

In den meisten Fällen ist Outplacement Bestandteil eines Aufhebungsvertrages. Neben den gesetzlich vorgeschriebenen Vergütungen erhält der ausscheidende Mitarbeiter 'on top' die Möglichkeit, an der Beratung teilzunehmen. Abzusehen ist von einer direkten Zahlung der Beratungskosten an den Mitarbeiter, da er diese erfahrungsgemäß eher selten auch tatsächlich für das Outplacement aufwenden wird. Gleichermaßen abzuraten ist, den Mitarbeiter vor die Alternative zu stellen, ihm entweder seine Abfindung in voller Höhe auszuzahlen oder diese geringer zu halten und ihm ein Outplacement zu finanzieren. Auch hier wird der Mitarbeiter, wie die Erfahrung zeigt, tendenziell die erste Möglichkeit vorziehen. In den beiden letztgenannten Fällen wird der Mitarbeiter zunächst versuchen, eigenständig eine neue Position zu finden. Dies kann jedoch sowohl für das Unternehmen als auch für den betroffenen Mitarbeiter nachteilig sein; für das Unternehmen, da der Nutzen-Aspekt der Beratung weder auf die interne wie externe Umwelt wirken kann und für den Klienten, da er ggf. sein Netzwerk erfolglos in Anspruch genommen hat und dadurch seine Marktchancen verschlechtert (vgl. LECIEJEWSKI 1996, S. 73).

4.2. Nutzen des Outplacement

Sämtliche Aktionen eines Unternehmens vollziehen sich auf mindestens drei Ebenen, einer ökonomischen, einer ökologischen und einer sozialen. Gleichzeitig wirkt jede Aktion auf jeder einzelnen Ebene immer auch auf drei, direkt oder indirekt beteiligte, Gruppen.

Unternehmensintern wirken Aktionen auf den einzelnen Mitarbeiter als Individuum und auf die Gesamtheit der Mitarbeiter als soziale Gruppe. Unternehmensextern wirken sie auf eine sehr heterogen zusammengesetzte Öffentlichkeit, wie z.B. Anteilseigner, Kunden, Wettbewerber, potenzielle Mitarbeiter, Presse usw.

Will man nun über den Nutzen des Outplacement eine sinnvolle Aussage treffen, so muss der Trennungsprozess zunächst als eine Aktion verstanden werden, die Auswirkungen auf ein komplexes Beziehungsgefüge hat. Neben einem, weiter unten angeführten, direkten monetären Vorteil, besteht der inhärente Nutzen des Outplacement in der Möglichkeit, direkt und aktiv in dieses Beziehungsgefüge einzugreifen und durch eine zielgerichtete Beratung eine für alle Beteiligten steuerbare und positive Lösung zu finden. Dass dies wiederum auch monetäre Vorteile zur Folge hat, mag hier wohl niemand bestreiten.

4.2.1. Nutzen für das Unternehmen

Oft werden Freisetzungen von Rechtsstreitigkeiten begleitet, die weder in Bezug auf ihre Dauer oder Kosten, noch in Bezug auf das Ergebnis kalkulierbar sind. Die Erfahrung hat gezeigt, dass die Inanspruchnahmen einer Outplacement-Beratung in vielen Fällen helfen kann, unnötige Rechtsstreitigkeiten und damit Kosten zu vermeiden. Darüber hinaus können auch lange Restlaufzeiten teurer Verträge verkürzt und das Unternehmen von zusätzlichen sozialen sowie finanziellen Leistungen entlastet werden (vgl. STOEBE 1993, S. 81ff.).

Die weiteren *Nutzen-Aspekte für ein Unternehmen* sollen hier der Übersichtlichkeit halber stichwortartig aufgeführt werden.

1. *Unternehmenspolitische Aspekte*
   - Sicherung des Unternehmensimages,
   - Vermeidung von Negativpropaganda durch den Betroffenen bei Kunden, Banken, Behörden und Presse,
   - flexible Anpassung von Führungsstrukturen an neue Anforderungen des Unternehmens,
   - Möglichkeit der Neubesetzung von Positionen durch die Korrektur von Fehlbesetzungen,
   - optimale Stellenbesetzung durch frühzeitiges Aufrücken von Nachwuchskräften.

2. *Organisationspsychologische Aspekte*
   - Stärkung der Glaubwürdigkeit des Managements durch die Demonstration der Unternehmenskultur,
   - Erhaltung des innerbetrieblichen Arbeitsklimas,

- Vermeidung negativer Signalwirkungen auf andere Mitarbeiter,
- Stärkung des Sicherheitsgefühls der verbleibenden Mitarbeiter bei einer Trennung nicht ‚fallen gelassen zu werden‘,
- reibungslose Trennung von mehreren Mitarbeitern gleichzeitig (Gruppenberatung).

3. *Individuelle Aspekte*
   - Förderung einer einvernehmlichen Trennung durch die Handhabung von Konflikten im Vorfeld,
   - Vermeidung unnötiger Härten und Verkürzung des Trennungsprozesses durch faire Trennung,
   - Vorbereitung der Führungskraft auf das Führen eines Trennungsgespräches,
   - konsequente Umsetzung von Personalentscheidungen ohne Scheinlösungen, wie z.B. Aufgabenreduzierung oder Versetzung,
   - ‚Innerer Kündigung‘ altgedienter Mitarbeiter kann zuvorgekommen werden.

4.2.2. Nutzen für den Klienten

Die Stimmungsschwankungen, die ein Mitarbeiter während eines Trennungsprozesses durchläuft, reichen vom Schock bis zur Euphorie (vgl. Abb. 3). Erklärtes Ziel einer Outplacement-Beratung ist es, diese Gefühlskurve sowohl zeitlich als auch inhaltlich zu komprimieren. Die Trennung soll nicht als traumatisches Erlebnis sondern als echte *Chance* zu einer beruflichen Neuorientierung mit all ihren Optionen begriffen werden.

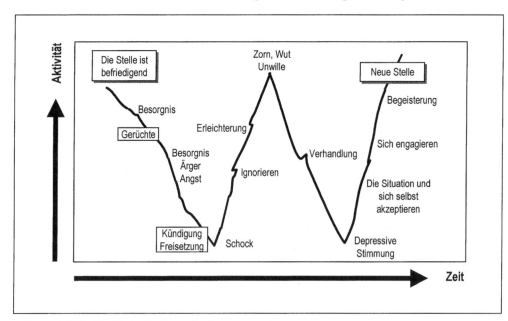

Abb. 3: Gefühlsablauf beim Stellenwechsel

Darüber hinaus lässt sich der *Nutzen für den Klienten* anhand dreier Kriterien systematisieren. Auch sie seien hier stichwortartig aufgeführt:

1. *Finanzielle Aspekte*
   - Finanzielle Absicherung durch ein faires Trennungsangebot,
   - Vermeidung der Arbeitslosigkeit,
   - individuelle Karriereplanung und -beratung auf Kosten des Arbeitgebers,
   - hohe Sicherheit, eine neue, angemessene Position zu finden,
   - Verkürzung des Suchprozesses.

2. *Berufliche Aspekte*
   - Faire Trennung von einem Arbeitgeber, bei dem keine Karrierechancen mehr bestehen,
   - Karriereplanung mit Hilfe eines systematischen Beratungsprogrammes,
   - Vermeidung des ‚Karriereknicks‘,
   - Chance, eine bessere Position zu finden,
   - Informationsvorsprung durch professionelle Beratung,
   - stärkere Marktorientierung und -position gegenüber arbeitslosen Mitbewerbern,
   - Erlernen von Präsentationstechniken, die auch in der beruflichen Zukunft eingesetzt werden können.

3. *Psychologische Aspekte*
   - Verringerung traumatischer Erfahrungen bei Kündigungen,
   - Stärkung des Selbstwertgefühls durch das Angebot des Arbeitgebers,
   - aktive, positive Bewältigung einer momentanen Positionskrise als Karrierechance,
   - Erhöhung der Selbsteinschätzung und Aufbau einer 'Self-Marketing' Strategie,
   - optimale Beratung und Betreuung bis zur Vertragsunterschrift,
   - ständiges Feedback und Ansprache durch den Berater.

5. Fazit

Geht man davon aus, dass Freisetzungen ein normaler Vorgang im Personalmanagement sind, so stellt Outplacement ein normales personalpolitisches Instrument dar (vgl. LECIEJEWSKI 1996, S. 59).

So einfach und plausibel diese These auch klingt, die Praxis zeigt, dass sie noch nicht der Realität entspricht. Vielfach prägen mangelnde Informationen und falsche Vorstellungen das Bild einer Outplacement-Beratung. Gerne wird nur das Büro gesehen, in das der Topmanager allmorgendlich fahren kann, damit seine Nachbarn nicht erfahren, dass ihm gekündigt wurde. Dass Outplacement eine Dienstleistung mit einer extrem breiten

Leistungspalette ist, die eine Vielzahl von Trennungsproblemen zu lösen in der Lage ist, wird dabei häufig übersehen.

Es soll hier nicht der Eindruck vermittelt werden, dass Outplacement das einzig wahre Allheilmittel für Personalfreisetzungen ist, aber es sollte als sinnvolle Erweiterung und Ergänzung zu herkömmlichen Freisetzungspraktiken angesehen werden. Der freigesetzte Mitarbeiter wird in einer für ihn existenziellen Situation nicht einfach fallen gelassen, sondern bei der Fortführung seines weiteren Berufsweges unterstützt und gefördert. Outplacement sollte somit als Benefit für verdiente Mitarbeiter verstanden werden und nicht als Gewissensberuhigung für das Unternehmen.

Outplacement ist eine Möglichkeit, Sozialverantwortung zu zeigen und gleichzeitig den Anforderungen des Kostenmanagements gerecht zu werden.

Kostenmanagement und Change Management

Michael Reiss

1. Schnittstellen zwischen zwei gegensätzlichen Managementsparten

Die Beschäftigung mit Schnittstellen bildet das Kernstück eines jeden *ganzheitlichen Managementverständnisses*. Gerade die Schnittstellen zwischen den einzelnen Managementsparten sind deshalb ausgiebig auf „Fit" bzw. „Misfit" untersucht worden. Dabei haben sich schon mehrere „klassische" Tandems von Managementfunktionen herauskristallisiert, die in einem engen, mitunter sogar symbiotischen Ergänzungsverhältnis zueinander stehen. Man denke hierbei an *„Planung und Kontrolle"*, *„Strategie und Organisation"* sowie *„Organisationsgestaltung und Informationsmanagement"*. Im Vergleich zu diesen etablierten Klassikern in der Schnittstellenlandschaft ist die Verbindung zwischen den beiden Managementsparten des Kostenmanagements und des Change Managements sicherlich weniger vertraut, einsichtig und natürlich. Es entsteht im Gegenteil zunächst der Eindruck, als ob hier zwei Gegensätze in einer recht willkürlichen und künstlichen Manier kurzgeschlossen werden. Für diesen Verdacht sprechen mehrere Gründe:

- Während sich das Kostenmanagement betont mit den *„hard factors"* befasst, ist das Change Management nach herrschender Meinung auf die *„soft factors"* fokussiert.
- Anders als das Kostenmanagement konzentriert sich das Change Management nicht auf die *Perfektionierung* eines eingeschwungenen Zustands, sondern auf die – mitunter revolutionäre – *Destabilisierung* von Gleichgewichtszuständen.
- Optimierungsansätze im Kostenmanagement sind traditionell auf einen *kurzfristigen* Zeithorizont (maximal ein Jahr) ausgelegt, die Bemühungen des Change Managements sind hingegen *langfristiger* Natur.

Aktuelle Strömungen haben zwar dafür gesorgt, dass die Gegensätze zwischen den beiden Managementsparten weniger krass ausfallen: Wir sprechen heute beispielsweise von einer strategischen und damit langfristigen Ausrichtung des Kostenmanagements. Die Veränderungsperspektive hat Eingang in Systeme des Performance Managements wie z.B. die Balanced Scorecard gefunden (vgl. KAPLAN/NORTON 2001). Gleichzeitig wird das Management von Veränderungsvorhaben auch verstärkt unter Effizienz- und damit Kostengesichtspunkten betrieben. Seit geraumer Zeit wird außerdem mit Ansätzen eines verhaltensorientierten Kostenmanagements gearbeitet. Diese äußern sich nicht zuletzt in einer Ablösung von autoritär festgelegten Kostenvorgaben durch partizipativ ausgehandelte Kostenvereinbarungen im Rahmen eines Management by Objectives. Dennoch ist der Verdacht begründet, dass an der Schnittstelle zwischen Kostenmanagement und Change Management gewissermaßen Feuer und Wasser miteinander vermischt werden. Vor diesem Hintergrund ist eine kritische und methodisch solide Analyse der bestehenden Zusammenhänge zwischen Kosten- und Veränderungsmanagement erforderlich. Sie muss sich auf alle relevanten Analyseperspektiven erstrecken (vgl. REISS/CORSTEN 1995, S. 6ff.): Es geht also um eine Verbundanalyse der jeweiligen Aufgaben von Kosten- und Change-Management (funktionelle Betrachtung), der organisatorischen Zuständigkeiten und Träger (institutionelle Betrachtung), der erforderlichen Qualifikationen (personelle Betrachtung) sowie der jeweils charakteristischen Methoden und Werkzeuge (instrumentelle Betrachtung).

Zur komprimierten Charakterisierung und Positionierung der beiden Managementsparten bietet sich eine Gegenüberstellung der typischen *Gestaltungsfelder* von Kostenmanagement einerseits und Change Management andererseits an. Im Kostenmanagement lassen sich die einzelnen Sparten durch die drei Ansatzpunkte der Gestaltungsaktivitäten definieren (vgl. REISS/CORSTEN 1992, S. 1480ff.): das Kostenniveau, die Kostenverläufe und die Kostenstrukturen (vgl. Abb. 1).

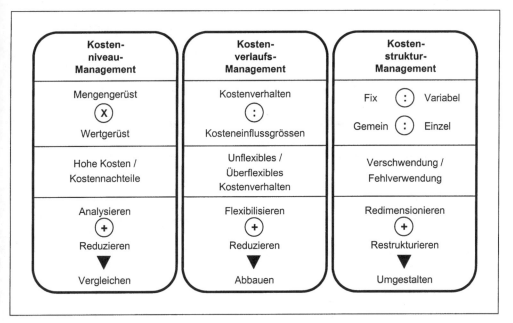

Abb. 1: Sparten des Kostenmanagements

Bemühungen um eine Reduzierung des *Kostenniveaus* werden in aller Regel durch Kostenvergleiche (Benchmarking, internationale Arbeitskostenvergleiche, MIT-Studie der Weltautomobilproduktion, Soll/Ist-Vergleiche usw.) angestoßen. Sie setzen am Mengengerüst – bei Personalkosten etwa an der Beschäftigtenzahl oder an der Arbeitszeit – und am Wertgerüst – vor allem direkte und indirekte Entgelte – an. Im Mittelpunkt des *Kostenverlaufsmanagements* steht die Reagibilität der Kosten auf bestimmte Kosteneinflussgrößen bzw. Kostentreiber. Hier geht es um die „Dämpfung" eines progressiven Kostenverhaltens sowie um die „Flexibilisierung" von Fixkosten. Die Optimierung der *Kostenstruktur*, sprich der Zusammensetzung von Kosten nach bestimmten Kostenkategorien, beschränkt sich nicht auf die klassischen Proportionen von „Gemeinkosten : Einzelkosten" oder „Fixkosten : variable Kosten" (vgl. OECKING 1993; BACKHAUS/FUNKE 1996). Darüber hinaus sind auch die Relationen zwischen Produktionskosten einerseits und Transaktionskosten andererseits von praktischem Interesse. Schließlich verdanken wir dem Life Cycle Costing eine weitere, strategisch wichtige Analyse von Kostenstrukturen, die auf der Unterscheidung zwischen den Kostenblöcken „Vorlaufkosten", „begleitende Kosten" und „Folgekosten" basiert (vgl. REICHMANN/FRÖHLING 1994). Diese dynamische Betrachtung von Kostenstrukturen besitzt naturgemäß für die langfristigen Veränderungsvorhaben eine große Bedeutung.

Auch im Change Management hat sich eine Dreiteilung der Ansatzpunkte von Veränderungsmaßnahmen herausgebildet (vgl. auch HORVÁTH 2001, S. 134ff.). Im Rahmen der *Organisationsentwicklung*, der traditionsreichsten Strömung innerhalb des Change Managements, wird zwischen Instrumenten auf den drei Ebenen der *Organisation*, der *Gruppe* und des *Individuums* unterschieden (vgl. Abb. 2).

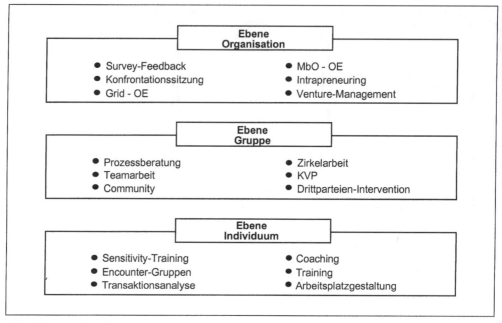

Abb. 2: Sparten des Change Managements

Das Maßnahmenspektrum des Change Managements ist sehr breit. Es umfasst auch Führungskonzepte wie z.B. das Managerial Grid oder das Management by Objectives, Modelle der moderierten Gruppenarbeit, Instrumente für die Entwicklung von Schlüsselqualifikationen und für das Knowledge-Management (z.B. Communities of Practice). Sie wurden grundsätzlich für „Business as usual"-Situationen und nicht speziell für die „Business as unusual"-Transformationsprozesse und Übergangsphasen entwickelt. Außerdem nutzt das Change Management Konzepte, die primär zur Unterstützung von Innovationen eingesetzt werden, wie etwa das Venture-Management.

Aus der Maßnahmenbetrachtung geht u.a. hervor, dass nicht jede Art von Veränderung oder Veränderungsprozess im Unternehmen in den Zuständigkeitsbereich des Change Managements fällt. Von (geplantem) Wandel spricht man nur im Zusammenhang mit Veränderungen, die im Hinblick auf *Veränderungsbreite* keinen punktuellen, sondern eher einen flächendeckenden Charakter besitzen und in Bezug auf die *Veränderungstiefe* durch eine prinzipielle und nicht bloß durch eine graduelle Änderung geprägt sind. Organisatorischer Wandel steht deshalb etwa für eine Umstellung vom Organisationsprinzip der Fremdorganisation auf das der Selbstorganisation und erschöpft sich nicht nur in einer Umstellung von einer Matrixorganisation auf eine Divisionalorganisation.

Wandel vollzieht sich außerdem weniger in den Organigrammen, Handbüchern oder anderen „Oberflächenzonen", sondern letztlich in den Köpfen und Herzen von Menschen. Die Bemühungen kreisen deshalb in aller Regel um Veränderungen in den *Einstellungen* und den überfachlichen *Sozial-* und *Methodenkompetenzen*. Sie sollen Widerstände gegen die Veränderung überwinden helfen. Wandel ist nicht auf einzelne Personen ausgerichtet, sondern wendet sich flächendeckend an größere Gruppen wie z.B. die Gesamtbelegschaft, die Führungskräfte oder an die Lieferanten. Dieser kollektive Charakter liegt besonders den Bestrebungen um einen *Kulturwandel* zugrunde. Der erstreckt sich auf geänderte Selbstverständnisse (z.B. vom Hersteller zum Problemlöser), Werthaltungen gegenüber Kunden („Der Kunde ist König"), Investoren, Mitarbeitern („Mitarbeiter sind unser wichtigstes Gut") und der ökologischen Umwelt. Einem Wandel werden die Menschenbilder („Theorie X versus Theorie Y"), Weltbilder („Determinismus versus Chaos") und Einstellungen gegenüber „Kooperation versus Konkurrenz" oder Outsourcing (z.B. Überwindung des Not Invented Here-Syndroms) unterzogen. Vor diesem Hintergrund wird verständlich, dass der Kulturwandel den Kernbereich des Change Managements bildet. Gerade mit Blick auf das Controlling besitzt die Veränderung der Informations- bzw. Kommunikationskultur eine zentrale Bedeutung.

Ein *reaktiv* angelegtes Change Management bezweckt dabei eine Anpassung des personellen, strukturellen und technischen Kontexts an eine Neuerung, z.B. ein möglichst flächendeckendes Unternehmertum im Unternehmen (Intrapreneuring) als Antwort auf segmentfokussierte Wettbewerbsstrategien. Ziel eines anspruchsvolleren *proaktiven* Change Managements ist letztlich die Schaffung einer lernfähigen und damit veränderungsfähigen Organisation (vgl. PROBST/BÜCHEL 1998).

Anhand dieser steckbrieflichen Kennzeichnung lässt sich das Change Management von anderen Sparten des Veränderungsmanagements wie z.B. *Implementierung*, produktbezogenes *Änderungsmanagement* (z.B. Festlegung von Grenzänderungszeitpunkten) und *Innovationsmanagement* abgrenzen (vgl. REISS 1997, S. 10f.). So dürfen innerhalb des Kostenmanagements eine „Innovation im Kostenmanagement" und ein „Wandel im Kostenmanagement" nicht verwechselt werden, wie sich am Beispiel des Target Costing illustrieren lässt: Target Costing ist insofern prinzipiell dem Innovationsmanagement zuzurechnen, als hier ein neues Konzept des Kostenmanagements eingeführt wird (vgl. zum Target Costing auch den Beitrag von SEIDENSCHWARZ ET AL.). Für die Anpassung der Qualifikationen und Einstellungen bei den betroffenen Managern und Mitarbeitern ist das Change Management zuständig. Insofern schafft das Change Management ganz allgemein die Infrastrukturen für bestimmte Innovationen. Für einige Firmen stellt Target Costing allerdings keine Innovation im strengen Sinne dar, weil sie bereits früher mit dem Konzept der Preisobergrenzen gearbeitet haben. Dennoch provoziert die flächendeckende Einführung von Target Costing einen Bedarf an Wandel. Dieser geht über die übliche Implementierungsarbeit für neue „Werkzeuge" im Kostenmanagement hinaus (vgl. SEIDENSCHWARZ 1995, S. 124ff.).

Nach diesen Positionierungen von Kostenmanagement und Change Management lässt sich die Frage nach den Schnittstellen zwischen diesen recht unterschiedlichen Sparten des Managements klarer beantworten. Insgesamt zeichnen sich dabei vier relevante Verbindungsvarianten ab: Der bereits angesprochene Wandel im Kostenmanagement, der durch Change Management-Methoden professionell unterstützt werden soll (Abschnitt 2) und das Kostenmanagement des Wandels als Dienstleistung des Kostenmanagements zur Optimierung von Change Projekten (Abschnitt 3). Darüber hinaus ist zu prüfen, ob sich mit Kostenmanagement ein Wandel bewirken lässt (Abschnitt 4) und ob umgekehrt durch Change Management auch ein Kostenmanagement betrieben werden kann (Abschnitt 5).

2. Wandel im Kostenmanagement

Der Wandel im Kostenmanagement geht mitunter Hand in Hand mit einem Wandel des Rechnungswesens bzw. des Controlling. Dort haben sich in den letzten Jahren und Jahrzehnten einige tief greifende, teilweise sogar revolutionäre Veränderungen vollzogen. So handelt es sich u.a. bei den folgenden Veränderungen um einen Wandel in den Denk- und Arbeitsweisen von Controllern:

- Ablösung vom Vollkostenmodell und Hinwendung zum Teilkostendenken auf der Basis des Prinzips der relevanten Kosten.
- Umfangreiche DV-Unterstützung des Controlling.
- Umstellung vom Gesamtkostenverfahren auf das Umsatzkostenverfahren und der damit verbundenen Frage einer eigenständigen Kostenrechnung (vgl. ZIEGLER 1994).
- Einführung eines systematischen Benchmarking.
- Umstellung vom kameralistischen auf das kaufmännische Rechnungswesen, etwa im Rahmen des New Public Management oder im Zuge der Privatisierung von staatlichen Monopolunternehmen im Post-, Telekommunikations-, Transport- und Rüstungssektor. Abbildung 3 veranschaulicht diese Neuorientierung anhand von vier zentralen Merkmalen.

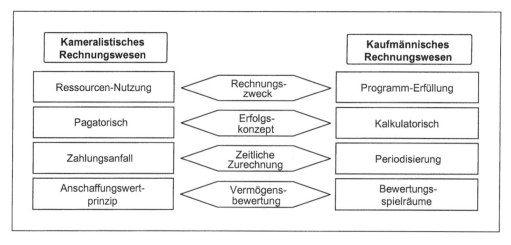

Abb. 3: Wandel vom kameralistischen zum kaufmännischen Rechnungswesen

Einige tief greifende Veränderungen sind nicht aus dem umgebenden Rechnungswesen importiert, sondern hausgemachter Natur (vgl. WEBER 1995). Dies gilt etwa für die Entwicklung von der dokumentationsorientierten Kosten*rechnung* hin zum dispositionsorientierten Kosten*management*. Innerhalb dieses führungsorientierten Kostenmanagements vollzieht sich darüber hinaus eine Ergänzung des *operativen* Kostenmanagements durch ein *strategiefokussiertes* Kostenmanagement (vgl. FRÖHLING 1994). Kosteninformationen gehen dabei sowohl in die Formulierung von programmfokussierten, marktgetriebenen Wettbewerbsstrategien als auch von ressourcenbasierten, kompetenzbasierten Wettbewerbsstrategien ein:

- *Zielkostenrechnung* und *Prozesskostenrechnung* sind Ansätze, die vornehmlich die strategischen Entscheidungen der Programmgestaltung unterstützen sollen. Hierbei geht es in erster Linie um Entscheidungen über die optimale Variantenvielfalt, über synergiebasierte Diversifikationsmaßnahmen und über Make-or-Buy-Fragen (vgl. FREIDANK 1994). Das Zielkostenmanagement erfordert dabei nicht nur ein Umdenken von der progressiven zur retrograden Vorgehensweise, sondern darüber hinaus auch eine Umfokussierung von vorgegebenen internen bzw. externen Bezugsquellen auf externe und interne Kunden.

- Für ressourcenbasierte Wettbewerbsstrategien werden Kosteninformationen über die Werte von Assets, Fähigkeiten, Kompetenzen und Beziehungspotenzialen benötigt. Im Produktionsbereich ist etwa zu klären, inwieweit eine kundenseitig maßgeschneiderte, flexible Produktion eher durch Investition in Bestände oder durch Investition in Produktionsanlagen bewerkstelligt werden kann. Für die Ermittlung der optimalen Kombination eines solchen Slack im Umlaufvermögen und im Anlagevermögen muss ein strategiefokussiertes Kostenmanagement entsprechende Kosteninformationen bereitstellen.

Der Schwierigkeitsgrad einer strategischen Ausrichtung des Kostenmanagements steigt mit der zunehmenden Komplexität der informatorisch zu unterstützenden Strategien, vor allem im Zuge der Ablösung von eingleisigen Strategien der Kostenführerschaft oder Differenzierung durch zweigleisige Strategien eines Outpacing oder einer Mass Customization (vgl. CORSTEN 1998, S. 110ff.; PILLER 2000; REISS 2001). Der Wandel betrifft konkret folgende Neuorientierungen:

- *Neue Kosteneinflussgrößen*: In die Palette der klassischen Kostentreiber müssen neue Determinanten aufgenommen werden. Die Strategien des Zeitwettbewerbs sehen in der Time-to-Market, in Problemerkennungszeiten (z.B. von Qualitätsfehlern), in Reaktionszeiten, in Auftragsabwicklungszeiten usw. einen strategischen Erfolgsfaktor. Ähnliche Überlegungen werden mit dem Konstrukt der Komplexität verbunden (vgl. REISS/GRIMMEISEN 1998). Komplexität ist dabei selbst eine komplexe Kostendeterminante, die beispielsweise neben der Anzahl von Stellen (z.B. Single versus Multiple Sourcing) auch die Anzahl der Schnittstellen (z.B. die Anzahl der betroffenen Hierarchie-Ebenen oder Organisationseinheiten) in einem Wertschöpfungsprozess optimiert.

- *Neue Kostenkategorien*: Gerade in den Entscheidungen über die Optimierung der Leistungstiefe wird eine Trennung zwischen den vertrauten produktionsbedingten Bereitstellungskosten und den organisationsbedingten Transaktionskosten erforderlich. Die organisationsbedingten Transaktionskosten ergeben sich aus Verträgen, unterschiedlichen Formen der Zusammenarbeit, Auditierungs- und Zertifizierungaktivitäten usw. Sie verändern sich beim Übergang vom Insourcing auf das Outsourcing bzw. das konzerninterne Inhouse-Outsourcing erheblich. In älteren Kostenkalkülen wurden diese Transaktionskosten nur implizit berücksichtigt, etwa als bestellfixe Kosten im Rahmen der kostenminimalen Bestellpolitik.

- *Neue Organisationsformen*: Die Einführung von Cost- und Profitcentern fungiert als weit verbreitete Form der strategiegerechten Organisation. In institutioneller Hinsicht kommt es hierdurch zu einer Dezentralisierung der Kostenverantwortung und auch des Kostenmanagements: Dies insbesondere dann, wenn die Verrechnungspreise zwischen den Centern ausgehandelt und nicht zentral festgelegt werden. Nach dem Vorbild des Total Quality Managements („Qualität ist jedermanns Sache") wird hier angestrebt, nicht nur die Qualitäts-, sondern auch die Kostenverantwortung flächendeckend bei allen Mitarbeitern zu verankern. Demgegenüber erfordert das Supply Chain Management die Installation einer unternehmensübergreifenden Kostenverantwortung für die gesamte Wertschöpfungskette (vgl. etwa CORSTEN/GÖSSINGER 2001).

Es wäre verfehlt, derartige Formen von Veränderungen im Kostenmanagement nur als Ergebnisse eines darwinistischen Prinzipien folgenden Evolutionsprozesses zu betrachten. Diese Veränderungen lassen sich vielmehr nur dann erfolgreich bewerkstelligen, wenn sie durch ein professionelles Change Management unterstützt werden. Über Erfolg oder Misserfolg entscheidet nicht zuletzt der Einsatz eines geeigneten *Handwerkzeugs* für Change-Vorhaben. Der Fundus an Instrumenten für Veränderungsvorhaben richtet sich zum einen auf eine Beeinflussung des von der Veränderung betroffenen Kontexts (vgl. Abb. 2), zum anderen auf eine Anpassung des einzuführenden Konzepts, beispielsweise eines Center-Konzepts.

Im Kontext, sprich bei den betroffenen Center-Leitern, Controllingspezialisten und Mitarbeitern, soll für eine Akzeptanz der Neuerungen durch die Betroffenen gesorgt werden. Die Akzeptanz selbst hängt von vier *Akzeptanzfaktoren* ab, die untereinander multiplikativ verknüpft sind: dem Kennen, Können, Wollen und Sollen (bzw. Dürfen).

Durch *Informationsmaßnahmen* soll erreicht werden, dass alle betroffenen Manager und Mitarbeiter das neue Konzept des Kostenmanagements kennen. Neben Broschüren, dem Intranet (Foren, Chats, Sprechstunden) eignen sich hierfür Workshop-Veranstaltungen, die über die Gründe für die Änderung, die Inhalte und die Folgen aufklären.

Qualifikationsmaßnahmen vermitteln den Anwendern das erforderliche Können für den Umgang mit dem neuen Konzept. Sie lassen sich in Workshops integrieren. Darüber hinaus eignen sich externe Schulungen, die bei neuen Tools oft durch die Anbieter gestaltet werden.

Spezifische *Motivationsmaßnahmen* sind erforderlich, weil Neuerungen nur in bestimmten günstigen Fällen und nur bei den Gewinnern ein nennenswertes intrinsisches Motivationspotenzial entfalten. Bei allen anderen ist das „Wollen" keinesfalls sichergestellt. Viele fühlen sich als Verlierer einer Neuerung, etwa weil sie als Cost- und Profitcenter-Leiter die Last einer zusätzlichen Verantwortung tragen müssen (vgl. WEGSCHEIDER 1997). Diesen Betroffenenkreis kann man durch Gegengeschäfte und Entschädigungen daran hindern, die Einführung der Neuerung zu blockieren. Sogar Abfindungen zählen insofern auch zu den Motivationskosten, als hierdurch die Behinderung der Veränderung durch nicht veränderungswillige Opponenten vermieden werden soll. Die – mitunter sehr große – Gruppe der Unentschlossenen erreicht man eher über Incentives oder Awards: Diese honorieren die aktive, zügige und erfolgreiche Mitwirkung bei der Einführung einer Neuerung.

Mit *Organisationsmaßnahmen* werden bei Veränderungen zwei Ziele verfolgt: Über eine Partizipation der Betroffenen („Betroffene zu Beteiligten machen") soll primär ein Integrationseffekt erzielt werden. Durch die Bestimmung von Promotoren will man vor allem sicherstellen, dass ein Veränderungsprojekt über genügend Power verfügt, um sich gegen die Trägheitskräfte, das Tagesgeschäft und gegen Opponenten durchsetzen zu können. Dazu bedarf es der Verpflichtung von drei Promotoren-Typen: Die *Macht-Promotoren*, z.B. die Vertreter der Unternehmensleitung, unterstützen die Veränderung durch ihre Positionsmacht, die *Fach-Promotoren* durch ihre Expertise (etwa durch DV-Kompetenz oder Erfahrungen mit japanischen Controlling-Methoden) und die *Prozess-Promotoren* durch ihre Qualifikation als Projektleiter, Moderatoren und Prozessbegleiter. Bei der Gestaltung der Aufbau- und Ablauforganisation von Projekten existiert gerade im Controlling noch ein erheblicher Nachholbedarf, weil das Projektmanagement keine verbreitete Arbeits- und Organisationsform für Controller darstellt (vgl. HORVÁTH 2001, S. 708ff.; STEFFIN 1995; SEIDENSCHWARZ 1995, S. 117ff.). Grundsätzlich werden sowohl bei den Beteiligten als auch bei den Promotoren bestimmte Rollenverpflichtungen aufgebaut: Man integriert sie also dadurch in das Veränderungsvorhaben, dass sie spezifische Rollen übernehmen sollen.

In der zweiten, konzeptorientierten Sparte des Change Managements stehen Einführungsprozeduren im Mittelpunkt des Interesses. Hierzu zwei Beispiele:

• *Sonderrechnungen*: Die Einführung neuer Systeme der Kostenrechnung und des Kostenmanagements kann entweder in eine Verdrängung der vorhandenen Systeme oder aber in deren Ergänzung münden. Es bietet sich an, neue Konzepte wie z.B. die Prozesskostenrechnung als Sonderrechnungen einzuführen, die ergänzend und begleitend zu den vorhandenen Rechenwerken eingesetzt werden (vgl. hierzu auch den Beitrag von RENDENBACH). Dadurch wird einerseits der Entlernaufwand minimiert. Andererseits kommt es nicht zu einer Entmachtung von vorhandenen Systemen und deren Vertretern. Wer diese „sanfte" Einführungsstrategie verfolgt, muss allerdings eine gestiegene Komplexität des gesamten Kostenrechnungssystems in Kauf nehmen.

• *Stufenweise Einführung*: Hierbei handelt es sich um eine Sammelbezeichnung für ein breites Spektrum von Vorgehensweisen, die entweder das neue Konzept nicht „an einem Stück" und/oder nicht flächendeckend im gesamten Kontext, sondern erst in bestimmten Pilotbereichen einführen. Nach einem solchen Muster des inkrementalen Wandels in kleinen Schritten vollzieht sich meist der Übergang von planwirtschaftlichen zu marktwirtschaftlichen Spielregeln, etwa von hoheitlich verordneten Umlagen zu ausgehandelten Verrechnungspreisen (vgl. REISS/HÖGE 1994).

3. Kostenmanagement des Wandels

In Projekten des Wandels wird versucht, den Erfolg der Veränderungsaktivitäten anhand von Kennzahlen zu messen. Im Spektrum der verwendeten Kennzahlen tauchen neben den Akzeptanz-Indikatoren (gewonnen aus Kunden- und Mitarbeiterbefragungen) immer häufiger die durch das Veränderungsvorhaben verursachten Kosten auf. Dies dokumentiert das steigende Interesse an der Effizienz des Change Managements (vgl. GRIMM-EISEN 1998). Ausschlaggebend sind hierfür wohl die teilweise immensen Budgets, die für Restrukturierungsvorhaben veranschlagt werden müssen. Vorliegende Schätzungen signalisieren, dass in Großunternehmen die jährlichen Restrukturierungskosten pro Beschäftigten über 1.500 € liegen.

Der harte Kern der Kosten des Wandels wird durch den Einsatz von Instrumenten zur Förderung der Akzeptanz von Veränderungen verursacht (vgl. Abschnitt 2). Die Informationskosten und Qualifikationskosten lassen sich am einfachsten ermitteln. Ihre Höhe wird stark von den Kosten beeinflusst, die in die allgemeine Kommunikationsinfrastruktur (Intranet, Mitarbeiterzeitschrift, regelmäßige Foren, Stammtische usw.) und in die laufende Personalentwicklung investiert werden. Etwas schwieriger gestaltet sich die Ermittlung der Kosten für nicht-monetäre Motivationsmaßnahmen. Demgegenüber sind die Kosten von Awards und Incentives grundsätzlich nachvollziehbar. Kennzahlen lassen sich auch für Sozialplankosten bzw. für Abfindungen von betriebsbedingt gekündigten Mitarbeitern aufstellen (vgl. GRIMMEISEN 1998, S. 325ff.). Allerdings sind darin noch nicht die Kosten des Know-how-Abflusses erfasst, die durch das Ausscheiden eines Mitarbeiters entstehen.

Die größten Erfassungsprobleme bereiten die Organisationskosten: Hierbei handelt es sich zu einem hohen Prozentsatz um Transaktionskosten, also etwa um Kosten für das Zustandekommen einer Betriebsvereinbarung oder Kosten von individuellen Verhandlungen und von Konflikten (z.B. Streiks). Vordergründig lässt sich die Einbindung von externen Beratern über deren Honorarabrechnungen und von internen Projektmitarbeitern eines Kernprojektteams, Prozessbegleitern, Moderatoren und Promotoren durch Verrechnungspreise (Stundensätze) bestimmen. Dennoch wäre es voreilig, auf diesem Wege die kostengünstigste Projektorganisation identifizieren zu wollen. Dabei würden etwa Fluktuationskosten (z.B. Einarbeitungszeiten) beim Wechsel zwischen der Linienarbeit und der Projektarbeit unberücksichtigt bleiben. Außerdem wird es sehr aufwendig, die Suprastruktur eines Projekts (Kosten des Lenkungsausschusses, der Integration von Arbeitnehmervertretern) und die Infrastruktur einer Projektorganisation (temporär involvierte Experten, Moderatoren, Trainer usw.) exakt zu erfassen. Vor diesem Hintergrund sollten sich die Bemühungen um eine kostenseitig optimale Projektorganisation eher auf die projektspezifischen Kosten*strukturen* als auf das Gesamtkosten*niveau* konzentrieren (vgl. REISS/GRIMMEISEN 1998).

Die Definition von Kosten-Kennzahlen für Projekte des Wandels und die Ermittlung dieser Kosten im Rahmen einer Kostenrechnung bilden lediglich erste Schritte in Richtung auf ein echtes Management der Kosten des Wandels. Über die Ermittlungsaufgaben hinaus sind dort Optimierungsaufgaben zu lösen. In der Tat besitzen Kosten eine hohe Entscheidungsrelevanz für die Lösung klassischer Veränderungsprobleme. Hierzu zählen

etwa die Auswahl von Informationsinstrumenten, die Minimierung der Kosten des Perso-
nalabbaus und die kostenseitige Bewertung von Top-down-, Bottom-up- und Down-up-
Strategien der Einführung (vgl. GRIMMEISEN 1998, S. 208ff.). Das Prinzip eines kostenorientierten Managements des Wandels soll hier anhand von zwei Beispielen illustriert
werden:

- *Make-and-buy-Optimierung*: Die Bereitstellung der erforderlichen Kapazitäten und
  Kompetenzen für die Organisation eines Veränderungsvorhabens lässt sich nicht auf
  die konventionelle Konfrontation der Make-Alternative (interne Stäbe und Consulter,
  Führungskräfte, Projektleiter) mit der Buy-Alternative (externe Berater) reduzieren.
  Vielmehr sind hier stets anteilige Kombinationen von Fremdbezug *und* Eigenerstel-
  lung zu beurteilen. Die kostenorientierte Bestimmung einer optimalen Make-and-Buy-
  Kombination setzt sowohl am Mengen- als auch am Wertgerüst an. Eine bewährte
  Maßnahme zur Kostenreduzierung ist das Multiplikatoren-Prinzip.

- *Life Cycle Costing*: Der Anwendungsbereich der Lebenszykluskostenrechnung ist keinesfalls auf die Erfassung und Verringerung der Kosten über den gesamten Lebenszyklus eines Produkts beschränkt. Auch die Projektstruktur eines Veränderungsvorhabens kann in den Kategorien des Life Cycle Costing analysiert und optimiert werden.
  Die Unterscheidung zwischen Vorlaufkosten, begleitenden Kosten („Betriebskosten")
  und Folgekosten bereitet keine allzu großen Schwierigkeiten, wenn die relevanten
  Zeitpunkte (Meilensteine) des Veränderungsprojekts definiert sind. Eine besonders
  relevante Optimierungsmöglichkeit eröffnet sich durch eine Substitutionsbeziehung
  zwischen Vorlaufkosten einerseits und begleitenden Kosten/Folgekosten andererseits.
  Hier treten signifikante Unterschiede beim Vergleich zwischen *autoritären* und *partizipativen* Formen des Change Managements auf (vgl. Abb. 4).

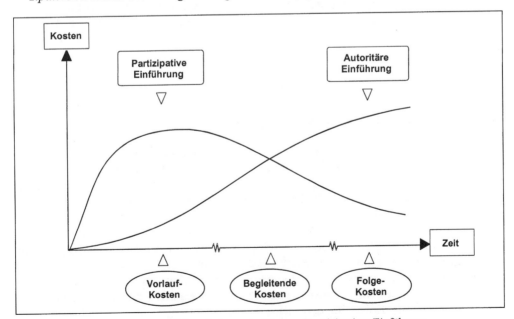

Abb. 4: Lebenszykluskostenvergleich zwischen autoritärer und partizipativer Einführung

Bei der partizipativen Veränderungsstrategie fallen – ähnlich wie beim Simultaneous Engineering – hohe Kosten in der Vorbereitungsphase an, innerhalb derer möglichst viele Betroffene in die Konzipierung einer Neuerung einbezogen werden sollen. Diese Kosten treten bei einer autoritären Strategie des Bombenwurfs nicht auf. Dafür ist später in der Einführungs- und Anwendungsphase mit oppositionsbedingten Kosten zu rechnen, die bei partizipativer Vorgehensweise vermieden werden können.

Das Life Cycle Costing lässt sich noch auf andere dynamische Kostenphänomene in Veränderungsprojekten anwenden. Man denke hier an die Kostenstrukturen, die durch ein *Gegengeschäft*, etwa in Form eines Bündnisses für Arbeit, verursacht werden (vgl. ACKERMANN/KAMMÜLLER 1999). Über den Geltungszeitraum des Bündnisses (erfahrungsgemäß etwa drei bis fünf Jahre) kommt es zum angestrebten Kostenausgleich zwischen vermiedenen Lohn- und Gehaltssteigerungen einerseits und unterbliebenen kündigungsbedingten Personaleinsparungen andererseits. Nach Ablauf der Vereinbarung verursacht aber möglicherweise ein Personalüberhang sehr hohe Folgekosten durch einen besonders einschneidenden Personalabbau.

Zwar ist das Kostenmanagement des Wandels eine uneingeschränkt begrüßenswerte Bereicherung des Change Managements. Es müssen allerdings jeweils alle entscheidungsrelevanten Kosten ins Kalkül einbezogen werden. Ansonsten kommt es zu einem ungerechtfertigten Bias zugunsten bestimmter Maßnahmen, etwa zum überzogenen Outsourcing von Dienstleistungen für Change-Vorhaben. Außerdem ist zu berücksichtigen, dass allein auf einer reinen Kostenvergleichsrechnung keine fundierten Entscheidungen über die optimale Veränderungsstrategie getroffen werden können. Diese gerät bereits bei der Abschätzung der Kosten einer Involvierung des Top Managements (in Kick off-Veranstaltungen, Internet-Foren, Road shows, Fragestunden usw.) an ihre Grenzen, weil hier wohl mit Opportunitätskostenansätzen gerechnet werden muss. Zudem lassen sich wichtige Stärken von Beratern (z.B. Neutralität, Übernahme der Sündenbock-Rolle für unpopuläre Maßnahmen) bei der Make-and-Buy-Entscheidung nicht in Kosten ausdrücken.

4. Wandel durch Kostenmanagement

Der Beitrag des Kostenmanagements zur Gestaltung von Veränderungen im Unternehmen muss sich nicht zwangsläufig im Management der Kosten erschöpfen, die durch die Prozesse des Wandels entstehen. Darüber hinaus gilt es zu prüfen, inwieweit sich durch Kostenmanagement ein tief greifender Wandel induzieren lässt. Das würde dann gelingen, wenn Programme zur Kostenreduktion gewissermaßen als Nebeneffekt auch grundsätzliche Einstellungs- und Verhaltensänderungen herbeiführen und somit als Schlüssel für den Wandel fungieren. In diesem Sinne würde etwa ein durch Kostenmanagement geschärftes Kostenbewusstsein die Sparsamkeit fördern, was zu einem Wandel im Verhalten gegenüber der Umwelt führen könnte: Die Sparsamkeit käme dem Grundanliegen des umweltorientierten Managements, nämlich dem sparsamen Umgang mit natürlichen Ressourcen (Energie, Rohstoffe) entgegen.

Nach herrschender Meinung wird im Kostenmanagement jedoch *kein* geeigneter Hebel für Veränderungen gesehen. Die Fachwelt sieht eher umgekehrt in Change-Vorhaben wie z.B. den TQM-Programmen eine Keimzelle für Kosteneinsparungen (vgl. Abschnitt 5).

Diese Skepsis resultiert in erster Linie aus negativen Erfahrungen mit den klassischen Ansätzen des *Gemeinkostenmanagements* wie beispielsweise der Gemeinkostenwertanalyse (GWA). Durch sie lassen sich keine flächendeckenden Einstellungsänderungen zu den Themen „Identifikation mit dem Unternehmen", „Teamgeist", „Lernmotivation" u.ä. erzielen. Die Erfahrungen der letzten 25 Jahre haben im Gegenteil die geringe Nachhaltigkeit und damit das selbst auf dem Kostensektor sehr bescheidene Veränderungspotenzial bewiesen.

Im Unterschied zur GWA kann der Zero-Base Budgetierung (ZBB) mehr Veränderungspotenzial attestiert werden (vgl. JEHLE 1992). Die Methode setzt sich ja insofern über bestehende Gegebenheiten hinweg, als sie diese bewusst nicht als Restriktion betrachtet. Außerdem ist sie nicht punktuell auf einen Funktionsbereich fixiert, sondern ganzheitlich angelegt. Sie verfolgt primär das Ziel verbesserter Kostenstrukturen und weniger die pauschale Senkung des Kostenniveaus. ZBB erstreckt sich bekanntlich auch auf Veränderungen der Aufbauorganisation, die für die GWA tabu sind. Zwar kommt es nicht zu einer Ablösung der Funktionsorientierung durch eine Prozessorientierung wie beim Reengineering. Dennoch werden ZBB-Einheiten geschaffen, die von den vorhandenen Organisationseinheiten abweichen. Diese installiert man – zumindest für eine Übergangszeit – als sekundärorganisatorischen Overlay über das Organigramm. Die organisatorischen Bezüge des ZBB signalisieren, dass es sich hier um ein breiter angelegtes Managementkonzept und nicht nur um einen Ansatz zum Kostenmanagement handelt.

Ähnliche Überlegungen lassen sich bezüglich aktueller Ansätze des Gemeinkostenmanagements anstellen. *Activity-Based Costing (ABC)* führt zu einem Wandel, indem es das ganzheitliche, schnittstellenbewusste Denken und Handeln fördert. Dieser Veränderungseffekt kommt jedoch nur dadurch zum Tragen, dass ABC in das umfassende Rahmenkonzept eines prozessorientierten Activity-Based Management eingebettet ist. Allein durch Prozesskostenrechnung ließe sich kein echter Wandel bewerkstelligen.

Auch durch das *Komplexitätskostenmanagement* können Veränderungsvorhaben initiiert werden (vgl. SCHULTE 1992): Hinweise auf Komplexitätstreiber wie z.B. Hierarchie-Ebenen, für die der Kunde nicht zahlen möchte, können durchaus Aktivitäten der Hierarchie-Abflachung anstoßen. Das Komplexitätskostenmanagement selbst enthält jedoch keine konkreten Hilfestellungen für die Optimierung eines Hierarchie-Abbaus (Weniger oder kein mittleres Management?, Mehr Fach- statt Führungspositionen?), geschweige denn auf geeignete Vorgehensweisen für die Umsetzung eines Hierarchieabbau-Projekts. Man erkennt: Isolierte Kostenoffensiven allein können nur ein sehr bescheidenes Veränderungspotenzial entfalten. Die Dienstleistungen des Kostenmanagements für das Change Management konzentrieren sich auf eine Impulsfunktion und eine Unterstützungsfunktion im Rahmen eines breiter angelegten Veränderungskonzepts.

5. Kostenmanagement durch Wandel

Spiegelbildlich richtet sich das Interesse auf Konzepte des Change Managements, die zu einer Verbesserung der Kostensituation beitragen, ohne dass dies deren Primärzweck darstellt. In der Tat gibt es eine ganze Reihe von Change-Ansätzen, bei denen Kosten- und Personaleinsparungen, transparentere Kostenstrukturen u.ä. als positive Nebeneffekte auftreten:

Total Quality Management fördert nicht nur den Kundennutzen für externe und interne Abnehmer, sondern trägt auch zur Senkung der Qualitätskosten bei. Dies gilt sowohl für die Prüfkosten als auch für Nacharbeitungskosten, Auftragsverluste und andere „Kosten der Nicht-Qualität". Mitunter ist sogar von der Überwindung des „archaischen" Konflikts zwischen Kosten und Qualität die Rede.

Im *Time Based Management* fungiert die Zeit auch als Hebel für Kostensenkungen. So sind etwa die einschlägigen Programme bei ABB oder Siemens gleichgewichtig auf Effektivitätsgewinne durch Wettbewerbsvorsprung und Service wie auf Effizienzgewinne durch Kostensenkung ausgerichtet. Sie verbessern das Zeitgerüst der Kosten sowohl auf der Ressourcenseite (kürzere Ressourcenbindung) als auch auf der Programmseite (kürzere Lieferzeiten).

Lean Management repräsentiert derzeit vor allem für die öffentliche Verwaltung ein umfassendes Change-Programm. Sicherlich bildet der kosteninduzierte Kampf gegen Verschwendung einen zentralen Bestandteil dieses Managementansatzes. Der Weg zu Kosteneinsparungen ist allerdings subtiler als bei westlichen Ansätzen der Kostenreduktion. So ermöglicht die Einführung von Gruppenarbeit in Gestalt von Zirkeln oder Teams erhebliche Personaleinsparungen. Dies gelingt u.a. durch die Einsparung von Aushilfskräften (Vertretungen), von Mitarbeitern der Zentralbereiche (Instandsetzung, Disposition usw.) sowie durch den Prozess der kontinuierlichen Verbesserung (KVP). Durch diese japanische Variante des Ideenmanagements lassen sich oft über 25% Ratio in der Personalkapazität erschließen. Bei der Gruppenarbeit müssen allerdings Einsparungen im Mengengerüst der Personalkosten durch Steigerungen im Wertgerüst erkauft werden. Die Arbeitswerte – als Grundlage für eine anforderungsgerechte Entlohnung – steigen infolge der breiteren Qualifikation aller Gruppenmitglieder.

Auch der Zusammenhang zwischen *Komplexitätsmanagement* und Kostenmanagement muss differenziert betrachtet werden: Komplexitätsmanagement heißt nicht in allen Fällen Komplexitätsreduktion und damit Kostensenkung (vgl. zum Komplexitätsmanagement auch den Beitrag von ROSENBERG). Ein solcher 1:1-Zusammenhang besteht lediglich bei einigen Maßnahmen des Downsizing wie z.B. der Reduktion der Variantenzahl, der direkten Zulieferer oder der Elimination von Geschäftsfeldern. Schon beim Outsourcing kann eine Verkürzung der Leistungstiefe jedoch mit einer Kostensteigerung einhergehen, wenn die Transaktionskosten steigen sollten. Komplexitätsreduktion durch Deregulierung sorgt unmittelbar nur für mehr Transparenz und noch nicht für eine Reduktion des Kostenniveaus. Transparenz in Form von besserer Zurechenbarkeit von Kosten (mehr Einzelkosten) wirkt sich infolge der klareren Attribution von Erfolg und Misserfolg aber positiv auf die Motivation aus. In vielen Fällen bedeutet Komplexitätsmanagement gar nicht Abbau, sondern vielmehr Aufbau von Komplexität. So stellt beispielsweise der kostenintensive Aufbau von Kompetenz in den dezentralen Organisationseinheiten den Preis für das komplexitätsreduzierende Abspecken der Zentralbereiche dar. Erst im Saldo kann der kostendämpfende Effekt ermittelt werden.

Das auf die optimale Nutzung der Ressource „Wissen" fokussierte *Knowledge-Management* dient in mehrfacher Form dem Anliegen des Kostenmanagements: Kostensenkungen lassen sich etwa erzielen durch die Überführung von individuellem Wissen in kollektives Wissen (Vermeidung von Know-how-Abfluss infolge von Mitarbeiterfluktuation), die Transformation von implizitem in explizites Wissen (kostengünstigeres Wissenshandling) sowie den Wissenstransfer, z.B. in Form eines Best-Practice-Sharing (vgl. PROBST ET AL. 1999).

Die *Unternehmenssegmentierung* in Form von Geschäfts- und Fertigungssegmentierung, Holdingstrukturen, Center-Organisation u.ä. unterstützt ebenfalls das Kostenmanagement: Diese schnittstellenminimierenden Formen der dezentralen Organisation entschärfen einerseits die Gemeinkostenproblematik. Andererseits verschärfen sie infolge der praktizierten Parallelausstattung aller dezentralen Center die Fixkostenproblematik, konkret die Entstehung von Leerkosten infolge einer geringen Auslastung von Anlagen und Personalkapazitäten. Gelingt es nicht, den Verflechtungsgrad der Segmenteinheiten zu verringern, kommt es zu einer Explosion der unternehmensinternen Koordinationskosten. Sie äußert sich in einer Inflation von Rechnungen, die sich die Center gegenseitig ausstellen.

Die in der Praxis weit verbreiteten Programme für ein *Unternehmertum im Unternehmen* oder auch Intrapreneuring leisten wertvolle Dienste bei der Unterstützung des Kostenmanagements. Unternehmerische Entgeltsysteme koppeln die Kosten von Center-Leitern zunächst vom Rang (Anzahl der Mitarbeiter) als Bemessungsgröße ab und verhindern so ein Aufschaukeln zwischen zwei Kostentreibern, nämlich den Personalkosten für die Mitarbeiter und für die Führungskräfte. Darüber hinaus reduzieren sie die fixen Vergütungsbestandteile zugunsten der erfolgsabhängig variablen Vergütungsbestandteile (einschließlich Stock Options), die auf den Unternehmenserfolg und den Center-Erfolg bemessen werden.

Virtuelle Organisationsformen, die sich vor allem im High Tech- und Dienstleistungsbereich auf dem Vormarsch befinden, dienen in erster Linie der Zusammenführung von Kompetenzen über die klassischen Unternehmensgrenzen hinweg. Gleichzeitig unterstützen sie aber auch die Bemühungen des Kostenmanagements, indem sie mit einem Minimum an organisatorischem Overhead auskommen und außerdem weniger Fixkosten verursachen.

6. Ausblick: Kosteneffiziente Lernprozesse

Prozesse des Wandels sind stets auch Lernprozesse, die nicht nur auf der individuellen Ebene, sondern im Sinne der *lernenden Unternehmung* vor allem auf der Gruppen- und Unternehmensebene stattfinden (vgl. Abb. 2). Das Kostenmanagement kann einen wertvollen Beitrag zur effizienzseitigen Optimierung dieser Lernprozesse leisten. Im Mittelpunkt der Überlegungen stehen dabei effiziente Kombinationen der vier fundamentalen Lerntypen: Lernen im Modell, Lernen am Modell, Lernen durch Testen und Lernen durch Tun.

Das *Lernen im Modell* besteht im Kern aus einer gedanklichen Simulation der Auswirkungen einer Veränderung. Derartige Gedankenexperimente lassen sich immer häufiger softwareunterstützt durchführen. Prominentes Beispiel hierfür ist der Einsatz von Modellierungstools zur Generierung und Implementierung von optimierten Prozessredesigns.

Das *Lernen am Modell* wird sehr intensiv im Zusammenhang mit dem Best-Practice-Konzept diskutiert. Für das Kopieren von erfolgreichen Vorbildern spricht die Möglichkeit, mit einem praxiserprobten, erfolgreich implementierten Modell zu arbeiten und sich damit zeitaufwendige und kostspielige eigene Entwicklungsarbeit zu sparen. Hochkonjunktur erlebt das Lernen am Modell derzeit im Zuge des Benchmarking-Trends (vgl. hierzu auch den Beitrag von KREUZ zum Kosten-Benchmarking).

Lernen durch Testen vollzieht sich in einem sachlich und zeitlich abgegrenzten Erprobungsfeld, sprich in einem Pilotbereich oder in Zusammenarbeit mit einem Pilot-Anwender über eine definierte Probezeit. Das *Lernen durch Tun* basiert auf dem Versuch-und-Irrtum-Prinzip. In den hohen Kosten der irrtümlichen Einführung einer neuen Organisationsform ist die Schwäche dieser Lernvariante zu sehen.

Als Dreh- und Angelpunkt der Optimierung erweist sich die Frage, wie viel man in die „abstrakten", zeitlich vorgelagerten Lernformen der Imitation und Simulation investieren soll (vgl. Abb. 5).

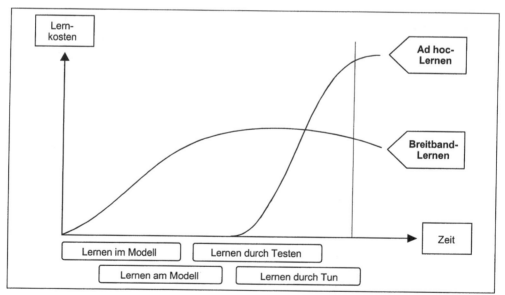

Abb. 5: Kostenverläufe unterschiedlicher Lernstile

Eine Vergleichsbetrachtung anhand der entstehenden Lernkosten ist auf die zeitabhängigen Kostenverläufe der unterschiedlichen Lernstile und weniger auf einen Vergleich der konkreten Kostenniveaus ausgerichtet. Das Ad hoc-Lernen setzt jeweils reaktiv bei spezifischen, zu lösenden Änderungsaufgaben an und beschränkt sich auf die konkreten Lern-formen durch Testen und Tun. Es geht jeweils mit einem beträchtlichen, aber zeitlich begrenzten Lernaufwand einher. Das Breitband-Lernen über alle vier Lernformen ist mit einem überschaubaren, aber permanenten Lernaufwand verbunden. Dieser dem Modell der lernenden Organisation entsprechende Lernstil erfordert sowohl ein permanentes Lernbudget als auch eine kontinuierliche Lernmotivation.

Teil IV
Kostenmanagement in ausgewählten Branchen

Einführung

Für Unternehmen unterschiedlicher Branchen resultieren aus den Besonderheiten ihres Geschäfts, ihren spezifischen Kostenstrukturen und ihrer jeweiligen Wettbewerbssituation oftmals verschiedene Schwerpunkte und Vorgehensweisen beim Kostenmanagement. Der vierte Teil des Buches trägt dem Rechnung, indem Ansätze des Kostenmanagements aus der Perspektive ausgewählter Industrie- und Dienstleistungssektoren dargestellt werden. Sofern es sich um die im zweiten Teil bereits ausführlich behandelten Methoden handelt, wie z.B. das Target Costing oder die Prozesskostenrechnung, werden diese in den folgenden Beiträgen nur kurz skizziert und in den Gesamtzusammenhang eingeordnet. Der Branchenfokus bietet nicht nur die Möglichkeit, auf Branchenspezifika im Kostenmanagement näher einzugehen, sondern eröffnet auch die Chance, von den Erfahrungen solcher Wirtschaftszweige zu lernen, in denen neuere Ansätze des Kostenmanagements bereits seit längerem mit Erfolg angewandt werden.

Im Mittelpunkt des Beitrages von GLOYSTEIN stehen das strategische und operative *Kostenmanagement in Banken*. Ersteres zielt auf die kostengünstige Gestaltung des Rahmens für das Bankgeschäft ab und befasst sich primär mit organisatorischen Fragen, wie der Gestaltung der Aufbauorganisation, der Optimierung der Vertriebskanäle oder der Produktpalette. Letzteres strebt die kostengünstige Nutzung des bestehenden Rahmens an und umfasst Systeme der Kapazitätssteuerung, die Kostenrechnung und moderne Managementtools. Aufgrund der hohen Bedeutung der Kosten für das Filialnetz und die EDV, kommt der Steuerung der technisch-organisatorischen Kapazitäten in Banken besondere Bedeutung zu.

Das *Kostenmanagement in der chemischen Industrie* wird im Beitrag von MURJAHN und SELIG detailliert beschrieben. Dabei werden zunächst die allgemeinen Charakteristika des Kostenmanagements in Unternehmen dieser Branche aufgezeigt, indem auf die Branchenstruktur, die strategische Ausrichtung der Unternehmen und die Kostenschwerpunkte näher eingegangen wird. Ausgehend von einem Überblick über die verschiedenen Ansatzpunkte des Kostenmanagements im Wertschöpfungsprozess (Produkte, Prozesse, Ressourcen), werden die Bedeutung des Kostenmanagements während der chemischen Produktentwicklung aufgezeigt und Maßnahmen zur Steuerung der wesentlichen Kostentreiber abgeleitet. Aufgrund der Produktvielfalt in der chemischen Industrie werden die Anwendungsbereiche dieser Maßnahmen nach Produktkategorien differenziert. Abgerundet wird der Beitrag durch Ausführungen zu Instrumenten des produktorientierten Kostenmanagements, wie z.B. das Target Costing und die entwicklungsbegleitende Kalkulation chemischer Produkte.

Ein weiterer Beitrag widmet sich dem *Kostenmanagement in der Elektronikindustrie*. Anhand des Beispiels der Robert Bosch GmbH macht FOUQUET deutlich, dass in Abhängigkeit von der jeweiligen Phase des Produktlebenszyklus unterschiedliche Instrumente und Organisationsformen des Kostenmanagements zum Einsatz kommen. Methoden der entwicklungsbegleitenden Kalkulation, Design-to-Cost, die Einbindung von Lieferanten sowie Konstruktions- und Fertigungsleitlinien sorgen dafür, dass bereits in der Konzept- und Angebotsphase eine kostenorientierte Produktentwicklung gewährleistet ist. Nach Auftragserteilung bildet das Target Costing den Rahmen für eine kunden- und kostengerechte Entwicklung bis zum Start der Produktion. Die Prozesskostenrechnung wird schließlich vor allem in der Phase der Serienreife für das Variantenmanagement eingesetzt. Durch organisatorische Regelungen wie Simultaneous Engineering, Kostenteams und sog. Mini-Factorys in der Fertigung wird die konsequente Ausschöpfung von Kostensenkungspotenzialen in allen Phasen des Produktlebenszyklus sichergestellt.

Im letzten Beitrag des vierten Teils beschreibt DIEL das *Kostenmanagement in der Bauindustrie*. Hierbei handelt es sich um einen Sektor, der durch Einzelauftragsfertigung gekennzeichnet ist. Um die Rahmenbedingungen des Kostenmanagements zu verdeutlichen, werden zunächst die Charakteristika der Bauwirtschaft skizziert. Daran anschließend werden die Besonderheiten des Kostenmanagements in Bauunternehmen dargestellt, wobei die Planungs- und Ausschreibungsphase bei der Abwicklung von Bauprojekten den Schwerpunkt der Ausführungen bildet, da hier wie in anderen Wirtschaftszweigen das Kostenbeeinflussungspotenzial am größten ist. Schließlich wird anhand ausgewählter Beispiele gezeigt, dass sich Ansätze des produkt-, prozess- und ressourcenorientierten Kostenmanagements, die sich in anderen Branchen bewährt haben, durchaus auf die Bauindustrie übertragen lassen. Da diese Entwicklung erst am Anfang steht, bieten sie für die Zukunft bedeutsame Kostensenkungspotenziale.

Kostenmanagement in Banken

PETER GLOYSTEIN

1. Kostenentwicklung im Bankenbereich als zentrale Herausforderung

Seit Anfang der 80er Jahre entwickeln sich Kosten und Erlöse im deutschen Bankgewerbe mit unterschiedlichen Geschwindigkeiten. Insbesondere im klassischen Retail Banking stehen dabei nur schwach steigende oder gar stagnierende Erlöse stetig steigenden Betriebskosten gegenüber. Die Gründe für diese Entwicklung sind vielfältig:

- Auf der Ertragsseite sind insbesondere die Zinserträge durch deutliche Reduktion der Margen unter Druck geraten. Damit geht ein deutlicher Rückgang der bisher stark genutzten Ertragsquelle der günstigen Einlagen von Privatkunden einher. Die Kunden sind – auch im breiten Privatkundengeschäft – preis- und zinsbewusster geworden und fordern außerdem eine verbesserte Beratungs- und Servicequalität (vgl. GLOYSTEIN 1995b, S. 145f.; EPPLE 1991, S. 548).

- Ein weiteres Merkmal der veränderten Ertragslage ist die sinkende Kundenloyalität und das „vagabundierende Kundenverhalten" in allen Kundengruppen (vgl. SÜCHTING 1987; TERRAHE 1988; EPPLE 1991). Dies ist einerseits ein Grund für die o.g. Margenreduktion und andererseits die Ursache für hohe und steigende Akquisitionskosten.

- Der Aufbau neuer, weitgehend paralleler Vertriebswege neben dem klassischen Filialnetz wie Telefonbanking, SB-Banking, Btx, Multimedia, Direct Banking etc. führt zu einer Verschärfung der Fixkostenproblematik (vgl. GLOYSTEIN 1995b, S. 159f.). Diese ist durch den starken Ausbau des Filialnetzes der Banken bis zum Ende der 80er Jahre sowie damit zusammenhängend durch den hohen Personalbestand und die daraus resultierenden hohen Personalkosten entstanden. Personalkosten müssen aufgrund verschiedenster, im wesentlichen arbeitsrechtlicher Restriktion als Quasi-Fixkosten angesehen werden.

- Die Fixkostenproblematik verschärft sich auch vor dem Hintergrund einer sinkenden Bankstellendichte weiter, was insbesondere an den stetig steigenden Investitionskosten aus der Aufrüstung der technischen Infrastruktur der bestehenden Filialen (SB-Zonen, Geldausgabeautomaten, Kontoauszugsdrucker, Client-Server-Technologie etc.) liegt.

- Die wachsende Produktkomplexität ist ein nicht zu vernachlässigender Kostentreiber.

- Schließlich ist die zunehmende Wettbewerbsintensität durch neue Anbieter (Stichworte: Allfinanz, grenzüberschreitende Anbieter, Internet-Banking) gleichermaßen Ursache für sinkende Erträge und steigende Kosten (vor allem im Marketing).

Als Konsequenz aus dieser Entwicklung sind alle deutschen Banken mehr oder minder intensiv seit Anfang der 90er Jahre mit der Implementierung und Verbesserung ihres Kostenmanagements beschäftigt. In anderen Ländern, so z.B. den USA oder Japan, sind die Auswirkungen eines aktiven Kostenmanagements der Banken allerdings deutlich weiter gediehen als in der Bundesrepublik (vgl. BIERER ET AL. 1992, S. 500f.). Massive DV-Investitionen haben dort zu umfangreichen Reduktionen des Personals bereits seit Mitte der 80er Jahre geführt. In Deutschland zeichnet sich dagegen erst seit Anfang der 90er Jahre ein Rückgang der Beschäftigtenzahlen im Kreditgewerbe ab. Von einem Ausgleich der hohen DV-Investitionen durch eine Reduktion der Personalaufwendungen kann dagegen noch keine Rede sein (vgl. ENDRES 1993, S. 11; GLOYSTEIN 1995b,

S. 148); der Anteil der Personalaufwendungen an den Verwaltungsaufwendungen ist gleichwohl kontinuierlich rückläufig (vgl. Tab. 1).

Jahr	Verwaltungsaufwand (VA) in Mrd. DM	Personalaufwand (PA) in Mrd. DM	PA/VA	Änderung PA zum Vorjahr
1980	33,6	22,8	67,9%	–
1985	49,5	31,7	64,0%	9,3%
1990	69,2	43,2	62,4%	11,6%
1991	76,4	47,4	62,0%	9,7%
1992	83,8	51,7	61,7%	9,1%
1993	94,9	57,2	60,3%	10,6%
1994	98,8	59,0	59,7%	3,1%
1995	105,2	62,8	59,7%	6,4%
1996	110,0	64,4	58,5%	2,5%
1997	116,9	67,1	57,4%	4,2%
1998	125,2	70,1	56,0%	4,5%
1999	137,3	75,2	54,8%	7,3%
2000	152,0	82,1	54,0%	9,2%

Tab. 1: Entwicklung des Personalaufwands in (west)deutschen Banken
(Quelle: DEUTSCHE BUNDESBANK 1993, S. 43, und 2001b, S. 46ff.)

Das Controlling der deutschen Kreditinstitute entwickelte sich im Verhältnis zu anderen Branchen erst relativ spät (vgl. SEIDEL 1988, S. 671). Daher ist der Handlungsbedarf für ein aktives Kostenmanagement bei den Banken vor dem Hintergrund der o.g. Entwicklungen umso dringlicher. Der zunehmende (internationale) Wettbewerb in der Kreditwirtschaft – über die klassischen Branchengrenzen hinweg – führt, bei Marktsättigung in einzelnen Produktbereichen, zu einem Verdrängungswettbewerb, der weniger auf der Ertragsseite als auf der Kostenseite entschieden wird. Nur die Institute, die ihre Kostenposition deutlich verbessern und aktiv steuern, werden in der Zukunft ihre derzeitige Marktposition halten oder sogar ausbauen können.

Anlässlich der Jahrespressekonferenz 2001 des Bundesaufsichtsamtes für das Kreditwesen hob Herr Jochen Sanio, Präsident des Bundesaufsichtsamtes für das Kreditwesen, am 27. Juni 2001 in Bonn am Ende seiner Rede hervor:

> „Die Ertragslage im Bankensektor ist für mich in Deutschland das entscheidende Zukunftsproblem. Die Margenerosion hat bei zu vielen Banken die Rentabilität auf ein Niveau gedrückt, das auf Dauer nicht bekömmlich ist. Dass das Bankenjahr 2001 auf der Ertragsseite erheblich besser wird, zeichnet sich momentan nicht ab; eher scheint das Gegenteil zuzutreffen. Dies bedeutet, dass viele Banken nur noch eine Handlungsalternative haben, und die heißt: Kostensenkung. Das Bundesaufsichtsamt wird sehr genau beobachten, ob an der Kostenfront nachhaltige Erfolge erzielt werden. Bei der Vorstellung des nächsten Jahresberichtes wird es wohl unvermeidlich sein, dieses Thema erneut anzusprechen."

Kostenmanagement besteht im Bankenbereich aus den Komponenten Betriebskosten-, Zinskosten- und Risikokostenmanagement. Zur Steuerung der Zinskosten ist die Marktzinsmethode mittlerweile State-of-the-Art.[1] Zum Risikomanagement gehören die Bereiche Bilanzstrukturmanagement, Treasury, Controlling der Ausfallrisiken und Marktpreisrisiken, die Steuerung der Zinsänderungs- und Devisenrisiken, Hedging-Instrumente,

Compliance, Operationelle Risiken usw.[2] Zins- und Risikokosten fallen in den liquiditätsmäßig-finanziellen Bereich einer Bank und sollen im Folgenden nicht näher betrachtet werden. Die Betriebskosten und die operationellen Risiken gehören zum technisch-organisatorischen Bereich einer Bank. Ihr Management wird im Folgenden vertieft dargestellt.

2. Organisatorische Beherrschung der Kostenentwicklung

Kostenmanagement greift zu kurz, wenn es einfach nur als Vermeidung von Ausgaben verstanden wird. Vielmehr ist Kostenmanagement – auch in Anlehnung an das Konzept der schlanken Bank (Lean Banking) – vor allem als Systemmanagement zu sehen. Nur wenn Kostenmanagement das Gesamtsystem „Bank" im Blickfeld hat, kann eine ganzheitliche Optimierung der Kosten erfolgen.

Die Aktivitäten einer Geschäftsbank lassen sich systematisch in die drei Bereiche Vertrieb, Produktion und Steuerung aufteilen. Vertriebstätigkeiten entsprechen dem Verkauf von Bankleistungen. Unter Produktionstätigkeiten wird die Abwicklung der Bankleistungen verstanden, die insbesondere bei häufig nachgefragten, standardisierten Produkten und Produktionsabläufen von speziellen Mitarbeitern (Betriebsbereich) erledigt werden. Die Steuerungsfunktion beinhaltet die erforderlichen Führungs- und Führungsunterstützungstätigkeiten.

Ausgehend von dieser Dreiteilung muss unter Kostenmanagement ein umfassender Ansatz zur Planung, Steuerung und Kontrolle sämtlicher Kosten einer Bank, die in allen drei Funktionsbereichen anfallen, verstanden werden. Es ist nicht ausreichend, lediglich die Produktionstätigkeiten einem Kostenmanagement zu unterziehen.

Zur Durchsetzung eines derartigen Kostenmanagements ist die zielgerichtete Gestaltung der Aufbau- und Ablauforganisation einer Bank ebenso notwendig wie die Nutzung adäquater Steuerungsinstrumente und Managementtools sowie die optimale Ausstattung mit technischen Kapazitäten (vgl. GLOYSTEIN 1993, S. 581f.). Kostenoptimierung kann allerdings nicht die alleinige Triebfeder der Organisationsarbeit und des Kostenmanagements sein. Vielmehr ist eine gleichberechtigte Berücksichtigung aller Aspekte des Optimierungsdreiecks der Organisation – Kosten, Zeit und Qualität (ein wesentlicher Aspekt zur Beherrschung operationeller Risiken) – notwendig (vgl. Abb. 1).[3]

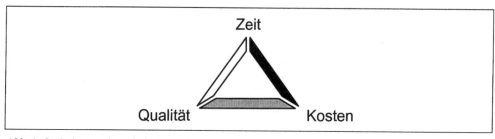

Abb. 1: Optimierungsdreieck der Organisation

2.1. Bestandteile des strategischen Kostenmanagements

Das strategische Kostenmanagement beruht im Wesentlichen auf vier Säulen (vgl. Abb. 2), auf die im Folgenden eingegangen wird.

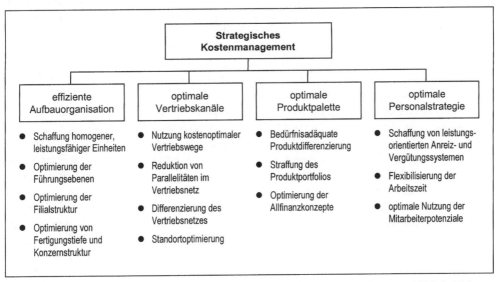

Abb. 2: Bestandteile des strategischen Kostenmanagements (in Anlehnung an: RICHTER 1995, S. 346)

2.1.1. Effiziente Ausrichtung und Gestaltung der Aufbauorganisation

Die Organisationsstruktur einer Bank muss über organisatorische Einheiten verfügen, die tätigkeitshomogen, leistungsoptimal und flexibel sind. Ferner ist eine optimale Schnittstellengestaltung sowohl zwischen Bank und Kunde als auch innerhalb der Bank (Vertrieb – Betrieb, Stab – Linie) notwendig. Innerhalb der Organisation müssen die Arbeitsabläufe so gestaltet sein, dass ein hoher Effizienz- und Effektivitätsgrad sichergestellt ist.[4] Die ständige Prozessverbesserung aufgrund neuer Erkenntnisse und Entwicklungen muss dabei möglich sein und stellt einen Schwerpunkt der organisatorischen Arbeit und des operativen Kostenmanagements dar.

2.1.1.1. Schaffung homogener, leistungsfähiger Einheiten

Zur Beherrschung der Komplexität, die im Bankgewerbe stetig zunimmt, ist die Schaffung homogener, leistungsfähiger Einheiten sowie die Minimierung von Schnittstellen und Rückkopplungsschleifen in der Vorgangsbearbeitung nötig. Die weit gehende *Trennung von Vertrieb und Betrieb* ist ein wesentlicher organisatorischer Ansatz zur Lösung dieser Aufgabe.

Vertriebs- und Produktionstätigkeiten verlangen unterschiedliche Fähigkeiten der Mitarbeiter sowie unterschiedliche Optimierungsverfahren und Controllinginstrumente. Die Optimierung einer Bank auf dieser Basis setzt eine klare Definition aller Leistungsprozesse mit einer eindeutigen Festlegung der Schnittstellen zwischen Vertrieb und Betrieb voraus. Innerhalb dieser so getrennten Bereiche kann dann die technische, fast industrielle Ablaufoptimierung im Betriebsbereich und die Vertriebsoptimierung über Markterfahrungswerte – jedoch auch unter Zuhilfenahme technischer Mittel – erfolgen.

Im Betriebsbereich können bei vielen, nahezu industriell abgefertigten Aufgaben durch eine möglichst hohe Zentralisierung und damit einhergehenden Economies of Scale große Produktivitäts- und Rationalisierungspotenziale genutzt werden. Zusätzlich können auch bei Overhead- und Querschnittsfunktionen (z.B. Organisations- und Personalabteilung) Economies of Scale erzielt werden, indem durch die Zentralisierung und sinnvolle Bündelung von Aufgaben redundante Tätigkeiten abgebaut werden. Daraus kann als Grundregel eine möglichst dezentrale Ansiedlung des Vertriebs und eine möglichst hohe Zentralisierung des Betriebs abgeleitet werden. Da der Vertrieb kundennah agieren muss, während der Betrieb nur selten persönlichen Kundenkontakt hat, ist somit auch dem Servicegedanken ausreichend Rechnung getragen. Die *Differenzierung der Zentralisierungsgrade* von Betrieb und Vertrieb ist nur durch den Einsatz moderner EDV- und Logistik-Techniken realisierbar. Durch die Zentralisierung der Abwicklungstätigkeiten können außerdem die Betriebseinheiten in kostengünstigen Randlagen oder gar auf der grünen Wiese in Form von Servicezentren angesiedelt werden (vgl. TERRAHE 1988, S. 601; GLOYSTEIN 1993, S. 586).

Die Trennung von Vertrieb und Betrieb ist allerdings nur ein Zwischenschritt zu einer vollständigen DV-Integration der Bearbeitung, die aufgrund des derzeitigen Standes der Banktechnik noch nicht realisierbar ist. Die Entwicklungen auf dem EDV-Sektor lassen jedoch bereits jetzt erkennen, dass in wenigen Jahren eine voll integrierte EDV-Sachbearbeitung (*CIB – Computer Integrated Banking*) als integraler Bestandteil des Verkaufsvorgangs die Regel sein wird.

Als weiterer organisatorischer Baustein zur Beherrschung der Komplexität des modernen Bankgeschäfts ist das *Modulkonzept* zu nennen (vgl. GLOYSTEIN 1993, S. 582f.). Das Modul ist die kleinste organisatorische Einheit einer Bank und besteht möglichst aus mindestens zwei Mitarbeitern, damit eine Vertretungsstabilität gewährleistet werden kann. Jedem Modul wird ein eindeutiger, seiner Kapazität entsprechender Vertriebs-, Bearbeitungs- oder Steuerungsauftrag zugeordnet. Die aus Modulen bestehende Organisation einer Bank ist durch hohe Transparenz, klare und einheitliche Schnittstellen, homogene Einheiten und Kapazitätsoptimierung geprägt. In kleinen Einheiten können jedoch gewisse Differenzierungen nicht vorgenommen werden, es sei denn, nicht notwendige Leerkapazitäten werden in Kauf genommen. Dies kann vor allem im unteren Bereich der Organisation, also insbesondere auf den Filialen, auftreten. Um dies zu vermeiden, wird ein Modul erst auf der Organisationsebene angesiedelt, auf der seine Kapazität voll den quantitativen und auch qualitativen Anforderungen entspricht. Da dies im Vertriebsbereich zu einer nicht gewollten Erhöhung des Zentralisierungsgrades führen kann, wird in diesem Bereich unter Umständen von der Mindestgröße abgewichen und stattdessen mit Ein-Personen-Modulen bei eindeutigen Vertretungsregeln operiert. Durch das

Modulkonzept wird einerseits eine relativ gleich bleibende Bearbeitungs- und Service-qualität sichergestellt und andererseits stehen dem Kunden stets dieselben Mitarbeiter für seine Bedürfnisse zur Verfügung. Das Modulkonzept ist außerdem gut geeignet, die Qualität, ausgedrückt in der Zufriedenheit der Kunden bzw. Attraktivität der Bank für Nichtkunden, insgesamt zu steigern.

2.1.1.2. Optimierung der Führungsebenen

Durch die heute weit verbreitete Philosophie des *Lean Banking* ist die Zahl der Füh-rungsebenen in den Banken in den letzten Jahren verringert worden. Dies ist eine konse-quente Anpassung an die geänderten Marktbedingungen, die kurze Entscheidungswege und schnelle Anpassungen verlangen. Unter Nutzung moderner Controllinginstrumente, der Schaffung einer Vertrauensorganisation anstatt einer Misstrauensorganisation sowie des verstärkten Einsatzes von Self-Controlling wird sich in Zukunft die Kontroll- bzw. Leitungsspanne – differenziert nach der Komplexität der Aufgaben, der Qualifikation der Mitarbeiter, dem Umfang und der Art des Sachmitteleinsatzes usw. – weiter vergrößern. Hier gilt es für jede Aufgabe die optimale Hierarchiebreite und -tiefe zu bestimmen.

2.1.1.3. Optimierung der Filialstrukturen

Die Optimierung der Filialstrukturen erfolgt einerseits durch eine *Straffung des Filialnet-zes* und andererseits durch ein *abgestuftes Vertriebskonzept*. Die Straffung des Filialnet-zes ist bei allen Banken ein Thema und führt – zumindest im Westen Deutschlands – zu einer Verringerung der Bankstellendichte. Das abgestufte Vertriebskonzept lässt sich wie folgt skizzieren:

Die regionale Gliederung einer (Filial-)Bank wird zwei- besser dreistufig organisiert. Auf der obersten Ebene befinden sich Hauptfilialen, auf der zweiten Ebene sind so ge-nannte Regionalfilialen angesiedelt und auf der untersten Ebene schließlich gibt es Filia-len. Während die Filialen auf unterster Ebene nahezu ausschließlich das (Standard-)Ge-schäft mit dem privaten Kunden betreiben und ohne Vertriebs-Produktspezialisten aus-kommen, wird auf den Regionalfilialen die Betreuung der Firmenkunden zusammenge-fasst und Spezialisten-Know-how vorgehalten. Die jeweilige Filialleitung hat die Ergeb-nisverantwortung für das Privatkundengeschäft, während die Regionalfiliale für die ge-samte Region zum einen die Verantwortung für das Firmenkundengeschäft trägt und zum anderen im Privatkundengeschäft eine Managementfunktion hat. Die Hauptfilialen verfü-gen schließlich über die komplette Palette der Vertriebsmitarbeiter und leisten die Ver-triebsunterstützung für die angeschlossenen Filialen und Regionalfilialen durch Spezia-listen. Die Hauptfilialleiter tragen neben der Verantwortung für das Platzgeschäft auch die Verantwortung für das gesamte Geschäft in ihrem Gebiet. Dieses Prinzip entspricht insofern einer mehrstufigen Profitcenter-Organisation.[5] Wurde früher in allen Filialen das volle Leistungsspektrum angeboten und folglich auch dort teures Spezial-Know-how vorgehalten, wo keine oder nur schwache Nachfrage danach bestand (*qualitative Unter-beschäftigung*), so wird durch die abgestufte Vertriebsstruktur eine gezieltere Ausrich-tung auf einzelne Kundengruppen erreicht.

2.1.1.4. Optimierung von Fertigungstiefe und Konzernstruktur

Kostenmanagement darf nicht bei der optimalen Ausgestaltung eines vorgegebenen geschäftspolitischen Rahmens halt machen. Vielmehr muss im Rahmen eines aktiven Kostenmanagements auch die Alternative bestehen, bestimmte Geschäftsfelder oder Leistungen ganz aufzugeben. Daneben besteht auch die Möglichkeit, diese Leistungen gemeinsam mit anderen Partnern zu erbringen oder mittels einer Kooperation durch einen anderen Partner erbringen zu lassen und die eigene Leistung auf eine Vermittlung zu beschränken (und vice versa). Beispiele für solche Strategien existieren im Bereich des Allfinanzangebots oder europäischer Kooperationen.

Möglich muss auch die Schwerpunktbildung dergestalt sein, dass einzelne Geschäfts-/ Betätigungsfelder intensiver als bisher bearbeitet werden, andere Bereiche jedoch nur noch mit verminderten Ressourcen abgedeckt werden.

Zur Optimierung der Kostensituation und aus Effizienzgesichtspunkten ist bei Banken auch der Trend zu beobachten, betriebliche Leistungseinheiten als rechtlich selbständige Tochtergesellschaften am Markt agieren zu lassen. Dies geht seit einiger Zeit längst über die klassischen Bereiche Leasing, Hypothekenbanken und Fonds-Gesellschaften hinaus und betrifft mehr und mehr Betriebseinheiten wie Zahlungsverkehrsabwicklung, Objektschutz, Baubetreuung, Research und Datenverarbeitung. Diese unter dem Schlagwort *„Outsourcing"* zusammenzufassenden *Ausgründungen* bieten – neben der Möglichkeit die Personalkosten langfristig durch eine Abkoppelung vom Bankentarif zu senken – eine Reihe von Vorteilen.

Ausschlaggebend für ein Outsourcing sind allein Management- oder Rationalisierungsgesichtspunkte. Managementvorteile liegen in einem besseren speziellen Management, das unabhängig vom allgemeinen Bankmanagement ist. Zusätzlich können Rationalisierungsvorteile durch eine bessere Kapazitätsauslastung und höhere Economies of Scale durch den Absatz der Leistungen auch an konzernfremde Unternehmen erreicht werden. Unabdingbare Voraussetzung für ein Outsourcing ist ein funktionierender Markt mit ausreichendem Wettbewerb für die entsprechenden Leistungen. Zusätzlich zu den genannten Effekten kann es dazu führen, dass „marktferne" Bereiche durch die Marktkonfrontation effizienter gestaltet und vom eigenen Institut auch ökonomischer genutzt werden. Damit kann die Marktpreisfähigkeit der vormals intern erbrachten Leistungen erreicht werden.[6]

Outsourcing kann – auch in Verbindung mit einem *Outplacement* – darüber hinaus zur Abgabe von Aufgaben an Dritte genutzt werden (*Externes Outsourcing*). Dies gilt in besonderem Maße für Bereiche wie Wach- und Kontrolldienste, Transportdienste, Geldbearbeitung, Reinigung etc.

Völlig anders gelagert sind die mittlerweile ebenfalls auftretenden Fälle von *Insourcing*. Hier wird bestehendes Know-how und/oder bestehende Technik am Markt zur gemeinsamen Nutzung angeboten. Insourcing kann von „outgesourcten" Betriebsteilen durchgeführt werden. Dann passt es in die Philosophie des Outsourcing. Insourcing kann aber auch sinnvoll und effizient von der Kernunternehmung betrieben werden. Dies gilt insbesondere dann, wenn Betriebseinheiten z.B. im Kredit- und Auslandsgeschäft oder im Inlandszahlungsverkehr aus Gründen der *Kundennähe* und damit verbunden zur Optimierung des Faktors *Zeit* (Durchlaufzeit und Annahmeschlusszeiten für eine gleichtägige Endbearbeitung) dezentraler angesiedelt sind, als dies mengenbedingt aus Kostengründen sinnvoll erscheint. Eine solche Situation kann beispielsweise durch Rationalisierung, Verlagerung von beleggebundener zu belegloser Verarbeitung/Einreichung oder einer Verschiebung in der Produktinanspruchnahme von zeitintensiven (z.b. Dokumentengeschäft) zu weniger zeitintensiven (z.b. Clean Payment) Produkten eintreten. In derartigen Fällen kann Insourcing durch Auslastung bestehender Kapazitäten und damit Reduktion der Leerkosten unter Beibehaltung einer großen Kundennähe Kosten- und Wettbewerbsvorteile (gegenüber weniger kundennahen Wettbewerbern) bedeuten (vgl. KILGUS 1995, S. 82).

2.1.2. Optimierung der Vertriebskanäle

Die Filiale als klassischer Vertriebsweg der Kreditinstitute hat deutlich an Bedeutung verloren. Bereits seit den 70er Jahren werden zunehmend andere Vertriebswege neben dem stationären Vertrieb über die Filiale genutzt. Die Vielzahl der *Vertriebskanäle* von Finanzdienstleistungen und die vielfältigen Möglichkeiten, daraus eine individuelle Vertriebsstrategie zu entwickeln, tragen zu einer Verschärfung des Wettbewerbs bei. Die Entwicklung neuartiger Vertriebswege hat dazu geführt, dass Banken derzeit mehrere Vertriebswege parallel einsetzen und dabei häufig über verschiedene Vertriebswege die gleichen Produkte an die selben Kunden(-gruppen) absetzen (*Kannibalisierungseffekte*). Dies führt zu unnötigen Überschneidungen und hohen Vorhaltekosten der entsprechenden Vertriebsnetze. Auch wenn kundenindividuell verschiedene Zugangswege zur Bank verlangt werden, muss mittelfristig eine bessere, überschneidungsfreie Gestaltung der Vertriebsnetze erfolgen.

Weiterhin kann durch eine regionale Differenzierung des Vertriebsnetzes, also das Setzen von regionalen Vertriebsschwerpunkten nach Rentabilitätsgesichtspunkten, eine höhere Kostenrentabilität des Vertriebsnetzes erreicht werden. Die Vertriebspolitik muss sich künftig stärker an Standortfaktoren orientieren und Veränderungen der Standortfaktoren schneller und flexibler, ggf. mit neuen Vertriebsformen oder durch Aufgabe bestehender Vertriebskanäle, nachvollziehen (vgl. EPPLE 1991, S. 547ff.).

2.1.3. Optimierung der Produktpalette

Die ständige Ausweitung der *Produktpalette* seit den 70er (vgl. GLOYSTEIN 1995b, S. 151ff.) Jahren führt dazu, dass viele der Produkte einen negativen Produktdeckungsbeitrag ausweisen, da die hohen Kosten für die Produktentwicklung, -pflege und -schulung als Fixkosten zu Buche schlagen (vgl. BIERER ET AL. 1992, S. 503). Diese Fixkosten amortisieren sich häufig deswegen nicht, weil es sich oftmals lediglich um geringfügige Produktvariationen handelt, im Dienstleistungssektor kein Patentschutz besteht (vgl. VON STEIN 1993, S. 358) und somit Produktinnovationsgewinne gering sind und die Mitarbeiter wegen der *Produktvielfalt* ohnehin nur einen Teil der Produktpalette aktiv verkaufen (vgl. WIECK/WÜNSCHE 1993, S. 444). Veraltete Produkte werden zudem selten aus dem Sortiment eliminiert.

Das Produktportfolio muss daher immer wieder überprüft und wo möglich gestrafft werden. Dies gilt besonders für das Mengengeschäft. Unrentable Produkte müssen eliminiert und Produktvariationen möglichst reduziert werden. In diesem Zusammenhang müssen auch die Allfinanz-Konzepte kritisch hinterfragt und ggf. angepasst werden.[7]

2.1.4. Optimierung der Personalstrategie

Die Personalkosten bilden mit rund 55% der Verwaltungskosten der immer noch den größten Kostenblock Kreditinstitute (vgl. Tab. 1). Daher hat die Personalstrategie einen bedeutenden Einfluss auf die Kostensituation einer Bank.

Im Rahmen des strategischen Kostenmanagements müssen somit die Rahmenbedingungen für eine effiziente und effektive Nutzung der Ressource Personal festgelegt werden. Zu diesen Rahmenbedingungen gehören im Wesentlichen ein *leistungsorientiertes Anreiz- und Vergütungssystem (LOV)*, die *Flexibilisierung der Arbeitszeit* sowie die *optimale Nutzung der Mitarbeiterpotenziale*. Mit LOV wird das Besitzstandsdenken verlassen und dem Konzept des Lean Banking Rechnung getragen. Die Flexibilisierung der Arbeitszeit ermöglicht einerseits eine Optimierung der Öffnungszeiten der Filialen und der Beratungszeiten allgemein zur besseren Befriedigung der Kundenwünsche und andererseits darüber hinaus auch eine Optimierung der Bearbeitung nach Arbeitsanfall. Schließlich muss durch eine mitarbeiterspezifische Qualifizierung und Einsatzplanung (z.B. Fachkarrieren) qualitativen Über- und Unterbeschäftigungen entgegengewirkt werden, die entweder zu qualitativen Leerkosten oder zu Qualitätsmängeln führen.

2.2. Instrumente des operativen Kostenmanagements

Die Instrumente des operativen Kostenmanagements sind im Wesentlichen Bestandteile des Controlling (vgl. Abb. 3). Ein Schwerpunkt liegt auf den Systemen zur (Personal-) Kapazitätssteuerung und in der Kostenrechnung. Ergänzungen durch moderne Managementtools sind sinnvoll. Neben den Controlling-Aspekten ist die permanente Optimierung der Ablauforganisation elementarer Bestandteil des operativen Kostenmanagements.

2.2.1. Kapazitätssteuerungssysteme

Die detaillierte Bestimmung, Gestaltung und Dokumentation des gesamten, bankweiten Leistungsprozesses schaffen die Voraussetzung für relativ exakte *Kapazitätssteuerungsinstrumente*. Durch diese Instrumente können einerseits *Arbeits-Produktivitäten* ermittelt und damit Über- oder Unterkapazitäten lokalisiert werden und andererseits eine detaillierte Planung der notwendigen Personalkapazitäten (*Brutto-Personalbedarf*) erfolgen.

Durch diese Kapazitätssteuerungsinstrumente kann das Ist-Personal dem tatsächlichen Bedarf besser angenähert werden und es besteht somit die Möglichkeit einer Kapazitätsminimierung. Die Kapazitätssteuerungsinstrumente dürfen dabei nicht bei Durchschnittsbetrachtungen (z.B. benötigte Vollzeitkräfte im Jahresdurchschnitt) halt machen (*statische Personalplanung*). Vielmehr müssen auch kleinere Zeiteinheiten bis hin zum notwendigen Personalbedarf an einer bestimmten Stelle zu einer bestimmten Stunde eines bestimmten Tages betrachtet werden (*dynamische Kapazitätsbemessung und -steuerung*).

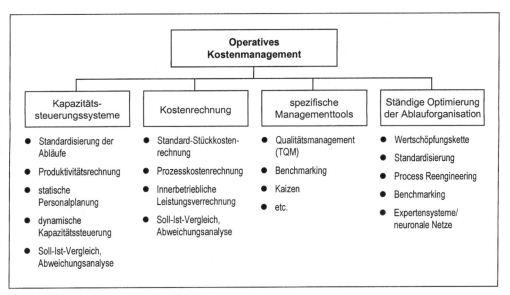

Abb. 3: Instrumente des operativen Kostenmanagements

Zur Kapazitätssteuerung müssen zunächst die anfallenden Prozesse möglichst exakt definiert und mit ihren Soll-Abläufen (Standardisierung[8]) beschrieben werden. Danach müssen diese Soll-Prozesse in der Bank eingeführt und umgesetzt werden (zur ständigen Optimierung der Prozesse vgl. Abschnitt 2.2.4.). Schließlich sind für diese Prozesse Zeitstudien notwendig, die den Soll-Zeitverbrauch ermitteln. Im letzten Schritt müssen die Mengen für diese Prozesse möglichst aus der EDV gewonnen werden. Aus der Kombination von Mengen und Zeiten kann dann unter Berücksichtigung von Fehlzeiten, Verteilzeiten etc. die Soll-Kapazität gewonnen werden.[9] Aus der Gegenüberstellung der Soll-Kapazität mit den Ist-Kapazitäten kann darüber hinaus die jeweils aktuelle Produktivität ermittelt und analysiert werden.

Die derzeit verwendeten Kapazitätssteuerungsinstrumente im Bankensektor haben zwar mittlerweile ein hohes Niveau erreicht, sie weisen aber immer noch Schwachstellen in der exakten Ermittlung der notwendigen Bearbeitungszeiten, in der Ermittlung und Einbeziehung von Beratungszeiten, in der Prognose der Mengenentwicklung und in der exakten Abbildung von Kleinst- und Nebentätigkeiten auf. Dabei gestaltet sich insbesondere die Prognose der Nachfrage und ihres zeitlichen Anfalls schwierig (vgl. GLOYSTEIN 1993, S. 584f., und FROHMÜLLER/KLINGE 1996, S. 56 und S. 60f.) Die Genauigkeit der derzeitigen Systeme reicht jedoch für die statische Personalbemessung aus, da die Zusatzkosten für eine höhere Genauigkeit und der damit verbundene Aufwand sich keinesfalls amortisieren. *Workflow-Management* kann hier jedoch in Zukunft nochmals Impulse und Verbesserungen bringen, die sich auch positiv auf die immer noch unterentwickelte dynamische Kapazitätssteuerung auswirken werden.

2.2.2. Kostenrechnung

Unter Nutzung der oben dargestellten statischen Kapazitätsbemessungssysteme kann eine Standardstückkostenrechnung auf Basis optimierter Soll-Kosten implementiert werden. Standardstückkosten im Rahmen einer Standardeinzelkostenrechnung bilden dabei auch das Verbindungsglied zwischen Vertrieb und Betrieb.

Auf Basis der Kapazitätsbemessungssysteme werden die Stückkosten im Rahmen einer *Prozesskostenrechnung*[10] ermittelt und den einzelnen Produkten, Leistungsbereichen, Kunden, Kundengruppen, Filialen und Ressorts zugewiesen. Dabei werden die Kosten durch die klar definierten Leistungsprozesse mit einer datenbankgestützten Zuordnung von Leistungserbringer und Leistungsempfänger (z.B. übergeordnete Filialen leisten für unterstellte Filialen, die Produktionscenter des Betriebs leisten für die Kunden bestimmter Filialen etc.) im Rahmen einer innerbetrieblichen Kosten- und Erlösverrechnung bis auf das einzelne Produkt heruntergebrochen und dann für die jeweilige Betrachtungsebene wieder aggregiert.

Über die ständige Analyse der Abweichungen der Ist- und Standardkosten können dabei die Einflüsse von Abweichungen der Risikokomponenten (Standard-Risikokosten), der Produktivitätskomponenten und der Preiskomponenten transparent gemacht werden. Negativen Einflüssen kann dann effizient und frühzeitig gegengesteuert werden, während anhaltende positive Abweichungen entweder bei allgemeinen Abweichungen zu einer Justierung der Standardkosten führen oder bei individuellen Abweichungen tendenziell mit individuellen Leistungsprämien belohnt werden.

2.2.3. Managementtools

Die klassischen Instrumente der Kostenrechnung werden heute durch eine Reihe von innovativen Managementtools ergänzt, die hier nur kurz angerissen werden sollen. Alle diese Tools müssen in unterschiedlicher Intensität, in sinnvoller Kombination und in unterschiedlicher Periodizität (permanent, regelmäßig mit unterschiedlichen Zyklen, gelegentlich, einmalig) angewandt werden.

Ohne Anspruch auf Vollständigkeit gehören zu den Managementtools des operativen Kostenmanagements z.B. das Qualitätsmanagement, das Benchmarking sowie Kaizen.

Dabei dürften insbesondere das Qualitätsmanagement[11] (Stichwort Total Quality Management) als ein Instrument zur Vermeidung von unnötigen Kosten und zur Sicherung von Erträgen durch bessere Kundenbindung aufgrund von höherer Kundenzufriedenheit (Vermeidung von Opportunitätskosten) sowie das Benchmarking[12] als ein Tool zum Aufdecken von Kostennachteilen und Finden von Möglichkeiten zum Umwandeln dieser Kostennachteile in Kostenvorteile stark an Bedeutung gewinnen.

2.2.4. Ständige Optimierung der Ablauforganisation

Die Umsetzung des Kostenmanagements erfolgt auch durch die permanente Überprüfung der *Ablauforganisation*. Eine Standardisierung der Abläufe ist zwingend notwendig, um eine effiziente Steuerung durchzuführen (vgl. Abschnitt 2.2.1.). Diese Standards müssen jedoch ständig hinterfragt werden, um die Abläufe an geänderte Marktverhältnisse und Kundenanforderungen anzupassen.

Eine rein punktuelle Optimierung greift zu kurz. Vielmehr müssen die Prozesse der Banken als Wertschöpfungsketten verstanden werden (vgl. RICHTER 1995, S. 343) und anstelle der Optimierung von Teilprozessen muss der gesamte Prozess von Kunde bis Kunde optimiert werden (vgl. STEINMANN 1995, S. 492). STEINMANN spricht in diesem Zusammenhang von einer Wandlung der Ablauforganisation zur *Prozessorganisation* (vgl. STEINMANN 1995, S. 492ff.).

Folgerichtig wird auch nicht mehr von der Ablaufoptimierung sondern vom Process Reengineering gesprochen. In diesem permanenten Überprüfungs-, Anpassungs- und Veränderungsprozess spielt erneut das Mangementtool Benchmarking eine große Rolle, da es einerseits Anstöße für Optimierungen gibt und andererseits den permanenten Verbesserungsprozess explizit institutionalisiert. Ebenso wichtig ist auch das Qualitätsmanagement, das beispielsweise über die Null-Fehler-Hypothese und den Null-Fehler-Anspruch wichtige Leitlinien für die Ablauforganisation setzt (vgl. RICHTER 1995, S. 343ff.; STEINMANN 1995, S. 492ff.; FROHMÜLLER/RUß 1995).

Die Entwicklung der Technik ermöglicht heute bereits eine weit gehende Unterstützung des Process (Re-)Design über Workflow-Steuerungssysteme. Zur Optimierung der Abläufe werden schließlich künftig möglicherweise auch Expertensysteme und Neuronale Netze genutzt werden.[13]

3. Beherrschung der Kostenentwicklung durch Gestaltung der technisch-organisatorischen Kapazitäten

Neben den organisatorischen Elementen bildet die Steuerung der technisch-organisatorischen Kapazitäten den zweiten Schwerpunkt des Kostenmanagements.

3.1. Kostenmanagement und EDV

Die Realisierung der organisatorischen Aspekte des Kostenmanagements ist ohne die vielfältigen Möglichkeiten der heutigen Informations- und Kommunikationstechniken gar nicht möglich. Die I&K-Technik schafft eine enorm erhöhte Markttransparenz, Reaktionsgeschwindigkeit und Differenzierungsmöglichkeit für Banken und Kunden.

Die technischen Kapazitäten haben die Produktion bestimmter Produkte (z.B. „Derivate") sowie deren Controlling erst ermöglicht und die Abwicklung des klassischen Bankgeschäfts wäre ohne die I&K-Techniken heute nicht mehr möglich. Gerade in der Bankproduktion spielen Speicher-, Leitungs- und Verarbeitungskapazitäten eine große Rolle. Diese Techniken haben einerseits ein Rationalisierungspotenzial in sich selbst (durch optimale Marktausnutzung und effiziente Ressourcenallokation), ermöglichen anderseits aber auch erst weite Teile der Optimierung der organisatorischen Rahmenbedingungen. Die Gestaltung der technischen Kapazitäten determiniert damit in hohem Maße das Kostenniveau einer Bank. Die Optimierung muss daher über ein effizientes Investitionsmanagementsystem erfolgen.

Das bereits erwähnte Szenario einer vollständigen DV-Integration hebt die Abwicklungsfunktion im klassischen Sinne auf und ermöglicht so das bereits genannte Computer Integrated Banking (CIB). Dieses Konzept kann durch Client-Server-Architekturen bestmöglich realisiert werden. CIB setzt die präzise Festlegung der organisatorischen Module voraus und definiert daraus für den Mitarbeiter auf dem Bildschirm sichtbare Arbeitsabläufe, die dafür benötigten Formulare, Standarttexte und Kommunikationsaktionen einschließlich der notwendigen Schnittstellen. Die wechselseitige Interdependenz zwischen den organisatorischen und den technischen Rahmenbedingungen des Kostenmanagements wird auch hieran wieder deutlich.

3.2. Raumplanung

Neben der EDV muss auch der Raumbedarf einer effizienten Planung unterzogen werden. Neu-, Um- und Erweiterungsbauten einer Bank müssen auf eine einheitliche Planungsgrundlage gestellt und Standards für Bauinvestitionen geschaffen werden. Dieses Raumplanungssystem muss ein integriertes Raum-, Betriebs- und Funktionsprogramm sein und die investitionsbeantragende Stelle automatisch zu einer intensiven Beschäftigung mit dem Vorhaben und seinen möglichen Konsequenzen zwingen.

Als Planungsgrundlage für die Raumplanung müssen zentrale Festlegungen von Ausstattungsstandards einzelner Arbeitsplatz- und Organisationseinheitentypen (z.B. [Vertriebs-]Filialen und Produktionszentren) erfolgen, sowie die Anforderungen an Räume, technische Ausstattungen und Geräte, Bürozusatzflächen und Sonderflächen definiert werden. Enge Wechselwirkungen zur Raumplanung hat auch die Standortoptimierung (vgl. Abschnitt 2.1.2.).

3.3. Investitionsmanagementsystem

Das Investitionsmanagementsystem einer Bank hat die Aufgabe, in einer umfänglichen Projektsicht sämtliche Investitionsprojekte abzubilden. Die Darstellung von Beziehungszusammenhängen zwischen einzelnen Projekten sowie das Aufzeigen von Folgewirkungen (z.B. Abschreibungen) in Bezug auf Kostenverlauf und tangierte Projekte über mehrere Jahre hinweg ist zwingend erforderlich. Die Investitionspläne müssen integraler Bestandteil der gesamten Unternehmensplanung und mit den Unternehmenszielen abgestimmt sein.

Ziel des Investitionsmanagements ist die Synchronisation verschiedenartigster Investitionsprojekte und die Priorisierung der einzelnen Vorhaben anhand der strategischen Zielsetzung. Die Festlegung einer Reihenfolge der Investitionen ist erforderlich, da niemals genügend finanzielle Mittel zur Durchführung aller Projekte vorhanden sein werden. Ferner können durch ein effizientes Investitionsmanagement eine themenspezifische Bündelung der Investitionen erreicht und überflüssige Doppelarbeiten für parallele Projektvorhaben vermieden werden.

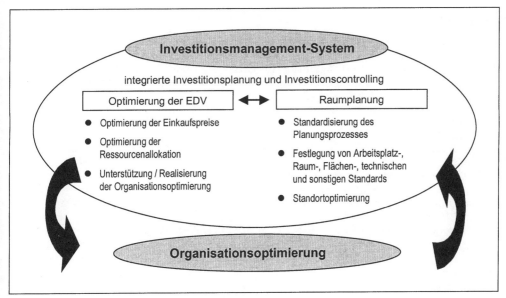

Abb. 4: Kostenmanagement der technisch-organisatorischen Kapazitäten und Interdependenzen zur Organisationsoptimierung

4. Kostendisziplin als Führungsprinzip

Neben den „harten" Systemelementen der Organisation und der technisch-organisatorischen Kapazitäten muss auch das Führungsverhalten zum Kostenmanagement beitragen. Kostendisziplin muss ein wichtiges Führungsprinzip sein.

Von jedem einzelnen Mitarbeiter wird erwartet, dass er seine Kostenvorgaben einhält. Dies funktioniert selbstverständlich nur, wenn jedem Mitarbeiter neben der Budgetierungssystematik auch seine Kostenvorgaben bekannt sind. Diese individuelle Einbindung in das Budgetcontrolling ist ein institutionalisierter Ansatz für die Verbreitung eines Kostenbewusstseins im gesamten Unternehmen.

Wichtig ist weiterhin, dass das Kostenmanagement oder konkreter die (Über-)Erfüllung der Kostenvorgaben im Beurteilungssystem und in der Entlohnung (LOV) der Führungskräfte stärker Berücksichtigung finden muss.

Schließlich ist die Vorbildfunktion der Leistungsträger und Führungskräfte bis in die oberste Führungsebene hinein hervorzuheben. Es ist ihre Aufgabe, klar hervorzuheben, dass Kostenmanagement nicht allein ein Systemkonzept, sondern ganz konkret gelebte Realität ist.

Anmerkungen

1 Zur Marktzinsmethode vgl. SCHIERENBECK 2001 und die darin angegebene Literatur.
2 Zum Risikocontrolling vgl. die diversen Aufsätze in SCHIERENBECK/MOSER 1995, S. 663-919.
3 Zum Optimierungsdreieck der Organisation vgl. GLOYSTEIN 1995b, S. 154.
4 Zu den prinzipiellen Gestaltungsalternativen der Organisation vgl. GLOYSTEIN 1995a und GLOYSTEIN 1995b, insbesondere Kapitel 1 und 3.
5 Zum abgestuften Vertriebskonzept vgl. WIECK/WÜNSCHE 1993, S. 443f.
6 Zum Outsourcing vgl. GLOYSTEIN 1995a, Sp. 214f.
7 Zu den Modifikationen der Allfinanzkonzepte vgl. KAVEN 1993.
8 Zur Standardisierung vgl. STEIN/SCHUBERT 1995, S. 16f.; GLOYSTEIN 1995a, Sp. 206, und 1995b, S. 160.
9 Vgl. zu diesem Thema die umfassende Darstellung in FROHMÜLLER/KLINGE 1996.
10 Zur Prozesskostenrechnung bei Banken vgl. GERKE 1995.
11 Zum Qualitätsmanagement vgl. SCHMITZ 1996, SCHMID 1995 und FROHMÜLLER/RUß 1995.
12 Zum Benchmarking in Kreditinstituten vgl. HILLEN 1995, 1996a und 1996b.
13 Zu Expertensystemen und Neuronalen Netzen gibt DUBE (1995) einen guten Überblick.

Kostenmanagement in der chemischen Industrie

RALF MURJAHN UND MANFRED SELIG

1. Einleitung

Die chemische Industrie gehört zu den Grundstoff- und Produktionsgüterindustrien. Sie ist ein außergewöhnlich heterogener Industriezweig, der eine breite Palette an Vorprodukten für die eigene Branche und andere Wirtschaftsbereiche herstellt sowie weiterhin Verbrauchsgüter für die verschiedensten Lebensbereiche erzeugt, vom sprichwörtlichen Jogurtbecher bis hin zu hochkomplexen pharmazeutischen Wirkstoffen.

Sie ist einer der bedeutendsten Zweige der deutschen Wirtschaft: Unter den Branchen des verarbeitenden Gewerbes nahm sie im Jahr 2000 mit einem Umsatzanteil von 15% den vierten Rang ein. Im internationalen Vergleich steht sie mit einem Gesamtumsatz von über 108 Mrd. € im Jahr 2000 nach den USA und Japan auf Platz drei (vgl. VCI 2001, S. 10). Sie zählt weiterhin zu den am stärksten globalisierten Branchen des verarbeitenden Gewerbes, was unter anderem durch den Anstieg der Exportquote[1] von 44% im Jahr 1980 auf über 68% im Jahr 2000 dokumentiert wird (vgl. VCI 2001, S. 11).

Die Globalisierung des Wettbewerbs und die „Commodisierung" früherer Spezialitäten üben in der chemischen Industrie einen erheblichen Innovationsdruck aus und zwingen die Unternehmen, in kürzer werdenden Zyklen solche Produkte anzubieten, die den marktseitigen Anforderungen sowohl hinsichtlich der Qualität als auch bezüglich des Preises genügen (vgl. JUNG 2000, S. 509). Während die Erzeugerpreisindizes der chemischen Industrie aufgrund des Wettbewerbs seit den 60er Jahren verhältnismäßig konstant blieben bzw. meist unterhalb denjenigen des gesamten verarbeitenden Gewerbes anstiegen, hat sich durch die im gleichen Zeitraum stetig ansteigenden Kostenblöcke die Ertragslage der deutschen chemischen Industrie – auch im internationalen Vergleich – zunehmend angespannt (vgl. AMECKE 1987, S. 21f.; VCI 2001, S. 29ff.).

Im Folgenden wird zunächst ein Überblick über das Umfeld und die Geschäftsstrategien von Unternehmen der chemischen Industrie sowie ihre branchentypischen Kostenschwerpunkte gegeben. Dabei wird fallweise auf die WACKER-Chemie GmbH, ein globales Chemieunternehmen mit einem Jahresumsatz von 3,5 Mrd. € und Sitz in München, eingegangen (vgl. CHEMICAL WEEK 2001, S. 20ff.). Anschließend wird ein Ansatz für das produktorientierte Kostenmanagement skizziert, welcher besonders die Einflussmöglichkeiten während der Produktentwicklung in den Vordergrund stellt. Der Beitrag schließt mit der Vorstellung von drei praxisorientierten Anwendungen, welche den gewählten Kostenmanagementansatz unterstützen.

2. Charakteristika des Kostenmanagements in der chemischen Industrie

2.1. Rahmenbedingungen des Kostenmanagements

Das überdurchschnittliche Wachstumstempo der chemischen Industrie hat sich bereits gegen Mitte der 70er Jahre abgeschwächt und die Renditen der Marktteilnehmer unter Druck gesetzt. Diese haben auf die veränderten Rahmenbedingungen der zunehmend gesättigten Märkte mit unterschiedlichen Strategien reagiert. Als wesentliches Unterscheidungsmerkmal dieser Strategien und der durch sie geprägten Unternehmen lässt sich der Grad ihrer vertikalen und horizontalen Integration anführen (vgl. FREUND 1975, S. 38, sowie Abb. 1).

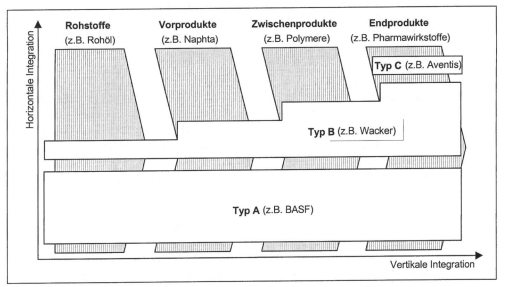

Abb. 1: Idealtypische Ausprägungen vertikaler und horizontaler Integrationsstrategien (Typ A und Typ C) sowie Mischform (Typ B)

Die erste von zwei idealtypischen Ausprägungen der Integrationsstrategien beschreibt die von den Rohstoffen vertikal über alle Veredelungsstufen hinweg bis zum Endprodukt integrierten Unternehmen (*Typ A*). Diese versuchen, aus der wertkettenübergreifenden Abwicklung ihrer Geschäftsprozesse Kostenvorteile zu erzielen. Häufig geht diese Strategie mit einer ausgeprägten horizontalen Integration einher, welche den – bei chemischen Produktionsprozessen zwangsläufigen – Anfall mehrerer Produktarten (Kuppelproduktion) zur Synergiegewinnung ausnutzt. Dieses auch als *Verbundproduktion* bekannte Prinzip verknüpft verschiedene Produktionsanlagen und die dort entstehenden Produkte dergestalt miteinander, dass die Endprodukte eines Prozesses als Ausgangsprodukte für einen oder mehrere horizontale oder vertikale Folgeprozesse dienen können. Die optimale Abstimmung der Kapazitäten und Ausbeuten der einzelnen Verfahren trägt dabei entscheidend zur Wirtschaftlichkeit eines Verbundes bei, dessen Planung und Steuerung allerdings angesichts der Vielfalt der eingesetzten Stoffe und anfallenden Produkte mit erheblichen Unsicherheiten behaftet ist.

Die Beherrschung derartiger Verbundsysteme war immer eine Spezialität der deutschen chemischen Industrie. Wegen ihrer komplexen und starren Produktionsstruktur galten sie in den letzten Jahrzehnten allerdings global eher als Auslaufmodell. Mittlerweile erlauben jedoch moderne Steuerungssysteme zusammen mit softwarebasierter Modellierung der zugrundeliegenden Stoffsysteme eine flexible, effiziente Aussteuerung eines Verbundes. Dadurch kommen seine inhärenten Vorteile wieder zum Tragen: keine Transportkosten, niedrige Lagerkosten und Synergien in der Nutzung von Energien, Nebenanfällen und Nebenanlagen. Dies hat zu einer Renaissance des Verbundgedankens geführt.

Im Gegensatz hierzu beschreibt *Typ C* solche Unternehmen, welche sich nicht durch Diversifikation und komplexes Verbundmanagement, sondern durch Konzentration auf einzelne Wertschöpfungsstufen und meist hoch-funktionelle Produkte (z.B. pharmazeutische Wirkstoffe, Pflanzenschutzmittel) auszeichnen. Die Bildung dieses Typs gewann insbesondere in den 90er Jahren an Dynamik, als zahlreiche traditionelle Chemie-Konglomerate Abspaltungen oder Fusionen von Geschäftsbereichen mit Chemie-, Agro- oder Pharmaschwerpunkten vornahmen (vgl. FELCHT 2000, S. 75ff.). Viele der notwendigen Zwischenprodukte werden in diesem Modell von externen Zulieferern bereitgestellt und dann in diejenigen Syntheseprozesse eingebracht, für welche die Unternehmen ihr spezifisches Schlüsselwissen vorhalten. Gerade in zunehmend gesättigten Märkten und Zeiten schwächerer Konjunktur erwarten derart aufgestellte Unternehmen aufgrund ihrer Fokussierung auf ertragsstarke Kerngeschäfte und der reduzierten Komplexität Wettbewerbsvorteile gegenüber ihren umfangreicher integrierten Konkurrenten, die nicht zuletzt auch von den Kapitalmärkten honoriert werden sollen.

Allerdings kann dieser Unternehmenstyp dem nicht unerheblichen Risiko unterliegen, dass seine Rendite sowohl zwischen dem Preisdruck der oft reifen und oligopolen Endmärkte als auch der Preismacht von ebenso oligopolen Rohstoffversorgern und Zulieferern verringert bzw. nur noch durch eine immer aufwändigere Absicherung seines – auf wenige Veredelungsstufen konzentrierten – Schlüsselwissens abgesichert werden kann.

In der Praxis existieren zahlreiche Mischformen zwischen den erwähnten idealtypischen Ausprägungen, welche beispielhaft durch den *Typ B* charakterisiert werden sollen. Dabei handelt es sich insbesondere um jene Unternehmen, welche sich in Teilbereichen ihres Portfolios durchaus auf einzelne Wertschöpfungsstufen und spezielle, hoch-funktionelle Produkte fokussieren, andererseits aber auch einen maßgeblichen Anteil an vertikal und/oder horizontal integrierten Geschäftsbereichen besitzen. Die WACKER-Chemie ist hierfür ein anschauliches Beispiel: Ihr Siliciumverbund beliefert sowohl den „Geschäftsbereich Halbleiter", der sich durch eine stark vertikale Integration vom Rohstoff Siliciumdioxid bis hin zur Reinstsiliciumscheibe für die Chip-Produktion auszeichnet, als auch den „Geschäftsbereich Silicone", der mit über 3.000 Produkten, die von Grundchemikalien bis hin zu Spezialprodukten in nahezu allen industriellen Marktsegmenten Verwendung finden, eine stark horizontale und vertikale Integration aufweist.

2.2. Ausgewählte Kostenschwerpunkte

Besondere Bedeutung für die Ertragslage der chemischen Industrie besitzen die Rohstoff- und Energiekosten[2]. Zusammen sind sie für etwa 40 - 50% der Herstellkosten von chemischen Produkten verantwortlich. In der Vergangenheit ist es hinsichtlich der wichtigsten Rohstoffgruppe, den fossilen Rohstoffen, durch die flexible Nutzung der jeweils günstigsten Ausgangsmaterialien (Kohle, Erdöl, Erdgas) sowie durch ständige Verfahrensverbesserungen gelungen, den durch gestiegene Beschaffungspreise verursachten Kostenanstieg zu dämpfen (vgl. AMECKE 1987, S. 21). Der Trend zu höheren Rohstoff- und insbesondere höheren Energiekosten hält jedoch ungebrochen an, und die Volalität der Rohstoffpreise – nicht zuletzt aufgrund politischer Gegebenheiten (Krisensituationen, Energiesteuern) – erschwert Kostenprognosen.

Weiterhin zeichnet sich die chemische Industrie durch eine hohe Investitionstätigkeit in Sachanlagen und daraus resultierende hohe Kapitalkosten (Abschreibungen, kalkulatorische Zinsen) aus.[3] Einerseits ist dies eine Folge der technisch anspruchsvollen, hoch spezialisierten Produktionsbedingungen, einschließlich der dafür notwendigen Sicherheits- und Umweltschutzmaßnahmen. Der schnelle technische Fortschritt führt darüber hinaus zu einem kürzeren Lebenszyklus der Anlagen. Andererseits resultiert sie auch aus der Notwendigkeit, die Präsenz der Unternehmen auf wichtigen Auslandsmärkten zu stärken, was in den 90er Jahren insbesondere im Ausland zu dynamisch ansteigenden Sachanlageinvestitionen geführt hat. Arbeitsintensive Prozesse hingegen werden in der chemischen Industrie immer seltener (vgl. FITZER/FRITZ 1989, S. 6).

Als ein drittes branchenspezifisches Merkmal sollen die hohen Forschungs- und Entwicklungsaufwendungen erwähnt werden, welche für die deutsche chemische Industrie im Jahr 2000 7,9 Mrd. € betrugen; bemerkenswert ist dabei der hohe Eigenfinanzierungsanteil von etwa 97,2% (vgl. VCI 2001, S. 13). Der Forschungsaufwand der WACKER-Chemie in Höhe von 5% des Umsatzes kann dabei als branchentypischer Wert aufgefasst werden. Ursache ist der weltweite Innovationswettbewerb, für den die Entwicklung neuartiger Produkte und Verfahren der entscheidende Erfolgsfaktor ist. Nachdem jedoch die Phase der Substitution von Naturprodukten durch chemische Erzeugnisse (z.B. Farbstoffe, Arzneimittel, Textilfasern) im 20. Jahrhundert weitgehend abgeschlossen wurde und die Anzahl wegweisender Erfindungen und Verfahrensverbesserungen ebenfalls stark abnimmt (z.B. Penicillin und PVC bzw. Ammoniaksynthese nach Haber-Bosch und Fischer-Tropsch-Synthese), findet die chemische Industrie mittlerweile kaum noch wirklich neue Substanzen (vgl. AMECKE 1987, S. 31). Das Hauptaugenmerk liegt nun mehr auf neuen oder modifizierten Anwendungen von bekannten Stoffen und deren Strukturen (z.B. Naturstoffderivate für pharmazeutische Anwendungen; Nanostrukturen) sowie neuen bzw. verbesserten Verfahren (z.B. Gentechnik, Biotechnologie).

2.3. Ansatzpunkte für ein systematisches Kostenmanagement

Ein geographisch und vertikal optimierter Rohstoffverbund sowie ein hoher und neuartiger Kundennutzen der Produkte, welcher die kostenmäßig oft unterlegenen Naturprodukte substituieren half („Perlonstrumpf-Effekt"), waren in der chemischen Industrie während mehr als 100 Jahren die wesentlichen Ertragsquellen. Wichtiger als die Kostenminimierung der marktnahen letzten Transformationsstufen war es, volumen- und deckungsbeitragsstarke Märkte als „Downstream-Outlets"[4] für die im Verbund anfallenden Haupt- und Nebenprodukte zu finden. Diese Situation hatte das Selbstverständnis von Generationen naturwissenschaftlich orientierter Produktentwickler und Manager der chemischen Industrie geprägt: steigende Kosten oder sinkende Verkaufspreise wurden vornehmlich durch Effizienzsteigerung im vorgelagerten Verbund oder aber durch Produktinnovationen im marktnahen Downstreambereich bekämpft.

Zu Beginn der 70er Jahre hatten sich bei großen Chemieunternehmen (z.B. Bayer, BASF, Hoechst) stabile und weitgehend effiziente Verbundsysteme herausgebildet. Dagegen waren in den Veredelungsstufen, die sich aus den Verbundsystemen ableiten, oft noch erhebliche Optimierungspotenziale vorhanden. Im Zuge der abnehmenden Innovationskraft und dem Bedarf an weiteren Effizienzsteigerungen rückten sie in der Folge verstärkt in den Mittelpunkt des Kostenmanagements.

Einen systematischen Überblick über die Ansatzpunkte zur Kostenbeeinflussung im Verbund und in den Veredelungsstufen der chemischen Industrie bietet die Orientierung an einem generischen Geschäftsmodell, aus dem sich drei Gestaltungsobjekte ergeben (vgl. FRANZ/KAJÜTER 1997, S. 11f.): die angebotenen *Produkte*, die zu ihrer Erstellung notwendigen (überwiegend betrieblichen) *Prozesse* sowie die hierfür benötigten (internen und externen) *Ressourcen* (vgl. Abb. 2).

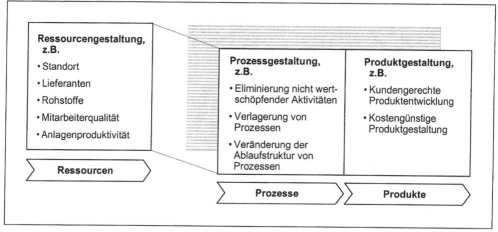

Abb. 2: Ansatzpunkte des Kostenmanagements in der chemischen Industrie (in Anlehnung an: KAJÜTER 2000a, S. 188ff.)

Beispiele für Maßnahmen des ressourcen- und prozessorientierten Kostenmanagements in der chemischen Industrie sind die Standort- und Lieferantenwahl, die Neu- bzw. Umgestaltung von Geschäftsprozessen oder operative Ausbeute- und Durchsatzsteigerungen. Auch wenn sich gerade bei letzterem durch die Softwareentwicklung immer wieder neue Kostensenkungspotenziale ergeben, darf dies nicht darüber hinwegtäuschen, dass auch bei der Produktgestaltung meist noch vielfältige Potenziale bestehen, die bislang erst unzureichend analysiert und genutzt worden sind. Daher steht im Weiteren das *produktorientierte Kostenmanagement* im Mittelpunkt. Es umfasst zum einen Maßnahmen und Instrumente, die der *kundengerechten Produktentwicklung* und damit der Vermeidung von Overengineering dienen. Zum anderen ist durch eine *kostengünstige Produktgestaltung* die Einhaltung der aus Marktpreisen abgeleiteten Zielkosten sicherzustellen. Hierzu müssen auch die durch die Entwicklungsentscheidungen verursachten, jedoch in anderen Funktionsbereichen anfallenden Kosten berücksichtigt werden.

3. Produktorientiertes Kostenmanagement in der chemischen Industrie

3.1. Bedeutung der Produktentwicklung für das Kostenmanagement

Die Stoffumwandlung als typisches Merkmal chemischer Wertschöpfungsprozesse gestattet es der chemischen Industrie weit mehr als anderen Industriezweigen, Einfluss auf die Kosten der Produkterstellung auszuüben (vgl. HOFMANN 1975, S. 98). Statt auf eine vorhandene Angebotspalette an Materialien und Verfahren zurückgreifen zu müssen, kann sie häufig verschiedene Synthesewege zur Herstellung eines identischen Produktes einschlagen und damit unmittelbar Rohstoffe und Herstellverfahren bzw. -technologien selbst bestimmen. Anfallende Nebenprodukte können gegebenenfalls durch die Verbundproduktion weiter verwertet werden, und durch kontinuierliche oder diskontinuierliche Produktionsverfahren kann die Fertigung flexibel dem Bedarf angepasst werden.

Um diese Gestaltungsmöglichkeiten ausschöpfen und den Produkterfolg gewährleisten zu können, sollte schon zu Beginn des Entstehungszyklusses eines neuen Produktes eine klare Festlegung von technischen und ökonomischen Zielen in Form der maximal zulässigen Produktkosten erfolgen (vgl. GRASSHOFF/GRÄFE 1998, S. 62). Für das Kostenmanagement resultiert daraus eine verstärkte Orientierung hin zu den frühen Phasen der Produktentstehung: Die Produktkonzeption und -entwicklung stehen nun im Vordergrund, da auch in der chemischen Industrie vermutet werden kann, dass ca. 80% der Herstellkosten eines Produktes schon in diesen Phasen determiniert werden (vgl. BERLINER/BRIMSON 1988, S. 140; KAJÜTER 2000a, S. 41). Denn durch die Festlegung der Produktfunktionen und Komponenten, welche mittels der ausgewählten Einsatzstoffe und der Syntheseverfahren dargestellt werden, disponieren die Entwickler zum einen in signifikantem Ausmaß über die Material- und Fertigungseinzelkosten. Durch ihre Entscheidungen haben sie aber zum anderen auch einen erheblichen Einfluss auf die Aktivitäten und Prozesse in den Gemeinkostenbereichen, wie z.B. Beschaffungsvorgänge in der Einkaufsabteilung, Ein- und Auslagerungsvorgänge in der Lagerhaltung oder Schulungsmaßnahmen für die mit dem Produkt betreuten Vertriebsmitarbeiter. Zudem bestimmen sie maßgeblich den Aufwand für Qualitätssicherungs- und Umweltschutzmaßnahmen.

3.2. Maßnahmen zur Kostenbeeinflussung durch die Produktentwicklung

Da jede technische Entscheidung auch eine kostenmäßige Entscheidung ist (vgl. EHRLENSPIEL ET AL. 2000, S. 11), werden nachfolgend die Einflussgrößen, Kostentreiber und Maßnahmen für den Bereich der Produktentwicklung aufgezeigt, welche zur Senkung der für ein chemisches Produkt anfallenden Kosten beitragen können. Eine Analyse zeigt zwei unmittelbare sowie zwei unterstützende Einflussgrößen: die *kundengerechte Produktentwicklung* und die *kostengünstige Produktgestaltung* als unmittelbare sowie die *Entwicklungsproduktivität* und die *Kostentransparenz von Entwicklungsentscheidungen* als unterstützende Einflussgrößen.

Die maßgeblichen Kostentreiber, welche durch eine kundengerechte Produktentwicklung beeinflusst werden können, sind die externe Produktvielfalt, die Produktanforderungen und das Produktkonzept (vgl. Abb. 3). Die *externe Produktvielfalt* beschreibt die Anzahl unterschiedlicher Produkte aus Kundensicht und damit die Variantenvielfalt. Die Versuchung, auf den zunehmenden Wettbewerbsdruck mit dem in der chemischen Industrie historisch lange Zeit erfolgreichen Handlungsmuster „Preisstabilisierung durch Produktdifferenzierung" zu antworten ist zwar groß, hat aber gerade im Veredelungsbereich chemischer Produktklassen (vgl. Abschnitt 3.3.) die Abstimmung zwischen dem durch Produktdifferenzierung erzielbaren höheren Kundennutzen und dem durch die Komplexitätserhöhung bedingten Mehrkosten erschwert und nicht selten zuungunsten letzterer verschoben. Die Variantenvielfalt wird im Allgemeinen zwar weniger dem direkten Einflussbereich der Produktentwicklung als vielmehr dem Vertrieb zugerechnet; jedoch darf nicht außer Acht gelassen werden, dass Maßnahmen zur Verringerung der Variantenvielfalt nicht nur aus vertriebsseitig vorgenommenen Eliminierungen aus dem Produktprogramm, sondern u.a. auch aus der Integration von Leistungsmerkmalen mehrerer Varianten zu einem modifizierten Produkt durch die Entwickler bestehen können.

Ein zweiter Kostentreiber der kundengerechten Entwicklung sind die an das Produkt gestellten *Produktanforderungen*. Auch hier ist es primär Aufgabe des Vertriebs, mit den Kunden zusammen die Anforderungen zu definieren. Die Machbarkeit geplanter Spezifikationen und Normen sowie die Leistungsdaten möglicher Produkte können hingegen nur durch die Entwickler selbst prognostiziert und Alternativen mit verändertem Leistungsprofil nur von ihnen beurteilt werden. Gelingt es, die Anforderungen an die Produktfunktionen zu senken, die Toleranzen der Spezifikationen zu erhöhen oder auf die Einhaltung bestimmter Normen (z.B. DIN) zu verzichten, so kann in der Regel u.a. der Aufwand für die Entwicklung, die Fertigung und die Qualitätssicherung reduziert werden.

Das *Produktkonzept* leitet sich aus den gestellten Anforderungen ab und ist der Schlüssel zur kundengerechten Entwicklung. Nicht selten gibt es mehrere *Wirkprinzipien*, mittels derer die geforderten Produktfunktionen erfüllt werden können.[5] Auch werden für alternative Konzepte die *Ausbeuten* eines gewählten Reaktionswegs, die *Wirkungsgrade* oder die *Ergiebigkeiten* der Produkte unterschiedlich sein. Da die präferierte Lösung in vielen Fällen nicht nur aus verschiedenen Rohstoffen, sondern auch nach verschiedenen Verfahren hergestellt werden kann, ergeben sich aus dem Konzept unmittelbar Auswirkungen auf die Prozesse und Kosten.

Die kostengünstige Produktgestaltung als zweite unmittelbare Einflussgröße fokussiert nur betriebsinterne Aspekte. Als wesentliche Kostentreiber sind hier die interne Produktvielfalt, die Prozessvielfalt, die Prozessanforderungen sowie das Prozesskonzept zu nennen (vgl. Abb. 3). Zur *internen Produktvielfalt* zählt beispielsweise die Anzahl der im Produkt enthaltenen *Substanzen*. Je mehr Substanzen das Produkt enthält, um so mehr Beschaffungs-, Ein- und Auslagerungsvorgänge im Lager oder Arbeitschritte in der Fertigung sind notwendig. Durch die mehrfache Verwendung von Substanzen bei gleichen oder unterschiedlichen Produkten lassen sich u.a. Einkaufsvolumina vergrößern oder Erfahrungskurveneffekte in fertigungsbezogenen Bereichen realisieren, womit i.d.R. eine Kostenreduktion einhergeht.

Einflussgröße	Kostentreiber	Maßnahme
Kundengerechte Produktentwicklung	Produktvielfalt (extern)	Reduktion Varianten
	Produktanforderungen	Reduktion Funktionen
		Reduktion Spezifikationen
		Reduktion Normen/Erhöhung Toleranzen
	Produktkonzept	Alternatives Wirkprinzip
		Erhöhung Ausbeute
		Erhöhung Wirkungsgrad/Ergiebigkeit usw.
Kostengünstige Produktgestaltung	Produktvielfalt (intern)	Verwendung Gleich-, Wiederholsubstanzen
		Bildung Substanzfamilie
		Bildung Plattform
		Aufbau Baukasten
	Prozessvielfalt	Bildung Technologiefamilie
	Prozessanforderungen	Reduktion Normen
		Erhöhung Toleranzen
		Reduktion Materialempfindlichkeit (z.B. Haltbarkeit)
	Prozesskonzept	Reduktion Synthesestufen
		Erhöhung Ausbeute
		Fertigungsgerechte Rezeptur
		kontinuierlich/diskontinuierlich

Abb. 3: Unmittelbare Einflussmöglichkeiten zur Kostensenkung durch produktbezogene Maßnahmen während der chemischen Produktentwicklung

Gelingt es, unternehmensweit eingesetzte Substanzen mit unterschiedlichen chemisch-physikalischen Eigenschaften durch solche mit ähnlichen Eigenschaften zu ersetzen und diese in *Substanzfamilien* zu bündeln, können sie sowohl bei den Syntheseverfahren als auch bei den der Produktion vor- und nachgelagerten Prozessen die vorhandene Infrastruktur (z.B. Sicherheitseinrichtungen, Umweltschutzeinrichtungen, Mitarbeiterqualifizierung) gemeinsam nutzen, wodurch sich Kosteneinsparungen erzielen lassen. Kann eine bestimmte Substanz in mehrere Produkte bzw. Varianten ausdifferenziert werden, so handelt es sich um eine *Plattform*, die durch die späte Differenzierung Einsatzstoffe und Prozesse standardisieren hilft. Auch die Produktgestaltung durch Kombination von mehrfach verwendbaren, standardisierten[6] Komponenten mit Hilfe eines *Baukastens* kann z.B. durch Vereinfachung der Abläufe maßgeblich Kosten reduzieren.

Die chemische *Prozessvielfalt* kann ebenfalls durch produktbezogene Maßnahmen beeinflusst werden: die Bildung von *Technologiefamilien* ermöglicht durch eine Anpassung der gewählten Reaktionspartner und ihrer Reaktionswege an die vorhandene Anlageninfrastruktur beispielsweise die Verringerung von Investitionen und Qualitätssicherungskosten. Erlaubt die erwartete Produktqualität eine Senkung der *Prozessanforderungen* und damit die Einschränkung oder den Verzicht auf prozessbestimmende Vorschriften (z.B. GMP[7], interne Standards), kann im Allgemeinen der Aufwand für die Prozesssteuerung verringert werden. Gleiches gilt für den Einsatz von Substanzen mit reduzierter *Materialempfindlichkeit*.

Herausragender Kostentreiber des *Prozesskonzeptes* ist die Anzahl der zur Herstellung des Produktes notwendigen *Syntheseschritte*: Nicht nur kommt es jedesmal an den Reaktionsbehältern zu Ein-, Um-, Abfüll- und eventuell Reinigungsprozessen mit entsprechenden Fertigungskosten, sondern zum Starten und Unterhalten einer Reaktion werden meist auch erhebliche Mengen an Energie (Heizsysteme, Rührwerke) verbraucht. Da weiterhin praktisch keine chemische Reaktion zu einer vollständigen Umsetzung der Ausgangssubstanzen führt, sinkt mit jeder zusätzlichen Synthesestufe auch die Ausbeute der Gesamtreaktion, so dass die Entwicklung eines Synthesewegs mit weniger Stufen (meist unter Verwendung anderer Substanzen) und einer i.d.R. besseren Ausbeute erhebliche Kostensenkungspotenziale eröffnet.[8] Weiterhin lässt sich auch durch eine Steigerung der Effizienz des Fertigungsprozesses die Ausbeute noch erhöhen. Durch eine *fertigungsgerechte Rezeptur*, welche z.B. aufwändiges manuelles Abwiegen statt der Zugabe ganzer Verpackungseinheiten vermeidet, kann ebenfalls eine Verringerung der Fertigungskosten erzielt werden.

Die *Entwicklungsproduktivität* unterstützt die genannten unmittelbaren Einflussgrößen und hängt insbesondere von drei Aspekten ab (vgl. Abb. 4). Die *Fokussierung* der Entwicklungskapazitäten auf die erfolgsversprechendsten Projekte kann die Entwicklungsdauer verkürzen und dadurch die Absatzchancen verbessern. Geht man von einer bestimmten Produktlebensdauer aus, so führt z.B. eine durch die Entwicklung hervorgerufene Verzögerung des Lieferbeginns zu einer geringeren Zahl an verkauften Leistungseinheiten; je kürzer darüber hinaus der jeweilige Produktlebenszyklus ist, umso früher fallen nach dem Markteintritt die Preise und damit auch die Erträge des Produktes (vgl. SCHMELZER/BUTTERMILCH 1988, S. 43ff.). Voraussetzung für die Fokussierung ist allerdings, dass vor dem notwendigen restriktiven und interdisziplinären Auswahlprozess die Vergleichbarkeit der Projekte (z.B. anhand eines Kapitalwertes) sichergestellt wird (vgl. Abschnitt 4.1.). *Mangelndes Projektcontrolling* verringert ebenfalls die Entwicklungsproduktivität: Für eine erfolgreiche Projektsteuerung ist ein straffes Projektmanagement notwendig, welches bei Nichterreichung von termin- und kostenbezogenen Meilensteinen das Projekt gegebenenfalls auch abzubrechen droht, um die Ressourcen erfolgsorientierter einzusetzen. Checklisten für die Überwachung oder eine Beratung durch das Controlling, z.B. über den Einfluss einer Terminverzögerung auf den Kapitalwert, können das professionelle Projektmanagement unterstützen. Die *Qualität der Entwicklung* kann u.a. durch den Einsatz von Qualitäts- und Kreativitätstechniken (Ishikawa-Diagramme, Brainstorming, Pareto-Analysen, Synetik etc.) beeinflusst werden, um das häufig intuitive Vorgehen zu systematisieren (vgl. BAMFIELD 1996, S. 105ff.; sowie Abschnitt 4.2.).

Die *Kostentransparenz* kann ebenfalls als unterstützende Einflussgröße verstanden werden, da das nicht rechtzeitige Erkennen von zu hohen Produktkosten entweder zu überteuerten Produkten oder zu zeit- und kostenintensiven Änderungsvorgängen führen kann (vgl. EHRLENSPIEL 1992, S. 295). Als *Dilemma der Produktentwicklung* wird in diesem Zusammenhang die Tatsache bezeichnet, dass zwar in den frühen Phasen der Produktentstehung die größten Freiräume zur Kostenbeeinflussung bestehen und für Änderungen die geringsten Kosten anfallen, aber genau in diesen Phasen die geringsten Informationen über die zukünftigen Kosten vorliegen. Weiterhin ist problematisch, dass die herkömmliche Kostenrechnung nicht auf die *entwicklungsbegleitende Kalkulation* ausgerichtet sind. Jedoch existieren auf der Basis von Erfahrungswerten verschiedene Ansätze für frühzeitige Kalkulationen (Kostentableaus und Relativkostenkataloge, Kurzkalkulationen und aufwändigere Kostenmodelle, Regeln, Kostenwachstumsgesetze anhand von Ähnlichkeitsauswertungen; vgl. Abschnitt 4.3. sowie den Beitrag von EHRLENSPIEL ET AL.).

Einflussgröße	Kostentreiber	Maßnahme
Entwicklungsproduktivität	Mangelnde Projektfokussierung	ABC-Verteilung Entwicklungskapazitäten
	Mangelndes Projektcontrolling	Projektmanagement
		Checklisten
		Beratung durch das Controlling
	Mangelnde Entwicklungsqualität	Qualitätstechniken
		Kreativitätstechniken
Kostentransparenz	Mangelnde Bereitstellung frühzeitiger Kosteninformationen	Kostentableaus/Relativkostenkataloge
		Kurzkalkulationen/Kostenmodelle
		Regeln
		Kostenwachstumsgesetze

Abb. 4: Unterstützende Einflussmöglichkeiten zur Kostensenkung während der chemischen Produktentwicklung

3.3. Anwendungsbereiche produktorientierter Maßnahmen

Während es sich bei der Entwicklungsproduktivität und der Kostentransparenz von Entwicklungsentscheidungen prinzipiell um produktunabhängige Einflussbereiche und deren Maßnahmen handelt, beziehen sich die kundengerechte Produktentwicklung sowie die kostengünstige Produktgestaltung explizit auf produkt- und verfahrensbezogene Aspekte des Kostenmanagements. Die diesbezüglichen Anwendungsbereiche und Einflussmöglichkeiten der Produktentwicklung hängen wesentlich von der Art chemischer Produkte ab. Im Folgenden werden daher die wesentlichen Produktgruppen vorgestellt. Hierfür hat sich eine marktorientierte Betrachtung nach den beiden Dimensionen *Produktdifferenzierung* und *Mengenausstoß* bewährt (vgl. KLINE 1976, S. 113): Die Produktdifferenzierung unterscheidet, ob die Produkte vorzugsweise aufgrund ihrer chemisch-molekularen Struktur (z.B. Salzsäure HCl) oder aufgrund ihrer anwendungstechnischen Eigenschaften (z.B. Reinigungsmittel) eingesetzt werden. Dementsprechend wird von *standardisierten* oder von *differenzierten* Produkten gesprochen. Anhand der zweiten Dimension Mengenausstoß wird die jeweilige Ausbringung eines bestimmten Produktes im Verhältnis zur Gesamtmenge der relevanten Produktgruppe untersucht und kategorisiert.[9]

Aus dieser Systematik lassen sich die folgenden Produktgruppen[10] und Einflussmöglichkeiten produktorientierter Maßnahmen ableiten (vgl. Abb. 4 sowie KLINE 1976, S. 110ff.,
und AMECKE 1987, S. 62ff.):

- *Grundchemikalien* („Commodities") sind undifferenzierte Produkte, welche in großen
  Mengen und gemäß allgemein anerkannter Spezifikationen synthetisiert und als Aus-
  gangsstoffe für höherwertige Produkte eingesetzt werden. Ihr Anteil am Welt-Chemieumsatz beträgt ungefähr ein Drittel. Entscheidend für die Kostensituation dieser Produkte sind der kostengünstige Zugang zu den Rohstoffen, die Synthese- bzw. Verfah-
  renstechnologien (Produktivität bzw. Ausbeute), Skaleneffekte (Auslastung, Durchsatz), der Investitionsbedarf sowie die geographische Positionierung (Rohstoff-, Absatzmärkte). Damit beruht das Kostenmanagement aufgrund des herrschenden Preis-
  wettbewerbs im wesentlichen auf der Optimierung der zumeist für den überregionalen
  Bedarf produzierenden, weitgehend automatisierten Ein-Produkt-Anlagen und der dort
  eingesetzten Verfahren. Hierfür können frühzeitig softwarebasierte Szenariomodelle
  für die Produktionsanlagen unter Variation der genannten Kostenfaktoren verwendet
  werden, da die Optimierungspotenziale derartiger Anlagen nach der Einfahrphase
  meist gering sind und in Schritten realisiert werden, die in ihrer Dimension ihrerseits
  wiederum Investitionscharakter haben („Revamping"). Die Produktkomplexität ist
  aufgrund des hohen Standardisierungsgrades von geringer Bedeutung für das Kostenmanagement. Einfluss auf die Kosten kann die Produktentwicklung jedoch durch die
  Reduzierung der Komplexität des Herstellprozesses ausüben.

- *Feinchemikalien* („Fine Chemicals") sind undifferenzierte Produkte, die in kleineren
  Mengen hergestellt werden. Zusammen mit den Spezialprodukten repräsentieren sie
  den Veredelungssektor der chemischen Industrie, der ein weiteres Drittel zum Welt-
  Chemieumsatz beiträgt. Feinchemikalien zeigen bereits Tendenzen zur „Commodisierung", denen durch verstärkte Dienstleistungsangebote – von der Zusammenarbeit
  in der Forschung und Entwicklung bis zur schnellen Lieferung komplizierter Molekülstrukturen – begegnet werden kann (vgl. FELCHT 2000, S. 81). Ihre Synthese ist aufwändig, so dass neue, kostengünstigere Verfahren wie beispielsweise durch Einsatz
  der Biotechnologie für diese Produktgruppe wichtige Kostenpotenziale erschließen
  können, da aufgrund der hohen Herstellkosten der Optimierung der Anlagen und der
  dort gefahrenen Herstellprozesse große Bedeutung zukommt (vgl. AMECKE 1987, S.
  103). Auch hier nimmt die Produktkomplexität aufgrund der standardisierten Produktstruktur keine ausschlaggebende Rolle für die Kostensituation ein, jedoch ist das Potenzial für Kosteneinsparungen durch reduzierte Produktanforderungen (auch interne
  Standards) und weniger Syntheseschritte größer als bei den Grundchemikalien.

- *Industrieprodukte* („Pseudo Commodities") sind differenzierte Produkte, welche in
  großen Mengen hergestellt werden. Ihr geschätzter Anteil am Welt-Chemieumsatz beträgt ein weiteres Drittel. Oft handelt es sich um Mischungen bzw. aus mehreren
  Komponenten formulierte Produkte, bei denen die Erfüllung von spezifischen Anforderungen stärker im Vordergrund steht als ihre molekulare Zusammensetzung. Daraus
  resultieren erhebliche Kostensenkungspotenziale im Bereich der Produkt- und Pro-
  zesskomplexität. Mit zunehmender Neuartigkeit und steigendem Entwicklungsaufwand und -risiko der Produkte gewinnen auch Aspekte der Projektauswahl und -ab-

wicklung sowie der Entwicklungsqualität und den kostenmäßigen Folgen ihrer Entscheidungen an Bedeutung.

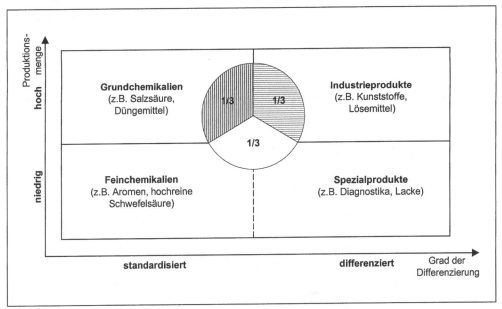

Abb. 5: Produktgruppenmatrix und geschätzter Anteil der Produktgruppen am Welt-Chemieumsatz
    (in Anlehnung an: KLINE 1976, S.113; AMECKE 1987, S. 66)

- *Spezialprodukte* („Specialities") sind differenzierte Produkte, die in kleineren Mengen hergestellt werden. Auch hier handelt es sich meist um Formulierungen, die als Problemlöser für bestimmte Anwendungen angeboten werden. Da die Produkteigenschaften dabei durch die Kombination der Eigenschaften von mehreren Komponenten erzielt werden, ist das Potenzial produktbezogener, die einzelnen Komponenten einbeziehender Kostensenkungsmaßnahmen besonders groß. Die Spezialprodukte werden hauptsächlich in regional angesiedelten Mehrzweckanlagen synthetisiert, und die Rohstoffe und Zwischenprodukte werden zum überwiegenden Teil zugekauft. Wettbewerbsvorteile beruhen hier noch stärker als bei den Industrieprodukten auf dem Knowhow für die Formulierung und dominieren nicht selten Produktgestaltungs- und Herstellkostenaspekte. Denn Produkte mit derart auf die Kundenanforderungen ausgerichteten Leistungsprofilen sollen vor allem einzigartig und innovativ sein, indem sie die beim Kunden verwendeten Technologien unterstützen, die Eigenschaften seiner Produkte verbessern und idealerweise auch dessen Kosten senken. Der oft hohe Innovationsgrad der Produkte erfordert zudem die konsequente Umsetzung der Maßnahmen zur Verbesserung der Entwicklungsproduktivität. Aufgrund der komplexen Zusammensetzung ist weiterhin das frühzeitige Aufzeigen der Folgekosten von Entwicklungsentscheidungen bedeutsam. Darüber hinaus müssen die mit der Produktentwicklung verbundenen Risiken beurteilt werden. Denn nicht selten folgen die einzelnen Märkte für Spezialchemikalien (als auch für Feinchemikalien) den Grundchemikalien und Industrieprodukten mit einer Verzögerung von einigen Jahrzehnten in ihrer Entwicklung hin zu reifen Märkten.

Im Folgenden werden verschiedene Instrumente des produktorientierten Kostenmanagements dargestellt, welche auf den zuvor beschriebenen Erkenntnissen aufbauen und sich vor allem für differenzierte Produkte eignen.

4. Instrumente des produktorientierten Kostenmanagements

4.1. Frühzeitige Bestimmung des Produkterfolgs mit Hilfe des „Produkt-Entwicklungs-Systems" (PES)

Eine Fokussierung der Entwicklungskapazitäten steht am Anfang einer erfolgreichen Neuentwicklung und wurde in Abschnitt 3.2. als Kostentreiber der Entwicklungsproduktivität genannt. Die WACKER-Chemie hat ein softwarebasiertes Programm entwickelt, welches diese Fokussierung erfolgreich unterstützt und vor allem für Firmen in der Prozessindustrie gedacht ist, deren Produktportfolio aus einer komplexitätsträchtigen Vielzahl von Produktvarianten besteht. Durch diese als „Produkt-Entwicklungs-System", kurz „PES", bezeichnete Software soll eine einheitliche und multidimensionale Beurteilung von Produktentwicklungschancen und -risiken gewährleistet werden. So ist z.B. im Formulierungsbereich ein neues Produkt zwar schnell und mit relativ geringem Aufwand kreiert, jedoch erscheinen die zugehörigen Markt- und Kostenfragen oft sehr komplex, weshalb vor der Markteinführung häufig nur Einzelaspekte – und selbst diese nicht durchgängig – hinterfragt werden.

Das PES ermöglicht den interdisziplinär besetzten Entwicklungsteams durch Bedienung einfacher Pulldown-Menüs am Bildschirm Produktkonzepte anhand nachstehender Dimensionen zu bewerten:

- Entwicklungstyp (Innovationshöhe, Selbstsubstitution, „me too"),
- Marktchancen (Marktpotenzial, Menge, Deckungsbeitrag, Marktstatus),
- Rohstoffe (Gesamtzahl, Kosten, Verfügbarkeit, Handling),
- Ziel-Qualitätseigenschaften (Soll, erlaubte Streubreiten, analytischer Aufwand),
- Logistik (Gebindeanzahl, Lagerfähigkeit),
- Entwicklungs-/Lebenskurve sowie
- Fertigungskosten und deren produktspezifische Kostentreiber (Umbauten, Durchsatz, Rüstzeiten, Nebenanfälle, Produktstabilität).

Alle diese Eingaben werden nach einem zuvor abgestimmten Punktesystem bewertet. Sie sind quantitativ skalierbar und relativ leicht zugänglich. Das Programm verdichtet diese eher operativen Primärbegriffe zu den an den Unternehmenszielen ausgerichteten, abstrakteren Sekundärbegriffen, die in der Abbildung 6 aufgeführt sind. Die Primärdaten werden hierfür in einer „Negativliste" dargestellt. Diese Vorgehensweise zeigt einerseits deutlich die Mängel auf und verhindert andererseits ein Overengineering, da die Übererfüllung von Produktanforderungen nicht belohnt wird. In jeder der genannten Dimensionen wird die Punktzahl addiert, in ein standardisiertes Radardiagramm aufgetragen und mit einem Mindestprofil verglichen. An festgelegten Meilensteinen wird das jeweils erreichte Profil überprüft und über das weitere Vorgehen entschieden.

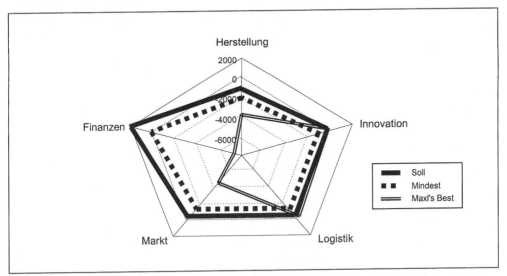

Abb. 6: Radardiagramm des Leistungsprofils eines Entwicklungsproduktes (Maxl's Best) im Vergleich zum Mindest- und Sollprofil

Der besondere Vorteil dieses Systems besteht in seiner einfachen Form und standardisierten Anwendung, die quasi auf Knopfdruck für alle beteiligten Mitarbeiter quantitative und statistische Aussagen über den Produkterfolg erlaubt. Nicht zu unterschätzen sind darüber hinaus Lerneffekte: die Logik des Systems erfordert die Klärung alter oder bisher unausgesprochener Paradigmen, vieler Grauzonen und ungeklärter Zuständigkeiten.

4.2. Kosten- und qualitätsorientiertes Entwickeln mit Hilfe des „Chemical Cost Engineering" (CCE)

Dieses Instrument soll ebenfalls die Entwicklungsproduktivität verbessern, indem es durch ein strikt systematisches Vorgehen die Entwicklungsqualität erhöht. Als Ergebnis erhält man eine transparente Darstellung der zulässigen Kosten von Produktbestandteilen und ihren qualitativen Beitrag zur Erfüllung der Kundenanforderungen. Dazu verwendet es Bestandteile von zwei anderen Instrumenten, dem *Target Costing* und dem *Quality Function Deployment*, und soll hier durch den Begriff *Chemical Cost Engineering* (CCE) charakterisiert werden.

Target Costing ermittelt die für ein geplantes Produkt zulässigen Zielkosten, indem von dem voraussichtlich erzielbaren Marktpreis die geplante Zielrendite abgezogen wird. Es wird vorzugsweise schon in der Produktentwicklungsphase eingesetzt, und eine Produktionsfreigabe für ein geplantes Produkt erfolgt idealerweise erst dann, wenn die Zielkostenerreichung sichergestellt ist. Den Kunden dürfte allerdings weniger interessieren, ob eine geforderte Funktion unter Einhaltung der aus dem Markt abgeleiteten Zielkosten erreicht wurde, sondern vielmehr ob die *technisch-qualitative* Zielerreichung seinen Preisvorstellungen entspricht (vgl. BINDER 1998, S. 52). Zur Steigerung der Produktivität in der Produktentwicklung empfiehlt es sich daher, eine rein kostenorientierte Perspektive um eine qualitätsorientierte Perspektive bei der Entwicklung zu erweitern. In Ergänzung zum Target Costing kann diese Aufgabe durch Quality Function Deployment (QFD) wahrgenommen werden, da beide Methoden – in Anlehnung an die Wertanalyse – Produkte in Funktionen und Komponenten unterteilen (vgl. MONDEN/HOQUE 1999, S. 529).

QFD ist ein Instrument zur Entwicklung von Produktfunktionen und -komponenten aus Kundenanforderungen. Die Hauptziele des mehrstufigen, vom Entwicklungsstadium bis zur Serienreife eines Produktes reichenden Planungsprozesses sind die Erhöhung der Kundenzufriedenheit, die Kosteneinsparung sowie die Verkürzung der Entwicklungszeit (vgl. SAATWEBER 1997, S. 34).

Das *CCE* wurde für Unternehmen der chemischen Industrie entworfen, um Overengineering vermeiden zu helfen, denn in der chemischen Entwicklung besteht aufgrund der stark technisch-naturwissenschaftlich dominierten Produkte und hoher Forschungsintensitäten die Gefahr, dass die technischen Produktinhalte stärker als die Kundenanforderungen fokussiert und dadurch unangemessen hohe Kosten verursacht werden (vgl. BINDER 1998, S. 157). Im *ersten Schritt* des CCE wird entsprechend der QFD-Systematik in einer Matrix der subjektive Kundenwunsch gemeinsam von der Vertriebs- und F&E-Abteilung in sachlich-technische Merkmale bzw. Funktionen des Produkts und ihre Zielwerte „übersetzt" (vgl. Abb. 7).[11] Anschließend wird der Umfang, in dem jede Funktion die gewünschten Anforderungen unterstützt, prozentual bestimmt.

Im *zweiten Schritt* erarbeiten die Entwickler die verschiedenen Komponenten- bzw. Substanzklassen, welche zur Erfüllung der Zielwerte der Funktionen beitragen können. Auch hier wird der Anteil der jeweiligen Substanzklassen an den verschiedenen Produktfunktionen prozentual bewertet. Eine Projektion der aus dem – separat durchgeführten – Target Costing-Prozess gewonnenen Produktzielkosten auf die erhaltene Funktionen- und Komponentenhierarchie führt zu Zielkosten für die Substanzklassen, die auf dem jeweiligen Erfüllungsgrad der Kundenanforderungen beruhen.

Anhand der vorliegenden Zielkosten und Zielwerte werden im *dritten Schritt* die Substanzklassen durch adäquate Substanzen konkretisiert. Kann innerhalb einer Klasse zwischen mehreren Substanzen gewählt werden, werden die möglichen Kombinationen in Form von Alternativen dokumentiert. Höhere Substanzkosten als die Substanz-Zielkosten deuten dabei auf Kostensenkungsbedarf und gegebenenfalls Overengineering hin; mögliche Gegenmaßnahmen wurden in Abschnitt 3.2. diskutiert. Idealerweise berücksichtigen daher die Substanzkosten auch die in Abschnitt 3.2. aufgezeigten produktbezogenen Kostenanteile. Zuletzt wird diejenige Alternative ausgewählt, welche die Zielwerte unter Einhaltung der voraussichtlich geringsten Kosten erreichen kann.

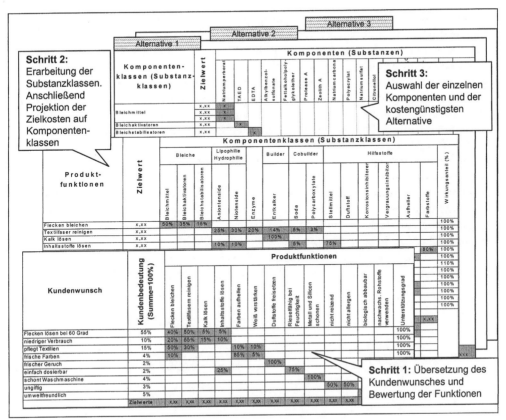

Abb. 7: Übersicht der Schrittfolge des Chemical Cost Engineering am Beispiel der Entwicklung eines Waschmittels

4.3. Ansätze für eine entwicklungsbegleitende Kalkulation

Das Erarbeiten von Kostenzielen erfordert zum einen ein profundes Verständnis der jeweiligen kostenmäßigen Zusammenhänge von Produktfunktionen, Produktkomponenten, Herstellverfahren etc. und zum anderen größtmögliche Transparenz über die Kostenauswirkung von Entwicklungsentscheidungen. Zuvor wurde bereits deutlich darauf hingewiesen, dass das nicht rechtzeitige Erkennen von zu hohen Produktkosten ein maßgeblicher Kostentreiber ist (vgl. Abschnitt 3.2.).

Bei der WACKER-Chemie durchgeführte Abschätzungen haben gezeigt, dass im Downstreambereich bei sonst konstanter Produkt- und Prozessgestaltung die spezifischen Investitionskosten pro Jahrestonne Produkt einen guten und einfach zugänglichen Indikator für die späteren Gesamtfertigungskosten darstellen. Denn je nachdem wie komplex ein Produkt aufgebaut ist, bedarf es zu seiner Herstellung gewisser Mindestkonfigurationen eines für diese Produktgruppe typischen Standardreaktors (z.B. „100bar-Rührkesselreaktor", „emaillierter Niederdruckreaktor"): je unterschiedlicher und je anspruchsvoller beispielsweise die gewählten Einsatzstoffe sind und je mehr von ihnen für ein Produkt eingesetzt werden, umso komplexer muss auch der entsprechende Reaktor aufgebaut sein (z.B. Dosierungen, Prozessleittechnik, Rohstoff- und Fertigproduktlager, Fertigungsplanung). Die dafür erforderlichen Investitionskosten (auf Wiederbeschaffungsbasis) bilden einen früh bekannten und gut abschätzbaren Leitindikator für eine ganze Reihe von sonst oft schwer zugänglichen ‚Folgekosten‘: ein komplexer Reaktor hat eine komplexe Instandhaltung, eine komplexe Logistik und komplexe und damit beschäftigungsintensive Fertigungsabläufe. All diese Komplexitätskosten gehen dominant in die Fertigungskosten ein und sind durch das ursprüngliche Reaktordesign und die dafür erforderliche Investition immanent festgelegt. Diese kann je nach Konfiguration für eine Jahrestonne Produkt sehr verschieden sein und in Verbindung mit dessen Durchsatzleistung auf große Differenzen in den spezifischen Fertigungskosten hinweisen (vgl. Abb. 8). Prozesskostennahe Abschätzungen zeigen dabei, dass über weite Bereiche ein nahezu linearer Zusammenhang zwischen dieser Kennzahl und den Gesamtfertigungskosten für ein Produkt besteht und man daher bei dieser Form der Kurzkalkulation auch von einem „Kostenwachstumsgesetz" sprechen kann. Regelrecht dramatisch werden die Effekte, wenn – was fast chemietypisch ist – ein Produkt mehrere solcher Fertigungsstufen durchläuft.

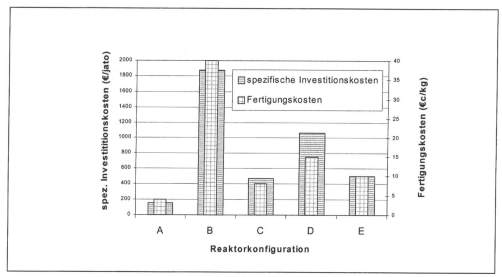

Abb. 8: Komplexitätsgetriebene Fertigungskostensätze in Reaktoren mit unterschiedlichen Konfigurationen und Kapazitäten

Gerade in reiferen Märkten neigen die Entwickler von neuen Produkten dazu, für eine leichte Anhebung der Produktleistung unverhältnismäßig viel Komplexität in die Produktionsabläufe einzuführen. Die dadurch verursachten Komplexitätskosten werden bei der Verwendung von klassischen Standardkostensätzen nicht differenziert auf die Produkte verrechnet. Dagegen erzwingt die Kalkulation von Neuentwicklungen auf der o.g. Basis striktes Management der Komplexitätskosten „von Anfang an".

Im Downstreambereich kann somit die spätere Kostensituation eines neuen Produktes z.B. anhand der vorgestellten Kennzahl vor der Markteinführung modelliert werden. Weiterhin erlaubt moderne Software auch die frühzeitige Kalkulation selbst komplexer Verbundsysteme durch eine Szenarientechnik. Diese ermöglicht die Optimierung der Mengenströme eines Rohstoffverbundes unter den verschiedensten denkbaren Randbedingungen. Die WACKER-Chemie hat neuerdings ein Werkzeug im Einsatz, das darüber hinaus auch die antizipative Verbundmodellierung von Kosten und Deckungsbeiträgen vom eingehenden Rohstoff bis zum Fertigprodukt ermöglicht.

5. Zusammenfassung

Der zunehmend globale Wettbewerb und der anhaltende Druck auf die Margen haben in der chemischen Industrie zu dynamischen Veränderungen in der Unternehmenslandschaft und zu einer Suche nach weiteren Kostensenkungspotenzialen geführt. Zusätzlich zu den schon hinreichend angewandten – wenngleich nicht immer konsequent genutzten – ressourcen- und prozessorientierten Ansätzen wurde hier ein Ansatz für das produktorientierte Kostenmanagement vorgestellt. Dieser orientiert sich an den Kosten chemischer Produkte und der durch sie hervorgerufenen Prozesse und systematisiert insbesondere die Einflussmöglichkeiten der Entwickler auf die entstehenden Produktkosten. Weiterhin wurden die Produktivität der Entwicklungsabteilung und die Kostentransparenz von Entwicklungsentscheidungen als wichtige Einflussgrößen zur Kostensenkung herausgestellt. Die Anwendungsmöglichkeiten dieses Ansatzes wurden anhand der verschiedenen Produktgruppen aufgezeigt.

Aus den anschließend vorgestellten praxisorientierten Systemen und dem sich zwischen ihnen anbahnenden Verbund entwickelt sich in der chemischen Industrie ein frühzeitiges, proaktives Kostenmanagement: Es setzt bereits in der Phase der Produktentwicklung an, gestaltet u.a. anhand von Komplexitätserwägungen die Produktportfolios, modelliert den vertikalen Produktionsverbund für die verschiedensten denkbaren Wettbewerbsszenarien und stimmt die Struktur der Logistikprozesse aufeinander ab.

Da die hierfür benötigten Daten durch klassische Business-Software oder Betriebsdatenerfassung bisher nur teilweise zugänglich sind, muss derzeit noch auf eine Vielzahl von Datenbasen zurückgegriffen werden. In der Zukunft werden diese in ihren Beziehungen hochkomplexen Datenstrukturen, die aus verdichteten, historischen Massendaten (z.B. Auftrags- und Fertigungsdaten), externem Faktenwissen und im Team erarbeiteten Kriterien- bzw. Zielkatalogen gewonnen werden, immer mehr durch integrierte Lösungen aufbereitet werden. Dies wird die Wirkung der hier vorgestellten Kostenmanagementansätze noch weiter erhöhen.

Anmerkungen

1   Anteil der Chemieexporte am Umsatz der chemischen Industrie.

2   In der BRD war die chemische Industrie im Jahr 1987 mit 24% am Stromverbrauch der gesamten Industrie beteiligt.

3   Die Investitionsquote der deutschen chemischen Industrie betrug im Jahr 1999 über 10% (inländische und ausländische Investitionen bezogen auf den Gesamtumsatz, einschließlich Handels- und fachfremde Umsätze; vgl. VCI 2001, S. 93).

4   Mit dem Ausdruck „Downstream" wird in der chemischen Industrie die Richtung der Wertschöpfungskette hin zu den Absatzmärkten beschrieben.

5   Beispielsweise können Kopfschmerzen durch unterschiedliche Substanzen mit verschiedenen biologischen Wirkprinzipien bekämpft werden. Gleiches gilt z.B. auch für das Verkleben zweier Materialien (z.B. Sekundenkleber, 2-Komponenten-Kleber).

6   Z.B. in Hinblick auf ihre reaktiven bzw. funktionellen Gruppen.

7   Good Manufacture Practice: Standard für pharmazeutische Syntheseprozesse.

8   Katalysatoren können ebenfalls dazu beitragen, eine Synthese kostengünstiger zu gestalten, indem sie bestimmte chemische Reaktionen erst ermöglichen, beschleunigen oder in eine bestimmte Richtung lenken können.

9   So können beispielsweise verschiedene Silicone durchaus für den Einsatz in der Pharmazie oder Elektronik als Spezialprodukte klassifiziert werden, auch wenn der Großteil der Silicone eher in die Kategorie Grundchemikalien einzustufen ist (z.B. als Dichtungsmaterial für die Automobil- und Bauindustrie).

10 Sollte der eingangs erwähnte Strukturwandel die Konzentration auf Kerngebiete (Unternehmenstyp C) begünstigen und die beschriebene Commodisierungstendenz fortdauern, so könnte sich in Zukunft eine neuartige Kategorisierung der (dann) stark fokussierten Unternehmen nach den folgenden zwei Ausprägungen durchsetzen: *Molekülieferanten*, welche mit hoher Prozesskompetenz mehr oder weniger aufwändige, standardisierte Molekülstrukturen herstellen (Grund- und Feinchemikalien) sowie *Produktformulierer*, welche vornehmlich nicht-standardisierte Endprodukte für spezifische Problemlösungen anbieten (Industrie- und Spezialprodukte; vgl. FELCHT 2000, S. 83f.).

11 Obwohl die Bedeutung und die Anforderungen an einen systematischen Entwicklungsprozess mit zunehmendem Entwicklungsaufwand und damit der Innovationshöhe steigen, kann gerade bei innovativen Produkten, für welche noch kein Markt vorhanden ist, das beschriebene Vorgehen des CCE erschwert werden, da keine detaillierten Kundenanforderungen ermittelt werden können. Ein vielversprechendes Anwendungsgebiet mit signifikanten Kostensenkungspotenzialen kann hingegen der wertmäßig bedeutende, formulierungsbasierte Endkundenbereich mit Produkten wie Waschmitteln, Kosmetika oder Farben und Lacke sein, in denen die Produkteigenschaften kombinatorisch durch physikalische Mischung aus einem großen Reservoir von Substanzen erzeugt werden, wodurch die Zuordnung von Komponenten zu Funktionen erleichtert wird.

Kostenmanagement in der Elektronikindustrie

Dargestellt am Beispiel der Robert Bosch GmbH

KLAUS PETER FOUQUET

1. Ziele und Aufgaben des Kostenmanagements für elektronische Steuergeräte

1.1. Marktdynamik und Herausforderungen an das Kostenmanagement bei elektronischen Steuergeräten

Wir entwickeln und fertigen elektronische Steuergeräte für das Motormanagement von Benzin- und Dieselmotoren, für Anti-Blockier-Systeme und Steuergeräte zur Auslösung von Airbags, um nur einige wichtige Anwendungen zu nennen. Der Markt für diese Steuergeräte unterscheidet sich in seiner Dynamik nicht vom Markt für Computerelektronik oder Brauner Ware. Er ist durch Preisverfall und einen intensiven Wettbewerb gekennzeichnet. Wettbewerbsvorteile durch technischen Fortschritt, beispielsweise in Bezug auf Qualität, Hitze- und Kältebeständigkeit, Miniaturisierung oder Integration von Zusatzfunktionen, halten i.d.R. nur kurze Zeit.

Die Auflage eines neuen Automodells führt beim Automobilbauer wie beim Zulieferer zu sehr hohen Vorleistungen in Entwicklung und Fertigungseinrichtungen, so dass der Abschluss von sog. Lifetime-Kontrakten aus beiderseitigem Interesse betrieben wird. Wir machen heute Angebote für Steuergeräte, die aufgrund langer Projektlaufzeiten erst in einigen Jahren anlaufen und wegen unserer Nachlieferverpflichtungen in 20 Jahren noch geliefert werden müssen. Das Risiko, bei einem so langen Prognosehorizont mit einer Fehleinschätzung des Marktes für elektronische Bauelemente oder mit zu optimistischen Annahmen über Kostensenkungsmöglichkeiten in der eigenen Fertigung hohe Verluste zu kumulieren, ist also erheblich. Ein zu vorsichtiger Ansatz in der Einschätzung zukünftiger Entwicklungs- und Fertigungskosten führt im Rahmen des Global Sourcing unserer Kunden jedoch unweigerlich zum Verlust des Auftrages.

Dieses, durch die langfristige Lieferbindung und hohe Unsicherheit bezüglich der Einkaufsmärkte bedingte Risiko für das Betriebsergebnis, Wettbewerbsvorteile durch nicht erreichbare Kostenprognosen zu verspielen und die Wirtschaftlichkeit der Investitionen zu gefährden, macht ein weit vorausschauendes, in der Konzeptphase einsetzendes Kostenmanagement und Controlling notwendig.

1.2. Phasenmodell des Kostenmanagements bei Bosch

Den *Lebenszyklus* eines Steuergerätes kann man aus Sicht des Zulieferers in *vier Phasen* einteilen (vgl. Abb. 1). *Die Konzept- und Angebotsphase (I), die Entwicklungsphase (II), die Phase der Serienlieferung (III) und die Phase des Serienauslaufs und der Nachlieferung (IV).*

Innerhalb der Phase I folgt einer Kundenanfrage – die in der Regel mit sehr kurzen Fristen zur Gestaltung des Angebotes verbunden ist – die Erstellung des Pflichtenheftes, die Konzepterstellung durch unsere Entwicklung und eine Kostenschätzung durch Entwicklung und Fertigungswerke sowie die Angebotsabgabe durch den Vertrieb. Dies geschieht i.d.R. drei bis fünf Jahre vor SOP. Erhält Bosch den Auftrag, beginnt die Entwicklung eines Steuergerätes in der Reihenfolge Softwareentwicklung und Applikation,

Hardwareentwicklung mit Schaltung und Konstruktion. Parallel mit Schaltungsentwicklung und Konstruktion erfolgt die Entwicklung der für das jeweilige Steuergeräte-Konzept vorgesehenen anwendungsspezifischen Halbleiter (Chips), die Bosch selbst entwickelt und in einer eigenen Halbleiterfabrik herstellt. Sie stellen neben den zugekauften Mikro-Controllern die wichtigsten und zugleich teuersten Bauelemente in einem Steuergerät dar. Der gesamte Entwicklungsprozess des Steuergerätes wird durch ein konsequentes Simultaneous Engineering (SE) begleitet. Das sog. SE-Team hat – nach Festlegung des Fertigungskonzeptes und des Fertigungsstandortes – die Aufgabe, das Steuergerät zur Serienreife zu bringen. Es besteht aus Vertretern der Entwicklung, des Einkaufs, der Fertigungswerke, also allen am Wertschöpfungsprozess beteiligten Gruppen. Während der Serienlieferungen (Phase III) ist das Fertigungswerk dann allein für Kosten, Qualität und termin- und mengengerechte Lieferung eines Steuergerätes verantwortlich.

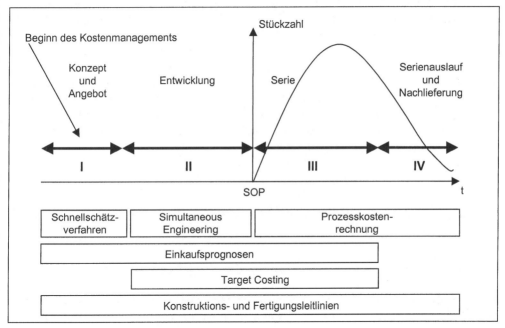

Abb. 1: Phasenmodell des Kostenmanagements bei Bosch

Bereits die in der Phase I verwendeten Kostenschätzverfahren müssen so genau sein, dass man die Erreichung der vom Markt vorgegebenen Zielkosten eines angebotenen Steuergerätekonzeptes feststellen kann. Die Verantwortlichen für die Abgabe eines Angebotes müssen so in die Lage versetzt werden, die Erfolgsträchtigkeit ihres Tuns zu erkennen. Denn: *Größere Abweichungen von den Zielkosten in Phase III sind Versäumnisse der Phasen I und II und sind nicht mehr aufholbar.* Ein angebotener Funktionsumfang des Steuergerätes determiniert sehr stark die Möglichkeiten der Schaltungsauslegung, des Steuergerätelayouts und der Konstruktion, die Leistungsfähigkeit und Größe (Chipfläche) der Halbleiter, die Anzahl der zu verwendenden Bauelemente, um nur einige der wichtigsten kostenbeeinflussenden Faktoren zu nennen. Die Art und Anzahl der in einem Steuergerät zu verwendenden Bauelemente (i.d.R. sind es Hunderte) legen beispielsweise das Fertigungskonzept der Bauelementebestückung auf der Leiterplatte und den Umfang der notwendigen Bestückungs- und Prüfeinrichtungen fest.

Elektronische Leiterplattensteuergeräte werden auf hochautomatisierten Fertigungslinien bestückt und montiert. Zuerst wird die Leiterplatte mit Hilfe von Hochleistungsbestückern mit Bauelementen bestückt; es schließen sich eine Reihe von Wärmeprozessen, u.U. Spezialbestückarbeitsgänge und Prüfarbeitsgänge an. Im zweiten Abschnitt wird das Steuergerät montiert, d.h. die bestückte Leiterplatte mit einer Steckerverbindung versehen und in ein Gehäuse eingebracht. Die massivsten Bestimmungsfaktoren für die Kosten einer solchen Fertigungslinie sind dabei die *Anzahl* und die *Vielfalt der* zu bestückenden und zu prüfenden *Bauelemente* und die *Variantenvielfalt der Steuergeräte*. Die Möglichkeiten, durch die Fertigungsauslegung bei gegebener Anzahl von Varianten oder durch Standortentscheidungen (Billiglöhne) in Phase III die Wertschöpfung zu beeinflussen, bewegen sich im Bereich weniger Prozent der Herstellkosten.

Fazit: Über 90% der Herstellkosten werden in den Phasen I und II bereits festgelegt. Wir begegnen dieser Herausforderung mit der Verwendung von *Schnellschätzverfahren* in der Angebotsphase, der *möglichst frühen und vollständigen Einbindung des Einkaufs* – denn er ist für 70 - 80% der Herstellkosten mitverantwortlich – und durch die konsequente *Anwendung sog. Konstruktions- und Fertigungsleitlinien*, die in der Konzeptions- und Entwicklungsphase dem Entwickler bereits wichtige Hinweise für eine kostenoptimale Gestaltung seines Steuergerätes geben.

2. Entwicklungsbegleitende Kalkulation in der Konzept- und Angebotsphase

2.1. Anforderungen an ein Verfahren der Angebotserstellung

Die Wettbewerbssituation im sog. Erstausrüstungsgeschäft (Belieferung von Automobilherstellern) gibt heute dem Anbieter kaum mehr ausreichende Zeit, um ein Angebot durch detaillierte Kalkulationen oder gar Anfragen bei Lieferanten zu untermauern. Um erfolgreich zu sein, muss es ein Kundenteam schaffen, in möglichst kurzer Zeit ein möglichst fundiertes und zugleich wettbewerbsfähiges Angebot zu erstellen. Hierzu müssen

- alle an der Wertschöpfungskette „Entwicklung und Fertigung eines Steuergerätes" Beteiligten einbezogen werden und
- eindeutige Informationsflüsse definiert sein.

Wir haben hierzu ein *Schnellschätzverfahren* entwickelt, das in Abbildung 2 schematisch aufgezeigt wird und alle Verantwortlichen einbindet (vgl. zu Methoden der entwicklungsbegleitenden Kalkulation auch den Beitrag von EHRLENSPIEL ET AL.).

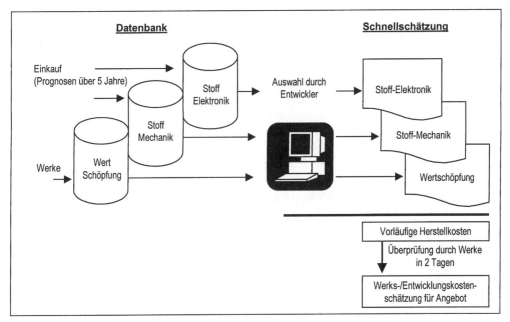

Abb. 2: Schnellschätzverfahren

Ein Kundenteam, das i.d.R. aus Mitarbeitern des Vertriebs und der Entwicklung besteht, kann damit binnen weniger Tage ein Angebot auf die Beine stellen. Voraussetzung ist, dass anhand des vom Kunden gewünschten Funktionsumfangs eines Steuergerätes (z.B. Multipointeinspritzung mit Lambdaregelung, elektronisches Gaspedal, Getriebesteuerung) und des zu bedienenden Motortyps des Kunden ausreichende Vorstellungen über das Schaltungskonzept vorliegen. Anhand eines datenbankgestützten Verfahrens ist das Kundenteam zusammen mit der Schaltungsentwicklung in der Lage, eine Schnellkalkulation durchzuführen, die detailliert nach Kostenblöcken für die beiden Teilegruppen Elektronik-Stoff (alle elektronischen Bauelemente) und Mechanik-Stoff (hier ist z.B. die Leiterplatte und das Gehäuse gemeint) sowie Wertschöpfung (Abschreibungen, Personalkosten) die Kosten ausweist. Die Datenbank für elektronische Bauelemente und für mechanische Bauteile (im Sinne eines Standardbauelemente-/-bauteilekataloges) wird permanent von unserem Einkauf gepflegt und enthält Preisprognosen für den gesamten Prognosezeitraum für die im Rahmen einer sog. Steuergeräte-Plattform zu verwendenden Komponenten.

Da wir Steuergeräte in unseren Werken – wie oben beschrieben – auf hochautomatisierten Fertigungslinien produzieren, können wir die Fertigungskosten, die ein Steuergerät verursacht, anhand sog. Taktzeitdiagramme verlässlich schätzen. Dabei wird von Art und Anzahl der in einem Steuergeräte-Konzept vorgesehenen Bauelemente auf die Bestückungs- und Prüfzeiten geschlossen. Zusammen mit den standardisierten Montageminuten ergibt sich für jeden Steuergeräte-Typ eine Taktzeit in Minuten, der man Fertigungskosten zuordnen kann. Diese Taktzeitdiagramme werden von den Fertigungswerken laufend gepflegt. Man versucht, darin auch das zukünftige Fertigungskonzept und die bis zum Zeitpunkt des SOP zu erreichenden Einsparungen in der Fertigung einzustellen. Unter Einrechnung unserer Gemeinkostenziele kommen wir so zu Aussagen über die zu erreichenden Herstellkosten eines Steuergerätes.

In einem zweiten Schritt muss das voraussichtlich fertigende Werk die Schätzung der Herstellkosten binnen zweier Tage verifizieren. Dies bedeutet, dass die Verantwortlichen im Fertigungswerk – zusammen mit den Konstrukteuren – i.d.R. im Rahmen eines Workshops die Kostenschätzung konkretisieren, um die Annahmen über benötigte Fertigungsminuten, Ausschuss, Sonderarbeitsgänge (z.B. Prüfarbeitsgänge oder Bestückung) zu verfestigen. Komplett wird eine Kostenschätzung dann unter Hinzufügung der kunden- und projektspezifischen Entwicklungs- und Vertriebskostenziele.

2.2. Design-to-Cost – Kostenoptimierung bei Schaltungsentwicklung und Konstruktion

Das beschriebene Schnellschätzverfahren hat nach der Angebotserstellung noch nicht ausgedient. Im Rahmen der Entwicklung der Schaltung und der Konstruktion eines Steuergerätes (Lay-out der Leiterplatte, Gehäuse, Kühlungskonzept) ist es ein Instrument zur Erstellung einer kostenoptimierten Auslegung. Der *Schaltungsentwickler* entscheidet über Art und Anzahl der auf eine Leiterplatte zu bestückenden Bauelemente. Er kann mit Hilfe der Datenbank die *Kostenwirkung* unmittelbar erkennen. Der *Konstrukteur* gibt die Anordnung der Bauelemente vor, entscheidet über mechanische Bauteile wie Gehäuse, oder Kühlkörper und ist ebenfalls auf frühestmögliche Kosteninformationen angewiesen. Wie wichtig diese Phase der Entstehung eines Steuergerätes ist, zeigt eine Erkenntnis aus einer unserer Kostenuntersuchungen. Durch die Vorarbeit der Entwickler und Konstrukteure über Lay-out der Leiterplatte, Anzahl und Art der Bauelemente, Kühlkonzept, Prämissen der Qualitätsprüfung usw. werden bereits rund 90% der Fertigungskosten vorgegeben. Dem fertigenden Werk bleibt demnach über Auslegung der Bestückungs- und Montagelinien, Arbeitszeitmodelle oder Standortentscheidung nur noch ein geringer Spielraum.

2.3. Frühzeitige Einbindung des Einkaufs

Der wachsende Kostendruck führt dazu, dass man auf dem Wege der Integration von Schaltungsfunktionen in eigengefertigte oder fremdbezogene Halbleiter immer weniger Wertschöpfung in der Fertigung von Steuergeräten haben wird. Ein gutes Stück des Wettbewerbs wird also zunehmend in der Halbleiterfertigung und im *Einkauf* entschieden (vgl. hierzu auch den Beitrag von TRAUDT). Insbesondere im Elektronikeinkauf sind wir dabei auf die Zusammenarbeit mit sehr großen, internationalen Bauelementeherstellern angewiesen, für die das Automobilzuliefergeschäft aufgrund des Kostendrucks und der Stückzahlstruktur nicht immer attraktiv ist. Wichtig ist deshalb eine auf Langfristigkeit und Vertrauen angelegte Zusammenarbeit mit den Lieferanten.

Unser Einkauf ist verantwortlich für die Qualität seiner Langfristprognose. Er muss mit dem Lieferanten zusammen auf die Einhaltung der Prognosen hinarbeiten (z.B. im Rahmen von sog. Lieferantenworkshops). Er muss in alle Aktivitäten zur Kostenerreichung und Kostensenkung bis zum SOP eingebunden werden. Dies bedeutet, dass ein Kostenteam (vgl. Abschnitt 3.2.2.), welches die Aufgabe hat, unter Berücksichtigung der Zielkosten ein Erzeugnis zur Serienreife zu bringen, permanent durch einen Einkäufer verstärkt werden muss.

2.4. Konstruktions- und Fertigungsleitlinien als wesentliches Instrument der Kostensenkung

Ziel ist es, durch möglichst einheitliche Konstruktion der Steuergeräte eine über alle Standorte und alle Produktionseinrichtungen optimierte Fertigung herbeizuführen, um so ein Kostenoptimum zu erreichen. Inhalt der *Konstruktions- und Fertigungsleitlinien* sind Anweisungen für den Konstrukteur mit den konkreten Zielen:

- Verwendung von fertigungs- und automatisierungsgerechten Komponenten (Standardisierung, automatische Montierbarkeit);
- gleichartiger Geräteinnenaufbau, der auf gleichen Einrichtungen in gleicher Reihenfolge fertigbar ist (einheitliche Fertigungsschritte und Reihenfolge der Montageschritte, geringerer Handlingsaufwand, Transport, Verpackung);
- fertigungsoptimierte Bauelemente-Verteilung auf den Leiterplattenlayouts;
- Reduzierung der Typenvielfalt auf wenige Standardkonstruktionen.

Ein Beispiel soll das Vorgehen verdeutlichen: Da das Aufbringen sog. Leistungsbauelemente auf eine Leiterplatte mit hohem Montageaufwand verbunden ist, versucht man die Standardisierung an dieser Stelle besonders voranzutreiben. Nachfolgende Handlungsanweisung bestimmt die Montagereihenfolge der das Leistungsbauelement fixierenden Haltefeder:

Reihenfolge der Haltefeder-Montage

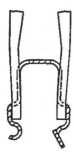

1. Öffnung für Greifer

2. Einführschräge

3. Widerhaken

4. Unsymmetrische Gestaltung der Haltefeder

5. bei Montage keine Überdehnung der Feder (Federrate berücksichtigen)

Pro Steuergerät sind max. zwei verschiedene Haltefedern für die einseitige Bestückung und zwei verschiedene für die doppelseitige Bestückung zulässig.
Die Standardhaltefedern aus dem Bauteilekatalog sind zu verwenden.

Abb. 3: Beispiel Konstruktions- und Fertigungsleitlinien

In Verbindung mit modernsten CAD-Anwendungen soll eine einheitliche Vorgehensweise über die Verwendung standardisierter Komponenten und Bauelemente innerhalb einer
Steuergeräte-Familie erreicht werden. Als Nebenprodukt entsteht aus den Konstruktions-
und Fertigungsleitlinien ein *Standard-Bauteilekatalog*, der in die dargestellte Datenbank
einfließt und es so ermöglicht, auf vorhandenes Wissen zurückzugreifen („Das Rad nicht
zweimal erfinden"). Der Bauteilekatalog, auf den im zitierten Beispiel verwiesen wird,
dokumentiert diejenige Lösung, die mit minimaler Anzahl an Bauelemente und Komponenten bei höchstem Automatisierungsgrad und bestmöglicher Ausnutzung der Anlagen
(z.B. der Bestücker) auskommt. Die konsequente Nutzung des Bauteilekataloges durch
die Entwickler und Konstrukteure führt so zwangsläufig zu einer deutlichen Eingrenzung
der Variantenvielfalt bei Bauteilen und zu Einsparungen bei den Gemeinkosten.

3. Einsatz von Target Costing in der Phase der Entwicklung zur Serienreife

3.1. Bildung von Zielkosten

Die erreichbaren Herstellkosten werden in Phase II des Lebenszyklus weitgehend festgelegt. Deshalb muss das SE-Team und/oder das Kostenteam, das ein Projekt betreut,
alles tun, um die Zielkosten zu erreichen. Voraussetzung ist allerdings, dass die Zielkosten verantwortungsbewusst abgeleitet und von den Mitarbeitern als erreichbar angesehen
werden (vgl. zum Target Costing auch die Beiträge von SEIDENSCHWARZ ET AL. sowie
CLAASSEN/ELLßEL). Sie sollten auch das zukünftige Verhalten der Kunden, z.B. eventuelle Forderungen nach Preissenkungen („worst case"), antizipieren. Jeder in der Wertschöpfungskette muss seine Zielkosten kennen. Das Schema zu ihrer Ermittlung ist in
Abbildung 4 dargestellt.

	Festlegung durch
Zielpreis	Vertrieb, Entwicklung
./. Ziel-Betriebsergebnis	Geschäftsleitung
./. Ziel-Vertriebs- und Verwaltungsgemeinkosten	Geschäftsleitung
= Ziel-Herstellkosten	
Aufteilung in:	Geschäftsleitung
- Ziel-Wertschöpfung	
- Ziel-Stoffkosten (Elektronik, Mechanik)	

Abb. 4: Schema zur Ermittlung der Zielkosten

3.2. Steuerung mit Zielkosten im Vorfeld des SOP (Start-of-Production)

Die Zielkosten, oder besser Ziel-Herstellkosten, müssen in Stoffkostenziel und Wertschöpfungsziele aufgeteilt werden. Verantwortlich für die Erreichung der Stoffkostenziele sind die Entwicklung und der Einkauf; die Erreichbarkeit der Wertschöpfungsziele muss das Werk sicherstellen.

3.2.1. Organisatorischer Rahmen einer Zielkostensystematik

Voraussetzung einer funktionierenden Zielkostensystematik ist die Existenz eines interdisziplinär besetzten *Kostenteams*, das – neben dem SE-Team, welches die Serienreife in technischer Hinsicht realisieren muss – das Kostenziel (Primärziel) bis zum Zeitpunkt des Serienanlaufes zu erreichen hat. Kostenteam und SE-Team können auch identisch sein; ein Mitarbeiter des Controlling sollte aber zusätzlich im Kostenteam laufend dabei sein. Sekundäre Ziele des Teams sind die Ausschöpfung aller Ideen der Beteiligten und generell die Erhöhung des Kostenbewusstseins aller Mitarbeiter, die an dem Projekt beteiligt sind. Ständige Mitglieder sollten auf jeden Fall Mitarbeiter aus der Fertigungsplanung, der Konstruktion und Schaltungsentwicklung, ein Einkäufer und ein Controller sein.

3.2.2. Ziele und Aufgaben der Kostenteams

Grundsätzlich geht die *Kostenteamarbeit* wie folgt vor:
- *Prozess der Ideenfindung:* Die interdisziplinäre Besetzung des Kostenteams erleichtert das Generieren von Ideen, die zunächst – unter Zuhilfenahme moderner Kreativitätstechniken – wertfrei gesammelt werden.
- *Bewertung von potenziellen Ratioprojekten:* Bewertung der gesammelten Ideen in Hinblick auf ihr Einsparpotenzial und Aufzeigen der Realisierungsmöglichkeiten.
- *Priorisierung:* Bildung einer Reihenfolge der Ratioprojekte.
- *Umsetzung der beschlossenen Ratioprojekte durch die Teammitglieder selbst:* Die Umsetzung der Maßnahmen wird im Team detailliert geplant. So muss die Einschaltung aller notwendigen Stellen im Unternehmen (Entwicklung, Verkauf) sichergestellt und für die Einholung von Kundenfreigaben gesorgt werden. Jeder Lieferantenwechsel von wichtigen Bauelementen führt z.B. dazu, dass der Automobilhersteller um Freigabe des Bauelementes zum Verbau in seinem Steuergerät gebeten werden muss.
- *Follow-up:* Konsequente Verfolgung der Maßnahmen und deren Wirksamkeit für die Kosten mit Termin und Verantwortlichen.

3.2.3. Umsetzung der Zielkostensystematik im Einkauf

Die Steuerung der Fertigung und des gesamten Wertschöpfungsprozesses bei Bosch ist streng ergebnisorientiert und auf die Erreichung der Ergebnis- und Kostenziele von Erzeugnissen ausgerichtet – mit Ausnahme des Einkaufs. Dieser wird zwar auch konsequent auf das Ergebnisziel eines Geschäftsbereichs hin gesteuert, arbeitet aber nicht erzeugnisbezogen. Seine Arbeit ist deshalb auf die Erreichung von Preis(senkungs)zielen bestimmter Materialgruppen (z.B. Kunststoffteile, Aluminium-Gussteile, elektronische Bauelemente usw.) und nicht auf die Erreichung der Kostenziele einzelner Erzeugnisse oder Komponenten ausgerichtet. Die Einbindung des Einkaufs in die Kostenteamarbeit bedingt, dass sich die Einkaufsabteilung eine Matrixorganisation geben muss. Einzelne Einkäufer, die für die Betreuung von Materialgruppen zuständig sind, müssen jetzt als Kostenteammitglied die Kostenzielerreichung von Zukaufteilen über verschiedene Materialgruppen hinweg verfolgen und deren Erreichbarkeit sicherstellen (vgl. Abb. 5). Die Umsetzung dieser Zielkostensystematik im Einkauf haben wir mit einer eigenen Software vollzogen, die in der Lage ist, die Zielkosten einzelner Erzeugnisse in Zielkosten von Einkaufskomponenten (A-Positionen) aufzulösen und diese den Materialgruppen und Einkäufern zuzuordnen.

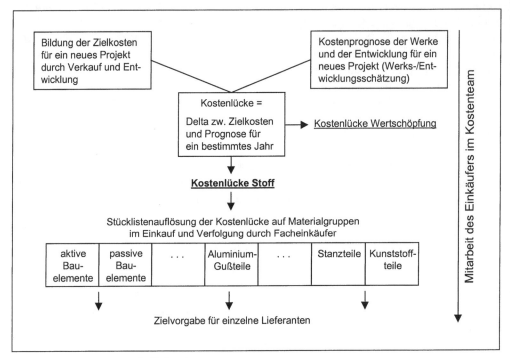

Abb. 5: Zielkostensystematik Einkauf

Der rechnerischen Zuordnung von Zielkosten zu Einkaufsteilen folgt eine Einschätzung des Einkaufs zur Erreichbarkeit dieser Kostenziele. Der Einkauf formuliert seine Strategie zur Schließung der Kostenlücke. Die verbleibende Kostenlücke – Differenz zwischen Einkaufprognose für ein bestimmtes Jahr (Durchschnittspreis) und den Zielkosten einer Komponente – muss durch sog. Konzeptratio geschlossen werden. Hier muss also noch ein Beitrag der Entwicklung durch kostenreduzierende Veränderung der Konstruktion erbracht werden. Die Aufgabe des Einkaufs ist es nun, die Zielkosten für die Komponenten dem Lieferanten zu präsentieren und mit ihm zusammen die Zielerreichung sicherzustellen.

3.3. Teamorientierte Produktion (TOP) und Werkstattcontrolling als Kernelemente einer kostenoptimierten Fertigung

Die *Teamorientierte Produktion (TOP)* ist als Kernelement einer schlanken, kostenoptimierten und auf die Erreichung der Qualitätsziele ausgerichteten Fertigungsorganisation nicht mehr wegzudenken. Grundstrukturen sind dabei sog. *Mini-Factorys*, also kleine Fabriken (autarke Einheiten) in der Fabrik, deren Leiter (Mini-Factory-Chef) in seiner Truppe (fast) alle Funktionen eines Fertigungswerkes (Fertigung, Fertigungs- und Arbeitsplanung, Controlling, Beschaffung, Personalwesen) abbilden kann und dabei über eine überschaubare Fertigung mit rund 250 Mitarbeitern verfügt. Fazit: Alle Werke, die sich mit Elektronikfertigung bei Bosch befassen, sind mittlerweile nach diesem Muster organisiert und folgen der Forderung mehr Verantwortung nach unten zu delegieren. Den Mini-Factorys übergeordnet ist lediglich noch die Werkleitung, die durch möglichst „schlank" organisierte sog. indirekte Abteilungen (z.B. Rechnungswesen und Controlling des Werkes) unterstützt wird.

Die Organisation jeder Mini-Factory gliedert sich dabei in sog. TOP-Teams, kleine Fertigungsgruppen, die durch ihren TOP-Teamleiter partizipativ geführt werden. Diese Organisationsform ist Voraussetzung für eine optimale Kommunikation und Information in der Mini-Factory. Die Mitarbeiter kennen ihre Ziele – insbesondere ihre Kostenziele – genau, kennen die Auswirkungen, wenn die Kostenziele nicht erreicht werden (Wegfall von Aufträgen) und sind motiviert, an der Erreichung der Kostenziele mitzuwirken. Diese Organisationsform ist somit ein sehr guter Nährboden für erfolgreiche Kostenteamarbeit. Unterstützend wirkt hierbei das sog. *„Werkstattcontrolling"*, die Controllingfunktion der Mini-Factory, die in der Regel von Mitarbeitern ausgefüllt wird, die vorher im Controlling des Werkes tätig waren und somit eine lebendige Brücke zwischen der Mini-Factory und der für das Kostenmanagement verantwortlichen Werkleitung bilden.

Das Controlling vor Ort soll – als Ergänzung zum Controlling des Werkes – das bereichsübergreifende Denken fördern, zu einer ständigen Verbesserung der Wertschöpfungsprozesse und Abläufe vor Ort sorgen, quasi die Controllingziele in die Köpfe der Mitarbeiter und der Teams hineintragen. Die zentralen Berichtsgrößen sind nicht primär Wertgrößen, sondern Produktivitätsentwicklung, Nutzungsgrad der Linien, Fall-off-rate von Steuergeräten (Ausfall bei Endprüfung), Liefererfüllung sowie ausgewählte Qualitäts- und Kostendaten.

Der Stand der Zielerreichung wird laufend visualisiert, d.h. auf großen Schautafeln neben der Fertigungslinie jedem Mitarbeiter zugänglich gemacht. Der Werkstattcontroller ist auch ein „Controller zum Anfassen", der als „Gewissen" der Mini-Factory über die Zielerreichung wacht und jederzeit auskunftsfähig sein muss. Dieser Weg zum „dezentralen" Controlling bewirkt neben einer Verringerung des Berichtswesenumfanges und der Konzentration auf wenige Basis-Einflussgrößen eine Verstärkung des Kostenbewusstseins bei jedem Mitarbeiter in der Mini-Factory.

4. Prozesskostenrechnung als Instrument des Kostenmanagements in der Phase der Serienreife und der Nachlieferungen (Ersatzteilgeschäft)

Da die Entwicklung mit dem Zeitpunkt des Serienanlaufes eines Steuergerätes abgeschlossen ist, d.h. konstruktive Veränderungen mit dem Ziel der Kostenreduzierung nach dem Design Freeze in der Regel nicht mehr durchgeführt werden, liegt die ganze Verantwortung für die Erreichung der Kosten- und Qualitätsziele im Fertigungswerk. Dabei kommt es nicht nur darauf an, die Ziele für ein bestimmtes Projekt zu erreichen, sondern darauf, die gesamte Leistungsstruktur der Mini-Factorys und der indirekten Bereiche eines Werkes (Werkleitung, kaufmännische und technische Werkverwaltung mit Logistik, Fertigungsvorbereitung und Werkcontrolling) auf die Kostenziele auszurichten. Ein besonderer Kostentreiber der „umhüllenden" Kostenstruktur ist dabei die Vielfalt der Varianten und Prozesse in der Fertigung. Diese Kostentreiber abzubilden und die richtigen Schlüsse aus den so gewonnenen Informationen zu ziehen, ist die Aufgabe des Kostenmanagements im Werk. Dabei weist die traditionelle Standardkostenrechnung methodische Defizite aus: Nur Einzelkosten werden detailliert auf ein Erzeugnis hin geplant und kalkuliert. Eine sinnvolle Schlüsselung variantenrelevanter Gemeinkosten ist in der Standardkostenrechnung (bei Bosch eine flexible Grenzplankostenrechnung) nicht möglich. Die hohen absoluten Kosten, die eine zusätzliche Variante durch das Anlegen von Stücklisten und Arbeitsplänen, Auslösen von Beschaffungs- und Prüfvorgängen usw. induziert, werden bei der Standardkostenrechnung unter Verwendung der Zuschlagskalkulation nicht voll sichtbar gemacht.

Fazit: Das Werkcontrolling ist mit seinen traditionellen Instrumenten nicht in der Lage, dem Vertrieb die richtigen Informationen bezüglich der Kosten und damit zur Preisbildung von Erzeugnisvarianten zu liefern. Dem Entwickler kann das Werkcontrolling nur sehr unzureichend und nur in Bezug auf die im Arbeitsplan abgebildeten Prozesse Hinweise zur Bewertung von Konstruktionsalternativen bieten.

Um die Variantenkosten sichtbar zu machen und um die Großserientypen mit dem höchsten Kostendruck nicht mit Gemeinkosten zu belasten, die andere Steuergeräte mit kleineren Mengen verursachen, haben wir die *Prozesskostenrechnung* als PC-gestütztes System – als Ergänzung zur Standardkostenrechnung – eingeführt. Wir nutzen das Programmsystem KOMO (Kostenmodell) der Firma GPS. KOMO bewertet die Kosten der Varianz durch Differenzierung der pauschalen Gemeinkostenzuschläge in variantenabhängige und varianteninduzierte Kosten. Das Programmsystem läuft unter der Benutzeroberfläche Windows und hat eine Schnittstelle zur Standardkostenrechnung.

Im Rahmen der Einführung von KOMO haben wir zunächst die Tätigkeiten in den einzelnen Abteilungen dahingehend untersucht, welche Ressourcen sie beanspruchen, z.B. die Tätigkeit von Beschaffern oder Einkäufern. Anschließend werden die Bezugsgrößen ermittelt, die wesentlich zum Ressourcenverbrauch beitragen, und die funktionalen Zusammenhänge zwischen Ressourcenverzehr und Bezugsgrößen dokumentiert, z.B. Kosten pro Bestellvorgang, pro Montageeinplanung, pro Neuteil im Einkauf. Die Kosten für die Marktbearbeitung und die Lieferantenauswahl bei einem neuen Zukaufteil werden z.B. im Durchschnitt mit rund 500 € errechnet. Mit Hilfe solcher Verbauchsfunktionen können dann für einzelne Tätigkeiten bzw. Prozesse Kosten errechnet werden, indem die einzelnen Ressourcenverbräuche mit Kostensätzen bewertet werden.

Die Bewertungsobjekte werden durch charakteristische Bezugsgrößen beschrieben. Je nach Bezugsgrößenart und -menge (z.B. Anzahl Freigaben, Neuteile pro Variante) werden im Rechner die einzelnen Verbrauchsfunktionen durchlaufen und die Kosten errechnet.

Mit der Prozesskostenrechnung ist nicht nur die Prozess- und damit Produktbewertung, sondern auch die wirksame Planung und Kontrolle der Gemeinkosten möglich. Hierzu werden im Rahmen der jährlichen Budgetplanung die einzelnen Abteilungen untersucht. Zunächst wird ermittelt, ob die einzelnen Tätigkeiten und Aufgaben der Abteilung noch aktuell sind, oder ob sich Änderungen ergeben haben. Danach folgt die Planung der von der Abteilung zu erbringenden Leistung anhand der kostenbestimmenden Bezugsgrößen.

Wichtig ist, dass aus den gewonnenen Kosteninformationen die richtigen Entscheidungen abgeleitet und auch getroffen werden. Stückzahlschwache Varianten in Phase IV (Auslauf, Ersatzteilgeschäft) müssen entsprechend ihren verursachungsgemäß ermittelten Kosten am Markt platziert werden:

- Um einen angemessenen Deckungsbeitrag zu erbringen muss der Vertrieb versuchen, Preiserhöhungen für diese Exoten oder Auslauftypen durchzusetzen.
- Ist dies nicht durchsetzbar, müssen die Varianten abgekündigt werden. Der Kunde wird hierbei über den stufenweisen Auslauf informiert.
- Soweit Nachlieferverpflichtungen bestehen, muss auch die Möglichkeit einer Endbevorratung in Betracht gezogen werden.

5. Schlussbetrachtung und Zusammenfassung

Es ist Aufgabe des Kostenmanagements, jedem Erzeugnis in der jeweiligen Phase des Lebenszyklus seine verursachungsgerechten Kosten zuzuordnen. Hierzu braucht man die der jeweiligen Phase angepassten Instrumente (Zielkostensystematik, Prozesskostenrechnung, Werkstattcontrolling) und auch eine angepasste Organisation (Teamorientierte Produktion, Kostenteams). Instrumente und Organisationsform müssen dazu in der Lage sein, den Grad der Zielerreichung in der jeweiligen Lebenszyklusphase abzubilden und auf Abweichungen zu reagieren. Vor allem müssen sie alle an dem Wertschöpfungsprozess beteiligten Mitarbeiter einbinden, denn Kostenmanagement funktioniert am besten, wenn jeder sich dafür verantwortlich fühlt.

Kostenmanagement in der Bauindustrie

Andreas Diel

1. Einleitung

Die langfristige Existenzsicherung stellt wie in allen anderen Industriezweigen auch für Unternehmen in der Bauindustrie ein strategisches Oberziel dar. Zur Erfüllung dieses Oberziels sind operative Zielsetzungen erforderlich, welche in der Sicherung vom Gewinn- bzw. Liquiditätsziel münden. Zur Erreichung dieser Ziele sind alle Unternehmensbereiche ständig zu optimieren und dies möglichst zeitnah, damit ein korrigierendes Gegensteuern noch möglich ist. In vielen Unternehmen der deutschen Bauwirtschaft ist jedoch festzustellen, dass bei der Umsetzung dieser Ziele und Maßnahmen erhebliche Probleme bestehen.

Im Folgenden werden deshalb die Möglichkeiten eines proaktiven Kostenmanagements für die Bauindustrie aufgezeigt. Um die Rahmenbedingungen des Kostenmanagements zu verdeutlichen, werden zunächst die Charakteristika der Bauindustrie im Überblick dargestellt (Abschnitt 2.). Darauf aufbauend werden die Spezifika des Kostenmanagements in Bauunternehmen beschrieben, wobei die verschiedenen Phasen bei der Abwicklung von Bauprojekten differenziert betrachtet werden (Abschnitt 3.). Nach einem Überblick über Ansatzpunkte für Maßnahmen eines systematischen Kostenmanagements in Bauunternehmen wird anhand konkreter Beispiele gezeigt, wie die Konzepte, die in der Serienfertigungsindustrie erfolgreich angewendet werden, auf die Belange der Bauunternehmen angepasst und damit nutzbar gemacht werden können (Abschnitt 4.). Der Beitrag schließt mit einer kurzen Zusammenfassung (Abschnitt 5.).

2. Charakteristika der Bauindustrie

2.1. Marktentwicklung und aktuelle Wettbewerbssituation

Die deutsche Bauwirtschaft stellt mit ihrem Anteil am Bruttoinlandsprodukt (BIP) den größten produzierenden Wirtschaftszweig dar, was den hohen Stellenwert und ihre Bedeutung für unsere Volkswirtschaft deutlich macht. So wurde 1992 das Wachstum des BIP zu mehr als der Hälfte von den Bauinvestitionen getragen. Dennoch befindet sich die deutsche Bauwirtschaft seit den 1980er Jahren in einer tiefgreifenden Rezession. Die positiven Marktbelebungseffekte durch die deutsche Wiedervereinigung, die u.a. auf das hohe Investitionsniveau der öffentlichen Hand, die enormen steuerlichen Abschreibungsmöglichkeiten aber auch auf die umfangreichen Sanierungs- und Renovierungsmaßnahmen zurückzuführen waren, haben dies nur kurzfristig verdecken können. Seit 1995 hat sich die Baukonjunktur von der gesamtwirtschaftlichen Entwicklung losgelöst, was sich in der kontinuierlichen Abnahme des Anteils der Bauinvestitionen am BIP dokumentiert (vgl. Abb. 1).

Nach einem Rückgang der Bauinvestitionen im Jahr 2001 im Vergleich zum Vorjahr um 5 bis 6% auf rund 229 Mrd. € und einem weiteren prognostizierten Absinken im Jahr 2002 um weitere 2 bis 3% auf 224 Mrd. € wird in der Branche erst für das Jahr 2003 ein leichter Aufschwung erwartet. Hierdurch sehen sich die Baubetriebe in einer extremen

Wettbewerbssituation, die nachhaltig durch den zu beobachtenden Preisverfall und äußerst geringe Margen geprägt wird.

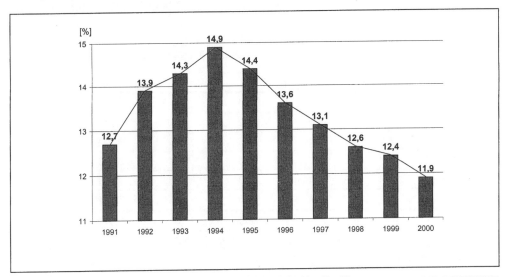

Abb. 1: Anteil der Bauinvestitionen am Bruttoinlandsprodukt (Quelle: HAUPTVERBAND DER DEUTSCHEN BAUINDUSTRIE 2001a)

Dies hat zur Folge, dass die wirtschaftliche Situation der Baubetriebe extrem belastet wird und zum hohen Insolvenzgeschehen sowie zum Personalabbau in der Bauwirtschaft beiträgt. Die Zahl der Insolvenzen hat sich nach einem Rückgang im Jahre 1999 wieder erhöht. Für das 1. Halbjahr 2001 muss sogar von einem sprunghaften Anstieg der Firmenzusammenbrüche gesprochen werden. Die notwendige Bereinigung des Marktes, d.h. der Abbau von Überkapazitäten, der insbesondere durch den Anpassungsprozess in Ostdeutschland gekennzeichnet ist, wird auch in der Zukunft noch weiter andauern.

Die Gründe für die schwierige Situation sind aber nicht allein in der anhaltenden Schwäche im Wohnungsbau, der mangelnden Investitionsbereitschaft der öffentlichen Hand, der ungewissen Entwicklung im Wirtschaftsbau, der schlechten Zahlungsmoral und dem wachsenden Problem der Schwarzarbeit zu sehen, sondern sind z.T. auch auf die Besonderheiten der Bauwirtschaft gegenüber anderen Wirtschaftszweigen unter den vorgenannten Gegebenheiten zurückzuführen.

2.2. Struktur des Baugewerbes

Die deutsche *Bauwirtschaft* gliedert sich in das Baugewerbe, die Baustoffindustrie und den Baustoffhandel. In Abgrenzung zur amtlichen Statistik - neue Systematik der Wirtschaftszweige seit 1995 - umfasst das *Baugewerbe* die beiden Bereiche Bauhauptgewerbe und Baunebengewerbe. Während das Bauhauptgewerbe überwiegend Hoch- und Tiefbauten bis zum Rohbau errichtet, erstreckt sich die Tätigkeit des Baunebengewerbes auf die Ausbaugewerke zur Fertigstellung der Bauten bis zur Gebrauchsfähigkeit sowie die

Bauhilfsgewerke. Aufgrund der Komplexität des Baugewerbes werden im Folgenden die Besonderheiten des *Bauhauptgewerbes* näher darstellt.

Zum Bauhauptgewerbe zählten im Jahr 1999 in Deutschland 79.039 Bauunternehmen. Mit rund 1,1 Mio. Beschäftigten wurde ein Umsatz von ca. 110 Mrd. € erwirtschaftet.

Unternehmen mit ... Beschäftigten	Anzahl der Unternehmen		Beschäftigte in 1.000		Umsatz in Mio. €	
	West	Ost	West	Ost	West	Ost
1 – 19	51.096	16.547	301	110	21.730	7.118
20 – 99	6.843	3.286	262	129	25.150	9.594
100 – 199	607	291	83	39	10.381	3.631
200 – 499	211	72	60	21	8.653	2.599
500 – 999	44	11	29	8	4.476	1.028
≥ 1000	27	4	75	8	15.385	769
gesamt	58.828	20.211	810	315	85.775	24.740

Tab. 1: Unternehmensstruktur im Bauhauptgewerbe 1999 (Quelle: HAUPTVERBAND DER DEUTSCHEN BAUINDUSTRIE 2001b)

Wie aus Tabelle 1 ersichtlich, ist die Struktur des Bauhauptgewerbes von Klein- und mittelständischen Unternehmen (KMU) geprägt. Im Gegensatz zu den großen Bauunternehmen sind diese hauptsächlich im Wohnungsbau und bei Projekten bis mittlerer Größe im Wirtschaftsbau und im öffentlichen Bau tätig. Diese Marktsegmente können von den fünf großen deutschen Bauunternehmen (HOCHTIEF AG, Walter Bau AG, Philipp Holzmann AG, Bilfinger & Berger AG, Strabag AG) i.d.R. nicht konkurrenzfähig bearbeitet werden. Ihr Anteil an der Gesamtbauleistung liegt daher deutlich unter 10%.

Diese Heterogenität der Branchenstruktur spiegelt sich auch in den Kostenstrukturen wider (vgl. Abb. 2). Ein deutliches Indiz dafür ist die Zunahme der Kosten für Fremd- und Nachunternehmer (NU)-Leistungen in Abhängigkeit von Unternehmensgröße. Der Markt für NU-Leistungen verzeichnete in den letzten Jahren sehr hohe Wachstumsraten. Die Gründe hierfür liegen in der besseren Personalkapazitätsplanung und in dem Druck, zur Sicherung der Wettbewerbsfähigkeit Nachunternehmer aus Niedriglohnländern zu beauftragen. Gleichzeitig ist der Trend zur Generalunternehmertätigkeit seitens der KMU festzustellen, was eine Herausforderung für alle Beteiligten darstellt.

Die Höhe des Material- und Personalkostenanteils ist zum einen gekoppelt an die zuvor beschriebenen Entwicklungen, zum anderen aber in entscheidendem Maße in der jeweiligen Leistungserbringung begründet. So sind innerhalb der einzelnen Unternehmensklassen erhebliche Unterschiede in der Kostenstruktur in Abhängigkeit von material- oder personalintensiven Arbeiten festzustellen. Den größten Personalkostenanteil weisen Unternehmen des Maler- und Lackierergewerbes sowie des Gerüstbaus auf, wohingegen die Personalkosten im Fertigteilbau wegen der weitgehend industriellen Fertigung von geringerer Bedeutung sind. Im Allgemeinen steht einem niedrigen Personalkostenanteil ein hoher Materialkostenanteil gegenüber.

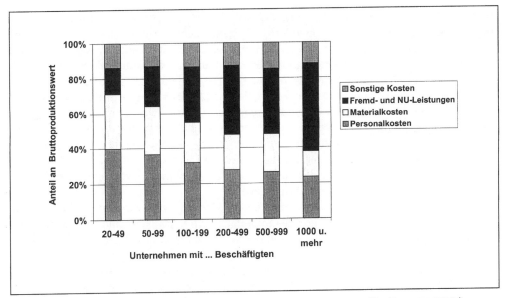

Abb. 2: Kostenstruktur des Bauhauptgewerbes (Quelle: HAUPTVERBAND DER DT. BAUINDUSTRIE)

Aufgrund dieser Unterschiede in der Geschäfts- und Kostenstruktur ist das Kostenmanagement in Bauunternehmen situationsspezifisch zu gestalten. Abhängig von Größe des Unternehmens, von dem Anteil der Eigenleistung bzw. Fremdleistung, von den schwerpunktmäßig bearbeiteten Projektarten bzw. von den verschiedenen Einzelgewerken sind die jeweiligen branchentypischen Gegebenheiten genau zu analysieren und Maßnahmen des Kostenmanagements in Abstimmung mit der unternehmerischen Gesamtstrategie zu erarbeiten und zu implementieren.

2.3. Besonderheiten des Baugewerbes

Bedingt durch die Heterogenität der Bauindustrie und des damit verbundenen umfangreichen Leistungsspektrums sowie die politische Bedeutung als „Schlüsselbranche" ist das Baugewerbe durch eine Vielzahl branchenspezifischer Besonderheiten gekennzeichnet. Hierbei ist zwischen technischen und betriebswirtschaftlichen Charakteristika zu unterscheiden.

Die *technischen Charakteristika* lassen sich unabhängig von gewerkebezogenen Aspekten in die drei Teilbereiche Akquisition, Auftragseingang und Auftragsabwicklung untergliedern. Die Besonderheiten bei der Akquisition liegen aufgrund der Langlebigkeit von Bauwerken und dem vielfältigen Leistungsspektrum in der heterogenen Zusammensetzung potenzieller Auftraggeber und der damit verbundenen ständig wechselnden Wettbewerbssituation. Das Baugewerbe hat somit nur geringen Einfluss auf den Inhalt der auszuführenden Leistungen und einen darauf abgestimmten Produktionsablauf. Auch wenn eine Konzentration auf bestimmte Produktmarktsegmente und eine dementsprechende Marktbearbeitung erfolgt, ist doch jedes Projekt einzeln zu akquirieren. Geringe

Auftragswahrscheinlichkeiten (< 5%), diskontinuierlich eingehende Aufträge und auftragsbezogene Fertigung bzw. Einzelfertigung kennzeichnen im Wesentlichen den Auftragseingang. Durch die vorgenannten Umstände werden die Kapazitätsplanungen von Bauunternehmen nachhaltig beeinflusst, was eine Langfristigplanung oftmals unmöglich macht. Im Gegensatz dazu führt das Ausbleiben fest eingeplanter Aufträge bzw. Nachfragerückgang dazu, dass zum Zwecke der Kapazitätsauslastung Aufträge notfalls mit Unterdeckung angenommen werden müssen. Der dritte Teilbereich, die Auftragsabwicklung, ist gekennzeichnet durch den hohen Koordinationsaufwand infolge des komplexen und heterogenen Leistungsspektrums bei der Bauwerkserstellung. Baubegleitende Planungen, die zunehmend in der Bauabwicklung Anwendung finden, erschweren die Koordinationsmöglichkeiten für das ausführende Unternehmen, insbesondere wenn Planung und Ausführung nicht in einer Hand liegen.

Neben diesen technischen Charakteristika sind *betriebswirtschaftliche Besonderheiten* zu nennen, die meist mit einem hohen Liquiditätsrisiko verbunden sind. So haben Bauunternehmen im Zuge der Leistungserstellung teilweise erhebliche Vorfinanzierungen zu erbringen haben. Dem stehen äußerst unregelmäßige Zahlungseingänge gegenüber, da Abschlagszahlungen meist im Rahmen des Baufortschrittes nach VOB/B (Verdingungsordnung für Bauleistungen/Teil B) gewährt und häufig mit erheblichen Zeitverzögerungen beglichen werden. Weiterhin werden Bauunternehmen durch Sicherheitseinbehalte durch den Auftraggeber und durch die geringen Absicherungsmöglichkeiten gegen Forderungsausfälle (z.B. durch Insolvenz des Auftraggebers) in ihren Handlungsspielräumen deutlich eingeschränkt. Die Folge ist eine seit Jahren sinkende Eigenkapitalquote, wodurch sich auch die hohe Insolvenzrate in der Bauwirtschaft erklärt.

3. Spezifika des Kostenmanagements in Bauunternehmen

3.1. Allgemeine Herausforderungen an das Kostenmanagement

Kostengünstig Bauen – ein Schlagwort, dass in aller Munde ist. Es gibt jedoch kein Patentrezept, keinen Wunder-Hebel für die Senkung von Baukosten. Die Erfahrung zeigt, dass im operativen Bereich nur noch geringe Effizienzsteigerungspotenziale auszuschöpfen sind. Nur durch ein proaktives Kostenmanagement, d.h. eine frühzeitige und systematische Kostenbeeinflussung, wird es möglich, weitere signifikante Kostensenkungspotenziale zu erschließen (vgl. KAJÜTER 2000a). Kostengünstiges Bauen ist daher ein ständiger Optimierungsprozess, der schon bei den ersten Planungsüberlegungen einsetzen muss. Hier ist die Kostenbeeinflussbarkeit und damit auch das Einsparpotenzial noch groß (vgl. Abb. 3 sowie den Beitrag von EHRLENSPIEL ET AL.).

Begonnen bei der Festlegung des Standorts, der geeigneten Objektausrichtung, der Aufstellung eines individuellen Raumprogramms und der Prüfung von Baustoff- bzw. System-Alternativen bis hin zur Beeinflussung der späteren Betriebskosten, der optimierten Vergabe von Aufträgen, dem zielgerichteten Einsatz von Eigenleistungen und einer effektiven Baukontrolle gibt es eine Vielzahl von kostenbeeinflussenden Entscheidungen, die einer geeigneten Strategie bedürfen. Nur mit interdisziplinär besetzten Bauteams bestehend aus Technik, Beschaffung, Arbeitsvorbereitung und Kalkulation ist diese komplexe Herausforderung zu bewältigen, um am Ende erfolgreich zu sein. Die Ausrichtung der ausführenden Bauunternehmen muss sich deshalb von der reinen Umsetzungsfunktion, d.h. weg von der Fremdbestimmung, hin zur Gestaltungsfunktion entwickeln.

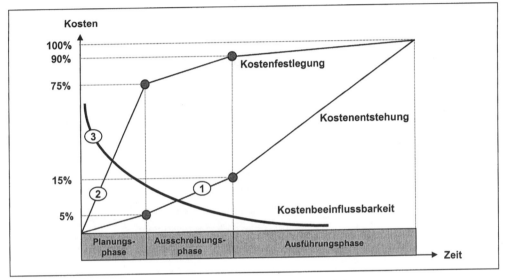

Abb. 3: Kostenentstehung, Kostenfestlegung und Kostenbeeinflussbarkeit

3.2. Kostenmanagement in der Planungs- und Ausschreibungsphase

Grundlage jedes Bauprojektes ist eine Planung, die i.d.R. durch einen durch den Bauherrn beauftragten Architekten erstellt wird. Im Rahmen dieses Auftrages werden von dem Architekten unterschiedliche Leistungen nach definierten Leistungsphasen gemäß der Honorarordnung für Architekten und Ingenieure (HOAI) erbracht. So ist es seine Aufgabe während der Vorplanung, der Entwurfsplanung und der Vergabe sowie während der Objektüberwachung Kostenermittlungen durchzuführen. Die DIN 276 (Kosten im Hochbau) stellt hierfür die Basis dar und unterscheidet entsprechend dem Planungsfortschritt unterschiedliche Arten der Kostenermittlung wie Kostenschätzung, Kostenberechnung, Kostenanschlag und Kostenfeststellung. Diese Kostenermittlungen dienen dem Bauherrn als Grundlage für die Kostenkontrolle, für Planung-, Vergabe- und Ausführungsentscheidungen sowie zum Nachweis der entstandenen Kosten. Laut Rechtsprechung darf sich der Architekt bei seinen Kostenermittlungen innerhalb eines abhängig von der Bauart festgelegten Toleranzbereiches bewegen (vgl. Tab. 2), worin ein beträchtliches Risiko für den Bauherrn hinsichtlich den durch ihn zutreffenden Entscheidungen besteht.

Kostenermittlungsart	Toleranzbereich	
	Neubauten	Umbauten
Kostenschätzung (überschlägliche Ermittlung der Gesamtkosten)	± 30 %	± 40 %
Kostenberechnung (angenäherte Ermittlung der Gesamtkosten)	± 20 %	± 30 %
Kostenanschlag (genaue Ermittlung der zu erwartenden Gesamtkosten)	± 10 %	± 20 %
Kostenfeststellung (Nachweis der entstandenen Gesamtkosten)	± 0 %	± 0 %

Tab. 2: Kostenermittlungsarten und Toleranzbereiche nach DIN 276

Zur Ermittlung der Kosten kann sich der Architekt, aber auch der Bieter, bei seiner Vor- bzw. Angebotskalkulation, verschiedener Verfahren bedienen (vgl. Tab. 3).

Kalkulationsverfahren	Kalkulationsgrundlage
Flächen-/Raumwerte	m² Nutzfläche, m³ umbauter Raum
Bauelemente	auf Basis von Analysen abgewickelter Bauvorhaben oder Baudatenbanken
Leitpositionen	ABC-Analyse, A-Gewerke ≈ 80 Prozent der Gesamtkosten
Gewerke	detaillierte Mengenermittlung
Nutzungseinheiten	Anzahl und Preis der Nutzungseinheiten
Prozentuale Verhältniszahlen	empirisch erhobene Verteilung einzelner Gewerke

Tab. 3: Kalkulationsverfahren in der Planungs- und Ausschreibungsphase (Quelle: HEINE 1995, S. 52ff.)

Für den Bauunternehmer haben die Qualität der Ausschreibungsunterlagen, die er vom Architekten erhält, und die Wahl des Kalkulationsverfahrens erheblichen Einfluss auf das Kalkulationsergebnis, dass die Basis seiner Angebotspreisfindung bzw. -preisbildung darstellt. Da der Angebotspreis meist das einzige Differenzierungskriterium ist, stellt sich dem Bauunternehmer die Frage mit welchen Unsicherheiten das Kalkulationsergebnis belastet ist, wie genau der „wahre Preis" ermittelt wurde und welche Risiken bei einer Auftragserteilung auf ihn zukommen. Das Ziel des Bauunternehmers muss es daher sein, zunächst die Unsicherheiten zu reduzieren und in weiteren Schritten Wettbewerbsvorteile durch aktive Kostenbeeinflussung zu generieren. Wie bereits in Abschnitt 3.1. erwähnt bietet ein proaktives Kostenmanagement besonders in den Planungsphase ein hohes Maß an Kostensenkungspotenzialen und dies nicht nur im eigenen Interesse, sondern zum Nutzen des Auftraggebers, was schließlich zu einer enormen Wettbewerbsverbesserung führt. Der Bauunternehmer bringt dazu bereits in die Planung sein eigenes und das Know-how seiner Nachunternehmer bzw. Lieferanten ein, wodurch die Balance zwischen Auftraggeberwünschen und Kostenoptimierung gefunden werden kann. Die durch dieses Verfahren erst mögliche planungsbegleitende Kalkulation führt nachhaltig zu Kostenreduzierungen und zur Erhöhung der Kostensicherheit für den Bauherrn, auch in Bezug auf die für die Bauindustrie typischen Kostentreiber infolge nachträglicher Änderungen.

3.3. Kostenmanagement in der Ausführungs- und Betriebsphase

In der Ausführungs- und Betriebsphase sind die Möglichkeiten eines proaktiven Kostenmanagements beschränkt. Dies gilt sowohl für den Auftraggeber als auch das Bauunternehmen, da die kostenbeeinflussenden Faktoren in der Planungs- und Ausschreibungsphase festgelegt (vgl. Abb. 3) und mit der Auftragsvergabe vertraglich vereinbart wurden. In der Regel beschränkt sich das Kostenmanagement in der Ausführungs- und Betriebsphase daher auf die Einhaltung der Kostenplanung. Dabei soll sichergestellt werden, dass trotz eventueller Mehrkosten durch Störungen oder Abweichungen (z.B. Leistungsänderungen oder Terminüberschreitung) das Kostenziel bzw. Budget nicht überschritten wird. Diese Aufgabe wird im Rahmen des operativen Projektcontrolling wahrgenommen, was sowohl Kostenkontrolle als auch Kostensteuerung beinhaltet. Die in der Bauindustrie gebräuchlichsten Verfahren zur projektbezogenen Kostenkontrolle sind

- die Gegenüberstellung von Kosten und Leistung und
- Soll-Ist-Kostenvergleiche.

Bei negativen Abweichungen werden Maßnahmen definiert, mit deren Hilfe die Budgeteinhaltung sichergestellt bzw. die Überschreitung minimiert werden soll.

Da der größte Hebel für Kostenreduzierungen jedoch in der Planungsphase von Bauprojekten liegt, werden nachfolgend mögliche Maßnahmen aus diesem Bereich ausführlicher dargestellt.

4. Ansatzpunkte für ein proaktives Kostenmanagement in Bauunternehmen

4.1. Überblick

Ein proaktives Kostenmanagement kann grundsätzlich an Produkten, Prozessen und Ressourcen ansetzen (vgl. KAJÜTER 2000a, S. 161ff.). Die dabei unterstützend eingesetzten Methoden, wie z.B. Target Costing, Target Investment, Produkt Business Pläne oder Market Pricing (vgl. ausführlich Teil II des Buches) sind ursprünglich vielfach für die stationäre Serienfertigung entwickelt worden. Auch wenn solche Begriffe nicht gerade zum Standardvokabular in der Bauindustrie gehören, sollte sich niemand hierdurch abschrecken lassen. Ebenso die im Baubereich vorherrschende Einzelfertigung und das häufig in diesem Zusammenhang genannte Argument „jedes Bauvorhaben ist ein Unikat" berechtigen nicht die nachweisbaren Erfolge anderer Industriezweige zu ignorieren. Die Aufgabe besteht also darin, sich mit den Erfahrungen der anderen Branchen auseinander zusetzen, von ihnen zu lernen und zu versuchen die Gemeinsamkeiten zu analysieren und Erkenntnisse für einen Einsatz in der Bauindustrie zu modifizieren.

Im Folgenden werden deshalb für die Ansatzpunkte projektunabhängige Maßnahmen eines systematischen proaktiven Kostenmanagements in Bauunternehmen im Überblick aufgezeigt.

- *Produktorientiertes Kostenmanagement*
  - Reduzierung der Variantenvielfalt bei Produktgruppen von Ausbaugewerken,
    z.B. durch Standardisierung bzw. Verwendung von Standardprodukten
  - Kostenoptimierte Produktentwicklung bzw. Projektentwicklung,
    z.B. durch gemeinsame Kostenplanung mit dem Bauherrn bzw. dem Architekten
  - Kostenoptimierung bei der Projektabwicklung,
    z.B. durch Einsatz neuer Vertragsmodelle in Richtung Bauherrschaft
  - Kostenoptimierung über den gesamten Produktlebenszyklus (Life Cycle Costing),
    z.B. durch Berücksichtigung von Interdependenzen zwischen den Herstell- und
    Betriebskosten von Gebäuden

- *Prozessorientiertes Kostenmanagement*
  - Reduzierung von Koordinationskosten,
    z.B. durch generelle Schnittstellenoptimierung mit allen Beteiligten
  - Reduzierung von Abwicklungs- und Prozesskosten,
    z.B. durch Prozessstandardisierung und -vereinfachung, durch Einsatz von EDV
  - Reduzierung von Beschaffungsprozesskosten
    z.B. durch den Einsatz von E-Business-Lösungen
  - Reduzierung von Kosten für Fehl- und Wartezeiten,
    z.B. durch Organisationsoptimierung und Restrukturierung bestehender Abläufe
  - Reduzierung von Fremdkosten bzw. Kosten Dritter,
    z.B. durch Analyse von Vorlauf- und Nachlaufaktivitäten
  - Konzentration auf eigene Kompetenzen bzw. Reduzierung der Fertigungstiefe,
    z.B. durch Auslagerung bzw. Outsourcing von Randaktivitäten

- *Ressourcenorientiertes Kostenmanagement*
  - Reduzierung von Personalkosten bzw. Optimierung der Personalstruktur,
    z.B. durch neue Arbeitszeitmodelle, durch Personalentwicklung
  - Reduzierung von Gemeinkosten,
    z.B. durch Standortverlagerung von Produktionsstätten
  - Senkung von Materialkosten durch Kaufpreisoptimierung ,
    z.B. durch Mengenbündelung, Global Sourcing, Einkaufs-Rahmenverträge
  - Reduzierung von Kosten für Mängelbeseitigung,
    z.B. durch Lieferanten- und Nachunternehmer-Entwicklung
  - Reduzierung von Akquisitions- und Beschaffungskosten,
    z.B. durch win-win-Partnerschaften mit Lieferanten und Nachunternehmern

Im folgenden Abschnitt wird die konkrete Umsetzung einzelner Maßnahmen vorgestellt.
Anhand ausgesuchter Beispiele aus der Praxis wird exemplarisch für das produkt-, pro-
zess- und das ressourcenorientierte Kostenmanagement aufgezeigt, dass der Bauindustrie
durch Anwendung des proaktiven Kostenmanagements neue Möglichkeiten der Kostenbeeinflussung eröffnet werden und welche Wettbewerbsvorteile für Bauunternehmen
daraus resultieren können.

4.2. Produktorientiertes Kostenmanagement

4.2.1. Standardisierung durch Plattformstrategie bei Aufzugsanlagen

Standardisierungen durch Verwendung gleicher Komponenten sind in der Automobilindustrie gängige Verfahren zur Kostenreduzierung. Dabei kommen in unterschiedlichen Modellreihen gleiche Bauteile in für den Kunden nicht sichtbaren Bereichen zum Einsatz. Zum Beispiel wurde bei der Entwicklung des Passats von Volkswagen die gesamte Grundplattform des Audi A4 übernommen, was die Entwicklungskosten erheblich reduzierte. Hierdurch wurde der Begriff der Plattformstrategie geschaffen.

In der Bauindustrie bietet sich die Möglichkeit zur Standardisierung beispielsweise für das Gewerk Aufzüge. HOCHTIEF und die Firma Otis, ein namhafter global agierender Aufzughersteller, haben sich deshalb die gemeinsame Entwicklung eines Standards zum Ziel gesetzt. Erste Analysen zeigten, dass 85% der gefertigten Aufzüge Sonderproduktionen sind und nur etwa 15% als so genannte Standardaufzüge einzuordnen sind. Es stellte sich nun die Frage, ob die Verteilung des Bedarfes überhaupt eine Standardisierung rechtfertigt. Zur Beantwortung dieser Frage wurden in enger Zusammenarbeit Daten über Art und Häufigkeitsverteilung von Aufzugsarten, Traglasten, Kabinenabmessungen, Anzahl von Haltestellen, Aufzugsgeschwindigkeiten, Aufzughebetechnik und sonstigen technischen Ausstattungsmerkmalen erhoben. Auf Grundlage der Auswertung der Ergebnisse wurden dem Grundsatz folgend „Standards, wo möglich – Individualität, wo nötig!" zwei Standardaufzugstypen auf Basis der DIN/ISO-Norm entwickelt, mit denen etwa 70% des Bedarfs abgedeckt werden können. Wichtig zu erwähnen ist hierbei, dass bei diesen Aufzugstypen ausschließlich Standardkonstruktionen zum Einsatz kommen, jedoch ein allen Ausstattungswünschen gerecht werdendes flexibles Kabinendesign möglich ist. Durch diese Standardisierung können die Fertigungskosten um bis zu 4,5% gesenkt werden (vgl. Tab. 4).

Kostenart	Kostenstruktur Standardaufzüge		Kostenunter-schied gegen-über Individual-aufzügen	Einsparpotenzial
	Pers.-Seil-Aufzug; 630 kg, 1100x1400	Pers.-Seil-Aufzug; 1000 kg, 1100x2100		
Allgemeines Marketing, Ver-trieb und technische Beratung	15%	15%	20-40%	3,0-6,0%
Fertigungskosten (inkl. Frachten)	41%	41%	5-10%	2,0-4,5%
Montage (inkl. der Baustellengespräche)	38%	38%	15-30%	6,0-11,0%
Interne und externe Abnahme-kosten	6%	6%	0%	0%
Gesamt	100,0%	100%		11,0-21,5%

Tab. 4: Einsparpotenzial bei Standardisierung von Aufzügen

Die Fertigung stellt aber nur einen Teilschritt in einer gesamten Auftragsabwicklung dar. Zur Erfassung aller Kostensenkungspotenziale wurde deshalb die gesamte Prozesskette der Auftragsabwicklung von der Planungs- und Entwicklungsphase bis zur Realisierung auf der Baustelle auf kostenbeeinflussende Faktoren untersucht und bewertet. Dabei handelte es sich im Wesentlichen um Schnittstellenoptimierungen in der operativen Zusammenarbeit. Insgesamt ergab sich damit ein Einsparpotenzial durch die Standardisierung von bis zu 21,5% (vgl. Tab. 4).

4.2.2. Kostenoptimierung durch Einsatz von Betonfertigteile

Das Bauen in Fertigbauweise, d.h. Erstellung von Rohbauten unter vorrangiger Nutzung von Betonfertigteilen, bietet eine Vielzahl ökonomischer und technischer Vorzüge:

- kürzere, kostensenkende Bauzeiten,
- Witterungsunabhängigkeit in der Produktion und Montage,
- taktweise Vorproduktion,
- Mehrfachbelegungen der Bauteilschalungen,
- geringerer Platzbedarf auf der Baustelle,
- sehr gute und saubere Oberflächenbeschaffenheit der Bauteile.

Durch diese Standardisierungen in teilweiser automatisierten Werksanlagen können erhebliche Kostenreduzierungen erreicht werden. Trotz dieser Kostenvorteile konzentriert sich der Einsatz von Fertigteilen auf den Bau von Hallen und Zweckbauten, dies sind z.B. Produktions-, Lager- und Montagehallen, Logistikzentren, Parkhäuser oder Sporthallen. Aufgrund des festzustellenden Individualisierungstrends in den Bauplanungen werden bei anderen Bauobjektarten Fertigteile als Einheitslösungen angesehen und deshalb konventionell, d.h. aus Ortbeton, hergestellt. Hausinterne Untersuchungen an ausgeführten Projekten in der Zusammenarbeit mit HOCHTIEF Fertigteilbau GmbH haben jedoch gezeigt, dass es sich hierbei häufig nur um ein Vorurteil handelt. So konnten unter Beibehaltung des äußeren Erscheinungsbildes durch geringe Modifikationen in den Abmessungen des Gebäudes bzw. in den Bauteilabmessungen in Ortbeton geplante Gebäude wirtschaftlich in eine Fertigteillösung umgeplant werden. Durch den Einsatz konstruktiver Betonfertigteile, Halbfertigdecken und anderer Betonfertigteile konnten die Rohbaukosten erheblich reduziert werden.

Diesem Umstand wird bei HOCHTIEF durch verschiedene Maßnahmen Rechnung getragen. Durch die frühzeitige Einbindung von Fachplanern bzw. Planungsbüros, die über das spezifische Know-how bei der Planung von Fertigteillösungen verfügen, wird sichergestellt, dass alle Optionen hinsichtlich des Einsatzes von Fertigteilen in der Projektplanung berücksichtigt werden. Im Einzelfall wird dabei geprüft, ob die Umplanung von einer konventionellen Lösung zu einer Bauausführung unter Verwendung von Betonfertigteilen wirtschaftlich gerechtfertigt ist und welche Anpassungen dazu erforderlich werden.

4.3. Prozessorientiertes Kostenmanagement

4.3.1. Innerbetriebliche Prozessoptimierung

Die Bauindustrie ist aufgrund der großen Anzahl der Projektbeteiligten und dem hohen Fragmentierungsgrad auf der Absatz- und Beschaffungsmarktseite stark auf die Koordination von Informationen angewiesen. *E-Business-Lösungen*, die die gesamte Bandbreite der Unternehmensprozesse – von der Beschaffung von Materialien bis hin zur Zusammenarbeit bei komplexen Lieferketten – unterstützen, ermöglichen diese Informationskoordination verbunden mit einer zusätzlichen Transparenzerhöhung (vgl. hierzu auch den Beitrag von DUDENHÖFFER). E-Business-Lösungen werden in der Bauwirtschaft vor allem in zweierlei Formen angewendet:

- als Transaktionsplattform, die maßgeschneiderte Lösungen zum Beispiel für den Einkauf komplexer Nachunternehmer-Leistungen bietet,
- als Collaboration-Werkzeug, das die Zusammenarbeit zwischen Bauherren, Architekten, Planern, General- und Nachunternehmern erheblich erleichtert.

Die sich hieraus ergebenden Chancen zur Kostenreduzierung begründen sich im Wesentlichen in der *Optimierung und effizienten Neugestaltung innerbetrieblicher Arbeitsabläufe*, wie z.B. Beschaffungsprozesse oder projektbezogene Abwicklungsprozesse. Daher sind sämtliche betrieblichen Prozesse im Hinblick auf die Eignung für E-Business zu überprüfen und nötigenfalls anzupassen. Nur so können durch die vernetzte Kooperation Effizienz- und Effektivitätsvorteile nutzbar gemacht werden.

4.3.2. Unternehmensübergreifende Prozessoptimierung in der Wertschöpfungskette

Mit dem Trend zur Abnahme der Fertigungstiefe in Bauunternehmen (vgl. Abschnitt 2.2.) erstrecken sich die Wertschöpfungsprozesse über die nunmehr eingebundenen Unternehmen, so dass die Wettbewerbsfähigkeit eines Bauunternehmens nur noch zum Teil von seiner eigenen Leistungsfähigkeit abhängt. *Supply Chain Management* (SCM) stellt daher unter den vorgenannten Randbedingungen einen elementaren Faktor bezüglich der Wettbewerbsfähigkeit von Bauunternehmen dar. SCM ist die aktive Gestaltung sämtlicher Prozesse über die gesamte Wertschöpfungskette, eben nicht nur innerhalb des Unternehmens, sondern unternehmensübergreifend (vgl. hierzu auch die Beiträge von SLAGMULDER und SEURING). Die Supply Chain muss dabei über ihre gesamte Länge auf die Kundenbedürfnisse hin abgestimmt werden, da das vorrangige Ziel des Supply Chain Managements – neben der Kostenreduktion – die Befriedigung der Kundenbedürfnisse ist. Um dies zu erreichen, müssen die Lieferanten bereits in der Akquisitions-/Angebotsphase in das Projekt integriert werden, so dass Planungs- und damit Produktionssicherheit gewährleistet ist. Dies kann soweit gehen, dass auch deren Vorlieferanten zur Sicherstellung der Produktionstermine bzw. Materialbereitstellung eingebunden werden. Häufig ist dies beispielsweise bei Stahlbaukonstruktionen erforderlich, für die meist längere Produktionszeiten notwendig sind, da besondere Anforderungen hinsichtlich Querschnittsabmessungen oder Materialbeschaffenheit bestehen (vgl. Abb. 4).

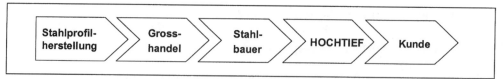

Abb. 4: Wertschöpfungskette vom Erzeuger bis zum Kunden am Beispiel Konstruktionsstahl

Gerade im Baugewerbe ist die unternehmensübergreifende Prozessoptimierung im Rahmen des Supply Chain Management die einzige Möglichkeit, den hohen Anforderungen aus steigenden Kundenerwartungen hinsichtlich Bauzeit und Planungsvorlauf zukünftig gerecht zu werden und gleichzeitig signifikante Kostensenkungen zu realisieren. Diese werden z.B. durch Schnittstellenoptimierung und damit Reduzierung von Koordinationskosten, Abgleich von Einkaufskonditionen durch Pooling von Materialien verschiedener Projekte oder Senkung von Akquisitions- und Beschaffungskosten erreicht.

4.4. Ressourcenorientiertes Kostenmanagement

4.4.1. Kaufpreisoptimierung

Ein wesentlicher Bestandteil des ressourcenorientierten Kostenmanagements ist die Senkung von Bezugskosten über die Reduzierung der Materialeinstandspreise. Dabei kommt der Beschaffung aufgrund ihrer Funktion und ihrer Position zwischen dem Beschaffungsmarkt und den Bedarfsträgern (den Bauprojekten) eine besondere Bedeutung zu. Sie hat die Aufgabe zur Erschließung vorteilhafter Preis-Mengen-Relationen die Position des Unternehmens am Markt aktiv zu beeinflussen.

Trotz der für die Bauwirtschaft typischen Diskontinuität hinsichtlich Auftragseingang, Projektart und Projektstandort ist es möglich, mit dem gebündelten Versorgungsbedarf über alle Produktgruppen am Beschaffungsmarkt aufzutreten. Hierzu ist es erforderlich, Daten über alle Projekte zu erheben und damit eine größere Transparenz zu schaffen. Durch den Aufbau von Beschaffungsnetzwerken, d.h. Verbindung der Vorteile dezentraler und zentralistischer Organisationsformen, wird diese erforderliche Transparenz erreicht. Über die Verhandlung der erhobenen Gesamtvolumina können zum Teil erhebliche Preisvorteile erzielt werden, die über Rahmenvereinbarungen oder Rahmenverträge wieder den einzelnen Projekten verfügbar gemacht werden. Dabei kann eine Volumenbündelung abhängig von den Produktgruppen sowohl regional als auch überregional vorgenommen werden. Abhängig von der Verfügbarkeit der zu beschaffenden Güter und der Repräsentanz der Anbieter ist daher zwischen regional, überregional und global gültigen Rahmenvereinbarungen zu unterscheiden. So können z.B. mit der Transportbetonindustrie aufgrund ihrer heutigen Strukturen allenfalls überregionale Rahmenvereinbarungen geschlossen werden. Für gebäudetechnische Ausrüstungen hingegen wurden bei HOCHTIEF mit weltweit vertretenen Herstellern bzw. Ausrüstern global gültige und anwendbare Rahmenvereinbarungen geschlossen.

Wesentlich für die erfolgreiche Umsetzung solcher Konzepte ist jedoch die Änderung von einer ausschließlich projektbezogenen hin zu einer gesamtunternehmerischen Ausrichtung in der Bauindustrie.

4.4.2. Lieferantenmanagement

Ausgangspunkt eines Lieferantenmanagements ist die Fragestellung: „Haben wir die richtigen Lieferanten für unsere Problemlösungen?" oder „Wie machen wir aus unseren Lieferanten die „richtigen" Lieferanten?".

Die Frage bekommt besonderes Gewicht bei Betrachtung einiger Zahlen. Laut dem Bauschadensbericht des Bundesbauministeriums von 1996 werden jährlich Kosten in Höhe von ca. 5,2 Mrd. € durch Baufehler verursacht. Allein für Neubauten werden in der Statistik 0,9 Mrd. € ausgewiesen. Die Zahlen werden aussagekräftiger, wenn man ein Bezug zum Bauschadensbericht von 1988 herstellt. Damals wurde eine jährliche Gesamtschadenshöhe von 3,7 Mrd. € festgestellt, was eine Steigerung von ca. 41% bedeutet. Man kann davon ausgehen, dass die heutigen Kosten noch höher liegen, da durch niedrige Baukosten und kürzer werdende Bauzeiten oft die Bauqualität leidet. Hinzu kommen noch Kosten aus Konkursen und Insolvenzen.

Das primäre Ziel eines Lieferantenmanagements muss also die Qualitätssicherung bzw. Qualitätsverbesserung sein. Operationalisiert lassen sich hieraus folgende Teilziele formulieren:

* Optimierung der Lieferantenauswahl,
* Transparenz über Güte vorhandener und potenzieller Lieferanten,
* Verbesserung der Leistungen hinsichtlich Qualität-, Termin-, Kostensicherheit.

Durch ein aktives, zukunftorientiertes Lieferantenmanagement werden die vorgenannten Teilziele verwirklicht und die Lieferanten in einen Regelkreis bestehend aus den Teilprozessen Lieferantenauswahl, Lieferantenbewertung und Lieferantenentwicklung geführt. Bei HOCHTIEF wurde hierzu ein System entwickelt, dessen Kern eine differenzierte Lieferantenbewertung bildet. Diese Lieferantenbewertung ermöglicht es, für qualitative, wirtschaftliche, rechtliche und beschaffungsbezogene Aspekte sowohl die operativen Leistungen in einem Projekt als auch die Leistungspotenziale zu identifizieren. Auf Basis der Bewertungsergebnisse werden unter Berücksichtigung des zukünftigen Bedarfs Entwicklungsziele mit den Lieferanten vereinbart. In regelmäßigen Reviews mit den Lieferanten bzw. Auditierungen wird die Umsetzung der Zielvereinbarungen überprüft und dokumentiert. Bei Bedarf erfolgt eine gezielte Anpassung an die geänderten Anforderungen. Durch die Dokumentation aller Ergebnisse wird die erforderliche Transparenz und eine gezielte Lieferantenauswahl ermöglicht. Mittelfristig wird durch dieses Vorgehen eine Sondierung der Lieferantenbasis in entwicklungsfähige und nicht entwicklungsfähige Lieferanten erreicht, wodurch die oben genannten Risiken erheblich reduziert werden können. Gleichzeitig kann dieses System zum Aufbau/Ausbau langfristiger Lieferantenbeziehungen bis hin zu Wertschöpfungspartnerschaften dienen.

5. Zusammenfassung

Die Rezession im Bausektor war zunächst eine normale, unumgängliche Folge der Konjunkturabkühlung. Das Ausmaß der Krise und die Schwierigkeiten des Bausektors, aus ihr herauszufinden, deckt jedoch schonungslos die Nachteile der stark segmentierten Wertschöpfungskette am Bau auf. Eine bessere Koordination und Kommunikation sowie der gemeinsame Auftritt am Markt sind erste Ansätze für eine neue Strategie aller am Bau Beteiligten. Angesichts des anhaltend starken Drucks auf die Preise müssen die Kostenschwerpunkte, die Personalkosten, die Materialkosten und die Fremdleistungskosten, immer wieder überprüft werden. Dieser Herausforderung nach proaktiver Senkung der Kosten müssen sich alle Unternehmer immer wieder aufs neue stellen und nach neuen innovativen Wegen für die Bauindustrie suchen.

Teil V
Stand und Perspektiven des Kostenmanagements im internationalen Vergleich

Einführung

Im Mittelpunkt der Diskussion in Wissenschaft und Praxis stehen seit Beginn der 1990er Jahre vor allem Ansätze und Methoden des Kostenmanagements, die ihren Ursprung in Japan (z.B. Target Costing, Kaizen) oder den USA (z.B. Activity-Based Costing, Benchmarking) haben. Obwohl sich bereits weit früher erste Gedanken zu diesen Instrumenten auch in Deutschland nachweisen lassen – zur Idee des Target Costing beispielsweise bei Volkswagen in den 30er Jahren (vgl. FRANZ 1993, S. 124f.) oder zur Prozesskostenrechnung beispielsweise bei Siemens in den 70er Jahren (vgl. ZIEGLER 1992, S. 304ff.), so ist der breite Durchbruch dieser Methoden in Deutschland auf die von japanischen bzw. amerikanischen Unternehmen erzielten Erfolge im Kostenmanagement zurückzuführen.

Die Philosophie des Kostenmanagements in Japan ist durch die dem Land eigenen wirtschaftlichen, gesellschaftlichen und kulturellen Besonderheiten geprägt. Sie unterscheidet sich dadurch von der Vorgehensweise amerikanischer und europäischer Unternehmen. Um das Verständnis für die unterschiedlichen Denk- und Handlungsweisen zu vertiefen, werden im fünften und letzten Teil dieses Buches die historische Entwicklung, der Status-Quo sowie aktuelle Trends und Perspektiven des Kostenmanagements in verschiedenen Ländern der Triade gegenübergestellt. Die einzelnen Beiträge aus Japan, den USA, Großbritannien und Deutschland setzen jeweils unterschiedliche Schwerpunkte. Dadurch werden Unterschiede und Gemeinsamkeiten in der Philosophie, Vorgehensweise und Methodik des Kostenmanagements deutlich.

In dem ersten Beitrag gibt SAKURAI einen Einblick in die historische Entwicklung und die kulturellen Hintergründe des Kostenmanagements in *Japan*. Beeinflusst durch die USA stand die Kontrolle der Herstellkosten durch das Standard Costing in den 1950er Jahren im Zentrum des Kostenmanagements. In den 1960er Jahren wurde das Standard Costing zusätzlich Grundlage für die Budgetierung und die Bestandsbewertung im externen Rechnungswesen. Eine aktive Kostensteuerung war bis zu dieser Zeit nicht ausgeprägt. Erst als das MITI im Jahre 1967 das Statement ‚Cost Management' veröffentlichte und darin u.a. die Grenzen des Standard Costing für das Kostenmanagement aufzeigte und die Notwendigkeit der Entwicklung neuer Instrumente zur Kostensteuerung betonte, bildete sich in Japan ein eigenständiges Management Accounting heraus. SAKURAI sieht hierin den Ursprung des Target Costing, das sich in japanischen Unternehmen bereits nach der ersten Ölkrise in den 1970er Jahren als ein wirkungsvolles Kostenplanungs- und -steuerungsinstrument bewährt hat. Seitdem hat sich das Kostenmanagement auch in Japan weiterentwickelt. Insbesondere der Zusammenbruch der ‚Bubble Economy' in 1991 und die wechselkursbedingte Verschlechterung der Wettbewerbsfähigkeit exportorientierter Unternehmen haben zu Beginn der 1990er Jahre neue Impulse gegeben. Dies führte in 1993 zu einem Statement der Japan Accounting Association mit dem Titel ‚Integrated Cost Management'. Hierin wird das ganzheitliche Verständnis von Kostenmanagement in Japan deutlich: Kostenmanagement umfasst die gesamte Wertschöpfungskette und alle Phasen des Produktlebenszyklus.

Der Beitrag von COOPER gibt einen Einblick in die Entwicklung des Kostenmanagements in den *USA*. Zentrale These des Beitrages ist, dass Kostenmanagement durch die zunehmende Wettbewerbsintensität an Bedeutung gewinnt und daher sowohl die Anwendung neuer Kostenmanagement-Instrumente als auch die Einbeziehung aller Mitarbeiter erforderlich macht. COOPER zeigt anhand von zahlreichen Beispielen, dass hieraus wichtige Implikationen für die Ausgestaltung des Controlling und die Rolle des Controllers resultieren. Wichtigste Erkenntnis ist, dass der Bedarf an Controllern in Zukunft sinken, der Bedarf für Controlling-Informationen dagegen steigen wird. Diese scheinbar widersprüchliche Feststellung spiegelt die Dezentralisierung von Controlling-Aufgaben an die Mitarbeiter aller Funktionsbereiche wider. Kostenmanagement forciert den Trend vom Fremdcontrolling zum Selbstcontrolling, bei dem der Controller mehr denn je die Funktion eines internen Beraters und Coaches übernimmt. Diese Entwicklung hat wiederum nachhaltige Konsequenzen für die Lehre und Praxis des Controlling, die in diesem Beitrag diskutiert werden.

Die britische Perspektive zum Kostenmanagement wird im Beitrag von MITCHELL dargestellt. Wie in vielen anderen Bereichen, so sind auch die aktuellen Entwicklungen im Management Accounting in *Großbritannien* stark von den USA beeinflusst. Der Beitrag geht zunächst auf die Ergebnisse empirischer Studien zur Verbreitung traditioneller Methoden der Kostenkontrolle, der Budgetierung und des Performance Measurement ein. Anschließend werden ausführlich neuere Entwicklungen dargestellt. Dazu gehört vor allem das Activity-Based Costing, das seit Beginn der 1990er Jahre zunehmend in britischen Unternehmen angewandt wird. Auf der Basis eigener empirischer Untersuchungen gibt MITCHELL einen Einblick in die Anwendungsmotive, Einsatzbereiche und Implementierungsprobleme des Activity-Based Costing in Großbritannien und zeigt, dass sich bei dieser Methode zwischenzeitlich eine gewisse Konsolidierung in der Verbreitung abzeichnet. Darüber hinaus werden Themen wie Theory of Constraints, Qualitätskostenmanagement, Target Costing, Benchmarking und Performance Measurement behandelt.

Im Mittelpunkt des Beitrages von FRANZ/KAJÜTER zum Kostenmanagement in *Deutschland* stehen die Ergebnisse einer Ende 2001 durchgeführten empirischen Untersuchung, die an die Studie aus 1996 anknüpft, z.T. aber auch darüber hinausgeht. Im Vergleich zu den Vorjahren bescheinigen die Unternehmen verstärkte Bemühungen zur Kostensenkung. Dabei wird von den Anwendern dem Target Costing die höchste Leistungsfähigkeit zur Erreichung der Kostensenkungsziele zugesprochen. Seine Verbreitung hat folgerichtig seit 1996 weiter leicht zugenommen. Aber auch die Prozesskostenrechnung, das Benchmarking und das Life Cycle Costing werden von den Anwendern positiv beurteilt. Mit Ausnahme des Benchmarking signalisieren die Befunde hier jedoch – ähnlich den Ergebnissen zum Activity-Based Costing in Großbritannien – eine Stagnation im Einsatzgrad. Der Beitrag gibt darüber hinaus einen Einblick in die Praxis der Kostenanalyse und zeigt künftigen Forschungsbedarf auf.

Cost Management in Japan

Michiharu Sakurai

1. Cost Management in the Past

Management processes include not only control but also planning. Thus, cost management should include cost planning as well as cost control. However, discussion had focused only on cost control through standard costing, not on cost planning when we talked about cost management until the 1950s. There are two reasons for this: First, standard costing was successfully used by Japanese companies to increase efficiency of scarce resources. Standard costing was the most effective tool for controlling manufacturing costs. Second, cost planning did not play such an important role because technological innovation was not prevalent at typical Japanese companies in those days.

By early the 1960s standard costing had been integrated with the accounting system for controlling costs and preparing financial statements. Cost Accounting Standards established in 1962 by the business Accounting Deliberation Council of the Ministry of Finance guided cost accountants in Japan. In the Standards, standard costing was formally approved as a tool for controlling costs as well as preparing financial statements and budgeting. However, the Standards did not touch on the role cost planning should play in cost management.

The Japanese economy from the 1960s to 1973 is characterized by a period of high economic growth. Especially, heavy industry has developed remarkably with the support of MITI (Ministry of International Trade and Industry). Japanese companies introduced advanced manufacturing facilities to increase sales volume and reduce production costs. In fact, typical Japanese manufacturing companies invested very actively in plant and equipment. At the same time, planning tools such as profit planning, long-range planning, capital budgeting, and direct costing have been introduced into major Japanese companies. MITI supported this introduction: it published a statement entitled *'Cost Management'* (MITI 1967).

2. What 'Cost Management' means to Japanese Accountants

The statement 'Cost Management' is representative of the management accounting philosophy and techniques in Japan. Its philosophy dominated Japanese academics and practitioners until the 1980s. In addition, it played a leading role in the development of Japanese management accounting theory and practice for about twenty years after it was issued in 1967. Therefore, when we discuss cost management in Japan we can safely describe the contents of the statement 'Cost Management' to see what cost management means to Japanese accountants.

'Cost Management' is defined as "all management activities which set goals to reduce cost necessary for steady development of an organization, prepare planning for implementing those goals, and attain them as a subset of profit planning". It has three major characteristics which were unique at that time:

- First, it stressed the role of cost planning as well as cost control. That is, it clearly indicated the limitations of standard costing as a tool for cost management and suggested the need for developing new tools for cost planning.
- Second, it emphasized increasing revenue as well as cost reduction for cost management. For example, expanding manufacturing facilities is construed as promoting cost management because it often reduces unit manufacturing cost by introducing more efficient machinery even if that were very expensive.
- Third, it advocated establishing responsibility accounting in major Japanese companies. It also advocated such tools as direct standard costing, capital budgeting, EOQ (Economic Order Quantity), QC (Quality Control), VA (Value Analysis), and IE (Industrial Engineering).

The effects of these three factors on the direction of Japanese management accounting in the years following its completion had been pervasive. *Target costing*, the author believes, is the product of 'Cost Management'.

The period from 1973 to the 1980s is characterized by stable or low economic growth. The oil crises taught some Japanese managers that volume expansion alone might not be appropriate for the future. A few excellent companies realized that effective use of resources must be pursued instead of efficient use of resources or volume production. For example, quite a few Japanese assembly-oriented companies introduced target costing. Instead of mass-production, low volume production with varied products was the typical production method in those days. In place of scale merit, economies of scope played an important role. Target costing is an appropriate tool for the effective use of materials and parts in assembly-oriented companies. However, the majority of Japanese companies did not realize that volume expansion was no longer appropriate as a major goal.

The Japanese economy was staggered by the collapse of the bubble economy in 1991. The ensuing high yen devastated exporting companies. Even successful companies could not export domestically produced products competitively, and were forced to produce products overseas. Formerly competitive industries have become uncompetitive with heavy overheads. As a result, the break-even point has risen in typical Japanese manufacturing firms. Thus, the paradigm surrounding Japanese companies has completely changed. This leads to a new concept of cost management, integrated cost management.

3. What is 'Integrated Cost Management'?

In 1993, a Special Committee of the JAPAN ACCOUNTING ASSOCIATION on "How Cost Management Systems Should be Constructed in the New Business Environment" published a statement entitled *'Integrated Cost Management'* (JAPAN ACCOUNTING ASSOCIATION 1993).[1] The statement presents the most influential philosophies and techniques of Japanese management accounting in the 1990s. In this statement 'Integrated Cost Management' (ICM) was defined as a "comprehensive value chain approach to strategic cost management for products, software, and services". This includes the entire product life cycle from R&D to product planning, design, manufacturing, sales promotion, physical distribution, operation, maintenance and disposal. It is expected that cost reductions/quality improvements, across the life cycle will provide the overall highest benefit for the organization. Emphasis is placed on the preeminence of attaining corporate goals in the globalized competitive world.

'Integrated Cost Management' now provides the basis for understanding what cost management means to current Japanese academics and practitioners. The following figure shows the typical philosophy and techniques in the 1960s and 1990s as revealed in the two different statements.

Description	1960s	1990s
Business Environment	Export promotion Industrialization Mass production	Globalization Computerization A variety of products with low production
Corporate Goals	Profit	Survival Growth Development
Operational Guideline	Profitability	Effectiveness
General Business Approach	Planning & Control	Innovation Kaizen Maintenance
Organizational Structure	Functional	Cross-functional
Major Areas	Production and Marketing	R & D, Planning & Design, Production, Marketing, Operation, Maintenance, and Disposal
	Manufacturing	Manufacturing Service Software
Major Techniques	Standard Costing Budgeting Variable Costing Industrial Engineering	Traditional techniques (1960s) Target Costing ABC & ABM Life Cycle Costing Quality Costing TQC, TPM, JIT, VE Others

Fig. 1: Management accounting of 1960s in comparison with 1990s

In the following section we present a short description of environmental changes in Japan, and indicate some of the effects on the management accounting system.

4. The Framework of 'Integrated Cost Management'

4.1. The Japanese Context

Japanese business is embedded in a social structure which has changed greatly during the 35 years since the late 1960s when the term 'cost management' was clearly defined. The changes have extended to the business environment, business philosophy, and corporate goals.

4.1.1. The Business Environment

There are three main characteristics that differentiate between the Japanese business environment in the 1990s and in the 1960s: globalization, factory automation, and computerization or information technology. Each of these has had a large impact.

- *Globalization:* Japan, because of scarce natural resources, developed its economy based on a MITI-promoted philosophy that Japan should produce and export quality products at low cost. One dollar was ¥360 during 1960s. However, following the Plaza agreement of 1985 between Japan and the US, the yen rose from $1 to ¥260 (February 1985) to $1 to ¥127 (January 1988), and $1 to ¥105 (April 1996). In a very short time Japan had to react to this by changing its basic policy from "produce in Japan, and export to the other countries" to "produce abroad, and sell abroad." Thus, quite a few Japanese companies built overseas plants instead of producing manufacturing products in Japan. This, of course, parallels what many business theorists suggest is the life cycle of international business.
- *Factory Automation:* The increased average household income since the 1960s has changed the Japanese lifestyle greatly. Diversification of consumer needs and shortening of product life cycles have changed the pattern of demand such that production methods have changed from low variety/high volume to high variety/low volume production. This consumer demand is one of the strongest forces pushing producers towards development of flexible manufacturing using industrial robots. Major Japanese companies are continuing to move in this direction by introducing CIM in their factories.
- *Computerization:* The development of computerization coupled with communication and information technologies hastened changes in Japanese society from an industrial culture to an information culture. It has promoted various business innovations in Japanese organizations, which have also been seen in the United States and Europe. These developments have been pushed along by the increasing need for global communication in the globalized companies.

4.1.2. Corporate Mission

In the 1960s, the major corporate mission or business philosophy was to make a profit through expanding business operations, although Japanese managers were known to use multiple goals. For example, increasing sales volume, market share, and productivity were important, although lesser, goals, as was maintaining good relationships with employees, banks, investors, and suppliers. The main mission has shifted through the years to include more social dimensions. This shift means that Japanese managers have gradually realized they cannot exist without being in harmony with society.

Currently, profit or other volume-oriented corporate goals alone can no more predominate. Instead, many Japanese managers believe that the ultimate corporate philosophy or mission is not making a profit, but the survival, growth, and development of the organization.

4.1.3. Corporate Goals

In the 1960s, there were huge demands to satisfy, both in domestic and foreign markets. Naturally, the major corporate goal was to raise sales volume by increasing market share at home and abroad. The statement 'Cost Management' (MITI 1967) pointed in this direction. However, the market is no longer growing, partly due to the saturation of consumer needs. As a result, most Japanese companies cannot reasonably expect to achieve higher profitability through increases in sales or market share.

Currently, the major corporate goal is effective use of corporate resources for customer satisfaction. Effectiveness means wise use of resources to attain corporate goals such as quality, flexibility, service, delivery, and throughput – as well as sales growth and market share. The relationship is shown in the following figure.

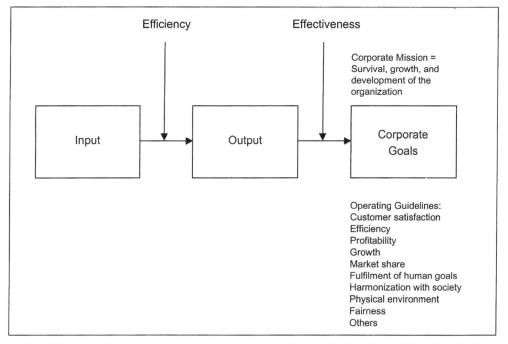

Fig. 2: Corporate Mission and Corporate Goals

The business goals also have to be changed to achieve the goals of an organization, the survival, growth, and development of the organization. Currently, the corporate goals are believed to be the following: customer satisfaction, efficiency, profitability, growth, market share, fulfilment of human goals, harmonization with society and the physical environment, and fairness.

4.2. The Impact on Cost Management in Japan

Responding to the above factors, Japanese management accounting has gradually divorced from predominantly US derived methods to distinctively Japanese approaches. This change has been so penetrating as to include the general business approach, organizational structure, major areas of accounting activity, and accounting techniques.

4.2.1. General Business Approach

'Cost Management' (MITI 1967) uniquely emphasized prospective planning as well as retrospective cost control. Thus, the statement emphasized the limits of standard costing as a tool for management control by acknowledging its retrospective nature. *'Integrated Cost Management'* (JAPAN ACCOUNTING ASSOCIATION 1993) expands beyond planning and control to emphasize Innovation, Kaizen, and Maintenance (IKM). In this context, Innovation means innovative changes to products or production processes as a result of introducing new technology and/or investing in plant and equipment. It is the result of discontinuous discovery activities, and is radical in its effect. Kaizen is continuous improvement of current activities. Maintenance means activities for maintaining current standards in technology, business, and operations.

One of the main differences is that the IKM approach is explicitly purposive, from the very names of the three areas even to the language it uses, while the planning and control approach is not. The planning and control approach implicitly assumes that the purpose of the organization flows from upper level managers, and that the tools, and their users, are the somewhat detached, professional service providers. None of the many US tools listed in the introductory part of this paper implies improvement in any business function – only control. In fact, it would be possible to have a perfectly functioning system using those techniques and still have no improvements of effectiveness or *attempts* at improvements. The framework of Innovation, Kaizen, and Maintenance (IKM) is believed to be a more suitable operating doctrine for Japanese companies in using TQC (Total Quality Control), JIT (Just-in-Time), TPM (Total Productive Maintenance), and target costing than the framework of planning&control since these techniques are also purposive – each seeks not to control its subject, but to change its nature. The purpose of TQC is to improve quality. The purpose of JIT is to reduce inventory. The purpose of TPM is to improve machine availability. The purpose of target costing is to reduce product cost. It is probable that the IKM operating doctrine and the Japanese tools developed together, however even if they did not, they work best together.

This change in the general approach may be the most significant piece of the puzzle for US and European businesses, since the fact that these attitudes are the necessary driving force behind the Japanese management tools (JIT, TPM, etc.) is not widely understood in the US and Europe.

4.2.2. Organizational Structure

In the past, the business organization was structured based on functions such as production, marketing, purchasing, R&D, engineering, personnel, and accounting, and even today this functional organization is essential because of the special knowledge-base each area develops. However, cross-functional structures have become indispensable for developing new products or conducting R&D. These cross-functional structures are important because they allow the cooperative work of each area to influence other areas, as well as allowing tradeoffs in cost between areas. In many instances this influence occurs informally, however the information density in each functional area has increased dramatically, and at the same time informal communication has become more difficult as physical and organizational distances increase in larger firms. To ensure that the cross-functional activity takes place even in the face of obstacles many companies create formal workgroups with a cross-functional structure.

4.2.3. Major Arenas for Management Accounting

The major arenas in which management accounting is used have changed:
- *Use in New Functional Areas:* In the past, management accounting was mainly used in production, marketing, and in some cases in finance functions. It is used in many other areas now. Currently, management accounting is used in R&D, product planning and design, and also in life cycle planning areas as operations, maintenance, and disposal. Due to many features of the Japanese business this has not increased the number of accountants, as might be expected in the US and Europe.
- *Use in Different Industries:* In the past, management accounting was used mainly in the manufacturing industries. Currently, it is also used extensively in the computer software, telecommunications, merchandising, and other service industries.

4.2.4. Major Cost Management Techniques

In the 1960s and early 1970s, traditional cost management techniques such as standard costing, operating budgets, variable costing, and capital expenditure budgets were used by Japanese companies in almost the same way as in the United States. This use was the result of an active introduction of American cost management systems after World War II. All of these traditional techniques are well entrenched in Japanese companies, although some of them have been modified to fit Japanese preferences.

Today, a set of new tools has been added to the managerial accounting palette, such as target costing, Kaizen costing, and cost maintenance. So far, these new tools have been most intensively used in assembly-oriented industries although their use is spreading fast. Cost engineering tools, such as TQC, JIT, TPM, and VE have also been effectively installed in those companies. The cost engineering tools are regarded as distinct from, but coherent with, cost management tools. The use of these methods extends even to Japanese software houses and mainframe manufacturers, who have installed cost accounting and cost management systems for software which include both the managerial accounting tools and the cost engineering tools.

Japanese companies have become very active in introducing such techniques as quality costing, life cycle costing, chargeback systems, and investment justification for CIM equipment. They have also constructed management accounting systems for globalized companies. In the first half of the 1990s, Japanese companies began showing great interest in Activity-Based Costing (ABC) or Activity-Based Management (ABM) as tools for business process reengineering.

5. Japanese Cost Management of Today

In the late 1990s, three major environmental changes have taken place in Japanese society. First, Japanese companies have lost their international competitiveness in manufacturing industries. Thus, Japanese government has been trying to foster IT emerging industries. However, this attempt has not succeeded so far. A lot of Japanese have lost their pride due to the long-term depression. Consequently, Japanese academics and managers are apt to follow Western or American management practices. Second, foreign institutional investors have bought Japanese stocks. Right now they have more than 20% of all Japanese stocks. In contrast to typical Japanese silent stockholders, their demands are stronger than the Japanese. They demand Japanese GAAP to follow global (or American) standards. The Japanese Finance Ministry changed its conventional accounting rules to more global standards in the late 1990s: these include consolidation, R&D costs and effective tax accounting, to name a few. In management accounting, many companies have adopted global management tools such as EVA and Balanced Scorecard. Third, in the discussion of corporate governance, quite a few economists argue for stockholders instead of banks and employees.

Naturally, these environmental changes have changed Japanese cost management. These changes can be seen in the following three areas:

- *Less Discussion of Cost Management in Manufacturing:* More than 60% of major Japanese companies already have overseas plants. As a result of active direct investment, major Japanese companies have lost major domestic plants. This has caused cost management issues to gain less attention in the discussion of management accounting.
- *Corporate Value:* Japanese companies have to be aware of stockholders more than ever because of the increase of foreign institutional investors. Several Japanese companies have adopted performance evaluation measures such as EVA. As a result, the concept of cost management has been enlarged to include capital costs which had been a topic of managerial finance.
- *Business Strategies:* From the 1960s through the 1980s, most Japanese companies struggled to produce quality low-cost products. But, in the 1990s it was not enough for Japanese manufacturing companies to produce quality products with low costs because

Chinese companies could produce the same quality products for one to ten times less costs. This fact made most Japanese realize that cost reduction or cost management is not enough to survive in the future. This also caused most Japanese academics and practitioners to gain an interest in business strategies. As a result, some academics argue that the concept of cost management should include strategic management control.

6. Conclusion

The discussion of the Japanese business environment provides the base for the current discussion of cost management concepts and techniques in Japanese leading-edge companies. The overriding imperatives of competition in the global competitive world are "responsiveness and flexibility" (JOHNSON 1992, p. 156). 'Integrated Cost Management' is expected to enhance bottom-up empowerment in order to enable an organization to be responsible and flexible to meet the imperatives of competition in the globalized world. Recently, continual economic depression has led the discussion of Japanese "cost management" from cost control and cost reduction to corporate value and business strategy.

References

1 Committee members are the following: Sakurai, Michiharu, chairman (Senshu University), Asada, Takayuki (Tsukuba University), Itoh, Yoshihiko (Seikei University), Ogura, Noboru (Tohoku University), Kobayshi, Noritake (Keio University), Satoh, Yasuo (Housei University), Tsuji, Masao (Waseda University), Hiromoto, Toshiro (Hitotsubashi University), Matsuda, Shuichi (Waseda University), Mizoguchi Shuji (Yokohama National University), Monden, Yasuhiro (Tsukuba University), Itoh, Kazunori (Tamagawa Gakuen University).

Cost Management in the US:
The Changing Practice of Management Accounting

ROBIN COOPER

1. Introduction

As competition becomes more intense, firms are forced to learn to be more proactive in the way they manage costs. With the emergence of the lean enterprise and global competition, firms face ever increasing levels of competition. For many of these firms, survival is dependent upon their abilities to develop sophisticated cost management systems that create intense pressures across the entire value chain to reduce costs. This increased importance of cost management is a central theme of *When Lean Enterprises Collide* (COOPER 1995):

> "Firms that adopt a confrontation strategy (an intense form of competition) must become experts at developing low cost, high quality products that have the functionality customers demand. ... A firm that fails to reduce costs as rapidly as its competitors will find its profit margins squeezed and its existence threatened. ... Cost management, like quality, has to become a discipline practiced by virtually every person in the firm. Therefore, overlapping systems that create intense downward pressures on all elements of costs are required." (COOPER 1995, S. 7).

As cost management becomes more critical to a firm's survival, two trends emerge. First, new forms of cost management are required and second, more individuals in the firm become actively involved in the cost management process. Management accountants, observing the growth in importance of cost management, might feel tempted to assume that a similar increase in the importance of their role in the firm will follow. Recent articles that call for management accountants to become more involved in the management process support this assumption. For example, KAPLAN (1995, S. 13) argues that management accountants should:

- Become part of their organization's value-added team;
- Participate in the formulation and implementation of strategy;
- Translate strategic intent and capabilities into operational and managerial measures; and
- Move away from being score keepers of the past and to become the designers of the organization's critical management information systems.

Unfortunately, getting more involved in the management process is only part of the story. The rest of the story deals with decentralizing the management accounting process and empowering the work force. The result is fewer management accountants in the firm, but a much wider use of management accounting information. To demonstrate why these changes in practice are occurring it is necessary to look at the evidence from practice.

2. Evidence from Practice

Evidence from five cost management techniques will be used to demonstrate how the growing importance of cost management is changing the practice of management accounting. These techniques were chosen to explore the range of cost management systems that are being installed by firms in highly competitive environments. The evidence for the first two techniques – activity-based costing and treatment protocols – is drawn from Western practice. The evidence for the next three techniques – target costing, kaizen costing, and harnessing the entrepreneurial spirit – is drawn from Japanese practice.

2.1. Lessons from Western Practice

To demonstrate the trends that are pointing the way to the future of management accounting, evidence for two of the techniques is drawn from Western practice. The first technique, *activity-based costing*, was chosen to illustrate that when a management accounting technique is used for cost management, the role of the management accountant is not as central as might be expected. The second technique, *treatment protocols*, was chosen to illustrate cost management practices in a non-manufacturing setting where historically cost management has not played a critical role. The partnership, not leadership, role of the management accountant will be described.

2.1.1. Activity Based Cost Management (ABCM)

The development of practical ABCM systems in the late 1980s highlights the subtle but profound interplay between management accounting and cost management in intensely competitive environments. ABCM derives its power from the way its outputs can be used for cost management:

> "ABC information, by itself, does not invoke actions and decisions leading to improved profits and operating performance. Management must institute a conscious process of organizational change and implementation if the organization is to receive benefits from the improved insights resulting from an ABC analysis." (COOPER ET AL. 1992, p. 308).

For ABCM systems to be effective, everyone in the firm must view them – from top management to operating personnel – as cost management tools rather than accounting tools. To achieve this objective, the accounting or finance department must relinquish ownership of these systems to the users. If accounting or finance fails to understand this key point, then ABCM is unlikely to succeed:

> "(T)he finance sponsor is following what could be called a field of dreams strategy: 'If I build it [the ABC model], the line managers will come [and take action].' Unfortunately, the field of dreams strategy usually proceeds with the project team being asked to refine the model, re-estimate it on new data (e.g., this year's actuals, next year's budget), and develop new models for different organizational sites. The danger of this pattern is that after several years of refinement, re-estimation, and extension, but no managerial decisions or actions, the ABC project becomes viewed as a concern of the finance group only. It is not thought of as an initiative that has to be addressed, accepted, internalized, and acted upon by operating managers." (COOPER ET AL. 1992, p. 8).

To achieve the full cost management potential of ABCM, the accounting or finance department must give up ownership of the cost system. One significant outcome of this decision is that accountants must have only limited involvement in its design. While traditional systems are the property of accounting and are used to support the financial accounting process, successful ABCM systems are owned by the functions and are designed to support the needs of cost management, not financial accounting. The result is a reduction in the role of accounting in the management of costs:

> "One of the primary objectives the plant controller had in implementing the new system was for it to be viewed as a *management* system instead of a financial system. The controller wanted production and engineering to "take ownership" of the system ... To achieve this objective, the implementation team included members from several other disciplines other than finance. This was done to foster commitment to the new system throughout the company." (COOPER 1990, p. 1).

The importance of the cost management role to the success of ABCM systems has confused many observers. Some management accountants (in their roles as controllers and chief financial officers) argue that ABCMs simply represent new accounting systems. Unfortunately, forcing ABCM systems to comply with financial accounting guidelines risks compromising the ability of that system to support cost management. For example, a manager at Hewlett Packard's Queensferry Telecommunications Division (QTD) stated:

> "We implemented cost driver accounting primarily to influence the manufacturability of our products. We wanted our engineers to understand the economic consequences of their design choices. We wanted to ensure that our products were both competitively priced and profitable." (COOPER/VERMA 1990, p. 1).

Despite this primary objective, when production volume dropped and volume variances became significant, senior management adjusted the overhead driver rates for financial accounting purposes. One outcome of these adjustments was distorting the economic information provided to the product designers at QTD:

> "When the production volumes dropped in the first half of the year, we began to encounter volume variances. These variances were not significant in the first quarter but by the second quarter they were very high. ... To avoid reporting large variances in the second half of fiscal 1990, QTD management decided to compute the cost driver rates for the second half of fiscal 1990 using the lower production volumes." (COOPER/VERMA 1990, p. 4).

The outcome of this decision is that the cost driver rates no longer reflect the underlying economics of the activities. Product designers using the new rates are unlikely to design the most cost effective products. For example, they will shy away from designing products consuming activities that currently have high levels of overcapacity (exactly the opposite to what is really required). Consequently, most firms that implement ABCM systems run them in parallel to the firm's financial accounting systems. Parallel systems remove the risk of compromising the cost management capabilities of ABCM to accommodate financial accounting rules and regulations. This isolation reduces the accounting knowledge required to design and implement such systems. The result is a reduction in the role of the management accountant, the users now take a more predominant role in the design of the system.

2.1.2. Treatment Protocols

The US health care industry provides an important window into the future of management accounting because it is an environment in which cost management has not historically been practiced. Such environments allow the relationship between management accountants and functional specialists to reflect the demands of modern cost management and not the demands of yesterday.

Most management accountants practicing in the health care industry accept that they lack the necessary clinical knowledge to effectively manage costs without the help of functional specialists. In addition, the functional specialists accept that they lack the knowledge and skill to develop cost systems. Consequently, the relationship between management accountants and the functional specialists can evolve based upon mutual respect, with the two groups working together to create effective new cost management systems. Given this mutual respect, management accountants can play an important role in such new settings to help create a culture of change with regard to cost management. For example, at Brookwood Medical Center (BMC) cost accountants played a vital role in the restructuring process. They provided cost analysis data and evaluated the cost impact of proposed changes. According to the Administrative Leader, "Cost accountants were excellent paradigm breakers as clinicians struggled to let go of old ways of providing health care".

The use of treatment protocols, a cost management technique, illustrates how management accountants and functional specialists can operate together to create effective cost management programs. Treatment protocols are used in health care to reduce costs. They represent standardized ways to treat a particular medical condition. For example, there are treatment protocols for appendectomies, total hip replacements, and chemotherapy for leukemia. The objective behind treatment protocols is to give every physician a concrete idea of the minimum cost procedure the average patient should receive to obtain effective treatment. The actual treatment received depending upon the severity of the condition, physical condition of the patient, and any other relevant factors that the physician must take into account.

Treatment protocols have proven effective at reducing costs by cutting back on unnecessary tests and inefficient delivery of treatment. For example, at BMC:

"Dissemination of data collected by the case management process resulted in significant reductions in length of stay and costs at BMC. Physicians were given resource utilization data (adjusted for severity) that compared their resource usage (variable cost per case) with that of other BMC physicians. Therefore, physicians could share information about treatment protocols that resulted in favorable clinical outcomes and lower resource utilization." (ALBRIGHT/COOPER 1996b).

Cost information plays a critical role in the development of techniques such as treatment protocols. Typically such information is not currently collected. Therefore, management accountants are required to develop the systems that create the cost information required to support cost management. For example, at BMC:

"BMC installed a computerized information system known as Transition I (TSI), to assist with standard costing, financial modeling, forecasting, and product line management (such as open heart surgery or neonatal intensive care). TSI allowed the creation of a data base with cost and demographic information that could be sorted by demographic elements. For example, information from the data base was used in the Outcomes Management (OM) program to identify costs associated with each physician and DRG (diagnostic related group)." (ALBRIGHT/COOPER 1996a).

Detailed information allowed BMC to obtain more accurate measurements of costs to provide care and to monitor and improve the quality of care provided to patients. For example, the patient number, length of stay, total charges, direct costs, and indirect costs for all appendectomy patients treated during a specific time period were summarized by the TSI system.

The management accountants are responsible for developing these cost systems, a critical and highly skilled role in its own right. They are not responsible for developing the treatment protocols which are typically established by a committee of health care professionals. For example at BMC:

"Critical paths (treatment protocols) were developed by interdisciplinary teams and focused on the expected sequencing and timing of patient treatment processes. The quantity and type of all procedures, tests, and lab work needed by patients in each DRG classification were specified by the critical path. Interdisciplinary team members established anticipated length of stay and average resource utilization by reviewing aggregate data provided by BMC's cost accounting department and by analyzing local, regional, and national benchmark data. Cost data were evaluated to choose DRGs that represented opportunities for cost and quality improvement, and to evaluate the amount of variation from patient to patient." (ALBRIGHT/COOPER 1996b).

Neither are the management accountants responsible for administering the protocols, which is typically the responsibility of individuals with clinical knowledge. At BMC:

"Case managers, with either Masters or Doctoral degrees in nursing, were responsible for aggregate financial and quality outcomes across specific patient populations. They collected and analyzed clinical and resource utilization data obtained from the specialty nurses and cost accountants and disseminated it to members of the health care team." (ALBRIGHT/COOPER 1996b).

The logic behind using case managers in this role was clearly understood at BMC:

"Since case managers had direct knowledge of physician-specific practice patterns, they were in a unique position to supplement cost accounting data with clinical information that physicians needed." (ALBRIGHT/COOPER 1996b).

The growth in positions, thus does not occur primarily in the management accounting department, but in the functional specialties where new positions are created for individuals with the responsibility to integrate the cost and functional information and disseminate it to the final users. Thus, while considerable new management accounting information is generated to support the cost management programs, the management accounting department remains small and highly focused.

The role of the management accountant in such a setting is clear. It is one of partnership, not leadership. While the management accountant does become more important, the role adopted is not one of a senior manager with strategic responsibility, but of a key specialist providing strategically critical information to help manage costs. At BMC the Director of Cost Accounting and Administrative Leader attributed BMC's improvements to the "marriage" between BMC cost accountants and clinicians who worked together to identify, measure, and control both costs and revenues, as well as to improve patient outcomes.

2.2. Lessons from Japanese Practice

The evidence for the next three techniques is drawn from Japanese practice. *Target costing* deals with cost management in the design stage of a product's life. It demonstrates the decentralization of the cost management process. *Kaizen costing* demonstrates that even when management accounting techniques are used to achieve cost management, management accountants play a small and decreasing role. Finally, *harnessing the entrepreneurial sprit* encompasses cost management techniques that do not involve any management accounting.

While generalizing across cultural boundaries is dangerous, the point of using evidence drawn from Japanese practice is to demonstrate what the future might look like. Japanese firms have been lean longer than their Western counterparts and have extensive experience with the cost management systems that support lean competition. As Western fans become lean, they will be forced to adopt cost management techniques such as target and kaizen costing. Therefore, the practice of cost management in Western and Japanese firms could easily converge over the next decade.

However, there are structural differences between Japanese and Western practice. Most Japanese firms have rotation programs for engineers designed to expose them to accounting and other aspects of business. These programs play a critical role in enabling the engineers (and other managers) to undertake the management accounting tasks associated with cost management. In Western firms, where such programs do not exist, management accountants currently perform many of these tasks. However, if Western firms adopt a more Japanese approach to cost management, which they might be forced to in order to remain competitive, then that could easily change.

2.2.1. Target Costing

Target costing[1] is a structured approach for determining the cost at which a proposed product with specified functionality and quality must be produced to generate the desired level of profitability at the product's anticipated selling price (COOPER/SLAGMULDER 1997). Target costing starts with estimating the selling price at which the proposed product will sell. Marketing determines this target selling price through market survey, consumer analysis and a myriad of other market research techniques. The second step is the determination of the new product's target profit margin. Reviewing historical trends, estimating competitive offerings, and sometimes running computer simulations achieves this objective. The third step is to determine the product's target cost by subtracting the target profit from the target selling price.

The fourth step is to use value engineering to find ways to design a product so that it can be manufactured at its target cost. Value engineering is a disciplined analysis to assess ways both to increase the functionality of a product without incurring a cost penalty and to reduce costs without incurring a functionality penalty. The task of value engineering lies in the domain of product design, not management accounting. For example, at Olympus Optical:

> "Aggressive cost reduction was achieved by applying three rationalization objectives. First, the number of parts in each unit was targeted for reduction. ... Second, expensive, labor-intensive, and mechanical adjustment processes were eliminated wherever possible. Finally, metal and glass components were replaced with cheaper plastic ones." (COOPER 1994a, p. 6).

In target costing, the primary role of management accounting occurs when value engineering is being applied. At this point, management accounting can help by providing estimates of future manufacturing costs that product engineers can use in designing the firm's new products so that they can be manufactured at their target costs. While this information is critical to helping the engineers design to target, the provision of these estimates represents a support, rather than a leadership, role.

This support role is highlighted by the fact that, in many Japanese firms, the accounting function has virtually no involvement in the target costing process. Instead, the accounting function is relegated to being the "gatekeeper of last resort." For example, at Nissan:

> "Accounting was not involved in the value engineering process, which was the responsibility of the cost design and engineering department. The primary function of accounting was to set the final target cost for each model variant and ensure that the vehicles were manufactured for that amount. As the vehicle entered production, accounting would monitor all component and assembly costs and if these were not in line with the final target costs, accounting would notify cost design and engineering that the final target costs were not being met." (COOPER 1994b, p. 5).

Thus, a powerful cost management technique is undertaken by product engineers and production personnel, not by management accountants. The critical knowledge required includes anticipated market conditions, long-term profit objectives, and product design. Other than providing some supporting information, accountants are relegated to the end of the process where the analysis shifts from ex-ante to ex-post.

2.2.2. Kaizen Costing

Kaizen costing[2] is the application of kaizen or continuous improvement specifically to reduce costs. It focuses on making production and service delivery processes more efficient. Unlike target costing, kaizen costing accepts the design of the product or service as given and focuses on finding ways to reduce the costs of the manufacturing and delivery processes. A cost reduction objective is set for each process, then value analysis, a form of value engineering, is used to achieve these objectives. Again, little management accounting is required in the value analysis process, which, like value engineering, requires technical expertise.

When management accounting information is required to support a kaizen program, having management accountants collect it is not necessary. In fact, it is preferable for the users to collect the information themselves. For example, at Sumitomo:

> "For kaizen cost reductions the trend was to delegate cost reduction to the factory level. ... To transfer ownership of accounting information from the accounting department to the shop floor, factory personnel began to prepare shop floor cost management information, and subsequently some of it was used by the accounting department to produce financial reports." (COOPER 1994c, p. 6).

The shift of management accounting away from management accountants and into the hands of the manufacturing workforce helps empower the cost management process. Previously management accounting, not cost management, drove the information collection process. Now, the collection of information is shifted to the workforce. Thus, the process of management accounting is decentralized to enable cost management to be better achieved. This decentralization is different from simply assigning management accountants to the factories. The task of management accounting itself is decentralized, thus reducing the role of the management accountant.

Even when a management accounting technique such as variance analysis is used to monitor the progress of a kaizen program, the role of the management accountant is surprisingly small. Often, the only role of the management accountant is to install the system. Once the system is installed, the management accountant plays virtually no role because the computer calculates the variances automatically. It is the workforce that analyses cause and effect and takes appropriate action. For example, at Shionogi Pharmaceutical:

> "The work force reported to the technical development department after every lot was completed to discuss the effectiveness of their Kaizen activities. The workers were expected to identify the portion of the variance that was due to Kaizen. Once the standard setter and the workers responsible for that chemical process had agreed on the level of kaizen improvement, the updated, but not the budgetary standards, were adjusted accordingly." (COOPER 1996, p. 13).

For the kaizen costing program to be effective, it is very important that the standards be accurate and believable. Consequently, great care is taken to ensure that the standards are fair. For example, at Shionogi, accountants do not set the standards but specially trained individuals with a significant background knowledge of production:

> "Standard setters were selected from among the most highly knowledgeable, skilled, and reliable workers in the technical development staff. Many were holders of a master's degree in chemistry or pharmacy. They were usually assigned from the beginning

to a technical development department. Sometimes, standard setters were temporarily assigned to the production floor to increase their in-depth understanding of the production process. This increased knowledge was considered valuable because it allowed them to set more accurate standards." (COOPER 1996, p. 11).

The transfer of the standard setters to the production floor to increase their knowledge of the production process parallels the suggestion that management accountants should become more knowledgeable about the production process. The obvious difference is that the standard setter is already a highly trained specialist, not a management accountant. One of the primary lessons is that it is easier to bring management accounting to the functional specialist than it is to bring functional knowledge to the management accountant.

2.2.3. Harnessing the Entrepreneurial Spirit

The desire to push the pressure to manage costs deep into production systems can lead to innovative forms of cost management that require almost no management accounting to support them.[3] One such approach can be described as *harnessing the entrepreneurial spirit of the workforce*. This approach is different from the other techniques previously discussed because it focuses on the workforce, not the products or production processes. There are two ways to harness the entrepreneurial spirit. The first technique creates pseudomicroprofit centers from cost centers and the second technique converts the firm into numerous real microprofit centers effectively converting them into small firms.

These two techniques are highly inter-related. It is not possible to reduce firm size without first creating more numerous profit centers. Three factors play a critical role in determining how the firm chose to harness the entrepreneurial spirit. In particular, they help determine whether the firm chooses to create pseudo or real profit centers and, whether they set out to create business managers or to also manage firm size. The three factors are:
- The ability to identify someone with the abilities to manage the profit center.
- The existence of external customers that were willing to buy the intermediate outputs of the profit centers.
- The willingness to sell the intermediate outputs of the profit centers to external customers.

When a group is treated as a profit center instead of a cost center, the leader's responsibility shifts from managing costs to managing profits. This change has two effects. First, it causes the group members to treat revenues as part of their responsibility. Second, it causes the group to place increased pressure on members to reduce costs. This increased pressure to reduce costs is due to individuals taking an entrepreneurial stance with respect to their group's performance. To manage costs better, these individuals often require improved cost measurement systems. For example, at Kirin's Kyoto brewery:

"To measure costs so that profit center profits could be determined required locating more cost measurement points in the brewery. For example, to allow electricity usage to be monitored at the profit center level, additional meters were installed throughout the factory. Separate metering was considered important for two reasons. First, it allowed each center to determine its actual electricity costs and hence profits; second, it allowed each center to monitor its electricity consumption, and if it was too high to introduce cost reductions designed to bring it back to planned levels." (COOPER 1994d, p. 11).

The actions taken by these newly established entrepreneurial groups are quite diverse but typically focus on ways to improve production yields and hence revenues and on ways to reduce costs. Management accounting plays only a minor support role in providing some of the information required to support these efforts at cost management. In fact, "fancy" accounting would have gotten in the way by confusing the workforce. For example, at Higashimaru Shoyu, where Okuno, the plant manager, introduced a micro-profit center system he called the price control system (PCS):

"The rationale behind keeping both raw material prices and budgeted profit margins constant was that it allowed the work groups to more easily understand the effect of their actions on group profitability. Okuno believed that if raw material and selling prices were allowed to vary, then it would be too difficult for the groups to observe the effects of their improvements. In addition, Okuno did not want the PCS to become an accounting system replete with variances and other forms of reconciliations. Instead, he wanted a very simple system that everyone could understand." (COOPER 1994e, p. 4).

Thus, even where management accounting plays a role in a micro-profit center cost management system, it is simplified to such an extent that accountants are not required. While the management accounting function could have prepared the books of the profit center, Okuno himself chose to do so. Preparing the books himself allowed him immediate in-depth access to group performance and helped create new communication pathways between him and the groups. If the books had been kept by a management accountant, this would not have been the case. The result is a decentralization of management accounting to the plant manager. Evidence that such decentralization is not limited to Japan comes from Texas Eastman, where they implemented a similar micro-profit center system (see KAPLAN 1989). Like its Japanese counterparts, it also uses a simplified accounting system to monitor group performance. Production management, not accountants, maintain this system, like the one at Higashimaru.

When firms are able to find (internal and external) customers for the outputs of their production groups, they can convert their production processes into real profit centers. This ability allowed them to take advantage of the second technique of reducing effective firm size. Keeping organizations small makes it difficult for bureaucracy to develop and slow the reflexes of the firm. In highly competitive environments, smallness can play a critical role in firm survival. According to Kuniyasu Sakai, the founder of the Taiyo Group, it is also a powerful cost management technique:

"It is the size of a company that matters. When a company gets too large it cannot respond in time. You need small flexible firms to survive. Breaking large companies into smaller independent units is a powerful form of cost management." (COOPER 1994f, p. 1).

By becoming many autonomous smaller entities, firms have harnessed the entrepreneurial spirit of their employees and used firm size as a mechanism to increase efficiency and cut bureaucracy. These cost management techniques do not rely upon management accounting to any significant extent and in fact, often reduce the need for formal management accounting systems. For example, at Kyocera, where the small firms are called amoebae:

> "Amoebas were sufficiently small and simple so that they did not require sophisticated systems to either determine product costs or control overall expenditures. Instead, engineers in each amoeba had access to most cost data relating to raw material, equipment, and other costs. Such access to cost data, combined with their up-to-date knowledge of changes in the production processes, allowed the engineers to calculate up-to-date costs for all of the products their amoeba produced. These cost estimates were used for pricing purposes. Thus, one of the advantages of the simplicity of the amoebas was that it allowed engineers to participate in the price-setting process." (COOPER 1994g, p. 8).

Under this cost management technique, history has been reversed. Management accounting emerged at the beginning of the century to enable managers to understand better the complex organizations that were then emerging. By converting itself into 800 small firms, Kyocera reduces that complexity to a point that sophisticated management accounting is no longer required. The result is to decentralize management accounting to the workforce.

3. The Implications

The evidence highlights six major changes in the practice of management accounting. First, as cost management becomes more important, so does management accounting. Many cost management techniques rely heavily upon management accounting information. These techniques often require cost information that is currently not collected requiring the firm's cost systems to be upgraded as was the case at Kirin Breweries and Brookwood Medical Center.

Second, empowering the cost management process requires decentralizing the management accounting function. The collection of accounting information on the shop floor shifts from the accountants to the members of the workforce who use that information. Workforce collection ensures that the relevant information is collected and acted upon in a timely manner. Such shifts can be seen at Sumitomo, Shionogi and in many ABCM applications.

Third, the management accounting function often adopts a supportive and monitoring role, not a more active one as many have suggested. For example at Nissan, the accounting department is only involved at the very end of the target costing process. Accountants have the responsibility of ensuring that as products enter production, they meet the assumptions underlying their target costs. The rest of the target costing process is the responsibility of marketing, production, product engineering, and other functional specialties. While *management accounting* plays an important role in target costing, *management accountants* only play a small one.

Fourth, in environments where management accounting has previously not been strong, such as hospitals, management accountants can play a critical role in developing new information systems to support cost management. These individuals have to be skilled at designing and implementing management accounting systems and getting them successfully implemented. However, the role of the management accountant in these systems is more subtle than it may first appear. As the evidence from BMC has shown us, the management accountant typically plays a support not a lead role in the implementation and design of such systems. This is not to belittle that role, nor the skill it requires, but to caution against assuming that the management accounting function is automatically the appropriate champion or that a management accountant is the appropriate team leader for designing new cost management systems.

Fifth, many cost management techniques do not rely to any extent upon management accounting information. Such systems use organizational forces to achieve cost management. It is unlikely that a management accountant would be the most effective person to introduce such a system. Consequently, cost management is a broader discipline than management accounting and should be embraced by everyone in the firm.

Finally, the automation of management accounting systems reduces the need for management accountants to be involved in the preparation and use of management accounting information. Instead, they are required to help design and implement the cost collection systems. However, once the system is designed, much of the day to day management accounting can be transferred to the workforce.

Thus, the evidence supports the suggestion that management accountants should adopt a more active role in the management process but only a few highly skilled management accountants will be able to adopt such a role. Most management accountants will find themselves at risk of being at a career dead-end as the management accounting function is decentralized and the demand for their skills drops. The critical point is that the demand for management accountants is, in part, driven by who should collect the accounting data. Kaplan recognizes the superiority of the user in identifying ideas for continuous improvement:

> "Ideas for continuous improvement (to reduce and eventually eliminate defects and waste, to improve quality, and to shorten cycle and throughput times) best come from operators – the people who are closest to the work being performed and who see, firsthand, the types of defects that occur and the principal causes of these defects." (KAPLAN 1995, p. 6).

However, he then assumes that only management accountants can develop the financial information the users require:

> "While management accountants may not have primary responsibility for providing the physical information, only they can provide the relevant, accurate, and timely financial information to employees. This financial information, however, is unlikely to be the standard costs and variances from the organization's traditional accounting

system. The new financial and cost information must be derived from intimate knowledge of the underlying technologies, capabilities, markets, and strategy of the organization." (KAPLAN 1995, p. 8).

It is this assumption that is at odds with the evidence. Once the appropriate systems are in place, an empowered workforce can and should undertake much of the data collection. The evidence suggests that taking management accounting to the user is more successful than taking the user to management accounting.

4. The Challenges

Those involved in management accounting have to accept that their professional lives are going to be significantly altered over the next decade by the growing importance of cost management. There are three groups that are particularly affected by the changes in the way management accounting is practiced; management accounting professionals, certifying institutes, and academic specialists in management accounting. The changes in management accounting practice affect each of these groups differently.

4.1. Management Accounting Professionals

For management accounting professionals, the central challenge lies in choosing their future role. One response to the challenge is to "circle the wagons" and try to maintain the status quo by stating, "I am a management accountant and have a valuable role to play and will make the management accounting function even more critical to the firm." The alternate response is to take management accounting to the user and to actively support the cost management process. This response involves:
1. Training as many individuals in the firm as possible in the use of the appropriate management accounting techniques to help those individuals undertake cost management programs.
2. Decentralizing much of the management accounting function.
3. Developing new management accounting systems to support cost management programs as they evolve.
Under this option, the management accountant freely adopts a support role and sets out to design the systems that the user requires, often with the user leading the way. The value of this approach is seen by the Manager of Cost Accounting's reaction to a "private cost system" at Hewlett Packard's Roseville Network Division:

> "When we discovered that the engineers were using a different definition of product costs to make their design decisions, we knew we were in trouble and had to change our existing cost system. Finance decided that whatever the designers needed we should give them." (COOPER/TURNEY 1989, p. 2)

The outcome was a new cost system whose specific objective was to support the product engineers in the product design process. The engineers drove the evolution of this system over time, not the accountants. As the engineers discovered weaknesses in the cost model, it was updated at their request.

The management accountant must also accept that the bulk of the management accounting function should be decentralized to the users. Cost management should be practiced by the workforce, not by management accounting specialists. Over time the need for management accountants actively supporting the cost management process might fall to quite low levels as management accounting skills are decentralized. As Shank observes:

> "Financial reports might be supplanted by business reports, and those reports might be generated by the managers who use them rather than by legions of accountants." (SHANK 1995, p. 4)

As management accounting is decentralized to support cost management programs, the importance of the management accounting function will become smaller. This process has already begun at many major American firms such as AT&T, GM, HP, and Motorola where the management accounting functions have been decreased by more than 50% in recent years (SHANK 1995, p. 4). And, there is no reason to suspect that the downsizing is complete. One has only to look at the management accounting function in Japanese firms to see how far the downsizing of the management accounting function can go.

If the movement to cost management over management accounting goes as anticipated, only highly trained management accountants with a broad general business background and excellent system design skills will be required. For example, as Kaplan suggests, the new management accountants must:

> "(b)ecome effective members of the management team, they have to spend less time dealing with financial accounting, auditing, and tax issues. More of their time must be spent learning about product and process technology, operations, systems, marketing, strategy, and the behavioral and organizational issues relating to the implementation of new systems and processes." (KAPLAN 1995, p. 13).

Yet how many such individuals does a single firm require? Certainly not the same number as currently exist in the management accounting function of most firms today.

4.2. The Certifying Institutes

Unfortunately, for historical reasons, accounting has dominated professional certifications. It is time to shed the constraints of history and convert the professional institutes from their accounting origins to cost management. Therefore, the Institutes that are responsible for certifying management accountants must begin the process of converting to Institutes of Cost Management. Such a transition consists of three major components. The first is to reduce significantly the financial accounting portion of certification requirements. The second is to change the types of individuals certified, and the third is to incorporate change management into the CMA curriculum.

The suggestion to eliminate most of the financial accounting from the syllabus may surprise many readers. It challenges the very origins of management accounting. Yet careful analysis of much of cost management practice and, for that matter, management accounting practice will show how little specialized financial accounting knowledge is required.

The second major component of the transition requires the institutes to find ways of changing the type of individuals they certify. Instead of having accounting backgrounds future applicants should have backgrounds in diverse fields such as medicine, engineering, product design, marketing, and other functional specialties. The aim of the institute shifts from creating career management accountants or cost management specialists to spreading knowledge of cost management techniques, including management accounting, as widely as possible throughout the firm. Some newly certified individuals will continue to have strong financial accounting backgrounds. Typically, these individuals will become career management accountants but their education must be very broad if they are to fulfill the new demands of the job. The others will be functional specialists that are adding cost management and management accounting to their knowledge bases. It is these individuals who will practice cost management.

Probably the biggest challenge that cost management faces is the high risk of failure associated with attempts to implement new systems. The process of change (of any technical nature) is fraught with perils: introducing a new budgeting system (which has the same objectives as the old system) is much easier than changing an organization from a cost center to a profit center based approach, from design-then-determine cost to target costing, or from traditional to activity-based costing (ARGYRIS/KAPLAN 1994). Some estimates suggest that technical changes have failure rates in the 30 - 70% level depending upon the scope and nature of the change (REGER ET AL. 1994).

While they can trace failure typically to many causes, a major contributor is the lack of change management expertise of individuals charged with achieving the transformation. Often such individuals have management accounting backgrounds (or alternatively, while the project leader is from a functional discipline, the management accountant plays a significant role in the change process). Unfortunately, most management accountants have inadequate exposure to managing technical change (either in practice or to the literature). Such lack of exposure increases the risk of failure by diminishing the chances that the right change environment will be created (BASHEIN ET AL. 1994).

Consequently, the third major component of the challenge faced by the certifying institutes is to develop courses, and expand correspondingly the curriculum of the CMA examination, to include extensive coverage of system's design and implementation, change management and the strategic role of cost management. For existing members, the institutes should develop continuing professional education courses that enable them to retool. To help members accept the transition, requiring attendance at some of these new courses might even be necessary.

4.3. Management Accounting Academics

Management accounting academics face an interesting dilemma. As cost management becomes more important, an increased number of students will want to learn about management accounting. This increase in interest is understandable: management accounting does indeed play an important support role for cost management. The increased number of students may suggest to some academics that the status quo is not only fine but in fact is "doing great." Unfortunately, management accounting is only a small subset of what students of cost management should be taught. If the management accounting academics do not step forward to fill the gap, then somebody else will, relegating the management accounting academics to a support as opposed to a dominant role in teaching cost management.

Those academics that decide to transition to researching and teaching cost management accept two considerable challenges. First, the focus of their research must broaden to include studies of the problems associated with implementing new cost management techniques and how to ensure that these new systems successfully create firm-wide pressures to reduce costs. Consequently, the range of techniques studied must broaden to include any, such as micro-profit centers, that can be used to create pressures to reduce costs, even if they do not require management accounting.

Second, the topics they teach and the way they are taught must be altered. Topics such as variance analysis (particularly three and four-way analysis of variance) will be downgraded in importance and replaced with issues such as target and kaizen costing. This transition is more fundamental than it first appears. To teach cost management requires a generalized knowledge of strategy, marketing, production, and product design engineering and issues surrounding change management and system implementation. A background in accounting, especially financial accounting, will be of little use in preparing for such courses, either for the instructor or the students. Such course diversity should mandate the need for an integrated, interdisciplinary curriculum with the foundation routed in management information systems.

5. Conclusion

The growing importance of cost management is significantly changing the practice of management accounting. These changes are both subtle and profound. The need for management accountants will fall while the need for management accounting will rise. This apparently contradictory outcome reflects the decentralization of management accounting tasks to the workforce. The management accountants who survive this transition will be highly skilled and important members of the management team. To survive, they must develop skills in system's design and implementation, change management, and strategy, besides being knowledgeable about cost management and management accounting. It is this skill set that will enable them to play the important role that modern management accounting demands. Management accountants who do not develop the right skill set will either have to develop functional expertise to allow them to transfer to the functional areas of the firm, or risk finding themselves at a career dead-end.

The certifying institutes face an interesting challenge. They must either reduce the number of management accountants they certify or reposition the certification so that it appeals to functional specialists who want to learn more about cost management and management accounting. The central thrust of certification will shift toward cost management and contain much less financial accounting. In addition, the institutes should use their continuing education programs as mechanisms to help existing members update their skills to the demands of the new environment.

Academics face a different dilemma. The increase in importance of cost management may increase the number of management accounting students. However, the material taught by academics must be shifted away from its current heavy emphasis on accounting. Management accounting faculty must develop new material about cost management techniques, change management, and implementation of technical change. Otherwise, they will only be teaching their students a subset of what they must learn. This new material will require greater knowledge of practice and will be more challenging to teach. Eventually, the textbooks must be rewritten to reflect the new curricula.

Of the three groups effected by the changes in the way that management accounting is practiced, the certifying institutions are best able to act as a catalyst for change. Institutes through their certification processes can define what is considered an appropriate skill set for their new members and thus potentially influence what is taught at the universities. In addition, through their continuing professional education programs, they can shape the skill set of established practitioners. However, to be effective, the institutes must become proactive in the transition to the new order. They must educate their existing members. They must actively seek new types of members and aggressively modify their curricula. If they fail to take these steps, the CMA could easily cease to be viewed as a useful certification and thousands of career management accountants will be ill-prepared to adapt to the changes in the practice of management accounting that are currently occurring.

References

1 Much of the material for this section was taken from Chapter 7 of COOPER 1995.
2 Much of the material for this section was taken from Chapter 11 of COOPER 1995.
3 Much of the material for this section was taken from Chapters 13 and 14 of COOPER 1995.

Cost Management in the UK

FALCONER MITCHELL

1. Introduction

Unlike financial accounting which is heavily regulated and where the end product is relatively concise and publicly available, the information produced for cost management is peculiar to each organisation and its composition is not regularly and systematically disclosed beyond the organisation's boundaries. These characteristics make it more difficult to determine, other than tentatively, the constituents of a particular national approach to cost management. However a variety of evidence does exist which can provide some insight into the current state, trends and initiatives in this area. Fortunately empirical research the form of both surveys and case studies into cost management practice has, in recent years in the UK, been on the increase and it is this body of information which is drawn on in this paper to review broadly the UK scene. Such studies do occur irregularly and differences in their scope and scale require some degree of caution in translating their results into national traits. To ensure a contemporary review only empirical studies from 1980 onwards have been used.

Before proceeding two personal observations about managerial accounting development are pertinent, as background, to a consideration of the current state of cost management. First, the UK, in many aspects of life, is heavily influenced by the USA and this pattern extends through the discipline of accounting. Thus many of the current developments whose origins lie in the USA do quickly attract interest in the UK. However, the flow, although predominantly from the USA to the UK is not exclusively one way. For example, the now popular concept of strategic management accounting, which draws heavily on cost data as an information base, has been a prominent feature of the UK scene for some considerable time (CARSBERG 1975; SIMMONDS 1981; BROMWICH 1990) and the UK can legitimately claim to have been instrumental in its development. Second, the general UK characteristic of conservatism underlies a caution in respect of new developments and consequently the rate of change and diffusion of management accounting practice is relatively slow. The dynamic changes in USA cost management are thus only beginning gradually to show up in the UK.

This paper contains two main sections. The first reviews the main traditions of the UK cost management scene and the second is concerned with recent high profile changes in the discipline and the extent to which they have become integrated into practice in the UK.

2. Traditional Foundations

Instances of innovation in cost management have, until recently, been rather isolated in the UK. For example, the identification and use of multiple cost drives was a feature of several uniform costing schemes developed in the first half of this century and the progressive Glacier Metal Company used market oriented target cost pricing policies which also reflected product functionality during the 1960s and 1970s (CARSBERG 1975). However uniform costing schemes have now all but died out and it is in Japan that the target costing philosophy has risen to prominence. In the UK the tradition has largely remained one of reliance on many of the conventional costing methods subject to so much criticism in recent years (JOHNSON/KAPLAN 1987; SHANK/GOVINDARAJAN 1989).

In manufacturing, survey research shows that budgetary control, particularly standard costing, maintains a dominant place in the process by which production costs are controlled. WILLIAM'S (1986) survey has indicated that variance analysis continues to be used on a regular basis by the majority of larger UK companies. A more detailed study in the same area by PUXTY AND LYALL (1989) embraced a wide cross-section of the manufacturing industry and found that,

- budgeting and/or standard costing were used by 97% of respondents,
- standard costing was used by 77% of respondents, its use was positively correlated with company size and had been recently extended in over 50% of those respondents using it,
- flexible budgeting was used by 20% of respondents,
- budgets were normally revised on a more regular than annual basis: every 3 months (46%), every 4 months (10%), every 6 months (29%),
- variance investigation is primarily a matter for managerial judgement (62% of respondents) rather than an act determined by statistical analysis,
- absorption or full costing is the basis for the system in operation (70% of respondents).

Overall the study confirmed that, "...extensive standard cost and budget information is still being prepared and used in British industry".

Moreover it appeared that there was a high degree of satisfaction with these traditional approaches to cost control as evidenced by the considerable extension in their application among users. The practical importance attributed to conventional budgetary control and standard costing by PUXTY AND LYALL has, more recently, been confirmed by DRURY ET AL. (1993) in a broad survey of experienced accountants (303 usable replies, 24% response rate) in larger (annual turnover > £10 million) manufacturing sector companies. The results indicated that,

- budgeting was used in 95% of responding firms,
- standard costing was used in 76% of responding firms and almost a third of these firms had adopted it within the previous 10 years,
- flexible budgeting was used in 42% of firms and in 75% of cases the identification of "controllable" costs was a feature of the system,
- standard costs were reviewed annually by 68% of respondents and more frequently by 31%,
- variance investigation was frequently based on managerial judgement (75% of respondents) with only 3% of firms frequently using statistical techniques (36% did occasionally use a statistical approach to investigate),
- a range of purposes were attributed to standard costing including inventory valuation (80%), cost control and performance evaluation (72%), budgeting aid (69%), product costs for decision making (62%).

Once again the picture is confirmed of an extensive and indeed thriving use of these traditional cost control tools. Thus budgetary control and standard costing continue to occupy a central and indeed an increasingly important place in the management and control of costs within the UK manufacturing sector.

Several other aspects of cost information available to assist in cost management activities have also been subject to empirical study in the UK. DRURY ET AL. (1993), in the study referred to above, also found that product costing practices were largely traditional, particularly in the overhead area. For example, 26% of the respondents in this study used a single overhead rate while the volume based rate denominators labour hours (68%), machine hours (49%) and units of output (42%) remained the most popular absorption bases. This contrasts with an activity based costing approach and represents a general picture which is one of basic techniques and lack of sophistication. Perhaps as a result of this, managerial perceptions of cost information accuracy in the UK are typically rather low (DEVELIN AND PARTNERS 1991; INNES/MITCHELL 1991). Moreover the use of full or absorption costing also dominates the UK scene. It is a requirement for external financial reporting in the UK and few firms deviate from this approach to inventory valuation for internal profit measurement (only 13% of the respondents to DRURY'S survey did so). However DRURY'S respondents did indicate that attention was paid to the separation of fixed and variable costs for short run decision making. 80% of respondents used variable cost information for this purpose, at least sometimes, although 67% used full costs. These latter responses indicate that many firms make reference to both types of unit cost information in output related decisions. Fixed costs are therefore often considered for these types of decisions in the UK.

Unit cost information has also been influential in establishing selling prices. DRURY'S survey found that only 13% of respondents did not apply some manner of cost plus pricing methods. The remainder used it to varying degrees but applied it to more than 50% of their turnover. Just over two thirds of the respondents made use of variable manufacturing cost which an identical number used full manufacturing cost in their pricing decisions. These results are generally confirmatory of MILL'S AND SWEETING'S (1988) survey of 200 of the UK's largest companies. However they found that 30% of firms did not use cost plus pricing policies and of those that did slightly more firms were favouring full costing with only 31% using variable cost and contribution analysis. These patterns of use were found to be similar in both the manufacturing and service companies contained in the sample.

Longer term control of capital expenditures in the largest UK companies was investigated by PIKE (1982). While 96% of the respondents (a 75% response rate from a sample of 200 companies was obtained) conducted formal financial analysis, 64% also claimed that qualitative factors were important to this aspect of cost management. Only 26% of respondents relied on a single evaluative technique with most using two (44%) or three (30%) methods of analysis. Payback was most popular (79%) with three other methods widely used: accounting rate of return (51%); internal rate of return (42%) and net present value (38%).

Finally the system of performance measurement and assessment adopted by firms directly reflects resource consumption patterns and therefore influences cost management practices. The DRURY ET AL. (1993) survey revealed that internal performance measurement in the UK remained strongly anchored in the financial arena with the following characteristics exhibited,

- a mix of profit based reports and targets is used to assess business segment performance (profit 61%, ROCE 55%, Residual income 20%),
- a substantial minority (43%) supplemented these with cash flow reports,
- profit reports were produced frequently (89% of respondents reported monthly on profitability),
- the traditional absorption cost basis was used for internal profit measurement in 87% of cases.

Overall the results of various broad surveys of the UK's largest companies undertaken over the past 15-20 years indicate *a fairly traditional foundation in cost control and management* based on conventional methods of budgeting, financial performance measurement, cost ascertainment and capital expenditure appraisal.

3. Contemporary Developments

Since KAPLAN'S 1983 challenge to management accountants to enhance their service to meet the demands of an increasingly competitive world the new "product" development in management accounting has increased dramatically (see BROMWICH/BHIMANI 1994 for a comprehensive analytical review). Although many of the new techniques are associated with the USA and Japan they have engendered considerable interest in the UK and while the base of practice remains traditional, these new developments are beginning to have an impact. This section reviews several of those which have been accorded most prominence and for which there is evidence of some current adoption in the UK.

3.1. Activity-Based Costing and Cost Management

Activity-based costing (ABC) has been the most prominent development during the 1990s. It was having an impact on the UK scene as early as 1990 (INNES/MITCHELL 1991) when one third of a sample of 187 members of the Chartered Institute of Management Accountants claimed to be vetting it for adoption in their companies. In addition 6% had already adopted it while 9% had considered and rejected it. In all it had been on the 'agenda' of almost half of the respondents. This level of interest was supported by a 1990 survey of approximately five and a half thousand UK manufacturers by BRIGHT ET AL. (1992) indicating 60% using or planning to use ABC (although the response rate was only 12% in this survey). ABC users in the INNES AND MITCHELL survey were very positive about their experience. They had been attracted to ABC primarily because of its potential to improve unit cost measurement and so enhance its role in pricing and product line profitability assessment. For them it had realised their expectations, typical views included:

- "ABC shows up the time spent on problem products",
- "ABC highlights the excessive involvement of some departments in problem products",

- "ABC shows clearly the increase in costs for 'special' business",
- "ABC exposed deficiencies in our selling price structure for the first time".

Similar types of benefit were expected by the firms involved in assessing ABC although many of them also viewed ABC adoption as a major change which would involve considerable cost and disruption. The decision to change was therefore one which required comprehensive assessment of the full costs and benefits of this new approach to costing over a substantial period of time.

The practical problems of ABC were investigated in more depth by COBB ET AL. (1992) in a smaller scale survey (n=20) of some of those firms from the above survey which had failed to make a commitment to the adoption of ABC despite spending over one year in assessing it. The perceptions of the major barriers to its implementation are listed in figure 1. The results are consistent with those of BRIGHT ET AL. (1992) who found that the cost of implementing ABC and the scarcity of the skills needed for its design and implementation were the major barriers to adoption.

	Number of Interviewees
Amount of work involved	15
Other priorities	11
Lack of staff time	9
Scarce computer resources	8
Selection of cost drivers	7
Approval of parent company	3
Staff changes	3
Cost of system	3
Choice of activities	2
Reactions of sales staff	2
Support of top management	1
Re-education of managers	1
Adherence to SSAP9 stock valuation principles	1

Fig. 1: Problems Identified from ABC Assessment

These views confirmed that a wide range of reservations existed in respect of ABC adoption. These mainly pertained to the capability of the firms to resource a change which was wide ranging in its effects and which required a variety of high level technical skills to implement effectively. In addition these skills were not necessarily readily available due to the novelty of the technique. Notably, few of the caveats expressed related to criticisms of any perceived technical limitations of ABC.

In two more recent surveys of the UK's largest companies, INNES AND MITCHELL (1995 and 2000) confirmed the growing interest which had emerged among UK firms in this novel approach to costing. However the reservations of many companies and the care taken in assessing the techniques also remained clearly apparent. Figure 2 summarises the responses (response rates 33% and 23% respectively) obtained from surveying the largest 1000 companies in the UK. These firms excluded financial institutions, the top 60 of which were separately surveyed (INNES/MITCHELL 1997) and 52% of them (n=31) had adopted ABC with application results mirroring closely those of the other larger survey.

Part 1: ABC Adoption Rate

	1994		1999	
	n	%	n	%
Currently using ABC	74	21.0	31	17.5
Currently considering ABC adoption	104	29.6	36	20.3
Rejected ABC after assessment	47	13.3	27	15.3
No consideration of ABC to date	127	36.1	83	46.9
Total	352	100.0	177	100.0

Part 2: ABC Applications

Purpose	Adopters				Importance rating		Success rating	
	Number	%	Number	%	Average (SD)		Average (SD)	
	1999	1999	1994	1994	1999	1994	1999	1994
Cost reduction	28	90.3	66	89.2	4.4 (0.8)	4.5 (0.6)	4.0 (0.8)	3.8 (0.8)
Product / service pricing	25	80.6	41	68.9	4.4 (0.9)	4.3 (0.9)	4.1 (0.8)	3.8 (0.8)
Performance measurement / improvement	23	74.2	45	60.8	4.3 (0.6)	4.3 (0.7)	3.9 (0.8)	3.7 (0.8)
Cost modelling	20	64.5	46	62.2	4.3 (0.6)	4.1 (0.8)	4.0 (0.8)	3.7 (1.1)
Budgeting	17	54.8	42	56.8	4.4 (1.07)	4.2 (0.7)	3.9 (1.0)	3.7 (0.9)
Customer profitability analysis	16	51.6	38	51.4	4.5 (1.00)	4.1 (1.1)	4.2 (0.8)	3.9 (0.7)
Output decisions	16	51.6	35	47.3	4.1 (0.9)	3.8 (1.2)	4.2 (0.8)	3.7 (0.8)
New product / service design	13	41.9	26	35.1	4.2 (1.08)	3.8 (1.2)	3.8 (1.1)	3.8 (0.9)
Stock valuation	5	16.1	16	24.2	3.9 (1.8)	3.2 (1.5)	4.6 (0.5)	3.6 (1.0)
Other applications	5	16.1	7	9.5	5.0 (0.0)	4.8 (0.4)	N/A	N/A
Overall success							3.9 (0.8)	3.8 (0.7)

Note: Both importance and success ratings were derived from 5-point scales, where 5 = very important/successful and 1 = very unimportant/unsuccessful.

Fig. 2: ABC in the UK's largest Companies

The former studies revealed an ABC adoption rate dropping from 21% to 17.5%. While this fall may be indicative of a trend it was not statistically significant. However when those users who were still piloting it or using it in only a few applicable parts of their organisation are excluded it leaves only 7.9% (1999) and 9.7% (1994) as extensive and committed users of ABC. Moreover in both surveys a substantial number of respondents had rejected ABC mainly on grounds of its high cost and perceived lack of relevance particularly to business with high direct costs and/or few product lines or customers. Thus there remains considerable caution among ABC users and a significant number of firms where assessment has led to rejection.

However the survey results clearly demonstrate the potential range of different ABC applications. For example, 9 uses are listed in figure 2 and in both surveys 80% of ABC users had applied the technique for at least 4 different purposes. In addition their pattern of use indicated an increase in the popularity of the cost management oriented approaches of cost reduction, performance measurement/improvement, budgeting and customer analysis which were all evident in a majority of the cases. The results indicate a broad ongoing consistency in the profile of ABC application. The multiple applications of ABC are also perceived as important and successful by adopters as the high and (mostly) improving ratings suggest.

Figure 3 summarises the key benefits claimed for ABC in these areas by the respondents.

(1) Cost Reduction:	(3) Customer Analysis:
- Relative activity cost size profile	- Guidance for customer relations policies
- Sub activity/task listings	- Guidance for pricing policies
- Activity flow charts/maps	- Influence cost control in respect of customers
- Value added/non-value added categorisation	- Guidance for marketing strategy
- Core/support/diversionary categorisation	- Dropping customers
- Primary/secondary categorisation	- Renegotiation of customer contracts
(2) Budgeting:	**(4) Performance Measurement:**
- Better identification of resource needs	- Various aspects of performance (economy, efficiency, effectiveness, volume and quality)
- Ability to set more realistic budgets	
- Identification of budgetary slack	- Support for managerial policies (continuous improvement, total quality management, inventory reduction, flexible manufacturing)
- Linking of costs to outputs and staff performance	
- Enhanced participation by staff in budget setting	
- Greater acceptance of budgets by staff	
- Clearer linking of costs with staff responsibilities	
- Improved variance information feedback	

Fig. 3: ABCM – Specific Applications

Thus for those organisations which had adopted ABC its value lay particularly in guiding and controlling economic improvement. Its role in targeting cost reduction opportunities provided a strong selling point in the context of the recessionary environment in the UK in the early 1990s. Experience with it was highly positive and users did express strong satisfaction with all of the uses to which their new ABC systems were applied.

3.2. Theory of Constraints/Throughput Accounting

A range of evidence suggests that theory of constraints and throughput accounting have attracted considerable practical interest. 40% of respondents to the BRIGHT ET AL. (1992) survey indicated that *throughput accounting* was either actually in use or planned to be implemented. At least two consultancies are also active in providing implementation advice: The Goldratt Institute who are associated with the theory of constraints and Waldon and Galloway whose service is termed throughput accounting. Moreover some case study results are available on an interesting application of the *theory of constraints* (DARLINGTON ET AL. 1992; COUGHLAN/DARLINGTON 1992; DUGDALE/JONES 1996). Both approaches are concerned with the utilisation of a particular philosophy of business operation. Essentially this is based on making as much money as possible through the business operations conducted. A key strength of the approach is that it attributes the ability to meet this objective to three key variables. It thus gives a very clear focus for the efforts of the operational manager. Figure 4 highlights the key components.

		Effect on Making Money
I	Throughput (Sales less incremental outlays)	Positive Correlation
II	Inventory	Negative Correlation
III	Operating Expense	Negative Correlation

Fig. 4: Theory of Constraints – Key Elements

Throughput lies at the heart of the "money" generation. Revenue derived from sales results in the realisation of throughput but this benefit is reduced by the incremental outlays required to generate the income (primarily material cost but also such costs as manufacturing power and product transportation). The volume of throughput is therefore critical and where demand is buoyant managerial actions which can increase (a) the velocity of product flow and (b) the money making capability of the product mix, is economically beneficial. Identification and elimination of constraints and bottlenecks on the throughput flow therefore become an important managerial task. As inventory involves money outflow without a corresponding inflow then its creation and existence are generally a negative influence on making money. Operating expense comprises expenditures which provide the capacity to produce for a period of time (e.g. the remuneration of the labour force and the rental of factory premises). Reducing operating expense for a given level of throughput and inventory is another way in which management can improve money making.

As well as providing a guiding orientation for management the throughput/theory of constraint approach raises a number of issues for the practice of cost management. Relevant information for management should be revised to reflect the throughput objective. Thus as the case study evidence available suggests, managerial reports can be designed to identify and monitor throughput rates and amounts, constraints and bottlenecks, inventory amounts, locations (to ensure availability at bottlenecks) and values (in terms of incremental outlays). Moreover performance measurements can be designed to feedback on, establish targets for and support decisions on bottleneck usage. Figure 5 contains some examples of the type of measure which might be used (see also SALAFATINOS 1996).

(1)	$\dfrac{\text{Throughput}}{\text{Operating Expense}}$	→	A focus for the system, increasing the ratio (with inventory constraint) improves money making
(2)	$\dfrac{\text{Throughput}}{\text{Direct Labour Cost}}$	→	Labour efficiency
(3)	$\dfrac{\text{Throughput}}{\text{Inventory}}$	→	Inventory efficiency
(4)	$\dfrac{\text{Throughput}}{\text{Bottleneck time per unit}}$	→	Relative value of each product line. A basis for scheduling bottleneck use
(5)	$\dfrac{\text{Throughput}}{\text{Bottleneck time}}$	→	Yield from use of bottleneck resource

Fig. 5: Throughput/Theory of Constraints Performance Measures

The dynamics of cost management are emphasised by this approach to running the business. The usage of resources is central to its operation but many of the more traditional tenets of cost control are in conflict with it. For example, the use of capacity usage measures at the level of individual machinesor work stations diminishes in importance. Final demand can only be met on the basis of the rate of production at bottlenecks as this rate constrains the overall flow of output. Consequently the use of pre-bottleneck capacity may have to be contained to ensure that inventory does not build up. Indeed the "making money" objective should lead to pressure for the elimination of inventory. Traditional volume and efficiency variances may motivate behaviour contrary to these aims. Similarly absorption costing of inventory can allow stock build ups to improve reported profits in the short term. The use of full unit cost information is not required as throughput and inventory measurement require only their incremental outlay association and are assessed and managed on that basis.

Theory of constraints/throughput accounting is therefore an approach which can be radically different in the managerial behaviour which it promotes. Probably for this reason it has been regarded by accountants in the UK with even more caution than ABC. A reduction in inventory may be suggested but may not always be economically desirable (if the benefits of holding it outweigh the costs) and may cause considerable upheaval and disruption if proper preparation has not occurred (if, for example, JIT arrangements have not/can not be made). However its growing profile and persuasive attractions do ensure that it will be an important area of debate over the next few years in the UK.

3.3. Cost Management and Strategic Issues

As mentioned in the introduction, the concept of management accounting, particularly cost analysis, fulfilling a support role for strategic level decision makers has been an issue in the literature for a considerable time in the UK. Though empirical work to determine practices in this area has been relatively neglected there is some evidence to suggest development is occurring. In addition to the contribution of activity-based costing (e.g. in customer and product profitability analysis) three other areas are relevant to the topic of strategic support.

3.3.1. Quality Costing

A practical framework for quality costing has, for over a decade, been enshrined in British Standard 6/43 (1983). Figure 6 outlines the key components which it suggests as the basis for quality cost measurement and reporting. It is a framework designed to fit a managerial strategy of total quality management by (a) providing feedback on the nature and trends in costs incurred in pursuing a quality strategy over time and (b) allowing an ongoing analysis of the extent to which the benefits (in terms of failure cost reductions) cover the costs of prevention and appraisal. The latter information allows the firm to assess the claim that "quality is free" by monitoring whether or not a break-even has been achieved. One limitation to this, however, is the absence of the effects on customer goodwill (customer loss or increased business) resulting from the external performance of products. The incorporation of this focus for costing in a British Standard is likely to have had some influence on practice. Some limited case study evidence does exist to confirm that this has, in fact, happened (INNES/MITCHELL 1989) and 52% of respondents to the BRIGHT ET AL. (1992) survey claimed to have an actual or planned system of quality cost reporting.

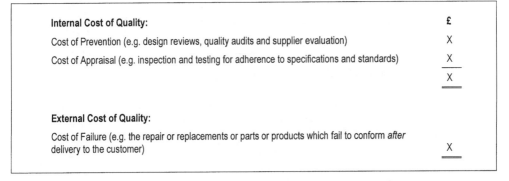

	£
Internal Cost of Quality:	
Cost of Prevention (e.g. design reviews, quality audits and supplier evaluation)	X
Cost of Appraisal (e.g. inspection and testing for adherence to specifications and standards)	X
	X
External Cost of Quality:	
Cost of Failure (e.g. the repair or replacements or parts or products which fail to conform *after* delivery to the customer)	X

Fig. 6: Quality Costing

3.3.2. Controlling and Measuring Performance

As mentioned in the introduction, the concept of market oriented strategic management accounting has a relatively long and enduring place in the UK literature. Its prominence is reflected in practice in a number of ways. First the concept of working back from the marketplace to determine acceptable limits for product costs is well recognised but has not been accorded the publicity of the Japanese *target costing approach*. Indeed in DRURY ET AL.'s (1993) survey only 22% of respondents claimed that they never used target costing, while 46% of respondents in the BRIGHT ET AL. (1992) survey specifically claimed that target costing was used or its use was planned for the future. However only 4% of DRURY ET AL.'s respondents stated that they always used it while substantial numbers used it often (22%), sometimes (28%) or rarely (25%). This market orientation was also evident in the 90% of respondents who undertook demand estimates for possible different market prices. For many this analysis then led to the establishment of the resolved basis for target costing.

Further cost based strategic analysis in the UK has been found in the use of *competitor product cost comparisons*. DRURY ET AL. (1993) found that one third of respondents engaged in the activity (53% in larger, 28% in smaller, organisations). This work involved specifically estimating the amount and structure of the costs of close competitor products. Through comparison with existing in house product costs, areas of competitive advantage could be identified and ideas for cost improvement emerged. From case study research INNES AND MITCHELL (1989) have suggested that this type of *benchmarking* can be effectively carried out by multi-disciplinary teams analysing the cost of competitor products from their physical inspection, their structured breakdown, the scrutiny of company reports and intelligence gathering on their production locations.

Performance measurement in both the manufacturing and service sectors has also been extended beyond its traditional financial boundaries to encompass a range of both internally and externally focused non-financial measures (see for example LOTHIAN 1987; FITZGERALD ET AL. 1991 which provide a range of case study examples in both the manufacturing and service contexts). The former type of measure is aimed at the performance achieved within the organisation's operational process. They typically include supplier delivery performance, product quality levels, employee morale, set-up times and throughput times (DRURY ET AL. 1993). The latter are supportive of a strategic perspective and relate to outputs and outcomes in the market context. They include, for example, customer growth patterns, market size and share, customer loyalty and satisfaction levels (DRURY ET AL. 1993). These non-financial measures are designed to complement financial measures by overcoming the problems of flexibility and monetary inflation. They also allow process, rather than merely output, measurement and so counteract policies driven by short-termism. The operational environment is another factor leading to the use of non-financial measures. The complexity and inter-connectedness of advanced manufacturing technologies and just-in-time production techniques (DRURY ET AL. 1993) require monitoring and feedback on process level activity and this has provided a marked spur to the use of non-financial measures of the type described above.

The above evidence of UK companies' interest in integrating and using both financial and non-financial information for performance management suggests that integrative frameworks such as the balanced scorecard will quickly become popular in the UK. While survey evidence to support this assertion does not as yet exist informal observation by the author does suggest that this approach has indeed rapidly been implemented by many of the UK's leading companies.

3.3.3. Capital Investment

There is evidence to suggest that some UK firms are making some marginal amendments to their normal approaches to capital investment expenditures to accommodate the uncertainties of investment in advanced manufacturing technologies. A 1988 Computer-Aided Manufacturing Incorporated (CAM-I) UK survey indicated that cost reduction and payback were the most popular methods of appraising investments of this type. This was explored further in the DRURY ET AL. (1993) survey. It confirmed payback's dominant position. However, among users of payback, there was a marginally longer period allowed for AMT investments (3.1 years as opposed to 2.8 years). Although 74% of respondents did not vary payback for AMT investments, 20% lengthened it and 6% shortened it. However these differences did not extend to the use of discounting methods while similar discount rates and hurdle rates were used for both types of project.

4. Conclusion

This review of cost management in the UK suggests practical foundations (of full costing and standard costing and financial performance indicators) which are not only widespread but both traditional and conventional in nature. It is only against this background of convention that some current developments are occurring, particularly among the larger UK companies. These are noticeable in the areas of costing systems design, in the uses to which costing information is being applied and in the greater use of non-financial performance measurements. Radical or extensive change is not readily apparent. Given the marked increase over the last decade in the development of new management accounting techniques and the lag in their adoption by companies a gap between the practical possibilities suggested in the literature and practice within companies continues to exist (OTLEY 1985; SCAPENS 1985; CHOUDHURY 1986) and may be considered to have grown.

Change and innovation in management accounting, certainly in the sense of the new replacing the old, do not therefore appear to occur readily in the UK. This may, in part at least, be due to an innate conservatism in the UK character which is particularly prevalent in the accounting sphere. The integration of accounting in the institutional infrastructure of organisations no doubt also mitigates against change (SCAPENS 1994). These factors may well have contributed to the history of lack of change in the discipline. As a consequence few firms are used to accounting change. Their knowledge of how to initiate and manage internal accounting developments is limited. They lack familiarity with this type of change process and furthermore, they are not resourced to foster and effect change.

The identification of, assessment of and planning for new techniques has to be achieved on top of existing regular workloads. In this context perceived costs and complexity provide substantial barriers to change (INNES/MITCHELL 1992). In essence, the research and development of management accounting at the level of the firm requires to be organised and funded appropriately, if the benefits of new methods in cost management are to be obtained. The improvement of this aspect of the discipline's dynamics provides a new and important challenge for both the practitioner and researcher.

Kostenmanagement in Deutschland

Empirische Befunde zur Praxis des Kostenmanagements in deutschen Unternehmen

KLAUS-PETER FRANZ UND PETER KAJÜTER

1. Einleitung

Seit Beginn der 1990er Jahre haben Fragen des Kostenmanagements in Wissenschaft und Praxis verstärkte Aufmerksamkeit erlangt. Veränderte Rahmenbedingungen haben in fast allem Branchen zu einer höheren Wettbewerbsintensität und daraus resultierend einem stärkeren Kostendruck geführt, dem durch ein systematisches, proaktives Kostenmanagement zu begegnen ist. Dies gilt grundsätzlich nicht nur für deutsche Unternehmen, sondern auch für solche aus anderen Ländern. Im internationalen Vergleich besteht für erstere jedoch die Herausforderung, höhere Löhne und Lohnnebenkosten sowie im Hinblick auf die Kosten z.T. benachteiligende gesetzliche Vorschriften (z.B. Kündigungsschutz oder Umweltauflagen) durch Maßnahmen des Kosten- und Innovationsmanagements zu kompensieren. Eine kostengünstige und innovative Produkt- und Prozessgestaltung hat daher für deutsche Unternehmen besondere Bedeutung.

Dem wurde in den vergangenen Jahren durch eine Neuausrichtung des Kostenmanagements vielfach Rechnung getragen (vgl. KAJÜTER 2000a, S. 475). Kennzeichnend dafür ist zum einen der stärkere Fokus auf die Phase der Produktentstehung und zum anderen die Einführung und Weiterentwicklung neuerer Instrumente des Kostenmanagements, deren Ursprünge primär im japanischen (z.B. Target Costing) bzw. amerikanischen (z.B. Benchmarking, Activity-Based Costing) Kulturkreis liegen. Dabei bestehen zwischen den verschiedenen Branchen allerdings deutliche Unterschiede. Unternehmen der deutschen Automobil- und Elektronikindustrie haben sich sehr frühzeitig um die Implementierung neuerer Ansätze bemüht. Ihnen kam dabei zugute, dass Methoden wie das Target Costing für ihre Belange entwickelt worden sind und sie daher von den Erfahrungen japanischer Unternehmen profitieren konnten. Demgegenüber haben Unternehmen aus anderen Wirtschaftszweigen erst mit zeitlicher Verzögerung begonnen, neue Wege im Kostenmanagement einzuschlagen. Dies gilt insbesondere für Dienstleistungsunternehmen wie Banken, Versicherungen oder Energieversorger, die lange Zeit in einem regulierten, von ausländischen Wettbewerbern abgeschotteten Markt agieren konnten.

Die betriebswirtschaftliche Forschung hat die gestiegenen Anforderungen an das Kostenmanagement deutscher und internationaler Unternehmen aufgegriffen und die meist in der Praxis entstandenen Ansätze methodisch verfeinert und theoretisch fundiert. Auch hier standen Industrieunternehmen zunächst im Vordergrund, wohingegen die Besonderheiten des Dienstleistungssektors erst in jüngerer Zeit intensiver diskutiert werden.

Neben den konzeptionellen Arbeiten sind seit Mitte der 1990er Jahre auch verstärkte empirische Forschungsbemühungen zum Kostenmanagement in deutschen Unternehmen zu beobachten.[1] In unserer eigenen branchenübergreifenden Studie aus dem Jahr 1996 wurden erstmals die Verbreitung von Target Costing, Prozesskostenrechnung, Benchmarking und Life Cycle Costing in deutschen Unternehmen auf breiter empirischer Basis untersucht (vgl. FRANZ/KAJÜTER 1997b). Daneben bzw. in der Folge haben sich weitere empirische Feldstudien mit dem Target Costing (vgl. TANI ET AL. 1996), dem Kostenmanagement in der Produktentwicklung (vgl. GRASSHOFF/GRÄFE 1997; BINDER 1998), der entwicklungs- und konstruktionsbegleitenden Kostenbeurteilung (vgl. WELP ET AL. 1998) beschäftigt.[2] Hervorzuheben sind darüber hinaus drei Arbeiten, die im Rahmen der sog. Stuttgarter Studie in 1997/98 das prozessorientierte Kostenmanagement (vgl. STOI 1999), das Target Costing (vgl. ARNAOUT 2001a) und das Performance Measurement (vgl. GLEICH 2001) in der deutscher Unternehmenspraxis detailliert untersucht haben. Die Ergebnisse der genannten empirischen Forschungsarbeiten dokumentieren die Bemühungen vieler Unternehmen, die neueren Methoden des Kostenmanagements für den eigenen Bereich nutzbar zu machen und an die jeweiligen individuellen Anforderungen anzupassen. Die Anwendungserfahrungen mit den neueren Ansätzen sind dabei insgesamt positiv und bescheinigen diesen eine hohe Effektivität (vgl. FRANZ/KAJÜTER 1997b, S. 488f.; ARNAOUT 2001a, S. 280).

Dies darf jedoch nicht darüber hinwegtäuschen, dass die Erfahrungen deutscher Unternehmen mit Instrumenten wie dem Target Costing und der Prozesskostenrechnung immer noch relativ gering sind und sich vielfach auf industrielle Großunternehmen beschränken. Auch die empirische Forschung im Kostenmanagement steht noch am Anfang und hat eine Reihe von Problemen bislang nicht oder nur unzureichend untersucht. Zudem vermögen die bisherigen Arbeiten nur bedingt Veränderungen im Anwendungsstand des Kostenmanagements aufzuzeigen, da sie Querschnittsanalysen darstellen, sich auf unterschiedliche Untersuchungseinheiten beziehen und inhaltlich jeweils andere Schwerpunkte aufweisen.

Vor diesem Hintergrund wurde im November 2001 anknüpfend an die Studie aus 1996 eine branchenübergreifende empirische Untersuchung zum Kostenmanagement in deutschen Unternehmen durchgeführt. Das Ziel dieser wiederum in Kooperation mit dem Universitätsseminar der Wirtschaft durchgeführten Untersuchung bestand darin, durch einen Vergleich mit den Befunden aus 1996 Entwicklungstendenzen im Kostenmanagement aufzuzeigen und darüber hinaus einige bislang nicht untersuchte Aspekte empirisch zu analysieren. Nachfolgend werden nähere Einzelheiten zur Konzeption dieser Studie sowie erste ausgewählte Befunde vorgestellt.

2. Konzeption der empirischen Studie

Aufgrund der angestrebten breiten empirischen Basis kam als globales Forschungsdesign nur eine *vergleichende Feldstudie* (Querschnittsanalyse) in Betracht. Die Daten wurden durch eine *schriftliche Befragung* erhoben. Dazu wurde ein *Fragebogen* entwickelt, der auf der Konzeption des proaktiven Kostenmanagements (vgl. KAJÜTER 2000a) basiert. Um trotz des relativ hohen Umfangs von sieben Seiten eine möglichst gute Akzeptanz bei den angeschriebenen Personen zu erreichen, enthielt der Fragebogen weitgehend geschlossene Fragen, die durch Ankreuzen einer oder mehrerer Alternativen ohne weitere Nachforschungen beantwortet werden konnten. Um die Verständlichkeit der Formulierungen und Vollständigkeit der vorgegebenen Antwortalternativen zu prüfen, wurde er vor dem Versand mit Unternehmensvertretern diskutiert und entsprechend der gewonnenen Anregungen verbessert.

Inhaltlich gliederte sich der Fragebogen in acht Abschnitte. Im ersten Teil wurden allgemeine Angaben zum Unternehmen erfragt. Die weiteren Abschnitte widmeten sich den Zielen, Aufgaben, Ansatzpunkten, Instrumenten und der Organisation des Kostenmanagements. Abschließend wurde eine Gesamteinschätzung des Kostenmanagements erbeten und nach Forschungsbedarf aus Sicht der Praxis gefragt. Da der Fragebogen z.T. identisch mit dem der Studie aus 1996 war, z.T. aber auch neue Aspekte aufgriff, lassen sich anhand der erhobenen Daten sowohl Entwicklungstendenzen durch einen Vergleich mit den Befunden aus 1996 aufzeigen als auch neue Erkenntnisse zur Praxis des Kostenmanagements ableiten.

Erhebungseinheiten der Untersuchung waren *deutsche Großunternehmen* aller Branchen mit mehr als 3.000 Mitarbeitern. Insgesamt wurden 700 Fragebögen an Adressen versandt, die von einer Direktmarketingagentur erworben wurden.[3] Angeschrieben wurde entweder der Leiter Controlling oder die Unternehmensleitung mit der Bitte, den Fragebogen an den Leiter Controlling weiterzureichen.

Elf Unternehmen lehnten eine Teilnahme an der Untersuchung ausdrücklich ab. Als Gründe hierfür wurden vor allem mangelnde Zeit, die Vielzahl von Anfragen wissenschaftlicher Institutionen sowie grundsätzliche Erwägungen angeführt. Der Rücklauf an ausgefüllten Fragebögen umfasste 98 Antworten. Dies entspricht einer Rücklaufquote von 14%. Im Vergleich zur Rücklaufquote von 18,8% bei der Untersuchung aus 1996 ist die Beteiligung der Unternehmen damit geringer, bewegt sich aber im Rahmen ähnlicher empirischer Feldstudien. Ein wesentlicher Grund für den geringeren Rücklauf dürfte in dem größeren Umfang des Fragebogens liegen.

Die branchenmäßige Zusammensetzung der Stichprobe ist in Abbildung 1 dargestellt. 63 der 98 Unternehmen (64%) sind der Industrie, 35 Unternehmen (36%) dem Dienstleistungssektor zuzuordnen. In den Kategorien „sonstige" sind jeweils sehr unterschiedliche Branchen zusammengefasst (z.B. für die Industrie Bau-, Textil- und Nahrungsmittelunternehmen und für den Dienstleistungssektor Transport-, Logistik- und Telekommunikationsunternehmen).

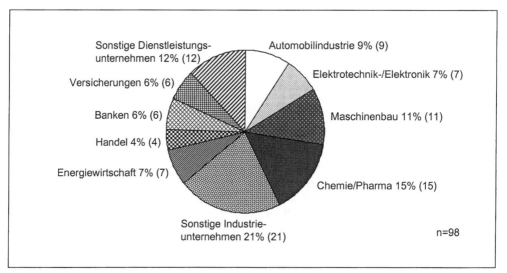

Abb. 1: Zusammensetzung der Stichprobe nach Branchen

3. Ausgewählte Ergebnisse der Untersuchung

3.1. Rahmenbedingungen und Stellenwert des Kostenmanagements

Hohe *Wettbewerbsintensität* führt im Allgemeinen zu einem hohen Kostendruck und erfordert permanente Anstrengungen zur Kostenoptimierung. Die antwortenden Unternehmen beurteilen die Wettbewerbsintensität in ihrer Branche durchschnittlich als „hoch" (Wert von 4,0 auf einer Skala von 1 = „sehr gering" bis 5 = „sehr hoch"). Dabei weisen die einzelnen Branchen durchaus Unterschiede auf: Während die Wettbewerbsintensität in der Automobilindustrie (4,5) und in Banken (4,4) eher als hoch bis sehr hoch eingeschätzt wird, wird sie im Maschinenbau (3,7), in der Energiewirtschaft (3,7) und im Handel (3,8) nicht so stark empfunden. Die vorhandenen Überkapazitäten im Automobil- und Bankensektor dürften eine wesentliche Ursache für die überdurchschnittliche Wettbewerbsintensität sein. Demgegenüber ist der Wettbewerb zwischen den Energieversorgern offensichtlich noch geringer, obgleich auch hier bereits die Folgen der Deregulierung erkennbar sind.

Dies zeigt sich nicht zuletzt daran, dass die *aktuellen Bemühungen zur Kostensenkung im Vergleich zu den Vorjahren* in diesen Unternehmen besonders hoch sind. Wiederum bewertet auf einer Skala von 1 (= „sehr gering") bis 5 (= „sehr hoch") ergibt sich für die Energieversorger ein Mittelwert von 4,4. Ebenfalls hoch sind die gegenwärtigen Anstrengungen zur Kostensenkung im Bankensektor (4,3) sowie in der Automobil- (4,1) und Chemieindustrie (4,1). Im Gegensatz dazu schätzen die antwortenden Versicherungen ihre derzeitigen Bemühungen nur geringfügig höher als in den Vorjahren ein (3,5). Für alle Unternehmen signalisieren die Befunde insgesamt eine Forcierung der Aktivitäten zur Kostensenkung. Dies mag zum einen auf eine gestiegene Wettbewerbsintensität zurückzuführen sein. Zum anderen kommt darin aber wohl auch eine Reaktion auf durch den allgemeinen Konjunkturabschwung bedingte Ertragsrückgänge zum Ausdruck. Unabhängig davon, welcher Grund im Einzelfall dominiert, kann eine zunehmende Bedeutung des Kostenmanagements in den befragten Unternehmen konstatiert werden.

3.2. Ziele des Kostenmanagements

Kostenmanagement ist nicht Selbstzweck, sondern dient dazu, durch eine Beeinflussung der Kosten die Erreichung der oberen Unternehmensziele – langfristige Existenzsicherung, Steigerung des Unternehmenswertes, Erwirtschaftung einer angemessenen Kapitalrendite – sicherzustellen. Dabei soll die relative Kostenposition verbessert und die Wettbewerbsfähigkeit des Unternehmens gestärkt werden.

Dieses allgemeine, auf den Unternehmenserfolg und die Wettbewerbsfähigkeit bezogene Ziel lässt sich in weitere, untergeordnete Ziele differenzieren (vgl. MÄNNEL 1995; FRANZ/KAJÜTER 1997b, S. 484):

- Senkung des Kostenniveaus,
- Optimierung der Kostenstrukturen, z.B. durch eine Erhöhung der Kostenelastizität (größerer Anteil variabler und kleinerer Anteil fixer Kosten),

- Optimierung des Kostenverlaufs durch Förderung degressiver Kostenverläufe (z.B. durch Economies of Scale oder Erfahrungskurveneffekte) und Vermeidung progressiver Kostenverläufe (z.B. durch Vermeidung von Komplexitätskosten),
- Identifikation der Kostentreiber,
- Stärkung des Kostenbewusstseins der Mitarbeiter,
- Verbesserung der Kostentransparenz (vgl. Abb. 2).

Hierbei handelt es sich um ein hierarchisches, interdependentes Zielsystem, denn die Kostenstruktur beeinflusst auch den Kostenverlauf, beide zusammen wirken auf das Kostenniveau. Diese drei Ziele sind auf die Verbesserung der Kostensituation gerichtet. Die weiteren Ziele Kostentransparenz, Kostenbewusstsein und Kenntnis der Kostentreiber sind Mittel, um die Kostensituation zu optimieren. Kostentransparenz ist dabei eine notwendige Voraussetzung für das Kostenbewusstsein und die Identifikation der Kostentreiber, mit denen letztlich die Ursachen der Kostenentstehung gezielt beeinflusst werden (vgl. REISS/CORSTEN 1992, S. 1479).

Wie in der Studie von 1996 wurden die Unternehmen gebeten, die von ihnen verfolgten Ziele des Kostenmanagements entsprechend ihrer Priorität in einer Rangfolge zu ordnen. Abbildung 2 stellt die Ergebnisse beider Studien gegenüber.

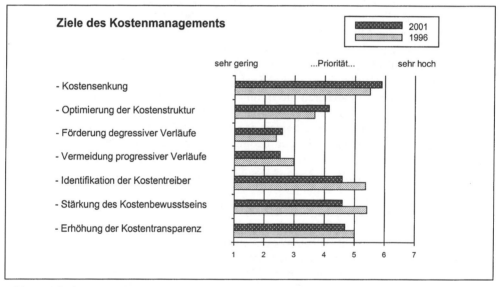

Abb. 2: Ziele des Kostenmanagements

Trotz leicht unterschiedlicher Gewichtung dokumentieren die Befunde eine fast identische Rangfolge der Ziele. Der *Kostensenkung* wird wiederum mit Abstand die höchste Priorität beigemessen, was sich aus der unmittelbaren Wirkung auf den Unternehmenserfolg erklärt. Im Vergleich zu 1996 ist jedoch der durchschnittliche Rang dieses Ziels von 5,5 auf 5,9 gestiegen (1 = geringste Bedeutung, ..., 7 = höchste Bedeutung). Diese Bedeutungszunahme ist konsistent mit den zunehmenden Bemühungen der Unternehmen, ihre Kosten zu senken (vgl. Abschnitt 3.1.).

An zweiter Stelle steht die *Verbesserung der Kostentransparenz* (4,7). Nahezu gleiche Priorität haben die *Identifikation der Kostentreiber* (4,6) und die *Stärkung des Kostenbewusstseins* (4,6). Verglichen zu 1996 ist die Bedeutung dieser grundlegenden Ziele relativ gesehen geringer: Den aktuellen durchschnittlichen Rangwerten stehen Werte aus 1996 von 5,0 für die Kostentransparenz und je 5,4 für die Kostentreiber und das Kostenbewusstsein gegenüber. Insgesamt wird diesen Zielen aber weiterhin eine höhere Priorität beigemessen als der Optimierung von Kostenstruktur und -verlauf.

Die *Optimierung der Kostenstruktur* folgt an fünfter Rangstelle mit einem von 3,7 auf 4,1 gestiegenen durchschnittlichen Rangwert. Das Kostenstrukturmanagement hat offensichtlich leicht an Bedeutung gewonnen. Die *Optimierung des Kostenverlaufs* hat schließlich weiterhin die mit Abstand geringste Bedeutung. Die durchschnittlichen Rangwerte betragen hier für die Förderung degressiver 2,6 (2,4 in 1996) und für die Vermeidung progressiver Kostenverläufe 2,5 (3,0).

Bei einer differenzierteren, branchenspezifischen Betrachtung sind interessante Unterschiede in der Gewichtung der Ziele erkennbar. Auffällig ist zum einen die herausragende Bedeutung der Kostensenkung als Ziel bei Energieversorgern (7,0), Banken (6,7) und Versicherungen (7,0). In allen drei Branchen hat dieses Ziel im Vergleich zu 1996 erheblich an Bedeutung gewonnen, was vermutlich auf den zunehmenden Wettbewerb durch die Deregulierung und Internationalisierung zurückzuführen ist. In der Automobilindustrie genießt die Kostensenkung dagegen unverändert hohe Priorität (6,0). Bemerkenswert ist darüber hinaus die vergleichsweise geringere Priorität der Kostensenkung in den Branchen Elektrotechnik/Elektronik (5,0) und Maschinenbau (4,9). Eine Erklärung dafür könnten die von den Unternehmen verfolgten Wettbewerbsstrategien bieten. Im Gegensatz zu den anderen Wirtschaftszweigen ist hier bei den in der Stichprobe vertretenen Unternehmen der Anteil derer, die eine Differenzierungsstrategie verfolgen, mit rund 57% bzw. 45% relativ hoch, wohingegen die Kostenführerschaft nur bei einem Unternehmen des Maschinenbaus die primäre wettbewerbsstrategische Stoßrichtung darstellt. Deutlich anders ist die Situation in der Energiewirtschaft, wo die Kostenführerschaft mit 71% dominiert und die hohe Bedeutung der Kostensenkung damit in Einklang steht. Die Befunde deuten somit einen tendenziellen Zusammenhang zwischen der Wettbewerbsstrategie und dem Ziel der Kostensenkung hin.

3.3. Aufgaben des Kostenmanagements

Um die Ziele des Kostenmanagements – insbesondere eine zur Wertsteigerung beitragende Kostensenkung – zu erreichen, sind kostenbeeinflussende Maßnahmen zu planen und zu implementieren. Die Maßnahmenplanung und -implementierung stellen daher die Kernaufgaben des Kostenmanagements dar (vgl. KAJÜTER 2000a, S. 115ff.). Erstere sollte auf einer fundierten Kostenanalyse beruhen, bei der zum einen die Kostensituation und zum anderen die sie determinierenden Kostentreiber eingehend untersucht werden.

Die *Analyse der Kostensituation* kann unterschiedlich ausgerichtet sein. Naheliegend ist die Durchleuchtung des eigenen Unternehmens, wozu meist Daten der Kostenrechnung herangezogen werden können. Für eine umfassende Betrachtung ist dieser Fokus indes zu eng. Erforderlich ist vielmehr eine weite Perspektive, die sowohl die Partner in der Wertschöpfungskette als auch wichtige Wettbewerber einschließt (vgl. hierzu auch die Beiträge von FRANZ/KAJÜTER und HOMBURG/RICHTER).

Abbildung 3 zeigt, dass die Kosten vor allem *unternehmensintern* sehr intensiv analysiert werden (4,6). Zwischen den Branchen bestehen diesbezüglich kaum Unterschiede. Deutlich weniger intensiv werden die Kosten bedeutender *Wettbewerber* untersucht. Mit Ausnahme der Handels- und Versicherungsunternehmen, die wettbewerbsbezogene Kostenanalysen weniger intensiv durchführen (2,5) als der Gesamtdurchschnitt der Stichprobe (3,0), ergibt sich branchenübergreifend auch hier ein relativ homogenes Bild. Die geringere Intensität dürfte insbesondere in den Problemen der Datenbeschaffung begründet liegen.

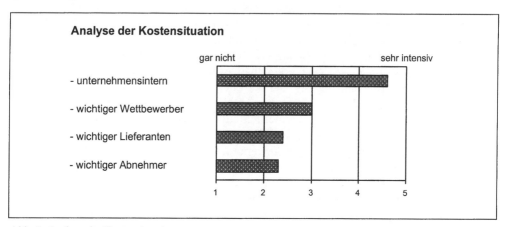

Abb. 3: Analyse der Kostensituation

Auch für Kostenanalysen, die sich auf *Lieferanten* und *Abnehmer* (Vertriebspartner, Kunden) beziehen, besteht ein ähnliches Problem, das allerdings vermutlich oftmals leichter zu lösen ist als bei Wettbewerbern, vor allem dann, wenn partnerschaftliche Beziehungen zu den in der Wertschöpfungskette vor- bzw. nachgelagerten Unternehmen existieren. Die Befunde dokumentieren jedoch, dass lieferanten- und abnehmerbezogene Kostenanalysen insgesamt noch weniger intensiv durchgeführt werden als wettbewerbsbezogene (2,4 bzw. 2,3). Dabei sind aber erhebliche Unterschiede zwischen einzelnen Branchen sowie dem Industrie- und Dienstleistungssektor als Ganzes zu beobachten. Vorreiter bei lieferantenbezogenen Analysen sind die Automobil- (3,9) und Elektronikindustrie (3,3). Die Unternehmen dieser beiden Branchen widmen derartigen Kostenanalysen sogar eine höhere Aufmerksamkeit als den wettbewerbsbezogenen. Weniger stark, aber dennoch überdurchschnittlich sind in diesen beiden Wirtschaftszweigen abnehmerbezogene Kostenanalysen ausgeprägt (2,6 bzw. 2,7). Dies deutet darauf hin, dass in den Unternehmen dieser Branchen die unternehmensübergreifende Kostenoptimierung entlang der Wertschöpfungskette stärker praktiziert wird als in anderen Bereichen. Insgesamt weisen lieferanten- und abnehmerbezogene Kostenanalysen eine durchschnittliche Intensität von 2,8 bzw. 2,5 in der Industrie und 1,6 bzw. 1,9 im Dienstleistungssektor auf.

Die Analyse der Kostensituation ist zwar eine notwendige, aber keine hinreichende Bedingung für eine nachhaltige, ursachenorientierte Kostenbeeinflussung. Bei der dafür notwendigen *Analyse der Kostentreiber* kommt den strategischen Kosteneinflussgrößen besondere Bedeutung zu, da diese die Kostensituation grundlegend und periodenübergreifend determinieren (vgl. KAJÜTER 2000a, S. 124). Trotz ihrer eminenten Bedeutung liegen bislang nur wenige Erkenntnisse über derartige Kostentreiber vor. International hat neben dem Ansatz von PORTER (1986a), der zehn strategische Kostentreiber auflistet, vor allem die auf RILEY (1987) zurückgehende und von SHANK (1989) aufgegriffene Differenzierung in strukturelle und operationale Kostentreiber Verbreitung gefunden (vgl. hierzu auch den Beitrag von SHANK). Erstere betreffen den Rahmen der Wertschöpfung, letztere die Durchführung des Wertschöpfungsprozesses. Die einzelnen Kostentreiber sind dabei je nach Situation unterschiedlich relevant. Zudem existieren für ihre Analyse jeweils unterschiedliche Methoden. Da bislang keine empirischen Befunde zur Bedeutung und Analyse dieser strategischen Kostentreiber vorliegen, wurden die Unternehmen im Rahmen der Studie um eine diesbezügliche Einschätzung gebeten.

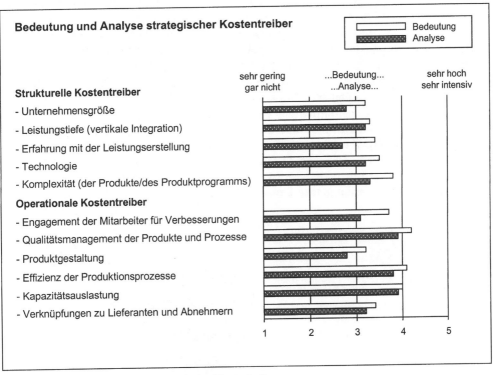

Abb. 4: Bedeutung und Analyse strategischer Kostentreiber

Wie aus Abbildung 4 ersichtlich, wird den strategischen Kostentreibern durchschnittlich eine mittlere bis hohe Bedeutung beigemessen. Ihre unterschiedliche Relevanz wird bei einer branchenspezifischen Betrachtung besonders deutlich. So wird die Bedeutung der Produktgestaltung als Kostentreiber beispielsweise in der Automobilindustrie (4,8) und in

Banken (4,1) als sehr hoch bzw. hoch beurteilt, während sie bei Energieversorgern (1,3) und im Handel (1,8) als wenig relevant angesehen wird. Ein ähnliches Bild ergibt sich bei der Bedeutung des Kostentreibers Verknüpfungen zu Lieferanten und Abnehmern. Sie wird in der Automobilindustrie (3,9) und im Maschinenbau (4,0) als hoch eingeschätzt, bei Versicherungen dagegen eher durchschnittlich (2,7).

Die Befunde zeigen weiterhin, dass die Unternehmen einer höheren Bedeutung einzelner Kostentreiber durch eine entsprechend intensivere Analyse der jeweiligen Faktoren Rechnung tragen. Allerdings ist in allen Fällen eine Diskrepanz zwischen Bedeutung und Analyseintensität erkennbar. Vor allem die Kostentreiber Erfahrung mit der Leistungserstellung (Lernkurveneffekte), Komplexität und Engagement der Mitarbeiter für Verbesserungen werden im Vergleich zu ihrer Bedeutung weniger intensiv untersucht. Ob dadurch eventuell einzelne Kostensenkungspotenziale nicht erkannt und genutzt werden, lässt sich anhand der vorliegenden Daten nicht beantworten. Es erscheint jedoch insgesamt empfehlenswert, den strategischen Kostentreibern künftig eine größere Aufmerksamkeit zu widmen.

Die auf der Grundlage einer sorgfältigen Analyse der Kostensituation und Kostentreiber formulierten Maßnahmen sind schließlich zu implementieren. Da kostenbeeinflussende Maßnahmen oftmals den individuellen Interessen der Mitarbeiter zuwider laufen (z.B. wenn bei Restrukturierungen Kompetenzen verändert und Arbeitsplätze abgebaut werden), sollte möglichen Widerständen durch Maßnahmen zur Akzeptanzförderung entgegengewirkt werden. Die vier grundlegenden Akzeptanzfaktoren – Information („Kennen"), Qualifikation („Können"), Motivation („Wollen") und Einsatz von Promotoren („Sollen") (vgl. hierzu ausführlich den Beitrag von KAJÜTER) – werden nach Einschätzung der befragten Unternehmen mit annähernd gleicher, mittlerer bis hoher Intensität verfolgt (vgl. Abb. 5). Zwischen den Unternehmen verschiedener Branchen lassen sich nur geringe Unterschiede erkennen. Offensichtlich hat also keiner der Akzeptanzfaktoren eine dominante Stellung, sondern sie werden vielmehr kombiniert eingesetzt, um eine reibungslose Maßnahmenimplementierung sicherzustellen.

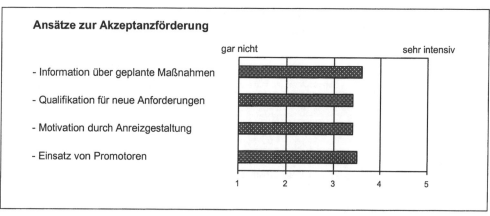

Abb. 5: Ansätze zur Akzeptanzförderung

3.4. Instrumente des Kostenmanagements

3.4.1. Verbreitung

Die Instrumente des Kostenmanagements dienen dazu, die Kostenbeeinflussung anzuregen und für die dazu notwendigen Entscheidungen Informationen zu generieren. Aus dem breiten Spektrum existierender Methoden haben das Target Costing, die Prozesskostenrechnung, das Benchmarking und das Life Cycle Costing sowohl in der Literatur als auch in der Praxis besondere Bedeutung erlangt (vgl. FRANZ/KAJÜTER 1997b, S. 486ff.). Um den aktuellen Anwendungsstand dieser Instrumente zu ermitteln und Entwicklungstendenzen in ihrer Verbreitung über die letzten fünf Jahre zu erheben, wurden die Unternehmen analog zu der Studie aus 1996 nach dem Einsatz der Instrumente befragt.[4] Falls diese nicht eingesetzt werden, wurde zusätzlich um die Angabe der Gründe und der Absicht eines künftigen Einsatzes gebeten.

Die Befunde dokumentieren, dass das *Target Costing* in 59% der Unternehmen eingesetzt wird. Im Vergleich zu 1996 hat sich dieses wichtige Instrument somit weiter in der Unternehmenspraxis verbreitet (vgl. Abb. 6). Dies gilt insbesondere für den Maschinenbau sowie den Bankensektor.[5] Die sich 1996 in diesen Branchen abzeichnende stärkere Anwendung des Target Costing ist tatsächlich eingetreten. In Unternehmen der Automobil- und Elektrotechnik-/Elektronikindustrie gehört das Target Costing weiterhin zum State-of-the-Art und wird von allen in der Stichprobe vertretenen Unternehmen eingesetzt. Demgegenüber ist im Dienstleistungssektor immer noch eine deutlich geringere Verbreitung des Target Costing festzustellen.

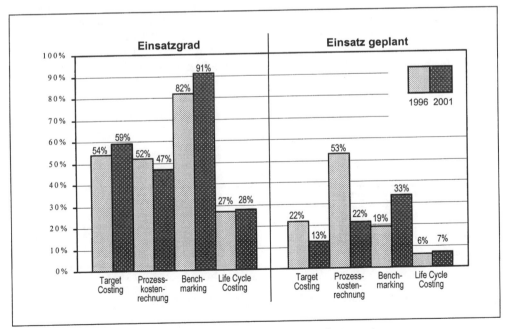

Abb. 6. Verbreitung und geplanter Einsatz von Kostenmanagement-Instrumenten

Eine *Prozesskostenrechnung* haben rund 47% der Unternehmen etabliert, wobei keine nennenswerten Unterschiede in der Verbreitung zwischen dem Industrie- und Dienstleistungssektor bestehen. Im Vergleich zu 1996, als ein Einsatzgrad von 52% ermittelt wurde, deutet dieser Befund auf einen leichten Rückgang im Einsatz dieser Methode hin. Zu einem ähnlichen Ergebnis kam eine 1999 in Großbritannien durchgeführte Untersuchung zur Verbreitung des Activity-Based Costing (vgl. INNES ET AL. 2000). Offensichtlich zeichnet sich bei dieser die traditionelle Kostenrechnung ergänzenden Methode eine gewisse Konsolidierung beim Anwendungsstand ab. Der wesentliche Grund hierfür dürfte in dem Aufwand liegen, den die Einführung der Prozesskostenrechnung erfordert. So wird diese von 68,6% der Nicht-Anwender als zu aufwendig empfunden (vgl. Tab. 1).

Mit 91% weist das *Benchmarking* die höchste Verbreitung unter den vier betrachteten Instrumenten des Kostenmanagements auf. Die schon 1996 beobachtete weite Akzeptanz des Benchmarking hat sich damit weiter verstärkt. Wie bei der letzten Studie (vgl. FRANZ/KAJÜTER 1997b, S. 493) ist allerdings auch hier zu vermuten, dass der relativ hohe Einsatzgrad dieser Methode darin begründet liegt, dass die antwortenden Unternehmen auch traditionelle Kennzahlenvergleiche als Benchmarking betrachten.[6] Branchenspezifische Unterschiede bei der Verbreitung des Benchmarking sind, mit Ausnahme der Versicherungsunternehmen, von denen lediglich zwei Drittel Benchmarking betreiben, nur in geringfügigem Ausmaß festzustellen.

Das *Life Cycle Costing* (Lebenszyklusrechnung), das ursprünglich für Großprojekte entwickelt wurde und anschließend auf Produkte, Kunden- und Lieferantenbeziehungen etc. übertragen worden ist (vgl. hierzu auch den Beitrag von RIEZLER), wird nur von 28% der Unternehmen eingesetzt. Dabei handelt es sich zum ganz überwiegenden Teil um Industrieunternehmen, und hierbei vor allem um Unternehmen der Automobil- und Elektrotechnik-/Elektronikindustrie, die Großserienprodukte herstellen. In diesen Branchen betragen die Einsatzgrade 67% bzw. 71%. Mit 55% ist die Verbreitung im Maschinenbau ebenfalls überdurchschnittlich. Das Life Cycle Costing stellt daher im Gegensatz zu den anderen Instrumenten eher eine branchenspezifische Methode dar, die sich im Vergleich zu 1996 kaum weiter verbreitet hat. Seine besondere Stellung wird auch durch die von den Unternehmen genannten Gründe für den Nicht-Einsatz belegt. Danach erachten fast 53% der Nicht-Anwender das Life Cycle Costing für ihren Bereich als ungeeignet (vgl. Tab. 1).

Gründe für Nicht-Einsatz	Target Costing		Prozesskosten-rechnung		Benchmarking		Life Cycle Costing	
unbekannt	7	17,5%	2	3,9%	1	11,1%	11	15,7%
ungeeignet	16	40,0%	12	23,5%	2	22,2%	37	52,9%
zu aufwendig	10	25,0%	35	68,6%	2	22,2%	19	27,1%
keine Angabe	7	17,5%	2	3,9%	4	44,4%	3	4,3%
Summe	40	100,0%	51	100,0%	9	100,0%	70	100,0%

Tab. 1: Gründe für den Nicht-Einsatz von Kostenmanagement-Instrumenten

Der inzwischen erreichte hohe Verbreitungsgrad der betrachteten Kostenmanagement-Instrumente und die angeführten Gründe für den Nicht-Einsatz erklären, dass im Vergleich zu 1996 deutlich weniger Unternehmen planen, künftig das Target Costing und die Prozesskostenrechnung einzuführen (vgl. Abb. 6). Auch für das Benchmarking und das Life Cycle Costing ist keine nennenswerte Ausweitung zu erwarten (der auf 33,3% gestiegene Anteil von Unternehmen, die einen erstmaligen Einsatz des Benchmarking planen, ist auf die geringe absolute Basis von neun Unternehmen zurückzuführen). Damit ist die für die Prozesskostenrechnung bereits konstatierte Konsolidierung auch für die übrigen Methoden erkennbar.

Weiteres Verbreitungspotenzial ist indes dem Target Costing zuzuschreiben, das zwar gegenwärtig von 40% der Nicht-Anwender als ungeeignet beurteilt wird (vgl. Tab. 1), aber durch eine Anpassung an deren spezifische Belange auch für diese interessant werden könnte. Die bereits in einigen Bereichen erzielten Erfolge mit der Übertragung des ursprünglich im High-Tech-Sektor entwickelten Target Costing lassen vermuten, dass dies durchaus möglich ist.[7]

3.4.2. Einsatzformen

Ein detaillierterer Einblick in die Anwendung der analysierten Kostenmanagement-Instrumente ergibt sich durch die Befunde zu deren Einsatzform. Dabei wurde zwischen dem Einsatz in Form einer Pilotstudie sowie der fallweisen und laufenden Anwendung unterschieden. Abbildung 7 stellt die Ergebnisse zusammenfassend dar.

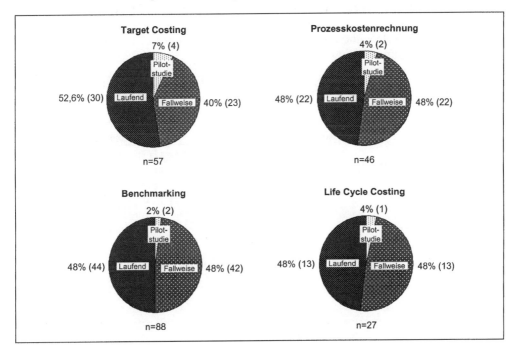

Abb. 7: Einsatzformen von Kostenmanagement-Instrumenten

Danach werden Pilotstudien gegenwärtig nur selten durchgeführt; es dominiert der fallweise und laufende Einsatz zu etwa gleichen Anteilen. Während für das Benchmarking
und Life Cycle Costing keine vergleichbaren Befunde anderer Studien vorliegen, kann
für die Prozesskostenrechnung eine weitgehende Konsistenz mit den Ergebnissen der
Untersuchung von Stoi aus dem Jahr 1997/98 festgestellt werden (vgl. STOI 1999,
S. 177). Zum gleichen Zeitpunkt ermittelte Arnaout für das Target Costing eine unter-
nehmensweite Anwendung bei 27,9% der befragten Anwender (vgl. ARNAOUT 2001a,
S. 180). Trotz der etwas anders formulierten Fragestellung lässt sich aus einem Vergleich
dieses Befundes mit den vorliegenden Ergebnissen – 52,6% laufender Einsatz – auf eine
zunehmende Ausweitung und feste Etablierung des Target Costing bei den derzeitigen
Anwendern schließen.

3.4.3. Leistungsfähigkeit der Instrumente

Analog zur Studie aus 1996 wurden die Unternehmen, die die betrachteten Kostenmanagement-Instrumente einsetzen und daher über Anwendungserfahrungen verfügen, darum
gebeten, die Eignung bzw. Leistungsfähigkeit der Methoden zur Erreichung der Ziele des
Kostenmanagements (vgl. Abschnitt 3.2.) zu beurteilen. Für die Einschätzung wurde eine
Skala von 1 (= „sehr gering") bis 5 (= „sehr hoch") vorgegeben.

Obwohl alle vier Instrumente im Vergleich zu 1996 kritischer bewertet werden, wird
die Rangfolge und die grundsätzlich positive Wirkung der Methoden durch die aktuellen
Befunde bestätigt (vgl. Abb. 8). Dem Target Costing wird wiederum die höchste Leistungsfähigkeit zugesprochen, was dessen besondere Bedeutung für das Kostenmanagement noch einmal belegt und dessen weitere Verbreitung wahrscheinlich erscheinen lässt.
Mit etwas Abstand folgen die Prozesskostenrechnung, das Benchmarking und schließlich
das Life Cycle Costing.

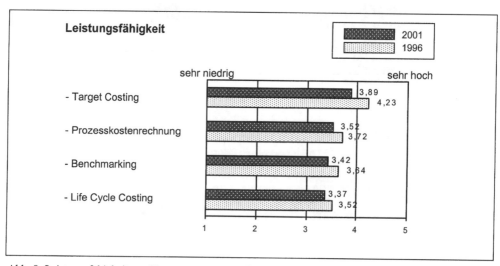

Abb. 8: Leistungsfähigkeit von Kostenmanagement-Instrumenten

3.5. Gesamteinschätzung des Kostenmanagements

Über die Beurteilung der einzelnen Instrumente hinaus wurde nach einer Gesamteinschätzung des Kostenmanagements gefragt. Da die Höhe erzielter Kosteneinsparungen zwischenbetrieblich nur schwer vergleichbar ist und zudem eine Abneigung der Unternehmen gegenüber der Nennung konkreter Zahlen vermutet werden konnte, wurden vier allgemeine Kriterien, die für den Erfolg des Kostenmanagements als wichtig anzusehen sind, zur Selbsteinschätzung vorgegeben: die Effektivität der Maßnahmen, die methodische Unterstützung, die Einbindung der Mitarbeiter (zur Nutzung ihrer Ideen) und die Sozialverträglichkeit (zur Sicherung von Akzeptanz).

Allen genannten Kriterien wird eine durchschnittliche bis gute Erfüllung bescheinigt (vgl. Abb. 9), wobei die „Sozialverträglichkeit" als am besten erfüllt eingeschätzt wird (3,8). Offensichtlich wird diesem Aspekt in vielen Unternehmen eine hohe Bedeutung beigemessen; nur zwei Firmen beurteilten die Sozialverträglichkeit ihres Kostenmanagements als schlecht (2,0). Die drei anderen Kriterien werden im Durchschnitt gleich gut beurteilt (3,4).

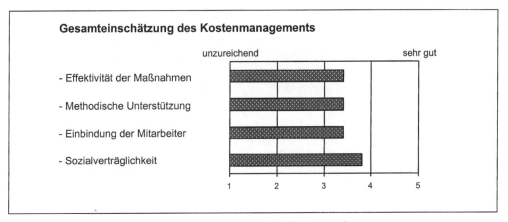

Abb. 9: Gesamteinschätzung des Kostenmanagements durch die Unternehmen

Branchenübergreifend sind geringfügige Unterschiede sowohl zwischen den einzelnen Kriterien als auch in einer Gesamtsicht zu beobachten. Im Ganzen leicht überdurchschnittlich wird das Kostenmanagement in der Automobilindustrie und in der Energiewirtschaft eingeschätzt. In den Dienstleistungssektoren Handel, Banken und „Sonstige" schneidet die Gesamtbeurteilung dagegen leicht unterdurchschnittlich ab.

4. Zusammenfassung und Ausblick

Vorstehende Ausführungen zeigen Stand, Entwicklungstendenzen und Perspektiven des Kostenmanagements in deutschen Großunternehmen auf. Die empirischen Befunde dokumentieren im Vergleich zu den Vorjahren verstärkte Bemühungen zur Kostensenkung, die auf die hohe Wettbewerbsintensität und die konjunkturell bedingten Ertragsrückgänge zurückzuführen sein dürften. Die Senkung des Kostenniveaus ist nach wie vor das wichtigste Ziel des Kostenmanagements. Zur Erreichung dieses Ziels sind die neueren Instrumente des Kostenmanagements nach den Erfahrungen der Anwender gut geeignet, wobei dem Target Costing wie in der Studie von 1996 die höchste Leistungsfähigkeit zugesprochen wird.

Während sich die Verbreitung des Target Costing und des Benchmarking im Vergleich zu 1996 leicht erhöht hat, deuten die aktuellen Befunde bei der Prozesskostenrechnung und dem Life Cycle Costing eher auf eine Stagnation hin. Auch für die Zukunft dürften nur geringfügige Zuwachsraten im Einsatzgrad zu erwarten sein, da die Methoden entweder als ungeeignet (Target Costing und Life Cycle Costing) bzw. als zu aufwendig (Prozesskostenrechnung) empfunden werden oder bereits eine weite Verbreitung erlangt haben (Benchmarking).

Aus den vorliegenden Befunden sowie den Anmerkungen der Unternehmen lässt sich Forschungsbedarf vor allem im Hinblick auf folgende Punkte ableiten:

- Entwicklung von branchenspezifischen Ansätzen des Kostenmanagements, insbesondere für Dienstleistungsunternehmen;
- Möglichkeiten der unternehmensübergreifenden Kostenanalyse und -optimierung in Wertschöpfungsketten;
- Identifikation und Wirkungsweise strategischer Kostentreiber.

Zur Erzielung von Erkenntnisfortschritten in diesen Bereichen erscheinen umfangreiche Forschungsbemühungen erforderlich, die nur in enger Zusammenarbeit mit der Praxis Erfolg versprechen.

Anmerkungen

1 Zu Untersuchungen, die die Praxis des Kostenmanagements in anderen europäischen Ländern auf breiter empirischer Basis analysieren, vgl. z.B. für die Schweiz BREDE 1994 und RAUBACH 1996 sowie für Großbritannien DRURY ET AL. 1993; INNES/MITCHELL 1991, 1995, 1997; INNES ET AL. 2000; und KENNEDY 1997.

2 Ferner greifen empirische Studien zum Stand und zu Entwicklungstendenzen in der Kostenrechnung auch den Einsatz der Prozesskostenrechnung auf. Vgl. dazu WEBER 1993b und WÄHRISCH 1998.

3 Die Größenklassifikation und die Anzahl der versandten Fragebögen weicht damit von der 1996 durchgeführten Studie leicht ab. Die davon möglicherweise ausgehende Beeinträchtigung der Vergleichbarkeit ist indes als gering einzuschätzen, da die Branchenverteilung der Stichprobe weitgehend ähnlich ist. Lediglich Banken und Handelsunternehmen sind in der aktuellen Untersuchung weniger stark vertreten.

4 Hinzuweisen ist an dieser Stelle wiederum auf ein grundsätzliches Problem schriftlicher Befragungen, das für die Interpretation der nachfolgend dargestellten Befunde zu beachten ist. So können bei dem-

jenigen, der die Fragen beantwortet, Interpretations- und Verständnisprobleme auftreten, etwa derart, dass herkömmliche Instrumente zwar mit dem neuen Fachbegriff gleichgesetzt werden, in der Realität aber nur bedingt oder gar nicht mit dem methodischen Inhalt der neuen Verfahren übereinstimmen. Umgekehrt ist auch denkbar, dass eine neue Methode unter einer anderen, firmeninternen Bezeichnung im Einsatz ist, bei der Beantwortung des Fragebogens aber nicht mit dem allgemein üblichen Begriff gleichgesetzt wird. Um diesem Problem entgegenzuwirken, wurden in Einzelfällen bei den antwortenden Unternehmen telefonisch nähere Auskünfte zum Methodeneinsatz eingeholt.

5 Aufgrund der geringen Zahl der in der Stichprobe vertretenen Banken können die Befunde nur als Indiz für eine zunehmende Anwendung des Target Costing angesehen werden.

6 Zu den Unterschieden zwischen dem traditionellen, auf Kennzahlen gestützten Betriebsvergleich und dem Benchmarking vgl. GERPOTT 1994, S. 58, und LAMLA 1995, S. 54f.

7 Vgl. z.B. zum Target Costing in Banken HOFFJAN/LISKE 1995, ZIMMERMANN/GRUNDMANN 2001, in Krankenhäusern MÜLLER 1998 sowie zum Target Costing bei Softwareentwicklung BAUMÖL 1999.

Autorenverzeichnis

ALI ARNAOUT, Dr., Dipl.-Kfm., geb. 1968

1988 – 1994	Studium der technisch orientierten Betriebswirtschaftslehre und des Maschinenbaus an der Universität Stuttgart
1995 – 1999	Wissenschaftlicher Angestellter, Universität Stuttgart, Lehrstuhl für Controlling
1996 – 1999	freier Berater der Horváth & Partner GmbH, Stuttgart
seit 1999	Management Consulting bei der Horváth & Partner GmbH, Düsseldorf
2000	Promotion zum Dr. rer. pol. an der Universität Stuttgart
seit 2001	Leiter Competence Center Medien, Telekommunikation & Start-ups bei der Horváth & Partner GmbH, Düsseldorf

UTZ CLAASSEN, Prof. Dr., Dipl.-Ök., geb. 1963

1981 – 1987	Studium der Wirtschaftswissenschaften, Management Studies, Industriedesign und Medizin an den Universitäten Hannover und Oxford
1987 – 1989	Unternehmensberater bei McKinsey & Co., Inc., Düsseldorf
1989	Promotion zum Dr. rer. pol. an der Universität Hannover
1989 – 1992	Verschiedene leitende Positionen bei Ford Europa, Brentwood/Essex sowie Ford-Werke AG, Köln
1992 – 1994	Volkswagen AG, Wolfsburg; zuletzt Leiter Controlling Produktlinien und Vertreter des Finanzvorstandes der Marke Volkswagen
1994 – 1997	Finanzvorstand der SEAT S.A., Barcelona
seit 1997	Vorstandsvorsitzender der Sartorius AG, Göttingen
seit 2001	Honorarprofessor an der Universität Hannover

ADOLF G. COENENBERG, Prof. Dr. Dr. h.c., Dipl.-Kfm., geb. 1938

1958 – 1963	Studium der Betriebswirtschaftslehre an der Universität Köln
1963 – 1968	Wissenschaftlicher Assistent an der Universität Köln
1966	Promotion zum Dr. rer. pol. an der Universität Köln
1970	Habilitation an der Universität Köln
seit 1971	Inhaber des Lehrstuhls für Wirtschaftsprüfung und Controlling an der Universität Augsburg
1979 – 1982	Mitglied des Geschäftsführenden Vorstandes, USW Schloss Gracht, Erftstadt
1990 – 1993	Wissenschaftlicher Direktor, USW Schloss Gracht, Erftstadt
seit 2000	Dekan der Fakultät für Wirtschaftswissenschaften i.G. der Technischen Universität München
	Arbeitsschwerpunkte: Rechnungs- und Finanzwesen, Controlling, Unternehmensbewertung

ROBIN COOPER, Prof., DBA, MBA, BSc, born 1951

1972 – 1975	Articled Clerk, Coopers & Lybrand, London, England
1975 – 1982	MBA and DBA at Harvard University, Graduate School of Business, Boston, USA
1977 – 1978	Senior Consultant, Data Architects, Inc., Boston
1982 – 1987	Assistant Professor of Business Administration, Harvard University, Graduate School of Business
1987 – 1992	Associate Professor of Business Administration, Harvard University, Graduate School of Business
1992 – 1998	Professor of Management, Director of the Institute for the Study of US/Japan Relations in the World Economy, Peter F. Drucker Graduate Management Center, The Claremont Graduate School, Claremont, USA
since 1998	Visiting Professor of Accounting at Goizueta Business School, Emory University, Atlanta, USA
	Research interests: Management Accounting, Cost Management in Japan

ANDREAS DIEL, Dipl.-Ing., geb. 1963

1983 – 1988	Studium des Bauingenieurwesens an der Ruhr-Universität Bochum
1988 – 1992	Mitarbeiter im Bereich Tragwerksplanung und Bauausführung, E. Heitkamp GmbH, Herne
1993 – 1998	Oberbauleiter und Projektleiter, STEAG AG, Essen
seit 1998	Bereichsleiter Nachunternehmer-Management, Zentralabteilung Beschaffung, HOCHTIEF AG, Essen

FERDINAND DUDENHÖFFER, Prof. Dr., Dipl.-Vw., geb. 1951

1972 – 1977	Studium der Volkswirtschaftslehre an der Universität Mannheim
1977 – 1984	Hochschul-Assistent, Universität Mannheim
1983	Promotion an der Universität Mannheim
1985 – 1987	Analyst Business Strategies, Adam Opel AG, Rüsselsheim
1987 – 1990	Leiter Marketing-Strategien & Forschung, Dr.-Ing. h.c. F. Porsche AG, Stuttgart
1991- 1994	Direktor Verkauf, Peugeot Deutschland GmbH, Saarbrücken
1994 – 1996	Direktor Netz-Entwicklung, Citroen Deutschland AG, Köln
seit 1996	Professor für Marketing und Unternehmensführung, FH Gelsenkirchen
seit 2000	Mitgründer und Direktor des CAR- Center of Automotive Research FH Gelsenkirchen

KLAUS EHRLENSPIEL, Prof. Dr.-Ing., geb. 1930

1950 – 1956	Studium des Maschinenbaus an der TH München
1956 – 1962	Wiss. Assistent bei Prof. Niemann, Maschinenelemente, TH München
1962	Promotion zum Dr.-Ing. an der TH München
1963 – 1973	Konstruktions-, später technischer Werksleiter bei der Firma BHS Werk, Sonthofen
1973 – 1976	Professur für Maschinenelemente, TU Hannover
1976 – 1995	Professur für Konstruktion im Maschinenbau, TU München
seit 1995	emeritiert

Arbeitsschwerpunkte: methodisches Konstruieren; kostengünstiges und rechnerunterstütztes Konstruieren.

RÜDIGER ELLSSEL, Dipl.-Ing., geb. 1959

1980 - 1983	Studium an der Fachhochschule Braunschweig/Wolfenbüttel, Fachrichtung Allgemeiner Maschinenbau – Konstruktion und Entwicklung
1983 – 1985	Maiko Maschinenbau GmbH, Konstruktion und Entwicklung
1986 – 1994	Volkswagen AG, Controlling Produktlinien
1994 - 1997	SEAT S.A., Barcelona/Spanien, Projektmanager Controlling A-Klasse
seit 1997	Volkswagen AG, Controlling Produktlinien, Leiter Controlling B-Klasse

THOMAS M. FISCHER, Prof. Dr. rer. pol. habil. Dr. rer. pol., Dipl.-Oec., geb. 1961

1981 – 1983	Stammhauslehre zum Industriekaufmann, Siemens AG, München
1983 – 1987	Studium der Betriebswirtschaftslehre an der Universität Augsburg
1988	Projektarbeit im Rechnungswesen, Siemens AG, Augsburg
1989 – 1992	Wissenschaftlicher Mitarbeiter, Universität Augsburg, Lehrstuhl für Wirtschaftsprüfung und Controlling
1992	Promotion zum Dr. rer. pol. an der Universität Augsburg
1993 – 1995	Wissenschaftlicher Assistent, Universität Augsburg, Lehrstuhl für Wirtschaftsprüfung und Controlling
1996 – 1997	DFG-Habilitationsstipendiat
1997	Habilitation an der Universität Augsburg
seit 1997	Inhaber des Lehrstuhls für Unternehmensrechnung und Controlling, Revisions- und Treuhandwesen, Handelshochschule Leipzig (HHL)
1999 – 2000	Prorektor der Handelshochschule Leipzig (HHL)

Arbeitsschwerpunkte: Unternehmenspublizität, Wertorientiertes Controlling, Kostenmanagement, Internationale Rechnungslegung

KLAUS PETER FOUQUET, Dr., Dipl.-Kfm., geb. 1958

1978 – 1983	Studium der Betriebswirtschaftslehre an der Universität Mannheim
1983 – 1987	Wissenschaftlicher Mitarbeiter, Universität Mannheim, Lehrstuhl für Allgemeine BWL, insb. Wirtschaftsprüfung und Treuhandwesen
1987	Promotion zum Dr. rer. pol.
1987 – 1998	Robert Bosch GmbH, Stuttgart, verschiedene Positionen im Controlling und der Materialwirtschaft
seit 1998	Geschäftsführer Robert Bosch Snanyi ve Ticaret, Türkei

KLAUS-PETER FRANZ, Prof. Dr., Dipl.-Kfm., geb. 1945

1964 – 1969	Studium der Betriebswirtschaftslehre an der Universität Köln
1969 – 1982	Wissenschaftlicher Mitarbeiter, RWTH Aachen, Lehrstuhl für Betriebswirtschaftslehre
1973	Promotion zum Dr. rer. pol. an der RWTH Aachen
1985	Habilitation an der RWTH Aachen
1985	Professor an der Universität Oldenburg
1986 – 1998	Inhaber des Lehrstuhls für Rechnungswesen und Controlling an der Universität Kaiserslautern
1993 – 1996	Wissenschaftlicher Direktor des Universitätsseminar der Wirtschaft, USW Schloss Gracht, Erftstadt
seit 1998	Inhaber des Lehrstuhls für Unternehmensprüfung und Controlling an der Heinrich-Heine-Universität Düsseldorf
	Arbeitsschwerpunkte: Controlling, Kostenmanagement, Wirtschaftsprüfung

RONALD GLEICH, Privatdozent, Dr., Dipl.-Kfm., geb. 1962

1980 – 1982	Ausbildung zum Bankkaufmann, Kreissparkasse Waiblingen
1985 – 1990	Studium der technisch orientierten Betriebswirtschaftslehre an der Universität Stuttgart
1991 – 1998	Wissenschaftlicher Mitarbeiter, Universität Stuttgart, Lehrstuhl für Controlling
1995	Promotion zum Dr. rer. pol. an der Universität Stuttgart
seit 1999	Leiter Competence Center Controllingsysteme der Horváth & Partner GmbH, seit 2000 Leiter des Büros Stuttgart
2000	Habilitation an der Universität Stuttgart
2000 – 2001	Lehrstuhlvertretung Lehrstuhl für Unternehmensführung, Organisation und Personalmanagement an der Universität Hohenheim
seit 2002	Partner der Horváth & Partner GmbH
	Privatdozent an der European Business School in Oestrich-Winkel

PETER GLOYSTEIN, Dr., Dipl.-Kfm., geb. 1945

1966 – 1970	Studium der Betriebswirtschaftslehre an der Universität Hamburg
1971 – 1975	Wissenschaftlicher Referent, HWWA-Institut für Wirtschaftsforschung, Hamburg
1977	Promotion zum Dr. rer. pol. an der Universität Hamburg
1975 – 1981	WestLB
1981 – 1999	Commerzbank AG, ab 1990 Mitglied des Vorstands
seit 2000	Sprecher des Vorstands der BHF-BANK AG

CHRISTIAN HOMBURG, Prof. Dr., geb. 1962

1982 – 1986	Studium der Wirtschaftsmathematik an der Universität Karlsruhe
1986 – 1989	Wissenschaftlicher Mitarbeiter am Institut für Entscheidungstheorie und Unternehmensforschung der Universität Karlsruhe
1988	Promotion zum Dr. rer. pol. an der Universität Karlsruhe
1989 – 1992	Direktor für Marketing, Controlling und Strategische Planung, KSB AG, Frankenthal
1993 – 1995	Lehrstuhlvertretung, Lehrstuhl für Betriebswirtschaftslehre, insb. Marketing, WHU (Otto-Beisheim-Hochschule), Koblenz
1995	Habilitation an der Universität Mainz
1995 – 1998	Inhaber des Lehrstuhls für Betriebswirtschaftslehre, insb. Marketing, WHU (Otto-Beisheim-Hochschule), Koblenz
seit 1999	Inhaber des Lehrstuhls für Allgemeine Betriebswirtschaftslehre und Marketing I, Direktor des Instituts für Marktorientierte Unternehmensführung, Universität Mannheim, Vorsitzender des wissenschaftlichen Beirats der Prof. Homburg & Partner GmbH, Mannheim *Arbeitsschwerpunkte:* Marktorientierte Unternehmensführung, Kundenbeziehungsmanagement, Vertriebsmanagement, Methoden der Marktforschung und der empirischen Forschung, Dienstleistungsmanagement, Innovationsmanagement, Controlling und Kostenmanagement in Marketing und Vertrieb, Internationales Marketing

CHRISTIAN HUBER, Dipl.-Kfm., geb. 1972

1993 – 1998	Studium der Betriebswirtschaftslehre an der Otto-Friedrich-Universität Bamberg
1999 – 2000	Berater bei der Horváth & Partner GmbH, Büro München, seit 2001 Projektleiter
seit 2001	Wissenschaftlicher Mitarbeiter, Technische Universität München, Lehrstuhl Controlling und Unternehmensrechnung der wirtschaftswissenschaftlichen Fakultät i.G.

PETER KAJÜTER, Dr., MBA, geb. 1966

1986 – 1988	Ausbildung zum Bankkaufmann, Deutsche Bank AG, Filiale Duisburg
1989 – 1993	Studium der Betriebswirtschaftslehre an der Westfälischen Wilhelms-Universität Münster und der Edinburgh University Management School
1993 – 1999	Dozent, Seminarmanager und Leiter Firmenprogramme, Universitätsseminar der Wirtschaft, USW Schloss Gracht, Erftstadt
1999	Promotion zum Dr. rer. pol. an der Universität Dortmund
seit 1999	Wissenschaftlicher Assistent, Heinrich-Heine-Universität Düsseldorf, Lehrstuhl für Unternehmensprüfung und Controlling *Arbeitsschwerpunkte:* Kostenmanagement, Controlling, Risikomanagement, externe Rechnungslegung, Wirtschaftsprüfung

ALFONS KIEWERT, Dr.-Ing., Dipl.-Ing., geb. 1943

1964 – 1967	Studium des Maschinenbaus an der Ingenieurschule Duisburg
1969 – 1974	Studium des Maschinenbaus an der Technischen Universität Hannover
1974 – 1976	Wissenschaftlicher Assistent, TU Hannover
1976 – 1979	Wissenschaftlicher Assistent, TU München
1979	Promotion zum Dr.-Ing. an der TU München
seit 1979	Oberingenieur am Lehrstuhl für Produktentwicklung der TU München *Arbeitsschwerpunkte*: Methodik, Kostenmanagement

JÜRGEN KLUGE, Dr., Dipl.-Phys., geb. 1953

1973 – 1979	Studium der Physik an der Universität Köln
1980 – 1984	Promotion zum Dr. rer. nat. an der Universität Essen
1984 – 1989	Berater und Projektleiter bei McKinsey & Company, Inc.
1989 – 1999	Mitglied der Geschäftsführung von McKinsey & Company Deutschland (Principal), ab 1995 Mitglied der internationalen Geschäftsführung von McKinsey & Company (Director)
seit 1999	Office Manager McKinsey Germany

WERNER KREUZ, Dr., Dipl.-Math., geb. 1950

1968 – 1974	Studium der Mathematik, Physik und Betriebswirtschaft an der Universität Köln
1975 – 1978	Wissenschaftlicher Mitarbeiter, Universität Mannheim, Lehrbeauftragter an der Universität Köln
1979	Promotion zum Dr. rer. pol. an der Universität Köln
1979 – 1990	Unternehmensberater bei A.T. Kearney
seit 1990	Mitglied der Geschäftsleitung von A.T. Kearney, seit 2001 Mitglied des „Global Leadership Teams" von A.T. Kearney

ECKHARD KUCHER, Dr., Dipl.-Kfm., geb. 1952

1974 – 1979	Studium der Betriebswirtschaftslehre an den Universitäten Bielefeld, University of Georgia, University of Chicago
1980 – 1984	Wissenschaftlicher Mitarbeiter, Universität Bielefeld, Lehrstuhl für Marketing
1984	Promotion zum Dr. rer. pol. an der Universität Bielefeld
1985	Gründung der Unternehmensberatung UNIC, heutiger Name: SIMON • KUCHER & PARTNERS Strategy & Marketing Consultants GmbH, Bonn
seit 1985	Geschäftsführender Gesellschafter dieser Unternehmensberatung

UDO LINDEMANN, Prof. Dr.-Ing., Dipl.-Ing., geb. 1948

1968 – 1974	Studium des Maschinenbaus an der Technischen Universität Hannover
1974 – 1976	Wissenschaftlicher Assistent, TU Hannover
1976 – 1980	Wissenschaftlicher Assistent, TU München
1979	Promotion zum Dr.-Ing. an der TU München
1980 – 1992	RENK AG, Augsburg, Bereichsleitung Prüfsysteme
1992 – 1995	MAN Miller Druckmaschinen GmbH, Geisenheim, Vorsitzender der Geschäftsführung
seit 1995	Professur für Produktentwicklung, TU München *Arbeitsschwerpunkte:* Produktentwicklung, Entwicklungsmethodik, Entwicklungsprozesse, Kostenmanagement

GERHARD R. MATTNER, Dipl.-Kfm., MBA, geb. 1971

1990 – 1994	Studium der Betriebswirtschaftslehre an der Universität Augsburg
1995	Studium an der University of Dayton
1996 – 1998	Selbständiger Berater und Dozent
seit 1998	Wissenschaftlicher Mitarbeiter, Universität Augsburg, Lehrstuhl für Wirtschaftsprüfung und Controlling *Arbeitsschwerpunkte:* Controlling, Erfolgsfaktorenforschung, Unternehmenssimulationen

FALCONER MITCHELL, Prof., BCom, CA, born 1950

1968 – 1972	Studies of Business at the University of Edinburgh
1975	Chartered Accountant
1976 – 1994	Lecturer, University of Edinburgh, Great Britain
1990 – 1991	Canon Visiting Fellowship (Host Yokohama National University)
since 1994	Professor of Management Accounting, University of Edinburgh *Research interests:* Cost Management, Uniform Costing, Japanese Management Accounting

RALF MURJAHN, Dipl.-Chem., geb. 1967

1991 – 1998	Studium der Chemie, Hauptuniversität Wien, Freie Universität Berlin
1998	Praktika bei Roland Berger & Partner, Düsseldorf; Wacker-Chemie, München; Deutsche Amphibolinwerke, Ober-Ramstadt
1999 – 2000	Projektunterstützung bei der Horváth & Partner GmbH, Düsseldorf
2001	Wissenschaftlicher Mitarbeiter, Heinrich-Heine-Universität Düsseldorf, Lehrstuhl für Unternehmensprüfung und Controlling
seit 2002	Assistent der Geschäftsleitung, Deutsche Amphibolinwerke, Ober-Ramstadt

STEFAN NIEMAND, Dr., Dipl.-Kfm., geb. 1966

1986 – 1991	Studium der Betriebswirtschaftslehre an der Universität Stuttgart
1992 – 1995	Wissenschaftlicher Mitarbeiter, Universität Stuttgart, Lehrstuhl für Controlling
1995	Promotion zum Dr. rer. pol.
seit 1995	Leitender Berater im Büro München der Horváth & Partner GmbH sowie Partner der Horváth & Partner GmbH

HELMUT NOACK, Dr., Dipl.-Wirtsch.-Ing., geb. 1938

1958 – 1966	Studium des Wirtschaftsingenieurwesens an der Technischen Universität Berlin
1966 – 1969	Wissenschaftlicher Mitarbeiter, TU Berlin, Lehrstuhl für Allgemeine Betriebswirtschaftslehre und Organisation
1969	Promotion zum Dr. rer. pol. an der TU Berlin
1970 – 1975	Leiter Controlling bei der Rhodia AG, Freiburg
1976 – 1984	Vice President der Demag Corp. Solon, Ohio
1985 – 1992	kaufm. Geschäftsführer der Mannesmann Demag Fördertechnik, Wetter
1992 – 2001	Mitglied des Vorstands der Mannesmann Dematic AG, heute Teil der Siemens Dematic Gruppe

MICHAEL RAUCH, Dr.-techn., Dipl.-Ing., geb. 1969

1989 – 1995	Studium an der TU Wien, Studienrichtung: Industrielle Elektronik und Regelungstechnik, Fächertauschmodell: Betriebswirtschaft
seit 1996	Berater bei der Horváth & Partner GmbH, Büro München, Prokurist und Leiter des Competence Centers Produktentstehung/New Product Development
2001	Promotion zum Dr.-techn. an der TU Wien

MICHAEL REISS, Prof. Dr., Dipl.-Vw., Dipl.-Psych., geb. 1949

1968 – 1973	Studium der Wirtschaftswissenschaften und Psychologie an den Universitäten Frankfurt und Freiburg
1978	Promotion zum Dr. rer. pol. an der Universität Freiburg
1984	Habilitation an der Universität Freiburg
seit 1988	Inhaber des Lehrstuhls für Allgemeine Betriebswirtschaftslehre und Organisation an der Universität Stuttgart

Arbeitsschwerpunkte: Strategiegerechte Organisationsgestaltung, Netzwerkmanagement, Change Management, Unternehmensführung

HANS-GEORG RENDENBACH, Dipl.-Kfm., geb. 1953

1974 – 1979	Studium der Betriebswirtschaftslehre an der Universität Dortmund
1979 – 1983	Kaufmännischer Leiter und Geschäftsführer, Stadtanzeiger – Jung-Verlagsgruppe, Böblingen
1983 – 1996	Referatsleiter Kostenrechnung und Abteilungsleiter Zentrales Controlling, R+V Versicherungsgruppe, Wiesbaden
1996 – 1999	Geschäftsführender Gesellschafter, Assekuranz- und Banken-Controlling Rendenbach GmbH, Hünstetten
seit 2001	Leitender Berater, Diebold Deutschland GmbH, Eschborn

MARKUS RICHTER, Dipl.-Wirtsch.-Ing., geb. 1973

1994 – 2000	Studium des Wirtschaftsingenieurwesens an der Technischen Universität Braunschweig sowie der University of Waterloo, Ontario, Kanada
seit 2000	Wissenschaftlicher Mitarbeiter, Universität Mannheim, Lehrstuhl für Allgemeine Betriebswirtschaftslehre und Marketing I, Projektleiter bei Prof. Homburg & Partner GmbH, Mannheim

Arbeitsschwerpunkte: Kostenmanagement in Marketing und Vertrieb, Industriegütermarketing, Markenmanagement

STEPHAN RIEZLER, Dr., Dipl.-Ök., geb. 1963

1982 – 1988	Studium der Wirtschaftswissenschaft an der Ruhr-Universität Bochum
1988 – 1990	Trainee im Finanz- und Rechnungswesen/Controlling, Thyssen Engineering GmbH, Essen
1990 – 1995	Wissenschaftlicher Mitarbeiter, Ruhr-Universität Bochum, Lehrstuhl für Fertigung und Industriewirtschaft
1995	Promotion zum Dr. rer. oec. an der Ruhr-Universität Bochum
1995 – 1997	Bereichsreferent im Rechnungswesen, Thyssen Industrie AG, Essen
seit 1997	Abteilungsleiter bei der STEAG AG, Essen, zuletzt als Leiter Rechnungswesen IPP International

OTTO ROSENBERG, Prof. Dr., Dipl.-Kfm., geb. 1938

1963 – 1967	Studium der Betriebswirtschaftslehre an der Universität Köln
1968 – 1975	Wissenschaftlicher Mitarbeiter, Universität Regensburg und Universität des Saarlandes, Lehrstuhl für Unternehmensforschung
1973	Promotion zum Dr. rer. pol.
1975 – 1979	Assistenzprofessor an der Universität des Saarlandes
1979	Habilitation an der Universität des Saarlandes
seit 1979	Inhaber des Lehrstuhls für Betriebswirtschaftslehre, insb. Produktionswirtschaft, an der Universität Paderborn
	Arbeitsschwerpunkte: Weiterentwicklung der theoretischen Grundlagen der Produktion und Integration von ökologischen Aspekten, Entwicklung von Planungs- und Steuerungskonzepten für Produktions- und Logistiksysteme sowie für das Komplexitätsmanagement, Entwicklung von Systemen zur Personaleinsatzplanung und von Entgeltsystemen

EBERHARD VON RUNDSTEDT, Volljurist, geb. 1940

1962 – 1967	Studium der Rechtswissenschaften an der Universität Freiburg und der Freien Universität Berlin
1967 – 1970	Referendarzeit
1970 – 1974	Vorstandsassistent, MAN AG
1974 – 1979	Vertriebsleiter, Feldmühle AG
1979 – 1985	Vertriebsleiter, Ruhrgas/Ruhrkohle AG
seit 1985	Geschäftsführender Gesellschafter, DBM v. Rundstedt & Partner GmbH, Outplacementberatung

MICHIHARU SAKURAI, Prof., Ph.D., born 1937

1966 – 1971	Studies of Accounting, Graduate School of Waseda University
1982	Ph.D. at Waseda University
1969 – 1971	Assistant Professor of Accounting, Senshu University, Japan
1971 – 1979	Associate Professor of Accounting, Senshu University
since 1979	Professor of Accounting, Senshu University
	President of Japan Cost Accounting Association, Board member of Japan Accounting Association
	Research interests: Management Accounting, especially Accounting for High Technology, Performance Evaluation

WOLFGANG SCHULTZE, Dr., Dipl.-Kfm., M.A., geb. 1966

1985 – 1992	Berufsausbildung und Tätigkeit als Bankkaufmann
1990 – 1996	Studium der Betriebswirtschaftslehre an der Universität Augsburg und der Volkswirtschaftslehre an der Wayne State University, Detroit, Michigan
1996 – 1998	Promotionsstipendiat der Universität Augsburg
1998 – 2000	Wissenschaftlicher Mitarbeiter, Universität Augsburg, Lehrstuhl für Wirtschaftsprüfung und Controlling
2000	Promotion zum Dr. rer. pol. an der Universität Augsburg
seit 2000	Wissenschaftlicher Assistent, Universität Augsburg, Lehrstuhl für Wirtschaftsprüfung und Controlling
	Arbeitsschwerpunkte: Unternehmensbewertung, Wertorientierte Unternehmensführung und Berichterstattung, Konzernrechungslegung

WERNER SEIDENSCHWARZ, Dr., Dipl.-Kfm., geb. 1962

1983 – 1988	Studium der Betriebswirtschaftslehre an der Universität Augsburg, vorher Ausbildung zum Industriekaufmann
1988 – 1992	Wissenschaftlicher Mitarbeiter, Universität Stuttgart, Lehrstuhl für Controlling
1993	Promotion zum Dr. rer. pol.
1993 – 1994	Leiter des Unternehmensprojekts „Marktorientiertes Kostenmanagement" in der Zentralabteilung Finanzen der Siemens AG, München
1995 - 2001	Gründer des Büros München der Horváth & Partner GmbH, Partner der Horváth & Partner GmbH sowie Vorstand der Horváth AG
seit 2001	Vertreter des Lehrstuhls Controlling und Unternehmensrechnung an der wirtschaftswissenschaftlichen Fakultät i.G. der Technischen Universität München
seit 2001	Geschäftsführender Gesellschafter der Seidenschwarz & Comp. GmbH, Starnberg

MANFRED SELIG, Dr., Dipl.-Chem., Dipl.-Bw., geb. 1950

1969 – 1980	Studium der Chemie an den Universitäten Würzburg, Edinburgh und Essen; Studium der Betriebswirtschaftslehre in Essen
1980	Promotion zum Dr. rer. nat. an der Universität GHS Essen
seit 1980	Wacker-Chemie GmbH, Entwicklung von Polymerdispersionen und Dispersionspulvern, Betriebsleiter in mehreren Betrieben
seit 1999	Leiter Produktivitätsmanagement der Wacker Polymer Systems

STEFAN SEURING, Dr., Dipl.-Betriebswirt, M.Sc. Chem., M.Sc. Env.M., geb. 1967

1987 – 1990	Studium der Betriebswirtschaftslehre an der Berufsakademie Stuttgart, Praktische Ausbildung bei der Siemens AG, Bruchsal und München
1990 – 1995	Studium der Chemie an der Universität Bayreuth und an der University of Bristol, England
1995 – 1998	Wissenschaftlicher Mitarbeiter, Universität-GH Paderborn, Fachbereich Technischer Umweltschutz, Höxter
1997 – 1998	Fernstudium in Umweltmanagement an der University of Kent at Canterbury, England
1998 – 2001	Wissenschaftlicher Mitarbeiter, Carl von Ossietzky Universität Oldenburg, Lehrstuhl für Produktion und Umwelt
seit 2001	Wissenschaftlicher Assistent, Carl von Ossietzky Universität Oldenburg, Lehrstuhl für Produktion und Umwelt
	Arbeitsschwerpunkte: Supply Chain Management, Kostenmanagement, Controlling, Umweltmanagement

JOHN K. SHANK, Prof., PhD, AB, MBA, geb. 1940

1963 – 1966	Auditor and Consultant, Deloitte & Touche
1966 – 1969	Doctoral Student & Faculty – Ohio State University, USA
1969 – 1976	Professor, Harvard Business School
1976 – 1983	Professor, Ohio State University
since 1982	Professor, Amos Tuck School at Dartmouth College
1995 – 1996	Visiting Professor – Fall Semester – Babson College
	Research interests: Strategic Aspects of Cost Management

HERMANN SIMON, Prof. Dr., geb. 1947

1969 – 1973	Studium der Volks- und Betriebswirtschaftslehre an den Universitäten Köln und Bonn
1973 – 1978	Wissenschaftlicher Mitarbeiter an der Universität Bonn
1978	Promotion zum Dr. rer. pol. an der Universität Bonn
1980	Habilitation an der Universität Bonn
1980 – 1989	Professor für Betriebswirtschaftslehre und Marketing, Universität Bielefeld
1989 – 1995	Professor für Betriebswirtschaftslehre und Marketing, Universität Mainz
seit 1995	Vorsitzender der Geschäftsführung der SIMON • KUCHER & PARTNERS Strategy & Marketing Consultants GmbH, Bonn

REGINE SLAGMULDER, Prof., PhD, MSc, born 1966

1991 – 1995	PhD student, Vlerick School of Management, University of Ghent Research fellow, Boston University School of Management, USA, and INSEAD, France
1996 – 1997	Assistant Professor of Management Accounting & Control, University of Ghent
1998 – 1999	Associate Professor of Management Accounting, Tilburg University, Department of Business Administration and CentER for Economic Research
2000 – 2001	Professor of Management Accounting, Tilburg University, Department of Business Administration and CentER for Economic Research
since 2001	Associate Professor of Accounting & Control, INSEAD, France *Research interests:* Strategic cost management (incl. activity-based costing, supply chain cost management, cost management across the product life cycle), performance measurement, link between management accounting & control systems and firm strategy

GÜNTER STROBL, Mag., geb. 1968

1988 – 1989	Kundenservicemitarbeiter im Ford-Autohandel
1989 – 1991	PC-Produktmanager bei Philips Data Systems, Austria
1992 – 1997	Software-Firmentrainer bei Training & Success, Wien
1991 – 1997	Studium der Betriebswirtschaftslehre an der Wirtschaftsuniversität Wien und an der University of Nebraska, Omaha, USA
1997 – 1999	Controller im ORF, Österreichischer Rundfunk, Wien
seit 1999	Berater bei Horváth & Partner Management Consulting, Wien
seit 2001	Leiter des Competence Centers Process Management & Organization bei der Horváth & Partner GmbH

HEINZ G. TRAUDT, Dipl.-Kfm., geb. 1944

1966 – 1972	Studium der Betriebswirtschaftslehre an der Universität München
1972 – 1980	Leiter Controlling; zuletzt Prokurist für die Bereiche Controlling und Organisation, Moralt KG, Holz- und Kunststoffindustrie
1980 – 1982	Zentrales Controlling, BMW AG
1982 – 1986	Leiter Controlling beim Vorstandsvorsitzenden, BMW AG
1986 – 1992	Leiter Konzernfinanzplanung, BMW AG
seit 1992	Leiter internationaler Einkauf, BMW AG

Literaturverzeichnis

A

ACKERMANN, K.-F./KAMMÜLLER, M. (Hrsg.) (1999): Firmenspezifische Bündnisse für Arbeitsplätze, Stuttgart 1999.

AL-ANI, A. (1996): Continuous Improvement als Ergänzung des Business Reengineering, in: Zeitschrift für Organisation, 65. Jg., Heft 3, 1996, S. 142-148.

ALBACH, H. (1988): Kosten, Transaktionen und externe Effekte im betrieblichen Rechnungswesen, in: Zeitschrift für Betriebswirtschaft, 58. Jg., Heft 11, 1988, S. 1143-1170.

ALBERS, S./PETERS, K. (1997): Die Wertschöpfungskette des Handels im Zeitalter des Electronic Commerce, in: Marketing ZFP, 19. Jg., Heft 2, 1997, S. 69-80.

ALBRIGHT, T./COOPER, R. (1996a): Brookwood Medical Center (A). Boston: Harvard Business School, Case 1996.

ALBRIGHT, T./COOPER, R. (1996b): Brookwood Medical Center (B). Boston: Harvard Business School, Case 1996.

AL-RADHI, M./HEUER, J. (1995): Total Productive Maintenance. Konzept, Umsetzung, Erfahrung, München/Wien 1995.

AMECKE, H.-B. (1987): Chemiewirtschaft im Überblick – Produkte, Märkte, Strukturen, Weinheim/New YORK 1987.

ARGYRIS, C./KAPLAN, R.S. (1994): Implementing New Ideas: The Case of Activity-Based Cost Systems, in: Accounting Horizons, 8. Jg., Nr. 3, 1994, S. 85-105.

ARNAOUT, A. (2001a): Target Costing in der deutschen Unternehmenspraxis, München 2001.

ARNAOUT, A. (2001b): Anwendungsstand des Target Costing in deutschen Großunternehmen – Ergebnisse einer empirischen Untersuchung, in: Controlling, 13. Jg., Heft 6, 2001, S. 289-299.

ARTHUR D. LITTLE (1998): Global Innovation Survey, Cambridge 1998.

B

BACKHAUS, K./FUNKE, S. (1994): Fixkostenintensität und Kostenstrukturmanagement. Ergebnisse einer empirischen Studie, in: Controlling, 6. Jg., Heft 3, 1994, S. 124-129.

BACKHAUS, K./FUNKE, S. (1996): Auf dem Weg zur fixkostenintensiven Unternehmung?, in: Zeitschrift für betriebswirtschaftliche Forschung, 48. Jg., Heft 2, 1996, S. 95-129.

BACKHAUS, K./FUNKE, S. (1997): Fixkostenmanagement, in: FRANZ, K.-P./KAJÜTER, P. (Hrsg.), Kostenmanagement, 1. Aufl., Stuttgart 1997, S. 29-43.

BACK-HOCK, A. (1988): Lebenszyklusorientiertes Produktcontrolling. Ansätze zur computergestützten Realisierung mit einer Rechnungswesen-Daten- und Methodenbank, Berlin u.a. 1988.

BAIN & COMPANY (2000): OneEconomy. Studie zur E-Business Start-up-Szene in Deutschland, veröffentlicht im Internet: http://www.oneeconomy.de (Stand: Oktober 2000).

BALDWIN, C.Y./CLARK, K.B. (1998): Modularisierung: Ein Konzept wird universell, in: Harvard Business manager, 20. Jg., Heft 2, 1998, S. 39-48.

BAMBERGER, I./WRONA, (1996): Der Ressourcenansatz und seine Bedeutung für die Strategische Unternehmensführung, in: Zeitschrift für betriebswirtschaftliche Forschung, 48. Jg., Heft 2, 1996, S. 130-153.

BAMFIELD, P. (1996): Research and development management in the chemical industry, Weinheim u.a. 1996.

BASHEIN, B.J./MARKUS, M.L./RILEY, P. (1994): Business Reengineering: Preconditions for BPR Success, and How to Prevent Failure, in: Information Systems Management, 11. Jg., 1994, S. 7-13.

BATTENFELD, D. (2001): Behandlung von Komplexitätskosten in der Kostenrechnung, in: Kostenrechnungspraxis, 45. Jg., Heft 3, 2001, S. 137-143.

BATZ, V./SCHIMPF, T. (1999): Effizientes Prozesskostenmanagement in einem mittelständischen Unternehmen, in: Fortschrittliche Betriebsführung und Industrial Engineering, 48. Jg., Heft 3, 1999, S. 111-119.

BAUMÖL, U. (1999): Target Costing bei der Softwareentwicklung, München 1999.

BAUR, C. (1990): Make-or-Buy-Entscheidungen in einem Unternehmen der Automobilindustrie, München 1990.

BEA, F.X./SCHNAITMANN, H. (1995): Begriff und Struktur betriebswirtschaftlicher Prozesse, in: Wirtschaftswissenschaftliches Studium, 24. Jg., Heft 6, 1995, S. 278-282.

BECK, C./LINGNAU, V. (2000): Marktwertorientierte Kennzahlen für das Beteiligungscontrolling – Ermittlung und Eignung, in: Kostenrechnungspraxis, 44. Jg., Heft 1, 2000, S. 7-14.

BECKER, T./GLEICH, R. (2000): Maßgebliche Beiträge eines zukunftsorientierten Controlling in der strategischen Neupositionierung der WERU AG, in: HORVÁTH, P. (Hrsg.), Strategische Steuerung, Stuttgart 2000, S. 183-209.

BECKER, W. (1992): Komplexitätskosten, in: Kostenrechnungspraxis, 36. Jg., Heft 3, 1992, S. 171-173.

BEINHAUER, M./SCHELLHAAS, K.-U. (1996): Prozeßorientiertes Kostenmanagement im Bankenbereich, in: BERKAU, C./HIRSCHMANN, P. (Hrsg.), Kostenorientiertes Geschäftsprozeßmanagement. Methoden, Werkzeuge, Erfahrungen, München 1996, S. 313-341.

BENJAMIN, R./WIGARD, R. (1995); Electronic Markets and Virtual Value Chains on the Information Superhighway, in: Sloan Management Review, 36. Jg., Nr. 2, Winter 1995, S. 62-72.

BENKENSTEIN, M./HENKE, N. (1993): Der Grad vertikaler Integration als strategisches Entscheidungsproblem - Eine transaktionskostentheoretische Interpretation, in: Die Betriebswirtschaft, 53. Jg., Nr. 1, 1993, S. 77-91.

BERLINER, C./BRIMSON, J.A. (1988): Cost Management for Today's Advanced Manufacturing, Boston (Mass.) 1988.

BIEDERMANN, H. (1990): Anlagenmanagement. Managementwerkzeuge zur Rationalisierung, Köln 1990.

BIEDERMANN, H./GRILL-KIEFER, G. (2000): Total Productive Maintenance. Ein Ansatz zur Verbesserung der Anlagenproduktivität, in: Zeitschrift für wirtschaftliche Fertigung, 95. Jg., Nr. 1-2, 2000, S. 24-27.

BIERER, H./FASSBENDER, H./RÜDEL, T. (1992): Auf dem Weg zur „schlanken Bank", in: Die Bank, Heft 9, 1992, S. 500-506.

BINDER, M. (1998): Produktkostenmanagement in Entwicklung und Konstruktion, Wiesbaden 1998.

BLANCHARD, B.S. (1978): Design and Manage to Life Cycle Cost, Portland 1978.

BLIESENER, M.-M. (1994): Outsourcing als mögliche Strategie zur Kostensenkung, in: Betriebswirtschaftliche Forschung und Praxis, 46. Jg., Heft 4, 1994, S. 277-290.

BREALEY, R.A./MYERS, S.C. (2000): Principles of Corporate Finance, 6. Aufl., New York u.a. 2000.

BREDE, H. (1994): Verbreitung des Kostenmanagements in schweizerischen Grossunternehmen. Ergebnisse einer empirischen Untersuchung, in: Die Unternehmung, 48. Jg., Heft 5, 1994, S. 335-350.

BRENNER, M./KOPP, J. (2001): Prozessmodellierung in der öffentlichen Verwaltung – Vorgehensweise und Einsatz von Softwarewerkzeugen, in: Neues Verwaltungsmanagement, C 1.12, S. 1-25.

BRIGHT, J./DAVIES, R.E./DOWNES, C.A./SWEETING R.C. (1992): The Development of Costing Techniques and Practices: A UK Study, in: Management Accounting Research, 3. Jg., Nr. 3, 1992, S. 201-212.

BROCKHOFF, K.K./PEARSON, A.W. (1998): R&D Budgeting Reactions to a Recession, in: Management International Review, 38. Jg., Nr. 4, 1998, S. 363-376.

BROKEMPER, A. (1998): Strategieorientiertes Kostenmanagement, München 1998.

BROKEMPER, A./GLEICH, R. (1998a): Benchmarking von Arbeitsvorbereitungsprozessen in der Maschinenbaubranche, in: Kostenrechnungspraxis, 42. Jg., Heft 1, 1998, S. 16-25.

BROKEMPER, A./GLEICH, R. (1998b): Benchmarking als Ausgangsbasis für die Reorganisation indirekter Bereiche, in: Krp-Sonderheft 1/1998, S. 49-56.

BROKEMPER, A./GLEICH, R. (1999): Empirische Analyse von Gemeinkostenprozessen zur Herleitung eines branchenspezifischen Prozess(kosten-)modells, in: Die Betriebwirtschaft, 59. Jg., Heft 1, 1999, S. 76-89.

BROMWICH M./BHUMANI A. (1994): Pathways to Progress, The Chartered Institute of Management Accountants, 1994.

BROMWICH, M. (1990): The Case for Strategic Management Accounting: The role of Accounting Information for Strategy in Competitive Markets, in: Accounting, Organisations and Society, 15. Jg., Nr. 1/2, 1990, S. 27-46.

BRONNER, R. (1992): Komplexität, in: FRESE, E. (Hrsg.), Handwörterbuch der Organisation, 3. Aufl., Stuttgart 1992, Sp. 1121-1130.

BRONNER, A. (1996): Angebots- und Projektkalkulationen – Leitfaden für Praktiker, Berlin 1996.

BRÜCK, F. (1995): Make versus buy: The wrong decisions cost, in: The McKinsey Quarterly, Nr. 1, 1995, S. 28-47.

BUGGERT, W./WIELPÜTZ, A. (1995): Target Costing. Grundlagen und Umsetzung des Zielkostenmanagements, München/Wien 1995.

BÜHNER, R./TUSCHKE, A. (1997): Outsourcing, in: Die Betriebswirtschaft, 57. Jg., Heft 1, 1997, S. 20-30.

BULLINGER, H.-J. (1995): Prozeßmanagement, in: CORSTEN, H./REISS, M. (Hrsg.), Handbuch Unternehmensführung, Wiesbaden 1995, S. 779-790.

BUNGARD, W. (1996): Zur Implementierungsproblematik bei Business-Reengineering Projekten, in: PERLITZ, M./OFFINGER, A./REINHARDT, M./SCHUG, K. (Hrsg.), Reengineering zwischen Anspruch und Wirklichkeit. Ein Managementansatz auf dem Prüfstand, Wiesbaden 1996, S. 253-273.

BÜNING, S. (2001): US-Wirtschaft steigert Produktivität, in: Financial Times Deutschland, 08.11.2001, S. 18.

C

CAM – I: CONSORTIUM FOR ADVANCED MANUFACTURING – INTERNATIONAL (1998): Target Costing Best Practice Study, Interne Veranstaltungsunterlagen des Kick-off-Meeting am 30. Januar 1998, Bedford 1998.

CAMP, R.C. (1989): Benchmarking. The Search for Industry Best Practices that Lead to Superior Performance, New York 1989.

CARSBERG, B. (1975): Economics of Business Decisions, Penguin, 1975.

CHEMICAL WEEK (2000): A Return to Family Values, Nr. 16, 2001, S. 20-23.

CHESER, R. (1994): Kaizen Is More Than Continuous Improvement, in: Quality Progress, 27. Jg., Nr. 4, 1994, S. 23-26.

CHOUDHURY, N. (1986): In Search of Relevance in Management Accounting Research, in: Accounting and Business Research, Winter 1986, S. 21-36.

CLAASSEN, U./ELLSSEL, R. (1996): Target Costing und Target Investment als Werkzeug für das kundenorientierte strategische Kostenmanagement bei Fahrzeug-Neuentwicklungen, in: PEREN, F.W./ HERGETH, H. H. (Hrsg.), Customizing in der Weltautomobilindustrie, Frankfurt 1996, S. 133-149.

CLAASSEN, U./ELLSSEL, R. (1997): Target Investment Methoden zur Optimierung des Investitionsmittelumfangs bei Fahrzeugneuentwicklungen, in: Zeitschrift für betriebswirtschaftliche Forschung, 49. Jg., Heft 12, 1997, S. 1091-1101.

CLAASSEN, U./HILBERT, H. (1993): Target Costing als wichtiges Element der finanziellen Projektsteuerung, in: Der Controlling-Berater, Heft 5, Gruppe 8, Freiburg 1993, S. 133-174.

CLAASSEN, U./HILBERT, H. (1994a): Target Costing als Brücke zwischen Zielpreisindex und konkreten Teilekosten am Beispiel eines europäischen Automobilherstellers, in: HORVÁTH, P. ET AL. (Hrsg.), Jahrbuch Controlling 1994, Düsseldorf 1994, S. 34-41.

CLAASSEN, U./HILBERT, H. (1994b): Durch Target Costing und Target Investment zur kompromißlosen Kundenorientierung bei Volkswagen, in: HORVÁTH, P. (Hrsg.), Kunden und Prozesse im Fokus, Stuttgart 1994, S. 145-159.

CLAUSEN, S./WEIDENFELD, U./TIEDE, J. (2001): Mitarbeiter von Hewlett-Packard verzichten freiwillig auf Lohn, in: Financial Times Deutschland, 13./15.07.2001, S. 1.

COBB, J./INNES, J./MITCHELL, F. (1992): Activity Based Costing – Problems in Practice, The Chartered Institute of Management Accountants, 1992.

COENENBERG, A.G. (1999): Kostenrechnung und Kostenanalyse, 4. Aufl., Landsberg/Lech 1999.

COENENBERG, A.G. (2000): Grundlagen der strategischen, operativen und finanzwirtschaftlichen Unternehmensführung, in: BUSSE VON COLBE, W./COENENBERG, A.G./ KAJÜTER, P./LINNHOFF, U. (Hrsg.), Betriebswirtschaft für Führungskräfte, Stuttgart 2000, S. 3-30.

COENENBERG, A.G./FISCHER, T.M. (1991): Prozeßkostenrechnung – Strategische Neuorientierung der Kostenrechnung, in: Die Betriebswirtschaft, 51. Jg., Heft 1, 1991, S. 21-38.

COENENBERG, A.G./FISCHER, T.M./RAFFEL, A. (1992): Abweichungsanalyse bei Projekten im FuE-Bereich, in: MÄNNEL, W. (Hrsg.), Handbuch Kostenrechnung, Wiesbaden 1992, S. 767-781.

CONLEY, P. (1970): Experience Curves as a Planning Tool. A special commentary published by The Boston Consulting Group, reprinted from IEEESprectrum, June, 1970.

COOPER, R. (1986): Schrader Bellows Cases, Boston: Harvard Business School, Case 9-186-272.

COOPER, R. (1990): Implementing an Activity-Based Cost System, in: Journal of Cost Management, 4. Jg., Nr. 1, 1990, S. 33-42.

COOPER, R. (1992): Activity-Based Costing, in: MÄNNEL, W. (Hrsg.), Handbuch Kostenrechnung, Wiesbaden 1992, S. 360-383.

COOPER, R. (1994a): Olympus Optical Company, Ltd. (A): Cost Management for Short Life Cycle Products, Boston: Harvard Business School, Case 9-195-072.

COOPER, R. (1994b): Nissan Motor Company, Ltd.: Target Costing System, Boston: Harvard Business School, Case 9-194-040.

COOPER, R. (1994c): Sumitomo Electric Industries, Ltd.: The Kaizen Program, Boston: Harvard Business School, Case 9-195-078.

COOPER, R. (1994d): Kirin Brewery Company, Ltd, Boston: Harvard Business School, Case 9-195-058.

COOPER, R. (1994e): Higashimaru Shoyu Co., Ltd. (A): Price Control System, Boston: Harvard Business School, Case 9-195-050.

COOPER, R. (1994f): The Taiyo Group: The Bunsha Philosophy, Boston: Harvard Business School, Case 9-195-080.

COOPER, R. (1994g): Kyocera Corporation: The Amoeba Management System, Boston: Harvard Business School, Case 9-195-064.

COOPER, R. (1995): When Lean Enterprises Collide. Competing through Confrontation, Boston (Mass.) 1995.

COOPER, R. (1996): Shionogi & Co., Ltd.: Profit Planning and Product Costing Systems, Boston: Harvard Business School, Case 1996.

COOPER, R./CHEW, W.B. (1996): Control Tomorrow's Costs Through Today's Designs, in: Harvard Business Review, 74. Jg., Nr. 1, 1996, S. 88-97.

COOPER, R./KAPLAN, R.S. (1988): How Cost Accounting Distorts Product Costs, in: Management Accounting, 69. Jg., 1988, S. 20-27.

COOPER, R./KAPLAN, R.S. (1998): The Design of Cost Management Systems, Text and Cases, 2. Aufl., New Jersey 1998.

COOPER, R./KAPLAN, R.S./MAIZEL, L.S./MORRISSEY, E./OEHM, R.M. (1992): Implementing Activity-Based Cost Management: Moving from Analysis to Action, in: Institute of Management Accounting, Montvale, NJ, 1992.

COOPER, R./SLAGMULDER, R. (1997): Target Costing and Value Engineering, Portland 1997.

COOPER, R./SLAGMULDER R. (1999): Supply Chain Development for the Lean Enterprise – Interorganizational Cost Management, Portland 1999.

COOPER, R./TURNEY, P.B. (1989): Hewlett-Packard Roseville Networks Division, Boston: Harvard Business School Press, Case 9-189-117.

COOPER, R./VERMA, K. (1990): Hewlett-Packard: Queensferry Telecommunication Division, Boston: Harvard Business School Press, Case 9-191-067.

COOPER, R./YOSHIKAWA, T. (1994): Inter-Organizational Cost Management Systems: The Case of the Tokyo-Yokohama-Kamakura Supplier Chain, in: International Journal of Production Economics, 37. Jg., S. 51-62.

COOPER, R.G./KLEINSCHMIDT, E. (1995): Benchmarking Firm's New Product Performance & Practices; in: IEEE Engineering Management Review, Fall 1995, S. 112-120.

COPELAND, T.E./KOLLER, T./MURRIN, J. (2000): Valuation: Measuring and Managing the Value of Companies, 3. Aufl., New York 2000.

COREY, E.R. (1982): A Note on Pricing Strategy, Harvard Business School, Notes.

CORSTEN, H. (1997): Geschäftsprozeßmanagement – Grundlagen, Elemente und Konzepte, in: CORSTEN, H. (Hrsg.), Management von Geschäftsprozessen. Theoretische Ansätze – Praktische Beispiele, Stuttgart 1997, S. 9-57.

CORSTEN, H. (1998): Grundlagen der Wettbewerbsstrategie, Stuttgart 1998.

CORSTEN, H./GÖSSINGER, R (2001): Einführung in das Supply-chain-Management, München/Wien 2001.

COUGHLAN, P./DARLINGTON, J. (1992): As Fast as the Slowest Operation: the Theory of Constraints, in: Management Accounting, 70. Jg., Nr. 4, April 1992, S. 14-17.

CRASSELT, N./PELLENS, B./SCHREMPER, R. (2000): Konvergenz wertorientierter Kennzahlen, in: Das Wirtschaftsstudium, 29. Jg., Heft 1 und 2, 2000, S. 72-78 und S. 205-208.

CROSBY, P.B. (1979): Quality is Free, New York 1979.

D

DARLINGTON, J./INNES, J./MITCHELL, F./WOODWARD, J. (1992): Throughput Accounting: the Garett Automotive Experience, in: Management Accounting, 70. Jg., Nr. 4, April 1992, S. 32-38.

DAVENPORT, T.H. (1993): Process Innovation. Reengineering Work through Information Technology, Boston (Mass.) 1993.

DEAKIN, E.B./MAHER, M.W. (1984): Cost Accounting. Richard D. Irwin, 1984.

DEKKER, H.C./VAN GOOR, A.R. (2000): Supply Chain Management and Management Accounting: A Case Study of Activity-based Costing, in: International Journal of Logistics, 3. Jg., Heft 1, 2000, S. 41-52.

DELLMANN, K./FRANZ, K.-P. (1994): Von der Kostenrechnung zum Kostenmanagement, in: DELLMANN, K./FRANZ, K.-P. (Hrsg.), Neuere Entwicklungen im Kostenmanagement, Bern u.a. 1994, S. 15-30.

DELLMANN, K./PEDELL, K.L. (Hrsg.): Controlling von Produktivität, Wirtschaftlichkeit und Ergebnis, Stuttgart 1994.

DEMING, W.E. (1982): Quality, Productivity and Competitive Position, Cambridge (Mass.), MIT Center for Advanced Engineering Study, 1982.

DEUTSCHE BUNDESBANK (1993): Die Ertragslage der westdeutschen Kreditinstitute im Jahre 1992, in: DEUTSCHE BUNDESBANK (Hrsg.), Monatsbericht August 1993, S. 29-45.

DEUTSCHE BUNDESBANK (1996): Ertragslage und Finanzierungsverhältnisse westdeutscher Unternehmen im Jahre 1995, in: DEUTSCHE BUNDESBANK (Hrsg.), Monatsbericht November 1996, S. 33-57.

DEUTSCHE BUNDESBANK (2001a): Ertragslage und Finanzierungsverhältnisse westdeutscher Unternehmen im Jahr 1999, in: DEUTSCHE BUNDESBANK (Hrsg.), Monatsbericht März 2001, S. 19-43.

DEUTSCHE BUNDESBANK (2001b): Die Ertragslage der deutschen Kreditinstitute im Jahr 2000, in: DEUTSCHE BUNDESBANK (Hrsg.), Monatsbericht September 2001, S. 15-50.

DEUTSCHES INSTITUT FÜR NORMUNG E.V. (Hrsg.): DIN 276 – Kosten im Hochbau, Berlin 1996.

DEVELIN AND PARTNER (1991): Activity Based Cost Management – The Overheads Revolution, 1991.

DOBSCHÜTZ, L.V./PRAUTSCH, W. (1993): Outsourcing. Kein Allheilmittel zur Senkung der IV-Kosten, in: Controlling, 5. Jg., Heft 2, 1993, S. 100-106.

DREYFACK, R./SEIDEL, J.J. (1978): Zero-Base Budgeting, Zürich 1978.

DRUCKER, P.F. (1963): Managing for Business Effectiveness, in: Harvard Business Review, 41. Jg., Nr. 3, 1963, S. 53-60.

DRURY, C./BRAND, S./OSBORNE, P./TAYLES, M. (1993): A Survey of Management Accounting Practices in UK Manufacturing Companies, The Chartered Association of Management Accountants, 1993.

DUBE, J. (1995): Expertensysteme und Neuronale Netze – Wissenstechnologie in Banken, in: STEIN, J.H. VON/TERRAHE, J. (Hrsg.), Handbuch Bankorganisation, 2. Aufl., Wiesbaden 1995, S. 421-428.

DUDENHÖFFER, F. (1998): Abschied vom Massen-Marketing, Düsseldorf 1998.

DUDENHÖFFER, F. (2000a): E-Commerce Stufen in der Automobilwirtschaft, in: Controlling, 12. Jg., 2000, Heft 8/9, S. 433-438.

DUDENHÖFFER, F. (2000b): Die Entwicklung der Automobil-Handelsnetze, in: Das Wirtschaftsstudium, 29. Jg., Heft 8/9, 2000, S. 1081-1086.

DUDENHÖFFER, F. (2001a): Konzentrationsprozesse in der Automobilindustrie: Stellgrößen für die Restplayer, in: Zeitschrift für Betriebswirtschaft, 71. Jg., Heft 4, 2001, S. 393-412.

DUDENHÖFFER, F. (2001b): Das Internet erfindet die Autobranche neu, in: FAZ-Serie zur Internet-Ökonomie Nr. 12, Frankfurter Allgemeine Zeitung, 01.02.2001, S. 30.

DUDENHÖFFER, F. (2001c): Trends der Automobilwirtschaft: Ein neues Branchenbild entsteht, in: VDI-Gesellschaft Fahrzeug- und Verkehrstechnik (Hrsg.), Fahrzeugkonzepte für das 2. Jahrhundert Automobiltechnik, VDI-Berichte 1653, Düsseldorf 2001, S. 141-154.

DUGDALE, D./JONES, T. (1996): Accounting for Throughput, The Chartered Institute of Management Accountants, 1996.

DYLLA, N. (1991): Denk- und Handlungsabläufe beim Konstruieren, München/Wien 1991; zugleich Diss. TU München 1990.

E

EALEY, L./TROYANO-BERMÚDEZ, L. (1996): Are automobiles the next commodity?, in: The McKinsey Quarterly, Nr. 4, 1996, S. 62-75.

EARL, M./KHAN, B. (1994): How New is Business Process Redesign?, in: European Management Journal, 12. Jg., Nr. 1, 1994, S. 20-30.

EBERLE, R. (2000): Varianten-Controlling in der Automobil-Industrie, in: Kostenrechnungspraxis, 44. Jg., Heft 6, 2000, S. 343-350.

EHRLENSPIEL, K. (1992): Produktkosten-Controlling und Simultaneous Engineering, in: HORVÁTH, P. (Hrsg.), Effektives und schlankes Controlling, Stuttgart 1992, S. 289-308.

EHRLENSPIEL, K. (1995): Integrierte Produktentwicklung. Methoden für Prozeßorganisation, Produkterstellung und Konstruktion, München/Wien 1995.

EHRLENSPIEL, K./KIEWERT, A./LINDEMANN, U. (2000): Kostengünstig Entwickeln und Konstruieren. Kostenmanagement bei der integrierten Produktentwicklung, 3. Aufl., Berlin u.a. 2000.

EHRLENSPIEL, K./LINDEMANN, U./KIEWERT, A./STEINER, M. (1996): Konstruktionsbegleitende Kalkulation in der integrierten Produktentwicklung, in: Krp-Sonderheft 1/1996, S. 69-76.

EHRLENSPIEL, K./SEIDENSCHWARZ, W./KIEWERT, A. (1993): Target Costing, ein Rahmen für kostenzielorientiertes Konstruieren – eine Praxisdarstellung, in: VDI-Berichte Nr. 1097, Düsseldorf 1993, S. 167-187.

EICKE, V.H./FEMERLING, C. (1991): Modular Sourcing, München 1991.

EIDEL, U. (1999): Moderne Verfahren der Unternehmensbewertung und Performance-Messung, Berlin 1999.

ELLRAM, L.M. (1995): Activity-Based Costing and Total Cost of Ownership, in: Journal of Cost Management, 8. Jg., Nr. 4, 1995, S. 22-30.

ENDRES, M. (1993): Lean Production im Bankgeschäft?, in: bank und markt, Heft 3, 1993, S. 5-15.

EPPLE, M.H. (1991): Die Kundenbindung wird schwächer: Vertrieb von Bankprodukten, in: Die Bank, Heft 10, 1991, S. 544-550.

EVERSHEIM, W./HEYN, M. (1995): Optimale Leistungstiefe. Gestalten von Wertschöpfungsketten durch Make or Buy, in: VDI-Z, Bd. 137, Nr. 11-12, 1995, S. 32-35.

EWERT, R. (1997): Target Costing und Verhaltenssteuerung, in: FREIDANK, C.-C./GÖTZE, U./HUCH, B./ WEBER, J. (Hrsg.), Kostenmanagement. Aktuelle Konzepte und Anwendungen, Berlin u.a. 1997, S. 299 - 321.

EWERT, R./WAGENHOFER, A. (2000): Interne Unternehmensrechnung, 4. Aufl., Berlin 2000.

F

FELCHT, U.-H. (2000): Chemie. Eine reife Industrie oder Wachstumsmotor, Frankfurt 2000.

FERK, H. (1996): Geschäfts-Prozeßmanagement. Ganzheitliche Prozeßoptimierung durch die Cost Driver-Analyse, München 1996.

FERREIRINHA, P. (1985): Herstellkostenberechnung von Maschinenteilen in der Entwurfsphase mit dem HKB Programm. in: Hubka (Hrsg.), Proceedings of ICED'85, Schriftenreihe WDK 12, Zürich 1985.

FIFER, R.M. (1989): Cost Benchmarking Functions in the Value Chain, in: Planning Review, 17. Jg., Nr. 3, 1989, S. 18-27.

FINKEISSEN, A./SCHWEIKERT, R. (1998): Prozessmanager 3 – Softwareunterstützung beim Prozesskostenmanagement, in: HORVÁTH & PARTNER (Hrsg.), Prozesskostenmanagement, 2. Aufl., München 1998, S. 509-528.

FINSTER, H. (1995): EDV-gestützte Unternehmensführung auf der Basis von Kennzahlen. Die Erstellung eines Systemkonzepts für die automobile Großserienfertigung, Frankfurt u.a. 1995.

FISCHER, E. (1988): Komplexität – Probleme und mögliche Optimierungsansätze, in: Handbuch Logistik und Produktionsmanagement, 1. Nachlieferung 9/1988, S. 1-22.

FISCHER, J. (1996): Prozessorientiertes Controlling: Ein notwendiger Paradigmawechsel?, in: Controlling, 8. Jg., Heft 4, 1996, S. 222-231.

FISCHER, T.M. (1993): Variantenvielfalt und Komplexität als betriebliche Kostenbestimmungsfaktoren, in: Kostenrechnungspraxis, 37. Jg., Nr. 1, 1993, S. 27-31.

FISCHER, T.M. (1998): Koordination im Qualitätsmanagement – Analyse und Evaluation im Kontext der Transaktionskostentheorie, in: Die Unternehmung, 52. Jg., Nr. 4, 1998, S. 183-198.

FISCHER, T.M. (2000). Qualitätskosten, in: FISCHER, T.M. (Hrsg.), Kosten-Controlling, Stuttgart 2000, S. 555-589.

FISCHER, T.M./SCHMITZ, J. (1998): Kapitalmarktorientiertes Zielkostenmanagement, in: MÖLLER, H.P./ SCHMIDT, F. (Hrsg.): Rechnungswesen als Instrument für Führungsentscheidungen, Festschrift für Adolf G. Coenenberg zum 60. Geburtstag, Stuttgart 1998, S. 203-230.

FISCHER, J./KOCH, R./HAUSCHULTE, K.-B./JAKUSCHONA, K. (1994): Lebenszyklusorientierte Prozeß-kostenplanung in frühen Konstruktionsphasen, in: Zeitschrift für wirtschaftliche Fertigung, 89. Jg., Heft 11, 1994, S. 566-568.

FITZER, E./FRITZ, W. (1989): Technische Chemie, Berlin 1989.

FITZGERALD, L./JOHNSTON, R./BRIGNALL, S./SILVESTO, R. (1991): Performance Measurement in Service Businesses, Jg. C, The Chartered Institute of Management Accountants, 1991.

FRANZ, K.-P. (1990): Die Prozeßkostenrechnung – Darstellung und Vergleich mit der Plankosten- und Deckungsbeitragsrechnung, in: AHLERT, D./FRANZ, K.-P./GÖPPL, H. (Hrsg.), Finanz- und Rech-nungswesen als Führungsinstrument, Festschrift zum 65. Geburtstag von Herbert Vormbaum, Wiesbaden 1990, S. 109-136.

FRANZ, K.-P. (1991): Prozeßkostenrechnung – Renaissance der Vollkostenidee?, in: Die Betriebswirt-schaft, 51. Jg., Heft 4, 1991, S. 536-540.

FRANZ, K.-P. (1992a): Moderne Methoden der Kostenbeeinflussung, in: Kostenrechnungspraxis, 36. Jg., Heft 3, 1992, S. 127-134.

FRANZ, K.-P. (1992b): Moderne Methoden der Kostenbeeinflussung, in: MÄNNEL, W. (Hrsg.), Handbuch Kostenrechnung, Wiesbaden 1992, S. 1492-1505.

FRANZ, K.-P. (1992c): Die Prozeßkostenrechnung, in: Wirtschaftswissenschaftliches Studium, 21. Jg., Heft 12, 1992, S. 605-610.

FRANZ, K.-P. (1992d): Kostenorientierte Konstruktion und Entwicklung mit Hilfe der Prozesskostenrech-nung, in: Texis, 9. Jg., Heft 1, 1992, S. 36-39.

FRANZ, K.-P. (1993): Target Costing – Konzept und kritische Bereiche, in: Controlling, 5. Jg., Heft 3, 1993, S. 124-130.

FRANZ, K.-P. (1995): Die Gemeinkostenwertanalyse als Instrument des Kostenmanagements, in: SCHOLZ, C./DJARRAHZADEH, M. (Hrsg.), Strategisches Personalmanagement, Stuttgart 1995, S. 131-140.

FRANZ, K.-P. (1997a): Unterstützung des strategischen Kostenmanagements als Aufgabe des Controllers, in: HORVÁTH, P. (Hrsg.), Das neue Steuerungssystem des Controllers. Von Balanced Scorecard bis US-GAAP, Stuttgart 1997, S. 101-112.

FRANZ, K.-P. (1997b): Ein dynamischer Ansatz des Target Costing, in: BACKHAUS, K./GÜNTER, B./ KLEINALTENKAMP, M./PLINKE, W./RAFFÉE, H. (Hrsg.), Marktleistung und Wettbewerb. Strategi-sche und operative Perspektiven der marktorientierten Leistungsgestaltung, Festschrift zum 65. Geburtstag von Werner H. Engelhardt, Wiesbaden 1997, S. 277-289.

FRANZ, K.-P. (2001): Der Beitrag von Gert Laßmann zur Entwicklung der Kosten- und Erlösrechnung, in: WERNERS, B./GABRIEL, R. (Hrsg.), Rechnungswesen und Planungssysteme – Entwicklung und Ausblick, Arbeitsbericht Nr. 86, Institut für Unternehmungsführung und Unternehmensforschung, Ruhr-Universität Bochum, 2001, S. 22-42.

FRANZ, K.-P./KAJÜTER, P. (1997a): Proaktives Kostenmanagement als Daueraufgabe, in: FRANZ, K.-P./ KAJÜTER, P. (Hrsg.), Kostenmanagement, 1. Aufl., Stuttgart 1997, S. 5-27.

FRANZ, K.-P./KAJÜTER, P. (1997b): Kostenmanagement in Deutschland – Ergebnisse einer empirischen Untersuchung in deutschen Großunternehmen, in: FRANZ, K.-P./KAJÜTER, P. (Hrsg.), Kostenmanagement, 1. Aufl., Stuttgart 1997, S. 481-501.

FRANZ, K.-P./KAJÜTER, P. (2000a): Kostenmanagement, in: BUSSE VON COLBE, W./COENENBERG, A.G./ KAJÜTER, P./LINNHOFF, U. (Hrsg.), Betriebswirtschaft für Führungskräfte, Stuttgart 2000, S. 103-138.

FRANZ, K.-P./KAJÜTER, P. (2000b): Controlling, in: BUSSE VON COLBE, W./COENENBERG, A.G./ KAJÜTER, P./LINNHOFF, U. (Hrsg.), Betriebswirtschaft für Führungskräfte, Stuttgart 2000, S. 207-240.

FREEDMAN, M. (1993): Strategic cost management, in: Journal of Strategic Change, 2. Jg., Oktober 1993, S. 261-265.

FREIDANK, C.-C. (1994): Unterstützung des Target Costing durch die Prozeßkostenrechnung, in: DELLMANN, K./FRANZ, K.-P. (Hrsg.), Neuere Entwicklungen im Kostenmanagement, Bern/Stuttgart/ Wien 1994, S. 223-259.

FREUND, P. (1975): Allgemeine Probleme der chemischen Industrie. Entstehung - Aufbau - Markt - Forschung, Heidelberg 1975.

FRIEDL, B. (2000): Produktionskosten, in: FISCHER, T.M. (Hrsg.), Kosten-Controlling, Stuttgart 2000, S. 377-406.

FRÖHLING, O. (1994): Strategisches Kostenmanagement: Paradigmenbeschwörung überdeckt Konzeptionsdefizite, in: DELLMANN, K./FRANZ, K.-P. (Hrsg.), Neuere Entwicklungen im Kostenmanagement, Bern/Stuttgart/Wien 1994, S. 79-131.

FROHMÜLLER, K.-P./KLINGE, R. (1996): Kapazitätsplanung in Finanzdienstleistungsunternehmen, in: Zeitschrift für das gesamte Kreditwesen, Heft 2, 1996, S. 10-15.

FROHMÜLLER, K.-P./RUSS, T. (1995): Fehlermöglichkeits- und -einflußanalyse im Back-Office-Bereich, in: Die Bank, Heft 6, 1995, S. 354-358.

FUNKE, S. (1995): Fixkosten und Beschäftigungsrisiko. Eine theoretische und empirische Analyse, München 1995.

G

GAISER, B./KIENINGER, M. (1993): Fahrplan für die Einführung des Target Costing, in: HORVÁTH, P. (Hrsg.), Target Costing, Stuttgart 1993, S. 54-73.

GAITANIDES, M. (1983): Prozeßorganisation. Entwicklung, Ansätze und Programme prozeßorientierter Organisationsgestaltung, München 1983.

GAITANIDES, M./SCHOLZ, R./VROHLINGS, A. (1994): Prozeßmanagement – Grundlagen und Zielsetzungen, in: GAITANIDES, M./SCHOLZ, R./VROHLINGS, A./RASTER, M. (Hrsg.), Prozeßmanagement. Konzepte, Umsetzungen und Erfahrungen des Reengineering, München/Wien 1994, S. 1-19.

GÄLWEILER, A. (1977): Steuerung der Kostenhöhe und Kostenstruktur durch strategische Planung, in: Die Betriebswirtschaft, 37. Jg., Heft 1, 1977, S. 67-75.

GARVIN, D. (1987): Competing on the Eight Dimensions of Quality, in: Harvard Business Review, 65. Jg., Nr. 6, 1987, S. 101-111.

GDV (Hrsg.) (1996): VAA: Die Anwendungsarchitektur der Versicherungswirtschaft, CD-ROM, 1996.

GERKE, W. (1995): Prozeßkostenrechnung im Bankbetrieb, in: SCHIERENBECK, H./MOSER, H. (Hrsg.), Handbuch Bankcontrolling, Wiesbaden 1995, S. 393-409.

GERPOTT, T. (1994): Intelligentes Benchmarking als Mittel zur Neuausrichtung an Wettbewerb und Markt, in: BOOZ-ALLEN & HAMILTON (Hrsg.), Gewinnen im Wettbewerb, Stuttgart 1994, S. 51-78.

GERPOTT, T.J./WITTKEMPER, G. (1995): Business Process Redesign. Der Ansatz von Booz · Allen & Hamilton, in: NIPPA, M./PICOT, A. (Hrsg.), Prozeßmanagement und Reengineering. Die Praxis im deutschsprachigen Raum, Frankfurt/New York 1995, S. 144-164.

GHEMAWAT, P. (1985): Building Strategy on the Experience Curve, in: Harvard Business Review, 63. Jg., Nr. 2, 1985, S. 143-149.

GINGRICH, J.A./METZ, H.J. (1990): Conquering the Costs of Complexity, in: Business Horizons, Nr. 3, 1990, S. 64-71.

GLASER, H. (1992): Prozeßkostenrechnung – Darstellung und Kritik, in: Zeitschrift für betriebswirtschaftliche Forschung, 44. Jg., Heft 3, 1992, S. 275-288.

GLEICH, R. (2001): Das System des Performance Measurement, München 2001.

GLEICH, R./BROKEMPER, A. (1997): In vier Phasen zum Benchmarkingerfolg – dargestellt an einem Beispiel aus dem Maschinenbau, in: HORVÁTH, P. (Hrsg.), Das neue System des Controllers, Stuttgart 1997, S. 201-231.

GLEICH, R./PFOHL, M. (2000): Voll- und Teilkostenrechnungssysteme, in: FISCHER, T.M. (Hrsg.), Kosten-Controlling, Stuttgart 2000, S. 167-205.

GLEICH, R./SCHIMPF, T. (1999): Prozessorientiertes Performance Measurement, in: Zeitschrift für wirtschaftliche Fertigung, 94. Jg., Heft 7-8, 1999, S. 414-419.

GLOYSTEIN, P. (1993): Kostenmanagement bei Banken, in: Die Bank, Heft 10, 1993, S. 581-586.

GLOYSTEIN, P. (1995a): Bankorganisation, in: GERKE, W./STEINER, M. (Hrsg.), Handwörterbuch des Bank- und Finanzwesens, 2. Aufl., Stuttgart 1995, Sp. 205-217.

GLOYSTEIN, P. (1995b): Neuere Anforderungen an die Filialorganisation einer Großbank, in: SCHIERENBECK, H./MOSER, H. (Hrsg.), Handbuch Bankcontrolling, Wiesbaden 1995, S. 139-166.

GOLD, B. ET AL. (1970): Diffusion of Major Technological Innovation in U. S. Iron and Steel Manufacturing, in: Journal of Industrial Economics, July, 1970.

GÖTZE, U. (2000): Lebenszykluskosten, in: FISCHER, T.M. (Hrsg.), Kosten-Controlling, Stuttgart 2000, S. 265-289.

GRAFMÜLLER, M.H. (2000): Prozeßmanagement in der Automobilindustrie. Betriebliche Umsetzung am Beispiel der Volkswagen AG, Wiesbaden 2000.

GRANT, R.M. (1991): The Resource-based Theory of Competitive Advantage: Implications for Strategy Formulation, in: California Management Review, 33. Jg., Nr. 3, 1991, S. 114-135.

GRASSHOFF, J./GRÄFE, C. (1997): Projektbezogenes Kostenmanagement in der Produktentwicklung – Ergebnisse einer Fragebogenaktion, in: Controller Magazin, 22. Jg., Heft 5, 1997, S. 313-316.

GRASSHOFF, J./GRÄFE, C. (1998): Integratives Kostenmanagement im Entstehungszyklus eines Serienerzeugnisses, in: Kostenrechnungspraxis, 10. Jg., Heft 2, 1998, S. 62-69.

GRASSHOFF, J./GRÄFE, C. (2000): FuE-Kosten, in: FISCHER, T.M. (Hrsg.), Kosten-Controlling, Stuttgart 2000, S. 325-351.

GRIMMEISEN, M. (1998): Implementierungscontrolling, Wiesbaden 1998.

GROCHLA, E. (1978): Einführung in die Organisationstheorie, Stuttgart 1978.

GRÖNER, L. (1990): Entwicklungsbegleitende Vorkalkulation, in: Kostenrechnungspraxis, 34. Jg., Heft 6, 1990, S. 374-375.

GRUNDY, T. (1996): Cost is a Strategic Issue, in: Long Range Planning, 29. Jg., Nr. 1, 1996, S. 58-68.

GÜNTHER, E. (2000): Ökologiekosten, in: FISCHER, T.M. (Hrsg.), Kosten-Controlling, Stuttgart 2000, S. 507-538.

GÜNTHER, E./SCHILL, O./SCHUH, H. (1999): Normierungen der Kostenrechnung für das Benchmarking, in: Kostenrechnungspraxis, 43. Jg., Nr. 6, 1999, S. 328-336.

GÜNTHER, T./FISCHER, J. (2000): Zeitkosten, in: FISCHER, T.M. (Hrsg.), Kosten-Controlling, Stuttgart 2000, S. 591-624.

GÜNTHER, T./KRIEGBAUM, C. (1997): Life Cycle Costing, in: Das Wirtschaftsstudium, 26. Jg., Heft 10, 1997, S. 900-912.

GÜNTHER, T./SCHUH, H. (1998): Näherungsverfahren für die frühzeitige Kalkulation von Produkt- und Auftragskosten, in: Kostenrechnungspraxis, 42. Jg., Heft 6, 1998, S. 381-389.

GUTENBERG, E. (1983): Grundlagen der Betriebswirtschaftslehre, Bd. 1, Die Produktion, 24. Aufl., Berlin/Heidelberg/New York 1983.

GUTZLER, E.H. (1992): GWA – Wunderwaffe mit vielen Tücken, in: Harvard Manager, 14. Jg., Heft 4, 1992, S. 120-131.

H

HAARI, R. (1999): Nutzen von Gruppen-Outplacement für Stellensuchende, in: Personal, 51. Jg., Heft 9, 1999, S. 466-471.

HAFNER, J. (1987): Entscheidungshilfen für das kostengünstige Konstruieren von Schweiß- und Gußgehäusen, Diss. TU München 1987.

HAHN, D./LASSMANN, G. (1993): Produktionswirtschaft. Controlling industrieller Produktion, Bd. 3.2: Informationssystem, Heidelberg 1993.

HAMM, M. (2000): Preis-Kosten-Schere, Frankfurt 2000.

HAMMER, M. (1990): Reengineering Work: Don't Automate, Obliterate, in: Harvard Business Review, 68. Jg., Nr. 4, 1990, S. 104-112.

HAMMER, M. (2002): Der Weg zum supereffizienten Unternehmen, in: Harvard Business manager, 24. Jg., Heft 2, 2002, S. 40-52.

HAMMER, M./CHAMPY, J. (1994): Business Reengineering – Die Radikalkur für das Unternehmen, 4. Aufl., Frankfurt/New York 1994.

HANDFIELD, R.B./NICHOLS, E.L. (1999): Introduction to Supply Chain Management, New Jersey 1999.

HARDT, R. (1997): Integriertes Ideenmanagement zur Optimierung der Kosten-/Nutzen-Verhältnisse im Unternehmen, in: Kostenrechnungspraxis, 41. Jg., Heft 5, 1997, S. 261 - 269.

HAUG, N./MARTENS, B./PUDEG, R. (1993): Prozeßoptimierung durch Mitarbeiterbeteiligung – Beurteilung von KVP und Kaizen aus der Sicht eines Anwenders, in: Fortschrittliche Betriebsführung und Industrial Engineering, 42. Jg., Heft 4, 1993, S. 148-153.

HAUG, N./PUDEG, R. (1995): Prozeßoptimierung durch Mitarbeiterbeteiligung, in: Fortschrittliche Betriebsführung und Industrial Engineering, 44. Jg., Heft 1, 1995, S. 22-27.

HAUPTVERBAND DER DEUTSCHEN BAUINDUSTRIE E.V. (Hrsg.) (2001a): Baustatistisches Jahrbuch 2001, 41. Aufl., Frankfurt 2001.

HAUPTVERBAND DER DEUTSCHEN BAUINDUSTRIE E.V. (Hrsg.) (2001b): Wichtige Baudaten 2001, http://www.bauindustrie.de/downloads/Baudatenkarte.pdf (Stand: 03.02.2002).

HEBERTINGER, M. (2002): Wertsteigerungsmaße. Eine kritische Analyse, Frankfurt 2002.

HEINE, S. (Hrsg.) (1995): Qualitative und quantitative Verfahren der Preisbildung, Kostenkontrolle und Kostensteigerung beim Generalunternehmer, Wuppertal 1995.

HEINRICH, W. (1992): Outsourcing: Modewort oder neues strategisches Konzept?, in: HEINRICH, W. (Hrsg.), Outsourcing: Modelle – Strategien – Praxis, Bergheim 1992, S. 11-54.

612   Literaturverzeichnis

HENDERSON, B. (1972): Perspective on Experience, Boston Consulting Group, Boston 1972.

HENZLER, H./KEMPIS, R. (1994): Industrie-Kostenkurve und Preis-Kosten-Schere als quantitative Werkzeuge zur Beschreibung der Wettbewerbsdynamik am Beispiel der Stahlindustrie, in: RUHLAND, J./ WILD, K. (Hrsg.), Betriebswirtschaftslehre in der Praxis, München 1994, S. 52-72.

HERTER, R. (1993): Unternehmenswertsteigerung durch konsequentes Asset Management, in: Controller Magazin, Nr. 6, 1993, S. 351-358.

HERZOG, E. (1988): Gemeinkostenwertanalyse als Instrument der Kostensenkung im administrativen Bereich, in: SCHEER, A.-W. (Hrsg.), Grenzplankostenrechnung – Stand und aktuelle Probleme, Festschrift zum 70. Geburtstag von HANS GEORG PLAUT, Wiesbaden 1988, S. 317-336.

HILLEBRAND, A. (1991): Ein Kosteninformationssystem für die Neukonstruktion mit der Möglichkeit zum Anschluß an ein CAD-System. München 1991; zugl.: Diss. TU München 1990.

HILLEN, J. (1995): Durchführung von Benchmarking-Projekten, in: Die Bank, Heft 12, 1995, S. 758-762.

HILLEN, J. (1996a): Benchmarking im Dienstleistungsbereich (1) – Beispiel Kreditinstitut, in: Office Management, Heft 3, 1996, S. 77-80.

HILLEN, J. (1996b): Benchmarking in einem Dienstleistungsunternehmen (2) – Beispiel Kreditinstitut, in: Office Management, Heft 4, 1996, S. 59-63.

HINTERHUBER, H. H. (1994): Paradigmenwechsel: Vom Denken in Funktionen zum Denken in Prozessen, in: Journal für Betriebswirtschaft, 8. Jg., Heft 2, 1994, S. 58-75.

HINTERHUBER, H.H./MATZLER, K. (1995): Reengineering, in: Das Wirtschaftsstudium, 24. Jg., Heft 2, 1995, S. 132-139.

HOCHTIEF AG (Hrsg.) (2000): Geschäftsbericht 2000.

HOFFJAN, A. (1995): Cost Benchmarking als Instrument des strategischen Kostenmanagement, in: Zeitschrift für Planung, 6. Jg., Heft 2, 1995, S. 155-166.

HOFFJAN, A./LISKE, S. (1995): Kostensenkung in Kreditinstituten durch Target Costing, in: EBERT, G. (Hrsg.), Handbuch Controlling, Landsberg/Lech, 20. Nachlieferung 11/1995, S. 1-45.

HOFMANN, R. (1975): Welt-Chemiewirtschaft, Opladen 1975.

HOHBERGER, S. (2001): Operationalisierung der Transaktionskostentheorie im Controlling, Wiesbaden 2001.

HOITSCH, H.-J./LINGNAU, V. (1995): Charakteristika variantenreicher Produktion, Ergbenisse einer empirischen Untersuchung, in: Die Betriebswirtschaft, 55. Jg., Heft 4, 1995, S. 481-491.

HOMBURG, C. (1995): Single Sourcing, Double Sourcing, Multiple Sourcing ...?, in: Zeitschrift für Betriebswirtschaft, 65. Jg., Heft 8, 1995, S. 813-834.

HOMBURG, C. (2000): Kundennähe von Industriegüterunternehmen, Konzeption – Erfolgsauswirkungen – Determinanten, 3. Aufl., Wiesbaden 2000.

HOMBURG, C./DAUM, D. (1997a): Marktorientiertes Kostenmanagement – Kosteneffizienz und Kundennähe verbinden, Frankfurt 1997.

HOMBURG, C./DAUM, D. (1997b): Grundlagen eines modernen Kostenmanagements in der Beschaffung, in: Kostenrechnungspraxis, 41. Jg., Heft 5, 1997, S. 249-259.

HOMBURG, C./DAUM, D./LEHNHÄUSER, M. (1996): Produktivitätsmanagement in Marketing und Vertrieb: Eine Bestandsaufnahme in Industriegüterunternehmen, Reihe Management Know-how des Instituts für Marktorientierte Unternehmensführung (IMU) an der Universität Mannheim, Koblenz 1996.

HOMBURG, C./DEMMLER, W. (1994): Instrumente zur Unternehmensstraffung und -sanierung, in: Zeitschrift für Betriebswirtschaft, 64. Jg., Heft 12, 1994, S. 1591-1607.

HOMBURG, C./DEMMLER, W. (1995): Ansatzpunkte und Instrumente einer intelligenten Kostenreduktion, in: Kostenrechnungspraxis, 39. Jg., Heft 1, 1995, S. 21-28.

HOMBURG, C./SCHÄFER, H./SCHNEIDER, J. (2002): Sales Excellence. Vertriebsmanagement mit System, 2. Aufl., Wiesbaden 2002.

HORSTMANN, S. (1998): Vertikale Vertriebskooperationen in der Bekleidungswirtschaft, Frankfurt 1998.

HORVÁTH & PARTNER (Hrsg.) (1998): Prozesskostenmanagement, 2. Aufl., München 1998.

HORVÁTH, P. (2001): Controlling, 8. Aufl., München 2001.

HORVÁTH, P./GLEICH, R./SCHOLL, K. (1996): Vergleichende Betrachtung der bekanntesten Kalkulationsmethoden für das kostengünstige Konstruieren, in: Krp-Sonderheft 1/1996, S. 53-62.

HORVÁTH, P./HERTER, R. N. (1992): Benchmarking. Vergleich mit den Besten der Besten, in: Controlling, 4. Jg., Heft 1, 1992, S. 4-11.

HORVÁTH, P./LAMLA, J. (1995): Cost Benchmarking and Kaizen Costing, in: REICHMANN, T. (Hrsg.), Handbuch Kosten- und Erfolgscontrolling, München 1995, S. 63-88.

HORVÁTH, P./MAYER, R. (1989): Prozeßkostenrechnung – Der neue Weg zu mehr Kostentransparenz und wirkungsvolleren Unternehmensstrategien, in: Controlling, 1. Jg., Heft 4, 1989, S. 214-219.

HORVÁTH, P./MAYER, R. (1995): Konzeption und Entwicklungen der Prozeßkostenrechnung, in: MÄNNEL, W. (Hrsg.), Prozeßkostenrechnung. Bedeutung, Methoden, Branchenerfahrungen, Softwarelösungen, Wiesbaden 1995, S. 59-86.

HORVÁTH, P./NIEMAND, S./WOLBOLD, M. (1993): Target Costing – State of the Art, in: HORVÁTH, P. (Hrsg.), Target Costing. Marktorientierte Zielkosten in der deutschen Praxis, Stuttgart 1993, S. 1-27.

HORVÁTH, P./SEIDENSCHWARZ, W. (1992): Zielkostenmanagement, in: Controlling, 4. Jg., Heft 3, 1992, S. 142-150.

HOUSE, C.H./PRICE, R.L. (1991): The Return Map. Tracking Product Teams, in: Harvard Business Review, 69. Jg., Nr. 1, 1991, S. 92-100.

HUBER, R. (1987): Gemeinkosten-Wertanalyse, Schriftenreihe des Instituts für betriebswirtschaftliche Forschung an der Universität Zürich, Bd. 51, 2. Aufl., Bern/Stuttgart 1987.

HUNGENBERG, H. (2000): Komplexitätskosten, in: FISCHER, T.M. (Hrsg.), Kosten-Controlling, Stuttgart 2000, S. 539-553.

HUPFAUER, M. (1997): Produktivitätsorientiertes Management von Anlagensystemen, Wiesbaden 1997.

I

IMAI, M. (1992): KAIZEN. Der Schlüssel zum Erfolg der Japaner im Wettbewerb, 4. Aufl., München 1992.

INNES, J./MITCHELL, F. (1989): Management Accounting: The Challenge of Technological Innovation, The Chartered Institute of Management Accountants, 1989.

INNES, J./MITCHELL, F. (1991): Activity Based Costing – A Survey of CIMA Members, in: Management Accounting, 69. Jg., Nr. 9, October 1991, S. 28-30.

INNES, J./MITCHELL, F. (1995): A Survey of Activity Based Costing in the UK's largest companies, in: Management Accounting Research, 6. Jg., Nr. 2, 1995, S. 137-153.

INNES, J./MITCHELL, F. (1997): The Application of Activity Based Costing in the UK's largest Financial Institutions, The Service Industries Journal, 17. Jg., Nr. 1, 1997, S. 190-203.

INNES, J./MITCHELL, F./SINCLAIR, D. (2000): Activity Based Costing in the UK's Largest Companies: A Comparison of 1994 and 1999 Survey Results, in: Management Accounting Research, 11. Jg., Nr. 3, 2000, S. 349-362.

J

JAMES, B.G. (1984): Business Wargames, Turbridge Wells, S. 183.

JAPAN ACCOUNTING ASSOCIATION (1993): Special Committee on ‚How Cost Management System should be Constructed in the New Business Environment', Integrated Cost Management, Proceedings of 1993 Japan Accounting Association, September 1993, S. 1-91.

JEHLE, E. (1991): Wertanalyse. Ein System zum Lösen komplexer Probleme, in: Wirtschaftswissenschaftliches Studium, 20. Jg., Heft 6, 1991, S. 287-294.

JEHLE, E. (1992): Gemeinkostenmanagement, in: MÄNNEL, W. (Hrsg.), Handbuch Kostenrechnung, Wiesbaden 1992, S. 1506-1523.

JOHNSON, H.T. (1988): Activity-Based Information: A Blueprint For World-Class Management Accounting, in: Management Accounting, 69. Jg., Nr. 12, Juni 1988, S. 23-30.

JOHNSON, H.T. (1992): Relevance Regained. From Top-Down Control to Bottom-Up Empowerment, New York 1992.

JOHNSON, H.T. (1995): Management Accounting in the 21st Century, in: Journal of Cost Management, 9. Jg., Nr. 3, 1995, S. 15-19.

JOHNSON, H.T./KAPLAN, R.S. (1987): Relevance Lost – The Rise and Fall of Management Accounting, Boston (Mass.) 1987.

JUNG, H.F. (1993): KAIZEN – ein Konzept des mitarbeiterorientierten Managements, in: Personal, o.Jg., Heft 8, 1993, S. 359-363.

JUNG, U. (2000): Kapitalproduktivität – Werthebel mit Potential, in: Nachrichten aus der Chemie, 48. Jg., Nr. 4, 2000, S. 509.

JURAN, J./GRYNA, F. (1970): Quality Planning and Analysis, New York 1970.

K

KAISER, K. (1993): Kosten- und Leistungsrechnung bei automatisierter Produktion, 2. Aufl., Wiesbaden 1993.

KAJÜTER, P. (1997a): Prozeßmanagement und Prozeßkostenrechnung, in: FRANZ, K.-P./KAJÜTER, P. (Hrsg.), Kostenmanagement, 1. Aufl., Stuttgart 1997, S. 209-231.

KAJÜTER, P. (1997b): Unternehmenskultur: Erfolgsfaktor für das Kostenmanagement?, in: FRANZ, K.-P./ KAJÜTER, P. (Hrsg.), Kostenmanagement, 1. Aufl., Stuttgart 1997, S. 81-94.

KAJÜTER, P. (1998): Kostenmanagement, in: BUSSE VON COLBE, W./PELLENS, B. (Hrsg.), Lexikon des Rechnungswesens, 4. Aufl., München/Wien 1998, S. 447-450.

KAJÜTER, P. (2000a): Proaktives Kostenmanagement. Konzeption und Realprofile, Wiesbaden 2000.

KAJÜTER, P. (2000b): Strategieunterstützung durch Benchmarking, in: WELGE, M.K./AL-LAHAM, A./ KAJÜTER, P. (Hrsg.), Praxis des strategischen Managements, Wiesbaden 2000, S. 113-131.

KAJÜTER, P. (2001): Kostenmanagement in der Automobilindustrie. Ganzheitliches Konzept und empirische Befunde, in: Zeitschrift für Automobilwirtschaft, 4. Jg., Heft 3, 2001, S. 36-43.

KAJÜTER, P. (2002): Proactive Cost Management in Supply Chains, in: SEURING, S./GOLDBACH, M. (Hrsg.), Cost Management in Supply Chains, Berlin u.a. 2002, S. 31-51.

KAPLAN, R.B./MURDOCK, L. (1991): Core process redesign, in: The McKinsey Quarterly, Nr. 2, 1991, S. 27-43.

KAPLAN, R.S. (1982): Advanced Management Accounting, Prentice-Hall, 1982.

KAPLAN, R.S. (1983): Measuring Manufacturing Performance: A New Challenge for Accounting Research, in: The Accounting Review, 58. Jg., Nr. 4, 1983, S. 686-705.

KAPLAN, R.S. (1986): Must CIM be Justified by Faith Alone?, in: Harvard Business Review, 64. Jg., Nr. 2, 1986, S. 87-95.

KAPLAN, R.S. (1987): John Deere Cases, Boston: Harvard Business School, Case 9-187-107.

KAPLAN, R.S. (1995): New Roles for Management Accountants, in: Journal of Cost Management, 9. Jg., Nr. 3, 1995, S. 6-13.

KAPLAN, R.S./COOPER, R. (1997): Cost & Effect – Using integrated Cost Systems to drive Profitability and Performance, Boston 1997.

KAPLAN, R.S./NORTON, D.P. (1992): The Balanced Scorecard – Measures That Drive Performance, in: Harvard Business Review, 70. Jg., Heft 1, 1992, S. 71-79.

KAPLAN, R.S./NORTON, D.P. (1996): The Balanced Scorecard, Boston 1996.

KAPLAN, R.S./NORTON, D.P. (1997): Balanced Scorecard, Stuttgart 1997.

KAPLAN, R.S./NORTON, D.P. (2001): Die Strategiefokussierte Organisation, Stuttgart 2001.

KAPLAN, S./SAWHNEY, M. (2000): E-Hubs: The New B2B Marketplaces, in: Harvard Business Review, 78. Jg., Nr. 3, May-June 2000, S. 97-103.

KARLÖF, B./ÖSTBLOM, S. (1994): Das Benchmarking Konzept. Wegweiser zur Spitzenleistung in Qualität und Produktivität, München 1994.

KAUFMANN, L. (1993): Planung von Abnehmer-Zulieferer-Kooperationen, Diss., Gießen 1993.

KAVEN, J. P. (1993): Allfinanz: Konzept mit Zukunft? – Der Trend geht wieder zur Spezialisierung, in: Bank Magazin, Heft 1, 1993, S. 22-25.

KEMMINER, J. (1999): Lebenszyklusorientiertes Kosten- und Erlösmanagement, Wiesbaden 1999.

KENNEDY, T. (1997): The Impact of Activity-Based Costing Techniques on Firm Performance, Diss. Henley Management College, 1997.

KIENINGER, M. (1994): Wie man mit Prozesszeitenmanagement die Durchlaufzeit senkt, in: HORVÁTH, P. (Hrsg.), Kunden und Prozesse im Fokus, Stuttgart 1994, S. 233-248.

KIENINGER, M. (1998): Reengineering und Prozessoptimierung, in: HORVÁTH & PARTNER (Hrsg.), Prozeßkostenmanagement. Methodik und Anwendungsfelder, München 1998, S. 29-45.

KIESER, A. (1996): Business Process Reengineering – neue Kleider für den Kaiser?, in: Zeitschrift für Organisation, 65. Jg., Heft 3, 1996, S. 179-185.

KIESER, A. (2002): Downsizing – eine vernünftige Strategie?, in: Harvard Business manager, 24. Jg., Heft 2, 2002, S. 30-39.

KIESER, A./KUBICEK, H. (1992): Organisation, 3. Aufl., Berlin/New York 1992.

KILGER, W. (1993): Flexible Plankostenrechnung und Deckungsbeitragsrechnung, 10. Aufl., Wiesbaden 1993.

KIRCHGEORG, M. (2000): Vertriebskosten, in: FISCHER, T.M. (Hrsg.), Kosten-Controlling, Stuttgart 2000, S. 407-427.

KLEEDÖRFER, R. (1998): Prozeß- und Änderungsmanagement der Integrierten Produktentwicklung, Diss. TU München 1998.

KLEINFELD, K. (1996): Benchmarking als Startpunkt einer vollumfänglichen Restrukturierung, in: MEYER, J. (Hrsg.), Benchmarking. Spitzenleistungen durch Lernen von den Besten, Stuttgart 1996, S. 29 - 53.

KLINE, C. (1976): Maximising Profits in Chemicals, in: Chemtech, February 1976, S. 110-117.

KLOOCK, J. (1992): Prozeßkostenrechnung als Rückschritt und Fortschritt der Kostenrechnung, in: Kostenrechnungspraxis, 36. Jg., Heft 4 und 5, 1992, S. 183–193 und S. 237-245.

KLUGE, J. (1997): Standortverlagerungen als Maßnahme des Kostenmanagements, in: FRANZ, K.-P./KAJÜTER, P. (Hrsg.), Kostenmanagement, 1. Aufl., Stuttgart 1997, S. 295-307.

KLUGE, J./STEIN, L./KRUBASIK, E./BEYER, I./DÜSEDON, D./HAHN, W. (1994): Wachstum durch Verzicht, Stuttgart 1994.

KOTLER, P./BLIEMEL, F. (2001): Marketing-Management. Analyse, Planung und Verwirklichung, 10. Auf., Stuttgart 2001.

KPMG (1999): Electronic Commerce: Status Quo und Perspektiven '99, KPMG Consulting GmbH, Berlin 1999.

KREUTER, A./STEGMÜLLER, R. (1997): Kontinuierlicher Verbesserungsprozeß (KVP), in: Die Betriebswirtschaft, 57. Jg., Heft 1/1997, S. 111-114.

KREUZ, W. (1995): "Transforming the Enterprise". Die nächste Generation des Business Process Engineering, in: NIPPA, M./PICOT, A. (Hrsg.), Prozeßmanagement und Reengineering. Die Praxis im deutschsprachigen Raum, Frankfurt/New York 1995, S. 93-107.

KREUZ, W. ET AL. (1995): Mit Benchmarking zur Weltspitze aufsteigen, Landsberg/Lech 1995.

KRUGMANN, B./KAUM, S./RAUCH, M. (2000): Kundengerechte Preis- und Produktgestaltung durch Target Costing, in: Die Bank, Heft 2, 2000, S. 98-105.

KRUMNOW, J. (1995): Operatives Kostenmanagement als Führungsinstrument in Universalbanken, in: REICHMANN, T. (Hrsg.), Handbuch Kosten- und Erfolgscontrolling, München 1995, S. 357-371.

KRYSTEK, U./REPPEGATHER, S. (2000): Organisationsstrukturen und Electronic Commerce – Erfolgsfaktoren virtueller Unternehmen, in: WAMSER, C. (Hrsg.): Electronic Commerce. Grundlagen und Perspektive, S. 237-257.

KÜBEL, R. (1990): Ressource Mensch. Erfolg durch Individualität, München 1990.

KUBICEK, H. (1980): Organisationsstruktur, Messung der, in: GROCHLA, E. (Hrsg.), HWO, 2. Aufl., Stuttgart 1980, Sp. 1778 - 1795.

KUCHER, E. (1985a): Scannerdaten und Preissensitivität bei Konsumgütern, Wiesbaden 1985.

KUCHER, E. (1985b): Conjoint-Measurement bei Pharmazeutika, in: Pharma-Marketing Journal, Nr. 4, 1985, S. 112-117.

KUCHER, E./HILLEKE K. (1996): A practical approach to the pricing of new products, in: Scrip Magazine, November 1996, S. 10-13.

KUCHER, E./SIMON, H. (1987): Conjoint-Measurement. Durchbruch bei der Preisentscheidung, in: Harvard Manager, 9. Jg., Heft 3, 1987, S. 28-36.

KUGELER, M. (2002): Supply Chain Management und Customer Relationship Management – Prozessmodellierung für Extended Enterprises, in: BECKER, J./KUGELER, M./ROSEMANN, M. (Hrsg.), Prozessmanagement. Ein Leitfaden zur prozessorientierten Organisationsgestaltung, 3. Aufl., Berlin u.a. 2002, S. 457-493.

KÜHLMANN, T./WESENBERG, M. (1994): Outplacement: Die Perspektive der Betroffenen, in: Personal, 46. Jg., Heft 12, 1994, S. 600-605.

KUMMER, S. (2001): Supply Chain Controlling, in: Kostenrechnungspraxis, 45. Jg., Heft 2, 2001, S. 81-87.

KÜPPER, H.-U. (2001): Controlling. Konzeption, Aufgaben und Instrumente, 3. Aufl., Stuttgart 2001.

L

LAKER, M. (1995): Produkt-/Preisstrategie und Target Costing, in: SCHMALENBACH-GESELLSCHAFT – DEUTSCHE GESELLSCHAFT FÜR BETRIEBSWIRTSCHAFT E.V. (Hrsg.), Reengineering. Konzepte und Umsetzung innovativer Strategien und Strukturen, Kongress-Dokumentation 48. Deutscher Betriebswirtschafter-Tag 1994, Stuttgart 1995, S. 159-172.

LALONDE, B.J./POHLEN, T.L. (1996): Issues in Supply Chain Costing, in: The International Journal of Logistics Management, 7. Jg., Heft 1, 1996, S. 1-12.

LAMLA, J. (1995): Prozeßbenchmarking, München 1995.

LAMMING, R. (1993): Beyond Partnership. Strategies for Innovation and Lean Supply, New York 1993.

LASSMANN, G. (1984): Aktuelle Probleme der Kosten- und Erlösrechnung sowie des Jahresabschlusses bei weitgehend automatisierter Serienfertigung, in: Zeitschrift für betriebswirtschaftliche Forschung, 36. Jg., Heft 11, 1984, S. 959-978.

LASSMANN, G. (1992): Betriebsplankosten- und Betriebsplanerfolgsrechnung, in: MÄNNEL, W. (Hrsg.), Handbuch Kostenrechnung, Wiesbaden 1992, S. 300-319.

LECIEJEWSKI, K. (1996): Guter Rat von Beratern, Frankfurt/New York 1996.

LESER, G. (2001): IPP Fibel. Technik – Verträge – Cash flow, Herrsching 2001.

LIAO, S.S. (1988): The Learning Curve: Wright's Model vs. Crawford's Model, in: Issues in Accounting Education, Fall 1988, S. 302-315.

LIEBERMAN, M.B. (1984): The Learning Curve and Pricing in the Chemical Processing Industries, in: Rand Journal of Economics, 15. Jg., Nr. 2, 1984, S. 213-228.

LINDEMANN, U./STRICKER, H./GRAMANN, J./PULM, U. (2001): Kosteneinsparungen in Wertanalysen – Eine Systematik zur Wirkungskontrolle, in: Zeitschrift für wirtschaftliche Fertigung, 96. Jg., Heft 10, 2001, S. 543-546.

LINGENFELDER, M./WALZ, H. (1988): Outplacement statt Rausschmiß, in: Harvard Manager, 10. Jg., Heft 2, 1988, S. 96-102.

LOHOFF, P./LOHOFF, H.-G. (1993): Verwaltung im Visier, in: Zeitschrift für Organisation, 62. Jg., Heft 4, 1993, S. 248-254.

LORSON, P. (1992): Prozeßkostenrechnung versus Grenzplankostenrechnung, in: Kostenrechnungspraxis, 36. Jg., Heft 1, 1992, S. 7-12.

LOTHIAN, N. (1987): Measuring Corporate Performance, The Chartered Institute of Management Accountants, 1987.

LÜCKE, W. (1955): Investitionsrechnung auf der Basis von Ausgaben oder Kosten?, in: Zeitschrift für handelswissenschaftliche Forschung, 1955, S. 310-324.

LÜTZOW, W. VON (1995): Trennungskultur und Outplacement, in: Personal, 47. Jg., Heft 8, 1995, S. 412-417.

M

MÄNNEL, W. (1991): Anlagencontrolling, in: ZfB-Ergänzungsheft 3/1991, S. 193-216.

MÄNNEL, W. (1995): Ziele und Aufgabenfelder des Kostenmanagements, in: REICHMANN, T. (Hrsg.), Handbuch Kosten- und Erfolgscontrolling, München 1995, S. 25-45.

MÄNNEL, W. (1996): Einsatz von Relativkostenkatalogen zur Kostensteuerung in der Konstruktion, in: Krp-Sonderheft 1/1996, S. 77-80.

MAYER, R. (1991): Die Prozeßkostenrechnung als Instrument des Schnittstellenmanagements, in: HORVÁTH, P. (Hrsg.), Synergien durch Schnittstellen-Controlling, Stuttgart 1991, S. 211-226.

MAYER, R. (1998): Prozesskostenrechnung – State of the Art, in: HORVÁTH & PARTNER (Hrsg.), Prozesskostenmanagement, 2. Aufl., München 1998, S. 3-27.

MAYER, R./KAUFMANN, L. (2000): Prozesskostenrechnung II – Einordnung, Aufbau, Anwendungen, in: FISCHER, T.M. (Hrsg.), Kostencontrolling, Stuttgart 2000, S. 291-322.

MCBRIDE, M.E. (1987): The Nature and Source of Economies of Scale in Cement Production, in: Southern Economic Journal, July 1981, Jg. 48, Nr. 1, S. 105-115.

MCDONALD, J.G./ROEVER, M. (1975): Runter mit den Gemeinkosten, in: Manager Magazin, Heft 11, 1975, S. 68-73.

MEFFERT, H. (2000): Marketing, 9. Aufl., Wiesbaden 2000.

MEYER-PIENING, A. (1980): Gemeinkosten senken – aber wie?, in: Zeitschrift für Betriebswirtschaft, 50. Jg., Heft 6, 1980, S. 691-698.

MEYER-PIENING, A. (1982): Zero-Base-Budgeting, in: Zeitschrift Führung + Organisation, 51. Jg., Heft 5-6, 1982, S. 257-266.

MILES, L. D. (1967): Value Engineering. Wertanalyse, die praktische Methode zur Kostensenkung, 2. Aufl., München 1967.

MILLER, J.G./VOLLMANN, T.E. (1985): The Hidden Factory, in: Harvard Business Review, 63. Jg., Nr. 5, 1985, S. 142-150.

MILLS, R.W./SWEETING, C. (1988): Pricing Decisions in Practice, The Chartered Institute of Management Accountants, 1988.

MITI (1967): Deliberation Council on Industrial Structure, Cost Management, 1967.

MOLL, H.H. (1985): Mehr Produktivität durch weniger Arbeitsteilung, in: Zeitschrift für Betriebswirtschaft, 55. Jg., Heft 3, 1985, S. 282-289.

MONDEN, Y. (1995): Cost Reduction Systems. Target Costing and Kaizen Costing, Portland 1995.

MONDEN, Y./HOQUE, M. (1999): Target Costing Based on QFD, in: Controlling, 11. Jg., Heft 11, 1999, S. 525-534.

MONDEN, Y./HAMADA, K. (1991): Target Costing and Kaizen Costing in Japanese Automobile Companies, in: Journal of Management Accounting Research, 3. Jg., Nr. 3, 1991, S. 16-34.

MONTEVERDE, K./TEECE, D.J. (1982): Supplier Switching Costs and Vertical Integration in the Automobile Industry, in: The Bell Journal of Economics, Jg. 13, Nr. 1, 1982, p. 206.

MORIN, W./YORKS. L. (1990): Dismissial, San Diego/New York/London 1990.

MÜLLER, (1998): Target Costing im Krankenhaus – Entwurf eines objektorientierten EDV-Systems zur Unterstützung einer retrograden Deckungsbeitragsrechnung, Lohmar 1998.

MÜLLER, R. (1991): Datenbankgestützte Teileverwaltung und Wiederholteilsuche. München 1991; zugl.: Diss. TU München 1990.

MUSSNIG, W. (2001a): Dynamisches Target Costing, Wiesbaden 2001.

MUSSNIG, W. (2001b): Dynamisches Zielkostenmanagement, in: Controlling, 13. Jg., Heft 3, 2001, S. 139-148.

N

NAKAJIMA, S. (1995): Management der Produktionseinrichtungen, Frankfurt/New York 1995.

NAUGHTON, K. (1999): The Global Six, in: Business Week, January 25, 1999, S. 16-21.

NIEMAND, S. (1992a): Prozeßkostenrechnung für den Beschaffungsbereich eines Automobilherstellers, in: Kostenrechnungspraxis, 36. Jg., Heft 3, 1992, S. 160-167.

NIEMAND, S. (1992b): Target Costing – Konsequente Marktorientierung durch das Zielkostenmanagement, in: Fortschrittliche Betriebsführung/Industrial Engineering, 41. Jg., Heft 3, 1992, S. 118-123.

NIEMAND, S. (1996): Target Costing für industrielle Dienstleistungen, München 1996.

NORMAN, G. (1979): Economies of Scale in the Cement Industry, in: The Journal of Industrial Economics, 27. Jg., Nr. 4, Juni 1979, S. 317-337.

O

O.V. (2000): 78 Arbeitstage werden verschwendet, in: Frankfurter Allgemeine Zeitung, Nr. 118, 22.05.2000, S. 28.

O.V. (2001): VW findet das Gold in den Prozessen, in: Computerwoche, 30.11.2001, S. 14-16.

OECKING, G. (1993): Strategisches und operatives Fixkostenmanagement, in: Controlling, 5. Jg., Heft 2, 1993, S. 82-90.

OECKING, G. (1994): Strategisches und operatives Fixkostenmanagement. Möglichkeiten und Grenzen des theoretischen Konzeptes und der praktischen Umsetzung im Rahmen des Kosten- und Erfolgs-controlling, München 1994.

OESS, A. (1989): Total Quality Management: Die Praxis des Qualitätsmanagements, Wiesbaden 1989.

OPITZ, H. (1970): Moderne Produktionstechnik. Stand und Tendenzen, 2. Aufl., Essen 1970.

OSTER, S. (1982): The Diffusion of Innovation Among Steel Firms. The Basic Oxygen Furnace, in: The Bell Journal of Economics, Spring, 1982.

OTLEY, D.T. (1985): Developments in Management Accounting Research, in: British Accounting Review, 17. Jg., 1985, S. 3-23.

P

PACKOWSKI, J./OCHS, M.R./THODE, F.E. (1999): Forderungsmanagement als aktives Asset Management, in: Controller Magazin, Nr. 3, 1999, S. 213-217.

PAHL, G./RIEG, F. (1984): Kostenwachstumsgesetze für Baureihen. München/Wien 1984.

PELLENS, B./TOMASZEWSKI, C./WEBER, N. (2000): Wertorientierte Unternehmensführung in Deutschland, in: Der Betrieb, 53. Jg., Heft 37, 2000, S. 1825-1833.

PEREN, F.W. (1996): Die Bedeutung des Customizing für die Automobilindustrie, in: PEREN, F.W./ HERGETH, H.H. (Hrsg.), Customizing in der Weltautomobilindustrie, Frankfurt 1996, S. 13-24.

PFAFF, D./BÄRTL, O. (1999): Wertorientierte Unternehmenssteuerung – Ein kritischer Vergleich ausgewählter Konzepte, in: GEBHARDT, G./PELLENS, B. (Hrsg.), Rechungswesen und Kapitalmarkt, ZfbF-Sonderheft Nr. 41, 1999, S. 85-115.

PFAFF, D./KUNZ, A.H. (2000): Beschaffungskosten, in: FISCHER, T.M. (Hrsg.), Kosten-Controlling, Stuttgart 2000, S. 353-376.

PFAFF, D./WEISSENBERGER, B. (2000): Institutionenökonomische Fundierung, in: FISCHER, T.M. (Hrsg.), Kosten-Controlling, Stuttgart 2000, S. 109-134.

PFOHL, H.-C./KRINGS, M./BETZ, G. (1996): Techniken der prozeßorientierten Organisationsanalyse, in: Zeitschrift für Organisation, 65. Jg., Heft 4, 1996, S. 246-251.

PFOHL, H.-C./STÖLZLE, W. (1991): Anwendungsbedingungen, Verfahren und Beurteilung der Prozeß-kostenrechnung in industriellen Unternehmen, in: Zeitschrift für Betriebswirtschaft, 61. Jg., Heft 11, 1991, S. 1281-1305.

PFOHL, H.-C./WÜBBENHORST, K.L. (1983): Lebenszykluskosten. Ursprung, Begriff und Gestaltungsvariablen, in: Journal für Betriebswirtschaft, 33. Jg., Heft 3, 1983, S. 142-155.

PICOT, A. (1982): Transaktionskostenansatz in der Organisationstheorie: Stand der Diskussion und Aussagewert, in: Die Betriebswirtschaft, 42. Jg., Heft 2, 1982, S. 267-284.

PICOT, A. (1991): Ein neuer Ansatz zur Gestaltung der Leistungstiefe, in: Zeitschrift für betriebswirtschaftliche Forschung, 43. Jg., Heft 4, 1991, S. 336-359.

PICOT, A. (1993): Transaktionskostenansatz, in: WITTMANN, W. ET AL. (Hrsg.), Handwörterbuch der Betriebwirtschaft, Bd. 3, 5. Aufl., Stuttgart 1993, Sp. 4194-4204.

PICOT, A./DIETL, H. (1990): Transaktionskostentheorie, in: Wirtschaftswissenschaftliches Studium, 19. Jg., Heft 4, 1990, S. 178-184.

PICOT, A./FRANCK, E. (1993): Vertikale Integration, in: HAUSSCHILDT, J./GRÜN, O. (Hrsg.), Ergebnisse empirischer betriebswirtschaftlicher Forschung. Zu einer Realtheorie der Unternehmung, Festschrift für Eberhard Witte, Stuttgart 1993, S. 179-219.

PIESKE, R. (1995): Benchmarking in der Praxis. Erfolgreiches Lernen von führenden Unternehmen, Landsberg/Lech 1995.

PIKE, R.H. (1982): Capital Budgeting in the 1980s, The Chartered Institute of Management Accountants, 1982.

PILLER, T.(2000): Mass Customization, Wiesbaden 2000.

PORTER, M.E. (1985): Competitive Advantage, New York 1985.

PORTER, M.E. (1986a): Wettbewerbsvorteile. Spitzenleistungen erreichen und behaupten, 1. Aufl., Frankfurt/New York 1986.

PORTER, M.E. (1986b): Titanium Dioxide Case Series, Boston (Mass.) 1986.

PORTER, M.E. (1997): Nur Strategie sicher auf Dauer hohe Erträge, in: Harvard Business manager, 19. Jg., Heft 3, 1997, S. 42-58.

PRILLMANN, M. (1996): Management der Variantenvielfalt, Frankfurt 1996.

PROBST, G./RAUB, S./ROMHARDT, K. (1999): Wissen managen, Wiesbaden 1999.

PROBST, G.J.B./BÜCHEL, B. (1998): Organisationales Lernen, 2. Aufl., Wiesbaden 1998.

PUGH, D.S./HICKSON, D.J./HININGS, C.R./TURNER, C. (1968): Dimensions of Organization Structure, in: Administrative Science Quarterly, 13. Jg., 1968, S. 65-105.

PUNZENGRUBER, W./RAUCH, M. (1995): The integrated product tree, Wien 1995.

PUXTY, A. G./LYALL, D. (1989): A Survey of Standard Costing and Budgeting Practices in the UK, The Chartered Institute of Management Accountants, 1989.

PYHRR, P.A. (1970): Zero-base budgeting, in: Harvard Business Review, 48. Jg., Nr. 6, 1970, S. 111-121.

R

RAPPAPORT, A. (1986): Creating Shareholder Value, New York 1986.

RAPPAPORT, A. (1999): Shareholder Value, 2. Aufl., Stuttgart 1999.

RATHNOW, P. (1993): Integriertes Variantenmanagement, Göttingen 1993.

RAUBACH, C.J. (1996): Steigerung der Kosten-Leistungs-Transparenz durch Prozesskostenmanagement in der Industrie, Bamberg 1996.

RAUTENBERG, H.G. (2000): Zeitorientierte Fundierung: Ist-, Normal- und Plankosten, in: FISCHER, T.M. (Hrsg.), Kosten-Controlling, Stuttgart 2000, S. 23-52.

REBSTOCK, M. (1998): Electronic Commerce, in: Die Betriebswirtschaft, 58. Jg., Heft 2, 1998, S. 265-267.

RECKENFELDERBÄUMER, M. (1995): Marketing-Accounting im Dienstleistungsbereich – Konzeption eines prozesskostengestützten Instrumentariums, Wiesbaden 1995.

REGER, R. K./MULLANE, J. V./GUSTAFSON, L. T./DEMARIE, S. M. (1994): Creating Earthquakes to Change Organizational Mindsets, in: Academy of Management Executive, 8. Jg., 1994, S. 31-46.

REICHHELD, F./SASSER, W. (1991): Zero-Migration: Dienstleister im Sog der Qualitätsrevolution, in: Harvard Manager, 13. Jg., Heft 4, 1991, S. 108-115.

REICHMANN, T. (2001): Controlling mit Kennzahlen und Managementberichten, 6. Aufl., München 2001.

REICHMANN, T./FRÖHLING, O. (1994): Produktlebenszyklusorientierte Planungs- und Kontrollrechnungen als Bausteine eines dynamischen Kosten- und Erfolgscontrolling, in: DELLMANN, K./FRANZ, K.-P. (Hrsg.), Neuere Entwicklungen im Kostenmanagement, Bern/Stuttgart/Wien 1994, S. 281-333.

REICHMANN, T./OECKING, G. (1994): Fixkostenmanagement auf Basis controllingorientierter Vertragsdatenbanken, in: Controlling, 6. Jg., Heft 5, 1994, S. 252-261.

REISCHL, C. (2001): Simulation von Produktkosten in der Entwicklungsphase, München 2001; zugl.: Diss. TU München 2001; http://tumb1.biblio.tu-muenchen.de/publ/diss/mw/2001/reischl.pdf.

REISS, M. (1997): Change Management als Herausforderung, in: REISS, M./VON ROSENSTIEL, L./LANZ, A. (Hrsg.), Change Management, Stuttgart 1997, S. 5-29.

REISS, M. (2001): Mass Customization, in: BÜHNER, R. (Hrsg.), Management-Lexikon, München 2001, S. 496-499.

REISS, M./CORSTEN, H. (1990): Grundlagen des betriebswirtschaftlichen Kostenmanagements, in: Wirtschaftswissenschaftliches Studium, 19. Jg., Heft 8, 1990, S. 390-396.

REISS, M./CORSTEN, H. (1992): Gestaltungsdomänen des Kostenmanagements, in: MÄNNEL, W. (Hrsg.), Handbuch Kostenrechnung, Wiesbaden 1992, S. 1478-1491.

REISS, M./CORSTEN, H. (1995): Schnittstellenfokussierte Unternehmungsführung, in: CORSTEN, H./ REISS, M. (Hrsg.), Handbuch Unternehmungsführung, Wiesbaden 1995, S. 5-18.

REISS, M./GRIMMEISEN, M. (1998): Komplexitätsmanagement im Dienste des Controlling, in: STEINLE, C./EGGERS, B./LAWA, D. (Hrsg.), Zukunftsgerichtetes Controlling, 3. Aufl., Wiesbaden 1998, S. 40-61.

REISS, M./HÖGE, R. (1994): Schlankes Controlling in segmentierten Unternehmen, in: Betriebswirtschaftliche Forschung und Praxis, 46. Jg., Heft 3, 1994, S. 210-224.

REMER, D. (1997): Einführen der Prozesskostenrechnung, Stuttgart 1997.

RICHTER, G. (1995): Systemorientierte Ablauforganisation, in: STEIN, J.H. VON/TERRAHE, J. (Hrsg.), Handbuch Bankorganisation, 2. Aufl., Wiesbaden 1995, S. 337-355.

RIEBEL, P. (1994): Einzelkosten- und Deckungsbeitragsrechnung, 7. Auf., Wiesbaden 1994.

RIEGLER, C. (1996): Verhaltenssteuerung durch Target Costing. Analyse anhand einer ausgewählten Organisationsform, Stuttgart 1996.

RIEZLER, S. (1996): Lebenszyklusrechnung. Instrument des Controlling strategischer Projekte, Wiesbaden 1996.

RIEZLER, S. (2002): Verbundbeziehungen im Konzern bei variablen Kapazitäten, in: FRANZ, K.-P./HIERONIMUS, A. (Hrsg.), Kosten- und Erfolgsrechnung im international vernetzten Konzern, ZfbF-Sonderheft (in Vorbereitung).

RILEY, D. (1987): Competitive Cost Based Investment Strategies for Industrial Companies, in: BOOZ-ALLEN & HAMILTON (Eds.), Manufacturing Issues, New York 1987.

ROEVER, M. (1980): Gemeinkosten-Wertanalyse – Erfolgreiche Antwort auf die Gemeinkostenproblematik, in: Zeitschrift für Betriebswirtschaft, 50. Jg., Heft 6, 1980, S. 686-690.

ROEVER, M. (1985): Gemeinkosten-Wertanalyse, in: Kostenrechnungspraxis, 29. Jg., Heft 1, 1985, S. 19-22.

ROMMEL, G. (1994): Outsourcing als Instrument zur Optimierung der Leistungstiefe, in: CORSTEN, H. (Hrsg.), Handbuch Produktionsmanagement, Wiesbaden 1994, S. 207-220.

ROMMEL, G./BRÜCK, F./DIEDERICHS, R./KEMPIS, R.-D./KLUGE, J. (1993): Einfach überlegen, Stuttgart 1993.

ROSENBERG, O. (1996): Variantenfertigung, in: KERN, W./SCHRÖDER, H.-H./WEBER, J. (Hrsg.), Handwörterbuch der Produktionswirtschaft, 2. Aufl., Stuttgart 1996, Sp. 2119-2129.

RUNDSTEDT, E. VON (1991): Wie Kündigung zur Chance für berufliche Neuorientierung wird, in: management & seminar, Heft 1, 1991, S. 42-48.

RUNDSTEDT, E. VON (1994): Outplacement – Trennung ohne Konflikte, in: DAHLEMS, R. (Hrsg.), Handbuch des Führungskräfte-Managements, München 1994, S. 457-475.

RUNDSTEDT, E. VON/MAYRHOFER, W. (1991): Trennung ohne Kündigung, in: Zeitschrift Führung + Organisation, 60. Jg., Heft 1, 1991, S. 42-48.

RUPRECHT, K. (2000): Rein pragmatisch, in: Netinvestor, Heft 10, 2000, S. 36-38.

RWE ENERGIE AG (Hrsg.) (2000): Geschäftsbericht 1999/2000.

S

SAATWEBER, J. (1997): Kundenorientierung durch QFD, München 1997.

SAKURAI, M. (1995): Past and Future of Japanese Management Accounting, in: Journal of Cost Management, 9. Jg., Nr. 3, S. 21-30.

SAKURAI, M. (1996): Integrated Cost Management, Portland 1996.

SALAFATINOS, C. (1996): The Theory of Constraints and Performance Measurement in Accounting and Performance Measurement, in: LAPSLEY, I./MITCHELL, F. (Eds.), Paul Chapman Publishing, S. 95-105.

SATZGER, G./HUTHER, A. (2000): Informations- und Kommunikationskosten, in: FISCHER, T.M. (Hrsg.), Kosten-Controlling, Stuttgart 2000, S. 479-505.

SCAPENS, R.W. (1985): Management Accounting: A Review of Contemporary Developments, Macmillan, 1985.

SCAPENS, R.W. (1994): Never Mind the Gap: Towards an Institutional Perspective on Management Accounting Practice, in: Management Accounting Research, 5. Jg., Nr. 3-4, 1994, S. 301-322.

SCHEHL, M. (1994): Unternehmensexterne und -interne Strukturveränderungen als Einflußfaktoren der industriellen Kostenrechnung, in: Kostenrechnungspraxis, 38. Jg., Heft 4, 1994, S. 230-238.

SCHERER, F.M./BECKENSTEIN, A./KAUFER, E./MURPHY, R.D. (1975): The Economics of Multi-Plant Operation, Boston (Mass.) 1975.

SCHIERENBECK, H. (1994): Prozessorientierte Standard-Einzelkostenrechnung und Produktivitätssteuerung im Kundengeschäft der Banken, in: DELLMANN, K./FRANZ, K.-P. (Hrsg.), Neuere Entwicklungen im Kostenmanagement, Bern u.a. 1994, S. 647-679.

SCHIERENBECK, H. (2001): Ertragsorientiertes Bankmanagement, Band 1, 7. Aufl., Wiesbaden 2001.

SCHIERENBECK, H./MOSER, H. (Hrsg.): Handbuch Bankcontrolling, Wiesbaden 1995.

SCHIMANK, C. (1997): Implementierungs- und Nutzungsvarianten des Prozesskostenmanagements: Wie Sie Prozesskostenmanagement optimal realisieren sollten, in: HORVÁTH, P. (Hrsg.), Das neue Steuerungssystem des Controllers: von Balance Scorecard bis US-GAAP, Stuttgart 1997, S. 175-190.

SCHMALENBACH, E. (1963): Kostenrechnung und Preispolitik, 8. Aufl., Köln/Opladen 1963.

SCHMELZER, H.J./BUTTERMILCH, K.-H. (1988): Reduzierung der Entwicklungszeiten in der Produktentwicklung als ganzheitliches Problem, in: BROCKHOFF, K./PICOT, A./URBAN, C. (Hrsg.), Zeitmanagement in Forschung und Entwicklung, Düsseldorf/Frankfurt 1988, S. 43-72.

SCHMID, D.C. (1995): Qualitätsmanagement in Banken: Ansätze eines Managementsystems zur Erhöhung der Zufriedenheit der Bankkunden, Wien 1995.

SCHMID, F./DE PAOLI, N. (2001): Konkurs der Sabena kostet 5000 Stellen, in: Financial Times Deutschland, 08.11.2001, S. 1.

SCHMIDT, F. (1996): Gemeinkostensenkung durch kostengünstiges Konstruieren, Wiesbaden 1996.

SCHMIDT, H.-J./GLEICH, R. (1999): Prozessorientiertes Performance Measurement – Konzeptidee und Anwendungserfahrungen im Flender-Konzern, in: HORVÁTH, P. (Hrsg.), Controlling & Finance, Stuttgart 1999, S. 223-245.

SCHMIDT, H.-J./GLEICH, R. (2000): Prozessorientiertes Performance Measurement – Umsetzungserfahrungen im Babcock-Konzern, in: Controlling, 12. Jg., 2000, Heft 6, S. 305-311.

SCHMITZ, G. (1996): Qualitätsmanagement im Privatkundengeschäft von Banken: Konzeption und aufbauorganisatorische Verankerung, Wiesbaden 1996.

SCHMOLL, A./HAFNER, K. (1977): Kostenrechnung als Motivationsinstrument, in: Kostenrechnungspraxis, 21. Jg., Heft 3, 1977, S. 123-126.

SCHOLL, K. (1998): Konstruktionsbegleitende Kalkulation, München 1998.

SCHOLZ, R. (1994): Geschäftsprozeßoptimierung. Crossfunktionale Rationalisierung oder strukturelle Reorganisation, Bergisch Gladbach/Köln 1994.

SCHOLZ, R./MÜFFELMANN, J. (1995): Reengineering als strategische Aufgabe, in: technologie & management, 44. Jg., Heft 2, 1995, S. 77-84.

SCHOLZ, R./VROHLINGS, A. (1994): Prozeß-Redesign und kontinuierliche Prozeßverbesserung, in: GAITANIDES, M./SCHOLZ, R./VROHLINGS, A./RASTER, M. (Hrsg.), Prozeßmanagement. Konzepte, Umsetzungen und Erfahrungen des Reengineering, München/Wien 1994, S. 99-122.

SCHUH, G. (1989): Gestaltung und Bewertung von Produktvarianten, Düsseldorf 1989.

SCHUH, G./KATZY, B./DRESSE, S. (1995): Prozeßmanagement erfolgreich einführen, in: io Management Zeitschrift, 64. Jg., Nr. 12, 1995, S. 64-67.

SCHULTE, C. (1992): Komplexitätsmanagement, in: SCHULTE, C. (Hrsg.), Effektives Kostenmanagement, Stuttgart 1992, S. 83-94.

SCHULTE-ZURHAUSEN, M. (1999): Organisation, 2. Aufl., München 1999.

SCHULTZE, W. (2001): Methoden der Unternehmensbewertung, Düsseldorf 2001.

SCHULZ, D./FRITZ, W./SCHUPPERT, D./SEIWERT, L./WALSH, I. (1989), Outplacement. Personalfreisetzung und Karrierestrategie, Wiesbaden 1989.

SCHULZ, S. (1994): Komplexität in Unternehmen. Eine Herausforderung an das Controlling, in: Controlling, 6. Jg., Heft 3, 1994, S. 130-139.

SCHUMANN, M./BEINHAUER, M. (1994): Empirische Analysen zur Kostenentwicklung des administrativen Bereichs, in: Kostenrechnungspraxis, 38. Jg., Heft 5, 1994, S. 297-305.

SCHWEGMANN, A./LASKE, M. (2002): Istmodellierung und Istanalyse, in: BECKER, J./KUGELER, M./ROSEMANN, M. (Hrsg.), Prozessmanagement. Ein Leitfaden zur prozessorientierten Organisationsgestaltung, 3. Aufl., Berlin u.a. 2002, S. 147-178.

SCOR SUPPLY CHAIN COUNCIL (Hrsg.) (2002): Supply-Chain Operations Reference-Model – Overview of SCOR Version 5.0, Pittsburgh, http://www.supply-chain.org (Stand: 03.01.2002).

SEEBERG, T./SEIDENSCHWARZ, W. (1993): 6 Schritte zum marktorientierten Kostenmanagement, in: HORVÁTH, P. (Hrsg.), Marktnähe und Kosteneffizienz schaffen, Stuttgart 1993, S. 155-172.

SEIDEL, E. (1988): Controlling im Betriebsbereich immer wichtiger, doch konzeptionell blockiert, in: Die Bank, 1988, S. 662-672.

SEIDENSCHWARZ, W. (1991): Target Costing – Ein japanischer Ansatz für das Kostenmanagement, in: Controlling, 3. Jg., Heft 4, 1991, S. 198-203.

SEIDENSCHWARZ, W. (1993): Target Costing. Marktorientiertes Zielkostenmanagement, München 1993.

SEIDENSCHWARZ, W. (1994): Das Controlling der Markt- und Prozeßkette, in: HORVÁTH, P. (Hrsg.), Kunden und Prozesse im Fokus, Stuttgart 1994, S. 161-183.

SEIDENSCHWARZ, W. (1995): Target Costing und die Rolle des Controlling darin, in: HORVÁTH, P. (Hrsg.), Controllingprozesse optimieren, Stuttgart 1995, S. 107-131.

SEIDENSCHWARZ, W. (1997): Nie wieder zu teuer! 10 Schritte zum Marktorientierten Kostenmanagement, Stuttgart 1997.

SEIDENSCHWARZ, W. (1999): Balanced Scorecard – Ein Konzept für den zielgerichteten strategischen Wandel, in: HORVÁTH, P. (Hrsg.), Controlling & Finance, Stuttgart 1999, S. 247-276.

SEIDENSCHWARZ, W. (2002): Target Costing, in: KÜPPER, H.-U./WAGENHOFER, A. (Hrsg.), Handwörterbuch Unternehmensrechnung und Controlling, Stuttgart 2002, n.o.S.

SEIDENSCHWARZ, W./ESSER, J./NIEMAND, S./RAUCH, M. (1997): Target Costing: Auf dem Weg zum marktorientierten Unternehmen, in: FRANZ, K.-P./KAJÜTER, P. (Hrsg.), Kostenmanagement, 1. Aufl., Stuttgart 1997, S. 101-126.

SEIDENSCHWARZ, W./HORVÁTH, P. (1999): Produktgestaltung im Spannungsfeld zwischen Zielkosten und Zielpreisen, in: HERRMANN, A./HERTEL, G./VIRT, W./HUBER, F. (Hrsg.), Kundenorientierte Produktgestaltung, München 1999, S. 371-286.

SEIDENSCHWARZ, W./HUBER, C. (2002): Management von Strategien, in: GLEICH, R./MÖLLER, K./ SEIDENSCHWARZ, W./STOI, R. (Hrsg.), Controllingfortschritte, München 2002, n.o.S.

SEIDENSCHWARZ, W./NIEMAND, S. (1994): Zulieferintegration im marktorientierten Zielkostenmanagement, in: Controlling, 5. Jg., Heft 5, 1994, S. 262-270.

SEURING, S. (2001): Supply Chain Costing – Kostenmanagement in Wertschöpfungsketten mit Target Costing und Prozesskostenrechnung, München 2001.

SEURING, S. (2002): Supply Chain Target Costing – An Apparel Industry Case Study, in: SEURING, S./ GOLDBACH, M. (Hrsg.), Cost Management in Supply Chains, Berlin 2002, S. 111-125.

SHANK, J. K. (1989): Strategic Cost Management. New Wine, or just New Bottles?, in: Journal of Management Accounting Research, 1. Jg., Fall, 1989, S. 47-65.

SHANK, J.K. (1995): Theme Issue on Management Accounting: Whither and Whence?, in: Journal of Cost Management, 9. Jg., Nr. 3, 1995, S. 3-5.

SHANK, J.K./FISHER, J. (2000): Target Costing als preisstrategische Waffe, in: Harvard Business manager, 22. Jg., Heft 3, 2000, S. 96-107.

SHANK, J.K./GOVINDARAJAN, V. (1988): The Perils of Product Costing Based on Output Volumes, in: Accounting Horizons, 2. Jg., Nr. 4, 1988, S. 71-79.

SHANK, J.K./GOVINDARAJAN, V. (1989): Strategic Cost Analysis. The evolution from managerial to strategic accounting, Boston 1989.

SHANK, J.K./GOVINDARAJAN, V. (1993): Strategic Cost Management. The New Tool for Competitive Advantage, New York/London/Tokyo 1993.

SHIELDS, M.D./YOUNG, S.M. (1992): Effective Long-Term Cost Reduction: A Strategic Perspective, in: Journal of Cost Management, 7. Jg., Nr. 1, 1992, S. 16-29.

SIEGWART, H./RAAS, F. (1989): Anpassung der Kosten- und Leistungsrechnung an moderne Fertigungstechnologien, in: Kostenrechnungspraxis, 33. Jg., Heft 1, 1989, S. 7-14.

SIEGWART, H./SENTI, R. (1995): Product Life Cycle Management, Stuttgart 1995.

SILL, H. (1995): Marktorientiertes Kostenmanagement – Erfahrungen im Hause Siemens, in: SCHMALENBACH-GESELLSCHAFT – DEUTSCHE GESELLSCHAFT FÜR BETRIEBSWIRTSCHAFT E.V. (Hrsg.), Reengineering, Stuttgart 1995, S. 173-189.

SIMMONDS, K. (1981): The Fundamentals of Strategic Management Accounting, The Chartered Institute of Management Accountants, 1981.

SIMON, H. (1988): Management strategischer Wettbewerbsvorteile, in: Zeitschrift für Betriebswirtschaft, 58. Jg., Heft 4, 1988, S. 461-481.

SIMON, H. (1992): Preismanagement. Analyse – Strategie – Umsetzung, 2. Aufl., Wiesbaden 1992.

SIMON, H. (1995): Preismanagement Kompakt, Wiesbaden 1995.

SIMON, H./KUCHER, E. (1987): Price-Advertising-Interaction: Theory, Empirical Evidence and Managerial Implications, SIMON • KUCHER & PARTNERS Working Paper.

SIMON, H./KUCHER, E. (1988): Die Bestimmung empirischer Preisabsatzfunktionen – Methoden, Befunde, Erfahrungen, in: Zeitschrift für Betriebswirtschaft, 58. Jg., Heft 1, 1988, S. 171-183.

SIMPSON, J./MUTHLER, D. (1987): Quality Costs: Facilitating the Quality Initiative, in: Journal of Cost Management, 1. Jg., Nr. 1, 1987, S. 25-34.

SOMMERLATTE, T./WEDEKIND, E. (1991): Leistungsprozesse und Organisationsstruktur, in: ARTHUR D. LITTLE (Hrsg.), Management der Hochleistungsorganisation, 2. Aufl., Wiesbaden 1991, S. 23-41.

STAUSS, B. (2000): Servicekosten, in: FISCHER, T.M. (Hrsg.), Kosten-Controlling, Stuttgart 2000, S. 429-452.

STEIN, H.-G. (1988): Kostenführerschaft als strategische Erfolgsposition, in: HENZLER, H.A. (Hrsg.), Handbuch Strategische Führung, Wiesbaden 1988, S. 397-426.

STEIN, J.H. VON (1993): Arten und Wesensmerkmale der Bankleistung, in: KLOTEN, N./STEIN, J.H. VON (Hrsg.), Obst/Hintner Geld-, Bank- und Börsenwesen, 39. Aufl., Stuttgart 1993, S. 357-359.

STEIN, J.H. VON/SCHUBERT, T.: Organisationstheoretische Grundlagen für die Bankorganisation, in: STEIN, J.H. VON/TERRAHE, J. (Hrsg.), Handbuch Bankorganisation, 2. Aufl., Wiesbaden 1995, S. 3-30.

STEINER, J.M. (1996): Rechnergestütztes Kostensenken im praktischen Einsatz. Aachen 1996; zugl.: Diss. TU München 1995.

STEINMANN, H. (1995): Aktuelle Herausforderungen an die Bankorganisation im veränderten Umfeld, in: STEIN, J.H. VON/TERRAHE, J. (Hrsg.), Handbuch Bankorganisation, 2. Aufl., Wiesbaden 1995, S. 487-504.

STELTER, D. (1999): Wertorientierte Anreizsysteme, in: BÜHLER, W./SIEGERT, T. (Hrsg.), Wertorientierte Anreizsysteme für Führungskräfte und Manager, Stuttgart 1999, S. 207-241.

STEWART, G.B.III (1991): The Quest for Value, New York 1991.

STOEBE, F. (1993): Outplacement – Manager zwischen Trennung und Neuanfang, Frankfurt/New York 1993.

STOI, R. (1999): Prozessorientiertes Kostenmanagement in der deutschen Unternehmenspraxis, München 1999.

STÖSSER, R. (1999): Zielkostenmanagement in integrierten Produkterstellungsprossen, Aachen 1999; zugl.: Diss. TU München 1999.

STRACK, R./VILLIS, U. (2001): RAVE™: Die nächste Generation im Shareholder Value Management, in: Zeitschrift für Betriebswirtschaft, 71. Jg., Heft 1, 2001, S. 67-84.

STRIENING, H.-D. (1988): Prozeß-Management. Versuch eines integrierten Konzeptes situationsadäquater Gestaltung von Verwaltungsprozessen, Frankfurt/Bern/New York/Paris 1988.

STRIENING, H.-D. (1989): Prozeßmanagement im indirekten Bereich, in: Controlling, 1. Jg., Heft 6, 1989, S. 324-331.

SÜCHTING, J. (1987): Die Theorie der Bankloyalität – (noch) eine Basis zum Verständnis der Absatzbeziehungen von Kreditinstituten, in: SÜCHTING, J./HOOVEN, E. VON (Hrsg.), Handbuch des Bankmarketing, Wiesbaden 1987, S. 23-36.

SUVER, J.D./BROWN, R.L. (1983): Wie und wo funktioniert Zero-Base Budgeting?, in: Harvard Manager, 5. Jg., Heft 1, 1983, S. 13-19.

T

TANI, T./HORVÁTH, P./WANGENHEIM, S.V. (1996): Genka Kikaku und marktorientiertes Zielkostenmanagement, in: Controlling, 8. Jg., Heft 2, 1996, S. 80-89.

TANI, T./KATO, Y. (1994): Target Costing in Japan, in: DELLMANN, K./FRANZ, K.-P. (Hrsg.), Neuere Entwicklungen im Kostenmanagement, Bern u.a. 1994, S. 191-222.

TANI, T./OKANO, H./SHIMIZU, N./IWABUCHI, Y./FUKUDA, J./COORAY, S. (1994): Target cost management in Japanese companies: current state of the art, in: Management Accounting Research, 5. Jg., Nr. 1, 1994, S. 67-81.

TAYLOR, W.B. (1981): The Use of Life Cycle Costing in Acquiring Physical Assets, in: Long Range Planning, 14. Jg., Nr. 6, S. 32-41.

TEICHERT, T. (1998): Schätzgenauigkeit von Conjoint-Analysen, in: Zeitschrift für Betriebswirtschaft, 68. Jg., Heft 11, 1998, S. 1245-1266.

TEMPELMEIER, H./KUHN, H. (1993): Flexible Fertigungssysteme, Berlin 1993.

TERRAHE, J. (1988): Die Zukunft des Hausbankprinzips: Engere oder lockerere Bank/Kunden-Bindung, in: ENGELS, W. (Hrsg.), Organisation der Banken und des Bankenmarktes, Frankfurt 1988, S. 145-166.

THEUVSEN, L. (1996): Business Reengineering – Möglichkeiten und Grenzen einer prozeßorientierten Organisationsgestaltung, in: Zeitschrift für betriebswirtschaftliche Forschung, 48. Jg., Heft 1, 1996, S. 65-82.

THIEL, R. (2002): Ein Riese setzt zum Sprint an, in: Neue Ruhr Zeitung, 10.01.2002, S. 10.

THIER-GREBE, R./RABE, M. (2000): Polyester with New Titanium Dioxide Catalyst, in: Melliand International, 6. Jg., Heft 4, 2000, S. 4-7.

TOMCZAK, T./BELZ, C. (1993): Marketingbudgets in der Rezession, in: Texis, 10. Jg., Heft 5-6, 1993, S. 14-21.

TROSSMANN, E./TROST, S. (1996): Was wissen wir über steigende Gemeinkosten? – Empirische Belege zu einem vieldiskutierten betrieblichen Problem, in: Kostenrechnungspraxis, 40. Jg., Heft 2, 1996, S. 65-74.

V

VERBAND DER CHEMISCHEN INDUSTRIE (VCI) (2001): Chemiewirtschaft in Zahlen, 2001.

VOLLMANN, T.E./CORDON, C./RAABE, H. (1998): Das Management von Lieferketten, in: International Institute for Management Development/London Business School/Wharton Business School (Hrsg.), Das MBA-Buch: Mastering Management – Die Studieninhalte führender Business Schools, Stuttgart 1998, S. 374-381.

W

WAGENHOFER, A. (1997): Kostenrechnung und Verhaltenssteuerung, in: FREIDANK, C.-C./GÖTZE, U./ HUCH, B./WEBER, J. (Hrsg.), Kostenmanagement. Aktuelle Konzepte und Anwendungen, Berlin u.a. 1997, S. 57-78.

WÄHRISCH, M. (1998): Kostenrechnungspraxis in der deutschen Industrie, Wiesbaden 1998.

WAMSER, C. (Hrsg.) (2000): Electronic Commerce. Grundlagen und Perspektiven, München 2000.

WEBER, J. (1993a): Produktions-, Transaktions- und Koordinationskostenrechnung, in: Krp-Sonderheft 1/1993, S. 19-23.

WEBER, J. (1993b): Stand der Prozesskostenrechnung in deutschen Großunternehmen, in: WEBER, J. (Hrsg.), Zur Neuausrichtung der Kostenrechnung, Koblenz 1993, S. 257-278.

WEBER, J. (1995): Kostenrechnung-(s)-Dynamik – Einflüsse hoher unternehmensex- und -interner Veränderungen auf die Gestaltung der Kostenrechnung, in: Betriebswirtschaftliche Forschung und Praxis, 47. Jg., Heft 6, 1995, S. 565-581.

WEBER, J. (1997): Prozessorientiertes Controlling, Schriftenreihe Advanced Controlling der WHU Koblenz, Vallendar 1997.

WEBER, J. (2000): Logistikkosten, in: FISCHER, T.M. (Hrsg.), Kosten-Controlling, Stuttgart 2000, S. 455-477.

WEBER, J. (2001): Controlling als Schlüssel zur Kundenzufriedenheit, in: HOMBURG, C. (Hrsg.), Kundenzufriedenheit. Konzepte – Methoden – Erfahrungen, Wiesbaden 2001, S. 191-210.

WEBER, J./SCHÄFFER, U. (1999): Balanced Scorecard & Controlling, Wiesbaden 1999.

WECK, L. (1997): Weder fernöstliche Geheimlehre noch Scharlatanerie, in: io Management Zeitschrift, 66. Jg., Nr. 3, 1997, S. 64-68.

WEGSCHEIDER, W. (1997): Herausforderungen an das Controlling im Zuge der Bahnreform, in: REISS, M./ROSENSTIEL, L. VON/LANZ, A. (Hrsg.), Change Management, Stuttgart 1997, S. 287-299.

WEINKE, K. (1995): Lieferantenmanagement als Voraussetzung für Kundenzufriedenheit, in: SIMON, H./ HOMBURG, C. (Hrsg.), Kundenzufriedenheit, Konzepte – Methoden – Erfahrungen, Wiesbaden 1995, S. 75-89.

WEITNAUER, W. (2000): Handbuch Venture Capital – Von der Innovation zum Börsengang, München 2000.

WELGE, M.K. (1987): Unternehmungsführung, Band 2: Organisation, Stuttgart 1987.

WELP, E.G./ENDEBROCK, K./ALBRECHT, K. (1998): Entwicklungs- und konstruktionsbegleitende Kostenbeurteilung – Ergebnisse einer Befragung von Konstruktionsleitern, in: Kostenrechnungspraxis, 42. Jg., Heft 5, 1998, S. 257-265.

WERNER, T./BROKEMPER, A. (1996): Leistungsmessung mit System: Data Envelopment Analysis als Instrument des Controlling, in: Controlling, 7. Jg., Heft 3, 1996, S. 164-170.

WERNERFELT, B. (1984): A Resource-based View of the Firm, in: Strategic Management Journal, 5. Jg., Nr. 2, 1984, S. 171-180.

WETH, M. (1997): Reorganisation zur Prozessorientierung, Frankfurt u.a. 1997.

WIECK, H.-A./WÜNSCHE, G. (1993): Lean Banking für das Filialnetz, in: Die Bank, Heft 8, 1993, S. 442-446.

WIESEHAHN, A. (2001): Geschäftsprozessoptimierung für Versicherungsunternehmen, München 2001.

WILD, J. (1982): Grundlagen der Unternehmungsplanung, 4. Aufl., Opladen 1982.

WILDEMANN, H. (1987): Betriebswirtschaftliche Wirkungen einer flexibel automatisierten Fertigung, in: Betriebswirtschaftliche Forschung und Praxis, 39. Jg., Heft 5, 1987, S. 209-224.

WILDEMANN, H. (1989): Fabrikorganisation: Kundennahe Produktion durch Fertigungssegmentierung, in: Zeitschrift für Betriebswirtschaft, 59. Jg., Heft 1, 1989, S. 27-54.

WILDEMANN, H. (1990): Kostengünstiges Variantenmanagement, in: io Management Zeitschrift, 59. Jg., Heft 11, 1990, S. 37-41.

WILHELM, B. (1995): Plattform- und Modulkonzepte – Ihre Auswirkungen auf den Montageprozeß, unveröffentlichtes Manuskript zum Deutschen Montagekongreß 1995.

WILLIAMS, J.G. (1986): Internal Reporting and Variance Analysis, Unpublished Discussion Paper, University of Liverpool, 1986.

WILLIAMSON, O.E. (1979): Transaction-Cost Economics: The Governance of Contractual Relations, in: Journal of Law and Economics, 22. Jg., 1979, S. 233-261.

WILLIAMSON, O.E. (1981): The Economics of Organization: The Transaction Cost Approach, in: American Journal of Sociology, 87. Jg., 1981, S. 548-577.

WOBIDO, K. (1994): Wie die J.M. Voith GmbH die Durchlaufzeit eines Kundenauftrages halbiert hat, in: HORVÁTH, P. (Hrsg.), Kunden und Prozesse im Fokus, Stuttgart 1994, S. 249-263.

WOLTERS, H. (1995): Modul- und Systembeschaffung in der Automobilindustrie. Gestaltung der Kooperation zwischen europäischen Hesteller- und Zulieferunternehmen, Wiesbaden 1995.

WOMACK, J.P./JONES, D.T. (1996): Lean Thinking, New York 1996.

WOMACK, J.P./JONES, D.T./ROOS, D. (1990): The Machine That Changed the World, New York 1990.

WOMACK, J.P./JONES, D.T./ROOS, D. (1992): Die zweite Revolution in der Autoindustrie, 7. Aufl., Frankfurt/New York 1992.

WÜBBENHORST, K.L. (1984): Konzept der Lebenszykluskosten. Grundlagen, Problemstellungen und technologische Zusammenhänge, Darmstadt 1984.

WÜBBENHORST, K.L. (1992): Lebenszykluskosten, in: SCHULTE, C. (Hrsg.), Effektives Kostenmanagement, Stuttgart 1992, S. 245-272.

Z

ZEHBOLD, C. (1996): Lebenszykluskostenrechnung, Wiesbaden 1996.

ZIEGLER, H. (1992): Prozeßorientierte Kostenrechnung im Hause Siemens, in: Betriebswirtschaftliche Forschung und Praxis, 44. Jg., Heft 4, 1992, S. 304-318.

ZIEGLER, H. (1994): Neuorientierung des internen Rechnungswesens für das Unternehmenscontrolling im Hause Siemens, in: Zeitschrift für betriebswirtschaftliche Forschung, 46. Jg., Heft 2, 1994, S. 175-188.

ZIMMERMANN, G./GRUNDMANN, R. (2001): Zur Anwendung des Target Costing in Kreditinstituten, in: Kreditwesen, Heft 2, 2001, S. 79-85.

Stichwortverzeichnis